義烏雙林寺志

張子開◎著

中国社会科学出版社

圖書在版編目(CIP)數據

義烏雙林寺志/張子開著. —北京：中國社會科學出版社，2019.4

ISBN 978-7-5203-2367-3

Ⅰ.①義… Ⅱ.①張… Ⅲ.①佛教-寺廟-史料-義烏 Ⅳ.①B947.255.4

中國版本圖書館CIP數據核字(2018)第075608號

出版人 趙劍英
責任編輯 任明
責任校對 朱妍潔
責任印製 李寡寡

出版 中國社會科學出版社
社址 北京鼓樓西大街甲158號
郵編 100720
網址 http://www.csspw.cn
發行部 010-84083685
門市部 010-84029450
經銷 新華書店及其他書店

印刷裝訂 北京君昇印刷有限公司
版次 2019年4月第1版
印次 2019年4月第1次印刷

開本 710×1000 1/16
印張 35.5
插頁 2
字數 706千字
定價 145.00圓

目　　录

弁　言

本書為浙江省義烏市（古稱東陽郡烏傷縣）雙林寺的第一部寺志，也是佛教新型寺院志的嘗試。

一　寫作緣由

“寺志”也者，記述佛教寺院之開創緣由、沿革演變、梵宇塑像、法脈傳承、僧侶化跡、感應靈異、名士酬唱，以及佛寺所在地的地理特征、古跡名勝和人文風俗等之著述也。或稱“佛寺志”“佛寺史志”。因其全面反映了某一地區佛教信仰，實乃特定弘法區域的佛教百科全書；再由其對地方文化風俗記録的連續性、全面性和特殊視角，亦為氏族志或地方志的有益補充——正如宋濂所言：“非為補郡志之闕，緇素讀之，必有蹶然而興起者。”① 一般匯聚了地圖、肖像、碑銘及其他詩文之類，故又為有關地方原始文物文獻的淵藪。

要言之，佛寺志實為一種特定領域的、或者説類別化的地方志，本質上乃地方志的分枝或洐生形式，足以為地方志之羽翼、補正史之闕遺，是研究某一地區社會、經濟、政治、文學、文化和生活等方面的重要文獻。自然，佛寺志更屬於佛教文物文獻，而且是總結性或集大成性的、最為可靠、最為豐富和最為核心的佛教史料。

中土佛教寺院志之興，要當在寺院出現之後不久。現存最早的集録寺院故實的《洛陽伽藍記》之前，定當已有記録單個或群體寺院的史料吧。

北魏楊衒之《洛陽伽藍記》，以及唐段成式《寺塔記》、明葛寅亮《金陵梵剎志》、吳之鯨《武林梵志》、明周應賓《重修普陀山志》、清蔣超（虎臣）《峨眉山志》，清孙文川撰、陳作霖編《南朝佛寺志》之類，

---

① 宋氏論其所撰《金華安化院記》之語。（明）宋濂：《宋學士文集》卷第四十七《芝園集》卷第七，上海涵芬樓借侯官李氏藏明正德刊本景印，《四部叢刊初編》集部。

集中記録某山、某城或某個更大地域，甚至於某朝或數個朝代的寺院史實，是為合志。另有單志，亦即專述某個寺院之志，如明釋履平《雪竇寺志略》、宋奎光《徑山志》、程嘉燧《常熟縣破山興福寺志》、李翥《慧因寺志》、清崔嵸《支提寺志》、清末民國初叶昌炽《寒山寺志》等。

歷史上汗牛充棟的佛寺志，演繹至今，或自然湮滅，或人為銷逝，留存者十不足一。除保護、利用和寶視之以外，自有補充、糾正或續撰的必要。

南朝蕭梁普通元年（520）已然在古東陽郡烏傷縣、今浙江省義烏市松山/雲黃山出現的薰禪之草菴及守苽屋，以及梁武帝大同六年（540）始創的雙林寺，並皆由中國乃至整個東亞地區第一個為歷朝官方和民間皆認可的彌勒化身、“雙林樹下當來解脫善慧大士”傅翕所開創。雙林寺不但是義烏乃至浙江中部地區古來最為著名的佛教寺院，南宋時期更被列為禪院十剎之四（明郎瑛《七修類稿》卷五。詳見本志相關部分，下同），明代“在震旦國中，稱莊嚴第一”（明佚名撰《重建雙林禪寺序》），清朝亦“號稱天下第三，江浙第一”（清許乾《重修雙林鐵塔記》），不但在中國社會史、中國佛教史、中國民間信仰史和中國思想史等諸多領域皆留下了濃墨重彩的絢麗篇章，而且早在唐五代其影響即已延伸到中國西域和吐蕃地區，以及日本、越南等國家，宋明兩代更化潤熏染著扶桑最高階層。

梁釋慧皎述其《高僧傳》擇取標準時，有云：

> 自前代所撰，多曰“名僧”。然“名”者，本實之賓也。若實行潛光，則“高”而不“名”。寡德適時，則“名”而不“高”。“名”而不“高”，本非所紀。“高”而不“名”，則備今録。故省“名”音，代以“高”字。……①

若義烏雙林寺者，既實乃名剎，亦更屬於高寺矣。

然而如此一座重要甚至無媿於核心地位的中國佛教寺院，居然迄今無人為之纂寫過寺志，這是極不正常的。有鑑於斯，現謹在實地考查的基地之上，勾稽史料，多方印證，撰為斯志。

① （梁）釋慧皎撰、湯用彤校注：《高僧傳》，中華書局 1992 年版，第 525 頁。

二　本志體例

作為一種特殊的地方志、或者地方志的分枝，佛教寺院志自有著其不同於傳統省志、郡志、府志或縣志的編纂體例和敘說風格。

專述一朝、一城、一山之合志，因其只及梗概大略，此即不論矣，以單志言之，如明程嘉燧輯、蘇先繪圖《常熟縣破山興福寺志》，文五卷，圖一卷；五卷之文並無卷目，不過分別庋列有關破山的詩文、歷代高僧塔銘傳記暨堂塔等之記載、重建本寺事蹟、明朝名僧事略、募疏等[1]。而民國葉昌熾《寒山寺志》計三卷，分十志：志橋、志寺、志象、志鐘（以上屬卷一）、志碑、志僧、志產、志遊、志事（以上屬卷二）、志詩、附寒拾事蹟、附寒山詩集解題及諸家書牘詩話序跋攷證（屬卷三）[2]。

總之，寺志的體例並無一定之規，要在契合所誌寺院的實際而已。

亦緣於是，本志的體例完全基於雙林寺的實際、且因應時代需求而創設，並不概拘泥囿於舊志之規范焉。

本志採用四級結構：

一、"卷"。全書計分十一卷，卷名中皆有"紀"字，如卷一"形勝紀"、卷二"祖師紀"暨卷八"檀越紀"之類。"紀"也者，紀侯貉子簋作"己"，楚帛書作"紀"，《說文》書作"紀"，此後字形幾無大變。本謂絲縷的頭緒。《墨子·尚同上》："古者聖王爲五刑，請以治其民，譬若絲縷之有紀，罔罟之有綱。"《維南子·泰族》："繭之性為絲，然非得工女煮以熱湯而抽其統紀，則不能成絲。"字可通"記"，記載，記録也。《釋名·釋言語》："紀，記也，記識之也。"畢沅疏證引葉德炯曰："紀、記二字，古通。"《左傳·桓公二年》："文、物以紀之，聲、明以發之。"[3] 本書正用此義。其實，原擬用"志"，義通"誌（識）"，後因如此則卷名與書名重復，故更用同義之字。其實，以"紀"標示著作的各卷的名目，至少南宋志磐（？—？）撰於寶祐六年（約 1258）的《佛祖

---

① 明崇禎十五年（1642）序刊本。

② （清）葉昌熾（1847—1917）原著、張維明等整理：《寒山寺志》，江蘇古籍出版社 1999 年版。

③ 徐中舒主編：《漢語大字典》第五卷，四川辭書出版社、湖北辭書出版社 1988 年版，第 3366 頁右欄至第 3367 頁右欄。

統紀》已然始有之，如其第一至四卷為“釋迦牟尼佛本紀”、第五卷“西土二十四祖紀”、第六至七卷為“東土九祖紀”等①。

二、“卷”之下，以“壹”“貳”“叁”等漢字暨標題，區別分示該紀的第一層次內容。“壹”“貳”等之下，再以漢字“一”“二”“三”之類的數詞，標示本紀第二層次。“一”“二”“三”等之下的內容，再視具體情況，或以阿拉伯數字“1”“2”“3”等排比更細的類別。自然，各卷的層級安排也完全由其內部所包容的史料而定。

具體而言，本寺志十一卷，共設立十一紀：

壹、欲一識寺院化跡，先須明瞭其所處郡縣的歷史概略，寺院方位、寺域及附近風物之屬。特別是對於非本地人而言，更須如此。故始以“形勝紀”。

貳、開山祖師乃寺院的靈魂和指標性人物，亦是認識寺院的基礎。緣是之故，立“祖師紀”，收納雙林寺祖師傅翕即傅大士的主要教化情形、部分化語、形象變遷，以及古賢的相關記録。

叁、傅翕先在古稱松山、後呼雲黄山的山脈之下，結葺草庵、建守苽棚以修禪，後方經朝廷同意而創建雙林寺。此後千餘年來，寺院屢興屢廢，今更分化出雙林禪寺（僧寺）和雙林古寺（尼寺）兩個道場。歷代頗有文人官僚拜訪遊覽雙林寺，並記録讚嘆者。藉此等史料，立“祖庭紀”。

肆、傅翕嘗在松山感見七佛，後因之而創七佛閣，再演變為雲黄庵，再洐化成雲黄寺。寺傍庵側，又矗立著佛塔。今日松山，香煙氤氳，儼然重現古代興盛面貌矣。松山道場和雙林寺院，相互依存，互為補充。故搜羅有關文物文獻，置“本山紀”。

伍、緣於開山祖師和雙林寺的巨大和持續的影響，義烏本地和附近區域，乃至於杭州等地，皆有傳說中或確實與傅翕有關的一批化跡和道場；湖北、廣西、重慶、山東等處，亦遺存著宣揚傅翕禪法和功績的史料。點化傅翕在嵩頭陀所創造的幾個道場，亦與雙林寺有著密切關聯。為了忠實地反映、彰顯和凸顯雙林寺的影響、地位和價值，謹擇取部分寺庵，置

① （南宋）釋志磐：《佛祖統紀》卷首。［日］高楠順次郎、渡邊海旭、小野玄妙等編：《大正新脩大藏經》，東京：大正一切經刊行會，大正十三年（1924）至昭和七年（1932）版，第 49 冊，no. 2035，第 129 頁 a 欄至第 134 頁 c 欄。

“下院紀”。至於其他，則惟待日後補充矣。

陸、傅翕生前有諸多靈異，有關遺跡遺物在其逝後長期流傳和熏染後世者亦復不少，徐陵《東陽雙林寺傅大士碑》，弟子智瓚等結集、唐樓穎編次、宋樓炤刊定的《善慧大士録》等文獻皆有載録。如最早的雙檮樹、梁武帝所賜水火珠等，皆是也。此外，他始創的木魚、轉輪藏更是從李唐開始就漸次為全國乃至於整個東亞佛教圈所採用。今擇可考者二三種，撰就“聖物紀”。所餘其他，亦俟他日或他書彌補矣。

柒、傅大士在世時，聞名而至、共倡佛法的僧侶即極夥。至於寂滅後在雙林寺和雲黃山弘法、亦或曾來學習之出家人和其他信衆，更是難以計數。謹梳理有確鑿證據屬於雙林寺的梁陳以來的緇衣之生平化跡，立“法嗣紀”。文獻暫時不全或有疑問者，則待日後釐清或齊備時，再行充實。內中唯智者大師慧約，亦於傅翕有所佽助，《善慧大士附録》有其傳；然在本志中難於庋列陳述，故參此書之例，附於是紀。傅翕第六代孫、天台宗第八祖玄朗，傾力將傅大士納入本宗，於弘佈傅大士也頗有功績，則暫未納入。

捌、最初跟隨傅翕修習禪法、弘傳佛教者，自為其妻子。護持雙林寺的世俗人等，最顯赫的當乃梁、陳、隋諸朝皇帝；而一千五百多年來始終鼎力維護雙林寺者，則唯傅翕親屬及鄉黨，特別是傅、留、賈、樓、朱、丁等家族，這種現象實為國內外罕見甚至唯一。緣是之故，立“檀越紀”。

玖、原擬設“藝文紀”，搜集羅致相關的歷代碑銘及其他詩文，然傳記、碑文等大部分內容，已然分散羼入祖師、祖庭、本山及法嗣諸紀，故將金石著作中的有關記述和考證，置“金石紀”。本紀所收，實非鏤鐫於金石之文字，而僅謂記録雕刻史實之文獻也。

拾、傅大士及雙林寺在梁陳時期即已在整個南朝疆域內聲名昭彰，至隋唐其影響更開始遠及包括敦煌、吐魯番在內的隴右道等全國其他地區，乃至於越南、朝鮮半島和日本這些東亞國家。南宋和元明，雙林寺在日本的聲譽趨至頂峰，如在日本創建兀庵禪派、鐮倉執權皈依之的兀庵普寧，回國後駐雙林寺，而曾任雙林寺住持的明極楚俊也被日皇尊為國師。明代以後，日本稍有規模的寺院競設轉輪藏，藏前例雕傅翕及二子之像，謂翕為“笑仏”。當然，我們也要正視日本軍國主義者在雙林寺和雲黃山所犯下的不可饒恕的罪行，所留下的不能遺忘的傷害，所造成的不可挽回的損失。故裒輯有關史實，置“域外交流紀”。

拾壹、本志篇幅較大、內容繁雜，故最後擇列較為重要的事件，作為對全書的歸納、總結和強調，當然亦可以供查檢之需。間亦有不適宜羼入其他各紀者。是為“要事紀”。這並不同於一般置於卷首的方志的年表。

三 撰寫理念

為實現編纂出一部既適合雙林寺本身，又契合時代要求的新型寺院志的目標，本志遵循貫徹如下寫作理念或寫作原則：

壹、學術性。首先，保證材料的確鑿可靠，以信為上。《左傳・昭公八年》：“君子之言，信而有徵，故怨遠於其身。小人之言，僭而無徵，故怨咎及之。”[①] 前此的大多數佛教寺院志，不太注意於此，往往將宗教真實等同於歷史事實，凡有關傳說、神異等盡皆搜羅，幾無遺漏。本志也留意到這類材料，但並加以辯駁。要言之，本志只擷取作者無疑或有明確記載的史料。所從來處錯誤、模糊，或者泛泛而言者，甚至根本無史實支撐的材料，概加摒棄。如，或以為唐戴叔倫有《遊雙林寺》詩，然前人多標《遊少林寺》[②]；張藉《送稽亭山僧》詩[③]，宣城縣、餘杭縣皆有稽亭山，此詩所吟又有“山門十里松間入，泉澗三重洞裏來”，與雙林寺景不合，顯然並非義烏之稽亭塘；劉禹錫《送元上人歸稽亭》詩，雖說元稹嘗至義烏，然此之“稽亭”實會稽山陰之蘭亭[④]；此類詩作[⑤]，並不録焉。其次，寫作規范。凡引用材料，盡量找出來源，注明出處。

貳、佛教性。本書既為寺院“志”，當然屬於佛教文獻，自然得遵守寺院志的大致規則。一者，博與專的統一。專者，本志所輯所釋所論，皆與雙林寺暨開山祖師有關。博者，謂史料和論述的齊備性，全面地反映雙

① 楊伯峻編著：《春秋左傳注》（修訂本），中華書局 1990 年版。

② （明）曹學佺編：《石倉歷代詩選》卷六十五《中唐十九》。

③ （唐）張籍：《張司業集》卷五。

④ （宋）施宿等：《會稽志》卷十八《拾遺》：“稽亭唐詩，人多用之，謂會稽山陰之蘭亭也。宋之問《三月三日》云：‘稽亭追往事，睢苑勝前聞。’劉夢得《送元曉歸越》云：‘重叠稽亭路。’或云雙林亦有稽亭，蓋名偶同爾。”

⑤ 參考：（1）馮志來編《雲黃山雙林寺》，浙江省義烏市雙林風景開發辦公室 1995 年印行，第 112—114 頁。（2）趙福蓮《傅大士評傳》，義烏叢書編纂委員會編“義烏叢書・義烏人物傳記叢編”，上海人民出版社 2012 年版，第 251、252—253 頁。

林寺的方方面面。如本志雖名為“雙林寺志”，卻不局限於雙林寺這一個寺院，而是將與之有關的道場或遺跡，盡量悉數納入，力圖構建一個以祖師和祖庭有關的雙林文化圈。當然，這又得避免與筆者舊作《傅大士研究》以及正在撰寫中的《雙林寺研究》重復，而要須互為補充。二者，史料性。原汁原味地選擇、輯録、核定和留存有關雙林寺暨歷代相關僧侶的化語、碑文、傳記、序跋、詩偈、書影、地圖、宗譜及圖片等，最大限度地令本志具備佛教寺院志所應有的史料價值。

叁、創新性。除了上述之擬定設置的結構體例、採用學術論著的徵引方式等特點之外，本志還特別重視發掘、提供和使用新材料。本志窮盡性地爬梳搜羅了藏經、道藏、别集、總集、方志和金石文獻等與雙林寺有關的材料，注意查找和利用前此未被留意的史料，如宗譜中的相關記載等；多次前往義烏、杭州等處進行實地考查調研，拍攝了一批照片，新發現了清或以前的“浙省金華府義邑雲黄山古寺全圖”、民國朱獻文《重建善慧傅大士塔記》、當代丁瑞海《雙林寺序》等文獻，特别是從義烏市圖書館珍藏的清代石印本《傅大士語録》中輯録出了雙林寺住持慧泉《重建雙林寺小引》，並據是書補充和糾正更定了朱中翰《雙林寺考古志》援引的數篇碑文。至於材料的類型，除文字之外，圖片、照片等，盡皆囊括。

當然了，本志還時時考核論證，竭力提出和論述自己的看法，補綴匡正前此的觀點。本志雖兼具史料匯編性質，但又不淪為資料輯録，而是加以必要的注釋、辨析和考證。特别是對一些具體問題，進行了一些較為深入的探討。限於寺院志的特點，沒有如純粹考據性著作一般淋漓盡致地進行考證，大多數情況下只能點到為止，沒有太多過細的探討。而且相關研究順應材料的多寡而為，該多則多，應少即少，不強求各部分篇幅相仿佛。至於對雙林寺的詳盡研究，則待已然完成大半的《雙林寺研究》一書矣。例如，或謂嵩頭陀有《戲悼雙溪布衲如》之作①：

> 繼祖當吾代，生緣行可規。終身常在道，識病懶尋醫。
> 貌古筆難寫，情高世莫知。慈雲佈何處？孤月自相宜。

然此詩不載《善慧大士附録》卷四《嵩頭陀》。頭陀卒於陳光大二年

① 《婺志粹》卷三，馮志來編《雲黄山雙林寺》，第120—121頁。

(568)，其一生行跡，唯以造寺為務[①]，亦未聞其有文名。《婺志粹》之說，蓋誤讀古書也。考《嘉泰普燈録》卷二十四《拾遺 未詳法嗣者・雙溪布衲如禪師》有曰："因嵩禪師戲以詩悼之曰：'繼祖當吾代，生緣行可規。終身常在道，識病懶尋醫。貌古筆難邈，情高世莫知。慈雲布何處，孤月自相宜。'師讀罷，舉筆答曰：'道契平生更有誰？閬鄉於我最心知。當初未欲成相別，恐誤同參一首詩。'投筆坐亡。於六十年後，塔戶自啟，其真容儼然。"[②]《五燈會元》卷六《未詳法嗣・雙溪布衲如禪師》、《五燈嚴統》卷十六《未詳法嗣・雙溪布衲如禪師》、《五燈全書》卷一百一十九《未詳法嗣・雙溪布衲如玉禪師》、《續燈正統》卷四十一《杭州府大安如玉禪師》等併載之。明朝明河《補續高僧傳》卷二十四《雜科篇・元如玉》言，嵩禪師乃妙嵩也[③]。據明圓極居頂編《續傳燈録》卷三十四，"徑山妙嵩禪師"乃育王光禪師法嗣[④]，清別庵性統編《續燈正統》卷十一《杭州府徑山少林妙嵩禪師》載其化跡[⑤]。

顯然，此"嵩禪師"絶非傅翕之師嵩頭陀也。

章學誠《文史通義》卷八《外篇三・答甄秀才論修志第一書》在論及傳統史書編纂時，稱"論斷宜守謹嚴"："僕則以為是非褒貶，第欲其平，論贊不妨附入。但不可作意軒輊，亦不得故恣吊詭。其有是非顯然，不待推论，及传文以及抑扬，更无不尽之情者，不必勉强结撰，充备其数。"[⑥] 後世方志界亦有"述而不論"之說，如胡喬木在1986年12月召開的全國地方志第一次工作會議上說："客觀的歷史就是客觀的歷史，不需要在地方志裡面畫蛇添足地加以評論。地方志不是論歷史的書，不是史論。多餘的評論不但不為地方志增光，反而為地方志減色。"然本志並非純然歷史記録，而亦屬追求創新性的學術論著，故"述而不作"[⑦] 僅體現於所用史料的可信性方面。這是與包括方志在內的一般史書不一樣之處。

---

① 參考張子開《傅大士研究（修訂增補本）》，第347—353頁。

② 《大日本續藏經》第壹輯第貳編乙編第拾套，第一百六十九葉左半葉。

③ 《大日本續藏經》第壹輯第貳編乙編第柒套，第一百八十一葉右半葉。

④ 《大正新脩大藏經》，第51冊，第705頁c欄。

⑤ 《大日本續藏經》第壹輯第貳編乙編第拾柒套，第三百十二葉左半葉。

⑥ （清）章學誠：《文史通義》，"四部備要"史部，中華書局1936年印行。上海中華書局據原刻本校刊。

⑦ 《論語・述而》。（漢）鄭玄注、（清）劉寶楠注《論語正義》，上海書店1986年版。

四　寫作方法等

最後需要說明者，本志還採取了其他一些寫作方法或編纂體例：

其一，圖片目録緊繫於各章節目録之後。訪求搜集或自行拍攝的大量圖片，皆與正文緊密配合；為便於查找、閱讀和利用，概將其名稱置於目録中的相應各卷各節之下。這與一般在正文和附録的目録之後，另設插圖或圖片目録的做法，並不相同。

其二，文白夾雜的語言。這似乎難於達到通俗化的要求。但本志既為寺院志，主要面向佛教信衆及學術界，二者皆諳於文言這種有別於白話的中國古漢語書面語。而且，文言自有其敘述簡潔的優越處，白話難於臻達。再者，傳統寺院志皆為文言撰就，若全然大白話，亦難於為佛教界所接納。何況社會發展到今天，大學幾趨於普及，出版物所面向的“中等水平”當從以前的中學提陞到了本專科學歷了，應該能夠適應亦白亦文的語體吧。

其三，古代通用的正體字。本志用今所謂繁體字撰寫，主要是為了保留古代文獻的原貌。部分碑文、古籍等文獻，如以簡體字迻録，不但失去了字形眞實，而且可能導致歧義。

總之，經輯録、敘述加考證而成的本志，乃新型佛教寺院志的嘗試：既試圖繼承傳統佛寺志的風格，又力求在結構和內容等方面有所創新；既在一定程度上遵循前此寺院志的體例，又盡量實事求是，“因寺制宜”地為雙林寺量身定撰；既至少在形式上像一部寺院志，又順應當今學術著作的規范。限於種種主客觀因素，特別筆者身在萬里之外，與雙林寺相隔千山萬水，難以時時親近相關道場、請益八婺特別是烏傷賢士，本志的疏漏、粗淺乃至於訛謬之處，尚祈博雅君子有以教焉。

2015 年 4 月 15 日初稿於成都錦江河畔。

8 月 7 日續寫於成都，8、9 日增寫於甘肅瓜州，13 日續寫、17 日完成於敦煌。

卷一　形勝紀：地理人文傲浙中

壹　星分暨風俗

一　義烏立縣，分星婺女

義烏雙林禪寺，位於浙江省金華市義烏市佛堂鎮塔山鄉。地處該省中部的金衢盆地以東。

1974 年冬，中國科學院古脊椎動物與古人類研究所和浙江省博物館的專家，在建德市李家鎮新橋村後烏龜山的山洞裡發現了一枚古人類牙齒化石和大量浙江第四紀哺乳動物化石，牙齒化石屬於生活在距今約十萬年的舊石器時代的建德人——類似於柳江人的智人。建德人是浙江境內現知最早的“新人階段”的古人類、浙江人文始祖，可能是古越族的祖先。佛堂鎮距李家鎮不遠，也應該是建德人的活動區域吧。

綿延到東周靈王七年（前 565）前后，夫譚在長江下游建立了越國，以會稽（今浙江紹興）為都。《左傳・宣公八年》“盟吴越而還”，西晉杜預注：“越國，今會稽山陰縣也。”唐孔穎達疏：“越，姒姓。其先夏后少康之庶子也，封於會稽，自號於越。於者，夷言發聲也。”東周顯王三十五年（334），越為楚滅。

秦王嬴政二十五年（前 222），秦滅楚，在越故地設置會稽郡，郡治吳縣（今江蘇蘇州城區），下轄縣有烏傷——以時顏烏為亡父筑墳，烏鴉助之而喙傷而命名也。烏傷，即今義烏也。是為義烏立縣/市之始。

按，群烏助顏氏筑墳的傳説，早見於若干文獻記載，如南朝劉宋劉敬叔（？—468）《異苑》卷十：

> 東陽顏烏以純孝著稱，後有群烏銜鼓，集顏所居之村，烏口皆

傷。一境以為顏至孝，故慈烏來萃，銜鼓之興，欲令聾者遠聞。即於鼓處置縣，而名為烏傷。王莽改為烏孝，以彰其行跡云①。

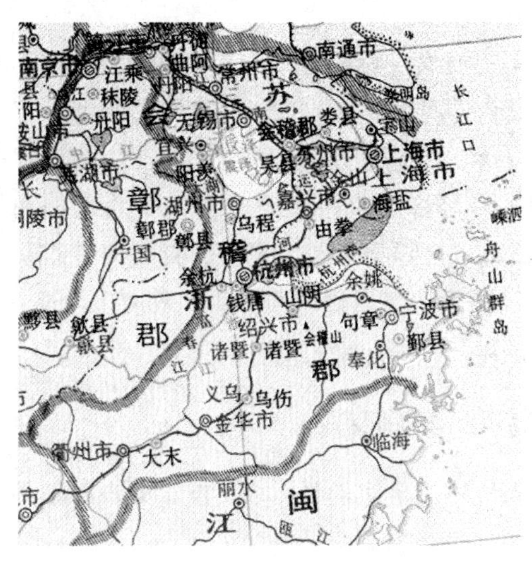

▲秦會稽郡圖②

《太平御覽》卷一百七十一《州郡部十七·江南道下》“婺州”引《十道志》曰：“婺州東陽郡，《禹貢》揚州之域。春秋時為越之西界，秦屬會稽郡。漢初，屬吳、荊二國。”三國吳寶鼎元年（266），歸屬東陽郡。東陽者，以郡在瀫水（衢江）之東、長山之南③而得名。

古以天上星宿的位置，劃分地面上州、國的區域與之相對應，是為“星分”。西晉左思《蜀都賦》：“九土星分，萬國錯跱。”與地上某國或某地域相對應的星宿，稱為“分星”，亦可叫“星分”。《周禮·春官·保章氏》：“以星土辨九州之地所封，封域皆有分星，以觀妖祥。”唐陸德明《經典釋文》：“分，扶問反。”《漢書·地理志》：“而保章氏掌天文，以星土辨九州之地，所封封域皆有分星，以視吉凶。”而與天上星宿相對應

① 《古小說叢刊》本，中華書局1996年版。

② 譚其驤主編：《中國歷史地圖集》第二冊，中國地圖出版社1982年版，第11—12頁。

③ 按，陽，古指山南或水北。《公羊傳·僖公二十二年》：“宋公與楚人期戰于泓之陽。”東漢何休注：“泓，水名。水北曰陽。”韓愈《送李願歸盤谷序》：“太行之陽有盤谷。盤谷之間，泉甘而土肥，草木藂茂。”旧注：“太行，山名，在懷州。陽，南也。”

的地面的區域，稱作“分野”。《國語·周語下》：“歲之所在，則我有周之分野也。”三國吴韋昭注：“歲星在鶉火。鶉火，周分野也，歲星所在，利以伐之也。”《後漢書·方術傳·李郃》：“有二使星向益州分野，故知之耳。”皆其例也。

古越國的分星為婺女，晉左思《吴都賦》：“婺女寄其曜，翼軫寓其精。”唐李善注：“《漢書》，‘越地，婺女之分野。’”故隋開皇九年（589）於東陽郡金華一帶新置州時，即名新州曰“婺州”[①]；其後雖屢有變遷，但“婺州”一名卻一直沿用下來——而義烏例為婺州之一縣也。《太平御覽》引鄭緝《東陽記》：“隋平陳，置婺州，蓋取其地於天文為婺女之分野。”[②] 按，婺女，又書作“須女”“務女”，即“女宿”。有星四顆，為玄武七宿的第三宿、二十宿之一。

二　以孝為本，崇尚文章

義烏既以顔烏故事為最初縣名，故千百年來皆有顔孝子墓。《（嘉慶）義烏縣志》卷十三《孝友》載：

> 秦
>
> 顔烏事親孝。父亡，父名鳳。負土成冢，羣烏銜土助之，烏吻皆傷，因名縣曰烏傷。按，《説苑》：顔烏，烏傷人。親亡，負土爲大冢。羣鴉數千，銜土以助焉。烏既死，羣鴉又銜土塟之。《搜神記》曰：顔烏塟親，烏銜土來助。今境内有野鴉橋。又，《異苑》作“銜鼓”。[③]

是墓乃顔烏父子墓：顔烏墓方廣四十步，高一丈五；其西北側，為顔父墓。北宋大觀四年（1110），知縣徐秉哲於墓側建亭。明弘治年間（1488—1505），墓前樹立“孝德感烏”石牌坊。墓之東邊，宋景定三年（1262）建永慕廟，俗稱孝子祠。祠於20世紀80年代後被拆，而古墓、牌坊則更早毁於“文化大革命”中矣。1992年，在孝子祠和顔烏父子墓

---

① 《辭海》地理分冊（歷史地理）“婺州”條，上海辭書出版社1982年版，第266頁右欄。

② （北宋）李昉等編：《太平御覽》卷一百七十一《州郡部十七·江南道下》“婺州”條，中華書局1960年版。

③ 第六冊，第三十七葉左半葉。

▲顏烏父子墓暨永慕廟圖

［《（嘉慶）義烏縣志》］

的遺址處，修建了孝子祠公園，內有重建的孝子墓、孝子祠、顏烏紀念館等。

《孝經》言："子曰：'夫孝，德之本也，教之所由生也。……夫孝，始於事親，中於事君，終於立身。'"①《周禮·地官·師氏》亦曰："教三行：一曰孝行，以親父母；二曰友行，以尊賢良；三曰順行，以事師長。"儒家視孝為道德之根基，三行之首。

而整個義烏的文化，亦皆由孝發衍而出也，顏烏純孝乃義烏精神之本，故而世居此地或往来之吏民皆虔誠參謁焉。元黃溍《過烏傷墓》詩云：

丹青像設始何年，翁仲遺墟自古傳。
時有北人来下馬，不知秦樹幾啼鵑。
牧童解指看碑路，野衲分耕祭墓田。

① 《四部叢刊初編》經部。

回首長安西日外，茂陵松柏正蒼烟。[①]

明正統年間（1436—1449）任義烏知縣的劉同，撰《題孝子祠》詩：

親殞貧無力，號天欲斷腸。築墳憐汝苦，銜土歎烏傷。
老樹風霜古，穹碑歲月長。邑名因孝行，千載共流芳。

明崇禎年間（1628—1644）的義烏知縣熊人霖，又在顏烏父子墓前的“孝德感烏”坊上題詩曰：

秦時孝跡感烏傷，過看停車拜道旁。
卻問秦王封禪處，烏啼殘碣臥斜陽。

《（雍正）浙江通志》卷一百《風俗·金華府》引用前代文獻，用以描述義烏縣以孝為核心的風氣或習俗：

《隋書·地理志》：風俗澄清，道教隆洽。
黄中輔《忠孝堂記》：人物風流，孝行卓異。
劉濬《登科題名記》：俗尚儒雅，甲於他邑。
《萬曆義烏縣志》：男子服耕稼，婦女勤織紡，商賈鬻魚鹽。工習器械以利民用，無淫巧奇袤之物。

其實，“服耕稼”“勤織紡”“鬻魚鹽”之類，乃中土農耕區域的共同特色，義烏最重要的民俗還是植根孝順，推崇讀寫吧。《隋書》所言之“道教”，指以孝為中心的道德教化。《晉書·王沈傳》：“於是九郡之士，咸悦道教，移風易俗。”《明史·孝義傳序》：“觀其至性所激，感天地，動神明，水不能濡，火不能爇，猛獸不能害，山川不能阻，名留天壤，行卓古今，足以扶樹道教，敦厲末俗，綱常由之不泯，氣化賴以維持。”黄中輔“孝行卓異”、劉濬“俗尚儒雅，甲於他邑”之語，實為千百年來之

① （元）黃溍：《文獻集》卷二，文淵閣《四庫全書》本。

定評也。

元末明初的政治家和歷史學家、義烏鳳林鄉來山人王禕（1321—1372）《瞻烏傷辭》，對其故里的人文傳統作了精辟的總結：

瞻望烏傷，吾故鄉兮。千里阻隔，路茫茫兮。
若昔嬴秦，禮義亡兮。彝倫攸斁，瀆綱常兮。
有顏氏子，烏其名兮。《詩》《書》靡習，一黎甿兮。
獨孝之能盡，至行昭彰兮。呼號辟踴，執親之喪兮。
乃卜宅兆，以埋以塟兮。躬負厥土，用反壤兮。
一念之至，格穹蒼兮。畢逋者烏，紛回翔兮。
銜土而助，成高岡兮。厥吻流血，集哀聲兮。
悲風滿林，日色黄兮。維行之至，名乃長兮。
邑以是名，曰烏傷兮。
千載之下，我生是邦兮。耳目所及，亦云詳兮。
胡行之悖，不能彼同兮。豈性之蔽，學弗充兮。
恭惟百行，孝為宗兮。曾是之弗致，不媿爾躬兮。
興言及此，痛割肺腸兮。陟彼岵矣，日月以望兮。
白雲天末，渺飛揚兮。《蓼莪》之思，頃刻能忘兮。
維是哀衷，遠莫將兮。己不得自由，中心曷明兮。
靖言思之，不如無生兮。①

我們看待與雙林寺有關的文化，當亦由此視角吧。

千百年來，義烏涌現出了衆多政治、軍事、醫學、宗教等方面的傑出人才，諸如：南朝梁武帝之菩薩戒師惠約（452—535），中國文學史上的“初唐四傑”之一的駱賓王（619—687），北宋末南宋初的抗金名臣宗澤（1060—1128），“金元四大醫家”之一的朱丹溪（1281—1358），元代著名史官、文學家、書法家和畫家黄溍（1277—1357）、明代王禕（1322—1374）、抗倭名將吳百朋（1519—1578），明末清初女詩人及書畫刺繡家倪仁吉（1607—1685），清朝治水名臣朱之錫（1623—1666），漢宋調和

① （明）王禕：《王忠文集》卷二十《雜著》。

學派代表之一、兩廣總督張之洞創辦的廣州廣雅書院山長朱一新(1846—1894)[1]，現當代教育家和修辭學家陳望道（1891—1977）、詩人和文藝理論家馮雪峰（1903—1976）、歷史學家和社會活動家吳晗(1909—1969)，等等。

這些俊彥之中，時代最早、最為獨樹一幟，影響最為持久、廣泛和深遠的，無疑是生活在梁陳之際的傅大士。

而義烏雙林寺，正是由這位義烏歷史上最為重要的人物——雖然其聲名在今天似乎並不顯赫、似乎連很多界內人士都不甚了了——所開創。

貳　寺域與山水

一　義烏之南，古廿四都

義烏東、南、北三面皆為群山環抱，義烏江、大陳江橫貫境內，又屬亞熱帶季風氣候，故而植被豐茂，風光迤邐。婺州金華人、宋鄭剛中(1088—1154)《臘月三日義烏道上寄潘義榮》詩吟曰：

天風生暮寒，一夜新雪積。遲明兀篼輿，亂入山徑窄。
茅簷兩三家，雞犬不見跡。冬令頃弗嚴，草木僭春色。
愆陽入桃杏，弄暖浪蕊坼。肅然變霜威，犯者輒衰息。
獨餘山上松，不動與寒敵。十丈偉標致，四面風淅瀝。
時於翠葉中，碎挂瓊玉白。忘我道路歎，但覺心志懌。
擁鼻作孤吟，清思浩無極。[2]

這乃冬日的秀麗景色也。

盧山人澐《烏傷道中》詩：

歲晚烏傷路，凄其一孟郊。寒烟迷去鳥，落木露危巢。

① 吳世春：《朱一新：我國近代史上一位愛國剛直的士大夫》，義烏縣政協編《義烏文史資料》第一輯，1984年版，第56—63頁。

② （清）康熙敕命張豫章等編纂：《御選宋金元明四朝詩·御選宋詩》卷十七。

古渡無舟楫，荒山只草茅。題詩江口月，誰寄故園交。①

當為明末清初的黃昏寫照吧。

唐人《婺州山中人歌》，亦可視為對烏傷的描摹：

靜居青嶂裡，高嘯紫煙中。塵世連仙界，瓊田前路通。

《全唐詩》小序曰："《葆光録》：婺州有僧入山，見一人古貌，巾褐騎牛，手執鞭，光鑠日色，扣角而歌云云。僧揖之，不應馳去。"②

以雙林寺為代表的雙林道場群落，即散佈在聳立於義烏西南部的松山亦稱雲黃山之畔。

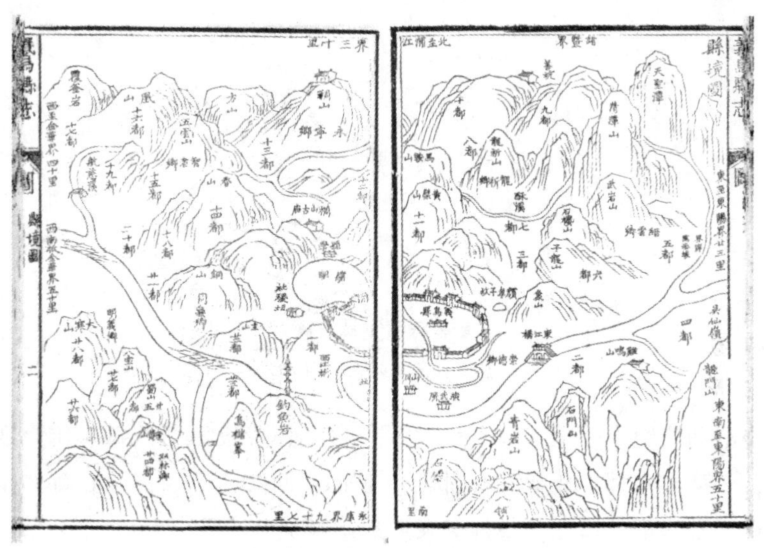

▲義烏縣境圖

［《（嘉慶）義烏縣志》③］

唐朝時，義烏縣劃分為三十鄉，每鄉下設里，每里下轄若干家。北宋

① （清）胡文學編：《甬上耆舊詩》卷二十三。按，山人字宗潤，行九，號曰月漁。

② （清）彭定求、楊中訥等編：《全唐詩》，中華書局 1960 年版。

③ （清）諸自穀、程瑜、李錫齡等：《（嘉慶）義烏縣志》，嘉慶七年（1802）諸自穀、朱世瑗修本，義烏市志編輯部影印，蕭山市古籍印務有限公司 2001 年 11 月第一次印刷。

初年，省併為二十六鄉，鄉下設都，都下為保。熙寧四年（1071），王安石改革，實行鄉兵制度，變募兵為保甲，二十六鄉遂變為二十六都保，都保下為大保，大保下為保，每保十家。宣和元年（1119），變為二十八都保。元沿襲不替。明朝時，改都保為都；萬曆年間，縣城外仍為二十八都，但於都上設鄉，共八鄉。其中，雙林鄉包括廿四都、廿五都和廿六都，雙林寺一帶歸於廿四都也。

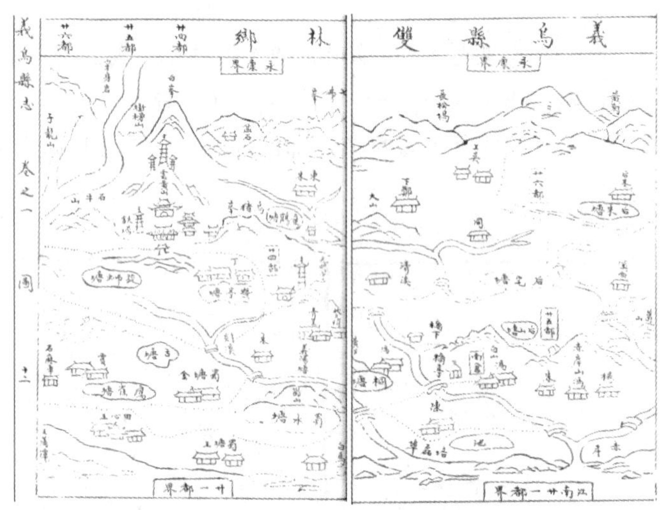

▲義烏縣雙林鄉圖

［《（萬曆）義烏縣志》（抄本）①］

至清朝咸豐十一年（1861），太平軍攻佔義烏②，將八鄉撤併為四鄉：東鄉，一都至六都；北鄉，七都至十三都；西鄉，十四都至廿都；南鄉，廿一都至廿八都。這樣，雙林寺又屬於南鄉矣③。

① （明）周士英修，吳從周等纂：《（萬曆）義烏縣志》，浙江省圖書館藏，江蘇省金壇市古籍印刷廠 2005 年 3 月第一次印刷。

② 樓益聖：《太平軍在義烏》，義烏縣政協編《義烏文史資料》第二輯，1987 年版，第 125—130 頁。

③ “都”的這種觀念，在民國時期的湖南一些地方亦同樣存在。毛澤東《湖南農民運動考察報告》：“此外各地的小禁令還很多，如醴陵禁儺神遊香，禁買南貨齋果送情，禁中元燒衣包，禁新春貼瑞籤。湘鄉的谷水地方水煙也禁了。二都禁放鞭炮和三眼銃，放鞭炮的罰洋一元二角，放銃的罰洋二元四角。七都和二十都禁做道場。十八都禁送奠儀。諸如此類，不勝枚舉，統名之曰農民諸禁。”（《毛澤東選集》第一卷，人民出版社 1991 年版，第 37—38 頁）

二　寺院疆域，古今演變

歷史上的雙林寺，不僅規模宏大，而且為義烏、浙中乃至整個浙江地區的文化中心之一，特別是佛教中心。

由明代萬曆二十四年（1596）周士英修、吳從周等纂《義烏縣志》而觀，雙林寺鐵塔背後的山峰名為“雲黃山”，左為“石牛山”“鐵塔”，右乃“烏豬峯”，前映“曁亭塘”“旋螄壙”，寺與“曁亭塘”之間為丁氏宅第①。

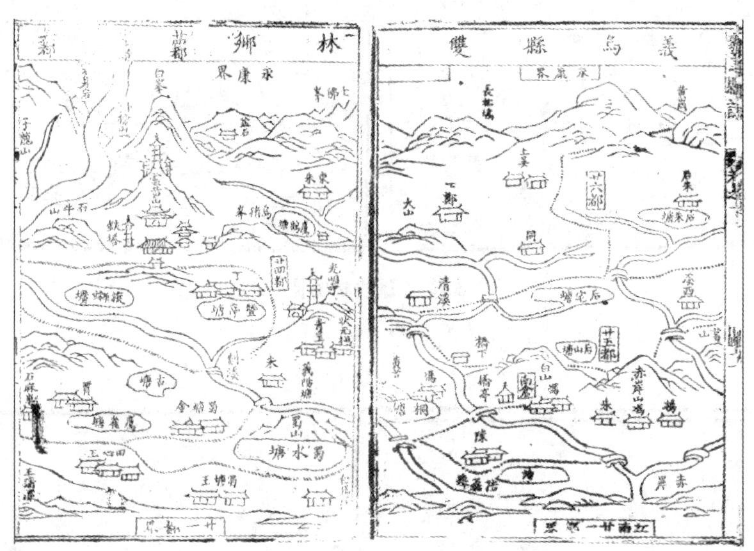

▲義烏縣雙林鄉圖

［《（萬曆）義烏縣志》（刻本）］

近半個世紀後的崇禎十三年（1640），熊人霖增修周氏所纂縣志而成《義烏縣志》。是《志》中的雙林鄉一帶的山川寺宅分佈，仍同②。

清康熙三十一年（1692），王廷曾新編《義烏縣志》。相較於前志，雲黃山附近唯“旋螄壙”作“旋獅塘”，地名寫法有所變更爾。

民國五年（丙辰，1916）重修的《洋川賈氏宗譜》，卷末有“曇穎公

---

① （明）萬曆二十四年（1596）周士英修，吳從周等纂，浙江省圖書館藏，江蘇省金壇市古籍印刷廠 2005 年 3 月版。

② （明）周士英纂修、熊人霖增修：《（崇禎）義烏縣志》，山東省安丘市博物館藏，杭州蕭山古籍印務有限公司 2004 年版。

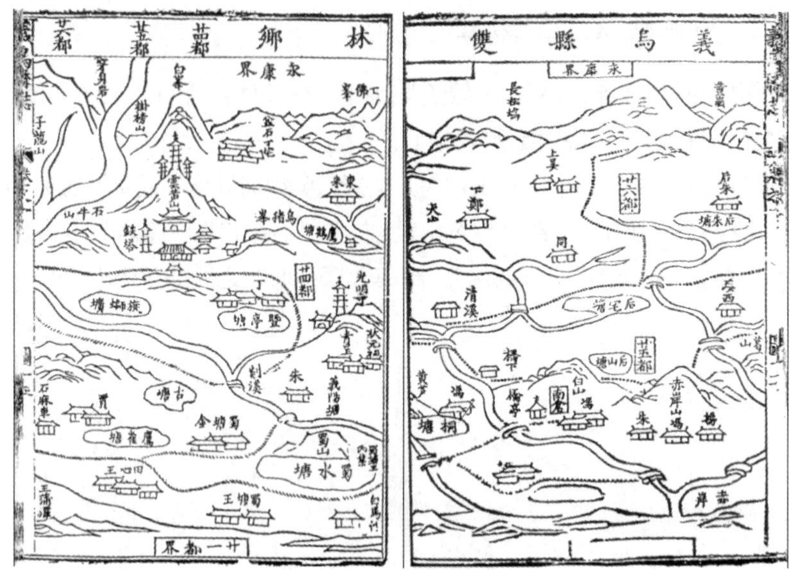

▲義烏縣雙林鄉圖

［《（崇禎）義烏縣志》］

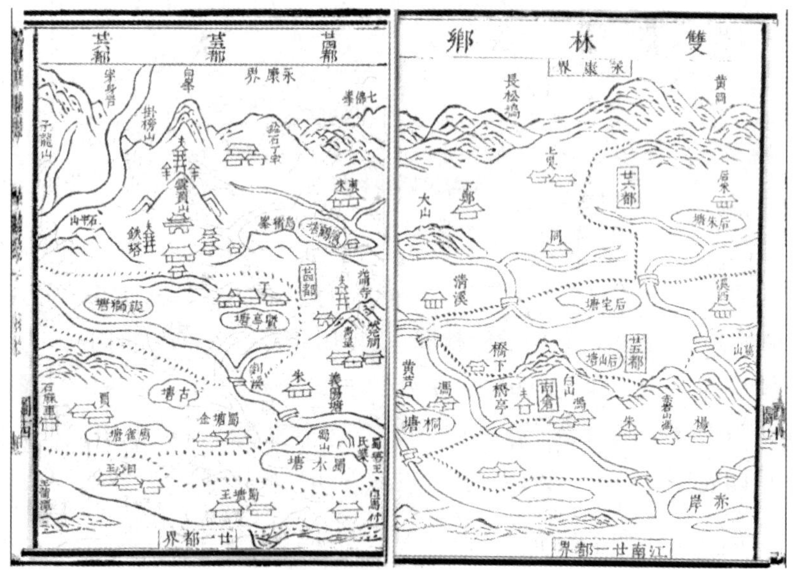

▲雙林鄉圖

［《（康熙）義烏縣志》］

之墓圖”。“曇穎公”，即賈曇穎，與雙林寺有一定關聯（詳本書《檀越紀》壹“妻子鄉黨”之三“賈氏家族”）。賈曇穎墓在雙林寺後，故而是圖亦順帶描摹了雙林寺旁邊的地形地貌和人文景觀：

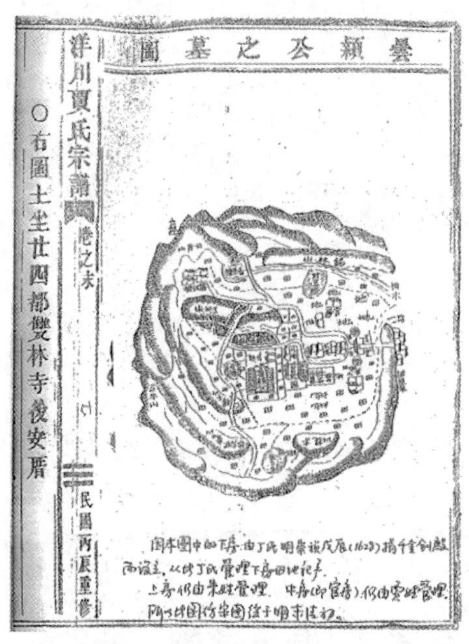

▲**民國《洋川賈氏宗譜》“曇穎公之墓圖”**①

從圖中可以看出，雙林寺的山門之前，為寺前街。大殿的正上方，即左側，乃官房，又稱中房；為尼寺，由賈氏家族管理。寺後為上房，上房的右側為大悲閣。上房之後，即曇穎公墓、后土；賈氏宗祠在雙林寺之下方，即右側。上房，屬僧寺，由朱氏家族管理。寺的右下側，為下房。下房乃丁氏家族於明崇禎元年（戊辰，1628）所創，屬僧寺。

該圖應該反映的是清末民初的情形吧。

義烏九里江村賈貴茂還珍藏有一種《洋川賈氏宗譜》，內中的“廿四都雙林寺後墓圖”，與“曇穎公之墓圖”相仿佛，只是未標明下房。故而很可能乃崇禎以前的版本，“曇穎公之墓圖”即在此基礎上修改而成。

① 2014年12月12日，義烏佛堂鎮賈滄斌先生所賜。按，圖中文字，亦為賈氏所注。

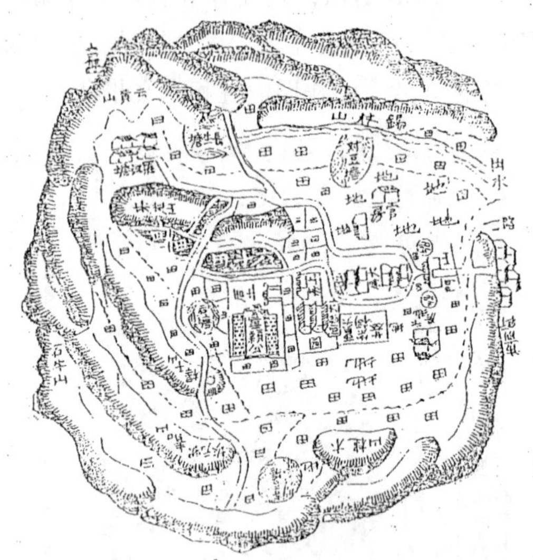

▲民國《洋川賈氏宗譜》“曇穎公之墓圖”（部分）

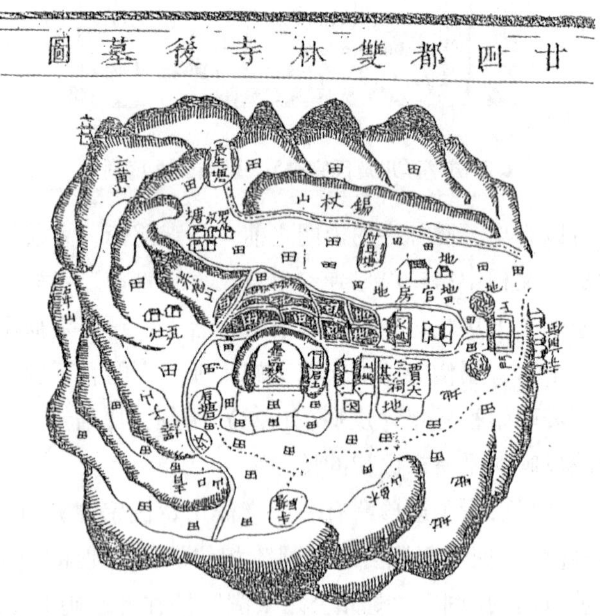

▲明（?）《洋川賈氏宗譜》“廿四都雙林寺後墓圖”①

① 2014年12月12日，義烏佛堂鎮賈滄斌先生所賜。

由上述兩幅圖可知，民國時期雙林寺的疆域包括：以大殿為主體的本寺、上房、官房、下房，以及雲黃山上的建筑。實際上，這兩幅圖完全可視作當時雙林寺的范圍矣。

尋覓雙林寺周緣的人文發展軌跡，當為先有稽亭里，再有雙林寺，最後才有今天的“浙江四大古鎮”[①] 之一的佛堂鎮。

▲佛堂鎮邊之義烏江

（張子開拍攝，2013 年 6 月 7 日）

雖然上揭明清雙林鄉地圖中除寺觀族屋等之外，並未見市鎮的蹤跡，但義烏道情《狗肉記》嘗提及，明朝嘉靖時期（1522—1566）此處存在佛堂鎮的前身稠南鎮[②]。然《狗肉記》編寫於民國初年，此乃文藝作品而非史實，又無其他佐證；而且佛堂鎮之得名，實與南朝嵩頭陀有關，當年嵩頭陀以泥磬投江中以救為洪水圍困的民衆，因之而建的渡磬寺的石刻楹聯即有“古廟神靈安四境，佛堂市興永千秋”“佛光透彩傳萬代，堂燭生

① 按，浙江四大古鎮，一般指湖州南潯，義烏佛堂，桐鄉烏鎮，蘭溪游埠。

② 百度百科“佛堂鎮”條，2015 年 2 月 9 日。

輝照八方”之句[①]；但這條記載至少表明，清末民國初年之際，民間傳説此地明朝即有鄉鎮矣。《(嘉慶）義烏縣志》卷二更明載：“萬善橋　縣南三十公里佛堂鎮。乾隆庚辰，王以琳、吴周士等倡建浮梁。”乾隆庚辰，乾隆二十五年（1760）。可見至遲在乾隆年間，已經有佛堂鎮之名了。乾隆二十八年，時任義烏知縣楊春暢又記曰：“距縣之南三十里，有佛堂市鎮。其地四方輻輳，服賈牽牛，交通鄰邑。”則儼然為義烏商貿中心之一矣。

▲渡磐寺前之“古佛堂”碑

（張子開拍攝，2015 年 6 月 21 日）

滄海桑田，時移勢遷，但今天的佛堂鎮依然有部分地名顯示出其與雙林寺的關聯：“據説，今佛堂鎮羅漢堂村之所在原是雙林寺的一個羅漢

① 黄興團、傅根洪：《沙洲滄桑故事多》，義烏日報社、義烏市風景旅遊管理局編《沿江走過》，義烏日報社印刷廠 2002 年版，第 96—97 頁。

堂，而寺前街村原是雙林寺前的一條街，三角店村則是雙林寺邊的一爿店，後來逐步發展成村落。”①

▲今日雲黃山至稽亭村一帶地圖

從今天地圖及實地考查可見，除羅漢堂、寺前西村、寺前街村、三角店村之外，雲黃山、稽亭塘及稽亭村、雙林寺遺址甚至胡公殿等，並皆或源於雙林寺、或與雙林寺有一定聯係也。

三　松山雲黃，行道所感

綿延至雙林寺的“雲黃山”，本名“松山”。《善慧大士録》② 卷一記梁普通元年（520）事曰：

> （傅翕）因問修道之地。頭陀指松山下雙檮樹，曰：“此可矣。”即今雙林寺是。

《景德傳燈録》卷二十七《婺州善慧大士》：

> 陳天嘉二年，大士於松山頂遶連理樹行道。感七佛相隨，釋迦引前，維摩接後，唯釋尊數顧共語：“為我補處也。”其山忽起黃雲，

① 譚藝、金洪斌：《千年古刹　光彩重現》，義烏日報社、義烏市風景旅遊管理局編《沿江走過》，義烏日報社印刷廠 2002 年版，第 80 頁。

② ［日］前田慧雲、中野達慧等編：《大日本續藏經》第壹輯第貳編正編第貳拾伍套，京都：藏經書院，明治三十八年（1905）至大正元年（1912）印行。

盤旋若蓋，因號雲黃山。①

“天嘉”，陳文帝陳蒨年號。似乎“雲黃山”之名始於天嘉二年（561）。

然《善慧大士録》卷一録：

中大通三年。大士與弟子於雲黃山所居前十許里，開鑿爲精舍，乃種麻、荳、芋、菜等。及至秋稔，忽有賜溆里賈曇顥來爭其地，大士即與之。

“中大通”，梁武帝蕭衍年號。中大通三年（531），比天嘉二年早三十年也。

總之，蕭梁之時當已出現“雲黃山”之名矣。

《（萬曆）義烏縣志》卷三《方輿考·山川》“雲黃山”條：

雲黃山 在縣南二十五里。一名松山。高一百四十丈，周三十里二百步。梁傅大士於此行道，黃雲盤旋其上，狀如車盖，故名。②

山上黃雲乃傅翕行道所感，已為共識也。

古來歌詠贊頌雲黃山者頗夥，如北宋楊傑《題雲黃山》詩：

山路崎嶇山頂平，兜羅雲向下方生。
了知大士夢中夢，更去如來行處行。③

按，楊傑，字次公；因乃無為軍（今屬安徽）人，故自號“無為子”。嘉祐四年（1059）進士。元祐中，為禮部員外郎，出知潤州，除兩浙提點刑獄，卒於官。好禪，嘗參謁天衣義懷、芙蓉道楷等。神宗熙寧（1068—1077）末年，歸鄉省親，因閱藏經，歸心浄土。有《無為集》等。《宋史》卷四百四十三《列傳第二百二·文苑五》有傳。傑此詩，蓋

---

① 福州東禪寺版（1080年），京都：京都禪文化研究所影印，1990年5月4日發行。

② 第二葉左半葉。

③ 《（康熙）義烏縣志》卷十七《方外志·二氏·寺觀》“寶林禪寺”條。

▲雲黃山遠眺

（張子開拍攝，2009 年 11 月 25 日）

作於其任兩浙提點刑獄期間也。

明龔士驤《雨後同陳大孚登雲黃山》：

探奇乘輿復如何，淺澗深松牧者多。
樹杪人從雲裏度，山家春是雨中過。
烟明蘭若雄幢蓋，水潰花原冷薜蘿。
登眺不妨歸路遠，陌頭試看踏青歌。[①]

龔士驤，字季良，號麟佚。一字清子。義烏人。明天啟元年（1621）舉人。嘗任溧水知縣。《（雍正）浙江通志》卷一百八十一《人物六・文苑四・金華府・明》："龔士驤　《婺書》：字季良。義烏人。慷慨有志節。十四補博士弟子。能為古文詞，折節讀書，造請諸賢豪長者，不避風雨。凡星氣、握奇、博射暨形家、軒歧諸方伎，一見即能習試。而絶出者，莫如詩，遺編數卷，精苦沉細，在唐人諸家中不多見也。又作《續文賦》，

① 《（萬曆）義烏縣志》卷二十《雜述考》。

以明文章之源與近世之陋。天啓辛酉，舉於鄉。崇禎戊辰，成進士，授溧水令卒。”

王胥纘《雲黄雜詠》：

蕭蕭竹裏起柴扉，盡日扶筇對翠微。
山鳥羣驚遊客散，嶺雲閒候老僧歸。
一灣澗水拖煙注，數片幽花隔樹飛。
峯北峯南嵐氣滿，不知冷靄濕人衣。①

按，王胥纘，大致為清人。但生卒年代及生平事跡並皆不詳。

▲雲黄山夜景

（張子開拍攝，2013 年 6 月 7 日）

雖然，後世亦間用“松山”之稱。南宋介石智朋侍者宗坦、延輝所編《介石禪師語録》《婺州雲黄山寶林禪寺語録》即有云：

善慧大士生日，上堂。“兜率宫中把不定，松山山裏借場開。普

① 《（嘉慶）義烏縣志》卷二十二《賦》。

天匝地皆泥水，那更當生補處來。莫有把定封疆者麼？如無"，以拂子擊禪床云："大士講經竟。"

此之"松山"，即義烏雲黃山也。

▲雲黃山上之松樹

（張子開拍攝，2009年11月25日）

其實，時至今日，雲黃山上仍多松樹，可見當初"松山"乃得名於山上盛產良松也。

需要指出的是，雲黃山古代或稱"稠嶺"。《（康熙）義烏縣志》卷十七《方外志·二氏·寺觀》"寶林禪寺"條曰：

寶林禪寺　稠嶺即雲黃山下。梁普通元年，傅大士依雙檮木結庵。……①

① （清）王廷曾手編：《（康熙）義烏縣志》第七冊，第九葉右半葉至第十二葉右半葉。

四　稽亭古塘，千年漾波

前揭《（萬曆）義烏縣志》、《（崇禎）義烏縣志》、《（康熙）義烏縣志》顯示，雙林寺前有“暨亭塘”。這是官方的觀點。

《善慧大士録》卷一謂，傅翕“年二十四，泝水取魚於稽停塘下”。卷二載：“其大士遺跡，雖歲月淹久，至今在者，稽停塘下漉魚潭一所……”卷四《嵩頭陀法師》：“南至稽停塘下，見大士沂水求魚。”北宋程俱（1078—1144）《北山小集》卷第十八《碑記·雙林大士碑》亦曰：“二十四方泝漁稽停塘下。”[①]《善慧大士録》乃記録傅大士化跡最詳盡、最權威的文獻，程俱文又是專門為雙林寺開山祖師而撰，故而“稽停塘”應該是得到佛教界或者至少雙林寺僧侶認可的稱呼吧。是後，北宋睦庵善卿編《祖庭事苑》卷五，南宋宗鑑（？—1206）集《釋門正統》卷八《護法外傳·傅翕》條、本覺《釋氏通鑑》卷五、志磐《佛祖統紀》卷二十二，清代弘贊輯《兜率龜鏡集》卷一等，並依之。

《雙林善慧大士小録》曰：“至年二十四，與里人稽停浦漉魚。”則或稱為“稽停浦”也。

《善慧大士録》卷一又言，傅翕乃“東陽郡烏傷縣稽停里人”。《雙林善慧大士小録》則說：“浙江東道婺州義烏縣雙林鄉稽停里人。”顯然，無論“稽停浦”還是“稽停塘”之名，皆源於稽停里也。

“稽停”也者，意為停留。《三國志》卷一《吴志·孙策傳》：“有頃，主簿復入白堅：‘南陽太守稽停義兵，使賊不時討，請收出案軍法從事。’”梁沈約《宋書》卷三十二《志第二十二·五行三》：“自四年以來，運漕稽停，皆不以軍興法論，僚佐莫之理。”唐张鷟《遊仙窟》傳奇：“王事有限，不敢稽停。”

“里”者，古代地方行政組織。始於周朝，後來多襲之，各朝從二十五家為一里至一百一十家為一里不等。《周禮·地官·遂人》：“五家爲鄰，五鄰爲里。”司馬彪《後漢書》《百官志五》：“里有里魁，民有什伍，善惡以告。”梁剡令劉昭注曰：“里魁，掌一里百家。”《舊唐書·食貨志上》：“百户爲里，五里爲鄉。”梁陳之時，當以百家為里吧。

也就是說，雙林寺祖師傅翕生活的梁陳之際，此地有“稽停里”，里

① 《四部叢刊續編》集部。

中最大之池塘遂稱“稽停塘”也。

“稽停”，後世或作“稽亭”。元寶州覺岸（1286—?）《釋氏稽古略》卷二、明朱時恩《佛祖綱目》卷二十七、宋濂（1310—1381）《護法録》卷五《金華安化院記》等，作“稽亭塘”。

北宋道原《景德傳燈録》卷二十七《婺州善慧大士》，北宋投子義青（1032—1083）頌、元初林泉從倫評唱《林泉老人評唱投子青和尚頌古空谷集》卷三，南宋普濟（1179—1253）《五燈會元》卷二、元曇噩《新修科分六學僧傳》卷二十九，明語風圓信（1571—1647）校訂、郭凝之匯編《先覺宗乘》卷一等，皆作“稽亭浦”。

秦漢時的基層行政單位，里以上有亭。《漢書》卷十九上《百官公卿表上》：“大率十里一亭，亭有長。十亭一鄉，鄉有三老、有秩、嗇夫、游徼。”或者，雙林寺一帶當時本設有亭，稱“稽亭”；稽亭下轄十里，稽亭所在之里遂被稱為“稽亭里”；後世方訛變“稽亭”為“稽停”也。

實際上，從“稽亭塘”“稽亭浦”之名亦可推知，最早有“稽亭”，後再演變出“稽亭里”“稽亭塘”“稽亭浦”之類名稱也。

▲稽亭村景

（張子開拍攝，2013 年 6 月 8 日）

《（萬曆）義烏縣志》卷三《方輿考·山川·塘》：

稽亭塘　在二十四都。計一頃二十畝。有傅大士漉魚潭。①

“頃”，古代土地水域面積。《管子》卷二十三《揆度》：“百乘爲耕田萬頃，爲户萬户，爲開口十萬人，爲當分者萬人，爲輕車百乘，爲馬四百匹。”杜甫《杜鵑》詩：“有竹一頃餘，喬木上参天。”唐宋以來，一般百畝為一頃。《漢書》卷六十六《杨恽传》：“田彼南山，蕪穢不治，種一頃豆，落而爲萁。”唐顏師古注引 張晏曰：“一頃百畝，以喻百官。”明朝時稽亭塘尚有一百二十畝，可見其水域之大也。

▲稽亭塘附近之古樹

（張子開拍攝，2013年6月8日）

許是因為位於雙林寺邊吧，文人雅士時或吟之。元丁存《過稽亭》詩曰：

① 第一冊，第十五葉右半葉。

春風引杖過稽亭，初日融融水荇青。
百頃澄波涵碧落，一行歸雁渡青溟。
簷楹鳥集知人好，山水龍蟠覺地靈。
堪歎舊交單落盡，臨風涕泗有餘零。①

《（雍正）浙江通志》卷一百七十六《人物五·儒林中·金華府》元“丁存”條，述其生平言：

《兩浙名賢録》：字性初，義烏人。性質朴，不外撓。博學，善屬文，尤長於詩賦。屢徵明經，不就。嘗遊宗文何先生門，相與闡明理學，以遡金許之傳。晚年，優游盤谷，四方學者羣趨之。所著有《雲崖雜稿》。

是詩或即擷自《雲崖雜稿》吧。

丁存稱塘有“百頃”，即一萬畝，蓋屬文學之張揚吧。

▲今日之稽亭塘

（張子開拍攝，2013年6月7日）

① （清）王廷曾手編：《（康熙）義烏縣志》卷二十《藝文志·編類》第八冊，第三十六葉右半葉。

▲稽亭塘邊之裝飾物

（張子開拍攝，2013 年 6 月 8 日）

解放以後，一度填塘為地，上建學校，古塘面積已然大幅縮減。但從殘存的水溝古樹之類，仍可相見當年水系的龐大和人文歷史的悠久也。

叁　紐帶近鄰，分祀閩杭

其實，雙林寺絕不僅僅涵蓋著雲黄山上的道場聖跡，以及山下稽亭里附近的稽亭塘、羅漢堂等，而且從此地發衍擴散開來，與義烏其他地方、金華、龍遊、杭州、福州、重慶大足乃至於日本諸地的寺院有著密切關聯，形成了一個巨大的雙林文化圈。

首先，同屬佛堂鎮的海雲寺、善慧寺。上傳的善慧寺乃民間集資興建，有傅大士紀念堂等建筑。坐落在江南街村的海雲寺，則不但有以傅翕為主尊之大殿，而且每年正月十八舉行廟會和五月初八傅翕生日時，皆要置傅翕像於木閣中，擡著遊行。

其次，與嵩頭陀所創建的七座寺院有著血脈關係，即義烏香山寺、南山寺、萊山寺、金華龍盤寺、龍丘（古龍遊縣，今部分地區劃歸金華）龍丘巖寺、離六塵寺、三藏寺。頭陀乃傅大士之師，這七座佛寺亦與雙林寺有著一定血緣也。

再者，五代時，吳越王錢弘佐派以迎取靈骨、舍利等物，供奉於杭州

▲海雲寺所奉之傅大士像

（張子開拍攝，2013 年 6 月 8 日）

▲善慧寺之傅大士紀念堂

（張子開拍攝，2013 年 6 月 8 日）

▲重建中的萊山寺

（張子開拍攝，2013 年 6 月 8 日）

新建的龍華寺之中。杭州兜率庵中，亦曾有傅大士宴坐處。甚至在南宋以降的福州烏石山四聖院，也供奉有傅翕形象。甚至在南北宋時期的成都府路昌州（今重慶市大足區），亦在石窟中雕刻膜拜傅大士形象和傅翕所發明的轉輪藏（大足石窟）。

當然，雙林寺文化圈還延伸到雙林寺僧西到荆州、敦煌、吐魯番甚至可能的樓蘭，南至安南，東到朝鮮半島、日本列島的一系列延續數百年以上的偉大弘法行為。諸如在交州開宗立派；在日本被尊為國師；扶桑諸多寺院諸如奈良縣橘寺、平安城（後稱京都）轉法輪藏禪寺、京都清涼寺、滋賀縣永源寺、宗安寺、巖手縣祥雲寺、群馬縣鳳仙寺、新潟縣本成寺，普遍皆在轉輪藏前供奉傅翕父子形象。

上述諸寺院或石窟或轉輪藏，或以傅翕為中心，或實際拜謁傅大士，或與傅大士有所牽扯，實際上都應該視為與雙林寺有密切關係的道場，理應納入雙林寺文化圈。我們將在《下院紀》《檀越紀》等處詳加介紹，故此不再贅言。

▲香山寺殘跡

（張子開拍攝，2013 年 6 月 8 日）

▲杭州龍華寺附近之八卦田

（張子開拍攝，2013 年 12 月 18 日）

▲日本東京增上寺

（張子開拍攝，2012 年 11 月 24 日）

卷二　祖師紀：彌勒應身傅大士

南朝梁陳時期自號“雙林樹下當來解脱善慧大士”、人多稱“傅大士”的傅翕（497—569），原本社會底層的一介平民。種種因緣際會，不但創建雙林寺，在東陽郡烏傷縣稽停里松山一帶大弘佛法，數次面晤梁武帝宣揚正教，而且餘韻延續至今，影響遠及西陲及東瀛，終至成為中國居士史、中國佛教史、中國思想史乃至於整個中國文化史上獨具貢獻和魅力的著名人士。

傅大士植根一己之力，在家族、地方和政府的襄護佽助之下救助衆生的行為，完美地體現了竭力奮斗以實現崇高理想，特別是諸佛菩薩“我不入地獄、誰入地獄”[①] 的救苦救難精神，乃義烏及整個中華民族的傑出代表。

壹　祖師化迹

“化迹”也者，本謂變化或教化之迹。東漢仲長統（179—220）《法诫篇》曰：“嘗試妄論之，以為世非胥庭，人乖鷇飲，化迹萬肇，情故萌生。”[②] 唐盧照鄰（636？—689）《宴鳳泉石翁神祠詩序》：“夫圯上黄公，靈期已遠，湘 中玄乙，化迹難徵。况乎神理巋然，近帶青溪之路；瓌資可望，俯控丹巖之下。”[③] 唐王勃（约 650—676）《梓州郪县兜率寺浮图碑》：“二象成紀，三才定位。開剖太虚，導引元氣，紛紛化迹，飈飈聖

① （唐）從諗著、張子開點校並研究：《趙州録》第 178 則：“崔郎中問：‘大善知識，還入地獄也無？’師云：‘老僧末上入。’崔云：‘既是大善知識，為什麼入地獄？’師云：‘老僧若不入，爭得見郎中？’”《中國禪宗典籍選刊》之一，中州古籍出版社 2001 年版，第 47—48 頁。

② 《後漢書》卷七十九《仲長統傳》。

③ 《幽憂子集》卷六，《四部叢刊初編》本。

致。"[①] 亦指神靈之迹。南朝宋鮑照（415—470）《登廬山》詩："深崖伏化迹，穹岫閟長靈。乘此樂山性，重以遠遊情。方躋羽人途，永與煙霧併。"[②] 玄奘譯《佛臨涅槃記法住經》："爾時，世尊重以慈音，告阿難曰：'諸佛化迹，法皆如是，勿復憂悲。無上正法於我滅後，住世千年，饒益天、人、阿素洛等。從是已後，漸當隱……'"[③] 道宣《釋迦方誌》卷下《釋迦方誌通局篇第六》："有人言：'三災之化，無往不除，但欲使後代，可師仰故；世界初成，依古遺蹤，相似而現：並佛之化迹，神感所為。故五不思議中，一為佛力也。所以往劫生事，依依列之。'"[④]

本紀所謂"化迹"，則並指諸佛菩薩化導衆生之事跡及其過程中的神異也。

一 行事概略

傅翕一生化導事跡，筆者前曾作過詳盡考證[⑤]。為免於重復嚼蠟，現謹據弟子智瓚等結集、唐樓穎編次、宋樓炤刊定的《善慧大士録》，間參徐陵撰《東陽雙林寺傅大士碑》[⑥] 等文物文獻，略加勾勒，期以見一斑爾。

南齊明帝建武四年丁丑歲（497）農曆五月八日，傅翕誕生於東陽郡烏傷縣稽停[⑦]里。

---

① 《王子安集》卷十五，《四部叢刊初編》本。

② 《鮑氏集》卷八，《四部叢刊初編》本。

③ ［日］高楠順次郎、渡邊海旭、小野玄妙等編：《大正新脩大藏經》第 12 冊，東京：大正一切經刊行會，大正十三年（1924）至昭和九年（1934）版，第 1112 頁 c 欄至第 1113 頁 a 欄。

④ （唐）道宣著，范祥雍點校：《釋迦方誌》，中華書局 2000 年版，第 111—112 頁。

⑤ （1）張勇：《傅大士研究》，《中華佛學研究所論叢》之 19 種，臺北：法鼓文化事業股份有限公司 1999 年版。（2）張勇：《傅大士研究》（修訂一版），巴蜀書社 2000 年版。（3）張勇：《傅大士研究》（修訂二版），《法藏文庫・中國佛教學術論典・佛學碩、博士論文》第三輯第 24 冊，高雄：佛光山文教基金會 2001 年版。（4）張子開：《傅大士研究》（修訂增補本），義烏叢書編纂委員會編《義烏叢書・義烏區域文化叢編》，上海人民出版社 2012 年版。

⑥ （陳）徐陵撰、許逸民校箋：《徐陵集校箋》卷十《東陽雙林寺傅大士碑》，第三冊，第 1224—1304 頁。

⑦ 或作"稽亭"。

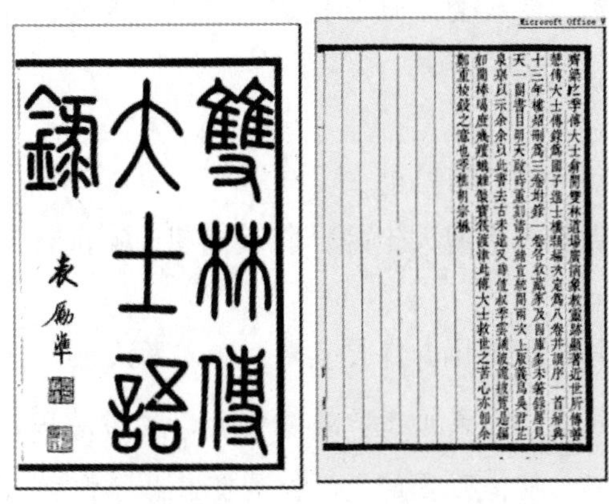
雙林傅大士語錄
袁勵準

▲《續金華叢書》本《善慧大士傳録》

▲梁朝東陽郡一帶地圖①

翕，字玄風。自號“雙林樹下當來解脱善慧大士”，人多稱之“傅大士”，亦呼為“雙林大士”“善慧大士”“無垢大士”“等空紹覺大士”“東陽大士”“魚行大士”“東陽居士”和“烏傷居士”等。

“父名宣慈，字廣愛。母王氏。世爲農。”②《雙林善慧大士小録並心王論》則曰：

大士姓傅，諱翕，字玄風。浙江東道婺州義烏縣雙林鄉稽停里

① 譚其驤主編：《中國歷史地圖集》，第四册，第42—43頁。

② （陳）弟子智瓚等結集、（唐）樓穎編次、（宋）樓炤刊定：《善慧大士録》卷一。按，凡“行事概略”下面部分的引文，未專門出注者，皆出自《善慧大士録》卷一。

人。父名宣慈，字廣愛。母王氏。叔宣炅。兄晏，弟昱。並輕宦祿，唯重三寶。

如此，則傅翕在家中排名第二也。

徐陵撰《東陽雙林寺傅大士碑》敘義烏傅氏家世有言：

東陽郡烏傷縣雙林寺傅大士者，即其縣人也。昔巖谿蘊德，渭浦程祥，天賜殷宗，誕興元相。景候佐命，樊勝是埒；介子揚名，甘、陳為伍。東京世載，西晉重光。惟是良家，降神所託。若如□□，本生、本行；或示緣起，子長、子雲。北地爰徙，東山所宅。族貴泥陽，宗分蘭石。……①

可見，傅翕先祖為北地郡泥陽縣傅嘏（209—255）一脈。

需注意者，至漢末，北地郡及所轄泥陽縣已然遷至原馮翊郡以西。西晉末，傅氏正是從新泥陽縣（今陝西耀縣東南）南渡而入江南也②。

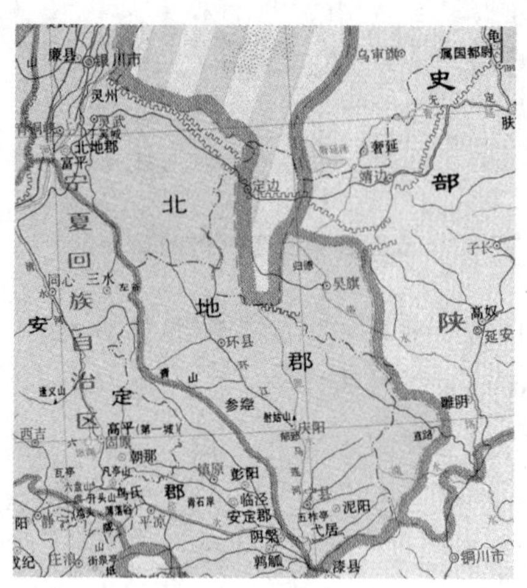

▲東漢涼州刺史部北地郡地圖（部分）③

① （陳）徐陵撰、許逸民校箋：《徐陵集校箋》卷十，《中國古典文學基本叢書》之一，第三冊，中華書局2008年版，第1226頁。

② 張子開：《傅大士研究》（修訂增補本），第18—19頁。

③ 譚其驤主編：《中國歷史地圖集》，第二冊，第57—58頁。

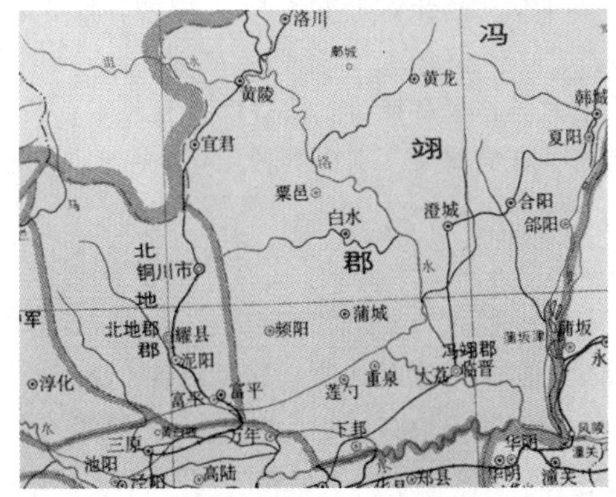

▲三國魏雍州北地郡地圖①

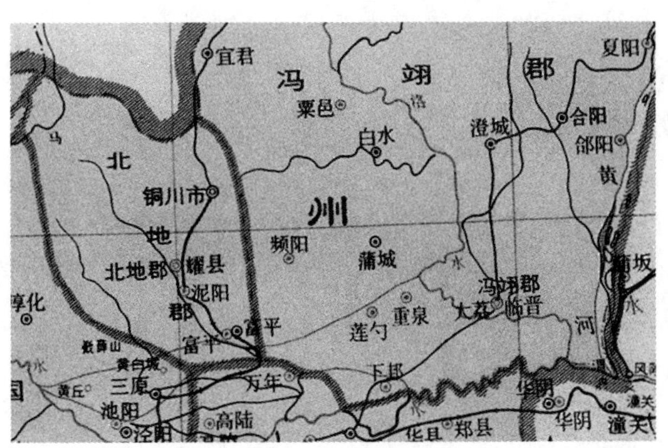

▲西晉雍州北地郡地圖②

自小即性情淳和，憐憫衆生，不貪戀塵世種種誘惑情欲。

端靖淳和，無所愛著，少不學問。時與里人漁，每得魚，常以竹籠盛之，沈深水中，祝曰："欲去者去，止者留。"時人以爲愚。

① 譚其驤主编：《中國歷史地圖集》，第三冊，第 15—16 頁。相對於東漢，南遷後的北地郡，范圍已然小許多矣。

② 譚其驤主编：《中國歷史地圖集》，第三冊，第 43—44 頁。

徐陵亦稱“大士小學之年，不遊黌舍”，但卻一直享譽鄉里：

爾其蒸蒸大孝，肅肅惟恭。厥行以禮教爲宗，其言以忠信爲本；加以風神爽朗，氣調清高，流化親朋，善和紛諍：豈惟更盈毀璧，宜僚下丸而已哉。①

按，在古代社會，捕魚乃常見之生產方式，文人亦頗多描繪歌詠，如蘇東坡即有《捕魚圖贊》：“荇秀水暖，黿魚出戲。怒蛙無朋，寂寞鼓吹。孰謂魚樂？强羸相屠。去是哆口，以完長須。”② 但如傅大士一般，捕得魚後，讓魚自行選擇去留，實有悖於常情，宜乎為時人嘲笑也。

梁武帝天監十一年（512），傅翕年十六歲，娶留氏女妙光③。

天監十四年（515），傅翕十九歲。生子普建。

天監十七年（518），傅翕二十二歲。復生子普成。

普通元年（520），傅翕二十四歲，遇見胡僧嵩頭陀，得以明了自己乃彌勒化身：

泝水取魚於稽停塘下，遇一胡僧，號嵩頭陀。語大士曰：“我昔與汝於毗婆尸佛前發願度衆生。汝今兜率宫中受用悉在，何時當還？”大士瞪目而已。頭陀曰：“汝試臨水觀影。”大士從之，乃見圓光寶盍，便悟前因。乃曰：“鑪鞴之所多鈍鐵，良醫門下足病人。當度衆生爲急，何暇思天宫之樂乎。”於是棄魚具，携行歸舍。

遂於松山下雙檮樹處結庵，與其妻一同修行。“晝作夜歸，敷演佛法，苦行七年。”

徐陵並未及偶逢嵩頭陀事，僅言：

至於王戎吏部，鄧禹司徒，同此時年，有懷棲遁，仍隱居松山雙

---

① （陳）徐陵撰、許逸民校箋：《徐陵集校箋》卷十《東陽雙林寺傅大士碑》，第三冊，第1231、1226頁。

② 《東坡全集》卷九十四《贊三十七首》。

③ 或作“妙光”。

林寺。棄捨恩愛，非梁鴻之竝遊；拜辭親老，如蘇躭之永別。[①]

坐禪頗有成效，禪境所見正與嵩頭陀所示相契：

> 一日宴坐次，見釋迦、金粟、定光三佛來自東方，放光如日。復見金色自天而下，集大士身。從是身常出玅香。每聞空中唱言："成道之日，當代釋迦坐道場。"

終因"四衆常集，問訊作禮"，引起了地方官員的注意。東陽郡守王烋認為乃"妖妄"，將之囚禁數旬。而"大士唯不飲食，而衆？歎異，遂釋之"。返回松山下，傅翕愈加精進，遠近願師事者日衆，傅翕也對弟子說自己得"首楞嚴三昧"和"無漏智"，即已臻達十地菩薩之階也。

> 每旦鐘鳴，有仙人騰空而下，隨喜行道。嘗謂弟子曰："我得首楞嚴三昧。"又曰："我得無漏智。"弟子僉曰："首楞嚴三昧，唯住十地菩薩方能得之，故知大士是住十地菩薩，示迹同凡耳。"

按，"十地"本指大乘菩薩道的修行階位，以第十地為最高。其具體內容，經論所說約有五種。如梵文《大事》十地之十為灌頂位（abhiṣeka）；大乘初期十地之十亦為灌頂（梵 abhiṣekaprāpta），音譯"阿惟顔"，意譯一生補處[②]——而嵩頭陀正點明傅翕乃兜率天主也；華嚴十地之十，為法雲地，"十法雲地，大法智雲含眾德水，蔭蔽一切如空麁重，充滿法身故。"[③] 南朝宋謝靈運《辨宗論附答問》："一合於道場，非

---

① （陳）徐陵撰、許逸民校箋：《徐陵集校箋》卷十《東陽雙林寺傅大士碑》，第三冊，第1226頁。

② 唐玄應《一切經音義》卷三："阿惟顔　《大品經》作'一生補處'，是也。《十住經》云'第十阿惟顔菩薩法住'，是也。"《中華大藏經》，第56冊，第857頁b欄。

（南宋）法雲（1088—1158）《翻譯名義集》卷五："阿惟顔。應法師引《十地經》，謂一生補處。"《大正新脩大藏經》，第54冊，第1131頁a欄。

③ ［印］護法等菩薩造：《成唯識論》卷九，（唐）玄奘譯，《大正新脩大藏經》，第31冊，第51頁b欄。

十地之所階，釋家之唱也。”① 唐高宗《謁慈恩寺題奘法師房》詩：“蕭然登十地，自得會三歸。”② 印順法師解釋得很透徹：“‘第十’名‘法雲地’。如王子冊封了太子，要正式登位，在印度要舉行灌頂禮。取四大海的水，澆灌在王子的頂上，登位禮就告完成，這與近代的加冕禮一樣。菩薩到了十地，是法王子，‘位居補處’，也就要圓滿成佛了。這就有十方一切‘諸佛’，放大光明，集合而流入菩薩的頂內。這是佛‘光灌頂’，象徵了一切諸佛的菩提智光，入於菩薩心中；菩薩的菩提智光，與諸佛無二無別；也就是菩薩的菩提心寶，圓滿清淨得與諸佛一樣，這是成佛的象徵。”③ “無漏”，與“有漏”相對。斷絕一切煩惱根源也。王維《能禅師碑》：“得無漏不盡漏，度有爲非無爲者，其惟我曹溪禪師乎！”④ “無漏智”，則指離棄一切煩惱過非之智慧。《長阿含經》卷十三《阿摩晝經》：“比丘如是，以定心清淨，住無動地，得無漏智證，乃至不受後有，此是比丘得第三明。斷除無明，生於慧明，捨離闇冥，出大智光，是為無漏智明。”⑤ 傅翕宣稱得“首楞嚴三昧”或“無漏智”，皆是強調自己的彌勒化身身份也。

《東陽雙林寺傅大士碑》亦記神異之跡曰：

> 七佛如來，十方竝現。釋尊摩頂，願受深法。每至（健）［楗］槌應節，法鼓裁鳴，空界神仙，共來行道。
>
> 其外人所見者，拳握之内或吐異香，胸臆之間乍表金色。
>
> 時有信安縣縣比丘僧朔，與其同類遠來觀化，未及祇肅，忽見大士身長丈餘。朔等驚漸，相趨禮拜。虔恭既畢，更覩常形。
>
> 又有比丘智總、優婆夷錢滿願等，伏膺累載，頻覩異儀：或見脚長二尺，指長五寸餘；兩眼光明，雙瞳照燿，皆爲金色，竝若金錢。譬李老而相侔，同周文而等狀。姜嫄所履，天步可以爲儔；河流大

① 《廣弘明集》卷十八，《四部叢刊初編》本。

② （唐）慧立、彦悰著，孫毓棠、謝方點校：《大慈恩寺三藏法藏傳》卷七，中華書局2000年版，第157頁。

③ 印順：《妙雲集》中編《成佛之道（增注本）》第五章，第411—412頁。

④ 《唐文粹》卷六十三，《四部叢刊初編》本。

⑤ 《大正新脩大藏經》，第1冊，第86頁c欄。

(戾)［扆］，神足宜其相比。支郎之彥，既恥黄精；瞿曇之師，有慚青目。①

大通元年（527），傅翕三十一歲。是年，傅翕“欲導群品，先化妻、子，令發道心”。即捨田宅，請四衆設大會。於會上說偈：

捨抱現天心，傾資爲善會。
願度羣生盡，俱翔三界外。
歸投無上士，仰恩普令蓋。

當年饑饉，設會之後，家無斗儲。傅翕又化諭妻、子，鬻身助會。“大士亦還其里舍，貨貿妻兒”②。

大通二年（528），傅翕三十二歲。三月，稽停里傅重昌、傅僧舉母以錢五萬，買得留玅光及其子普建、普成。傅翕以錢營設大會，發願曰：

弟子善慧稽首釋迦世尊、十方三世諸佛、盡虛空遍法界常住三寶：今捨賣妻、子，普爲三界苦趣衆生消災集福、滅除罪垢，同證菩提。

後月餘，買者遣玅光等還松山。

同里傅昉、傅旿罄產來施，昉更質妻子得米來作供養。玅光紡績、傭賃，曾不少休。傅翕將這些所得，或為自己亡匿爲盜之僕營救苦齋，或轉給其他修道者。

此後，因靈異益多，人或謗毀。傅翕倍生慈愍。先後去叔家、從祖孚公處，言已為彌勒、前來相化，令作禮。

沙門慧集前來。傅翕爲說無上菩提，慧集願爲弟子，便留松山。慧集處處教化時，常言傅翕是彌勒應身。

中大通元年（529），傅翕三十三歲。“縣中長宿傅普通等一百人，詣

① （陳）徐陵撰、許逸民校箋：《徐陵集校箋》卷十《東陽雙林寺傅大士碑》，第三冊，第1227頁。

② 同上书，第1228頁。

縣令范胥，連名薦述。”① 惜未獲重視。

中大通三年（531），傅翕三十五歲。傅翕與弟子在雲黃山所居前十許里，創建精舍，又種麻、荳、芋、菜等。到了秋天收獲時，賜潄里賈曇顥忽來爭地，傅翕當即與之。

中大通四年（532），傅翕三十六歲。“縣中豪傑傅德宣等道俗三百人，詣縣令蕭詡，具陳德業。”又被漠視。徐陵嘆曰：

> 夫以連城之寶、照廡之珍，野老怪而相捐，工人迷而不識。胥等體有流俗，才無鑒真，亟欲騰聞，終成虧怠。②

中大通六年（534），傅翕三十八歲。正月十八日遣弟子傅暀奉書於梁武帝，欲借此將教化范圍擴散到雙林之外：

> 雙林樹下當來解脱善慧大士白國主救世菩薩：
>
> 大士今欲條上、中、下善，希能受持。其上善以虛懷爲本，不著爲宗，無相爲因，涅槃爲果。其中善以治身爲本，治國爲宗，天上人間，果報安樂。其下善以護養衆生，勝殘去殺，普令百姓俱稟六齋。今大士立誓，紹弘正教，普度羣生，故遣弟子暀告白。

傅暀見太樂令何昌，昌與同泰寺浩法師商量後，將書進上。書中所説三善，本質上乃欲以佛法治理國家也③。

梁武帝觀書召見。傅翕十二月十九日至蔣山，閏十二月八日辰時到闕。預作大木槌一雙，扣開宫門，直入善言殿，徑登西國所貢寶榻。設食竟，先居同泰寺，再遷鍾山定林寺。“自是，天下名僧雲集，此處常降甘露。”“京洛名僧，學徒雲聚，莫不提函負袠，問慧諮禪。”④

---

① （陳）徐陵撰、許逸民校箋：《徐陵集校箋》卷十《東陽雙林寺傅大士碑》，第三册，第1228頁。

② 同上。

③ 古正美：《從天王傳統到佛王傳統——中國中世佛教治國意識形態研究》，商周出版2003年版。

④ （陳）徐陵撰、許逸民校箋：《徐陵集校箋》卷十《東陽雙林寺傅大士碑》，第三册，第1229頁。

大同元年（535），傅翕三十九歲。正月，武帝在華林園重雲殿自講《三慧般若經》。詔特爲大士別設一榻，四人侍接。講衆既散，賜以水火之珠，大踰徑寸，圓明洞徹。傅翕常用取水火於日月。

武帝又嘗延翕至壽光殿說法。

四月，返回雲黄山。

九月二日，又遣傅暀奉書於帝：

> 雙林樹下當來解脱善慧大士白國主救世菩薩：今有如意寶珠，清淨解脱，照徹十方，光色微玅，難可思議，欲施人主。若能受者，疾至菩提。

武帝下詔曰："若欲見顧，甚佳也。"

大同五年（539），傅翕四十三歲。當年始重入都。三月十六日，於壽光殿與武帝共論真諦。

三月十八日，作偈進武帝，答息而不滅義：

> 若息而滅，見苦斷集。如趣涅槃，則有我所。
> 亦無平等，不會大悲。既無大悲，猶有放逸。
> 修學無住，不趣涅槃。若趣涅槃，鄣於悉達。
> 爲有相人，令趣涅槃。息而不滅，但息攀緣。
> 不息本無，本無不生。今則不滅，不趣涅槃。
> 不著世間，名大慈悲。乃無我所，亦無彼我。
> 遍一切色，而無色性。名不放逸，何不放逸。
> 一切衆生，有若赤子，有若自身，常欲利安。
> 云何能安？無過去有，無現在有，無未來有，
> 三世清淨，饒益一切，共同解脱。又觀一乘，
> 入一切乘；觀一切乘，還入一乘。又觀修行，
> 無量道品，普濟羣生，而不取我。不縛不脱，
> 盡於未來，乃名精進。

大同六年（540），傅翕四十四歲。辭武帝東歸。後數月，以功德事再至都下，止蔣山。遣傅暀奉書於武帝：

雙林樹下當來解脱善慧大士白國主救世菩薩：皇帝性合正道，履踐如如。大士爲菩提，下而故高；皇帝爲菩提，高而故下。機緣感應，故成佛事。今者故來普勸一切，同修正道。謹白。

因當時何昌使外，書未能達。

本年，啓武帝而置雙林寺。又造佛殿，以殿前白楊樹刻殿中像。再於白楊樹所，創九層塼塔。躬寫經律千有餘卷。

《東陽雙林寺傅大士碑》則稱，在"七佛如來，十方竝現""時還鄉黨，化度鄉親"之後，在"還其里舍，貨貿妻兒"之前，即已創建雙林寺；在大通元年傅普通等一百人詣縣令范胥連名薦述之前，亦即豎塔、寫經：

……嘗締支提，繕寫尊法。嘗以聚沙畫地皆成圓果，芥子菴羅無疑褊陋，乃起九層塼塔，形相巋然，六時虔拜，巡繞斯託。

又以大乘方等，靈藥寶珠，眷言山谷，希得傳寫，龍鄉思其曉照，象駕乏其流通，復造五時經典千有餘卷。與夫鬻子而塟，同其至誠；嫁妻而隱，無殊高節。若寄搏麨，如因賣花。共指菩提，方成親眷。

大同七年（541），傅翕四十五歲。謂弟子曰："我於賢劫千佛中一佛耳。若願生千佛中，即得見我。"又嘗告衆曰："我捨此身時期，嵩頭陀暫過忉利天。不久還兜率天。汝願生彼，即得見我也。"

大同八年（542），傅翕四十六歲。立誓持三年上齋，作願文曰：

弟子善慧今啓釋迦世尊、十方三世諸佛、盡虚空遍法界常住三寶：弟子自念，今生無可從心布施、拔濟受苦衆生，自今立誓：三年持上齋，每六月日不飲食；以此飢渴之苦，代一切衆生酬償罪業，降促苦劫，速得解脱；以不食之糧廣作布施，願諸衆生世世備足，財法無量，永離愛染，不作三業，得大總持，摧伏諸魔，成無上道。

大同十年（544），傅翕四十八歲。以佛像經文委諸善衆，又將屋宇田地等財產悉皆捐捨，營立精舍，設大法會。啓白諸佛：

普爲十方三世六道四生，怨親平等供養三寶，及一切衆以爲佛事。此世界十方無邊國土一切衆生，若有身、口、意業，造作一切無量衆罪，因是墮大地獄。或復業報畜生，嬰受衆苦。或復出生人間，貧窮下賤，盲聾瘖啞，諸根不具。或復枷鎖徒流，牢獄繫閉，無量苦厄。或不見佛、不聞法、不見僧、不値知識，解脱無因。以此供養，仰請世尊慈力除滅，速得解脱；遇善知識，聞法悟道，發菩提心。

因再無庇身之地，遂創立草菴。妙光亦自立菴。一家人“草衣木食，晝夜勤苦，僅得少足”。

不久，有強盜羣至，搶劫再積之財物，僅留下二百餘斛米。傅翕捨米百斛，爲諸劫賊設會懺悔罪惡。

將舍前枯涸小塘中的虫魚，尚活者盡取出以投大江，死者則葬於山下。凡牛犬死者，亦皆葬之。復捨米二百斛，爲魚犬等設會。偈曰：

昔賢捨頭目，王子救虎身。慈尊推國走，修忍拔怨親。
今余聞此德，仰慕菩提因。傾資度牛犬，捨命濟魚身。
願爲常樂友，共趣涅槃津。同會俗無俗，齊證眞無眞。

太清二年（548），傅翕五十二歲。二月，再捨田園產業，以十五日設會，普度羣生。說偈曰：

傾資爲善供，歸命天中天。仰請停光照，流恩普大千。
三塗皆解脱，六趣超自然。普會體無體，齊證緣無緣。

又偈曰：

隱崖修正道，憩茲三十餘。遠媿山林友，歸命帝玄虛。
設會宣經懺，爲彼盪塵墟。普願無暇穢，心淨等芙蕖。
竝契三空理，同證一如如。

大士又欲持不食上齋，及燒身爲燈，遍爲一切衆生供養三寶。
三月十五日，告衆共辨樵薪，於雙林山頂營行火龕。

至四月八日，弟子留堅意、范難陀等十九人，各請奉代師主，持不食上齋及燒身，供養三寶。弟子朱堅固燒一指爲燈，陳超捨身自賣，姚普薰、智朗等傭賃，各以得值供養師主。

九日，弟子留和睦、周堅固二人燒一指燈；弟子樓寶印刺心；葛玄杲割左右耳，比丘菩提、優婆夷駱妙德二人割左耳，比丘智朗、智品等二十二人割右耳：並發願奉化師主，殷勤勸請其師駐世。

又有比丘尼法脱、法堅等十五人，各持三日不食上齋，留師久住。

復有比丘普濟、居士傅長、傅遠等四十二人，決志刺心，洒血塗地，特乞卒閻浮壽。

太淸三年（549），傅翕五十三歲。義烏一帶逢災，傅翕將所有資財散與飢貧之民，復督促勉励弟子家人共拾野菜煮粥，節食以濟閭里。

梁簡文帝大寶元年（550），傅翕五十四歲。江南大饑，傅翕如上年一般，課徒衆煮粥以濟他人。

大寶二年（551），傅翕五十五歲。春天耕作，里無耕牛，遣弟子自植，將牛助人耕地取足，己田唯耕畝半。

梁元帝承聖元年（552），傅翕五十五歲。正月十六日，捨田園、家業、牛犢、倉庫，奉設法會。此後，每年正月十日，皆捨米二千斛，奉設法會。說偈曰：

傾資爲羣品，奉供天中天。仰祈甘露雨，流注普無邊。
六道咸蒙潤，四趣等皆然。普會實無實，齊證堅無堅。

梁敬帝紹泰元年（555），傅翕五十九歲。四月二十日，告衆：“我聞大覺世尊，曠劫以來捨頭目財寶，利安六道。又聞經言：佛法欲滅，先有衆災雲集，人民困苦，死亡者多。次有水災，如今所見，次第當至。誰能普爲一切衆生，不惜身命，復持不食上齋，燒身滅度，以此身燈普爲一切供養三寶，請佛住世，普度衆生？”六月二十五日，弟子范難陀奉持上齋，於雙林山頂燒身滅度。

九月十五日，比丘法曠於始豐縣天台山下燒身滅度。

太平元年（556），傅翕六十歲。三月一日，優婆夷子嚴於雙林山頂赴火滅度。

太平二年（557），傅翕六十一歲。二月十八日，復告衆曰：“今世界衆災不息，人民困劇。誰能苦行燒指爲（燒）［燈］，普爲一切供養三寶，請佛住世，普度羣生?”比丘慧海、菩提、法解、居士普成等八人奉命，比丘法如、居士寶月二人鈎身懸燈。

傅翕又説：“誰能割耳出血，和香洒地，普爲一切供養三寶?”時有比丘智雲等一十二人，沙彌慧普等十人，普知、慧炬等二十三人，小兒善覺等一十七人，一共六十二人奉命行事。

傅翕再説曰：“誰能持不食上齋，請佛住世?”比丘曇展等二十六人，沙彌尼慧堅等九人，小兒法極、竗貞，優婆夷平等、法瑱等十人，道士陳令成、徐尹等，一共四十九人奉命行事。

以上持不食上齋、燒指、剌心等種種舉止，皆據《善慧大士録》卷一而迻録。這應該是史實，因徐陵《東陽雙林寺傅大士碑》亦有記述：

> 自火運將終，民無先覺。雖復五湖内贔，蒼鷩之兆未萌；四海横流，夷羊之（枚）［牧］匪現。大士天眼所照，預覩未來；摩掌之明，夙鑒時禍。哀羣生之版蕩，泣世道之崩淪。救苦爲懷，大悲爲病。誓欲虚中閉氣，識食爲齋；非服名香，但資禪悦。方乃燒其苦器，製造華燈，願以此一光明，遍照十方佛土，勸請調御，常住世間，救現在之兵災，除當來之苦集。於是學衆悲號，山門踊叫。弟子居士徐普拔、潘普成等九人，求輸己命，願代宗師。其中或馘耳而刊鼻，或焚臂而燒手。善財童子重覩知識，忍辱僊人是馮相輩。大士乃延其教化，更住閻浮，弘訓門人，備行衆善。於是弟子居士范難陀、弟子比丘法曠、弟子優婆夷嚴比丘，各在山林燒身現滅。次有比丘寶月等二人，窮身繫索，挂錠爲燈。次有比丘慧海、菩提等八人，燒指供養。次有比丘尼曇展、慧光、法纖等四十九人，行不食齋法。次有比丘僧拔、慧品等六十二人，割耳出血，用和名香，奉依師教。竝載在碑陰。書其名品。①

“載在碑陰”者，則事後有豎碑以記之也。

① （陳）徐陵撰、許逸民校箋：《徐陵集校箋》卷十，第三冊，第1230—1231頁。

這種極端的宗教行為，應該放在當時特定的社會環境下來理解①，即傅翕所說“佛法欲滅”之時，須如此以“請佛住世，普度羣生”。徐陵評曰：

夫二儀大德，所貴曰生；六趣含靈，所重唯命。雖復夢幻影響，同歸摩滅；愛使迷情，唯貪長久。自非善巧方便，漚和舍羅，照以慈燈，沾其妙藥。豈或捨不貲之軀，而能行希有之事。若令割身奉鬼，聞半偈於涅槃；賣髓祠天，能供養於般若：理當刳心靡吝，擢骨無疑者乎。②

對於目的不純淨之燒身等，梁慧皎《高僧傳》卷十二《亡身·論》早即指斥言：

……若是出家凡僧，本以威儀攝物。而今殘毀形骸，壞福田相。考而為談，有得有失：得在忘身，失在違戒。故龍樹云：新行菩薩，不能一時備行諸度。或滿檀而乖孝，如王子投虎；或滿慧而乖慈，如檢他斷食等。皆由行未全美，不無盈缺。又佛說身有八萬戶蟲，與人同氣。人命既盡，蟲亦俱逝。是故羅漢死後，佛許燒身。而今未死便燒，或於蟲命有失。

說者或言：羅漢尚入火光，夫復何怪？有言入火光者，先已捨命。用神智力，後乃自燒。然性地菩薩亦未免報軀：或時投形火聚，或時裂骸分人。當知殺蟲之論，其究竟詳焉。夫三毒四倒，乃生死之根栽；七覺八道，實涅槃之要路。豈必燔炙形骸，然後離苦？若其位

① 參考：（1）張子開《中國佛教僧侶燒身考》，日本東京《中國研究》1997年2月號（第二卷第十一期，總第23期），第66—70頁。（2）張勇：《傅大士研究》，臺北：法鼓文化事業股份有限公司《中華佛學研究所論叢》之19種，1999年版，第329—342頁。（3）James A. Benn, "Written in Flames: Self-immolation in Sixth-century Sichuan". in *T'oung Pao*, Second Series, Vol. 92, Fasc. 4/5 (2006), pp. 410-465；（4）James A. Benn, *Burning for the Buddha: Self-immolation in Chinese Buddhism*. A Kuroda Institute Book, Honolulu: University of Hawai 'i Press, 2007.

② （陳）徐陵撰、許逸民校箋：《徐陵集校箋》卷十《東陽雙林寺傅大士碑》，第三冊，第1231頁。

隣得忍，俯迹同凡，或時為物捨身，此非言論所及。至如凡夫之徒，鑒察無廣，竟不知盡壽行道，何如棄捨身命？或欲邀譽一時，或欲流名萬代。及臨火就薪，悔怖交切。彰言既廣，恥奪其操。於是僶俛從事，空嬰萬苦。若然，非所謂也。①

道宣《續高僧傳》卷二十七《遺身篇·論》亦認為實乃惡業：

……下凡仰慕灼爛，寧不失心！……自有力分虛劣，妄敢思齊：或呻嘷而就終，或激激而赴難。前傳所評，何世無耶！又有未明教迹，婬惱纏封，恐漏初篇，割從閹隷。矜誕為德，輕侮僧倫。聖教科治，必有深旨。良以愛之所起者妄也，知妄則愛無從焉。不曉返檢內心，而迷削於外色。故根色雖削，染愛逾增。深為道障，現充戒難。尚須加之擯罪，寧敢依之起福！②

故而梁陳之後，雖間或有之，但主流佛教界特別是政府卻例加禁絕。如，浙江省舟山群島普陀山不肯去觀音院前，立有一“禁止捨身燃指”碑。碑文有云：

觀音慈悲，現身說法，是為救苦救難。豈肯要人捨身燃指？
今皈依佛教者，信心脩衆善行，自然圓滿。若捨身燃指，有
污禪林，反有罪過。為此立碑示諭。倘有愚媼村氓，敢於潮

禁止捨身燃指

音洞捨身燃指者，住持僧即禁阻。如有故犯，定行緝究。

總鎮坐營把總以都指揮使
總鎮都督李　分　寧紹叅將陳九思
定海脩倭把總以都指揮使

① （梁）釋慧皎撰、湯用彤校注：《高僧傳》，中華書局1992年版，第457頁。
② 《大正新脩大藏經》，第50冊，第684頁c欄至第685頁a欄。

▲普陀山不肯去觀音院前所立之“禁止捨身燃指”碑

（張子開拍攝，2013 年 12 月 15 日）

依此，古代普陀山的捨身或燃指行為，乃在潮音洞附近實行也。

不肯去觀音觀之前，為潮音古洞。洞口與大海相連，海浪日夜拍擊；倘遇漲潮，更為壯觀。洞口上方石崖之上，鐫“現身處”三字。據傳，宋元時期，香客常於洞前叩求菩薩現身，或確有所觀者。甚至有信衆跳入洞內海中，求往生觀音菩薩所在的西方極樂世界。明嘉靖年間，“捨身能成佛，燃指表誠心”之說在民間益盛。因此，地方官員有此石刻以禁之。

立碑之“寧紹叅將陳九思”，或即是《（雍正）浙江通志》卷一百七十一《人物四 · 武功一》所載之杭州府明代“陳九思”：

《萬曆錢塘縣志》。本姓鐵。始祖堅，為元守和州，降明。明太祖賜姓陳，世襲杭州前衛百户。九思長身偉幹，有氣槩。萬歷十年，襲職。又以武科，授吳淞參將。嘗操小舟出沒三江間，大盜竄伏，輒復擒獲。倭勢披猖，沿海亡命，相為窟穴，一夕悉戮之。轅門與倭

▲普陀山潮音古洞上方之觀音“現身處”

（張子開拍攝，2013 年 12 月 15 日）

戰，禦之海上。叙功，陞永平副總兵。歷真、保、薊、津等處總兵。官所至，有奇績。以病回籍，卒。①

碑當立於陳九思任吳淞參將前後，即萬曆十年（1582）之後吧。此碑稱，九思時為“寧紹參將”，是又可補方志之闕也。按，“寧紹參將”所轄，確為舟山群島。《（雍正）浙江通志》卷九十七《海防三・嘉興府》：“寧紹叅將，嘉靖三十一年設。革備倭都司改設。統水兵三枝。正兵哨，正游左哨，正游右哨。駐劄定海。今鎮海。三十五年，總鎮移駐定海，本參改駐臨山。三十八年，又移駐舟山。臨觀、昌國、定海三總，俱屬調度。”至於“總鎮都督李分”，無考。

碑原在參將董永燧所建“莫捨身亭”內②，後亭廢。清邑令繆燧有《捨身戒》，稱：“人有捐生投於梵音洞下者，妄冀為大士所收録。嚴飭禁

① 文淵閣《四庫全書》本。

② 《普陀洛迦新志》卷七。

杜不止，歲或以告。”① 是則清時捨身之所，已然轉至與潮音洞南北相對之梵音洞矣。

普陀山現存之“禁止捨身燃指”碑，非常鮮明地宣示了明王朝對於燒身的態度矣。

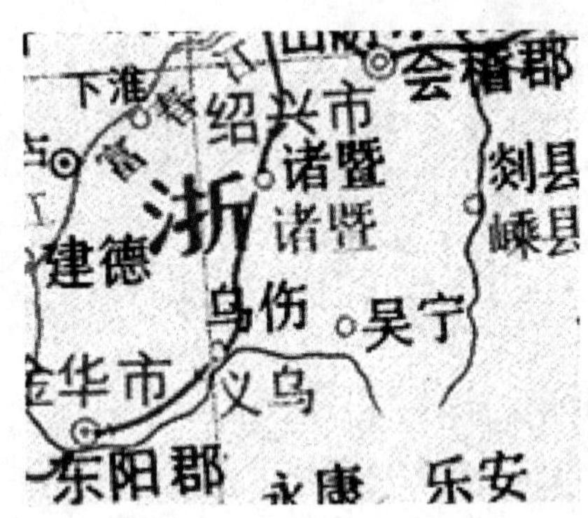

▲陳朝義烏一帶地圖②

大概在陳武帝永定元年（557。是年農曆十月，更年號曰“永定”）後，傅翕在其幾個主要弟子棄世之後，點明他們的真實果位：

> 我同度衆生之伴，去將盡矣，唯潘、徐二人不出其名。如弟子傅普敏則是文殊。沙門慧和是我解義弟子，亦是聖人，然行位不高。慧集上人是觀世音，與我作弟子。昌居士是阿難。

特別是昌居士，因在世時無論外貌還是行業皆顯得闇劣，世人不免輕之，遂專門千誡諸弟子：“汝等莫輕昌居士。佗捨命甚易，無餘痛惱，顔色鮮潔，倍勝平常。”“徐”為“徐普拔”，“潘”乃潘普成也。

有一沙門前來，將傅翕手中香爐强自持去。十許日，懷愧送還。

陳文帝天嘉元年（560），傅翕六十四歲。弟子慧榮等欲建龍華會。傅翕勸其改作請佛停光會：“汝可作請佛停光會。龍華是我事也。若從吾言，定見龍華矣。”

天嘉二年（561），傅翕六十五歲。在山行道時，常見七佛在前，維

① 《普陀洛迦新志》卷七。

② 譚其驤主編：《中國歷史地圖集》，第四冊，第44—45頁。

摩從後。遂謂弟子："七佛之中，唯釋迦數與我語，餘佛不也。""釋迦今正綜此世界，我當紹繼，是故世尊數與我語。"這是強調自己的彌勒化身身份也。

又稱，自己雖不知他人心中所念，然亦有少分宿命智通。如諸弟子遠行當歸，即自知其到日。

會法師欲試傅翕，忽然率八十餘人前來索食。平常準備的飲食僅供四人而已，傅翕大士手自行飯，居然衆悉飽足。

天嘉四年（563），傅翕六十七歲。正月十二日，捨五百斛米、三十束絹，奉設法會。說偈曰：

竊聞佛法將欲滅，憂愁怖畏實難當。
衆災亂起數非一，含識遭値盡中傷。
如何衆生遭此苦，悲念切抱益皇皇。
今與妻兒捨田業，身命財物及餘糧。
遍爲十方設三會，幷燒塗末雜薰香。
煙雲紗色獻三寶，願爲如意出芬芳。
奉供人天大慈父，啓請調御心中王。
唯願哀愍諸羣生，留情久住放慈光。
照燭六道四生類，蒙澤悟解等金剛。
增加神通恒自在，堅固勇猛救危荒。
蕩除世界災穢惡，安泰皎潔若西方。
金池玉沼皆湧出，珍華寶樹悉鏗鏘。
適悅羣生無短乏，尊榮富貴壽延長。
得修無爲八正道，齊超不二涅槃常。

天嘉五年（564），傅翕六十八歲。正月十七日，營齋。至二月八日，轉《法華經》二十一遍。復於會稽鑄寶王像十軀，設無遮法會。九日，建禳災無礙法席。十日，轉《涅槃經》一部，燃長命燈。

此後五年，共設六會，如前供養。

光大二年（568），傅翕七十二歲。冬，嵩頭陀入滅。翕心自知之，遂集諸弟子曰："嵩公已還兜率天宮待我。我同度衆生之人，去已盡矣，我決不久住於世。"作《還源詩》十二章，辭曰：

還源去，生死涅槃齊。由心不平等，法性有高低。
還源去，說易運心難。般若無形相，教作若爲觀。
還源去，欲求般若易。但息是非心，自然成大智。
還源去，觸處可幽棲。涅槃生死是，煩惱即菩提。
還源去，依見莫隨情。法性無增減，妄說有虧盈。
還源去，何須更遠尋。欲求眞解脫，端正自觀心。
還源去，心性不思議。志小無爲大，芥子納須彌。
還源去，解脫無邊際。和光與物同，如空不染世。
還源去，何須次第求。法性無前後，一念一時修。
還源去，心性不沈浮。安住王三昧，萬行悉圓收。
還源去，生死本紛綸。橫計虛爲實，六情常自昏。
還源去，般若酒澄清。能治煩惱病，自飲勸衆生。

雙林、雲黃兩處房前所生瑞梨樹，本來四季常有甘露，本年卻忽變萎黃，漸至枯死。這乃涅槃時將至的徵兆也。

陳宣帝太建元年（569），傅翕七十三歲。夏四月丙申朔，傅翕臥病。告其子普建、普成二法師曰：

我從第四天來，爲度衆生故。汝等愼護三業，精勤六度，行懺悔法，免墮三塗。

二師問曰：

脫不住世，衆或離散，佛殿不成，若何？

翕言：

我去世後，或可現相。

至二十四日乙卯，傅翕入於涅槃。肉色不變。至三日，舉身還煖，形相端潔，轉手柔輭。

更七日，烏傷縣令陳鍾耆來求香火結緣。因取香火，及四衆次第傳之。次及傅翕，翕猶反手受香。沙門法璿等贊嘆道："我等有幸，預蒙菩薩示還源相。手自傳香，表存非異，使後世知聖化餘芳。"徐陵亦記載逝世前後靈異，並加嘆美曰：

> 所應度者化緣既畢，以大建元年朱明始獻，奄然右卧，將歸大空。二旬初滿，三心是滅。爾時隆暑，便已赫曦，屈伸如常，溫暖無異。洗浴究竟，扶坐著衣，色貌敷渝，光彩鮮潔。爰經信次，宛若平生。烏傷縣令陳鍾耆即往臨赴，猶復反手傳香，皆如疇昔。若此神變，無聞前古。雖復青牛道士，白馬先生，便遁形骸，本慚希企。若其滅定無想，彈指而石壁已開；法王在殯，申足而金棺猶啓：非斯類矣，莫與爲儔。①

傅翕給弟子留遺言道：

> 我滅度後，莫移我臥牀。後七日，當有法猛上人送織成彌勒佛像來，長鎮我牀上，用標形相也。

第七天，果有法猛上人帶著織成彌勒佛像和一小銅鍾子前來，安置於牀上；作禮流淚，須臾忽然不見。

是乃傅翕最後之不思議化迹也。

二　化語擷英

如前所言，傅翕沒有上過學，但年輕時即"善和紛諍"，悟道後更是通曉佛法，講說能力非凡。"大成之德，自通墳典。安禪合掌，說偈論經。滴海未盡其書，懸河不窮其義。前後講《維摩》、《思益經》等"；於壽光殿與梁武帝講論玄賾，"言無重頌，句備伽陀，音會宮商，義兼華藻。豈惟寶積獻盖，文成七言，釋子彈琴，歌爲千偈而已。固非論經於白

① （陳）徐陵撰、許逸民校箋：《徐陵集校箋》卷十《東陽雙林寺傅大士碑》，第三册，1232 頁。

▲雲黃寺前新竪之徐陵《東陽雙林寺傅大士碑》

（張子開拍攝，2009 年 11 月 26 日）

虎之殿，應詔於金馬之門，説義雲臺，受釐宣室，可同年而語哉”①。其存世化語，除上舉《善慧大士録》卷一部分内容之外，卷二尚有若干側化語，卷三有十六首/組詩偈。或論之曰：

> 大士凡所有著述，不以文字爲意，但契微玅至眞之理，冀學者因此得識菩提之門耳。其所爲衆生説法，亦不過數句，所聽者各隨性分得解也。②

信哉斯言也！倘浄心品鑑，内中雖然免不了弟子徒衆或後世其他人士潤色的成分，卻也保留了傅翕獨特的佛學見解，洵為中國佛教經典矣。

① （陳）徐陵撰、許逸民校箋：《徐陵集校箋》卷十《東陽雙林寺傅大士碑》，第三册，第1226、1231—1232、1229—1230 頁。

② （陳）弟子智瓚等結集、（唐）樓穎編次、（宋）樓炤刊定：《善慧大士録》卷二。

下面擷採部分化語，雖屬管窺蠡測，尚冀以略見大概也。

1. 語録

《陀羅尼三昧法門少分偈》：

> 是法法中明，猶如星日月。是法法中燈，能破無邊暗。
> 是法法中地，荷載遍十方。是法法中母，出生諸佛種。

爾時大士見衆生雖有肉眼，不識罪福之由，因爲徒衆說三盲之義曰："一、瞋恚盲。二、慳貪盲。三、憍慢嫉妬盲。瞋恚盲者，後墮地獄，出受毒虵身，人見便打殺。"

問："汝起此嗔心，定是損誰？爲損己耶，損他耶？若不生瞋心，應得涅槃常樂。只由起瞋心，墮其身向三惡道中，受如是大苦，不聽受涅槃大樂。此非大盲耶？"

"慳貪盲者，只猶慳貪心，故墮大地獄。從地獄出，受餓鬼身。"

問："汝起此慳貪心，定是損誰？爲損己耶，損他耶？若不生慳貪心，應得大涅槃樂。只由起慳貪心，自墮其身向三惡道中，受如是大苦，不聽受涅槃大樂。此非大盲耶？"

"憍慢嫉妬盲者，先墮大地獄。從地獄出，作糞坑中蟲及猪犬等下賤之身。"

問："汝起此憍慢嫉妬心，定是損誰？爲損己耶，損他耶？若不生憍慢心，應得大涅槃樂。只由起憍慢嫉妒心，自墮其身向三惡道中，受如是大苦，不聽受涅槃大樂。豈非大盲耶？"

大士常勸戒諸人令菜食。說法開示曰："如我不欲得人加諸我，我亦不應加諸人。我不欲得人殺害於我，我亦不應殺害於他。我不殺彼，彼不殺我，是世正理。汝持不殺戒法應如此，就佛何求？若犯殺戒，落刀劍林、鑊湯爐炭地獄。"

"不盜戒者，我不欲得人劫盜於我物，我亦不應劫盜於他物。我不盜彼，彼不盜我，是世正理。汝法應持不盜戒，就佛何求？若犯盜戒，死受地獄重罪，出墮餓鬼，後爲牛馬，又割肉償其債主。百千萬劫，無有休息。"

弟子又問曰：“從來啓佛文詞，只啓釋迦十方佛，而獨不道彌勒。何耶?”

答曰：“十方諸佛共一法身，何必須一一列名，自說因緣? 如昔有人作好飲食，供養聖僧，爾時聖僧化作凡僧形像，來食其食。主人見，即罵辱言：‘我本供養聖僧，不知上人何得受我供養?’然只此上人是聖僧身，主人自不識耳。”

大士又常閑居謂弟子言：“我初學道，始於寺前起一草菴及守菰屋，内外泥治甚周。爾時有客來至屋中與我談話，我於對客之際，乃見一佛，身長丈六，金色，從天上來，東面而下，光明赫艴，遍虛空中亦盡作黄金色。爾時都不見屋及四壁所在，如虛空中坐。佛既至地，我即禮拜，佛亦隨我作禮。唯我獨見，客不見也。”

又言：“我入山修道時，常自思惟：諸佛世尊竝以何道能度衆生? 今我學何法，當得此道? 我資用多乏，肆力耕鋤，瞑還山中，竟夜思惟度衆生法，心未明了。因發聲慟哭，雨淚交流。念三塗地獄之苦，彌日累夕，乃豁然開悟，自識我來處，方知諸佛不除地獄，深有所以：若除地獄，則無人修善。故知善、惡二法互相住持，世界乃安立。譬如聖王治國，設法垂制，人有所犯，則隨事刑戮：輕者鞭捶，重者刀鋸，以（今）［令］於世，以行禮樂，以立仁義。若無王威憲制，偷劫怨家，侵掠無（巳）［已］。”

是後，大士又從容謂弟子曰：“我初悟道時，得少分宿命智通，識本來處，知從天來，本身由在彼天上。”

又言：“我身在山中打磬，六時禮拜，空中常有四部衆同我禮拜。”

弟子問曰：“六篇中言，近皆天宫。不知是何天也?”

答曰：“非是第一義天，衹是欲界中第四天耳。”

又問曰：“未審得宿命智，見來去事，如人即今眼見物不?”

答曰：“不也。我但得少分宿命智耳。今作凡夫，非是具足神通時。至於坐道場時，乃當具足也。”

又問曰：“少分宿命智，見知若爲?”

答曰：“我只心知耳，實無所見。如我遣弟子傅暀奉書白國主，自知當有大德沙門爲影響之人。”

初，大士在世之日，常與弟子說無爲大道、諸法因緣曰："無爲大道者，離於言說。"

"何謂離言說？"

"說者無示，聽者無聞，學者（爲）[無] 得。"

"何謂說無示？聽無聞？學無得？"

……

僧者，復有三義：一者意業無所作，二者口業無所作，三者身業無所作。名之爲僧，亦名法師。

法師者，復有三義：一者履踐如如，體一無相。二能弘宣正典，曉眞不二。三能善巧方便，化彼羣生，同歸一源，名爲法師。

……

出家之法有二。一、形出家；二、心出家。形出家者，所謂剃除鬚髮，同於法身。心出家者，出一切攀緣、諸有結家。若就即世而論，形出家勝。何以故？不爲公私所引，獨脫無累，蕭然自在。若就理而論，則無有二。

又說三乘及外道魔業曰："第一聲聞乘者，不能廣濟，但觀身患，厭離生死，斷一切攀緣有爲諸結，安心實相，證寂無爲，是名聲聞乘。第二緣覺乘者，厭離生死，斷一切攀緣有爲諸結，修行四等六度，廣濟羣生，安心實際，取證成佛三十二相、八十種好，是爲緣覺乘。第三大乘者，息一切攀緣有爲諸結，修行四等六度，廣濟羣生，怨親平等，迴向三菩提，不證三菩提，修行一切法，而離諸法相，是故非世間、非不世間，非涅槃、非不涅槃，不縛不脫，永爲三界父母，廣濟羣生，盡未來際，是名大乘。

何謂外道業？外道業者，修有漏善，厭下攀上；修諸苦行，亦修諸功德，望得高陞自在，永受無爲安樂，是爲外道業。"

又問曰："何謂魔？"

答曰："魔者，邪也。生心取外，即是爲邪。生心取内，即是爲邪。生心取中間，即是爲邪。若心不生，即不動；若心不動。即爲正也。"

又問曰："夫人何故輪迴生死，無有休息？"

答曰："輪迴生死，不由於他，皆由自身口意業之所致也。是故應須控制諸根，不令放逸。"

有人說言："死去更復何知？"

"夫死之與生無差異。何以故？夫有身者，皆謂四大所成，識神合體，遍在其中。今所以知寒知熱、知苦知樂，悉是識神所知，非爲四大知也。若言不然者，何故識神去後，死屍不知苦樂耶？以此推之，明死與生不異，是識神領於苦樂耳。"

"今日若不能忍受飢渴、寒熱、燒煮、割炙之痛，後入地獄，豈能受乎？若不肯調心爲善，恣意殺害衆生、造作諸惡者，死入三塗地獄，刀山劍樹、鑊湯爐炭、銅柱鐵牀、鋸解磨磨、灰河沸屎，阿鼻地獄、寒冰種種諸苦，豈可當乎？"《道家五苦頌》曰：

生落苦神界，轉輪五道庭。久幽閉長夜，累劫無光明。
刀山多劍樹，毒刃互崢嶸。上有履霜人，時刻無蹔寧。
飢飡鐵丸炭，渴飲冶火精。流浪三塗中，豈識形與名。
念子不知命，苦哉傷我情。

又有人言："天下人民學道，不盡菜食。大士何獨執菜食耶？"

答曰："何謂爲聖道？夫聖道者，正也。一者理正，二者世正。學道之人，應修理正。理正者，心不在內，亦不在外，不在中間，一心澄寂，猶如虛空。若生心貪世間非理之味，復何爲正乎？第二，學道之人應修世正。世正者，在貴不凌賤，在富不凌貧，在智不凌愚，在强不凌弱。是故非正不言，非道不行。欲損佗利已，復何爲正耶？且一切畜生之類，皆是罪人所作，自念無有力勢，不能救護。今爲貪口味，反助煎迫耶？一者乖慈，二者乖理，三者亦是罪業。生死根本，一切人民何故輪迴衆苦，無有休息？由不自用道理，更相凌易，互相殺害，爲此流轉三塗地獄，受無量苦。是故執心菜食，畢命不移。"

又問言："非道覓 財供養三寶，其事如何？"

答曰："竊聞經言：'非法財作佛，不聽禮此佛。'以此推之，故知佛不許人惱害衆生、非道覓利供養三寶。"

又有人說言："合家不殺，(伹)［但］常食(巳)［已］死之肉。此事如何？"

答曰："食者不止，殺亦不住。若食者住，殺亦自止。"

人問云："我爲諸惡之事，我廣能讀誦衆經。經云：'能讀誦一句一偈，能滅無邊重罪，能增長無邊功德。'斯說如何？"

答曰："斯乃諸佛菩薩慈愍方便，故誘進在前，決斷在後。若衆生讀經，心得悟道，遠離諸惡，改心爲善，即一句一偈，實能滅無邊重罪、增長無邊功德。今若廣誦衆經，心不斷惡，亦不能滅罪生福。何以驗之？竊聞善星二比丘，讀誦十二部尊經，利如瀉水；但爲惡不住，生身陷阿鼻大地獄。以此推之，故知多聞讀誦、心不斷惡，終不能滅罪生福也。"

或難曰："常說爲善感樂，何故世間有人修善，反貧窮困苦？"

答曰："多是大權菩薩慈愍廣濟，現身修善，嬰羅衆苦，愈困愈堅，不貪世樂，精勤懺悔，唯願捨身，感見諸佛。何以故爾？正爲衆生初發道心，信根未立，多逢怨鄣；恐其道心退沒，引之令堅固，趣向佛道。是故經言說悔先罪，不說過去解脫，以(己)［己］之疾愍於彼疾也。"

又難曰："常說爲惡感苦，何故世間有人生來爲惡，現身富貴安樂、子孫盈堂？"

答曰："夫人得富貴者，不由一生，由前身修行布施、廣作功德，果報今生，感受富貴安樂。今生雖復爲惡，未即受苦，譬如有人殺害百人，百人恨心甚重，常欲報怨，但彼有千人守護，未能得便，意欲得千人去後，百人取而殺害，受苦無量也。"

又問曰："畜生之類，愛念眷屬，何如於人？"

答曰："雖復形差體別，至於貪生畏死，情同狎愛，不異於人。今人自稱有智慧之眼，見生死苦樂之路，而作五痛五燒之因，永劫長夜，受諸苦惱，無有休息，不知遠離，復可得稱爲智慧乎？"

2. 《四相詩》

生相

識託浮泡起，生從愛欲來。昔時曾長大，今日復嬰孩。
星眼隨人轉，朱唇向乳開。爲迷眞法性，還却受輪迴。

老相

覽鏡容顏改，登堦氣力衰。咄哉今已老，趨拜禮還虧。
身似臨崖樹，心同念水龜。尚猶躭有漏，不肯學無爲。

病相

忽染沈痾疾，因成臥病人。妻兒愁不語，朋友猒相親。
楚痛抽千脈，呻吟徹四鄰。不知前路險，猶尚恣貪瞋。

死相

精魄辭生路，游魂入死關。只聞千萬去，不見一人還。
寶馬空嘶立，庭花永絕攀。早求無上道，應免四方山。

3. 《心王銘》

觀心空王，玄妙難測。無形無相，有大神力。
能滅千災，成就萬德。體性雖空，能施法則。
觀之無形，呼之有聲。爲大法將，心戒傳經。
水中鹽味，色裡膠清。決定是有，不見其形。
心王亦爾，身内居停。面門出入，應物隨情。
自在無礙，所作皆成。了本識心，識心見佛。
是心是佛，是佛是心。念念佛心，佛心念佛。
欲得早成，戒心自律。淨律淨心，心即是佛。
除此心王，更無別佛。欲求成佛，莫染一物。
心性雖空，貪瞋體實。入此法門，端坐成佛。
到彼岸已，得波羅蜜。慕道之士，自觀自心。
知佛在内，不向外尋。即心是佛，即佛即心。
心明識佛，曉了識心。離心非佛，離佛非心。
非佛莫測，無所堪任。執空滯寂，於此漂沈。
諸佛菩薩，非此安心。明心大士，悟此玄音。

身心性玅，用無更改。是故智者，放心自在。
莫言心王，空無體性。能使色身，作邪作正。
非有非無，隱顯不定。心性雖空，能凡能聖。
是故相勸，好自防愼。刹那造作，還復漂沈。
清淨心智，如世黃金。般若法藏，竝在身心。
無爲法寶，非淺非深。諸佛菩薩，了此本心。
有緣遇者，非去來今。

4.《貪瞋癡》

不須貪，看取遊魚戲碧潭。只是愛他鉤下餌，一條線向口中含。
不須瞋，瞋則能招地獄因。但將定力降風火，便是端嚴紫磨身。
不須癡，癡被無明六賊欺。惡業自身心所造，愚迷披却畜生皮。

5.《十勸》

勸君一，專心常念波羅蜜。勤修六度向菩提，五濁三塗自然出。
勸君二，夫人出世莫求利。縱然求得暫時間，須臾不久歸蒿里。
勸君三，人身難得大須慙。晝夜六時常念佛，勤修三寶向伽藍。
勸君四，努力經營修善事。莫言少壯好光容，未委前程是何處。
勸君五，尋思地獄眞成苦。眼前富貴逞容儀，須臾不久還歸土。
勸君六，第一莫喫衆生肉。若非菩薩化身來，便是前生親眷屬。
勸君七，萬事無過須的實。朝三暮四不爲人，此理安身終不吉。
勸君八，喫肉之人眞羅刹。今身若也殺佗身，來生還被佗身殺。
勸君九，天堂地獄分明有。莫將酒肉勸僧人，五百生中無脚手。
勸君十，相勸修行須在急。一朝命盡入黃泉，父孃妻子徒勞泣。

6.《法身頌》

空手把鋤頭，步行騎水牛。牛從橋上過，橋流水不流。
有物先天地，無形本寂寥。能爲萬象主，不（遂）［逐］四時凋。

7.《還源詩》十二章

還源去，生死涅槃齊。由心不平等，法性有高低。
還源去，說易運心難。般若無形相，教作若爲觀。
還源去，欲求般若易。但息是非心，自然成大智。
還源去，觸處可幽棲。涅槃生死是，煩惱即菩提。
還源去，依見莫隨情。法性無增減，妄說有虧盈。
還源去，何須更遠尋。欲求眞解脫，端正自觀心。
還源去，心性不思議。志小無爲大，芥子納須彌。
還源去，解脫無邊際。和光與物同，如空不染世。
還源去，何須次第求。法性無前後，一念一時修。
還源去，心性不沈浮。安住王三昧，萬行悉圓收。
還源去，生死本紛綸。横計虛爲實，六情常自昏。
還源去，般若酒澄清。能治煩惱病，自飲勸衆生。

8.《浮漚歌》

君不見，驟雨近看庭際流，水上隨生無數漚。
一滴初成一滴破，幾迴銷盡幾迴浮。
浮漚聚散無窮已，大小殊形色相似。
有時忽起名浮漚，銷竟還同本來水。
浮漚自有還自無，象空象色總名虛。
究竟還同幻化影，愚人喚作半邊珠。
此時感歎閑居士，一見浮漚悟生死。
皇皇人世總名虛，暫借浮漚以相比。
念念人間多盛衰，逝水東注永無期。
寄言世上榮豪者，歲月相看能幾時。

9.《獨自詩》二十章

獨自山，茅茨草屋安。熊羆撩人戲，飛鳥共來飡。
獨自居，何意此勤劬。翹心尋本性，志節服眞如。

獨自眠，寂寞好思玄。休息攀緣境，不著有無邊。
獨自坐，靜思觀無我。調直箇身心，慈悲成薩埵。
獨自處，本誓如應與。示道在經中，扣破無明主。
獨自行，見色恰如盲。輕軀同類化，蠕動未曾驚。
獨自戲，問我心中有何爲？若見無記在心中，急斷令還般若義。
獨自往，觸處隨緣皆妄想。妄想心内逼馳求，即此馳求亦非往。
獨自歸，登山度嶺何所依？比至所依無定實，熟觀此境竟何爲。
獨自作，問我心中何所著？推撿四運併無生，千端萬緒何能縛。
獨自語，問我心中何所取？照了巧說竝皆空，咽喉唇舌誰爲主。
獨自情，其實離聲名。三觀一心離萬品，荊棘叢林皆自平。
獨自美，迢迢棄朝市。追昔本願證無生，不得無生終不止。
獨自佳，禪味朝飡不用蝦。弊此揣食如應與，假借五陰以爲家。
獨自樂，且欲求無學。急斷三界繩，得免泥犂惡。
獨自好，決求菩薩道。萬行爲衆生，未取泥洹寶。
獨自觀，試取世緣看。捉此無常境，一理向心觀。
獨自奇，正是學無爲。迴思多許念，運向涅槃池。
獨自足，願心無限跼。怨親法界語圓眞，始得應身化羣育。
獨自宿，意裡心儲蓄。爲作良友繫衣珠，歷劫彌生根會熟。

10. 《五章詞》

爾時大士與諸弟子，晝夜思惟觀察行人，生而不生，滅而不滅，止息攀緣入法相，即是爲解脱也。乃作五章詞曰：

一更始，擎香佛龕裏。敬禮無上尊，心心已無已。
二更至，加趺靜禪思。通達無彼我，眞如一不二。
三更中，觀法空不空。無起無生滅，體一眞如同。
四更前，觀法緣無緣。眞如四句絕，百非寧復煎。
五更初，稽首禮如如。歸依無新故，不實亦不虛。

11. 《行路易》十五首

佛空俱一體，空佛本來同。觸目皆如此，無心自性中。行路易，路易不修行，有無心永息，只箇是無生。

衆生是佛祖，佛是衆生翁。三寶不相離，菩提皆共同。行路易，路易眞無作，持經不動口，坐禪終日臥。

無生無處所，無處是無生。若覓無生處，無生無處生。行路易，路易坦然平，無心眞解脱，自性任縱横。

菩提無處所，無處是菩提。若覓菩提處，終身累劫迷。行路易，路易眞不虚，善惡無分别，此則是眞如。

有無皆解脱，累息在無生。菩提是顛倒，生死最爲精。行路易，路易人莫疑，解吾如此語，修道不須師。

東山水上浮，西山行不住。北斗下閻浮，是眞解脱處。行路易，路易人不識，半夜日頭明，不悟眞疲劇。

猛風不動樹，打鼓不聞聲。日出樹無影，牛從水上行。行路易，路易眞可怜，修道解此意，長伸兩脚眠。

佛心與衆生，是三終不移。虚空合眞理，人我在無爲。行路易，路易眞難測，寄語行路人，大應須努力。

人道行路難，我道行路易。入山十二年，長伸兩脚睡。行路易，路易莫思量，剎那心不二，終日是天堂。

須彌芥子父，芥子須彌爺。山海坦平地，燒氷將煑茶。行路易，路易眞冥寞，菩提心在中，世人元不覺。

有無去來心永息，内外中間心總無。欲覓如來眞佛處，（伹）［但］看石牛生象兒。行路易，路易須及早，不用學多聞，無言眞是道。

無用是無作，無作是無心。無見無心處，楊花水底沈。行路易，路易眞無得，講説千般論，不如少時默。

無情正是道，木石盡眞如。達時遍境是，不悟永乖踈。行路易，路易眞可樂，剎那登正覺，不用披三教。

無事眞無事，無事少人知。無爲無處所，無處是無爲。行路易，路易人莫驚。無有無爲事，空有無爲名。

無我無人眞出家，何須鬀髮染袈裟。欲識逍遥眞解脱，但看水牛生象牙。行路易，路易君諦聽，無覺無菩提，無垢亦無淨。

12. 率題二章

有沙門問："大士那不出家?"答曰："不敢住家，不敢出家。"爾時又爲東卿侯率題二章，略說理要云：

脱中如不如，縛中穆如相。乃會三菩提，如如等無上。
法相竝非雙，恒乖未曾各。沈浮隨不隨，搖漾泊無泊。

13.《勸喻詩》三首

持戒如天日，能明炬夜軀。照見家中寶，兼開額上珠。直超三有海，徑到薩雲衢。竝會等無等，齊證拘不拘。

破戒如船浛，沒溺大江海。臨窮方喚佛，志操不能改。命如風中燈，迅滅寧相待。身死罪由存，牽向阿鼻門。千苦俱時至，萬痛切神魂。獨嬰燒煑炙，困劇事難論。

修空截三有，精進作醫王。共弘調御法，甘雨注無方。澤潤羣生等，慧解悉芬芳。普會三菩室，齊證眞如房。

14.《率題兩章》

罷世還本源，離有絕名相。栖神不二境，體一上無上。
性狎無彼此，心由不去歸。逍遙空寂苑，悦意境忘依。

（以上化跡或詩偈，並擷自《善慧大士録》）

15.《三諫歌》

捨世榮，捨世榮華道理長，(怒)［努］力殷勤學三諫，諫我身心還本鄉：諫意意根莫令起，諫口口根莫說彰，諫手手根莫鞭杖。三諫三王王自香，虚空自得到仙堂。仙堂不近亦不遠，徘徊只是衆中央。若欲行住仙堂裏，不用匍匐在他鄉。

若欲求念彌陀佛，東西南北是西方。西方彌陀觸處是，面前背後七重行：或黄或赤或紅白，或大或小或短長。天蓋正是彌陀屋，木孔木穿彌陀房。天上空中彌陀路，草木正是彌陀鄉。日夜前後嘈嘈鬧，正是彌陀口放光。

若欲禮拜彌陀佛，不用思想強干忙。若不詐人是禮拜，若不求人是道場。努力自使三功作，殷勤肆力種衣糧。山河是家無盡藏，草木是人常滿倉。泥水是人常滿庫，藤蘿是人無窮囊。多作功夫自成就，自行手腳熟嚴裝。若欲往生安樂國，只是箇物是西方。

(採自永明延壽《宗鏡録》卷二十九。《大正新脩大藏經》，第48冊，第589頁a欄)

16.《示諸佛村鄉歌》

諸佛村鄉在世界，四海三田遍滿生。
佛共衆生同一體，衆生是佛之假名。
若欲見佛看三郡，田宅園林處處停：
或飛虛空中擾擾，或擲山水口轟轟。
或結群朋往來去，或復孤單而獨行。
或使白日東西走，或使暗夜巡五更。
或烏或赤而復白，或紫或黑而黃青。
或大或小而新養，或老或少舊時生。
或身腰上有燈火，或羽翼上有琴箏。
或遊虛空亂上下，或在草木亂縱橫。
或無言行自出宅，或入土坑暫寄生。
或攢木孔為鄉貫，或遍草木作窠城。
或轉羅網為村巷，或臥土石作階廳。
諸佛菩薩家如是，只箇名為舍衛城。

(採自永明延壽《宗鏡録》卷二十九。《大正新脩大藏經》，第48冊，第589頁b欄)

貳　祖師形象

傅翕以一介居士之身份而廣行佛法，不但影響遠超義烏本地，而且至京城講經論道，甚至多次與梁武帝對揚玄賾；其弟子分佈於各個社會階層，甚至頗不乏沙門身影①：這種現象，在中國佛教史乃至於整個佛教發展史上，皆極其罕見。

前已言及，傅翕遺囑在其臥牀上長鎮法猛上人所送來的彌勒佛像，“用標形相也”②，可見無論生前還是逝後相當長一段時間，雙林寺並未塑造其形象。稽諸文物文獻，現所記載或留存的傅翕形象，最早僅可追溯至趙宋時代。

一　北宋的天冠彌勒形象

現河北正定隆興寺中，保存著一座北宋開寶二年（969）始建的轉輪藏骨架。1918 年，日本古建筑學家關野貞曾來隆興寺一遊，並拍攝了一張轉輪藏照片，給我們展示了當時的轉輪藏形象。

該張照片最為可貴處之一是，顯示出轉輪藏正面龕中有一尊木雕像。其時代應該是宋代③。雖然圖片不是很清晰，但由其頭載天冠、特別是當時一般認為輪藏乃傅翕所創而觀，此尊像應該為彌勒。

這很有可能就是宋人心目中的、或者由前代傳下的傅翕形象。

可惜的是，待到 1933 年梁思成再來隆興寺考查時，轉輪藏內的雕像、經匣之類已經蕩然無存，僅餘木頭骨架而已。寺僧將他處的木雕布袋和尚像，移於轉輪藏正面，聊以表示轉輪藏的發明者乃彌勒化身罷了④。

---

① 張子開：《傅大士研究（修訂增補本）》，第 367—369 頁。

② （陳）弟子智瓚等結集、（唐）樓穎編次、（宋）樓炤刊定：《善慧大士録》卷一。

③ 《梁思成文集》第一冊，中國建筑工業出版社 1982 年版。

④ 按，梁氏於是年 4 月 20 日拍攝過一張照片。他認為，新近移來的雕像為阿彌陀佛，“顯然由別處搬來寄居的坦腹阿彌陀佛”，“轉輪藏前的阿彌陀佛依然笑臉相迎”（梁思成《正定調查紀略》，《中國營造學社彙刊》第四卷第二期，第 2—3 頁，1933 年 6 月）。其實，此“阿彌陀佛”實為布袋和尚契此之像也。

▲20 世紀 20 年代的轉輪藏及傅翕像

［［日］常盤大定、關野貞：《支那文化史跡》（東京：法藏館，1941 年）］

二　宋代著袈裟居士形象

位於日本東京都港區芝公園的增上寺，為日本浄土宗七大本山之一，也是關東大本山。全名“三緣山廣度院增上寺”，簡稱“緣山”“增上寺”。原稱“光明寺”，屬古義真言宗，位於武藏國豐島郡貝冢（今東京千代田區平河町及紀尾井町一帶）。明德四年（1393）改為浄土宗，更為今名。天正十八年（1590），德川家康入住江戶後，以之為菩提所（祠堂），即靈廟、家廟。慶長三年（1598），移至現址。後嘗為關東浄土宗十八檀林之首，以及關東僧録所、總録所。

增上寺後幾經燒毀，原建筑僅存慶長十年（1605）所建三解脫門。現在的本堂乃昭和四十九年（1974）新建。雖然如此，因與德川家康家族淵源甚深，除三門之外，寺中尚藏有聖德太子立像、《紙本着色法然上人伝》（繪畫）二卷、《法然上人繪伝》四十八卷，宋、元及高麗版大藏經等，多有被列為日本國寶者①。

▲日本東京增上寺古地圖

（擷自：http：//www. zojoji. or. jp）

寺內還有德川幕府時代建成的經藏。經藏的中心為八角形轉輪藏，上述三種藏經原本即收藏於其中。南宋版《三緣山輪藏目録》，即載録了此座轉輪藏中所藏佛典的目録②。

與義烏另有關涉者，寺內有一尊木雕傅翕像。其形製十分古朴：身穿袈裟；盤腿而坐，左手置於左腿上；右手前伸，豎起食指，似正在講說；頂上有髮；面色慈悲，有翳鬚長髯。

增上寺另有一像，當是據木雕像而描摹的：

雖然增上寺之名在約中國明朝時方始出現，但由其前身、與德川幕府的獨特關係、所藏眾多寶物等，特別是雕像本身的形態而觀，此木雕像應該留存了宋代及以前的傅翕形象，而且很可能是由中土或東瀛僧人從義烏帶過去的。

① 參考：《江户名所記》，《三緣山志》及《續三緣山志》，《大本山增上寺史》。增上寺編著：《增上寺史料集》，增上寺出版，1979—1984 年。［日］玉山成元：《三緣山增上寺》；［日］松本清張：《增上寺刃傷》，講談社文庫，1987 年 1 月。

② 《昭和法寶總目録》，第二卷，第 150—178 頁。

▲日本東京增上寺

（張子開拍攝，2012 年 11 月 24 日）

▲傅翕像一/日本東京・增上寺藏

（《図說日本仏教の原像》，第 153 頁）

▲傅翕像二/日本東京・增上寺藏

考日本僧人圓珍（Enchin，814—891）於唐宣宗大中七年至十二年（853—858）曾入唐，收録其在華所得文物文獻的《日本比丘圓珍入唐求法目録》有言：

> 傅大士寫真一卷①

① 《大正新脩大藏經》，第 55 冊，第 1101 頁 b 欄。

次年所撰《智證大師請來目録》亦說：

傅大士真［影］一張①

“寫真”者，人物肖像畫也。隋灌頂《國清百録》卷四載當陽縣令皇甫毘《玉泉寺碑》：“工圖相好，湛若金山。匠寫真容，凝如滿月。”②《宋高僧傳》卷十三《周廬山佛手巖行因傳》：“一日小疾，謂侍僧曰：‘卷上簾，我去去。’簾方就鉤，下床三數步間立，屹然而化。春秋七十。許元宗命畫工寫真。而闍維收遺骨，白塔在巖背焉。”③ 王安石《胡笳十八拍》詩之八：“死生難有却回身，不忍重看舊寫真。”“真影”，義同“寫真”。《三國遺事》卷三“有德寺”條：“新羅大夫角于崔有德，捨私第為寺，以有德名之。遠孫三韓功臣崔彥撝掛安真影，仍有碑云。”④

這是目前最早的有關傅大士肖像的記載。

日本的木刻傅大士像，或許就是根據圓珍所攜回圖像而雕造的吧。

三　宋代伊始的三教合一形象

北宋石霜楚圓（987—1040）集《汾陽無德禪師語録》卷中云：

梁帝殿上坐，大士披（納）［衲］、頂冠、靸履來。帝問：“師是僧耶？”指頭上冠。“是道耶？”指（納）［衲］帔。“是俗耶？”指鞋履。⑤

這是目前最早的傅翕身著儒、釋、道三家服裝的記載。

南宋宗鑑編《釋門正統》卷三《塔廟志》：

若夫諸處俱奉大士寶像於藏殿前，首頂道冠，肩披釋服，足躡儒

① 《大正新脩大藏經》，第55冊，第1107頁a欄。
② 《大正新脩大藏經》，第46冊，第820頁a欄。
③ 《大正新脩大藏經》，第50冊，第788頁b欄。
④ 《原文三國遺事》，漢城：明文堂，1993年1月20日初版發行。
⑤ 《大正新脩大藏經》，第47冊，第617頁a欄。

履，謂之和會三家。佛印禪師（了元）為王荆公贊其所收畫像曰："道冠儒履釋加沙，和會三家作一家。忘却率陀天上路，雙林癡坐待龍華。"又列八大神將運轉其輪，謂"天龍八部"也。又立保境將軍，助香火之奉，謂是在日烏傷宰也。茲三者，考《録》無文，不能自決，直俟龍華會上，庶可問津耳。[①]

可見，至少在南宋，天下已有或新創轉輪藏時，例皆塑造道冠、釋服、足儒履的傅翕像也。

"和會三家作一家"云云，或稱乃傳說中的南宋湖隱濟顛（1133—1209）所創：

道冠儒履釋袈裟，和會三家作一家。
忘却率陁天上路，雙林端坐待龍華。　胡隱濟。[②]

陸遊（1125—1210）《渭南文集》卷二十四《孫餘慶求披戴疏》言：

孤雲野鶴，山林自屬。閑身布襪，青鞵巾褐，本來外物。
伏念心久游於塵外，迹尚寄於人間。
傅翕雖然頭戴道冠，王恭終要身披鶴氅。
直須白水真人力，共了青谿道士緣。

是則傅翕道冠、儒履、釋袈裟之形象，乃世俗公認矣。

前舉日本增上寺傅翕木雕像，雖則有髪，卻未見著道冠、儒履，這也是我們判斷其時代更早的原因之一。

元秦子晉《新編連相搜神廣記·後集》"傅大士"條，鐫傅翕道冠、袈裟、儒履之形，後跟隨二出家童子，蓋普建、普成也；再敘述曰："大

---

① 《大日本續藏經》第壹輯第貳編乙第叁套第伍冊，第三九六葉右下欄至左上欄。

② （南宋）法應集、元普會續集：《禪宗頌古聯珠通集》卷第三《菩薩機緣》"善慧大士"。《大日本續藏經》第壹輯第貳編正編第貳拾套，第二十葉右半葉。

士雖釋家者，流而不（髡）［髠］。或以為有先知，能免德士之冠服云。”①朱明時佚名輯《三教源流搜神大全》卷二亦載傅大士頭戴道冠、身穿袈裟、足著儒履、手持拍板的畫像，左附文字說明：“自幼聰慧，通（二）［三］教之書。”“大士雖出家者，流而不（髡）［髠］。或以為有先知，能兌德士之冠服云。”② 內容顯得襲自前者。無論“出家者”，還是“釋家者”，皆為訛誤矣。

▲傅翕像/《三教源流搜神大全》

（見《藏外道書》，第 31 冊，第 759 頁下欄）

明徐一夔撰《始豐稿》卷八《題跋·題傅大士三教像》：

錢塘性天義師，慈慧有戒行，能以聲音為法事，雅好收佛祖像。一日，持一軸示予，請題其像，圓冠方履而被袈裟，曰：“此傅大士像也。”按，大士諱翕，字玄風，義烏人。少業漁，有妻子。嘗遇梵

① （元）秦子晉：《新編連相搜神廣記》，元刻本，建安版。見《繪圖三教源流搜神大全（外二種）》，上海古籍出版社 1990 年版，第 519—520 頁。

② 《藏外道書》，第 31 冊，第 759 頁下欄至第 760 頁上欄。

僧，以宿緣曉之，竟與其妻子去之雙檮樹間，修苦行，明佛理。其後業成，去謁梁武帝，能以神通動之。遂延大士講經秘殿，甚見尊禮。至陳大建初，化去。此其始末也。今所畫像，具世俗所謂三教衣冠，有合三為一之意。竊謂大士生齊梁間，其時佛法方盛，勿論老氏，雖吾孔子之道亦未有以勝之，大士固不必預慮他氏見詆而示人以同也。而畫者為是，何哉？蓋佛之說，有謂未來世當有具如是衣冠而示人以同者，故畫者逆而為之，以沮世之詆異端者。此其或然歟！然非予之所敢知也。因師之謂，疏其略而歸之。①

上述三種文獻所記，皆為世間單獨流傳的傅翕畫像。

明《永覺元賢禪師廣録》卷二十四《詩上・五言古》，內有《懷智者慧約國師》詩，謂“我來智者鄉，披荆考陳迹”云云；下一首為《懷博大士》：

悵望雲黃山，飄渺白雲裏。一搭迥千秋，去天纔尺咫。
憶昔善慧翁，道冠亦儒履。謁帝入承明，據榻獨抗禮。
揮案説全經，虛空若為擬。甘露每夜泫，天仙頻來止。
寺廢足寒煙，棟橈陛亦圮。誰為魯靈光，巋然雙樹底。②

元賢所説“道冠亦儒履”，蓋其所目睹雙林寺所塑傅翕像也。

民國二十八年，上海國光印書局鉛印出版了《三大士實録》，包括《傅大士集》《布袋和尚傳》和《文殊菩薩示現録》。開卷第一頁乃“彌勒化身傅大士象”，後頁為《傅大士像贊》：

非道非儒，釋無所釋。窮盡太虛，體何曾隔。
般若妙旨，只在撫尺。普應萬機，原是彌勒。
大用難思，甚奇甚特。

書中之傅翕像，本為照片。至於像本身，很可能源自雙林寺吧。

① 文淵閣《四庫全書》，第 1229 冊，第 273 頁下欄至第 274 頁上欄。
② 《大日本續藏經》第壹輯第貳編正編第叁拾套，第三百三十六葉右半葉。

上海法雲印經會流通簡章

眾生沉淪於苦海，必賴慈航救濟，度脫有期。佛法化導於世間，全仗經典住持，燈傳無盡。良以經典乃三世諸佛之慧命，六道眾生之眼目也。興慈法師，度生心切，宏教情殷，歷年印行經典，徧布遐邇，茲更擴充範圍，組織本會，普勸道俗，共策進行，以期慧炬高照，破大夜之昏衢，法鼓長鳴，驚羣生之迷夢。謹將出版經典，流通辦法，分列於左，諸方高明，幸賜贊助。

(甲)全贈

(乙)照本

(丙)代辦

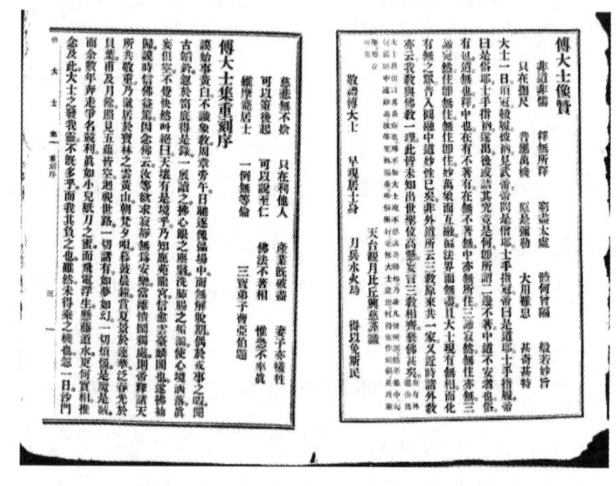

傅大士像贊

非道非儒　釋無所釋　彌滿太虛　體何實礙　般若妙旨
只在咫尺　普應萬機　眼是彌勒　大用難思　甚奇甚特

敬讚傅大士　早現居士身　月兵水火劫　得以免斯民

天台觀月比丘興慈謹識

慈悲無不捨　只在利他人　產業既破盡　妻子亦犧牲
可以策後起　可以說至仁　佛法不著相　惟恐不率真
維摩龐居士　一例無等倫　三寶弟子曹崇伯題

傅大士集重刻序

▲上海國光印書局《三大士實録》鉛印本

其實，在鉛印本之前，世間另有線裝本《三大士實録》。卷首亦有傅翕道冠、儒履、釋袈裟像，不過為據手繪而雕刻，亦有相同的贊詩。末尾注云："此仿雙林寺塑像披袈裟。按，傳中云披納。"則實據雙林寺塑像而繪製。也就是說，鉛印本中的傅大士塑像，方為雙林寺中供奉的真正形象矣。

印光校正而單獨流傳的《傅大士集》，卷首亦有傅大士像，又云："故今雙林寺塑大士像，頂道冠、身袈裟、足靸履，仿此迹也。"細查之，此像雖頭頂道冠，足蹬儒履，所穿卻非福田衣。很明顯，印光校正本之像，與線裝本《三大士實録》所鐫，源同而流異也。

▲上海國光印書局《三大士實録》中之傅大士像

其實，民國初年，雙林寺中殿中尚有一座人稱彌勒的銅像：

> 今雙林寺中殿（介在前後二殿之中，故稱中殿。）遺址中，有銅像一軀，身披衲衣，而作笑容，科頭跣足，坦胸皤腹，左手攜布囊，右手持數珠，左足踡向內，如半跏趺勢，右足蹲而竪，高可六尺，圍約丈許而差弱，不詳其重量，亦不著鑄造年月。去歲春余遊雙林，因得瞻禮，或指而認余曰：世所稱雙林有銅彌勒像，爲梁陳間古物者，即謂是也。①

科頭，謂裸露頭髻，不著冠帽也。晉葛洪《抱朴子・刺驕》："或亂

① 朱中翰：《雙林寺考古志》，浙江省立圖書館編《文瀾學報》第三卷第一期，1937 年版，第 6—7 頁。

▲上海圖書館藏《三大士實録》之傅大士像

▲傅翕像

（印光較正本《傅大士集》卷首）

項科頭，或裸袒蹲夷……此蓋左衽之所爲，非諸夏之快事也。"《資治通鑑·漢獻帝建安元年》："布將河内郝萌夜攻布，布科頭袒衣，走詣都督高順營。"胡三省注："科頭，不冠露髻也。今江東人猶謂露髻爲科頭。"跣足，光著腳。唐谷神子《博異志·陰隱客》："首冠金冠而跣足。"《根本說一切有部毘奈耶皮革事》卷下："于時苾芻跣足，辰時著衣持鉢，入室羅筏城乞食。"[①]"科頭跣足"，顯非傅翕作派。特別是"坦胸皤腹，左手攜布囊，右手持數珠"，與傅大士更是相距涯岸矣！故昔人早已辨識出，此乃五代時布袋和尚契此之像，絶非梁陳間故物也[②]。

可深思者，為何雙林寺中會出現時代遠後於南朝的布袋形象？

四　五百羅漢中的"善慧尊者"

初期佛教（early Buddhism）[③]和其後的部派佛教，修習者所能達到的最高果位為 Arhat，音譯"阿羅漢"，簡稱"羅漢"。謂其已然臻達無餘涅槃，即斷盡了生死煩惱也。arhantī、arhat-phala 也是這個含義。佛典稱常隨悉達多聽法的五百弟子為五百阿羅漢。《十誦律》卷四十八："爾時，世尊與五百阿羅漢入首波城，到長者蛆毘揵挐舍受食已，至阿耨達池上食。"[④]後漢外國三藏康孟詳譯《佛說興起行經》之《序》："如來將五百羅漢，常以月十五日，於中說戒。"[⑤]或稱參與第一次或第四次結集的五百比丘為五百羅漢[⑥]。此外，五百羅漢的來源，還有諸種說法，如波羅奈國五百大雁聽佛陀說法而死後全部入忉利天為羅漢[⑦]，南海之濱五百蝙蝠

---

① 《大正新脩大藏經》，第 23 冊，第 1056 頁 b 欄。

② 朱中翰：《雙林寺考古志》，第 6—7 頁。

③ 或稱"原始佛教"（primitive Buddhism）、"根本佛教"（original Buddhism）、"古代佛教"（ancient Buddhism），等等。一般而言，指始於釋迦牟尼，止于阿育王即位，即部派分裂之前。參考王開府《原始佛教、根本佛教、初期與最初期佛教》，《冉雲華先生八秩華誕壽慶論文集》，法光出版社 2003 年版，第 21—56 頁。

④ 《大正新脩大藏經》，第 23 冊，no. 1435，第 347 頁 c 欄。

⑤ 《大正新脩大藏經》，第 4 冊，no. 197，第 163 頁 c 欄。

⑥ 西晉三藏竺法護譯《佛五百弟子自說本起經》。《大正新脩大藏經》，第 4 冊，no. 199，第 190 頁 a 欄至第 202 頁 a 欄。

⑦ 《經律異相》卷四十八《五百雁為獵所殺以聞佛法生天得道》，注曰"出《賢愚經》第十三卷"。《大正新脩大藏經》，第 53 冊，no. 2121，第 254 頁 a—b 欄。

因聽經而托生為人再為羅漢①，五百仙人聞甄陀羅女歌聲而失禪定、終證阿羅漢果②，憍薩羅國被波斯匿王之兵挑去眼睛的五百強盜因佛陀吹灰之香山中種種香藥而復明、再聞佛法而成羅漢③。

中土的五百羅漢説，則別具特色，是從十六羅漢、十八羅漢等一步步演變而來的。《高僧傳》卷十一《竺曇猷》：

……赤城巖與天台瀑布、靈溪四明，並相連屬。而天台懸崖峻峙，峯嶺切天。古老相傳云：上有佳精舍，得道者居之。雖有石橋跨?，而橫石斷人，且莓苔青滑：自終古以來，無得至者。猷行至橋所，聞空中聲曰："知君誠篤，今未得度，却後十年自當來也。"猷心悵然，夕留中宿，聞行道唱薩之聲。旦復欲前，見一人鬚眉皓白，問猷所之。猷具答意，公曰："君生死身，何可得去？吾是山神，故相告耳。"猷乃退還，道經一石室，過中憩息。俄而雲霧晦合，室中盡鳴，猷神色無擾。明旦，見人著單衣袷來，曰："此乃僕之所居。昨行不在家中，遂致搔動，大深愧怍。"猷曰："若是君室，請以相還。"神曰："僕家室已移，請留令住。"猷停少時。猷每恨不得度石橋，後潔齋累日，復欲更往，見橫石洞開。度橋少許，覩精舍神僧，果如前所說。因共燒香中食。食畢，神僧謂猷曰："却後十年，自當來此，今未得住。"於是而返。顧看橫石，還合如初。④

後世遂有石橋五百應真之説。此事在東晉興寧（東晉哀帝司馬丕年號，363—365）年間，則吾國五百羅漢之説至遲可追溯至公元四世紀中葉的天台一帶矣。

一般認為，南宋嘉興高道素確定了五百羅漢的名字，並刻碑以記之：

---

① （唐）玄奘、辯機原著，季羨林等校注：《大唐西域記校注》卷二，中華書局 1985 年版，第 265 頁。

② 《大智度論》卷十七《序品》。《大正新脩大藏經》，第 25 冊，no. 1509，第 181 頁 b 欄至 c 欄。

③ 《經律異相》卷五《吹香山藥入五百盲賊眼中還得清眼》，注曰："出《大涅槃經》第十四卷、《大方便佛報恩經》第七十卷，大同。"《大正新脩大藏經》，第 53 冊，no. 2121，第 23 頁 a 欄至 b 欄。

④ （梁）釋慧皎撰、湯用彤校注：《高僧傳》，中華書局 1992 年版，第 404 頁。

“一日散步燕市，遇木里浦真如菴僧售一蠹幀。諦視之，乃南宋江陰軍乾明院羅漢尊號碑也。”[①] 高承埏於崇禎十六年（1643）孟夏，將碑文鐫於涇縣署中；後念祖居士高佑釲，再付雕版，是即今傳《五百羅漢尊號》[②]。但其實，廣西宜州會仙山白龍洞中，現存有題為“供養釋迦如來住世十八尊者五百大阿羅漢聖號”的摩崖石刻，所列羅漢名號518位；另有佛教故事畫一幅，署曰“大宋元符元年八月秋日清信第子龍管記”。“元符”為北宋哲宗趙煦年號，元符元年即公元1098年。白龍洞石刻羅漢名號，要早於傳說刻於南宋紹興四年（1134）的乾明院碑，乃全國最早的且保存完好的五百羅漢名號碑[③]。

題為“賜進士出身奉政大夫嘉興高道素斗光手録”之《五百羅漢尊號》，分五百羅漢為“住世十八尊者”和“石橋五百尊者”兩類，後者的第一百三十一尊為“善慧尊者”[④]。

五百羅漢的形象，今傳有明吳彬《五百羅漢圖卷》[⑤]，以及四川新都寶光寺建於咸豐元年（1851）的羅漢堂。江蘇蘇州西園寺的五百羅漢中，亦有清末泥塑貼金的善慧羅漢[⑥]。

杭州靈隱寺明代即有五百羅漢堂，後廢。清初重建，復毀。1999年重建。現所供奉的五百羅漢乃青銅鑄就，內中亦庋“善慧尊者”。

種種跡象表明，五百羅漢中的“善慧尊者”，其實就是傅大士。

“善慧尊者”的實相和名聲，隨著五百羅漢而更加為人所知曉。只是，“善慧尊者”遠無身披袈裟像那麼親切，也無三教合一形象那樣有特點罷了。

---

① 高承埏：《題羅漢尊號碑》，《五百羅漢尊號》卷首，《乾隆大藏經》，第157冊，no. 1651，第816頁a欄。

② 高承埏：《題羅漢尊號碑》、高佑釲跋《五百羅漢尊號》，《乾隆大藏經》，第157冊，no. 1651，第815頁a欄至第816頁a欄，第833頁b欄至第834欄a欄。

③ 李楚榮：《五百羅漢名號碑及宜州佛教》，“西山論壇論·佛教文化暨巨贊大師誕辰百年學術研討會”（2008年11月6—7日，廣西桂平）論文。

④ 《乾隆大藏經》，第157冊，no. 1651，第821頁b欄。

⑤ （明）吳彬：《五百羅漢圖卷》，天津楊柳青畫社2008年版。

⑥ 戒幢佛學研究所編：《西園寺五百羅漢》，嶽麓書社2004年版。

▲五百羅漢之“善慧尊者”

（清末蘇州西園寺）

▲五百羅漢之“善慧尊者”

（［當代］杭州靈隱寺）

（張子開拍攝，2014 年 12 月 24 日）

附　録

《善慧大士附録》卷四《嵩頭陀法師》

（陳）智瓚等

法師名達摩，不知何國人。所居在雙林北四十里岩谷叢林之間。其地多楓香樹，因號爲香山。法師居此已久，無人知者。

後有採薪人遇見，形甚枯槁，神氣爽邁，獨坐大樹下。因就與語，甚悦。法師謂曰："此處堪造寺，恨力寡不能自致耳。"樵者乃請法師出山，向俗人家供養。法師曰："有不種五辛處，吾乃往矣。"樵者思惟：乃有一家，先世已來，未甞種此。即將法師往其家。於是，邑聚之人迭供養之。乃與人相攜向所居之處，以四本作臬，釘地曰："此可置寺矣。"

後因暫遊松峭山南，遇梁常侍樓偃。偃亦有倫鑒，見法師眉目秀異，知非常人，因與語，大悦。法師謂曰："貧道是外國凡僧，頭陀至此。與檀越過去深有因緣，今欲共弘佛事，舟航羣生。"乃與偃期：來歲八月，至所居松林下相見。于時佛法尚劣，偃猶未識心之所期；又疑其或是聖人：故至時，芟薙別棘，開路向二十里，方達法師所。見法師披糞掃之衣，加趺而坐。懽然謂偃曰："菩提之道，利益處廣。當與檀越共崇建三寶，蕩汰六塵。若一失正報，曠劫不復人身。盲龜遇孔，豈可復期？"偃聞是言，乃與從者共發道心，崇弘正法。法師乃與偃等瞻視地勢，見千岩秀出，四向環繞，因號向者四臬所釘之地爲龍腋，遂共立一精舍，名香山寺。

又於其傍造一小倉，止容一斛許米，狀甚朴陋。法師令粂米一斛以實之，日取此米供僧及施貧乏。將盡，人即送來，未甞空匱，時人號爲"常滿倉"。後人或嫌此倉太小，更廣大之，加以彫飾。則一空之後，竟歲無施米者。其倉至今猶在。

時村邑聚落信向者，多捨稻田，以給四方學道者。後有山賊數十人，皆持軍器來劫財物。法師但閑房安坐，無有怖畏。賊既不能得入，但揚聲大罵，令僧速出。法師於房徐謂之曰："我狀（皃）［皃］惡，不堪與檀越相見。"須臾，羣賊手足皆不得動搖，如被人繫縛；因即（頓）［頓］地，精神潰亂，不復相知。賊率惶怖謝罪，良久方得醒悟。是時，鄉中士庶謂此賊巨蠹，共縛以上郡。賊徒令其（毋）［母］入山，詣法師所請。法師但輭言謂之曰："且莫大憂，復當自解。"至四月八日，果遇赦免。

爾時，寺中共建靈刹，設無遮法會。道俗萬衆共引麻絓舉刹，絓忽中斷，引者皆顛躓，莫知何計。法師乃發念曰："有何魔事使之然乎？"因出身上銀瓶水，瀉於盎裡，乃内外攪之。忽大悲泣。須臾，呪而作禮；禮畢，欣然而笑。即捧盎繞刹一周，刹乃不假人功，屹然自立。

爾時，有沙門慧凱暫辭還家，母密爲烹鷄。凱意無人知，遂與其母私食之。及明還山，法師以冥知之，因訶責之。

復次有人於市鬻菜果以爲齋供，遇主人不在，遂竊少薑還，以備供養。及中時，僧徒咸坐，主人次第行食。法師盡受諸物，唯不受薑，因謂曰："不許而取何？爲濫竊。"主人蹴踖而已。

普通元年五月三日，縣令蕭子睦將往寺頂禮法師。先過村落，受百姓酒食之饋，醉飽然後入寺。法師閉房不出，唯傳言："明府速返矣。"蕭令勃然作色，心欲放火焚寺而未發。因更欲稍前，良久不得進，遂却還縣。明日，近寺檀越來問法師曰："昨明府拜謁，何以不前？法師何以不出？"答曰："遊戲相過，貧道是以不出。立心放火焚寺，明府是以不前。向後此境當三十年大（早）［旱］。"常侍樓偃遽以此言白，蕭令大恐，即馳至寺，虔誠禮請懺悔。師因爲說菩提玅道，蕭令悦受而去。

法師以其年三月十四日，始在近村赴齋會，便不肯還山。衆人苦請，法師誓不北顧。乃言曰："貧道緣會而來，緣盡而去。"於是士女悲戀涕泣，相繼道路。

是日，法師卒爾南行。望見南山有紫雲盍上，乃喜曰："此處可以置寺矣。"

行至余山，江水泛溢，船人不肯渡。法師乃布繖水上，手把鐵魚磬，截流而渡。

南至稽停塘下，見大士（沂）［泝］水求魚。因發大士神玅之跡，并示以修道之所而去。

行至萊山，當紫雲盇處，遂止。而立精舍於其山頂，號萊山寺。

法師常謂人曰："萊山王而不久，香山久而不王。"此寺從是信施者多，財物殷贍，僧徒來者相繼，隨事能給。自數十年之外，其地既依據林嶺，或時有鬼物，故居者甚不安穩[三]，稍稍引去，遂至荒廢。後近村長老共移此寺額於直北十里平川中置，乃得安堵。香山則貧富適中，至今如初。

法師又於寺南山中多種菓樹，每晨夕躬自履行。於道上重逢大士，甚悅，因摩大士頂曰："自念余當西邁，不值菩薩道興。"遂各還其所居。

法師至寺數日，乃留住鐵魚磬。而鐵魚磬者，以鐵爲之，狀似魚形。此寺晨昏至今擊之。

法師西至金華縣界南山下，曰："此亦可以置寺。"又以杖剌地曰："此可以穿井矣。"爾後竟以此地置龍盤寺。以杖剌處鑿井，井不甚深，雖亢陽不竭。

法師又於西行，至龍丘界，望見南山巖勢孤秀，又曰："此亦可以置寺矣。"因居止其中，建立蘭若。後號此爲龍丘巖寺。

寺成後，法師更西行。入萬善山口，見山盤勢紆，又欲置立精舍。忽遇三檀越，乃指示以其所。三人遂共發願，言當給施粮食，以獎成此功德。法師問曰："檀那家居遠近？"答曰："不近不遠，是此間地主耳。"乃各自稱姓，一曰陳氏，一曰趙氏，一曰蘇氏，竝不言其名字。及精舍向成，號曰離六塵寺。三人遂相與辭別而去，莫知所終。

法師又西行，至孟度山。此山先有白鹿，及常聞鐘磬之響。更於此地置立精舍，號三藏寺。

始法師發迹置香山寺，及此凡七所，得山川之形勝。黑白供養，逮今猶然。

三藏事畢，法師却還龍丘巖寺。及入滅，大士心自知之，乃謂諸弟子曰："嵩公已還都率天宮中待我，我同度衆生之人，去已盡矣。"

（張子開校注：《善慧大士録校注》）

按，今本《善慧大士録》，由傅翕弟子智瓚等結集、唐樓穎編次、宋樓炤刊定。參考張子開《傅大士研究（修訂增補本）》，第42—67頁。

陳徐陵東陽雙林寺傅大士碑

（陳）徐陵

自修禪遠豁，絕粒長齋，非服流霞，若食朝沆。姜原所履，天步可以為儔；河流大屐，神足宜其相比。夫以連城之寶，照廡之珍，野老怪而相捐，工人迷而不識。昔漢皇受道，欒大不臣；魏祖優賢，楊叟如客。河上之老，輕舉臨於孝文；臺下之人，高尚加於光武。五胡內贔，蒼鷲之兆未萌；四海橫流，夷羊之牧匪見。滴海未盡其辭，懸河不窮其義。伯陽之德貞，桓紀於瀨鄉；仲尼之道高，碑書於魯縣。亦有揚雄弟子，鄭玄門人，俱述清猷，載刊玄石。

銘曰：

來儀上國，抗體承明，妙辯無相，深言不生。
撞鐘比說，擊鼓慚英，樂論天口，誰其與京！
乍見仙掌，爰標神足；色艷浮檀，香踰詹匐。
嗷嗷門人，承師若親，寧焚軟疊，弗燎香薪。
合窟為定，方墳以墟，須彌巨海，變炭揚塵。
淨土無壞，靈儀自眞，何時踊塔，復覩令身！

（唐歐陽詢等：《藝文類聚》卷七十六《內典部上・內典》所收“陳徐陵《東陽雙林寺傅大士碑》”，上海古籍出版社 1982 年 1 月新 1 版，下冊，第 1309 至 1310 頁）

東陽雙林寺傅大士碑

（陳）徐陵

至人無己，屈體申教。聖人無名，顯用藏跡。故維摩詰降同長者之儀，文殊師利或現儒生之像；提河獻供之旅，王城迦衆之端；抑號居士，時爲善宿。大經所說，當轉法輪；《大品》之言，皆紹尊位。斯則神通應化，不可思議者乎？

東陽郡烏傷縣雙林寺傅大士者，即其縣人也。昔巖谿蘊德，渭浦程祥；天賜殷宗，誕興元相。景侯佐命，樊勝是埒。介子揚名，甘、陳爲伍。東京世載，西晉重光。惟是良家，降神攸託。若如［□□,］本生、本行；或示緣起，子長、子雲。自敘元系，則云：補處菩薩，仰嗣釋迦；法王真子，是號彌勒。雖三會濟濟，華林之道未孚，千尺巖巖，穰佉之化猶遠，但分身世界，濟度羣生，機有殊源，應無恒質。自敘因緣，大宗如此。

按《停水經》云：觀世音菩薩有五百身在此閻浮提地，示同凡品，教化衆生。彌勒菩薩亦有五百身在閻浮提，種種示現，利益衆生。故其本迹，難得而詳言者也。

爾其烝烝大孝，肅肅惟恭。厥行以禮教爲宗，其言以忠信爲本；加以風神爽朗，氣調淸高，流化親朋，善和紛諍：豈惟更盈毁璧，宜僚下丸而已哉。

至於王戎吏部，鄧禹司徒，同此時年，有懷棲遁，仍隱居松山雙林寺。棄捨恩愛，非梁鴻之竝遊；拜辭親老，如蘇躭之永別。

自修禪遠壑，絶粒長齋，非服流霞，若餐朝沆。太守王烋言其詭詐，乃使邦佐幽諸後曹，迄至兼旬，曾無假食。於是州鄉媿伏，遠邇歸依，逃迹山林，肆行蘭若。

又自敘云：七佛如來，十方竝現。釋尊摩頂，願受深法。每至犍槌應叩，法鼓裁鳴，空界神仙，共來行道。其外人所見者，拳握之内或吐異香，胸臆之間乍表金色。時有信安縣縣比丘僧朔，與其同類遠來觀化，未及祇肅，忽見大士身長丈餘。朔等驚漸，相趨禮拜。虔恭既畢，更覩常形。又有比丘智纓、優婆夷錢滿願等，伏膺累載，頻覩異儀：或見脚長二尺，指長五寸餘；兩眼光明，雙瞳照燿，皆爲金色，竝若金錢。譬李老而相侔，同周文而等狀。姜嫄所履，天步可以爲儔；河流大(戾)［屐］，神足宜其相比。支郎之彦，既恥黄精；瞿曇之師，有慚青目。

既而四空妙定，薰修已成；八解明心，莊嚴斯滿。時還鄉黨，化度鄉親。俱識還源，竝知迴向：或立捨鬚髮，如聞善來；大傾財寶，同修淨福。

大士薰禪所憩，獨在高巖。爰挺嘉木，是名檮樹。擢本相對，似雙槐於俠門；合幹成陰，類雙桐於空井。厥體貞勁，無爽大年。置霜停雪，寒暑葱翠。信可以方諸堅固，譬彼娑羅。既見守於神龍，將爲疑於變鶴。乃於山根嶺下創造伽藍，因此高柯，故名雙林寺矣。

大士亦還其里舍，貨貿妻兒，營締支提，繕寫尊法。嘗以聚沙畫地皆成圓果，芥子菴羅無疑褊陋，乃起九層塼塔，形相巋然，六時虔拜，巡繞斯託。

又以大乘方等，靈藥寶珠，眷言山谷，希得傳寫，龍鄉思其曉照，象駕乏其流通，復造五時經典千有餘卷。與夫鬻子而葬，同其至誠；嫁妻而隱，無殊高節。若寄摶麨，如因賣花。共指菩提，方成親眷。

至如一相無相之懷，虛己虛心之德；化雞在臂，方推理於自然；毒蛇傷體，終無擾於深定。門徒肅肅，學侶詵詵。通被慈悲，義無偏黨。

大通元年，縣中長宿傅普通等一百人，詣縣令范胥，連名薦述。又以中大通四年，縣中豪傑傅德宣等道俗三百人，詣縣令蕭詡，具陳德業。夫以連城之寶、照廡之珍，野老怪而相捐，工人迷而不識。胥等體有流俗，才無鑒真，亟欲騰聞，終成虧怠。

梁高祖武皇帝紹隆三寶，弘濟四生，迹冠優填，神高仙豫。夫以陳蕃靜室，猶懷天下之心，伊尹躬耕，思弘聖王之道，況我有慧日明炬，如風寶車，濟是沈舟，能陞彼岸，固宜光宣正法、影響人王者乎？於是以中大通六年正月二十八日，遣弟子傅暀出都，致書高祖。其辭曰：

> 雙林樹下當來解脫善慧大士白國主救世菩薩：今條上、中、下善，希能受持。其上善以虛懷爲本，不著爲宗，妄想爲因，涅槃爲果。其中善以治身爲本，治國爲宗，天上、人間果報安樂。其下善以護養衆生，勝殘去殺，普令百姓俱稟六齋。

夫以四海之君、萬邦之主，預居王土，莫不祇肅。爾時國師智者法師與名德諸衆僧等，言辭謹敬，多乖釋遠之書；文牒畢恭，黐豫山公之啓。大士年非長老，位匪沙門，通疏乘輿，過無虔恪，京都道俗莫不嗟疑。暀至都，投太樂令何昌；并有弘誓，誓在御路燒其左手，以此因緣，希當聞達。昌以此書呈同泰寺僧皓法師。師衆所知識，名稱普聞。見書隨喜，勸以呈奏。

皇心懽悅，遽遣招迎，來謁宸闈，亟論經典。同泰寺前臨北闕，密邇南宮，仍請安居，備諸資給。後徙居（鍾）［鐘］山之下定林寺。遊巖倚樹，宴坐經行。京洛名僧，學徒雲聚，莫不提函負袠，問慧諮禪。居蔭高松，卧依盤石。於是四徹之中，恒泫甘露；六旬之内，常雨天酒。豈非神仙影響，示現禎祥者乎。

帝於華林園重雲殿自開講《三慧般若經》，窮須真之所問，御法勝之高堂。百千龍像，圍繞餐聽；黑貂朱紱，王侯滿筵；國華民秀，公卿連席。乃令大士獨榻，對揚天扆，并遣傳詔及宣傳左右四人接受言論。爾時，納揆之於臺内，司隸之在殿中；杜預還朝，馬防親貴，舊儀懸席，皆等庶僚：以大士絶世通人，故加其殊禮矣。及玉輦陞殿，雲蹕在堦，宴然箕坐，曾不山立。憲司譏問，愈見凝跱，但答云："法地若動，則一切法不安。"應對言語，皆爲爽異。昔漢皇受道，欒大不臣；魏祖優賢，(楊䨐)［楊叟］如客。河上之老，輕舉臨於孝文；嚴子之高，閒卧加於光武。方其古烈，信可爲儔。

帝又於壽光殿獨延大士講論玄賾，言無重頌，句備伽陀，音會宫商，義兼華藻。豈惟寶積獻盖，文成七言，釋子彈琴，歌爲千偈而已。固非論經於白虎之殿，應詔於金馬之門，説義雲臺，受釐宣室，可同年而語哉。

自火運將終，民無先覺。雖復五湖内鼂，蒼鵞之兆未萌；四海横流，夷羊之(枚)［牧］匪現。大士天眼所照，預覩未來；摩掌之明，夙鑒時禍。哀羣生之版蕩，泣世道之崩淪。救苦爲懷，大悲爲病。誓欲虚中閉氣，識食爲齋；非服名香，但資禪悦。方乃燒其苦器，製造華燈，願以此一光明，遍照十方佛土，勸請調御，常住世間，救現在之兵災，除當來之苦集。於是學衆悲號，山門踊叫。弟子居士徐普、潘普成等九人，求輸己命，願代宗師。其中或馘耳而刊鼻，或焚臂而燒手。善財童子重覩知識，忍辱僊人是馮相輩。大士乃延其教化，更住閻浮，弘訓門人，備行衆善。於是弟子居士范難陀、弟子比丘法曠、弟子優婆夷嚴比丘，各在山林燒身現滅。次有比丘寶月等二人，窮身繫索，挂錠爲燈。次有比丘慧海、菩提等八人，燒指供養。次有比丘尼曇展、慧光、法纖等四十九人，行不食齋法。次有比丘僧拔、慧品等六十二人，割耳出血，用和名香，奉依師教。竝載在碑陰。書其名品。

夫二儀大德，所貴曰生；六趣含靈，所重唯命。雖復夢幻影響，同歸摩滅；愛使迷情，唯貪長久。自非善巧方便，漚和舍羅，照以慈燈，沾其妙藥。豈或捨不貲之軀，而能行希有之事。若令割身奉鬼，聞半偈於涅槃；賣髓祠天，能供養於般若：理當刳心靡吝，擢骨無疑者乎。

大士小學之年，不遊黌舍；大成之德，自通墳典。安禪合掌，說偈論經。滴海未盡其書，懸河不窮其義。前後講《維摩》《思益經》等，比丘智瓚傳習受持。

所應度者化緣既畢，以大建元年朱明始獻，奄然右卧，將歸大空。二旬初滿，三心是滅。爾時隆暑，便已赫曦，屈伸如常，溫暖無異。洗浴究竟，扶坐著衣，色貌敷渝，光彩鮮潔。爰經信次，宛若平生。烏傷縣令陳鍾耆即往臨赴，猶復反手傳香，皆如疇昔。若此神變，無聞前古。雖復青牛道士，白馬先生，便遁形骸，本慚希企。若其滅定無想，彈指而石壁已開；法王在殯，申足而金棺猶啓：非斯類矣，莫與爲儔。

遺（誡）［誡］於雙林山頂如法燒身，一分舍利起塔於冢，一分舍利起塔在山。又造彌勒像二軀，置此雙塔。“莫移我眠牀。當取法猛上人織成彌勒像，永安牀上。寄此尊儀，以標形相也。”

於是門徒巨痛，遂爽遺言，用震旦之常儀，乖闍維之舊法。四部皆集，悲同白車；七衆攀號，哀踰青樹。弟子比丘法璿、菩提、智瓚等，以爲伯陽之德貞，（柘）［桓］紀於（賴）［瀨］鄉，仲尼之道高，碑書於魯縣；亦有揚雄弟子、鄭玄門人，俱述清猷，載刊玄石：於是祈聞兩觀，冒涉三江，爰降絲綸，克成豐琰。

陵雖不敏，夙仰高風，輕課庸音，乃爲銘曰：

大矣權迹，勞哉赴時。或現商主，聊爲國師。
卑同巧匠，屈示良醫。猗歟開士，類此難思。
當來解脫，克紹迦維。妙道猶秘，機緣未適。
弗降雞頭，寧開狼迹。北地爰徙，東山攸宅。
族貴泥陽，宗分蘭石。莫測其本，徒觀其迹。
邈有蒲塞，心冥世雄。明宣苦苦，妙鑒空空。
汲引三界，行藏六通。爰初隱逸，宴處林叢。
食等餐露，齋疑服風。敬禮珎塔，歸依靈像。
未若天尊，躬臨方丈。慧炬常照，慈燈斯朗。
釋梵天仙，晨昏來往。濟濟行法，詵詵談講。
德秀［臧］丈，風高廣成。來儀上國，抗禮承明。
妙辯無相，深言不生。撞鐘比說，擊鼓慚英。
樂論天口，誰其與京。乍現偃掌，爰標神足。

色艷沈檀，香踰薝蔔。我有邊際，隨機延促。
誓毀身城，當開心獄。忽示泡影，俄如風燭。
噭噭門人，承師若親。寧焚軟疊，弗燎香薪。
合窟爲窆，方墳以堙。須彌巨海，變灰揚塵。
淨土無壞，靈儀自真。何時湧塔，復覩全身。

（維陳太建五年太歲癸巳七月五日都下白山造）＊

（明張溥：《漢魏六朝百三家集》卷一百三下《徐陵集》《東陽雙林寺傅大士碑》。文淵閣《四庫全書》本，第 1415 冊，第 538 頁上欄至第 542 頁下欄）

＊按，此句據《善慧大士録》補。

《辯正論》卷三傅大士傳

（唐）法琳

梁東陽郡烏（陽）［傷］縣雙林寺傅大士。常轉法輪，紹隆尊位。分身世界，濟度群生。或胸臆之間乍表金色，拳握之内時吐異香；或現身長丈餘，臂過于膝，脚長二尺，指長五寸，兩目分明，雙瞳照耀：顔貌端嚴，有大人之相。遣使齎書贈梁武曰："雙林樹下當來解脱善慧大士白國主救世菩薩，今條上中下善，希能受持：其上善，略以虛懷為本，不著為宗，忘相為因，涅槃為果；其中善，略以治身為本，治國為宗，天上人間，果報安樂；其下善，略以護養衆生。"梁武延之，仍居鍾山之下定林寺，坐蔭高松，臥依盤石，四徹之中恒注甘露，六旬之内常雨天花。梁武於華林園重雲殿開般若題，獨設一榻與天旨對揚。及玉輦陞殿，晏然箕坐。憲司譏問，但云："法地若動，則一切不安。"且知梁運將終，救愍兵災，乃燃臂為燈，冀（攘）［禳］來禍。至太建元年夏，右脇而臥，奄然涅槃。于時隆暑赫曦，温暖無異，色貌敷愉，光彩鮮潔，香氣充滿，屈伸如恒。觀者發心，嘆未曾有。

（唐法琳：《辯正論》卷三《十代奉佛上篇》，《大正新脩大藏經》，第 52 冊，第 506 頁 a、b 欄）

《續高僧傳》卷二十六《隋東川沙門釋慧雲傳》附傳大士

（唐）道宣

陳宣帝時東陽郡烏傷縣雙林大士傅弘者，體權應道，躡嗣維摩。時或分身，濟度為任。依止雙林，導化法俗。或金色表於胸臆，異香流於掌内；或見身長丈餘，臂過於膝，脚長二尺，指長六寸，兩目明亮，重瞳外耀；色貌端峙，有大人之相。梁高撥亂弘道，偏意釋門，貞心感被，來儀賢聖。沙門寶誌，發迹金陵。然斯傅公，雙林明道，時俗唱言，莫知其位。乃遣使齎書贈梁武曰："雙林樹下當來解脱善慧大士敬白國主救世菩薩，今條上中下善，希能受持：其上善者，略以虛懷為本，不著為宗，亡相為因，涅槃為果；其中善，略以持身為本，治國為宗，天上人間，果報安樂；其下善，略以護養眾生。"帝聞之，延住建業。乃居鍾山下定林寺，坐蔭高松，臥依磐石，四澈六（甸）［旬］，天花甘露，恒流於地。帝後於華林園重雲殿開般若題，獨設一榻，擬與天旨對揚。及玉輦昇殿，而公晏然（其）［箕］坐。憲司譏問，但云："法地無動；若動，則一切不安。"且知梁運將盡，救愍兵災，乃然臂為炬，冀禳來禍。至陳大建元年夏中，於本州右脇而臥，奄就昇霞。于時隆暑赫曦，而身體温暖，色貌敷愉，光彩鮮潔，香氣充滿，屈伸如恒。觀者發心，莫不驚歎。遂合殮於巖中。數旬之間，香花散積。後忽失其所在。往者不見，號慕轉深，悲戀之聲，慟噎山谷。陳僕射徐陵為碑銘，見《類》文也。

（唐道宣：《續高僧傳》卷二十六《感通上·隋東川沙門釋慧雲傳》附傳大士。《磧砂藏》本）

《景德傳燈録》卷二十七《婺州善慧大士》

（北宋）道原

善慧大士者，婺州義烏縣人也。齊建武四年丁丑五月八日，降于雙林鄉傅宣慈家。本名翕。梁天監十一年，年十六，納劉氏女，名妙光。生普建、普成二子。

二十四，與里人稽亭浦漉魚，獲已，沉籠水中，祝曰："去者適，止者留。”人或謂之愚。會有天竺僧達磨時謂嵩頭陀曰：“我與汝毘婆尸佛所發誓，今兜率宮衣鉢見在，何日當還？”因命臨水觀其影，見大士圓光寶蓋。大士笑謂之曰：“鑪韛之所多鈍鐵，良醫之門足病人。度生為急，何思彼樂乎？”嵩指松山頂曰：“此可棲矣。”大士躬耕而居之。乃説一偈曰：

空手把鋤頭，步行騎水牛。
人從橋上過，橋流水不流。

有人盜菽麥瓜果，大士即與籃籠盛去。日常傭作，夜則行道。見釋迦、金粟、定光三如來放光襲其體，大士乃曰：“我得首楞嚴定。當捨田宅，設無遮大會。”大通二年，唱賣妻子，獲錢五萬以營法會。時有慧集法師，聞法悟解，言：“我師彌勒應身耳。”大士恐惑眾，遂呵之。

六年正月二十八日，遣弟子傅暀致書于梁高祖，書曰：“雙林樹下當來解脱善慧大士，白國主救世菩薩：今欲條上中下善，希能受持。其上善，略以虚懷為本，不著為宗，亡相為因，涅槃為果。其中善，略以治身為本，治國為宗，天上人間，果報安樂。其下善，略以護養眾生，勝殘去殺，普令百姓，俱稟六齋。今聞皇帝崇法，欲伸論義，未遂襟懷。故遣弟子傅暀告曰。”暀投太樂令何昌，昌曰：“慧約國師猶復置啟，翕是國民，又非長老，殊不謙卑，豈敢呈達！”暀燒手御路，昌乃馳往同泰寺詢皓法師，皓勸速呈。二月二十一日進書。帝覽之，遽遣詔迎。

既至，帝問：“從來師事誰耶？”曰：“從無所從，來無所來，師事亦爾。”昭明問：“大士何不論義？”曰：“菩薩所説，非長非短，非廣非狹，非有邊，非無邊。如如正理，復有何言。”帝又問：“何為真諦？”曰：“息而不滅。”帝曰：“若息而不滅，此則有色，有色故鈍。若如是者，居士不免流俗。”曰：“臨財無苟得，臨難無苟免。”帝曰：“居士大識禮。”曰：“一切諸法，不有不無。”帝曰：“謹受居士來旨。”曰：“大千世界，所有色象，莫不歸空。百川叢注，不過於海。無量妙法，不出真如。如來何故於三界九十六道中，獨超其最？視一切眾生，有若赤子，有若自身。天下非道不安，非理不樂。”帝默然，大士辭退。

異日，帝於壽光殿請大士講《金剛經》。大士登座，執拍板唱經成四十九頌。

大同五年，奏捨宅於松山下，因雙檮樹而創寺，名曰雙林。其樹連理，祥煙周繞，有雙鶴棲止。

太清二年，大士誓不食，取佛生日，焚身供養。至日，白黑六十餘人代不食燒身，三百人刺心瀝血和香，請大士住世。大士愍而從之。

承聖三年，復捨家資，為眾生供養三寶。而說偈曰：

傾捨為群品，奉供天中天。
仰祈甘露雨，流澍普無邊。

陳天嘉二年，大士於松山頂遶連理樹行道，感七佛相隨，釋迦引前，維摩接後。唯釋尊數顧共語："為我補處也。"其山忽起黃雲，盤旋若蓋，因號雲黃山。

時有慧和法師不疾而終，嵩頭陀於柯山靈巖寺入滅。大士懸知，曰："嵩公兜率待我，決不可久留也。"時四側華木方當秀實，欻然枯悴。

太建元年己丑四月二十四日，示眾曰："此身甚可厭惡，眾苦所集。須慎三業，精勤六度。若墜地獄，卒難得脫。常須懺悔。"又曰："吾去已，不得移寢床。七日，有法猛上人持像及鍾，來鎮于此。"弟子問："滅後形體若為？"曰："山頂焚之。"又問："不遂何如？"曰："慎勿棺斂。但壘甓作壇，移屍於上；屏風周繞，絳紗覆之。上建浮圖，以彌勒像處其下。"又問："諸佛涅槃時，皆說功德。師之發迹，可得聞乎？"曰："我從第四天來，為度汝等，次補釋迦。及傅普敏，文殊；慧集，觀音；何昌，阿難：同來贊助故。《大品經》云：'有菩薩從兜率來，諸根猛利疾，與般若相應。'即吾身是也。"言訖，趺坐而終。壽七十有三。尋猛師果將到織成彌勒像及九乳鐘留鎮之，須臾不見。大士道具十餘事見在。

晉天福九年甲辰六月十七日，錢王遣使發塔，取靈骨一十六片紫金色及道具，乃府城南龍山建龍華寺實之。仍以靈骨塑其像。

[北宋道原：《景德傳燈録》卷二十七《婺州善慧大士》。福州東禪寺版（1080年），京都：京都禪文化研究所影印，1990年5月4日發行，第554頁上欄至第556頁上欄]

《雙林善慧大士録》贊有序

(北宋) 李綱

昔長者維摩詰具善巧方便，居毗耶離城以布施、持戒、忍辱、精進、禪定、智慧攝諸衆生，以慈悲喜捨作諸佛事。雖為白衣居家，而奉持律儀，不著三界。雖示有妻子眷属，而修諸梵行，常樂遠離。其辨才無閡，則現身有疾，如應説法，令無數千人皆發無上道心。諸菩薩大弟子衆皆不堪任詣彼問疾，雖文殊師利亦云："彼上人者，難為酬對。"深達實相有如此者，其遊戲神通，則能以方丈之室，容受九百萬菩薩、三萬二千師子之座而不廹迮；示遣化人，以衆香鉢取滿香飯，饜飽十方無量衆會；不起于座，斷取妙喜國土山河如陶家輪，及持華鬘示一切衆。不可思議有如此者，故佛書以為金粟如來，不其然歟。

惟雙林善慧大士，應世闡化之跡，何其似維摩詰也！豈獨以六度攝衆生、以四心作佛事、以白衣居家而奉律儀、有妻子眷属而修梵行為似之耶！至于辨才無閡，其偈頌言語，深達實相；遊戲神通，其顯示變化，不可思議，亦與之舉相似然。故嘗自謂彌勒化身而行道山中，常見七佛引前、維摩接後者，良有以也。

唐人樓穎集大士應世闡化之跡以為之傳，文字繁穎，無以發明甚深難解之義。今右文殿修撰羅公以無盡智参訂其書，芟除潤色，又為序以表出之，而大士立言行事燦然著明，讀者隨其分量，各有所得。其于助發第一義諦，豈小補哉？暇日以其書示昭武李某，歡喜踴躍得未曾有，再拜稽首，以偈贊曰：

彌勒棲神兜率天，下生此土猶久遠。
化身無數在世間，善慧大士乃其一。
于中深秘菩薩行，而外示現凡夫相。
田獵漁捕悉與同，娶妻生子亦復爾。
忽然照水知宿因，本來神智皆具足。
雙林浄土坐道場，説法度脱無量衆。
為欲化導群生故，六度四心為依止。
田園廬舎諸器用，奴婢妻子亦棄捐。

而以訾修大法會，盖行布施攝慳貪。
強夫暴客與魔民，豪奪追逐共誣謗。
更以軟語安慰之，盖行忍辱攝瞋恚。
精進攝諸懈怠者，晝夜行道不休息。
持戒攝諸毀禁者，敷草而坐食麤糲。
智惠禪定無有邊，攝諸癡亂亦如是。
慈悲喜捨救衆生，微妙宏深難測識。
雖依如是衆法門，亦不於此而常住。
辨才演説無滯閡，譬如空谷中答響。
歌頌句偈自成章，縱横顛倒皆通達。
神通游戲得自在，聊以折伏不信心。
異香殊相放妙光，一叩宫門餘悉啓。
住是解脱不思議，正如長者維摩詰，
應世闡化靡不齊，故於行道常接後。
化緣已畢示寂滅，迄今何翅五百年。
雖有文字傳未來，蕪纇不能發實相。
我觀龍津大居士，已能深入不二門，
應緣雖現宰官身，於諸世味如嚼蠟。
燕閑清淨無所為，乃以筆墨為法施，
芟除潤色出妙語，善慧之書乃光焰。
佛子若觀善慧書，當知三士無異法。
毗耶離城雙樹林，及此龍津元一處。
受持讀誦善思維，普願發心無上道。

（李綱《梁谿集》卷一百四十。文淵閣《四庫全書》本）

雙林大士碑

（北宋）程俱

梁中大通六年正月，婺州烏傷縣民自號“雙林樹下當來解脱善慧大士天中天”，使其徒奉書詣闕，書詞甚高，謂帝“國主救世菩薩”，其言上、中、下三善，以虚懷不著為上，護養衆生為終，且言“大士誓弘正教，普度群物，聞皇帝志善，欲來論議”。武帝異之，詔曰：“善慧欲度脱衆生，解一切緾縛。大士行無方所，若欲來，隨大士意耳。”

迺以十二月至鍾山，明年三月八日至闕下。武帝素聞其神異，預勑諸門皆鏁。大士及門，不得入，以大槌一叩，諸門盡開，徑入善言殿。初，大士將入都，持大木槌二，人莫測其意。至是，人謂叩門槌云。見謁者，三賛不拜，直上三榻，對語益玄諧。帝為設食。食竟，直出鍾山，坐定林松樹下。詔縣官資給。自是，名僧勝士，雲集坐下。

大同元年，帝講《三慧般若經》重雲殿，公卿侍從前集。乘輿至，悉起迎，大士坐如故。御史中丞問狀，荅曰：“法地若動，一切法不安。”又與座人辯詰如響。講罷，帝賜水火珠二，大徑寸，以取水火於日月云。翌日，帝獨延大士壽光殿語，夜漏上乃出。

五年，再入都。與帝論息而不滅義。又說帝曰：“一切色像，莫不歸空。無量妙法，不出真如。天下非道不安，非理不樂。”帝默不懌。

太清二年三月，白衆將持不食上齋，燒身為大明燈，供養三寳，普度一切。弟子哀懼，勸請願以身代者十九人，燒指截耳刺心者二十八人，持上齋三日者十五人，賣身奉供者又二十餘人。

梁末饑乱，大士日與其徒拾橡栗，揉菜作糜以活閭里，盜不忍犯。

光大二年冬，嵩頭陁死於龍丘巖。是日，大士心知之。集衆謂曰：“嵩公已還兜率天，與我同度衆生去已盡矣，我不得久住於此。”作《還源詩》十二章。乃於太建元年四月乙卯示寂，年七十三。越三日，體復柔煖香潔。又七日，縣令陳鍾耆來禮敬傳香，次及大士，猶反手取香，衆益驚歎。遂葬潜印渚松山之隅，累甓爲床，置尸其上。大士命也。

大士姓傅，名翕，字玄風。世農，少以漁爲業。娶妻劉氏，後號妙光。生二子，普建、普成。

大士年二十四，方泝漁稽停塘下，有胡僧至，語大士曰：“昔與汝於毗婆尸佛前發大誓度衆生，今兜率宫居宇故在，何當還耶？”大士不領其言。僧令大士鑑水中，則圓光寶盖，環覆其身。大士即悟宿因，語（明）［胡］僧曰：“吾方以度衆生為急，何暇思兜率之樂乎？”棄漁具，從僧至松山下雙檮樹間，曰：“此修行地也。”後即其所建雙林寺。云胡僧嵩頭陁也。

贊曰：

衆生與佛非有别，善悪癡慧幻中出。
了知是幻非别幻，三千大千一塵許。
無上兜率正遍知，於五濁現衆生相。
漁河取食資畜養，示殺害及諸愚癡。
一朝照水悟宿因，於衆生中現佛相。
説法如雲遍十方，具無礙辯大智海。
以何因緣現如是，欲示衆生與佛等。
不令著凡聖二見，欲令衆生反實際，
如飜覆手無所得。嗚呼廣大天中天。 其一

衆生於無始劫來，以愛不捨受生死。
是愛由執有我故，從是展轉愛諸有。
大士為是哀衆生，以衆生所甚愛者。
誓捨身命作供養，燔然百體如薪炭。
攝諸衆生執我愛，誓捨飲食忍飢渴。
攝諸饕害私口腹，誓捨妻子為傭作。
攝諸衆生癡眷屬，誓捨田宅受用物。
攝諸衆生貪盜者，乃至佛法亦應捨，
無取無著無所受。嗚呼慈忍天中天。 其二

衆生各具大神力，出入變化無有礙。
父母所生眼耳鼻，乃至意根無分量，
悉能徧覺三千界。法爾如然不自了，
為諸業識之所障。
大士河濵釋罔罟，即現種種諸神變：
或於蘿中示奇相，化攝上慢闡提者；
光明手中妙香出，及遍山野微妙香；
目淨修廣放光明，手行鉢飯饜百衆；
或踴身高一由句，寶塔珠絡蓮華地；
足長三尺紫金色，長大相好翔虛空。

如是奇妙不可測，皆自本際妙莊嚴，
非作故現希有事。嗚呼自在天中天。　其三

過去諸佛如虛空，遍一切處無留礙。
衆生隨根器廣狹，以一念心各得見。
如人窺井及穿牖，堂室巖谷并墟落，
乃至陞高望四野，隨所見空相不同。
有人獨坐須彌峯，盡見虛空無邊表。
大士佛身亦如是，無一絲毫作眼障。
與無量佛不相離，一念歷通前後際。
明善世尊我昔師，松山七年安不動。
釋迦定光下道場，乃至七佛常現前。
天龍四衆共圍繞，唯釋迦文數顧語，
云當繼立大法幢，今如維摩金粟尊，
示居士身作權化。又以掌合大士手，
光明小大無有別。復遣弟子助道化，
曼殊普門二化身。嗚呼具足天中天。　其四

圓覺一切魔即佛，具一切覺佛即魔。
大士不捨一切法，於實際中大建立。
而於夢中現金像，謂是魔鬼所變化。
以杖剖擊盡無餘，乃知大士妙智力。
摧殄邪見亦如是，有世中王著小法。
不了聖諦第一義，大士為說色像空，
令趣如如真實際。《金剛般若》甚深法，
彼請大士為宣說，攝衣登坐衆傾耳，
應時撫几即下座。座中烏爪師子王，
知大士說是經竟。嗚呼妙揔天中天。　其五

（北宋程俱《北山小集》卷十八《碑記》，《四部叢刊續編》本）

題傅氏誥勑後

(明) 宋濂

傅氏為義烏名族，世居雲黄山下。自徐陵著《善慧大士碑》，已載縣之豪傑傅德宣之名，其来固已久矣。

宋初，始自山下分為青岩、蘆砦二支，皆以書詩為業。而蘆砦初遷之祖名雄，雄生忠卿，忠卿生玘，玘生勝元。勝元生思某、思聰；思某生夔，夔生芷；思聰生時中、大中，大中生奎思。

聰嘗官迪功郎，以時中國學得解進士，特封脩職郎致仕，淳熙十一年五月所下誥是也。大中以奎饒州得解進士，特補迪功郎致仕，紹定五年八月所下誥是也。二公雖有長才，皆因慶典所推，始沾恩命。唯芷能擢淳熙五年進士第，僅得之台仙居尉以終。

芷之從曾孫藻，以芷徧通六經而文詞蔚贍不能章著于世，乃搜芷殘誥與其補充大學生時所給麗字號綾牒，聯為一通，以繼脩職、迪功二誥之後示諸子，且屬某識之。

某竊觀先師黄文獻公之所題識，深惜傅氏之先懷才而不試，謂藻妙齡秀發，委祉宜有所在。今藻歴官禁林，講學東朝，拜監察御史，出守武昌，則其光顯前人者多矣。公之先見有若蓍亀，似無毫髮之差也。因不敢辭，本其世系而詳著之。卷内有孺人吳氏誥尾。吳氏，諸暨流子里人，大中之妻也。題識中所謂金昌年者，字壽翁，淳祐七年進士。有異政，其知慈溪也，嘗浚慈湖，溉田千頃，民至今尸祝之。歲月未久，鄉人及無有知其名字者，故附見焉。

(《宋學士文集》卷六十九，《四部叢刊初編》本)

《傳信録》序

(明末清初) 永覺元賢

粤稽古大聖人之興，必大有造於世，非偶然也。當梁武之際，義學波騰，專崇講說。其弊必至於膠滯空言，弁髦實踐，釋尊之化，幾何而不湮滅也。故少林出，而不立文字，獨傳心印；雙林出，而不惜軀命，廣弘萬行。二師所用，似若天殊，然總歸於補偏救弊，措羣靈於安樂之境，其指一也。至於雙林法身諸頌，遂為宗門鼻祖，反似發少林未發之機。謂非慈氏後身，其能然乎。

余來婺朞月，即遇《大士録》，如獲上珍。及閱之，覺其雜糅相半，莫覩全璧。前卷雖有增飾，而本質未亡。後二卷率多膚學應酬、村老傳布之語，如《行路難》、《行路易》諸篇，又俱唐以後體，其為偽撰何疑。且其間妄談般若，疑悞後來，迷謬相承，為禍烈矣。所幸者，《心王銘》、《法身頌》諸篇尚存，如披沙見金，精光奪目。大士之化，於是乎不滅也。余不揣凡愚，妄希擇乳，取諸本而較之。置其所疑，録其所信，凡得十之五，命名曰《傳信録》。

昔者世尊入滅，而水潦鶴之徒，至不信有阿難。今大士化去，千有餘年，余何人斯，乃欲取信於天下乎？雖然，碎金非全，識者亦珍；腐鼠為璞，良賈知其弗顧也。詎可謂天下盡水潦鶴之徒哉？若必欲探其全，則有雙林之舊刻在。

（《永覺元賢禪師廣録》卷十三，《大日本續藏經》第壹輯第貳編正編第叁拾套，第二百七十三葉）

卷三　祖庭紀：千古名剎雙林寺

唐道世（？—683）《法苑珠林》卷一百《傳記篇·興福部第五》載：

梁高祖武帝 制《五時論》、《傳①四方》等。造光宅、同泰五寺。常供千僧。國內普持六齋八戒。

梁太宗簡文帝 造慈敬、報恩二寺。刺血自寫《般若》十部。願忌日不食而齋。撰《集記》二百餘卷，《法寶》、《連璧》亦二百餘卷。

梁中宗元帝　造天居、天宮二寺。供有千僧。自講《法華》、《成實論》。

右梁時合寺二千八百四十六所，譯經二百四十八部，僧尼八萬二千七百人。②

烏傷縣雙林寺，即當時興建的近三千座佛寺之一也。

壹　創建情況

一　雙檮樹下結草庵

前嘗引《善慧大士録》卷一言，梁普通元年（520），傅翕年二十四歲時，在稽亭塘下“泝水取魚”，遇見胡僧嵩頭陀，悟知前世住兜率宮，今生乃負化導眾生之重任。於是，帶頭陀到家，

---

① “傳”，《續高僧傳》卷十五《義解篇·論》作“轉”：“梁高端拱御曆，膺奉護持。天監初年，捨邪歸正，遊心佛理，陶思幽微。於重雲殿千僧講眾，月建義筵，法化通洽。制《五時論》《轉四方》等；注解《涅槃》，情用未愜。重申《大品》，發明奧義。”《大正新脩大藏經》，第 50 冊，第 548 頁 b 欄。

② （唐）釋道世著，周叔迦、蘇晉仁點校：《法苑珠林校注》，第 6 冊，中華書局 2003 年版，第 2894—2895 頁。

因問修道之地。頭陀指松山下雙檮樹，曰："此可矣。"即今雙林寺是。大士於此結菴，自號"雙林樹下當來解脫善慧大士"。種植蔬果，爲人傭作。與妻妙光，晝作夜歸，敷演佛法，苦行七年。

位於雙檮樹下的草庵，乃雙林寺的前身之一。顯然，當時傅翕和妻子白天雇工，晚上方有餘暇修習佛法也。

檮樹、草庵，皆在松山之下。然徐陵《東陽雙林寺傅大士碑》卻言，並在山巖：

大士薰禪所憩，獨在高巖。爰挺嘉木，是名（擣）［檮］樹。擢本相對，似雙槐於俠門；合幹成陰，類雙桐於空井。厥體貞勁，無爽大年。置霜停雪，寒暑蔥翠。信可以方諸堅固，譬彼娑羅。既見守於神龍，將爲疑於變鶴。

明《（崇禎）義烏縣志》卷十七《人物傳·僊釋·梁》載：

善慧大士傅翕，稽亭里人。因取魚，會嵩頭陀曰："試自照水。"乃見圓光寶盖，即悟前因。因具問道場，頭陀指松山下雙檮樹曰："此可矣。"因結庵。苦行七年，忽三佛来自東方，有金色，自天而下，集於其身。從是，身常出妙香，聞空中聲偈。……①

同書卷十八《雜述考·寺觀》"寶林禪寺"條：

……在雲黄山下。梁普通元年傅大士依双梼木結庵。……②

傅翕嘗回憶自己早年的修道生活：

---

① （明）熊人霖重修：《（崇禎）義烏縣志》卷十七《人物傳·僊釋》，第五册，山東省安丘市博物館藏，杭州蕭山古籍印務有限公司 2004 年 10 月第一次影印，第三葉左半葉至第四葉右半葉。

② 第五册，第八葉左半葉。

> 大士又常閑居謂弟子言："我初學道，始於寺前起一草菴及守苽屋，内外泥治甚周。爾時有客來至屋中與我談話，我於對客之際，乃見一佛，身長丈六，金色，從天上來，東面而下，光明赫艳，遍虛空中亦盡作黃金色。爾時都不見屋及四壁所在，如虛空中坐。佛既至地，我即禮拜，佛亦隨我作禮。唯我獨見，客不見也。"①

則除草庵之外，還搭有守瓜棚，二者包括雙檮樹，都在後來的雙林寺主體建筑之前。

據此尚可知，傅翕放棄捕魚之後，除當雇工之外，還自行種瓜。當然，守瓜也有可能就是"傭作"之一。

今天，草庵甚至檮樹皆無影無蹤，唯其上方的松山高巖依然挺立如故也。

二 朝廷敕建雙林寺

其實，傅翕及妻子妙光在草庵居住了遠不止七年，而是長達二十年。《善慧大士録》卷一：

> 中大通三年，大士與弟子於雲黃山所居前十許里，開鑿爲精舍，乃種麻、荳、芋、菜等。

"中大通"，梁武帝年號。中大通三年（531）所開鑿的精舍，很可能就是雙林寺的又一前身。

直到梁武帝大同六年（540），傅翕方請求朝廷創建雙林寺。《善慧大士録》卷一：

> 時因啓帝置寺於雙檮間，號雙林寺。前此，兩樹根株異植，枝葉連理；各有祥氣出木竅中；上有雙鶴，和鳴棲翔。
>
> 大士還造佛殿。殿前先有白楊樹，枝葉秀異；經行其下，常聞天樂，時降甘露。大士令伐此木爲殿中像，未間，刀匠自至。復於樹所創塼塔九層，至今存焉。躬寫經律千有餘卷。白佛："誓願衆生離

① 《善慧大士録》卷二。

(爲)［苦］解脫。"

此之“兩樹”，即雙檮樹也。雙林寺當在原有草庵和精舍的基礎上修建吧。

南宋潘良貴（1086—1142）《寶林禪寺記》亦言創於大同六年：

> 義烏縣南雲黃山下。梁普通元年，傅大士依雙檮木結庵。大同六年，即其地建寺，因名雙林佛殿。①

清《（康熙）義烏縣志》卷十七《方外志・二氏・寺觀》同：

> 寶林禪寺　稠嶺即雲黃山下。梁普通元年，傅大士依雙檮木結庵。大同六年，即此建寺，名雙林佛殿。②

皆謂雙林寺的前身即草庵。

或僅緣寺名有異，稱“雙林寺”“雙林佛殿”為兩個道場③。實謬。

徐陵《東陽雙林寺傅大士碑》未點明創寺具體時間：

> 乃於山根嶺下創造伽藍，因此高柯，故名雙林寺矣。

後世還有梁普通元年（520）、普通七年（526）、大通二年（528）、大同五年（539）諸說。而雙林寺位置，亦有謂在松山之頂也④。

《（嘉慶）義烏縣志》上有一副非常清晰和詳細的“雲黃山圖”，頗有助於澄清迷霧。從圖上我們可以明白地看出，雙林寺正位於雲黃山腳下；佛殿前的左右方，分別有兩株大樹，蓋即雙檮樹也。

道宣《續高僧傳》卷六《梁國師草堂寺智者釋慧約傳》載：

---

① （南宋）潘良貴：《默成文集》卷三《寶林禪寺記》，文淵閣《四庫全書》本。

② （清）王廷曾手編：《（康熙）義烏縣志》，第七冊，第九葉右半葉至第十二葉右半葉。

③ 封野：《漢魏晉南北朝佛寺輯考》上冊，鳳凰出版社 2013 年版，第 301—302 頁。

④ 參考：(1) 張子開《傅大士研究（修訂增補本）》，第 31—32、85—86 頁。(2) 張子開：《雙林寺研究》（即出）。

▲雲黃山圖

［《（嘉慶）義烏縣志》］

> 釋慧約，字德素，姓婁。東陽烏傷人也。……所居僻左，不嘗見寺，世崇黃老，未聞佛法。而宿習冥感，心存離俗。忽值一僧，訪以至教，彼乃舉手東指云："剡中佛事甚盛。"因仍不見，方悟神人。①

慧約（452—535）所居地在義烏縣城西北，逝後更名智者鄉。出家於泰始四年（468）。由道宣書可知，慧約出家前後，其出生和俗世生活之地並無佛教道場。而嵩頭陀見傅翕之前，已然建有香山寺和南山寺，之後又建萊山寺等五寺。這些佛寺和雙林寺一道，皆當為義烏的第一批佛教寺院也。

當然，更是松山下、稽亭一帶的第一座佛教廟宇也。

貳　演變軌跡

雙林寺自創建之後，在其一千五百多年的歷史上，既有鼎盛時期，又

① 《大正新脩大藏經》，第50冊，第468頁b、c欄。

有中興階段，當然更遭受了重重磨難。其大略情況，如下所述。

一　唐宋持續興旺

唐敬宗李湛寶曆二年（826），時任“浙江東道都團練觀察、處置等使，正議大夫、使持節都督越州諸軍事、守越州刺史兼御史大夫、上柱國、賜紫金魚袋”的元稹（779—831），前來義烏，從雙林寺取走“梁陳以來書詔洎碑録十三軸”，包括“蕭、陳二主書洎侯安都等名氏”。唐文宗李昂開成三年（838），元氏撰《還珠留書記》以述之。事詳本書《檀越紀》。

五代吳越王錢弘佐開運元年（944），弘佐派人至雙林寺，迎傅翕靈骨、舍利等物，至錢塘建龍華寺以奉之。南宋祖琇《隆興編年通論》卷八《梁・婺州義烏雙林大士》所言，則要簡略得多：

> 晉天福中，錢王發塔，取靈骨十有六片，皆紫金色，并道具。就府城南建龍華寺，塑像安置。①

事情的始末，本書《下院紀》將論之。

《（康熙）義烏縣志》卷十七《方外志・二氏・寺觀》“寶林禪寺”條稱：

> 大同六年，即此建寺，名雙林佛殿。大士於寺前製兩鐵浮圖，或云野塘朱氏鑄。②

其實，鐵塔鑄於後周廣順二年（952），乃黄巢軍隊過義烏之後，野塘公朱宏基（朱禄）為報佛保佑而為也。本書《檀越紀》亦有論述。

北宋英宗趙曙治平三年（1066），雙林寺更名“寶林禪寺”。潘良貴（1086—1142）《寶林禪寺記》載：“義烏縣南雲黄山下。梁普通元年，傅大士依雙檮木結庵。大同六年，即其地建寺，因名雙林佛殿。宋治平三年，賜今額。”《（康熙）義烏縣志》卷十七《方外志・二氏・寺觀》所記

---

① 《大日本續藏經》第壹輯第貳編乙編第叁套，第二百四十九葉右半葉。

② （清）王廷曾手編：《（康熙）義烏縣志》，第七册，第九葉右半葉至第十二葉右半葉。

同:“寶林禪寺　稠嶺即雲黃山下。梁普通元年，傅大士依雙檮木結庵。大同六年，即此建寺，名雙林佛殿。……宋治平三年，賜今額。”①

衢州西安人趙抃（1008—1084）《寶林塔再成示諸僧》詩:

禪家自利利他人，寶塔焚如復鼎新。
掃地便高三百尺，只應澄觀是前身。②

抃還有《登雲黃山》詩，故而此詩當是吟雙林寺也。從文辭可知，雙林寺之塔，曾被焚而復新也。

宋徽宗趙佶大觀二年（1108），北宋賜予雙林寺田十頃，即一千畝。《(崇禎) 義烏縣志》卷十八《雜述考·寺觀》“寶林禪寺”條:“大觀二年，賜田十頃。”③

二　方臘軍焚燬及復建

徽宗趙佶宣和三年（1121），方臘起義軍佔領義烏，雙林寺被焚燬。潘良貴《寶林禪寺記》:“宣和三年，燬于寇。……宣和三年，盜起新定，不幸煨燼，一椽不存。”為事者乃方七佛殘部④。這是雙林寺修建以來最大的一次災難吧。

十年後，在多方努力之下，寺院大致恢復。南宋紹興二年（1132）春，雙林寺住持行標慧炬禪師又募建大佛殿，至第二年冬天竣工。“其高八十餘尺，而廣倍其半；中安像設，莊嚴妙好；外繚闌楯，雄麗靚深：入化人宫，迥出空際。”⑤ 潘良貴撰《寶林禪寺記》以記之。紹興四年，賈廷佐又捐建洪鐘、三藏殿⑥。總計前後新建為一千二百餘間屋舍。

衢州開化人程俱（1078—1144）撰《雙林大士碑》⑦。該碑應該書寫鐫刻後，豎於雙林寺中。

---

① (清) 王廷曾手編:《(康熙) 義烏縣志》，第七冊，第九葉右半葉至第十二葉右半葉。
② (北宋) 趙抃:《清獻集》卷五。
③ (明) 熊人霖重修:《(崇禎) 義烏縣志》，第五冊，第八葉左半葉。
④ 參考張子開《雙林寺研究》(即出)。
⑤ (南宋) 潘良貴:《寶林禪寺記》。
⑥ (元) 胡助:《純白齋類稿》卷十九《碑銘類·重修雙林禪寺碑銘》。
⑦ 《北山集》卷十八《碑記》，《四部叢刊續編》集部。

▲宋代重建的雙林寺遺址

（張子開拍攝，2013 年 6 月 7 日）

南宋寧宗趙擴嘉定年間（1208—1224），朝廷因史彌遠之奏，設立天下禪院五山和禪院十剎，雙林寺位列十剎之四。明郎瑛（1487—1566）《七修類稿》卷五《天地類》“五山十剎”條：

> 餘杭徑山，錢塘靈隱、淨慈，寧波天童、育王等寺，為禪院五山。錢塘中竺、湖州道場、溫州江心、金華雙林、寧波雪竇、台州國清、福州雪峰、建康靈谷、蘇州萬壽、虎邱，為禪院十剎。①

雙林寺已然成為宇內公認的禪宗名寺矣。

三　元代衰敗，明朝中興

蒙元一代，趙宋所定的五山十剎例皆衰落矣。明宋濂《金華清隱禪林記》：

---

① 上海書店出版社 2001 年版。

……後一百七十餘年，為元之至正壬辰。……當是時，五山十刹，鐘魚絕響，遊方之士至無憩足之所，君子為之慨焉永歎。……①

“鐘魚”者，刻成鯨魚形、用以撞鐘的大木也。一般用指寺院之鐘。《文選·班固〈東都賦〉》“於是發鯨魚，鏗華鐘”，唐李善注引三國吳薛綜《西京賦》注：“海中有大魚名鯨，又有獸名蒲牢。蒲牢素畏鯨魚。鯨魚擊蒲牢，蒲牢輒大鳴呼。凡鐘欲令其聲大者，故作蒲牢於其上，撞鐘者名爲鯨魚。”南宋陸遊《西林傳庵主求定庵詩》之一：“粥後鐘魚未動時，夜燈仍對碧琉璃。”元朝的雙林寺，其鐘鼓也當不如以前洪亮吧。

雙林寺自行標禪師主持重建以來，此時因歲月磨損，復又破敗不堪。至正二年（1342）秋，雲龍禪師新任住持；從是年科伊始，或修繕，或重建，或新增，前後七年，雙林寺終於變舊為新，一換新顏：

……由是歷年百有五十，而入國朝又已七十餘載。世異事殊，法席虛曠，去來聚散，如更傳舍。故殿堂門廡諸屋宇，以次摧毀傾倒，化為榛莽，見者寒心。其所存者，山門、藏殿、僧堂、大士殿、旃檀林、雲黃閣而已。

至正二年秋八月，行宣政院公選前住西峯友雲龍禪師住持入院，愀然不怡。於是以說法化緣興修為己任。其年冬，作周垣千有五百丈，立外山門。自是歲興工役，復羅漢堂、知客寮，修旃檀林，復前資冢僧堂，增大士殿層檐，築獻臺為祝釐之所，創東廡，治東淨庖湢從僧堂，以屬西廡延山門入若干步，塑護法二天神坐像，開田瀦水為放生池，甃石治道，引流種樹，金碧翬飛，相為映帶。前後七年，積工鉅萬，起廢為新，實雙林之中興也。②

從其規模來看，應該是燬於方臘軍之後最大的一次興建工程，稱為雙林“中興”，名副其實。

① （明）雲棲袾宏輯、（清）錢謙益訂：《護法録》卷五，《嘉興藏》，第 21 冊，第 654 頁 b 欄。

② （元）胡助：《純白齋類稿》卷十九《碑銘類·重修雙林禪寺碑銘》。

朱明鼎定之後，雙林寺的地位也有提升。明李賢等撰《明一統志》卷四十二《金華府·寺觀》：

寶林寺　在雲黄山下。古殿傑閣甲于東州。

仍沿用北宋的寺名“寶林寺”。“東州”，此當指東部沿海各州。《續高僧傳》卷二十九《周鄜州大像寺釋僧明傳》：“雨晴之後，覆看故所，惟見柱礎存焉。至後月餘，有從東州來者，是日同見殿影東飛于海。今有望海者時往見之。”[①]《佛祖統紀》卷二十七：“中立，號明智。居南湖，常以淨業誘人。其徒介然創十六觀堂，為東州之冠，實師勉之也。”[②]

則明代雙林寺乃江浙閩等各地首屈一指的佛教寺院也。

至少在明英宗朱祁鎮正統元年（1436），雙林寺的正式名稱變為“雙林廣濟禪寺”。《續金華叢書》本《雙林傅大士語録》《後序》：

大明正統元年丙辰冬陽月望日，金華府雲黄山雙林廣濟禪寺住持沙門茂本（情）[清] 源焚香拜題。

更名後的雙林寺，至少在建筑、塑像等硬件設施上，為全國一流。明崇禎十七年（1644）佚名撰《重建雙林禪寺序》云：“烏傷上游……古剎雙林寺……在震旦國中，稱莊嚴第一。”“莊嚴”也者，本指裝飾寺塔佛像之類。北魏楊衒之《洛陽伽藍記·明懸尼寺》：“有三層塔一所，未加莊嚴。”引申為佛寺建筑或佛像端莊威嚴。玄奘《大唐西域記·摩揭陀國下》：“見觀自在菩薩妙相莊嚴，威光赫奕。”

崇禎元年戊辰（1628），里人丁同鑑五十無嗣，因夢而默祈大士：如得子，願捐千金創殿。時龍祈山寺僧瑞霞行脚至此，里人舉爲住持。縣令許直屬令其募建，人皆喜捨，丁氏亦如數捐獻，亦果然得子。功未竟，瑞霞逝去，其徒慧弘續完之。[③] 此外，崇禎十一年、十五年、十七年，又遞

---

① 《大正新脩大藏經》，第 50 冊，第 693 頁 c 欄。

② 《大正新脩大藏經》，第 49 冊，第 277 頁 c 欄至第 278 頁 a 欄。

③ （清）王廷曾手編：《（康熙）義烏縣志》卷十七《方外志·二氏·寺觀》“寶林禪寺”條，第七冊，第十一葉左半葉至第十二葉右半葉。

有修建。①

義烏市博物館有一件明代的“銅帶蓋三足爐”，謂係“1984 年 4 月 14 日義烏縣佛堂鎮稽亭村出土”。製作精美，爐蓋上臥一頭象，象背上馱寶座。此爐當為雙林寺舊物吧。

▲稽亭村出土明代銅爐

（張子開拍攝，2015 年 6 月 22 日）

四　清朝兵災，民國火患

清朝康熙七年戊申（1668），釋舜瞿募修雙林寺②。二十二年（1683），朱氏梅潭二溪派下後裔，助修理山門鐵塔。

乾隆四十五年（1780），雙林寺遭火災。事後，雖僅修復後殿，但仍

① 朱中翰：《雙林寺考古志》。

② （清）王廷曾手編：《（康熙）義烏縣志》卷十七《方外志・二氏・寺觀》“寶林禪寺”條，第七冊，第十二葉右半葉。

存有僧舍五房。

咸豐十一年（1861）五月至同治二年（1863）正月，太平軍李世賢、陳榮部佔領義烏期間，雙林寺被毀過半，僅存仁、信兩房僧舍。同治七年（1868），釋逢春、學蓮、學成略為修葺。

光緒二十七年（1901），慧泉從天台來到雙林寺，勸導重興，成大悲閣一座、雕千手觀音一軀、大悲咒神八十四尊。民國十五年（1926），慧泉棄世，其徒因爭奪名利，於民國十七年（1928）冬天放火，燒掉了剛新創的大悲閣以及兩廡數十楹寺房①。

故至解放初期，雙林寺實已衰落至極，名存實亡也。

1958 年，雙林寺被拆毀，於原址建起雙林水庫。

雙林寺沈於水底之後，寺中僧侶和雲黄寺以及其他義烏佛教道場的緇衣，被集中於佛堂寺口村的仙山禪寺，在寺中開辦的六和布廠工作②。

1979 年，比丘尼開瑞、善清等前來佛堂鎮，於已然沈入水庫中的雙林寺遺址之附近，開始募建雙林禪寺（尼寺）。

1987 年 6 月，雙林禪寺（尼寺）舉行了落成典禮。至今寺中還有大鼓，鼓面上書曰："東陽南門蔣門朱氏愛芝喜助　公元一九八七年榴月立"；另一面亦有文云："雙林禪寺　八七年立。""榴月"，即"六月"。因開瑞尼師乃東陽人，"東陽南門蔣門朱氏愛芝"蓋即其鄉親或親眷吧。

是皆為該寺落成時日之證；而且，也表明寺名初為"雙林禪寺"也。

雙林禪寺（尼寺）後面的墻壁上，鑲嵌著六塊文字碑，以及六鋪單幀佛像碑。一塊佛像碑上鎸著"王躍君敬助　一九九一年九月"字樣。文字碑依年代先後，則有：

《重建雙林古寺紀念牌》，一塊。碑名之下，列三個"發起人"名，以及"樂助芳名"及所捐數額。最後刻："公元一九八三年六月吉旦。主持人 開瑞。"

《建造山門樂助芳名》，兩塊一組。其中一塊，碑名之下，起始曰"助伍拾至拾伍元"；後列施主名單；最後，署："公元一九八六年十月立，主持人開瑞。"另一塊，則全刻姓名。

---

① 朱中翰：《雙林寺考古志》。

② 陳炎主編：《義烏宗教》"仙山禪寺"，浙江義烏市攝影圖片社 2003 年版，第 8 頁。

▲雙林禪寺（尼寺）中之大鼓

（張子開拍攝，2015年6月21日）

《雙林寺序》，一塊。全文曰：

中大通三年，封大士於慰勞。梁武帝即位，選道場於雙林。其地錦繡似畫，煙竈如織。九龍落脈，舉錫杖之長伸；木魚輕投，驚伏虎之雄蹲。山門鎖口，峙兩山而排闥；亭閣飛檐，分▨第而參差。雙溪回抱，清流激湍；巒巔崢嶸，綠陰縈廻。風和谷口，鶯搏（?）花叢；巨鍾一磬，十里回音。畫棟雕樑，▨▨方之技藝；鎸軒琉璃，睞雲山之寶石。鐵浮雙鎮，巧夺天工；稀世少銅，□佛單尊。琳瑯滿目人間無。舍利聳立，遠送遊人千里目；白楊麗矗，樂迎志士萬程心。恰似瑶池倒▨▨，何與蓬瀛比媲美。桂殿蘭宫，念塔山之有限；瓊樓玉宇，覺婺州之無窮。江浙人傑，懷宗澤於宋室；吳越地靈，覓賓王於何處。獻文登高祭塔，正節道義；廷佐臨殿參寺，忠烈英豪。朝射初曦，春晗熠熠光萬道；暮捲晚霞，雪峰皑皑照丹溪。興乎！悠久文庫中心，畢竟名聞中外。和東瀛来往高交情，與西天彼此遠傳經。香火不斷，蜡炬長明。屢逢佳節，引東陽花燈之来舞；歲至元宵，擡烏傷神龍之遨遊。偶騷人以詩賦，戀鷹隼而盘恒。成皇家思慕之幽地，為才子遊旅之雅洲。

嗚乎！勝地不常，舊貌難再。盛衰興亡，凭天地之变遷；歷遭寇刼，傳孽火之蕩然。萬衆遺惜，廢廟宇而荒一墟；齊心振奮，蓄湖水而灌萬頃。

開瑞禪師曰：雙林池水高漲，重建古寺，東遷釋門積德心願福田捐，募誠臻此，乃可再度繁華矣。

歌曰：

蘭亭流芳兮敬羲之，滕閣永存兮念子安。

岳樓輝煌兮思仲淹，恩寺鼎盛兮拜三藏。

登臨懷古，思緒萬千。

深嘆孟郊文絶，願乞賈島詩敲。

詩曰：

九龍回南海，幸得錫杖▨。寺地多玲瓏，靈位顯自然。

神水未曾蓄，佛祖先化緣。世人論江浙，雙林第一禪。

公元一九八六年十一月，為紀念重建雙林寺，稽亭丁瑞海作此序，丁大公書并刻。

▲雙林古寺《雙林寺序》碑

（張子開拍攝，2015 年 6 月 21 日）

《樂助大雄寶殿碑記》，兩塊一組。一塊，碑名之後，刻施主芳名；最下，刻：“公元一千九百八十九年夏月吉旦/雙林寺管理處立。”另一塊，起始處云：

> 去年開瑞逝世後，存款再加上無名助塔幣，及本利一▨▨▨共結人民幣六千五百九十七元七角八分。此幣為建大雄寶殿所用。五月六日，管理組人員決定接開瑞師弟▩▩▩到雙林寺主持。及本寺管理人員丁同新、丁法沖、丁尚（?）桂，無報酬，共同▨▨建設。裝好電燈，用幣二千六百三十六元五角九分。裝自來水，用幣六百六十元二角六分。建大雄寶殿，用幣四萬八千二百二十五元八角四分。大雄寶殿泥水工，由毛店鄉田沿村朱樟興帶領朱師連、朱壽山，從開基到蓋瓦完工，共樂助泥水工九十六工。

“開瑞師弟”後的三字，被鏟去。之下，依捐款多少，列施主名字；碑的底部，又刻：“東陽賈宅樂助紅磚一萬塊，樂助山門油柒全部費用。/東陽▨賈宅樂助大雄寶殿油氿人民幣五百元正。▨▨朱▨▨生經▨▨▨。”

以上文物，頗有助於釐清雙林禪寺（尼寺）的史實矣。

1997年，在義烏市有關部門的大力支持下，供男衆弘法的新雙林禪寺（僧寺）大雄寶殿建成。

嗣後，雙林禪寺之僧寺和尼寺，皆又陸續有所新建或改建，日臻完善矣。

2003年，界賢法師應義烏市統戰部之邀，前來接任雙林禪寺住持。法師1959年出生。於南雁蕩山，首度皈依中國佛教協會圓澈法師。1982年，在福建省福鼎市靈峰寺，依世孝法師披剃為僧。1983年春，往山西五臺山塔院寺；是年四月初八，依寂度和尚受具足戒。1984年冬，至北京廣濟寺，於正果法師座下參學。同年，入中國佛學院學習。1988年畢業後，回到北京廣濟寺，任中國佛教僧伽培訓班主任。1990年，任福建省連江青芝寺任住持。1996年，任連江佛教協會副會長。1998年，昇為福州市佛教協會副會長。至雙林寺後，先後當選為金華市佛教協會副會長，義烏市佛教協會名譽會長、會長。

2007年農曆五月，南懷瑾居士題寫了“雙林古寺”匾額。從是年9月17日起，雙林寺（尼寺）正式更名為“雙林古寺”。

2009年5月31日，農曆五月初八，傅大士誕辰1512年紀念日。這一

▲新雙林禪寺（僧寺）大殿

（張子開拍攝，2009 年 11 月 25 日）

▲南懷瑾所題"雙林古寺"匾額

（張子開拍攝，2009 年 11 月 25 日）

天，義烏市雙林文化研究院成立。其組織框架為：理事會、監事會、理事長、院長、副院長。名譽理事長、總顧問，浄慧長老。顧問：向學法師、

▲雙林古寺（尼寺）

（張子開拍攝，2009 年 11 月 25 日）

濟群法師、圓慈法師、張勇教授、楊笑天博士。理事長，界賢。院長，張惠間。副院長：鮑川、何恃堅、丁寧。研究院擬邀請國內高僧大德、專家學者，研究、整理、編輯、出版雙林和傅大士相關著作。此外，下設傅大士文化陳列館、和諧講堂兩個機構：陳列館每周五天面向市民開放，展示雙林和傅大士文化史料；講堂則每周末面向佛教信眾和傳統文化愛好者，舉辦一次佛學、禪學、佛教心理學講座或沙龍。

11 月 24—26 日，義烏市民族宗教事務局、義烏市佛堂鎮政府和義烏雙林文化研究院聯合舉辦了“2009 首屆‘雙林—傅大士禪宗文化研討會’”。這是海內外首次關於傅翕的全國性學術會議。與會者嘗來雙林寺參觀，並在設於寺內的雙林文化研究院裡進行了小范圍的座談。

叁　歷代讚詠

古代讚嘆雙林寺的詩文頗多，現略示一二。

一　王之道、喻良能、洪邁之詩

廬州（治所今安徽合肥）濡須人、南宋王之道（1093—1169）《夏日歸自寶林二首》吟曰：

十里招提路，崎嶇祝聖歸。青黄原上麥，紅白草間薇。
正看雲容合，俄驚雨脚飛。餘花被霑濕，芳氣襲人衣。

遠岫昇初日，長林靄曙煙。峯迴遥見塔，溪轉静鳴泉。
竹籜新披錦，茅花欲擘綿。清和多美蔭，歸路得蹁躚。①

此首五言律詩描述的，當是雙林寺一帶的景色吧。

義烏香山寺以南喻宅村人喻良能（1120—?）亦有《題雲黄山寶林寺》詩：

彌勒下生地，溪水秀且長。蕭蕭雙樹碧，冉冉片雲黄。
曉日觚棱浄，西風松桂香。十年疏杖屨，玉石耿難忘。②

良能字叔奇，號錦園。父喻葆光。紹興二十七年（1157）進士。官至兵部郎中、工部郎官。紹熙元年（1190）告老還鄉，鄉人為刻石立碑，名其里為“郎官里”。良能在香山建“亦好園”以居，故人稱“香山先生”。著有《諸經講義》、《家帚編》、《忠義傳》、《香山集》等③。《四庫提要》“香山集”提要曰：“《宋史》不為立傳。惟《金華先民傳》載其仕履頗詳。其兄良倚、弟良弼，亦俱以古文詞有聲于時。……惜其詩僅存，而文已湮沒不傳矣。今從《永樂大典》採掇裒次，而以《南宋名賢小集》所載參校補入，釐為十六卷，庶猶得攷見其大畧。其集稱“香山”者，案律中《次韻李大著春日雜詩》中有‘清夢到香山’句，自注曰：‘余所居山名。’蓋以地名其集云。”

南宋饒州鄱陽（今江西省上饒市鄱陽縣）人洪邁（1123—1202），撰《雙林寺見柳書》曰：

① 《相山集》卷八，文淵閣《四庫全書》本。

② （南宋）喻良能《香山集》卷七。

③ 喻良能事跡，參考清諸自穀、程瑜、李錫齡等《（嘉慶）義烏縣志》卷十五《文苑》，第七冊，第二葉右半葉至左半葉。

幽谷雙林寺，荒凉得遠尋。誠懸遺墨在，諫筆想心箴。①

據《清一統志》卷二百三十二《金華府二・名宦・宋》，邁嘗為官金華：

洪邁 番陽人。孝宗時知婺州金華。田多沙，勢不受水，邁奏治境内陂湖八百三十七所。婺軍素無律，邁以計逮捕四十有八人，戮首惡二人，餘黥撻有差，莫敢譁者。事聞，上語輔臣曰："不謂書生能臨事達權。"特遷敷文閣待制。

洪氏既入仕義烏附近，則此詩之"雙林寺"，當即松山下之佛教道場也。

只是，此時雙林寺雖有珍貴的"柳書"，寺景卻依然"荒涼"，顯然尚未完全從方七佛之災中復原也。

二 吳萊、契了、惟善之詩

元朝浦陽縣（今浦江縣）人吳萊（1297—1340），又有長詩《雙林寺觀傅大士頂相舍利及耕具故物》：

古稠大山趨古原，古寺突兀倚山根。
小溪前流未及渡，白塔岋起高蹲蹲。
傳公故宅奉香火，廈屋萬間周四垣。
梁朝到今數百載，兠率說法天中尊。
世曾出世役妻子，家或漁榹隨犂犍。
道冠儒履忽一變，胡膜梵唄爭駿犇。
蕭衍老公坐玉殿，捨身建刹開祇園。
花幡亂飛欲滿席，拍板歌唱聞槌門。
雲光靈異竟何有，仉晵怪神寧復言。
藕絲袈裟上所賜，奇錦照耀扶桑暾。
龍宫四萬八千卷，寶藏一轉百鬼掀。

① 《宋金元明四朝詩・宋詩》卷六十二，文淵閣《四庫全書》本。

貝多遺文白氎像，經律論疏洪其源。
黃羅繡褥裹頂骨，舍利五色摩尼燉。
一牛眠雲已化石，雙鶴覆雨仍軒騫。
刼風吹地日漸壞，樓閣樹林無半存。
青檮並聳碧宇上，落葉散到人家村。
浮屠仁祠始自漢，文厲華盖何翻翻。
梁時佞佛特太甚，宗祀斷血徒饔飧。
父兄子弟且學佛，絶滅恩愛生讎寃。
臺城矗天或死守，邊騎乗釁真游魂。
幸灾樂禍却環視，入室操戈攻嚙吞。
蠟鵞厭埋家難遠，烏幔囚辱兵氛昏。
人天小果豈不有，宇宙缺齾疇能藩。
一朝佛出救不得，滄海攪作黃河渾。
傅公家居自天屬，時復耕耨不憚煩。
朝廷聰明顧不及，塔廟湧出如雲屯。
長干空迎佛爪髮，滿國欲飽民膏腱。
羣僧無功併仰食，我佛獨不憂黎元。
惜哉後王永不寤，前後喪亂同一轅。
後民皈嚮復未已，拱手禮跪駢肩跟。
呪口波瀾豈祝蟒，禪心寂默猶拘猿。
終然百欺幾一遇，世俗瑣瑣吾何論。①

按，萊本名來鳳，字立夫。門人私謚“淵穎先生”。延祐年間（1314—1320）舉進士不第。延祐七年（1320），被薦為禮部編修。因與上司不睦，退居故鄉，自號“深裊山道人”，潛心教學、閱讀和著述，宋濂即其門人之一。該詩或當作於其隱居之時吧。

《即休契了禪師拾遺集》録契了（？—1351）《送僧歸雙林省師》偈：

海門親見海雲師，江月團團印夕輝。

① （元）吳萊：《淵穎集》卷三，文淵閣《四庫全書》本，第1209冊，第50頁下欄至第51頁上欄。

檮樹雙雙同一照，何消圓相別呈機。①

有檮樹之雙林寺，自在義烏；此僧“歸雙林省師”，則當來自雲黃山下矣。

元錢惟善（？—1369）《送張石隱歸東陽》詩云：

餘不溪上張公子，一日乘槎過婺州。
客徧江湖成落魄，才兼書畫擅風流。
月明八詠樓中醉，雪盡雙林寺裏遊。
覔取東陽高價酒，一尊為我載廻舟。②

惟善，字思復，自號“心白道人”“武夷山樵者”。錢塘（今杭州市）人。參加江浙省試時，獨明試題“羅刹江賦”之“羅刹江”乃錢塘之曲江，遂聲名遠播，因自號“曲江居士”。張士誠佔據江浙後，退隱吳江筒川，再遷華亭。由惟善詩可知，婺州雙林寺仍為當時文人雅士遊勝之地也。

三　唐之淳、德然唯庵、貢修齡、熊人霖、陳子龍之詩

明唐之淳（1350—1401）《送敷竺曇住義烏雙林寺二十韻》詩前小序：“寺有雲黃山並塔，又有雙神堂。傳大士道場也。”詩曰：

雙林古名刹，婺女之烏傷。雲出漢水白，雲歸山氣黃。
維昔傳大士，依山開道場。六時動天樂，草木生妙香。
峯頭七佛塔，塔下雙神堂。堂中席久虛，猿鶴愁怨望。
吾師霞外秀，六十須眉蒼。祝髪石橋左，挂衣雙澗傍。
小笠冒暑雨，輕袍帶晨霜。手持文部檄，脚踏龍河航。
訪我玄津西，送之鍾山陽。是時五月朔，綠樹薰風涼。
薝蔔白勝雲，菖蒲過人長。我留看歸去，遲迴以彷徨。
師行過越鄉，煩師一徜徉。鄉中多親友，念我幾迴腸。

① 《大日本續藏經》第壹輯第貳編正編第貳拾捌套，第九十五葉左半葉。
② （元）錢惟善：《江月松風集》卷八，文淵閣《四庫全書》本。

為我少安慰，令我覊思忘。馬羣有騏驥，羽族有鳳凰。
覽德匪稱力，如火不用光。大士遲師久，勉哉宜自彊。[①]

之淳字愚士，亦以字行，山陰（今浙江紹興）人。肅之子。建文初，詔詞臣修《鑑戒録》，方孝孺薦之，授翰林院侍讀，與孝孺同領書局。卒於官。《明史·文苑傳》附載王行傳中。《四庫全書總目》評《唐愚士詩》曰："是集僅其丁卯、戊辰二年所作，似非完本。又詩文相間成編，而總題曰詩，亦非體例。疑當日雜録手稿，存此一帙，後人因鈔傳之，故編次叢雜如此歟？"丁卯，明太祖洪武二十年（1387）；戊辰，二十一年也。是則《送敷竺曇住義烏雙林寺二十韻》成於此二年也。

《松隱唯菴然和尚語録》卷二《偈頌·送徒弟慧照參雙林和尚》：

金華重疊皆靈境，獨有雲黃山最高。
七級浮圖層落落，兩條溪水浪滔滔。
天燈燦爛朝精舍，花雨繽紛點毳袍。
方丈老禪為人處，揭天棒喝起風濤。[②]

德然唯庵（？—1388），明初臨濟宗僧。松江府華亭人。俗姓張，號唯庵。從無用貴禪師剃髮，再在千巖元長會下得法。返華亭筑室，名之為"松隱"。千巖逝後，繼任金華聖壽寺住持。唯庵對雲黃山明了於心，當嘗親自拜謁過吧。

明朝義烏縣令貢修齡（1574—1641），嘗拜謁雙林寺，撰《遊雙林》詩曰：

補處無生忍，千年古德機。鉢盂猶自若，錫杖未曾飛。
塔頂光逾遠，門椎事豈非。《浮漚》吟一過，惆悵不能歸。

修齡，字國祺，號二山，又號廣宓。原名萬程。明朝南直隸常州府江陰

① （明）唐之淳：《唐愚士詩》卷四，文淵閣《四庫全書》本。

② （明）德然唯庵撰、其徒慧省編次：《松隱唯菴然和尚語録》卷二，《嘉興藏》第 25 冊，第 37 頁 a 欄。

人。貢安甫四世孫。萬曆四十八年（1620）任東陽縣知縣。後攝義烏事，為政清廉，按撫流民，頗享聲譽。有《斗酒堂集》等。事見《(雍正）江南通志》卷一百四十二《人物志・宦績四・常州一府》、《（雍正）浙江通志》卷一百四十八《名宦三・總轄・明下》。

修齡與釋氏有緣，嘗有《甲寅孟夏參蓮師於榻前，今壬申仲春始得復來禮塔，墓草宿矣。為題此，以志感愴》詩："十九年前到此來，尚逢老宿《法華》開。山門不改藏修竹，澗水依然長綠苔。無口漫勞貪聽法，有情終是欲生哀。莫言隻履西歸也，無盡燈明照夜臺。"①

"浮漚"，謂《浮漚歌》也，今尚存《善慧大士録》中。

明清縣志録明熊人霖（1586—1650）《華川十景》詩之六《棠茇清垂》曰：

南國詞人第一流，太函霸氣挾高秋。
禪心靜對雙檮樹，秀句遙連八詠樓。
樞府籌邊存諤諤，卿才敷政自優優。
只今萬戶弦歌地，還引清風灑綠疇。②

此"雙檮樹"，顯為雙林寺之"雙林"矣。之八《稠嶺祥雲》復言：

空山臺殿自梁時，雲物輝煌入座奇。
谷口一痕江鳥入，鉢中五色澗龍知。
半輪法轉開千藏，雙樹衣傳第一枝。
國泰民安天地久，祥光長護盛明時。③

不但亦有"雙樹"，而且"半輪法轉開千藏"顯指傅翕發明之轉輪藏，此"稠嶺祥雲"實即松山之黃雲也。

---

① 《雲棲法彙》卷二十五，《嘉興藏》第 33 册，第 201 頁 c 欄。

② （清）諸自穀、程瑜、李錫齡等：《（嘉慶）義烏縣志》卷二十二《賦》，第十册，第三十四葉左半葉。

③ （清）諸自穀、程瑜、李錫齡等：《（嘉慶）義烏縣志》卷二十二《賦》，第十册，第三十五葉右半葉。又載明熊人霖重修：《(崇禎）義烏縣志》卷二十《雜述考・藝文》，第六册，第百二葉左半葉。

明末抗清英雄陳子龍（1608—1647）也曾到訪雙林寺。其《烏傷雙林寺》詩曰：

祇林蕭瑟靜山暉，古殿陰陰燈火稀。
花露迴同清梵落，松風欲送午鐘微。
雲浮阿育常如蓋，樹自梁朝尚掛衣。
為問殘碑思孝穆，更尋荒草一峰歸。①

子龍字臥子、懋中、人中，號大樽、海士、軼符等。松江華亭（今屬上海市）人。崇禎十年（1637）進士。明亡後，在太湖一帶抗清，兵敗被縛。在押往南京途中，投水自盡。與錢謙益、吳偉業並稱明末清初三大詩人，然子龍詞及駢文均超吳、錢，實為明代第一詞人，明詩殿軍。《明史》有傳②。

由子龍此詩可知，雙林寺曾鐫刻有徐陵碑文，且明末時雙檮樹尚存也。

① 《（雍正）浙江通志》卷二百七十六《藝文十八·詩·七言律》。

② 《明史》卷二百七十七《列傳第一百六十五·陳子龍》。

附　録

寶林禪寺記

（南宋）潘良貴

義烏縣南雲黄山下。梁普通元年，傅大士依雙檮木結庵。大同六年，即其地建寺，因名雙林佛殿。宋治平三年，賜今額。宣和三年，燬于寇。紹興四年，建藏殿，住山僧標次第復完，凡為屋一千二百餘間。

有大比丘，其名行標，號曰慧炬，一日過予，從容言曰："維雲黄山，是為蕭梁善慧大士修證道場。我以緣法，總徒一年。兵火之餘，豈弟慈祥，外護我法？考其性資，有大士宗，我將懇祈，丐其名御，起勝妙因，為邦人倡。"郡將聞已，愀然改容，顧謂標曰："方時孔艱，民力困耗。吾護此方，如護元氣，不以毫髮呼擾井閭。況此土木不急之工，勞人費財，為役甚鉅。縱使彌勒即今示見，我猶持此力勸止之。"標聞是逡巡，而旋復見予言："事不諧矣。"予曰："太守之職，承流宣化，奉法愛民，而外有為，實非其責。不若自營我法，博募廣求。況師駐錫以来，道俗傾鄉，時節或至，咄嗟可成。"

標還雲黄山，大開法席，徧召檀那，而告之曰："惟我大士，誕毓此方，為瑞為祥，人人共仰。雙檮建寺，甲於叢林，自梁迄今餘六百載，流通祖道，代不乏人。宣和三年盜起［新］定①，不幸煨燼，一椽不存。今

① 按，文淵閣《四庫全書》本標曰："闕。"（第1133冊，第384頁下欄）《（崇禎）義烏縣志》亦漫漶不清。北宋程俱（1078—1144）《北山集》卷三十三《江仲舉墓誌銘》有云："宣和二年冬，盜起新定。明年正月，入信安郡。人皆避賊山谷，晝伏草薄間，夜出謀食。"（文淵閣《四庫全書》本）可知所闕為"新"也。

歷歲時，堂廡齋廚，粗成行列。獨茲殿址，瓦礫弗治，妙相慈容，久無所宅。爾等善友，忍坐眡耶?”客聞標語，歡喜踊躍。於是退而各盡己力，大出金錢，合而計之，餘五十萬。以紹興二年春經始，三年冬告成。其高八十餘尺，而廣倍其半；中安像設，莊嚴妙好；外繚闌楯，雄麗靚深：入化人宮，逈出空際。里之士女，與旁州之人，奔走往来作禮，［□］數皆曰：“耳目未嘗見聞。”山林增輝，緇衲雲集，坐變榛莽為金碧區，未有成辦大緣如是之速者也。

故嘗論之：一切世有為之法，皆有分齊，長短可度，輕重可權，淺深可側，小大可稽。至于佛法，則大不然：淵乎妙哉，視之不見，聽之不聞，智不能知，識不能識。古經云：“以思惟心測度如来圓覺境界，如取螢火燒須彌山，終不能著。”觀夫世之治生殖業，銖積寸累，可謂勤矣。假使骨肉就其乞貸，愛惜靳吝，未嘗輕捐。至佛會中，心生悲喜，則傾囊倒廩，畧無留難。又其最者，身體髮膚，頭目髓腦，於彈指頃，棄舍如遺。其故何哉？蓋淨智妙圓，與吾如来本同一體，念起背覺，遂爾合塵。塵昏本明，［?］轉不息，佛以慈悲，哀憐覆護，於生死海，誓作津梁。猶如父母惜所愛子，子出遠遊，望望不至。彼為子者，漂流途路，雖未即歸，寢食之間，嘗懷憶念。聞說父母涕淚自垂，感召之因，疾若桴鼓，此豈可以情量揣摩、筆舌形其萬一哉！

標之為是役也，予最詳其本末，故樂為之記。且懼来者之隳其績也，復為說偈曰：

良木秀山澤，中林猶百年。斲削應約繩，必資諸巧匠。
陶者輸瓦甓，圬人施塗泥。絲網及寶鈴，丹漆塈塑績。
罷精磨歲月，始克觀厥成。金錢與糗粮，所費如山積。
雖名有漏法，實為無量德。庶俾凡覩聞，因緣得入道。
我昔禮大士，廣廈餘千間，何人持烈烟，一燎不存芥?
嗚呼有施者，又有戕毀人，良繇弗思維，縱我無明故。
今合檀施力，作新美踰初。丁此時艱危，為衆作依怙。
咨爾方来者，毋意隳前功。增飭愛護之，當如扞頭目。
使百千萬億，遊戲依雙林，於寵華會中，永瞻微妙相。

紹興六年二月日，左朝奉郎、直龍圖閣管亳州明道宮 潘良貴撰

（潘良貴：《默成文集》卷三。文淵閣《四庫全書》本）

潘良貴（1086—1142），字義榮，一字子賤，號默成居士。金華人。《宋史》卷三百七十六有傳，明宋濂撰有《潘舍人年譜》。

重修雙林禪寺碑銘

（元）胡助

承事郎太常博士致仕胡助撰

金華劉文慶書

奉政大夫、僉浙東海右道、肅政廉訪司事余闕題額

雙林寺者，善慧傅大士開山道場，浙水東大刹也。按，大士出世修行，始結茅雲黄山，燕坐雙檮樹下，說法度人，靈異神通，不可殫述。當梁武帝盛時，教法顯揚，開龍華大會，建立寶刹，是名雙林。事具徐陵所製碑。

由梁至今，且九百餘載，無怪乎塔廟之屢廢而屢興也。宋宣和中，睦冦孽火，寺宇煨燼，皆為丘墟。紹興初，刪定賈公廷佐始範洪鐘，建三藏殿。住山摽禪師募緣，修造宏傑，偉麗紫微。潘公良貴記，大士殿書，其蹟可考也。

由是歷年百有五十，而入國朝，又已七十餘載。世異事殊，法席虛曠。去來聚散，如更傳舍。故殿堂門廡諸屋宇，以次摧毀傾倒，化為榛莽，見者寒心。其所存者，山門、藏殿、僧堂、大士殿、旃檀林、雲黄閣而已。

至正二年秋八月，行宣政院公選前住西峯友雲龍禪師住持。入院愀然不怡，于是以說法化緣興修為己任。其年冬，作周垣千有五百丈，立外山門。自是歲興工役，復羅漢堂、知客寮，修旃檀林，復前資蒙僧堂，增大士殿層檐，築獻臺為祝釐之所，創東廡，治東淨、庖湢，從僧堂以屬西廡。延山門入若干步，塑護法二天神坐像，開田瀦水為放生池。甃石治道，引流種樹，金碧翬飛，相為映帶。前後七年，積工鉅萬，起廢為新，實雙林之中興也。其徒具事狀，請金華胡助文諸碑，以告後之來者，俾勿壞。

禪師，予方外友也。師向在西峰，造雙溪大橋，利濟萬民，行旅往來贊歎。故茲坐大士道場，熾然作佛事，修建偉績，於久廢之後，尤不可以不書也。

蓋嘗聞之，大士彌勒尊佛下生也。立教垂世，度一切人，庶幾脫離苦海、去貪嗔痴、背惡向善、頓成正覺。觀其著《心王銘》，即堯舜禹相授受之道也。會三教之統宗，本一心之道妙，殊途同歸，昭揭日月，不可誣也。於戲！佛法流通，與王化相遠邇。若使人人向慕，發菩提心，為善而不為惡，則天下風俗可厚也，國家刑法可措也，庸詎非輔治之基耶！

予既書其事於石，仍系之以銘。詞曰：

善慧大士，化度閻浮。雲黄之山，燕坐雙檮。
世方障蔽，小示靈異。法椎一擊，千門洞啟。
人天歸仰，建刹寶林。總我三教，明爾一心。
青蓮紺宇，龍華大會，當來下生，天宮受記。
一彈指頃，俄九百齡。經殘教弛，寂滅彫零。
去來攘奪，如更傳舍。東頽西倒，屋廬盡壞。
有為有漏，或廢或興。刼數恒理，孰經孰營。
三十年間，鞠為茂草。豈無其人，緣法未到。
猗歟龍公，應真化身。持戒定慧，說法度人。
檀那信向，輦秉財施。指揮匠石，興工起廢。
掃除瓦礫，開闢荆榛。翬飛金碧，内外一新。
廊廡繩繩，山門岌岌，佛殿鐘樓，像設莊飭。
百堵皆作，塗塈垣墉。易治門徑，水月涵空。
功崇再造，山林增耀。大庇禪流，開堂敷教。
祝延聖壽，超度凡民。大士道場，萬古長存。

（胡助：《純白齋類稿》卷十九“碑銘類”，文淵閣《四庫全書》本，第 1214 册，第 676 頁上欄）

雙林寺重鑄大鐘記

(明) 貢脩齡

天啟癸亥陽月七日之吉，賜同進士出身、文林郎、知東陽縣事，古吳延陵貢脩齡 譔

世間無一成不壞之物，數之所至，雖天地不能逃。然成為毀因，毀為成因，兩者亦遞相循環。故雖壞而有不壞者存，又況有所託以俱不壞者乎。

義烏雲黃山雙林寺，為梁陳間傅大士善慧道場。殿有巨鐘，宣和時燬於寇，重鑄於宋紹興四年。至我明萬曆又燬，仆臥蓁莽，凡三十五載矣。

壬戌冬，余尚攝義篆，有杭商奉藩司檄，取供鼓鑄用，請之余。余不許。暨余解務還東陽，商復至。余告新令，亦不許。事遂寢。今年季秋，予偶過寺，訊故鐘所在，見已籠土為胚胎，謀新之矣。因與僧徘徊眺望。子夜篝燈，莊誦所遺語録，為緬懷久之。

夫大士以當來紹統如來，化身示現，其願力甚遠。一時赤鬚白足大弟子，皆觀音、文殊、普賢諸聖降真，其功德又甚鉅。則雖身還兜率，仁覆閻浮。今山中草木瓦石，皆法器也。禽獸蟲魚，猶眷屬也。而況靈鐘為山門號令，振聾醒迷，發揚梵唄者乎？其必為佛菩薩所憑依，不肯終令廢置以墮作阿堵，明矣！然杭商不請，則僧不激；官不得聞且拒，則是予與僧若商，皆共成佛事之人，而所以請而激。激而拒者，誰實陰騭？行見法音遐邇震動，緇素聲聞，儼然善慧登壇設法矣，尚可以成毀常數論耶？詰旦戒行僧性華、海忠等，羣以記相懇。予頷之。鐘成，遂敘其事如左。

（擷自浙江省義烏市圖書館庋藏清宣統二年（1910）秋九月稠州通美公司石印本《傅大士語録》）

按，貢脩齡，據此《記》，壬戌年（明天啟二年，1622）及此前，嘗為“義篆”，即義烏縣令。朱中翰《雙林寺考古志》卻稱，貢氏乃“明天啓間東陽縣令”（朱中翰：《雙林寺考古志》，載浙江省立圖書館編《文瀾學報》第三卷第一期，民國二十六年三月出版，第八頁）。顯誤。

重建雙林寺序

（明）熊人霖

雙林古剎，為傅大士現示說法大道場，莊嚴玅相，四生仰震旦之靈，拯救迷途；十鼓度雲黃之影，昭垂語録。比諸南贍叢林、西伽乾竺，殆非荒誕渺稽者也。

顧輝煌璘榜，净土久癖於名山；而璀璨金經，桑田幾變為滄海。雕梁畫棟，風霜剝紺宇之輝；堊壁丹垣，苔茵蝕曇花之彩。猱猿既永啼於冬夜，禾黍徒寄慨於秋風。鼎葺無從，仰瞻何地。

乃戒衲海旭，誓募檀那，期新輪奐。雖鳩工刻日，仰仗法輪，然費巨役繁，必緣衆力。請結祇園之果，各成布地之金。種功德林，皆大歡喜；開多寶藏，力破慳貪。檀施無漏，是名現在因緣；娑竭何涯，並注長生實録。不日之成，式維此舉。謹序。

雲黃山長伯甘霖題

（擷自浙江省義烏市圖書館庋藏清宣統二年（1910）秋九月稠州通美公司石印本《傅大士語録》）

按，朱中翰《雙林寺考古志》稱，“在崇禎十一年戊寅，僧海旭募修，知縣熊人霖爲作序”，且稱熊人霖“字伯甘，別字鶴臺。江西進賢人。兵部尚書熊明遇子。崇禎丁丑進士”（朱中翰：《雙林寺考古志》，載浙江省立圖書館編《文瀾學報》第三卷第一期，1937年版，第4頁）。

重建雙林禪寺序

（明）于華玉

余小讀書山中，與老僧連榻數十年，啜茗指月，互相答問，絶未曾為作緣。懼以沿門持缽，端開崇尚虛無，外昌黎、歐陽諸公教。

壬午秋，宰是邑。小春月，勘馮氏基，經飲丁祠，見一山屏列，四面山環水繞。指而問諸友曰：“此地垣局造設，不有名儒，定有真異。為余言之。”諸友具告梁時傅大士倐成正果，有黃雲覆其上，狀及諸僧苦行募建志。食畢去。

翌日，老僧持疏簿，諸友請印，并乞言於余。余邑宰也，一言一行，人所瞻視。好言佈施，令舉國若狂，諸君子聞之，必以余佞佛，貽譏宰官：現身設法，妄言因果，惑亂聽聞。余不屑也。然苟生之為見，若者必滅。利之為見，若者必危。捐財庀工，釋民之巧於破慳，法其西方聖人；陰行教乎，吾又將以不好利不守財之說，正告天下：非止欲邑之人輕言好施，圖所未然，成僧行以終殿工已也。

金沙湖濱主人于華玉題

（擷自浙江省義烏市圖書館度藏清宣統二年（1910）秋九月稠州通美公司石印本《傅大士語録》）

按，朱中翰《雙林寺考古志》稱，是序作於“崇禎十五年壬午”，即1642年；且謂于氏乃“南直金壇人。庚辰進士”（朱氏文，載浙江省立圖書館編《文瀾學報》第三卷第一期，民國1937年版，第4頁）。

重建雙林禪寺序

（明）佚名

吾邑踞烏傷上游，實接壤亘。烏治西偏，則古刹雙林寺峙焉。插煙雲而亂日星，在震旦國中，稱莊嚴第一。上懸峭壁，下臨華溪，傍列如來七佛諸峰。以故梁齊間翹望雲黃者，如西竺曹溪，不可即致。今帝蹕遥臨，海內翕然呼佛國。

迨後教湮宮圮，漸為 ①者之資，而圮廼愈甚。余蓋惻然。龍象之泣重興，信者之哀亦已久矣。顧邊徼多事，公私告匱，擊楫枕戈，未遑經葺。及此寺僧慨然以堅苦性，發慈宏願，俾 ②有衆力光復其舊。余因捐貲鳩役，先後告成。爰乃大殿跂立，重覩寶光；廊廡繼配，則又左右手之翼如也。一時諸善信咸生歡喜想，瞻禮讚嘆，實所希有。斯豈獨諸佛菩薩得崇禮之所，而人有依皈已哉！

方今虜寇交訌，萑苻迭發，士民之坑眉，兵將之夷戳，忠臣義士之捐糜，誰不惘心疾首。况乃諸佛菩薩於 ③設化城，靡日不以濟世為緣，

① “漸為”之後，原書有約一個字的空白。

② “俾”之後，原書有約二個字的空白。

③ “於”之後，原書有約二個字的空白。

［憯］然於志，不亦有甚焉者歟。以其大雄者掃蕩廓清，以其大悲者撫綏休息。大士有靈，當亦如玄熊赤豹之不復出可也。然則如余者，根淺葉深，猶或信持罔懈。宰官居士，其有隨等樂施、倡和勸助者，共圖久兹鴻業，又烏得襲空桑於青史，剽佛骨於昌黎，徒拘墟而不識天地之大也哉！

崇禎甲申秋季之吉

（擷自浙江省義烏市圖書館庋藏清宣統二年（1910）秋九月稠州通美公司石印本《傅大士語録》）

按，作者不詳。朱中翰《雙林寺考古志》稱，乃“邑人某”；時為崇禎末年甲申（浙江省立圖書館編：《文瀾學報》第三卷第一期，1937 年版，第 4 頁）——即 1644 年也。

雙林寺記

（清）陳式

天下之人相與談論果報，莫不傾耳而聽，欣欣然思欲得而致之。至於高僧持鉢沿門叩募，則又閉戶退縮，錙銖是吝矣。若乃獨捐厚資、鼎建廟宇於名山大區佳勝之地為千秋永峙計者，百無得一焉。我考孝烏賈公，諱曇穎者，蓋重有取也。公本漢戚駙馬宗公後裔，自一世祖尚甫公，由南陽徙居是邑，至公僅五世。資雄賨婺，樂善好施，而一片菩提心最盛。深知大士元[①]修卓絕，妙悟天開，乃私自計曰：“余非大士，厥名無由顯；大士非余，洪基無與成。”爰將宅舍田園罄捐，建業欣然，鳩工庀材，前殿後廡，以迄鐘樓、經閣等，經營數年以告成。而尤酌其寺業不廣，則無以久其傳，乃復增置田畝山場若干頃，為奕世奉守之計。其慮不益遠乎。至今佛像峨巍，號稱舍利，梵音四振，無殊盛西，而雙林遂為海內冠諸名山。公之功，不誠炳炳煌煌，與天地並垂不朽也哉。

然由梁迄今，越千有餘載，大殿頽圮，重整乏人。僧瑞霞遍募十方善男信士，皆畏工程浩大，莫敢有膺斯任者。公裔孫如愚、守愚、似愚、若愚諸昆弟等，毅然自任，曰：“吾祖既創於前，吾儕不能繼修於後，得毋來先人之恫而念羞於大士乎？”於是合捐金二百兩，為諸信士倡。由是喜助廣集，樂輸遠來，斯修葺有資，而殿宇更新，而神像裝飾

① 元，避諱字。本當為“玄”。

尤加光明焉。

嗟嗟！天下家貲殷阜、富埒陶朱者，所在多有。當時則榮，沒則已矣。孰有如賈公者，祖孫一德，先後同揆，垂鴻號於遠方，昭芳烈於歷世？其所得不更多矣乎？

余從姑蘇來遊其地，登公之堂，拜公之像，更得眾僧詳述巔末。因慕公而羨德，乃不禁援筆為之記。

時

順治九年歲次壬辰孟春之吉

虞山　陳式 拜撰

（2004 年重修《洋川賈氏宗譜》卷三，第 5—7 頁）

重建雙林寺小引

（清）釋慧泉

維嶽降神，假勝異翠秀之地寓遺跡者也。夫雙檮樹下當來成道，非地之使然，胡致斯乎？厥後踵跡而成招提之大觀，建禪林之僧海，自大士以降，亦多徹悟之士。逮宋至元，宇餘千二百間，則法道宏隆也，蓋天地一元之數也。誠理賦之以氣運，剥溴二易之變也。或厥人道不宏，以致滄桑頻更也。迄今廢為坵墟，唯存後葺之大士殿、金剛殿數宇，亦乃星散凋零。

而辛丑間，衲遊觀如斯，慨然嗟嘆，不勝之悲。遂會紳董，議闢舊基，協輸捐資，建大悲閣，雕千手觀音，并鏤大悲咒神八十四尊。猶未告竣，而大殿方丈兩廊等屋，切嗟益艱，他恐弗免畫餅之誚也。衲則廣叩十方宰官，匡技護法，善信裨助，俾精藍不日成之，禪教益使炜煌。

藉神靈不昧之功，允孚斥情之誠，苟贅數语，附補書後，祈仁人君子，覽而信之，以啓輔弼之志兮。

宣統二年季秋，烏傷雲黃山雙林寺慧泉謹識。

［擷自浙江省義烏市圖書館庋藏清宣統二年（1910）秋九月稠州通美公司石印本《傅大士語録》］

按，慧泉，時任雙林寺住持。

雙林寺考古志

（民國）朱中翰

一　雙林禪寺考

唐著作郎顧況《蘇州乾元寺碑》云："傅大士造東陽雙林寺。"（《文范[1]英華》卷第八百六十三《碑二十·釋十四》，亦見《全唐文》卷五百三十。）元胡助《重修雙林禪寺碑銘》云："雙林寺者，浙水東大剎也。"（《純白齋類稿》卷之十九碑銘類。）黃晉卿學士《請如公住寶林疏》云："迺睠雙林勝境，猶存十剎舊名。"（文集卷二十二。按寶林寺在南宋時，推為禪院十剎之一。）明佚名撰《重修[2]雙林禪寺序》云："烏傷上游，古剎雙林，在震旦國，稱莊嚴第一。"清許乾《重修雙林鐵塔記》云："雙林寺宇，號稱天下第三，江浙第一。"是知精藍佳名，自昔早已著稱於域中矣！蓋為此寺之開山者，則當來世尊補處大士也。爲之勘定基址者，則西域神僧嵩頭陀也。（嵩頭陀名達磨。梁普通元年，傅大士用其指示，依雙檮木結菴。）捨其私地以佽助道場者，凈信檀越賈曇穎也。（時在中大通三年。）爲之興建者，則偏意釋門，投身覺海之梁高祖武皇帝也。（傳録云：大同六年啓帝置寺。）爲之金湯外護者，則陳隋兩代之諸帝王宰官也。（傳録云："陳太建五年，菩提等上啓皇帝，請爲本寺護法檀越。帝答書可之。"及隋世，文帝、煬帝並作書宣勑，慰勞大士弟子惠則等。又唐越州刺史元稹《還珠留書記》云："翕卒後［大士諱翕，字玄風］，弟子菩提等多請王公大臣爲護法檀越，陳後主爲王時亦嘗益其請。而司空侯安都，以至有唐盧熙，凡一百七十五人，皆手字名姓，殷勤願言。"）其爲製辭樹碑，以述清猷，以發耿光者，則陳左僕射、建昌縣侯、東海徐陵。（也時在陳太建五年癸巳。）有此諸因，則其聲名昭彰於寰宇，不亦宜乎？

雙林道場因歷朝諸帝賚賜供養之盛，無行文人竟有因此而生覬覦心者。唐文宗開成二年，御史大夫、越州刺史元稹，以婺爲彼所刺郡，因出

---

① 朱氏自注："'范'字，'苑'之誤。"

② 按，據義烏市圖書館庋藏清宣統二年（1910）秋九月稠州通美公司石印本《傅大士語録》，"修"當作"建"。

教義烏雙林，索梁陳二主書詔，洎碑録十三軸，與水火珠、扣門槌、織成佛，盡匿於其家。（見明釋茂本清源《傅大士傳録後序》。）大水突至，元稹因返其珠、槌、佛，“獨取其蕭、陳二主書，洎侯安都等題名治背裝爲”①，且云：“異日將廣之於好古者，亦以大翕遺事於天下也。與夫委棄殘爛於空門，蓋不侔矣。”（見元稹所自作之《還珠留書記》。）以堂堂宰官之尊，而巧取強奪，無殊偷兒，又爲文以飾己過，且直斥慈尊之諱，貢高我慢，曾無慚恥，謂非無忌憚之行得乎？猶幸翌年十二月，内供奉大德慧光清涔，令弘深禪師及永慶，將元稹所攫取之物，送還雙林安置。（據此似元稹先將索得之物，匿於己家，後曾奉獻於唐室也。）故石晉時，錢弘佐遣隆法大師（慧龜）來雙林迎請大士靈骨，猶有大士道具十餘事存在。即此可見大士遺澤之悠久。（據宋蔡絛撰《鐵圍山叢談》卷六，有敲門槌、誦經拍板與藕絲燈三物。藕絲燈者，乃梁武帝時物，上織華嚴會釋氏說法相狀，七處九會圖是也。）及後周廣順二年，作者之遠祖野塘公，爲寺鑄雙鐵塔以鎮於山門，巍巍雄姿，更足爲寶刹增輝矣！（語詳他處。）

寺在北宋時，僧舍猶餘千二百楹。（梁陳始創，其盛當更隆於宋。）英宗治平三年，賜寶林禪寺額；徽宗大觀二年，賜田十頃。（此二事，見《義烏縣志》《金華府志》《浙江通志》等之寺觀志中。）然而有爲造作之法，興廢靡常，徽宗宣和三年辛丑睦寇方臘起新定，寺宇被燬，說者有“不幸煨盡，一椽不存”之語。損失之鉅，洵有寺以來之大厄也。高宗紹興二年，有住山僧行標禪師，慨寺宇之未恢復，妙相慈容之所無宅，於是丐傳②姓後裔領銜，募緣重建。捐得金錢五十餘萬，“以其年春經始，三年冬造成，其高八十餘尺，而廣倍其半。中妥像設，莊嚴妙好，外繚闌楯，雄麗靚深，如化人宫，迥出空際。”六年二月，金華太守潘公良貴爲之記。（記見縣志。）紹興四年，東陽賈删定廷佐，爲範洪鐘，建三藏殿。時寇孽蕩平未久，又值南渡初年，而行標克完成此役，中興大業，可不謂之難能哉？

後百四十餘年而入元朝。元室諸帝，號稱信向佛道，然彼所崇尚者，特西來蕃僧所傳之秘密喇嘛教耳，其於南土顯教諸寺院，殊鮮崇隆。雙林寺亦復衰落不振。“法席虚曠，去來聚散，如更傳舍，故殿堂門廡諸屋宇，以次摧毀傾倒，化爲榛莽，見者寒心。其所存者，山門、藏殿、僧

① 朱氏自注：“‘為’字，‘襲’之誤。”

② 朱氏自注：“‘傳’字，‘傅’之誤。”

堂、大士殿、旃檀林、雲黄閣而已”。迄順帝至正二年秋，行宣政院公始選前住金華西峯寺雲龍禪師，來雙林住持。“入院，愀然不怡。於是以説法化緣興修爲己任。其年冬，作周垣千有五百丈，立外山門。自是，歲興工役，復羅漢堂、知客（寥）［寮］，修旃檀林，復前資（寥）［寮］、蒙僧堂，增大士殿層檐，築獻臺爲祝釐之所，創東廡，治東浄庖，湢從僧堂以屬西廡。延（疑是沿字之訛。）山門入若干步，塑護法二天神坐像，開田瀦水，爲放生池，甃石治道，引流種樹，金碧翬飛，相爲映帶。前後七年，積工鉅萬，起廢爲新。”金華胡助爲撰碑銘以記之。（文見《純白齋類稿》。）其規模之宏闊，視紹興之役尤過之。蓋雲龍禪師曾在金華造雙溪大橋，利濟行旅，有土木工程上之經驗，故得有此優良勳績，實雙林之再度中興也。

其在朱明，先後興建。單在思宗一朝，共有四番。一在崇禎七年甲戌，知縣許直任中。（許直，字若魯，别號柱玉。直隸如皋人。崇禎甲戌進士。是年任。）《縣志》卷十八《寺觀志》“寶林禪寺”條下云：“崇禎戊辰間，里人（按即縣南雙林鄉二十四都。）丁同鑑五十無嗣，夢羽士過之，蘭香滿室，豎一指以示。覺而疑為爲大士，默祈得子，捐千金創殿。會龍祈山寺僧瑞霞行脚至此，里人舉為住持，邑侯許公直屬令募建。霞告同鑑，同鑑意欲損十之三。忽屋瓦墜擊茗甌，遂全書之，甌復無恙。人皆喜捨。豎棟日，同鑑果生一子，因名宗蘭。功未竟，霞逝，其徒慧宏續完之。”邑進士童楷爲之記。（記已燬於山寇。）一在崇禎十一年戊寅，僧海旭募修，知縣熊人霖爲作序。（字伯甘，别字鶴臺。江西進賢人。兵部尚書熊明遇子。崇禎丁丑進士。）一在崇禎十五年壬午，知縣于華玉作序。（南直金壇人。庚辰進士。）一在崇禎末年甲申，邑人某有序。（某名無考。）自戊辰訖甲申，不過十七年，而興修多至四番。除丁同鑑之役，始末可考外，其後三役，雖有名人宰官之序，而事蹟莫詳。殆因時值國運莽蕩，流寇遍野，雖有丁氏倡修於前，而後來竟功仍難其力，故唱緣之疏，一再序引，而卒不見有蕆事之記載也。

清聖祖康熙七年，住持僧舜瞿，曾事修理。（見縣志。）二十二年，山門鐵塔因地陷而漸攲，我先祖世東公之後，梅潭二溪派下子孫，復各助銀穀以修理之。高宗乾隆四十五年庚子，寺遭回祿，一時未易完復，僅僅修其後殿，然猶存僧舍五房。咸豐十一年辛酉，粵寇李世賢、陳榮陷義烏。（見鄧鍾玉《兩浙軍事日記》。）寺被滋擾，“垣瓦傾隤，椽梁毁折”，僧舍僅存仁、信兩房。同治七年戊辰春，寺僧逢春（仁房。）、學蓮、學成（此兩人皆信房。）“敦請董理協募重修。鳩工於其年秋八月，告竣於冬之十一月。”（見同治八年環東朱雲松《重修雙林禪寺碑記》。）蓋僅略葺之而已。光緒二十七年辛丑，有僧慧泉，來自天台，駐錫斯寺，悲此勝蹟沒於荒荆，爰邀仕紳，（奉化孫玉仙居士頗佽助之。）[①] 爬疏舊基，勸導重興。念餘年來，慘淡經營，醵資萬金，達[②]大悲閣一宇，雕千手觀音一軀，大悲咒神八十四尊，輪奐一新。惟餘舊有大殿山門等處尚待修葺。旋慧泉於民國十五年捐世，其徒志盧[③]不一，彼此參商。其新建大悲閣三進，以及兩廡數十楹，忽於戊辰歲冬盡罹火劫。蓋自睦寇以後，遭劫未有如此之大者，豈非時值末法[④]，魔事縱橫，衆生薄福，勝舉難成者乎！若其募財集資，區處經劃，復古蹟於舊觀，宏法道於來茲，是則有待於深心信向之檀越，與夫精誠和合之僧衆，協力合作耳。誰是承受靈山付囑者，誰是擔荷如來家業者，其盍秉金剛願，披弘誓鎧，以興復雙林；重光祖庭，爲報佛恩也可。（本寺自趙宋以來，屬臨濟派下子孫住持，若宋理宗紹定間之虚堂智愚禪師［有語録行世］、元順帝至正間之桐江紹大禪師［宋濂爲撰行業碑銘］，其尤著名者也。）

二　傅大士形儀服飾考

近世吾邑雙林、雲黄兩寺所塑善慧大士像，或披納（俗作衲。），或着袈裟，無有作居士服者：蓋皆本於《傳燈》《指月》諸書而造也。按兩《録》咸稱：“大士一日披衲頂冠靸履，朝見梁武帝。帝問是僧耶？士以手指冠。帝曰：是道耶？士以手指靸履。帝曰：是俗耶？士以手指衲衣。”又佛印、了元禪師爲王荆公贊其所收傅大士畫像，亦曰：“道冠儒履釋加沙，和會三家作一家。忘却率陀天上路，雙林癡坐待龍華。”《傳燈録》者，宋景德間道原禪師之所集也，而佛印、荆公則又皆神宗朝人：

① “。）”，原作逗號“，”。據文義而改。

② 朱氏自注：“‘達’字，‘建’之誤。”又，“達”前之“，”，本為引號“┐”，亦據語境更改。

③ 朱氏自注：“‘盧’字，‘慮’之誤。”

④ “末法”之後，原為引號“└”。據語境而改。

準此，則當北宋之世，大士著沙門服裝之説，已甚流行。是則雙林、雲黄兩塑[1]所塑者，固非盡出匠人之胸臆。然余讀宋以前書，若《徐孝穆集》，若歐陽詢《藝文類聚》，若法琳《辨正論》，若道宣《續高僧傳》，若樓穎《傅大士傳録》（此書今闕。然樓炤之語録，實以樓穎之《傳録》爲藍本而删成。）諸書，其所稱揚大士一期間應化之蹟詳矣，從不見有大士著衲衣或袈裟這語。余遂深疑其事，以爲是宗下人擧揚向上之寓言耳。不然，服之不稱，身之災，豈以大士之聖而肯爲是異服，以招庸眾之譏嫌乎？後見《釋門正統》《塔廟志》云："大士既示迹同凡，則其所服者必隨當時在家之服。況蕭梁既廢五斗米道，專奉西聖之教，當時衣縫掖者亦多歸向具乘，又何俟大士冠履加沙以和會之耶？承訛襲舛，若是者多矣"云云，始知昔人於此早有疑之者。雖然格之以理儘如是，徵之於證猶有待，若不獲大士衣縫掖之證，則仍無以取惑者之信。去春旋里，訪大士遺蹟於稽亭塘，因繞道至杏溪（地名。），向其里人假閱傅氏宗譜，開卷即見大士像，則儼然衣縫掖者。少有鬚髯，腰間束帶，右手持十八粒羅漢珠，惟衣作左衽爲異耳。又其傳云："大士生時，仍居士服"云，得此誠證，千載之疑，一旦釋然，信哉傳言之不可不察也。（杏溪，土名傅大路，大士之降誕地。）

按元靜齋學士劉謐《三教平心論》卷上，引道冠儒履一贊，而指爲傅大士作。夫此贊辭意，先已顢頇，而靜齋又誤其撰人，承譌襲謬，益以誤矣。（若如劉説，則大士幾如普通文人，自作贊而自解嘲。等覺菩薩早絕戲論，那復有是耶！）

三　雙林寺古銅像考

今雙林寺中殿（介於前、後二殿之中，故稱中殿。）遺址中，有銅像一軀，身披納衣，而作笑容，科頭跣足，坦胸皤腹，左手攜布囊，右手持數珠，左足踡向內，如半跏趺勢，右足蹲而豎，高可六尺，圍約丈許而差弱，不詳其重量，亦不著鑄造年月。去歲春余遊雙林，因得瞻禮，或指而詔余曰：世所稱雙林有銅彌勒像，爲梁陳間古物者，即謂是也。余曰：非也，此尊乃布袋和尚像，非慈氏相好也。和尚諱"契此"，世稱定應大師（見布袋和尚傳）。五季朱梁時人，去大士垂化時且四百年。則此銅像更非梁陳

---

① 塑，當為"處"之訛。

間古物明矣！而近人或懸揣為大士在世時所造者（見黄曉城先生編《義烏自新壇録》。），蓋失察也。余按慈氏寄處兜率，示現天身、天衣、天冠，師床爲坐，備極莊嚴，故《上生兜率經》稱，彌勒大士“身如閻浮檀金色(河中所出紫金之色。)，長十六由旬（一由旬合此方四十里。），三十二相八十種好皆悉具足。頂上肉髻，髮紺琉璃色，釋迦毗楞伽摩尼（此云能勝離垢寶珠。），百千萬億甄叔迦寶（此云赤色寶。），以嚴天冠，有百萬億色。”（據西藏所傳，此天冠爲釋尊記莂彌勒之所授。）似此端正，顯興[1]布袋和尚之形裁腲腇蹙頞皤腹者不類。又如《大唐西域記》，録世親歸報無著菩薩之語，亦云：“慈氏相好，言莫能宣。”（卷第五。）而德光諭[2]師藉天軍羅漢接引之力，昇覩史天（兜率天，此云喜足。）得見慈氏，猥似菩薩“受天福樂，非出家之侶”，遂我慢不禮，致遭擯落。(同書卷四。）準此目覩之文，允徵天身之範，既是功德之聚，自必華而無着。又詳玄奘法師依經翻出《讚彌勒四禮文》云：“身如檀金更無比，相好寶色曜光暉，……爲現千尺一金軀，衆生視之無厭足”，益知“最勝之相，妙出無等”。（《法苑珠林》卷十六彌勒部。）故昔傅大士告衆曰：“我是現前得無生人，今示汝等。弟子禮拜，大士謂曰：‘汝莫禮我，但禮殿中佛，即我形像。’”（見《傅大士集》卷一。）豈不以殿中之像，相好殊特，正是補處之尊形，爲此指令作禮，俾見者生希有難遭之想，獲植福蠲惱之益。不然，大士何不以降同凡迹之化身，直受其禮耶？循此推度，則梁陳時殿中之像，亦當為天身相者，其非即今寺中作苾芻服飾之布袋像，斷斷然矣！（《自新壇録》據大士但禮殿佛中一語，以證即今寺中之布袋像，未免時代顛倒，故辨正之。）定應大師隱德如癡，自非慈氏垂迹不辨，然但可謂之等流身，若直指布袋像為彌勒像，則有眞應本末之殊，不可以不辨。近有錫蘭僧納囉達法師，還遊我土地，見諸寺院山門中所塑彌勒像，皆作布袋形相，謂與竺土所造者不侔，深用詫異，彼豈無所見而云然耶？

四　雙林寺梵文古鐘考

雙林寺前殿（卽山門。）有古鐘一具，銅質黝然；鐘身高可丈許（連蠣紐計入。），下口侈徑五尺。上鑄梵漢兩體楞嚴咒，審其梵文，則方形體

---

[1] 朱氏自注：“‘興’字，‘與’之誤。”

[2] 朱氏自注：“‘諭’字，‘論’之誤。”

也。古色斑駁，彌覺可珍。清季以來，即仆臥瓦礫中，蓋山門重建於洪楊亂後，屋宇殊欠宏傳，不足以襯托此龐大之重器，故久置而不懸。（或傳此鐘音啞，故不懸之。）癸酉夏，寺僧始集衆起之。此鐘鑄造年代，頗有異說，或傳爲陳宣帝時物，或謂爲南宋時人鑄，或謂爲前明天啓年間所造。以余考之，則南宋時鑄之說，蓋定讞也。謹案，明天啓間東陽縣令貢修齡《雙林寺重鑄大鐘記》云："義烏雲黄山雙林寺，爲梁陳間傅大士善慧道場。殿有巨鐘，宣和時燬於寇，重鑄於宋紹興四年。至我明萬曆又燬，仆臥蓁莽，凡三十五載矣！壬戌冬，余尚攝義篆，有杭商奉藩司檄，取供鼓鑄用，請之余。余不許。暨余解務還東陽，商復至，余告新令，亦不許，事遂寢。今年季秋，（天啓癸亥。）予偶過寺，訊故鐘所在，見已籠土爲胚胎，謀新之矣。"（下略。）鐘之滄桑，已略盡於斯文矣。貢令君所謂重鑄於宋紹興四年者，蓋指賈廷佐而言。元胡助撰《重修雙林禪寺碑銘》云："雙林寺者，善慧傅大士開山道場，浙水東大刹也（中略。）。由梁至今（元至正二年。），且九百餘載，（按雙林寺建於蕭梁大同六年，至元正二年，實得八百零三年。此云九百餘載，頗誤。）無怪虖塔廟之屢廢而屢興也。宋宣和中，睦孽火，寺宇煨盡，皆爲丘墟。紹興初，删定賈廷佐始範鑄[1]鐘，"建三藏殿"。（《純白齋類稿》卷之十九。）胡氏去宋未遠，其言最可信。查《(嘉慶)義烏縣志》卷十八《寺觀志》"寶林寺"條下注云："宣和三年，燬於冠[2]。紹興四年，東陽賈删定廷佐首為鑄鐘，建藏殿"（《金華府志》卷二十四、《浙江通志》卷二百三十二《寺觀志》，並用此說。）又清同治八年，朱雲松《重修雙林禪寺碑記》云："宋紹興四年，東邑賈廷佐等首爲鑄鐘建殿。"凡此並足佐證胡氏之說爲不孤。檢鄭柏《金華賢達傳》、應廷育《金華先民傳》，知賈公固宋高宗之賢臣，我故曰南宋時人鑄之說爲定讞也。明乎此，則現存之鐘，其非陳宣帝時之遺物，又可知矣。且《佛頂楞嚴經》出於懷迪，在唐神龍元年乙巳、天寶十年，西京興福惟慤法師，始疏而行之。（據《天如會解敘》，及《達天指掌疏》懸示。）陳世經尚未出，安得預鑄楞嚴咒鐘？俗傳無稽，都此類耳。至天啓癸亥之役，雖云籠土爲胎，實則不過因仍舊物，新其面目而已，謂之重鑄，顯非新作也。明初蕃僧來者頗有，自後漸希，且多居五台，（見《清涼山志》。）江南罕見其跡。又蕃土無

① 朱氏自注："'鑄'字，'洪'之誤。"

② 朱氏自注："'冠'字，'寇'之誤。"

《楞嚴經》，（龔定盦云：蕃藏《楞嚴》，係據漢本轉譯。）此鐘若爲明季所造者，則延請蕃僧，鑄藏文經偈於上，此或可能者也。若令捨其先習，而闇誦其所闕本之《梵字楞嚴咒》，此理勢所不許也。據此反復推斷，益徵天啓之役，不過爲舊物新修而已。

又按《梵字佛頂楞嚴咒》，今尚存大唐大興善寺，不空三藏所譯華梵兩體之本（單咒無經。），又有曇貞阿闍黎修眞言碑本，他日當取以與此鐘所鑄者互勘其異同也。

又按貢修齡曾參蓮池大師於榻前，法名廣宓。（見《雲棲法彙》第三十四册《雲棲大師塔銘》。）蓮池寂後，貢往禮塔，製有偈贊。則其保全此鐘，蓋亦秉護持三寶之弘誓而行也。

五　雙林寺白楊古塔考

徐孝穆傅大士碑文云："大士嘗以聚沙畫地，皆成圓果；芥子菴羅，無疑褊陋，乃起九層磚塔，形相巍然，六時虔拜，巡繞斯託。"案此九層磚塔，即今雙林寺韋馱殿（山門。）外，西南二十步許之白楊塔是也。《傅大士傳録》卷一："大同六年，梁武帝置寺於雙檮間，號雙林寺。……大士造佛殿，殿前先有白楊，枝葉秀異，經行其下，常聞天樂，時降甘露，大士令伐此木爲殿中像，未間，雕匠自至。復於樹所創磚塔九層。"今塔頹損已久，存者僅二級，勢甚斜攲；乃危而未傾，已歷年所，仰亦奇矣！然《金華府志》卷二十四《古蹟志》，以此白塔基爲即松山下雙檮木舊址，則殊誤。此殆因《大士傳録》敘雙檮林已，即接敘白楊樹事，修志者偶爾失察，遂牽合而爲一。實則雙檮未必即是白楊，雙檮舊址，如《傳録》說，疑在今大雄寶殿之左右，當白楊塔之東北半里許。元積《還珠留書記》所謂"寺在翕所坐兩大樹之山下"是也。余嘗歷遊其地，知松山即雲黃山之俗稱，松山下西南爲羅漢堂，堂之南為大雄殿，白楊塔則更在殿西南，漸近稽亭塘矣！（塔去塘約二里許。）

按元氏記"寺在翕所坐兩大樹之山下"句，意近似而詞未安。若改爲"寺在山下翕所坐兩大樹間"，則妥矣。

六　雙林寺鐵浮圖考

雙林之有塔，蓋我遠祖野塘公之所捐鑄也。公諱祿，字宏基，世居蒲墟。(即今之赤岸。) 列祖諱汎，西晉東陽太守。諱垣，亦守東陽。諱禮，東晉建威將軍。諱幼，齊揚州刺史兼支度使。公其十四世孫也。自東陽府君宅蒲墟以還，迄野塘公，迨將千年，歷世類多以進士起家，故朱氏蔚爲衣冠大族。及唐僖宗“廣明庚子七月，北寇自睦而來，所過殘虐，玉石之焚，靡有孑遺。”(見公所自撰《鐵羅漢像記》。) 公與其母陳，獨得無恙。母氏資稟慈肅，事佛甚謹，公自知爲其福報所致，迄平定，爲答冥祐，圖報佛恩，“見雙林寺宇巍煥，僧舍繁華，誠不虛大士之道場。以爲梁木必有壞時，不若鎮以鐵塔，令後人覩塔存，而寺亦因葺之而不廢。遂於山門內兩邊，捐資鳩工，鑿兩方池，各鑄鐵塔，豎立於其中，與寶刹並峙，意深遠也。”(見清許乾撰《重修雙林鐵塔記》。) 公有子四，得孫十八人，懲前此亂離之慘，乃又以鑄塔餘鐵，冶羅漢十八尊，每孫各授一，使散處遠近，藏以爲後世同派共祖之徵。(據王大成《同治丙寅重修野墅龍溪朱氏宗譜序》。) 其後“寺果興廢不一，而鐵塔依然屹立。誰知地以厚德載物者，載華嶽而不重，載鐵塔而反若不勝。至清康熙癸亥，地漸陷而塔漸攲，寺僧恐攲倒損傷，乃募化於野塘老人之裔(即十八派朱氏。)，各助銀穀，共成勝事。即於其歲，車乾池水，掘地深丈有奇，實搗布地，如前層疊。時見塔中藏有石匣，間有金冶觀音。鐵鑄羅漢與夫雜貝，鮮明若始，乃舊照貯。始信老人以爲寺壞而塔不壞之言不誣”。(亦見康熙二十二年許乾《重修雙林寺鐵塔記》。) 今西池污塞，塔亦久毀，惟東池塔猶存。光緒中葉某年，旱，池涸，人有入池取魚者，見塔基石罅中有古錢出，摸之愈多，且獲古瓶。遂轟傳遐邇，致好事者咸來發掘，塔凡崩塌。於是吾族之人，設法將鐵浮圖徒置赤岸(又名丹溪。) 宗祠中。(據《自薪壇宣化録》。) 作者往歲因祀祖至祠，獲見此塔，四圍鑄有十二生肖像，甚工細也。(縣志云：南齊朱幼之女適王，親迎之日，兩族車紅，輝映溪岸，因名蒲墟曰赤岸。既又改為丹溪。)

又按此塔爲野塘老人所捐鑄，吾宗譜中有老人及許乾兩記足證。而縣志乃又謬爲蕭梁時物，函胡謾語，迷惑後人。纂志者，不勤採訪，致有此失耳。

按，野塘公《鐵羅漢像記》，撰於後周廣順二年壬子，時老人年已八十三矣！文稱北寇自睦而來者，證以《新唐書》《僖宗紀》：“廣明元年六月，黃巢陷睦、婺、宣三州”，則北寇正指黃巢而言。

七　雲黃菴考

雲黃菴者，舊名七佛菴。昔傅大士於松山結茅行道，常見七佛在前，維摩躡後。（見《傳録》卷一。）後人爲建七佛閣，表此聖蹟，因以名其菴。自大士歸空，以迄李唐五季，閱四百禩，其間住持之僧，興替之迹，書闕有間，莫得而詳。迨趙宋哲宗元祐時，始有大禪師，曰昌果覺公，來菴住持。時楊侍郎（《指月録》卷二十五云：禮部楊傑居士，字次公，號無為子。公歷參諸名宿，晚從天衣懷遊。）一以提刑日，詣山禮佛。與覺師同遊山次，公拈起大士飯石，問："（《傳録》云：大士飼虎餘飯，棄擲林間，化而爲石，青白錯雜，可作數珠，謂之飯石。）既是飯石，爲什麼咬不碎？"果昌曰："只爲太硬。"公曰："猶涉繁詞。"果昌曰："未審提刑作麼生？"公曰："硬。"果昌曰："也是第二月。"公爲寫七佛殿額，乃問："七佛重出世時如何？"果昌曰："一回相見一回新。"公頷之而已。（見清郭凝之《先覺宗乘》卷二，宋侍郎楊傑傳。）觀彼兩作家相見，機鋒勘驗，只爲太硬，何殊梅子有核，相見再新，不別佛佛道齊，盡透本分消息，未免風光狼籍，惜皆拾從話墮之餘，不知已埋却幾許無生曲了也。然則深山大澤，實產蛟龍，（熟）［孰］謂雲黃山即是陋僻鄉耶！（又按飯石一名數珠石，《縣志》卷二云："數珠石，即傅大士餧虎飯所化者。有陶氏居山下，嘗資給大士，遂示之曰：他日以飯石琢數珠，贍汝胄裔。自茲惟氏一家能之，女已嫁則不能。他人倣效，石即穿裂。"楊提刑所拈者，蓋即此也。）

明初有妙珍比丘，與諸上善，架巖為宇，重興此塔，土木堅好，中嚴像設，因更七佛菴之名爲雲黃菴。珍日中一食，樹下一宿，有頭陀行。邑王忠文公爲作庵銘，其詞甚美。銘云："惟佛生世間，本與衆生同。云何而得佛？一切惟心故。人心如虛空，光明妙不測。四聖及六凡，此心實互具。隨心之所念，即已逢其界。心苟欲作佛，即已成佛已。所以者何故？佛我心所具。一念能堅固，云何不作佛？我既成佛已，依報及假名。衆生無情物，亦皆能作佛。所以者何故？我與衆生類，一一具佛性。苟我作已佛，孰有非佛者？心佛與衆生，夫豈有差別？昔善慧大士，願力甚廣大。衆生被化度，悉皆成佛道。今我與爾等，同預龍華會。大士之所誓，各各宜精進。精進匆外求，求此心已足。如不信我者，請誦《心王銘》。是銘大士說，就以銘此菴。"（見《王忠文公集》卷九。銘前有序，茲從略。）觀此所稱，句句發揮唯心即性之旨，匪獨九百載後，上與大士冥契淵致，亦乃旁通台教，一心圓具十界之義。昔黄山谷居士嘗曰：“若解雙林《心王銘》，以讀《論語》，如啖炙，自知味矣！”余今亦曰：若解忠文此篇，迴[①]讀大士《心王銘》，便覺如食蔗然，中邊皆甜矣！（黄山谷語，見宋祖琇《佛教編年通論》卷八引。）

清道光中，有僧雲統（悟然。）者，初本在天台山結茅坐禪，其後行脚來義烏。其僧緣法廣闊，屢在義邑各處興復古廟。至咸豐五年，又爲本菴重建前後兩大殿。先是菴後湫隘，架巖爲宇，雲統命工開鑿，拓爲後殿基址。竟於石壁獲古磚無數，適足敷結構前後二殿之需。蓋宋元祐六年寶覺禪師（果昌。）造塔之餘磚，不意六百年後，雲統爲完此公案，覺師一若預藏以待統師之用者。因緣遭遇，可謂奇矣！時有檀越舉人丁獻雲，監生丁乾綉，理問廳丁汝譜，各助金三百兩。又有同心協力，每日抽錢壹文之家四百戶，爲期三載，悉儲以助工。（據張璜《重建大殿記》。）末法人根慳貪，捨財如割肉，而此四百家於財力窘乏之歲，乃能儲蓄積資，以充布施，使非夙具善根，其孰能深心承事，供養於諸佛如是哉？

今菴中供釋迦文佛像一軀，文殊、普賢二菩薩像各一軀，並檀香木製。又彌勒尊佛像一軀，大悲觀音、韋馱天將、達摩祖師、慈雲懺主、武曲關帝、伽藍菩薩各一軀，並檀香木製，皆云說[②]和尚時造。梵相莊嚴，殊爲工妙。余考國內伽藍，祀關王爲護法神者，惟台教之寺院爲然，以荆州玉泉寺碑有關王皈依智者秉受戒法之說故，（見傳燈《天台山方外志》卷十《神明考》。）而慈雲式師又是山家之宗匠，按之碑記，統師固來自天台者；然則彼其嚴飾此像，寧非所以示祖承之有本乎？

菴前修篁密篠，虧蔽寺門。人有禮佛來者，若不抵山門，雖置身山中亦不知有寺也。山有峭壁，高一百丈，廣三十五丈，下臨畫溪，五色相映。有穿身巖，因大士穿石壁而出名。有餧虎巖，因大士以齋餘飯餧虎名。《十道志》云：“山多元熊赤豹，大士化之，後不復出。”又名[③]飯石，乃餧虎餘飯所化，青白而紫。又有七佛峯、行道塔、旋螄池諸蹟。旋螄池者，菴前之泉也，其水紋多作佛頂旋，如螺形，故名。（具見縣志卷二。）昔賢有記云：“金華烏傷雲黄山者，梁時具區勝壤，壘石名山，煙濤

① 朱氏自注：“‘迴’字，‘迴’之誤。”

② 朱氏自注：“‘說’字，‘統’之誤。”

③ 朱氏自注：“‘名’字，‘有’之誤。”

歎礴，朱長文録入圖經。川瀆紛綸，孫承佑形爲塔記。筠籠笋箬，風送茶舲。薰畝松寮，雨沾梅屐。展矣塵寰之浄域，洵哉欲界之仙都。於是七重闌楯，代植祇林，五色琉璃，時修蓮界。燈前多寳，醒歷劫之沉迷；經演三車，救衆生之熱惱。架瓊梯［於］① 震旦，構紺櫢以由旬。寺所由來，爰云舊矣！”（見張璜碑記。）其他留題者，則有邑黄晉卿學士，縣丞劉傑，（字仁傑。江西樂平人，明正統三年任。）知縣劉同，（字伯詢。江西廬陵人。明正統五年任。）龔士驤，（字季良，號麟侯。一字清子，邑人。明天啓元年舉人。）王胥纘諸人，其詩併見縣志。而志所未收者，尚有明崇禎間熊令君人霖，與雲間陳子龍之唱和詩，併皆清辭絡繹，佳句繽紛，景色與情文相生者也。

八　雲黄山傅大士舍利塔考

梁善慧傅大士塔，在今義烏縣城南二十五里雲黄山頂。（一名松山，高一百四十丈，周三十里二百步。大士於此行道，黄雲盤旋其上，狀如車蓋，故名。）蓋大士寂後，諸弟子瘞其舍利靈骨之所也。據《傅大士傳録》，大士入滅於陳太建元年乙丑（西元 569）夏四月二十四日乙卯。初大士疾時，弟子恐其滅度，乃問曰：大士滅後，靈柩若爲安厝？答曰：將我屍於雙林山頂如法焚之，以其灰骨分二份，一安山頂塔中，一安塚上塔中。此説與徐孝穆碑文：“遺（誡）［誡］於雙林山頂，如法燒身。一份舍利起塔於塚，一份舍利起塔在山”之語合。是二塔皆大士未亡前所指定。山頂塔即今雲黄山之塔也。（殆即大士生前結茅松山時之行道塔也。）其塚上塔當在雙林山中，（岀在雲黄山前而較低。）今已迷失不易覓。惟雲黄山頂之塔，迄今千五百餘年，雖屢經重建，故是梁陳間舊物之所蟬變也。此則勘度地勢，徵考碑銘，而可證明者。此塔自大士奉安後，備顯靈應，唐道宣律師《續高僧傳》云：“大士至陳太建元年夏中，於本州右脇而臥，奄就昇遐。……遂合殮於巖中。數旬之間，香花散積。後忽失所在，往者不見，號慕轉深，悲戀之聲，慟噎山谷。”（卷第二十五《感通上》慧雲傳附見。又按明永樂帝御製《神僧傳》卷第四《傅弘傳》，及清世所纂《圖書集成》《博物彙編・神異典第一百三十五卷・僧部列傳十一之三十一》雙林大士傳，大體並襲此文，而稍有增竄。）又《嘉慶義烏志》云：“大士化後，遠近人絡繹登山，於行道塔上

① 朱氏自注：“‘梯’下，脫‘於’字。”據以補。

燃燈供佛，聲唱佛名。但見四面神燈布列塔下，或出空中，大如車輪，人謂天燈。"（卷十八仙釋志善慧大士傳末附注。）斯則神異之迹，不可以常理測矣！（沙門茂本《傅大士集後序》云："其舍利骨塔，高以七級，屹立於雲黄山頂，凡爇鐙時，四遠神火，悉至朝奉，猶爲可驗。"）

及五代時，石晉少帝開運元年六月，吴越王錢弘佐（撰者案：《佛法金湯編》卷六云："錢弦①佐，文穆王元瓘子也，襲封吳越國王，謚忠獻。"）遣僧慧龜來雙林，開善慧大士塔，得靈骨十六片，如紫金色，舍利無數；紫芝生於甓床，雙虎伏於壙下；祥雲蔽山，甘露灑地。乃奉迎舍利靈骨、井浄瓶、香爐、扣門椎諸物，至錢唐安光冊寺供養，建龍華寺，以其骨塑大士像。（據宋釋志磐《佛祖統紀》卷四十三《法運通塞志》。）夫既啓之，當必封之，塔自陳太建五年，（徐孝穆雙林寺傅大士碑立於太建五年，其時雲黄山頂大士安窆當已竣工，故即以是年起算。）迄石晉元年，其間更三百七十有一年，興建修葺，度必不一，而書籍所記，以吾所考，此其首焉。（《義烏縣志》、《金華府志》亦載此事，惟誤錢弘佐爲錢元佐耳。）又案《淳祐臨安志輯逸》卷五，稱錢王遣使胡進思啓壙塔，則慧龜當與胡使偕來迎請矣！

錢王既迎請大士眞身，即捨城南龍山山麓瑞萼內園，造傅大士像塔，以崇供養。（據吳之鯨《武林梵志》、田汝成《西湖遊覽志》。）及宋欽宗靖康間，寶函頂骨爲盜剽去。高宗紹興間，都承安世賢，蘭溪人，仕於淮，大士見夢，得之郊野間。迎歸雙林，建雲黄閣奉安之。（見《淳祐臨安志輯逸》卷五。）故元季吳立夫猶得於雙林寺觀大士頂相舍利。（《淵穎集》卷三有詩記其事。又明正統間雙林住持茂本清源《傅大士傳録後序》亦云："存有頂骨一具，舍利叢生其臼。"）蓋戒定薰修，識轉成智；雖復幻軀遺骨，亦自歷千載而無靡，作諸衆生觀感人道之緣。孟子有言："夫君子所過者化，所存者神"，其大士之謂歟？

雲黄山頂之塔，雖經吳越王遣使發啓，但仍存有原藏大士舍利之石函，是以歷朝修建，仍不稍替。一在宋哲宗紹聖間，清咸豐中張璜《雲黄山寺重建大殿碑記》云，"元祐六年，特出寶覺大師，建造寶塔，藏金磚於塔底"，即其事也。（塔工實完成於紹聖二年，而張記謂爲元祐者，以元祐時覺師已來山住持，故其辭云爾。）一在明成祖永樂間，僧如松與里人所共擎也。（見《縣志》卷十八《寺觀志》"雲黄庵"條下。）暨清康熙十七年戊午八

① 朱氏自注："'弦'字，'弘'之誤。"

月，怪風襲塔，僅存二級半。先是塔本七級，至是規模遜前遠矣！然在嘉慶年間，尚存大小塔三座。(大士行道塔外，別有兩座小塔。)咸豐中，洪楊兵敗，竄山騷擾，掘起寶函，暴露於外。迨同治十年辛未，有住持僧鶴清(浄香。)，與徒慧海，始募資於四方，復爲瘞藏之。傳曰："事死如事生"，二僧有焉。(未完待續。)

(浙江省立圖書館編：《文瀾學報》第三卷第一期，1937年版，第1—6頁)

按，據《文瀾學報》覆印件録入。底本為義烏市方志辦傅健先生提供，謹此致謝。原件之天頭上，有朱氏自校語，此次迻録時，將之置於當頁底注。此外，酌情更替或增添現代標點符號、書文符號，更改了部分格式，糾正了少數文字錯訛。

卷四　本山紀：七佛竝現雲黄寺

壹　松山道場的建立

梁武帝大同六年（540）敕建的雙林寺，位於松山即雲黄山之下。前此二十年，傅翕及其妻已然在山下的雙檮樹處，建草庵或茋棚以修行。

一　祖師感見七佛

陳天嘉二年（561），在山上修道時，感得七佛示現。《善慧大士録》卷一：

天嘉二年。大士在山行道，常見七佛在前，維摩從後。因謂弟子云："七佛之中，唯釋迦數與我語，餘佛不也。"數數如是。

問曰："餘佛何爲不語？"

答曰："釋迦今正綜此世界，我當紹繼，是故世尊數與我語。"

問曰："那不見他方佛，但見七佛耶？"

答曰："七佛雖去世綿遠，由共綜此世界故也。"

徐陵《東陽雙林寺傅大士碑》亦言：

又自敘云：七佛如來，十方竝現。釋尊摩頂，願受深法。每至犍椎應節，法鼓裁鳴，空界神仙，共來行道。其外人所見者，拳握之内或吐異香，胸臆之間乍表金色。

《景德傳燈録》卷二十七《婺州善慧大士》亦有相關内容，顯襲自《善慧大士録》，唯增當時山上起黄雲之情節：

陳天嘉二年，大士於松山頂遶連理樹行道。感七佛相隨，釋迦引前，維摩接後，唯釋尊數顧共語："為我補處也。"其山忽起黃雲，盤旋若蓋，因號雲黃山。

《善慧大士録》附《傅大士傳》則又沿用到原書：

天嘉二年，感七佛相隨，釋迦引前，維摩接後，唯釋尊數顧共語："爲我補處也。"其山頂黃雲盤旋若蓋，因號雲黃山。

釋迦授記傅翕為"補處"菩薩，即彌勒也。按，"連理樹"，當即檮樹。本在山根，道原稱在"松山頂"，蓋誤也。

不過，傅翕當然可能在山上——只是不一定在山頂——行道了。

▲松山高巖上的行道亭及亭前的傅翕禪坐像

（張子開拍攝，2013 年 6 月 8 日）

二　松山道場的出現及地位

實際上，傅翕在世時，松山上確有道場，而且地位與雙林寺足可頡頏。

義烏地區至少早在新石器時代即有人類活動的痕跡[①]。松山一帶，也早就是宗教活動場所之一，1993 年，山上曾發現有瓦當、陶俑面首、燈盞等物，時代從晉朝延及唐宋[②]。

即就傅翕而言，在山行道而感見七佛之前至少三十年，當已在松山上辟有道場。

《善慧大士録》卷一：

> 中大通三年。大士與弟子於雲黄山所居前十許里，開鑿爲精舍，乃種麻、荳、芋、菜等。及至秋稔，忽有賜潄里賈曇顥來爭其地，大士即與之。

前已言及，中大通三年（531）所筑精舍乃雙林寺前身之一，而此時松山上就有居所也。

揆諸情理，松山/雲黄山道場大約與草庵同時出現，遠早於雙林寺矣。

早於雙林寺的雲黄山道場和後來的雙林寺，於傅翕在世時，地位同等重要。

《善慧大士録》卷一又記中大通三年或以後事曰：

> 大士居松山、雲黄兩處，林麓葱蒨，其中多有猛獸，人常畏之。大士常以餘食飼之，自茲伏匿。

松山一處，當為雙林寺；雲黄一處，即雲黄山/松山上的道場吧。

《録》卷一復載：

> 大士旣涅槃時至，亦預有徵應。先是，雙林及雲黄兩處房前皆生瑞梨樹，其上常有甘露，四時不絕。乃忽萎黄，漸至枯死。

顯然，雙林寺和雲黄道場皆傅翕生前的兩處重要弘法場所也。

---

① 浙江省義烏市博物館吳高彬主編：《義烏文物精粹》，文物出版社 2003 年版。

② 參考：（1）陳炎主編《義烏宗教》，第 7 頁。（2）譚雲、金洪斌《千年古刹 光彩重現》，義烏日報社、義烏市風景旅遊管理局編《沿江走過》，義烏日報社印刷廠 2002 年版，第 82 頁。

貳　雲黃山道場的演化

松山上本有道場，三四十年後傅翕在此感現七佛後，方更名曰雲黃山。而感見七佛之處，當時或即建有紀念設置。

一　從七佛閣到七佛庵

或稱，今天“位於雲黃山頂的雲黃寺”，“相傳由雙林寺南朝時所建的七佛閣演化而來”①。盡管七佛閣不一定為雙林寺所建，但當與今日的雲黃寺有一定關係。朱中翰《雙林寺考古志》亦主張雲黃庵就是之前的七佛庵，而七佛庵的前身為七佛閣：

> 雲黃菴者，舊名七佛菴。昔傅大士於松山結茅行道，常見七佛在前，維摩躡後。（見《傳録》卷一。）後人爲建七佛閣，表此聖蹟，因以名其菴。②

《（崇禎）義烏縣志》卷十八《雜述考・寺觀》“雲黃庵”條所述，最為簡明準確：

> 雲黃庵 去縣南二十五里，雲黃山頂。舊名七佛庵，國初更今名。有七佛閣，梁傅大士行道塔③。

僅就與雙林祖師有關的道場而言，見七佛之後，先有七佛閣、行道塔，再於山上創七佛庵也。

朱氏復言：“自大士歸空，以迄李唐五季，閱四百禩，其間住持之僧，興替之迹，書闕有間，莫得而詳。”

---

① 譚蕓、金洪斌：《千年古刹 光彩重現》，義烏日報社、義烏市風景旅遊管理局編《沿江走過》，義烏日報社印刷廠 2002 年版，第 82 頁。

② 朱中翰：《雙林寺考古志》，浙江省立圖書館編《文瀾學報》第三卷第一期，1937 年版，第 1—6 頁。

③ （明）熊人霖重修：《（崇禎）義烏縣志》卷十八《雜述考・寺觀》第五冊，第十九葉左半葉。

解放後，曾在山上出土了部分寺院建筑、雕塑構件，據説部分物品的時代早至隋朝。或許可以多少彌補一些對於松山上初期佛教道場一片茫然的遺憾吧。

▲雲黄山上出土的寺院建筑構件

（張子開拍攝，2013 年 6 月 8 日）

更值得注意的是，義烏博物館收藏了一件“青瓷托盤三足爐”，標明為“南北朝”，稱乃“1999 年 2 月 2 日義烏市塔山鄉雲黄寺征集”來的。這應該是現存最早的雲黄山一帶的佛教文物吧。

▲雲黄山發現的南朝“青瓷托盤三足爐”

（張子開拍攝，2015 年 6 月 22 日）

北宋哲宗趙煦元祐六年（1091）前後，果昌寶覺（？—1096）為雙林寺住持時，嘗陪楊侍郎遊雲黄山。《建中靖國續燈録》卷二十五《婺州雲黄山寶林寺寶覺禪師》：

提刑楊公傑入寺，因寫七佛殿額，乃問："七佛重出世時如何?"師云："一回相見一回新。"

又同問山次，刑拈起大士飯石，問："既是飯石，為什麼咬不破?"師云："祇為太硬。"刑云："猶涉繁詞。"師云："未審提刑作麼生?"刑云："硬。"師云："也是第二月。"①

"問山"，拜謁聖山也。惜此則記載只及二人遊山、就飯石機鋒問答，並未詳涉山上寺廟之類也。朱中翰稱，寶覺"來（雲黃）庵住持"②，誤。

特別是，元祐六年，果昌嘗在山上造立磚塔③。

二　元末明初之雲黃庵

前引《（崇禎）義烏縣志》稱，明朝初年，七佛庵始更名為"雲黃庵"，其證據之一蓋王禕《雲黃菴銘并序》吧。禕詩曰：

烏傷南鄙，有雲黃山。我聞在昔，善慧大士，
彌勒應身，化度羣生。於此山頂，勤修善行。
先後七佛，一齊行道。有雲黃色，圍繞覆護，
是故此山，名曰雲黃。其卓錫處，故迹宛然。
復九百載，厥有比丘，是名妙珍。諸上善人，
同？此處。依昔故迹，創造菴舍。架岩為宇，
土木堅好，中像大士，莊嚴供養。而於其旁，
宴坐食息。……
邑人王禕，来此菴中。……④

松山在陳天嘉二年（561）傅翕感見七佛之後方更名為雲黃山，再經九百歲當明英宗天順年間（1457—1464），而王禕（1322—1373）本人卒於明

① （北宋）惟白集：《建中靖國續燈録》卷二十五《婺州雲黃山寶林寺寶覺禪師》。《大日本續藏經》第壹輯第貳編乙編第玖套第壹冊，第一百六十八葉左半葉至第一百六十九葉右半葉。

② 朱中翰：《雙林寺考古志》第七"雲黃庵考"。

③ 同上。

④ （明）王禕：《王忠文集》卷九《雲黃菴銘》。

太祖朱元璋洪武六年，時間上似有矛盾。實際上，妙珍創建雲黃庵當在元至正二十一年（1361）至明洪武六年（1373）之間，距雲黃山得名最多僅八百十三年，稱“九百載”蓋略舉也。

總之，雲黃庵實創建於元末明初矣。

王褘，字子充，號華山。本義烏來山人，後依外祖父居青巖傅村。嘗從祖父王炎澤、柳貫、黃溍等學。雖為危素、張起巖舉薦，終未被元朝所用，遂隱居青巖山中。至正十八年（1358）朱元璋攻佔婺州後，始從仕。往雲南招降梁王，不幸遇害。追贈翰林學士，謚文節，後改謚忠文。有《王忠文公集》、《大事記續編》和《重修革象新書》。

“來山”，或作“萊山”。嵩頭陀嘗在萊山頂建萊山寺。褘當熟悉佛教故實，所以會來雲黃庵參訪，並欣然同意為庵撰銘。是銘，很可能作於褘隱居期間吧。褘全文，詳本紀附録。

三　清朝雲統悟然擴建成雲黃寺

清朝雲黃山上、山下寺院的情形，本書《祖庭紀》嘗示以《（嘉慶）義烏縣志》“雲黃山圖”。《（嘉慶）義烏縣志》還有另外一種版本，裡面的“雲黃山圖”雖然要模糊得多，但畢竟仍極為珍貴，故仍轉示於此：

▲雲黃山圖

［《（嘉慶）義烏縣志》］①

---

①（清）嘉慶七年（1802）諸自穀、朱世瑗修：《（嘉慶）義烏縣志》，民國十八年（1929）灌聰圖書館石印本，成文出版社有限公司影印，“中國方志叢書”華中地方第八二號，1970年7月臺一版。

道光年間（1821—1850），雲統悟然從天台前來義烏各地，致力於修繕重建古廟。咸豐五年（1855），在雲黃庵重建了兩座大殿。當時，丁氏家族丁獻雲、丁乾繡並有大力焉。

> 清道光中，有僧雲統（悟然。）者，初本在天台山結茅坐禪，其後行脚來義烏。其僧緣法廣闊，屢在義邑各處興復古廟。至咸豐五年，又爲本菴重建前後兩大殿。先是菴後湫隘，架巖爲宇，雲統命工開鑿，拓爲後殿基址。竟於石壁獲古磚無數，適足敷結構前後二殿之需。蓋宋元祐六年寶覺禪師（果昌。）造塔之餘磚，不意六百年後，雲統爲完此公案，覺師一若預藏以待統師之用者。因緣遭遇，可謂奇矣！時有檀越舉人丁獻雲，監生丁乾綉，理問廳丁汝譜，各助金三百兩。又有同心協力，每日抽錢壹文之家四百戶，爲期三載，悉儲以助工。（據張瑣《重建大殿記》。）末法人根慳貪，捨財如割肉，而此四百家於財力窘乏之歲，乃能儲蓄積資，以充布施，使非夙具善根，其孰能深心承事，供養於諸佛如是哉？①

當年寶覺僅造塔而已，雲統居然構建大殿，此時雲黃庵規模遠超前代矣。

功成之後，張瑣撰碑，刻立於寺中，上方篆額曰《重建雲黃古寺碑記》，右側起始行則楷書《雲黃山寺重建大殿碑記》。是碑現尚存。

2003年6月8日，筆者在雲黃寺考查期間，承寺中老居士丁明法捧出向來秘不示人的一塊木版，上面赫然雕刻的就是“浙省金華府義邑雲黃山古寺全圖”！

“浙省”之稱，始自元朝，清朝沿襲。“義邑”也者，“義烏邑”也，指義烏縣。此等稱呼，清朝習見，如《（雍正）浙江通志》即有“武義邑”等。此副雕版“雲黃山古寺全圖”，當為清朝的吧。

圖中四角皆有小字，標明地理方位：

> 北至昭興諸暨界　　東至台州▨▨界
> 西至嚴州桐廬界　　南至衢州龍游界

① 朱中翰：《雙林寺考古志》七“雲黃菴考”。

▲張璜《雲黃山寺重建大殿碑記》

（張子開拍攝，2013 年 6 月 8 日）

▲浙省金華府義邑雲黃山古寺全圖（照片）

（張子開拍攝，2013 年 6 月 8 日）

▲浙省金華府義邑雲黃山古寺全圖（拓本）

（張子開拍攝，2013 年 6 月 8 日）

觀此圖可知，山上道場在王禕之後的明代和清朝，嘗稱“雲黃山古寺”。寺院七開間，三進；左、右兩側，並有圍墻。左邊圍墻外，為矗立的五層塔，名曰“九龍塔”。寺院下方，還有老虎洞、井、丁氏宗祠等。雙林寺、羅漢堂則僻處左下角，且皆只露出一角也。

“先是菴後湫隘，架巖爲宇”，至雲統悟然始“統命工開鑿，拓爲後殿基址”①，“浙省金華府義邑雲黃山古寺全圖”反映的，很可能是悟然重建大殿後的面貌。也就是說，該圖實雕刻於咸豐五年或以後也。

今天，雲黃寺中供奉著一塊歷代祖師碑，上鐫云：

清同治十年重修寶塔卅八世　上净　下香　鶴清　老禪師之位

重興雲黃寺又雲黃寺開山第一代　上悟　下然　雲統　老禪師之位

宋紹聖二年建造寶壒　上寶　下覺　果昌　老禪師之

① 朱中翰：《雙林寺考古志》七“雲黃菴考”。

神位

　　雲黃寺開山第一代　　　　　　善慧大士同歷代祖師　　　之

蓮座

　　臨濟正宗雲集堂上廿七世　　上達　下聖　　梅近　老和尚之

神位

　　　　　　　　　　　　　　　　　徒雲統奉祀敬立

　　臨濟正宗雲集堂上廿九世　　上上　下建　師　　　　　長

生祿位

　　　　　　　　　　　　　　　　　學蓮　敬立

▲雲黃寺開山第一代善慧大士同歷代祖師之蓮座

（張子開拍攝，2013 年 6 月 8 日）

試考之：此祖師牌位以善慧大士傅翕為雲黃寺開山第一代，故宜矣。

“墖”，即“塔”之異體。唐皎然《題報德寺清幽上人西峰》詩：“雙墖寒林外，三陵暮雨間。”清阮元《小滄浪筆談》卷二：“誰爲造孤墖，中使金仙睡。”寶覺果昌於宋紹聖二年（1095）建造之寶塔，即雲黃山頂之塔吧。

達聖梅近，不知為誰。然由其左側“徒雲統”云云而觀，當為雲統之師。“雲集堂”，或為雲黃山甚或雲黃庵中一殿堂歟？

此“雲統”，應即前面提及的咸豐五年在雲黃庵重建兩座大殿的雲統悟然。牌位上有雲統之位，又出現“徒雲統”字樣，似不合情理——揆諸實際，或庵中本有雲統所立牌位，待其逝後，徒孫又為之立吧。

“學蓮”，朱中翰《雙林寺考古志》稱其乃雙林寺信房僧，於同治七年（1868）春與同房學成、仁房逢春重修為太平軍所毀之雙林寺。“上建”蓋學蓮師，且駐雲黃寺吧。

同治十年（1871）重修雲黃山寶塔之浄香鶴清，亦為雙林寺住持①也。

現今，雲黃山上還立有一根署“光緒二十三年冬月吉旦”立之六面石柱，其他五面沿順時針方向，分别刻“南無多寶如來　南無妙色身如來”“南無離怖畏如來　南無阿彌陀如來”，空一面，復刻“南無寶勝如來　南無廣博身如來”“南無甘露王如來”。這根石柱表明，雲黃寺很可能在光緒二十三年（1897）還有新建也。

四　民國重建善慧傅大士塔

今日，雲黃寺中尚珍藏有民國二十三年（1934）所立之《重建善慧傅大士塔記》，記述了當年山頂之傅大士塔於民國二十一年（1932）六月四日在大風雨中倒塌，二十三年再建的因緣。碑文落款曰：

> 中華民國二十三年歲次丙子仲秋鄉人朱獻文謹撰　（朱獻文印）　傅定雲敬書（傅定雲印）釋興慈+彖額（興慈印）　住持僧定靜立石

“中華民國二十三年歲次丙子仲秋”云云，有誤。民國二十三年歲次為甲戌，非丙子；丙子乃民國二十五年也。按，興慈（1881—1950），人稱

① 朱中翰：《雙林寺考古志》。

▲雲黃山六面石柱

（張子開拍攝，2013 年 6 月 8 日）

“天台山觀月比丘”，嘗於民國七年（1918）募資雕刻《傅大士集》[①]。

由朱氏撰此碑可知，在民國二十三年前後，雲黃寺住持為釋定靜。此足可補其他文獻之失也。

咸豐年間重建後的雲黃寺，延至民國年間的大略，自以朱中翰《雙林寺考古志》七“雲黃菴考”所記為確：

> 今菴中供釋迦文佛像一軀，文殊、普賢二菩薩像各一軀，並檀香木製。又彌勒尊佛像一軀，大悲觀音、韋馱天將、達摩祖師、慈雲懺主、武曲關帝、伽藍菩薩各一軀，並檀香木製，皆雲說[②]和尚時造。梵相莊嚴，殊爲工妙。余考國内伽藍，祀關王爲護法神者，惟台教之寺院爲然，以荆州玉泉寺碑有關王皈依智者秉受戒法之說故，（見傳燈

① 張子開：《傅大士研究（修訂增補本）》上編第二章第三節之三“所謂傅氏刻本的真相”。

② 朱氏自注：“‘說’字，‘統’之誤。”

▲《重建善慧傅大士塔記》碑

（張子開拍攝，2013 年 6 月 8 日）

《天台山方外志》卷十《神明考》。）而慈雲式師又是山家之宗匠，按之碑記，統師固來自天台者；然則彼其嚴飾此像，寧非所以示祖承之有本乎？

菴前修篁密篠，虧蔽寺門。人有禮佛來者，若不抵山門，雖置身山中亦不知有寺也。……

五 “文化大革命”後的陸續復建

解放後，雲黄寺嘗被廢，僧人離開，寺院被拆。20 世紀 80 年代伊始，逐漸復興。

雲黄寺掛有一塊《重建雲黄古寺》木匾，刻記 1980 年重建之善舉：

九鳳山頂古雲黄寺，係彌勒佛祖化身善慧大士佛圓寂之聖地。興迠善慧大士佛石合藏骨之寶塔，已成古（績）[跡]，聲聞於世。六百年後，雲統和尚重建前後大殿。民國二十三年，重建寶塔。但在公元一九六七年文化大革命遭受浩劫，竟成一片廢墟。人民政府憲法有宗教信仰自由，古（績）［跡］文物保護，人人有責。於一九八零年，丁忠海、丁國良、丁樟扶發起，丁金林、丁樟松勞力協助，各方善男信女樂助集欵，重建大雄寶殿，莊嚴佛土，修建補路。現将助欵列佈於後：

墖山下丁忠海 壹仟元 ……

丁松清助油，添大雄寶殿匾壹塊

公元一九八三年春月立

▲《重建雲黃古寺》木匾

（張子開拍攝，2013年6月8日）

據此可知，古雲黃寺毀於1967年，1980年由丁氏家族發起重建大雄寶殿也。

以之為肇始，此後又多有建造。如寺外亦鑲有《重建雲黃古寺碑記》石碑，前面大略同於木匾，唯後半部增云：

……

九鳳山雲黃古寺，善慧大士滅度成佛昇天之勝地。大士佛姓傅，名翕，字玄風。本里人。生於南朝齊建武四年丁丑，公元四九七年。古塔（?）聲聞於世，不負古（績）［跡］之名山，恢復舊有壯觀，為旅遊之勝地，於一九八三年在大雄寶殿開光之日，各方善男信女再倡議重建前殿，由丁忠海、盛小弟、施寶球發起，丁成有、丁同德、丁啟祥、丁根富勞力協助。現將善男信女樂助之款，公佈於後：

……

公元一九八四
甲子年秋月重建

▲《重建雲黃古寺碑記》

（張子開拍攝，2013 年 6 月 8 日）

則大雄寶殿落成之當年，又倡議重建前殿，且於 1984 年建成。

1987 年，修石階路。2006 年，修天王殿。此後，絡繹又有新建。

2011 年，住持宏浄法師滅度，惟明法師接任。惟明法師，1971 年 1 月出生。曾在稠州商業銀行總部會計出納科工作。期間，常至雲黃寺請益，並在宏浄法師座下皈依。1999 年，至內蒙古臨河杭錦後旗寶蓮寺，隨虛雲法師弟子、法眼宗第十世靈意法師出家，法名惟明。2003 年，返雲黃寺。2005 年，再至浙江省台州市三門縣多寶講寺上智下敏上師座下披剃，法名宗栢。同年圓具三壇大戒。

叁　文士歌詠

一　趙抃、黃溍之詩

雲黃山道場雖然早就存在，但直到北宋時方始見於文人士大夫詩文。趙抃（1008—1084）《清獻集》卷五有《登雲黃山》詩：

> 雲黃絶頂冠峯巒，七佛當時行道壇。
> 天斂積陰千里霽，故令登賞得盤桓。

抃，衢州西安（今衢州市區）人。因任殿中侍御史時，不避權貴，時稱“鐵面御史”。後曾任成都知府。在衢州時，親近蔣山法泉禪師，未有所得，泉未甞容措一詞。

> 後典青州，政事之餘多宴坐。忽大雷震，驚即契悟，作偈曰：“默坐公堂虛隱几，心源不動湛如水。一聲霹靂頂門開，喚起從前自家底。”泉見，笑曰：“趙悦道撞彩耳。”

年七十二時，以太子少保致仕而歸故里。筑高齊以自適，題偈以見意：“腰佩黃金已退藏，箇中消息也尋常。世人欲識高齊老，只是柯村趙四郎！”復曰：“切忌錯認。”泉以偈悼曰：“仕也邦為瑞，歸歟世作程。人間金粟去，天上玉樓成。慧劒無纖缺，冰壺徹底清。春風瀫水路，孤月破雲明。”[①] 其《登雲黃山》詩，或當撰於退隱之時歟？

元朝婺州義烏人、元代儒林四傑之一的黃溍（1277—1357），早年師從本縣青巖“山南先生”劉應龜。二十歲時，前往杭州遊學。返鄉後，與隱居浦江仙華山的方鳳往來，相互唱和。大德五年（1301），被薦為教

---

① 《嘉泰普燈録》卷二十三《賢臣下・清獻公趙抃居士》，《大日本續藏經》第壹輯第貳編乙編第拾套，第一百五十八葉。

官，再被舉為憲吏。不久，復退隱於鄉。延祐二年（1315），溍中進士。初任台州寧海縣縣丞，後累擢至侍講學士知制誥等。

溍字文晉，又字晉卿。謚“文獻”。有《文獻集》十卷、《金華黃先生集》四十三卷等。《元史》有傳。《文獻集》卷一有《宿雲黃山作》：

束髮弄文史，挂席去瀛壖。邂逅乖良會，擯落迨茲年。
息景念生理，洗心賓象筵。恭惟上皇代，異人秘灵詮。
宗師既逾海，茲山亦棲賢。金棺滅雙樹，寶篋緘紅蓮。
仰窺攝誘切，信知願力堅。內媿實非薄，精通未冥專。
蹇裳碧峯雨，焚香石林烟。綵翠何紛糺，苔澗窅洄沿。
尋幽非外適，蘊眞冀重宣。二邊離有無，五濁空膻羶。
豈伊俄頃用，應謝平生緣。①

是詩又載《金華黃先生文集》②。顯然，溍對雲黃山有著深入的體查也。

“束髮弄文史”云云，表明此詩作於青年時代。“瀛壖”，海岸也。《文選·謝靈運〈遊赤石進帆海〉》詩：“周覽倦瀛壖，況乃凌窮髮”，刘良注：“瀛，海；壖，岸也。”唐獨孤及《海上寄肖立》詩：“行行到瀛壖，歸思生暮節。”“去瀛壖”，當指離開杭州吧。“息景”，或作“息影”，源出本《莊子·渔父》：“不知處陰以休影，處静以息迹，愚亦甚矣！”多谓歸隱閑居。謝靈運《遊南亭詩》：“逝將秋水至，息景偃舊崖。”白居易《重題香爐峰下草堂東壁》诗：“喜入山林初息影，厭趨朝市久勞生。”由“息景念生理，洗心賓象筵”等語而觀，是詩當撰於溍中舉之前、辭去吏職或教職而隱居鄉間之時也。

《文獻集》卷一又有《重登雲黃山》詩曰：

茲山實靈奇，吐納變舒慘。太常闕弗録，名號何黯黮。
重華秩山川，盛典軼封禨。蒐遺侈綸綍，蠲潔羅醢醓。
腐儒世所貸，薄藝守鉛槧。無能旅駿奔，徒取肆游覽。
霖潦時始收，天地餘藹晻。嵐光乍璘瑞，石狀終黤黲。

① 文淵閣《四庫全書》本

② 《四部叢刊初編》本。

行行洺芒屩，往往得洼坎。冒進誠近貪，自畫將豈敢。
从之雰埃豁，秀色坐可攬。青熒插鋒鍔，翕絁披菡萏。
崖奔馬騑騑，石踞虎耽耽。高尋指天路，幽矚極玄窅。
前行幾台背，後或兩髦髧。緣岡既踸踔，登嶺仍韜□。
舉頭塔廟湧，地平忽如毯。天人所食息，璚玖化餘糂。
林輝寶燈燒，風語金鐸撼。敗壁詩者誰，漬墨亂濃淡。
險盡乃復佳，疲極復何憾。是節蕤賓初，野薦首昌歜。
煮瀑茶可啜，剖石蜜堪噉。名談析毫髮，苦語瀝肝膽。
理冥心自珍，機湊首屢頷。陽烏砉西翥，衆色齊慘澹。
崔巍識楩楠，蒼莽辨葭菼。暮投僧所寰，鐘鏜鼓紞紞。
羣居肅不吳，其飯聲有噆。迴睨夸奪場，撫事叢百感。
趨名蛾赴燭，逐利魚投糝。何時脫火宅，霍若顉去頷。
綺言息諵諵，妙供紛醃醃。于焉寄相羊，庶以忘坎壈。
誰云入道苦，餘味需橄欖。

“霖潦”，淫雨，即久雨也。西晉曹攄《思友人》詩：“密雲翳陽景，霖潦掩庭除。”杜甫《承沈八丈東美除膳部員外郎阻雨未遂馳賀奉寄此詩》：“貧賤人事略，經過霖潦妨。”仇兆鰲注：“霖潦，爲淫雨所阻。”一般出現於秋天。《禮記·月令》：“（季春之月）行秋令，則天多沈陰，淫雨蚤降。”鄭玄注：“淫，霖也，雨三日以上爲霖。”司馬光《知永興軍謝上表》：“經夏亢陽，苗青乾而不秀；涉秋淫雨，穗腐黑而無收。”詩中又言“暮投僧所寰”“其飯聲有噆”，可見溍不但是在秋天久雨之後到訪的雲黃寺，而且再次宿於寺中也。

二　劉仁傑、陳思任、虞際千之詩

明正統三年（1438），江西樂平人劉傑前來義烏，任縣丞。傑，字仁傑。有《宿雲黃山》詩二首：

偶因修史訪僊蹤，夜宿雲黃第一峯。
蝶影未回千里夢，鯨音先動五更鐘。
光明列炬羅星斗，秀拔雙檮護柏松。

俄頃出山回首望，露華涼浸玉芙蓉。

雲黃勝日采遺蹤，回首雙林近碧峯。
聯轡喜聞秋後雁，連床驚聽夜分鐘。
香浮寶地當軒桂，影落瑤堦夾道松。
共說浮屠靈有感，法光徧照翠芙蓉。①

按，或謂後一首為知縣劉同撰。同，正統九年（1444）任義烏縣令。

朱明一朝，義烏人陳思任中舉後，曾任河北霸州同知、通州運司通判等。後辭官回鄉，在繡湖旁筑四照閣以居。思任饒有詩名，著《燕遊草》、《淮海草》、《黔中草》和《忻忻園草》等。《（嘉慶）義烏縣志》録其詠繡湖八景之詩六首。其子陳達德（1595—1654），明朝貢生，與吳之器、斯一緒、龔士驤、章有成等結八詠樓社，著有《青溪草》等。思任亦有《雲黃山》詩：

仙宮藏寂地，曉梵出疏林。一片煙霞古，諸天花雨深。
三山同佛日，雙樹聽龍吟。安得辭纓冕，談禪坐碧岑。

此外，虞際千《雲黃山歌》亦頌讚了雲黃山的自然風貌，回顧了祖師的卓絶言行：

烏傷溪吸吳寧溪，漱嚙崖壁環東西。
沖堤錯石湛煙雨，一卷涌出盤孤霓。
兀立萬仞不容徑，樹點垠鍔雲飛低。
我來絕頂一長嘯，氣蕩氤氳天落照。
玉珂寫向長風前，蹴起三江五湖棹。
山僧邀我斟巖泉，近村遠村飛夕煙。
當時證道有道士，蕭子雲碑蹲老禪。
道在乾坤奉佳氣，雲具蒸黃堆滿地。
丈身尺趾頂圓光，龍象神通遂茲異。

①《（萬曆）義烏縣志》卷二十《雜述考》。

齊梁代杳世寧聞，門外惟容來片雲。
絢作金光動五色，隻履不惹塵紛紛。
拍板門椎驚具去，是佛何來亦何往。
錢塘湖上藕絲燈，燭向八方寧此處？
詰朝屐屐賦歸來，回首空山青一堆。
半塢流雲繞行徑，不過虎溪江劃開。①

際千，平生不詳。

"烏傷溪""吳寧溪"之關係，清顧祖禹《讀史方輿紀要》卷九十三《浙江五·金華府》介紹得頗為明徹："東陽溪 在縣北五里。舊曰吳寧溪。……俗謂之河埠。又西入義烏縣界，亦謂之烏傷溪。《水經注》：'吳寧溪　出吳寧縣，下經烏傷縣，謂之烏傷溪。胡氏曰：浙江有三源，其發於烏傷者，《水經注》謂之吳寧溪，即今之婺港也。按吳寧縣，舊分諸暨縣置，在東陽縣之東界，大盆山舊蓋屬之，故《水經注》云。然《志》以吳寧溪為出義烏縣南之杳嶺者，非也。"

① 馮志來編：《雲黃山雙林寺》，浙江省義烏市雙林風景開發辦公室 1995 年印行，第 119 頁。

附　録

雲黄菴銘并序

（明）王褘

烏傷南鄙，有雲黄山。我聞在昔，善慧大士，
彌勒應身，化度羣生。於此山頂，勤修善行。
先後七佛，一齊行道。有雲黄色，圍繞覆護，
是故此山，名曰雲黄。其卓錫處，故迹宛然。
復九百載，厥有比丘，是名妙珍。諸上善人，
同？此處。依昔故迹，創造菴舍。架岩為宇，
土木堅好，中像大士，莊嚴供養。而於其旁，
宴坐食息。比丘有言："我等於此，敢求安隱。
惟昔如来，日中一食，樹下一宿，惟能如此，
故能得道。今我於此，亦復如是。"

邑人王褘，来此菴中。聞比丘言，歡喜贊歎，合掌恭敬，而説偈言：

惟佛生世間，本與衆生同。
云何而得佛，一切惟心故。
人心如虚空，光明妙不測。
四聖及六凡，此心實互具。
隨心之所念，即已趨其界。
心苟欲作佛，即已成佛已。

所以者何故？佛我心所具，
一念能堅固，云何不作佛。
我既成佛已，依報及假名，
衆生無情物，亦皆能作佛。
所以者何故？
我與衆生類，一一具佛性。
苟我已作佛，孰有非佛者？
心佛與衆生，夫豈有差别。
昔善慧大士，願力甚廣大。
衆生被化度，悉皆成佛道。
今我與爾等，同預龍華會。
大士之所誓，各各宜精進。
精進勿外求，求此心已足。
如不信我者，請誦《心王銘》。
是《銘》大士説，就以銘此菴。

（王禕《王忠文集》卷九《雲黄菴銘》，文淵閣《四庫全書》本，第1226冊，第266頁下欄、267頁上欄）

雲黄山寺重建大殿碑記（節録）

（清）張璜

蓋聞須彌蘭若，素號青鴛；洛下伽藍，原稱白馬。絳雲成蓋，人間開舍利之城；綠玉為堦，海上現辟支之佛。何必蓮河慧□，給孤始鮮捐金；豈惟鷲苑猿江，大士方能捨寶？

金華烏傷雲黄山者，梁時具區勝壤，疊石名山。煙濤歕礴，朱長文録入圖經；川瀆紛綸，孫承佑形爲塔記。筠籠笋箬，風送茶舲。蕙[1]畝松寮，雨沾梅屐。展矣塵寰之浄域，洵哉欲界之仙都。於是七重闌楯，代植

① 蕙，朱中翰《雙林寺考古志》誤録為“薫”。

祇[1]林，五色琉璃，時修蓮界。燈前多寶，醒歷刼[2]之沉迷；經演三車，救衆生之熱惱。架璦梯於震旦，構紺櫢以由旬。寺所由来[3]，爰云舊矣！

然而雲黄寺大殿，初建三楹，始於善慧大士開山佛祖。洎乎元佑六年，特出寶覺大師，建造寶塔，藏金磚於塔底。歷唐元明以来，至今六百餘年，塔底時現毫光。寶覺大師預知六百年後生僧雲統，出而建造前後二大殿，統師鑿開石壁，以作後殿基地，竟得古磚無数[4]，結摘前後二大殿適足彀用，事實奇異。此寶覺大師預藏以待後僧雲統和尚，助其足用成功耳。苟非天神佛祖預藏待用，烏能及此哉？

況乎云統和尚建（告）［造］雲黄寺前後大殿，時有檀越舉人丁獻雲仝倡，監生丁乾繡仝捐，理問廳丁汝譜助金三百兩。同心協力，每日捐錢一文，四百家之緣，貯積三載，始得緣金備足。時雲統和尚勞心勞力，緣法廣大，又以檀香木雕刻主佛、羅漢，計緣金五千有奇，功始告成。

雖然，統師緣法溥遍四方，亦全仗二丁先生力也。於是統師壽近知命之歲，雲黄寺前後二殿建造，苦心孤詣，緣廣功大矣。迹其出處行事，始於天台山結茅坐禪，繼而雲遊四方，到天龍山建大殿，裝雕主佛，□邁二載告成。道光己酉，檀越監生王文□、統師仝倡開山雲集寺，香木雕刻主佛、羅漢，又於馬渚創造浮橋，功程浩大，捐金二萬有奇，三載功成。嗣至低田市，重建雲集庵大殿，計緣千五百金。義邑六都一修德庵創建胡公帝廟，捐金三千餘兩，前後三十餘年，勞苦身力，難以備詳。獨於雲黄寺創造二殿，擅場於宗門。

統師前生實是佛子，轉身始能成此大功大業。謹将畧詳，雲統和尚始終行事，摭集成文撰碑，以俾後人不聞喜（拾）［捨］，共成功德云爾。

計開捐助名次列后：　　丁同昌公　功銀三十兩

檀香釋迦文佛一尊，本寺住持雲統敬雕。　……

……

住持雲統　徒真定　仝立

---

① 祇，朱氏録作“祗”。

② 歷刼，朱氏録作“歷劫”。

③ 来，朱氏録作“來”。

④ 数，朱氏録作“數”。

□□咸豐五年□□旃蒙單閼季夏月　　穀旦

（據雲黄寺所庋碑迻録。）

按，璜是《記》撰於清咸豐五年（1855）。

重建善慧傅大士塔記

（民國）朱獻文

攷佛制，有舍利者名塔，無舍利者名支提。又八露盤以上是佛塔，菩薩七盤，緣覺六盤，蜀漢五盤。是稱名與層級，均有律制。第佛法傳（自）［至］震旦以来，不辨舍利有無，各處先後所造，多以塔名，即露盤□□□□能，悉符經律所規制矣。

雲黄山舊有傅大士塔，計五級。民國二十一年壬申六月四日，為大風雨所倒。次年，塔山下丁姓首事即邀請邑中紳者，共同僕發起募捐重建。二十三年甲戌一月始工，至十二（日）［月］竣役，巋然仍復舊觀，屹立山頂，揭高德之標識。

是歲，適值數十年来未見之大旱，荒歉饑饉，災情寔重。乃收繳捐款，各處檀信的（？）踴躍轉納不稍靳。二十四年三月，行落成祭，四方善男信女前来糸列，並禮塔者亙六七日，絡繹於道不绝。大士道德感人之深，與邦人敬仰大士之誠，均於此舉表見之。

夫㐂相無常，成必有壞，顧□□□不壞者理。此後塔即毎壞，不久仍當湰成，可於邦人信仰大士之心理，推而預知之。此次塔成，全賴衆擎用将捐助財物及経咒。共成功德之人，咸書其名於後，藉彰勝缘。

記既成文，尚顛附綴數事，為後来禮塔▨告：

一、燒香散華，然燈禮拜，均是供養。若欲旋塔，當繞三匝，並留心五事：一低頭視地，二毋蹈虫蟻，三毋左右顧，四毋唾塔前地，五不得中住與人語。當向右旋，若向左旋，為神所訶。

二、既来禮塔，凡大士所垂身教言教，當知信受。兹特舉大士化道之重要者。大士為衆生消災集福，屢設大法會，先捐捨田宅與資生什物；繼化諭妻子鬻身助會，至無可布施。又立誓持上齋，每月六日不飲食，以此饑渴之苦，代一切衆生酬償衆業；以不食之粮，廣作布施。又欲燒身為大明燈，普為衆生供養三寶。此種大菩薩，犧牲自己、饒益衆生之勝行，凡夫固 未易學步？而吾人日當惱害衆生，以利身家妻子之私圖者，即當自知悔悟前非。大士言："恣意殺生作諸悪者，死墮三途。""畜生之類，貪生悪死、愛念眷屬，不異於人。食者不止，殺亦不住。若食者住，殺者自止。"是故大士執心菜食，畢命不移。又釋所菜食，経久不至，致疾病之理，因此不知；貪口腹而恣殺生靈者，寔不合大士之心願。大士又言："衆生讀経，離惡向善，即一句一偈，寔能滅無邊重罪，增無邊功德。"若廣認衆經，心不斷惡，亦不能滅衆生福。可見誦経念佛禮塔之人，此心須先止惡向善。

三、傅大士是彌勒應身，彌勒成道，龍華三會，度盡衆生，吾人皈依彌勒，将来固可得度。顧彌勒出生此土成道，尚須経當来五十六億七千萬年，龍華普度為期遥遥，而佛昔在闍崛山中法會上，曾告弥勒端身正行，廣作諸善，積衆善本。雖一𠀤勤，若須臾之間後生無量壽國，快樂無極，永拔生死根本。弥勒答言："受佛重誨，如教奉行，不敢違失。"梵言阿弥陀，譯稱無量壽。吾人苟依釋迦𠀤尊與弥勒菩薩言，信頊（頭）念佛，衆生求生阿弥陀佛國，親與蓮池海會，不待龍華法會矣。

中華民國二十三年歲次丙子仲秋鄉人朱獻文謹撰　（朱獻文印）
傅定雲敬書（傅定雲印）　釋興慈+彖額（興慈印）　住持僧定靜立石

助財物及経咒，共成功德之人，名列於后：

捐塔脚石全堂計洋百二十六元。徐有松元捐洋一百元。毛□德堂捐洋一百元。……

（按，是碑現存於雲黄寺。碑文為筆者迻録。）

卷五　下院紀：法脈相係諸梵宇

“下院”也者，佛教寺院之分院（branch temples）也。清李斗《揚州畫舫録·草河録上》：“靈鷲庵在碧天觀後，向爲天寧下院。”需注意者，禪宗所謂之“下院”，原指附屬於某個寺院、主要從事耕作等事宜之組織。唐洪州百丈山沙門懷海集編、清杭州真寂寺苾蒭儀潤證義之《百丈清規證義記》卷六《附下院執事約》注曰：“即莊主、園頭。另住之處，就稍遠者言，故名下院。凡九條。”也就是說，之所以稱作“下院”，是因為距離其主管寺院較遠也。該執事約言：

> 夫下院雖係行行之地，亦宜不忘薰修，庶不辜負出家之心。莫謂執事之外，更無所管。須知運水搬柴，無非佛事；舂米作飯，正好參求。古來行單中，知識高人不少。即稟性愚魯，念佛個個皆能，須各努力，莫負初心。既為一家法屬，即應恪守祖訓，幸相體悉，無忝家風。
>
> 〇一　施主到，一切物件，下院當家細心經理，一一照數暫停。即使工人通信，一面照應施主，如法禮待。
>
> 〇一　共住規約與常住同，一例遵守，如違者罰。
>
> 〇一　莊主、貼案、園頭、火頭、水頭、雜務，共六執。每一執，每月鹽米若干，每季單銀若干。隨各家定式，有齋雙襯。
>
> 〇一　莊主。凡下院大小事，俱其專管，責任綦重。除公事，不許出外。早晚領眾課誦，不得放逸。不許私情留客食宿。一切執事人等有過，輕則教訓，重則白常住議罰。
>
> 〇一　貼案。料理下院大眾菜飯，開梆打板，洒掃厨下，與水、火頭，俱隨眾課誦。
>
> 〇一　園頭。料理園地，應時種植，不得怠惰荒蕪。兼帶淨頭，并燒浴鍋。

〇一　火頭。息炭謹慎，火燭雖寒，槩不許取火。違者，白莊主罰。

〇一　水頭兼破柴，雜務兼行堂，及諸洗掃，并管門戶，聽往常住取物。

〇一　常住執事。唯監院、副寺、知客、監收等。有事，許在下院食息，其餘槩不許攪擾。違者，莊主白常住罰。

〇年月日〇住持 某甲 重録 實貼下院[①]

懷海所謂之“下院”，包括莊主、貼案、園頭、火頭、水頭、雜務計六種身份，即“行單”；除了早晚課誦之外，顯然主要工作是種植蔬菜、莊稼等，故此處乃“行行之地”。下院的負責人為“莊主”。同書卷六“莊主”條：“亦名靜主，乃靜室之主也。俗呼下院當家。凡莊田一切事務，俱其專主。田界、莊舍、農具，悉屬檢點修理。些小事體，隨時分遣。或關大體，須白常住定奪。收納租例，一以公平，勿致主佃互虧。如更換佃戶，先要查明佃人好歹，白常住商定，始令領田。勿得貪小利，而以私心俵給，致貽後患。”[②] 莊主既然負責“莊田”，亦可知下院的性質了。無論是下院還是其主管寺院，遭遇災難時，互相之間都自有救濟之義務。《為霖道霈禪師還山録》卷四：“至明弘治辛亥，下院災，鎮守太監陳公道捐俸重建。嘉靖壬寅，上寺復災，而僧眾盡歸於下院。蜂房蟻穴，人各為家，漸至淪替。”[③]

漢地的這種寺院係聯關係，在喇嘛教中演變為頗具特色的主寺與屬寺、母寺與子寺的層層隸屬網絡[④]。

我們這裡所說的“下院”，乃指與雙林寺有著血脈聯係的其他道場，其含義與古代禪宗所指有異。

傅翕終其一生弘化江南，除松山之畔的雙林寺、雲黃寺等道場之外，諸如鍾山（一稱蔣山。即今南京紫金山）定林寺、錢塘兜率庵等多地，

① 《大日本續藏經》第壹輯第貳編正編第十六套第四冊，第三百七十二葉左半葉上欄至第三百七十三葉右半葉上欄。

② 《大日本續藏經》第壹輯第貳編正編第十六套第三百七十一葉左半葉下欄。

③ 《大日本續藏經》第壹輯第貳編正編第叁拾套第四百八十七葉右半葉下欄

④ 多吉才讓、宋贊良：《色拉寺調查》，《中國藏學》1991 年第 2、3、4 期暨 1992 年第 1 期。

皆曾留下其化跡；後人亦在錢塘龍華寺等處，修建其分靈廟宇。本書但擷取有確鑿遺跡者，併入此“下院紀”。

至於雙林寺僧在他處所開創而與祖師傅翕無關的寺院，如令涉於唐咸通八年（867）在烏傷縣黃蘗山所創新寺之類，則概不預焉。

壹　杭州龍華寺

一　創寺因緣：吳越供養傅翕靈骨

五代至北宋，錢塘龍華寺曾一度安置傅翕靈骨等物，故而自當為雙林寺下院之一矣。

如前所述，傅翕滅度以後，並未焚化遺骸，而是用漢族傳統禮儀，葬於松山之隅。到了五代吳越開運元年（944），吳越忠獻王錢弘佐（928—947）派人專程到義烏，取走了傅翕靈骨等物，迎至錢塘（今杭州市）安置。南宋志磐《佛祖統紀》卷四十二《法運通塞志十七之九·（五代）晉·少帝》[①]：

> 開運元年……〇六月，吳越王錢弘佐遣僧慧龜往雙林，開善慧大士塔，得靈骨十六片、紫金色舍利無數。紫芝生於甓床，雙虎伏於壙下。祥雲蔽山，甘雨灑地。乃奉迎舍利、靈骨并淨瓶、香鑪、扣門椎諸物，至錢唐安光冊殿供養，建龍華寺，以其骨塑大士像。[②]

“錢唐”，唐五代作“錢塘”，本縣名。《史记·秦始皇本紀》：“過丹陽，至錢唐。”張守節正義曰：“錢唐，今杭州縣。”後一般指今杭州市一帶。吳越時，杭州為西都（時又稱“西府”或“西都”），州治即在錢塘；東都乃越州（時又稱“東府”。後昇為“大都督府”），州治在會稽（今

① 另載：（南宋）祖琇《隆興編年通論》卷八《梁·婺州義烏雙林大士》（《大日本續藏經》第壹輯第貳編乙編第叄套）；（元）念常《佛祖歷代通載》卷九（《大正新脩大藏經》，第49冊，第550頁b欄）。

② 《大正新脩大藏經》第49冊，第391頁c欄至第392頁a欄。

紹興)①。

元末臨濟宗僧曇噩（1285—1373）《新修科分六學僧傳》卷二十九，更稱時在當年農曆六月間：

> 大士道具十餘事見在。晉天福九年甲辰六月十七日，錢王遣使發塔，取靈骨一十六片，紫金色。及道具至府城南龍山，建龍華寺寘之，仍以靈骨塑其像。②

晉天福九年，即開運元年。

錢弘佐在錢塘所創之龍華寺，所奉既為傅翕靈骨及舍利，故而自為分靈道場吧。這也是除雙林寺之外，歷史上有關傅翕的最重要寺院。

來到雙林的僧慧龜，其他化跡不詳，但要當為吳越國佛教界的名宿吧。最初供養靈骨及諸聖物的安光冊殿，不知在何處。

北宋章炳文《搜神秘覽》卷上“傅大士”條載，慧龜等從雙林取走的，尚不止靈骨、浄瓶、香爐、扣門椎：

> 錢塘龍山伽藍中，有傅大士真身焉。因觀大士之遺物，可得而紀矣。藕絲織成彌勒內院一，其巧妙法度，出於自然，惜其歷年，如在仿佛之間耳。王補之以謂其功非鬼非人；以予觀之，故非人力之所能為也。叩門槌一，云叩九重門者，乃此槌也。不甚昂大，亦無特異者。銅鐘一，叩之，其聲雜踏，然無清越聲，似銅而非銅，若鐵而非鐵。妙光檀香枕一，人之有疾病者，剽其香，煮湯飲之，其患未始有不差者。筆架二，硯屏一，皆陶器木（樸）［朴］之所為。③

章炳文只言還有筆架、硯屏等。乾隆欽定《西清硯譜》卷二十二《宋哥窰蟾蜍硯説》據米芾（1051—1107）稱，龍華寺還收藏有傅大士用過的一枚磁硯：

---

① 《辭海》地理分冊（歷史地理）“杭州”“越州”條，上海辭書出版社 1982 年版，第 143 頁右半頁、256 頁左半頁。

② 《大日本續藏經》第壹輯第貳編乙編第陸套。

③ 《叢書集成初編》本，第 2718 冊。又載《續古逸叢書》。

硯為蟾蜍形，高四寸四分許，寬三寸七分許，厚一寸一分。宋哥窑製，釉文氷裂，胎質紫黝。蟾背無釉，為受墨處。上方為墨池，周側隠起，如股脚結曲形。蟾腹為覆手，深五分許，中鐫“永壽”二字，篆書。周鐫御題詩一首，楷書；鈐寶一，曰“德充符”。匣盖内並鐫是詩，鈐寶二，曰“會心不遠”，曰“德充符”。考磁硯，古今硯譜皆未著録，惟宋米芾《硯史》稱，杭州龍華寺收梁傅大士甆硯一枚，磨墨處無磁，油殊著墨。是硯似仿其意為之。又考宋時有生一、生二弟兄，皆以窑器著，而生一所製尤良，當時號曰“哥窑”云。

御製題宋哥窑蟾蜍硯：

書滴曾聞漢廣川，翻然為硯永其年。

若論生一陶成物，自合揮毫興湧泉。

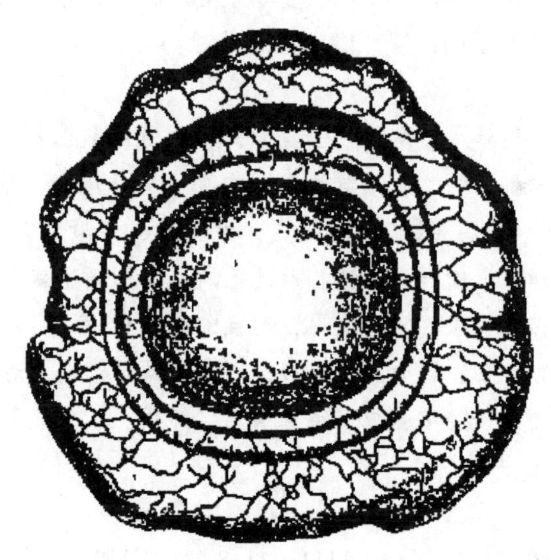

▲宋哥窑蟾蜍硯正面圖

既然稱“是硯似仿其意為之”，則《西清硯譜》中的“宋哥窑蟾蜍硯”圖，亦反映了傅翕用磁硯之一斑吧。

▲宋哥窰蟾蜍硯背面圖

二　聖物去向：靖康開始漸次流失

後來供奉收藏於龍華寺的上述聖物及其流向，蔡京（1045—1126）之子蔡絛所撰《鐵圍山叢談》卷六亦有載録：

> 錢塘之龍華寺，有傳大士真身，仍藏所謂敲門椎、頌《金剛經》拍板與藕絲燈三物，昔為吳越錢王從婺女雙林取來。藕絲［燈］者，乃梁武帝時物也；繆言藕絲織成，懼不然，但疑當時內府工料之所織。紋實華嚴，繪釋氏設法相狀凡七所，即所謂七處九會者是也。有天人、鬼神、龍象、宮殿之屬，窮極幻妙，奇特不可名。政和後，索入九禁。宣和初，既大黜釋氏教，因復以藕絲燈賜宦者梁師成。吾昔在錢塘見之，後於梁師成家得詳識焉。師成，靖康間籍沒，而藕絲燈者莫知何在。①

政和，宋徽宗趙佶年號，1111—1118 年。宣和亦為趙佶在位時的年號，公元 1119—1125 年。“籍没”，為官府沒收。《後漢書·宦者傳·侯覽》：“儉遂破覽冢宅，籍没資財，具言罪狀。”《法苑珠林》卷七十七《十惡篇·慳貪部第十一·感應緣·魏胡人支法存》：“王談為廣州刺史，

① 文淵閣《四庫全書》本，第 1037 冊，第 618 頁下欄至第 619 頁上欄。

大兒劭之屢求二物，法存不與。王談因存亮繼殺，而籍沒家財焉。”① 由蔡條書可知，梁武帝時的藕絲燈，曾落入宦官梁師成②手中，到了靖康年間（1126—1127）流失無蹤矣。

別建龍華寺之事，南宋潛說友（1216—1288）撰《咸淳臨安志》卷七十七《寺觀三・寺院・城外自慈雲嶺郊臺至嘉會門泥路龍山》“龍華寶乘院”條有載：

> 開運二年，吳越王仁弘佐捨瑞蕚內園建。仍造傅大士塔。大中祥符九年，改今額。有司馬溫公祠堂。相傳兵部為守時，溫公常來省侍。司馬兵部題名。司馬池、周騤、錢聿、石再賓、陳嘉謨、謝伯景、馬元康同遊此寺。康定元年中秋二十四日，元翼題。③

由潛氏書可知：

一、傅翕靈骨等物到錢塘的第二年，龍華寺就已落成。寺以錢弘佐的瑞蕚園為基礎而創，寺內造有傅大士塔。

二、大中祥符九年（1016），“龍華寺”始更名為“龍華寶乘院”。按，大中祥符，北宋真宗趙恒年號。

三、寺內有司馬光祠堂。司馬光（1019—1086）④ 逝後，後人在其故鄉解州夏縣修有祠堂以祀之。《明史》卷二百八十二《列傳第一百七十・儒林・呂柟》：“謫解州判官，攝行州事。恤煢獨，減丁役，勸農桑，興水利，築堤護鹽池。行《呂氏鄉約》及《文公家禮》，求子夏後，建司馬溫公祠。四方學者日至，御史為闢解梁書院以居之。”⑤ 杭州亦曾有溫公祠堂，是又為文化史上的佳話也。

---

① 《大正新脩大藏經》，第 53 冊，第 866 頁 b 欄。

② 梁師成（？—1126），北宋末“六賊”之一。字守道。因徽宗寵信，官至檢校太殿，貪腐之極，時人稱為“隱相”。宋欽宗趙桓即位後，被貶為彰化軍節度副使，在赴任途中被縊殺。事見《宋史》卷四百六十八《列傳第二百二十七・宦者三・梁師成》。

③ 文淵閣《四庫全書》本。

④ 司馬光，字君實，號迂叟。陝州夏縣（今山西省夏縣）涑水人，故一般稱“涑水先生”。逝後，贈太師、溫國公，謚文正，故又稱“溫國公”。事見《宋史》卷三百三十六《列傳第九十五・司馬光》。

⑤ 《山西通志》卷九十九《名宦十七・解州》“呂柟”條。

四、司馬光之父司馬池任杭州知府時，嘗來龍華寺遊玩，寺中也留下了題名。或因此故，龍華寺中方建司馬光祠堂也。“兵部”“司馬兵部”，即司馬池（980—1041）。曾任尚書兵部員外郎，故世以兵部呼之。池曾任杭州知府。《宋史》卷二百九十八《列傳第五十七・司馬池》：“累遷尚書兵部員外郎，遂兼侍御史知雜事。……擢天章閣待制、知河中府，徙同州。又徙杭州。……子旦、光，光自有傳。”

五、司馬池來龍華寺，是與諸同事或好友一並而至的。“康定”，宋仁宗趙禎年號；康定元年，1040年。“康定元年中秋二十四日”，很可能就是司馬池諸人來寺遊玩之時也。因是年九月即降知虢州，這應該是司馬池最後一次來龍華寺。但周騤、錢聿等的事跡，今已無考矣。

總之，涑水先生及其父亦與傅翕有一定因緣，《咸淳臨安志》可謂補了一段史實也。

因司馬光（1019—1086）[①] 常來參謁傅翕遺物，故後在寺中修建了其祠堂——涑水先生亦景仰傅翕，《咸淳臨安志》可謂補了一段史實也。

南宋周密（1232—1298）《武林舊事》卷五《湖山勝槩・南山路》：

> 慈雲嶺
>
> ……
>
> 龍華寶乘院
>
> 本錢王瑞萼園，捨建。有傅大士塔，并拍板、門槌，猶存。有温公祠堂題名。[②]

明田汝成（1503—1557）《西湖遊覽志》卷六《南山勝蹟》：

> 自清波門折而南，為筆架山、方家峪、忠節祠、褒親崇壽教寺。……

① 司馬光，字君實，號迂叟。陝州夏縣（今山西省夏縣）涑水人，故一般稱“涑水先生”。逝後，贈太師、溫國公，謚文正，故又稱“溫國公”。事見《宋史》卷三百三十六《列傳第九十五・司馬光》。

② 又見：（南宋）周密原本、明朱廷煥補《增補武林舊事》卷六《湖山勝槩上・南山》；（元）陶宗儀《說郛》卷六十三下《湖山勝槩》；（明）彭大翼《山堂肆考》卷二十七《地理・園》；《（雍正）浙江通志》卷三十九。

又西南為華津洞、梯雲嶺。

……

折而南為慈雲嶺、永壽禪寺。

……

嶺之南為龍山。

龍山，一名卧龍山，又名龍華山。與上下石龍相接，去城南可十里許。天目分支，沿江而東，結局於此，蜿蜒若遊龍然。山北有鴻鴈池，其東為白塔嶺。

其上為天真禪寺、登雲臺，其下為勲賢祠，為天龍禪寺、天華禪寺、勝相禪寺、龍華禪寺、宋藉田。

……

則龍華寺位於龍山之下，而龍山為天目山分支之一也。

志磐《佛祖統紀》謂“建龍華寺，以其骨塑大士像”，而南宋陳思《寶刻叢編》卷十四《兩浙西路·臨安府》言：

吳越胡進思造傅大士像塔記

晉天福十年二月十一日，惠龜記。在郊壇側浄明寺。《復齋碑録》。①

是以傅大士靈骨所塑像，在到錢塘的第二年，就安放於新創龍華寺中的傅大士塔中也。“惠龜”，應就是志磐所記的“慧龜”。值得注意的是，《吳越胡進思造傅大士像塔記》並不在龍華寺，而在其西北部的浄明寺。或許，《像塔記》原建在寺外，後方於此處再修浄明寺也。

《（光緒）杭州府志》卷九十八《金石三》有“傅大士象”條，且謂象在浄明寺：

傅大士象　《西湖志》：在浄明寺。吳越胡進思造象塔，晉天福

① 又載：《（雍正）浙江通志》卷二百五十五《碑碣一·杭州府》；（清）倪濤《六藝之一録》卷一百十《石刻文字八十六·西湖志碑碣·南山路》。

十年十二月十一日，惠毘撰塔象記。①

是蓋誤《傅大士像塔記》為傅大士像吧。

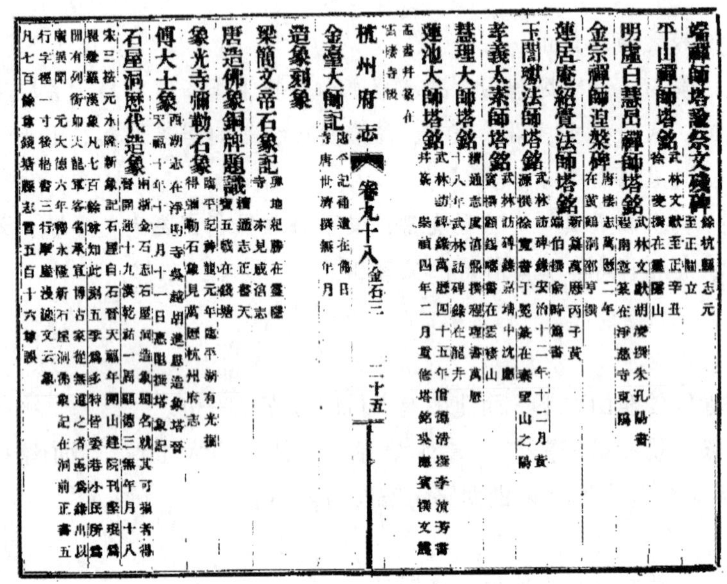
端禪師塔瘞祭文殘碑 餘杭縣志元至正闢立

平山禪師塔銘 武林文獻至正辛丑徐一夔撰在靈隱山

明虛白慧居禪師塔銘 武林文獻胡濙撰朱孔暘書程南雲篆在淨慈寺東隅

金宗禪師涅槃碑 府志萬曆二年在黃鶴洞鄒亨撰

蓮居庵紹覺法師塔銘 新纂萬曆丙子黃端伯撰俞時篤書

玉闇嬾法師塔銘 武林訪碑錄順治十二年十二月黃源撰徐寬書于甓築在秦望山之陽

孝義太素師塔銘 武林訪碑錄湯坤中沈慶賓撰顧錫疇書在雲棲山

慧理大師塔銘 樹通志虞淳熙撰程璜書萬曆十八年武林訪碑錄在龍井

蓮池大師塔銘 武林訪碑錄萬曆四十五年僧廣潤撰李流芳書并篆崇禎四年二月重修塔銘吳應賓撰文震孟書并篆在雲棲寺後

杭州府志 卷九十八 金石三　二十五

金臺大師記 臨平記補遺在佛日寺唐世濟撰無年月

造象刻象

梁簡文帝石象記 輿地紀勝在靈隱寺亦見咸淳志

唐造佛象銅牌題識 積通志正書天寶五載在錢塘

象光寺彌勒石象 臨平記義熙元年臨平湖有光擲得彌勒石象見萬曆杭州府志

傅大士象 西湖志在淨明寺吳越胡進思造象塔晉天福十年十二月十一日惠毘撰塔象記

石屋洞歷代造象 兩浙金石志石屋洞造象題名就其可攜者得晉開運十九漢乾祐一周顯德三無年月十八宋三按元永隆新象記石屋自石晉天福年開山建院刊崖琅爲疊巖漢象凡七百餘尊知此鍋五季爲多特皆委巷小民所爲開有列衡如大龍軍客省承宣傳古家從無道之者近爲錄出以廣異聞元大德六年釋永隆新石屋洞佛象記在洞前正書五行字徑一寸後拙書三行摩崖漫漶文云象凡七百餘象錢塘縣志言五百十六尊誤

▲《（光緒）杭州府志》書影

三　宋朝地位：朝廷命官屢次拜謁

兩宋期間，龍華寺頗有盛名。北宋年間，釋道誠棄京城寺院講席，返回故鄉錢塘，嘗一度住“龍華禪府”。道誠《釋氏要覽》卷上言：“道誠自委講京寺，東歸維桑。始寓龍華禪府，後住月輪蘭若。”② 道誠家鄉為錢塘，而錢塘之“龍華禪府”，應該為龍華寺吧。

特別是在南宋，朝廷定都杭州並更名為臨安，在龍華寺西北邊修建了郊臺，以舉行國家祭祀儀式。奉命在這兒主持國家級祭祀儀式的官員，一般宿於龍華寺；再加上其他一些慕名前往者：龍華寺後留下了不少摩崖石

① （清）龔嘉儁修、李榕纂：《（光緒）杭州府志》卷九十八《金石三》“傅大士象”條。1922 年鉛印本，第二十五葉左半葉。

② （北宋）釋道誠撰、富世平校注：《釋氏要覽校注》，“中國佛教典籍選刊”之一，中華書局 2014 年版，第 1 頁。

刻。清錢唐倪濤《六藝之一録》卷一百十《石刻文字八十六・西湖志碑碣・南山路》做了不完全的統計：

傅大士像塔記　吴越胡進思造。晉天福十年二月十一日惠黽記。在宋郊壇净明寺。見《成化杭州府志》。

司馬池等題名 在龍華寺後。　司馬池、周騤、錢聿、石再寶、陳嘉謨、謝景伯、馬元康同游此寺。康定元年中秋二十四日。元翼題。正書，字徑三寸。　摩崖

蘇軾等題名 在龍華寺後。　蘇軾、王瑜、楊傑、張璹同游龍華。元祐五年歲次庚午三月二日題。正書，字徑四寸。摩崖

王希吕等題名 在龍華寺後。　淳熙八年閏月甲午，駕幸玉津園。王希吕、韓彦直、閻蒼舒、鄭（内）［丙］、□①煇、施師點、趙汝恭、孟經、葉翥、賈選、木待問、宇文价，以扈從至此。正書。摩崖

蕭燧等題名　淳熙十年三月十八日，車駕幸玉津園。蕭燧、王佐、黄洽、曾逮、宇文价、葛邲、王藺、張大經、詹儀之、余端禮、李昌圖、趙彦中，以扈從至此。正書。　摩崖

蕭燧等題名　淳熙丁未季春甲子，駕幸玉津園。蕭燧、韓彦直、宇文价、洪邁、葛邲、蔣繼周、韓彦質、王信、陳居仁、李岷、陳賈、張森、顔師魯、劉國瑞、胡晉臣，扈從至此。正書。　摩崖

范成大等題名 在龍華寺後。　至能、季思、壽翁、虞卿、子宣、正甫、渭師、子餘、旡咎，淳熙戊戌季春丁巳同游，子師不至。正書。　摩崖

周必大等題名 在龍華寺後。　周子充、程泰之、劉正甫、王仲衡、芮國瑞、陳敦仁、吴希深、木韞之、齊子餘，以淳熙己亥季春廿有二日同來。正書。　摩崖

京鏜等題名 在龍華寺後。

紹熙五年冬，至簽書樞密院事豫章京鏜祀上帝，齋宿於寺。

慶元改元季秋，鏜以知樞密院事，再齋宿於此。

二年孟夏，雩祀上帝。鏜以右丞相充初獻，仍齋宿於此。

---

① 按，所闕當為“芮”。

五年四月，鏜復齋宿於此。仍以右丞相，仍初獻。

六年春分，祀高禖，鏜復以右丞相充初獻，齋宿於此。並正書。

慶元四年冬至日，祀昊天上帝，永嘉許及之以同知樞密院事充初獻。

慶元五年九月十二日，祀上帝。同知樞密院事許及之充初獻。並隸書。

摩崖

何澹等題名 在龍華寺後。

慶元二年二月十四日春分，祀高禖。栝蒼何澹以同知樞密院事充初獻，齋宿於龍華。

慶元三年二月二十六日春分，澹以叅知政事，復充高禖初獻，齋宿。

慶元四年九月，祀上帝。臨海謝深甫以知樞密院事兼叅知政事充初獻，齋宿於寺。

慶元五年二月十八日春分，禖祀。澹以叅知政事充初獻，齋宿。

慶元六年孟夏望日，雩祀上帝。深甫以右丞相充初獻，齋宿。

五月十六日，禱雨祀上帝。深甫充初獻。

慶元六年冬至日，祀上帝。長樂陳自强以簽書樞密院事充初獻，齋宿。

嘉泰元年二月春分，禖祀。八日，澹以知樞密院事兼叅知政事充初獻，齋宿。

嘉泰元年，雩祀上帝。深甫充初獻，齋宿。

五月十八日，禱雨，祀上帝。深甫充初獻，齋宿。

嘉泰二年四月，雩祀上帝。自强以叅知政事兼知樞密院事充初獻，齋宿。

嘉泰二年九月九日，同知樞密院事袁說友，以季秋祀上帝，齋宿於此。

嘉泰癸亥四月壬子，簽書樞密院事廣都費士寅齋宿，以雩祀上帝，充初獻也。

開禧初元二月二十三日，祀高禖。廣陵張巖以叅知政事充初獻，齋宿龍華寺。

開禧初元四月十一日，雩祀上帝。吴越錢象祖以叅知政事兼同知樞密院事充初獻，齋宿於龍華。

開禧元年九月八日，祀上帝。自强以右丞相充初獻，齋宿。

開禧二年孟夏，雩祀上帝。自强充初獻，齋宿。

開禧二年長至日，祀昊天上帝。眉山李壁以叅知政事充初獻，齋宿龍華。

開禧三年正月初四日上辛，祈穀。自强充初獻，齋宿。並正書。

摩崖。

袁説友題名 在龍華寺後。　慶元六年八月，吏部尚書建安袁説友四，以奏告齋宿於此。隸書。　摩崖

潛説友題名 在龍華寺後。　咸淳七年正月二十二日，潛説友、徐理同遊龍華。正書。　摩崖

四　以後命運：宋末毀滅元明重建

需要特別指出的是，龍華寺中供奉的部分傅翕遺物，已然在南宋末葉回歸故土雙林寺。元吴萊（1297—1340）《雙林寺觀傅大士頂相舍利及耕具故物》詩①：

……（傳）［傅］公故宅奉香火，厦屋萬間周四垣。
梁朝到今數百載，兜率説法天中尊。
……雲光靈異竟何有，仉晉怪神寧復言。
藕絲、袈裟上所賜，奇錦照耀扶桑暾。
……黄羅繡褥裹頂骨，舍利五色摩尼燉。……

《佛祖統紀》言舍利、靈骨已被慧龜取走，而靈骨既然能夠塑像，當

① （元）吴萊：《淵穎集》卷三，文淵閣《四庫全書》本，第1209册，第50頁下欄至第51頁上欄。

為頂骨無疑。吳萊所說“藕絲”，當為《搜神秘覽》記載的“藕絲織成彌勒內院”、《鐵圍山叢談》敘述的“藕絲燈”。蔡絛說藕絲燈因宦官梁師成家財被朝廷抄沒而失蹤，豈料在元代又重現於雙林寺矣。藕絲燈從梁氏家籍沒後，應該歸還龍華寺。而藕絲燈、靈骨和舍利最終得以返還雙林寺，很有可能是在南宋滅亡之際，有心人乘戰亂而為也。無論如何，這種於亂世中護持佛教聖物的行為，都是有功的，都應該加以彰揚的。

《（雍正）浙江通志》卷二百二十六《寺觀一・杭州府》：

龍華寺　《萬歷錢塘縣志》：在柵外一畐。《西湖遊覽志》：舊名龍華寶乘院。吳越王以端萼園建。

《鐵圍山叢談》：錢塘龍華寺有傅大士真身，及藏敲門槌、誦《金剛經》拍板與藕絲燈三物。昔錢王從婺女雙林取來。藕絲燈乃梁武帝時物也，政和後索入禁內。

謹案，《元世祖》本紀：至元二十二年，僧格言：錢塘有龍華寺，宋毀之。以為南郊勝地，宜復為寺。復勅毀郊天臺，建寺焉。攷舊志皆失載，今補入。①

是龍華寺毀於南宋末年，至元二十二年（1285）始復建也。

元代詩人張翥（1287—1368），因其父為官杭州，故嘗居武林，又從仇遠學。《元史》卷一百八十六《列傳第七十三・張翥》：“張翥，字仲舉。晉寧人。其父為吏，從征江南，調饒州安仁縣典史，又為杭州鈔庫副使。翥……未幾留杭，又從仇遠先生學。遠於詩最高，翥學之，盡得其音律之奥，於是翥遂以詩文知名一時。”翥在杭州期間，曾遊龍華寺，有《清明雨晴游包山龍華寺過慈雲嶺》詩以記之：

當年玉輦此經行，古寺猶題扈從名。
龍鳳讖空山氣歇，馬羊劫換海波平。
野桃着雨春紅落，嶺路霾雲濕翠生。
日（莫）［暮］人歸烟樹（黑）［里］，飢鼯啼雨上宮城。②

① 文淵閣《四庫全書》本。

② 《張蛻庵詩集》卷四，《四部叢刊續編》集部。

“古寺猶題扈從名”者，即《六藝之一録》所載宋人石刻也。

延及明朝，龍華寺仍名“龍華寶乘院”。明太祖洪武三十一年（1398）勅令方孝孺等人始纂、永樂二年（1404）十一月由解縉等人終成的《永樂大典》[①]，現存不足四百冊。可貴的是，現存的一冊之中，就有關於龍華寺的記載。《永樂大典》卷七千六百二《杭 杭州府五十一・湖山勝?》：

> 龍華寶乘院
>
> 本錢王瑞萼園捨建。有傅大士塔，并拍板、門槌猶存。有溫公祠堂題名。[②]

明田汝成（1503—1557）《西湖遊覽志》卷六《南山勝蹟》“龍華寺”條，應該是有明一代有關龍華寺的最詳細文獻：

> 龍華寺，舊名龍華寶勝。錢王以瑞萼園捨建。有傅大士塔像、拍板、門槌、司馬溫公祠堂，今皆不存。
>
> 傅大士，故漁人也。遇嵩頭陀，語曰：“我昔與汝於毗婆尸佛前發願度生，汝今何時還兜率宫?”指令臨水觀影，大士乃見圓光寶蓋，便悟前因。夫婦雙修，頓通佛法。
>
> 梁武帝召見壽光殿，共論真諦。大士曰：“息而不滅。”帝又請講《金剛經》。大士揮案一拍而起，帝不喻，再請講。大士乃索拍板，升座唱四十九頌，頌終而去。
>
> 蘇子瞻《大士像贊》云：“善慧執板，南泉作舞。借我門槌，為君打破。”
>
> 元末燬，國朝宣德四年建。

田氏是書第一次刻於嘉靖二十六年（1547）。這段文字透露了幾個信息：其一，龍華寺在元末時再一次被焚毀，明宣德四年（1429）重建。

---

① 張子開主編：《古典文獻學》，重慶大學出版社 2010 年版，第 248—249 頁。

② 第三葉右半葉。《杭州府》（《永樂大典》本）。《中國方志叢書》“華中地方”第五二五號，臺北：成文出版社有限公司據《永樂大典》本影印，1983 年 3 月臺一版，第 5 頁。

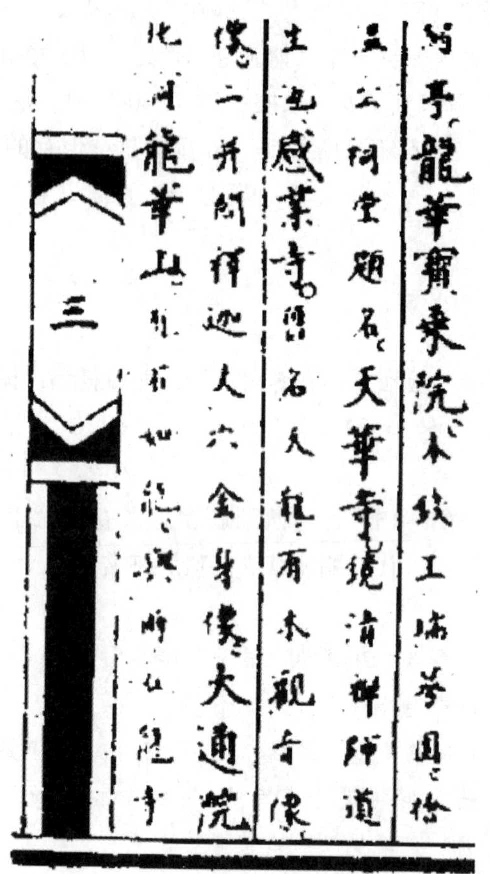
焆寺。龍華寶乘院，本錢王瑞萼園，捨
立。公祠堂題名。天華寺，鏡清禪師道
生也。感業寺，舊名天龍，有木觀音像
像。二井，開祥迦人，六金身像。大通院
北，有龍華山，形若如龍，興府仙經寺
三

▲《永樂大典》本《杭州府志》

其二，再構之寺，傅大士塔像、司馬光祠堂等物皆已消失，實際上寺院與傅大士已無多大關係。其三，至遲在十六世紀中葉，“龍華寶勝院”恢復原名“龍華寺”。

至於位置，仍在慈雲嶺之南的龍山之下。《西湖遊覽志》卷首的“宋朝西湖圖”，標示於全圖的西南角。

稍後，吴之鯨撰《武林梵志》卷二《城外南山分脈》“龍華禪寺”條，亦載録了龍華寺：

> 龍華禪寺，舊名龍華寶勝。錢王以瑞蕚園捨建。有傅大士塔像、拍板、門槌，今皆不存。

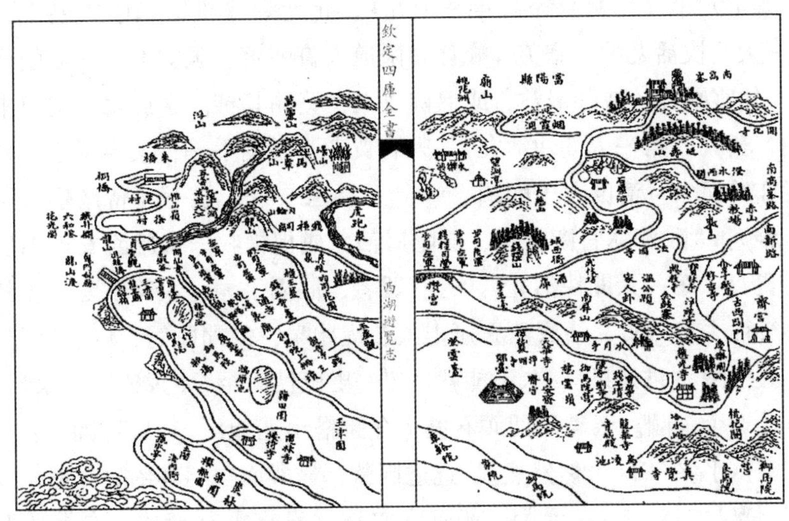

▲《西湖遊覽志》卷首“宋朝西湖圖”（局部）

傅大士，故漁人也。遇嵩頭陀，語曰：“我昔與汝於毗婆尸佛前發願度生，汝今何時還兜率宮？”指令臨水觀影。大士乃見圓光寶盖，便悟前因。夫婦雙修，頓通佛法。

梁武帝召見壽光殿，共論真諦。大士曰：“息而不滅。”帝又請講《金剛經》。大士揮案一拍而起，帝不喻，再請講。大士乃索拍板，升座唱四十九頌，頌終而去。

蘇子瞻《大士像賛》云：“善慧執板，南泉作舞。借我門槌，為君打鼓。”

宣德四年建。傍有十景：瑶華洞，千官塔，聞經臺，法華池，落日崖，四顧坪，望海松，片雲石，奇雲洞，白龍洞。舊為貫雲石別業，有司馬温公祠，今廢。山麓有宋臣齋宿題各隸書石刻，今存。

前面內容全鈔自田汝成書，吳氏唯於後面補充了少數材料而已。

按，貫雲石（1286—1324），元代散曲家。本高昌畏兀兒（今稱維吾爾族）人。原名小云石海涯，因父名貫只哥，遂以貫為姓。字浮岑，號成齋、疏仙、酸齋、蘆花道人。祖父阿里海涯為元初大將，有戰功。父嘗為江西行省平章政事。貫雲石生於大都，曾為官。後稱疾辭職，定居杭州。泰定元年（1324）卒，年三十九①。元葉顒《樵雲獨唱》卷二，有《第一人間快活丸歌，贈芙蓉峰蓑衣閑道人貫酸齋，號雲石，仕至翰林學士》。休官辭祿，或隱屠沽，或侶樵牧人，莫測其機。嘗於臨安閙市中立牌額，貨賣"第一人間快活丸"。人有買者，展兩手一，大笑示之。領其意者亦笑而去。清庶吉士顧嗣立編《元詩選二集》卷七《侍讀學士碩裕實哈雅》："酸齋休官辭祿後，或隱屠沽，或侶樵牧。常於臨安市中立碑額，貨賣'第一人間快活丸'。人有買者，展兩手一，大笑示之。領其意者亦笑而去。一日，錢唐數衣冠士人游虎跑泉，飲間賦詩，以泉字為韻。中一人但哦'泉泉泉'，久不能就。忽一叟曳杖而至，應聲曰：'泉泉泉，亂迸珍珠个个圓。玉斧斫開頑石髓，金鉤搭出老龍涎。'衆驚問曰：'公非貫酸齋乎？'曰：'然然然。'遂邀同飲，盡醉而去。其依隱玩世，多類此。"依吳之鯨書，在元朝，龍華寺曾被權貴貫雲石霸佔，作為私人別墅；傅大士塔像等，很可能即毀於此時，但保留有司馬光祠堂。再據田汝成書，該別墅及其中的祠堂，併焚於元末也。

修於萬曆三十七年（1609）的《萬厤錢塘縣志》，於《紀制・寺》亦有"龍華寺"條：

> 龍華寺　在柵外一圖。即寶乘院。吳越王捨瑞蕚內園建，仍造傅大士塔。傍有十景：瑤華洞，千官塔，聞經臺，法華池，落日崖，四顧坪，望海松，片雲石，麒麟洞，白龍洞。舊為貫雲石別業，有司馬溫公祠。今廢。山麓有宋臣齋宿題名，隸書，石刻，今存。②

明代重建的龍華寺，至清朝依然存在。清梁詩正（1697—1763）、沈德潛（1673—1769）等輯《西湖志纂》卷六《南山勝蹟下》，亦有"龍華寺"條：

> 龍華寺 在龍山。《西湖遊覽志》：吳越王錢氏以瑞蕚園捨建。有

---

① 鄧紹基、楊鐮：《中國文學家大辭典》遼金元卷，史鐵良撰"貫雲石"條，中華書局2006年版，第238頁左欄至第239頁左欄。

② （明）聶心湯修、虞淳熙纂：《萬厤錢塘縣志》（不分卷），《武林掌故叢編》第十六集。《叢書集成續編》本。

▲《萬厤錢塘縣志》（部分）

傅大士塔像，及拍板、門搥，並司馬溫公祠堂。今皆不存。（蘇軾《大士像贊》：“善慧執板，南泉作舞。借我門搥，為君打鼓。”）元末燬。明宣德四年重建。

雖然傅大士遺跡已然不再，但寺後司馬池等人的題名依然如故，傅翕化跡還是一直在口耳相傳。

清朝浙西詞派的中堅人物厲鶚（1692—1752），不但身往尋蹤覓跡，而且有詩贊揚傅翕。《六藝之一録·續編》卷六《金石題跋·錢塘厲鶚太鴻》，即收南湖花隱《八月十八日，同丁敬身游龍華寺，尋石壁上宋人題名。登慈雲嶺，觀永壽院宋仁宗佛牙讚，吳越摩崖篆字》詩五首[①]，其一：

城南丁隱君，嗜古有神契。山心本清虛，詩骨不柔脆。
約我緣江行，驕陽竹傘蔽。迤邐峰覆盆，參錯樹排薺。
斜徑通烟蘿，仰見巖壑麗。雙林昔傅公，全身此中瘞。
漁竿亦通禪，蕭散久順世。入門松影轉，殿址秋草翳。
釋子茅盖頭，供客馥叢桂。舉似藕絲燈，莫辨蕭氏製。

原注：蔡絛《鐵圍山叢談》：錢塘龍華寺有傅大士真身塔，

① 又見厲鶚《樊榭山房集》卷五，《四部叢刊》本。

及敲門椎、誦《金剛經》拍板、藕絲燈三物。藕絲乃梁武帝時物也，所織紋實華嚴會説法相，有天人、鬼神、龍象、宫殿之屬。政和後，索入九禁。

只是，傅翕當年並未“全身此中瘞”，不過曾以靈骨塑像以供奉罷了。

其二：

唯聞蒼壁下，古字徧深鍥。驚喜極逾量，綫路怵子細。
披荆復拜竹，習勇我能繼。下窺臨伏檻，上覷攀埤埦。
向無剜苔人，堙没八分隸。弓韣祠高禖，牲玉祠上帝。
卦塍遺圜壇，仁祠想禮蘸。其佗紀游者，北南宋更遞。
完好十得五，姓名屈指計。汗簡不可磨，沉碑反為贅。
猶令後來輩，抉剔認書勢。

原注：紀游題名，有司馬池、周騤、潛説友，徐理等。南郊齋宿題名，有京鏜、袁説友、李壁、陳自强，錢象祖、謝深甫、張巖等。缺落尚多。

顯然，在厲鶚之時，龍華寺後的摩崖石刻已然淹沒於荆棘蒼苔之下矣。

另外，倪濤《六藝之一録·續編》卷五《石刻·錢塘吴焯尺鳧武林石刻題跋》，還對其《六藝之一録》卷一百十《石刻文字八十六·西湖志碑碣·南山路》所收録的部分龍華寺摩崖石刻，作了較為詳細的解説。參考本志《藝文紀》。

最後一次記録龍華寺的古代方志，為《（光緒）杭州府志》卷三十五《寺觀二》“龍華禪寺”條：

龍華禪寺　在龍山。《西湖志》。舊名龍華寶乘院。《西湖遊覽志》。晉開運二年，吴越王捨瑞萼園建，仍造甎大士塔。宋大中祥符元年，改今額。《咸淳志》。元末燬。明宣德四年建。《西湖遊覽志》。①

① （清）龔嘉儁修、李榕纂：《（光緒）杭州府志》卷三十五《寺觀二》“龍華禪寺”條，1922年鉛印本，第十二葉左半葉。

然已淪落為鈔襲前代文獻，了無新意矣。

貳　杭州兜率庵

一　四顧坪：傅翕宴坐處

除了帶有國家性質的龍華寺外，杭州還曾有一處與傅翕有關的遺跡，這就是兜率庵。

明吳之鯨撰《武林梵志》卷二《城外南山分脈》，於“龍華禪寺”之後，緊列“兜率庵”：

> 城外南山分脈
>
> 由鳳山、候潮上至風水洞，下至艮山。
>
> ……
>
> 兜率菴 在四顧坪。右（古）[石] 壁有小石佛三尊，乃傅大士宴坐處。僧佛石結菴於此。傍為奇雲洞，壁間詩有“越山吳地半江分”之句。左又一洞，内有石，儼然觀音像，因名。山頂有圓池，相傳有彌勒殿菴，即理安寺下院。菴傍有無塵禪師塔。

《（光緒）杭州府志》卷三十五《寺觀二》“兜率菴”條襲之[①]。

兜率庵有三尊小石佛處，是否即是傅翕曾坐禪之處，再無其他文獻可供稽考。但既見之於吳氏書，當至少應是當年的傳說吧。

四顧坪，吳氏書列為龍華禪寺旁之十景之一，則兜率庵亦當在龍華寺附近。按，吳之鯨，萬曆三十七年（1609）舉人。是書所描述的，當為十七世紀初的情形吧。

清翟均廉《海塘録》卷七《名勝一》：

> 鳳凰山　……《萬曆錢塘縣志》：山有嶺曰萬松。越城三里而遙，雙峰圓秀，如鳳翼軒翥，十許小岕貫珠下面，西南向而成尊形。

① （清）龔嘉儁修、李榕纂：《（光緒）杭州府志》卷三十五《寺觀二》“兜率菴”條，1922年鉛印本，第二十八葉左半葉。

西為御教場、四顧坪、排衙石，奇石十許箇，林立相對，以名。

則庵亦當在鳳凰山萬松嶺之西也。

乾隆欽定《南巡盛典》卷八十六《名勝·浙江嘉興、杭州》：

鳳凰山　在鳳山門外。有左右兩峯，綿亘數里，形如鳳翥，因以得名。其右麓有勝果寺，剏自吴越，由寺側取径而上曰中峯，又上曰月巖，又上曰排衙石。吴越錢氏所名也。峯頂地平如掌，舊名四顧坪。乾隆乙酉，御書額曰“澄觀”，臺曰“江湖曠覽”，聯曰：“花含春意冶，石戴古皴奇。”

乾隆乙酉，乾隆三十年（1765）。可見，在乾隆時，兜率庵所在的四顧坪，已然被更名矣。

二　彌勒殿庵：無塵禪師燃指供佛

瘞於彌勒殿庵傍塔中的無塵禪師，究為何人？

考清彭希涑《淨土聖賢録》卷五《往生比邱[①]第三之四》“明證”條：

明證，字無塵。姓魏，會稽人。性醇厚簡默，少不樂腥羶，常欲出家。弱冠過隣寺，遇五臺龐眉老僧，若舊相識者，願相依為弟子。老僧云：“汝三年後，方可薙髮。當先行苦行，學諸經典。”證遂往叢林作重務，學楞嚴呪，日止誦一字，夜禮觀音，徹曉不寐。三年，而呪始畢。忽臥病七日，徧身發痛，若换骨者。病愈，夙慧頓開。而五臺僧復至，為祝髮受具戒，囑令終身誦《法華經》。遂展經朗誦無滯。已而《華嚴》、《涅槃》諸經，悉成誦。乃謂老僧曰：“吾欲盡形乞食供養，以報師德。”是夜，老僧不知所往。

證日誦《法華》一部，日惟二飧。三衣、經鉢外，一無所蓄。

① 因孔子名丘，清雍正三年（1725）為避諱，上諭：除四書五經之外，凡遇“丘”字，並加“阝”旁為“邱”。這樣，“比丘”“比丘尼”遂書作“比邱”“比邱尼”，且讀“邱”如qi。

人有施者，隨得隨捨。或與之言，止微笑而已。如是者三十年。一日誦經，艴然不懌。弟子問故，曰："吾持誦一生，求生淨土，豈將墮紅塵邪?"於是更加勤誦三年。一日，撫案大笑曰："我今不到紅塵去矣。"

往謁雲棲宏公，還至澗中，謂侍者曰："汝往報衆徒，我明日當去。"次日，諸徒至，證問甚麼時。答云："亭午。"遂命具湯盥沐，端坐念佛，誦觀世音、大勢至，至清淨大，即閉口。衆聞空中朗誦，海衆菩薩，異香馥然。合掌而寂，如入禪定。七日後開龕，時值炎暑，儀容若生。年五十，時萬（歷）［曆］二十一年也。

證弟子真定，字靜明。出家後，秉師之訓，精勤念佛，求生淨土，兼禮拜《華嚴》、《法華》諸經，造像齋僧，行諸苦行。年七十二，預刻期，面西念佛而化。《理安寺紀》。[①]

《理安寺紀》，收於《淨土全書》。按，萬曆二十一年，公元1593年，則明證生於嘉靖二十三年（1544），在世年代恰稍前於吳之鯨；明證不但字"無塵"，且屬於理安寺僧，而"無塵禪師塔"恰在"理安寺下院"之彌勒殿庵之旁：明證就是《武林梵志》所言之理安寺下院的無塵禪師，無疑也。

《武林梵志》卷二《城外南山分脈》又別有一"無塵禪師"：

聖壽禪寺 在永昌門外灰團巷，俗稱小新菴。嘉隆間，無塵禪師燃指供佛，持戒精猛。殿廡俱重新。

此聖壽禪寺的"無塵禪師"享譽於嘉靖（1522—1566）、隆慶（1567—1572）年間，而明證於"弱冠"[②]之後三年，即二十三歲出家，故燃指供佛的無塵禪師，應該就是明證吧。

---

① 《大日本續藏經》第壹輯第貳編乙編第捌冊第一百四十四葉。

② 古代視男子二十歲為成人，初加冠。但因此時身體猶未壯，故稱"弱冠"。《禮記·曲禮上》："二十曰弱，冠。"孔穎達疏："二十成人，初加冠，體猶未壯，故曰弱也。"

叁　金華雙林廨院（寶雲寺）

清代，金華縣城北有寶雲寺，原名“雙林廨院”。寺內有傅大士遺蹟。《（光緒）金華縣志》卷五《建置·寺觀》“寶雲寺”條：

> 寶雲寺　在城北三百十步，舊號雙林廨院。梁傅大士遺蹟存焉。《萬曆府志》。《道光志》載，宛雲寺在北三隅塔後，即今王衙。廢。按，各舊志不載宛雲寺，疑宛、寶字相近而訛。存此俟攷。①

▲《（光緒）金華縣志》書影

“廨”，本謂官舍。東漢王充《論衡·感虚》：“星之在天也，爲日月

① （清）鄧鍾玉等纂修：《（光緒）金華縣志》，光緒二十年（1894）修，1934年鉛字重修本，第二葉右半葉，臺北：成文出版社有限公司影印，“中國方志叢書”華中地方第七六號，1970年7月臺一版。

舍，猶地有郵亭，爲長吏廨也。”《舊唐書》卷十二《德宗纪上》：“每日二人更直待制，以備顧問，仍以延英南藥院故地爲廨。”古有“廨宇”“廨舍”“廨署”等語辭。禪林中設有主管會計、接待等事務的職位，稱“廨院主”；廨院主辦公之地，即為“廨院”。重雕補註《禪苑清規》卷四“磨頭、園頭、莊主、廨院主”：

> 廨院主之職，主院門收糴、買賣、僧行、宿食、探報、郡縣官員，交替應報公家文字，或收蔟院門供施財利，或迎待遠方施主。①

《景德傳燈録》卷十九《太原孚上座》：“師聞，乃趨裝而邁。初上雪峯，廨院憩錫，因分甘子與僧。長慶稜和尚問：‘什麼處將來？’師曰：‘嶺外將來。’曰：‘遠涉不易擔負得來。’師曰：‘甘子！甘子！’”

寶雲寺既存有傅翕遺蹟，表明大士曾到過該處；舊號又為“雙林廨院”，則與雙林寺有一定聯係：宜乎其為雙林寺下院也。

惜今僅於文獻中留存一鱗半爪，原寺早已湮滅無蹤矣。

肆　福州四聖院

一　南宋狀況

南宋梁克家（1128—1187）《淳熙三山志》卷三十三《寺觀類一・僧寺》載：

> 烏石山三十三奇 ……
>
> 四聖院　梁武帝，誌公和尚，婁約法師，傅大士。②

“三山”者，福州別稱。“淳熙”，南宋孝宗趙昚年號，1174—1189年。此則文獻表明，在12世紀初的南宋，福州烏石山有被稱為該山33奇之一“四聖院”，內奉梁武帝、寶誌、婁約和傅大士。

---

① 《大日本續藏經》第壹輯第貳編正編第拾陸套，第四百四十九葉右半葉。

② 文淵閣《四庫全書》本。

按，烏石山，即“三山”之一，與其他兩山于山、屏山成鼎足狀。傳說漢代何氏九仙嘗登臨，引弓射烏，故又名“射烏山”，簡稱“烏山”。位於福州市中心。風景之秀麗，向列三山之首。

▲福州烏石山圖①

《四庫總目提要》評價梁氏此著曰：

① （清）郭柏蒼、劉永松纂輯，福州市地方志編纂委員會整理：《烏石山志》，海風出版社2001年版。

淳熙三山志四十二卷　兩淮馬裕家藏本

宋梁克家撰。克家，字叔子。泉州晉江人。紹興三十年廷試第一，授平江簽判。召爲秘書省正字。乾道中，累官右丞相，封儀國公。卒謚文靖。事迹具《宋史》本傳。

史稱其爲文深厚明白，自成一家，制命尤温雅，多行於世。今所作已罕流傳，惟此書尚有寫本。凡分九門：一曰地理，二曰公廨，三曰版籍，四曰財賦，五曰兵防，六曰秩官，七曰人物，八曰寺觀，九曰土俗。朱彝尊《曝書亭集》有是書跋，譏其附山川於寺觀，未免失倫。今觀其《人物》惟收科第，《土俗》時出謡讖，亦皆於義未安。然其志主於紀録掌故，而不在誇耀鄉賢，侈陳名勝，固亦核實之道，自成志乘之一體，未可以常例繩也。其所紀十國之事，多有史籍所遺者，亦足資攷證。視後來何喬遠《閩書》之類門目猥雜、徒溷耳目者，其相去遠矣。

既然“主於紀録掌故”、乃“核實之道”，則克家《淳熙三山志》的內容足可信從矣。

唯四聖院創立因緣等具體信息，因再無文物文獻可徵，今日已然不復知曉也。

雖然，四聖院所奉婁約、誌公皆為僧侶，傅翕乃東亞第一個被公認的彌勒化身，梁武帝蕭衍亦是虔誠的佛教徒和宗教實行家，被佛教界稱為“菩薩皇帝”，故其應該屬於佛教道場也。

二　明清演變

為《四庫》館臣所譏諷的何喬遠（1558—1631）《閩書》，乃福建現存最早的省志。《閩書》卷二《方域志・福州府・山》“烏石山”條：

烏石山

在城西南隅，與閩縣九仙山東西對峙。……《宋志》、僧《神解記》有三十三奇，後益為五十五。曰：石龜山……；曰射烏山……；曰鷗浴池……；曰四聖院，院奉梁武帝、誌公和尚、婁約法師、傅

大士；……①

後來新增的烏石山五十五奇中，四聖院為第四。可見，四聖院的地位和影響在明代實有提升也。

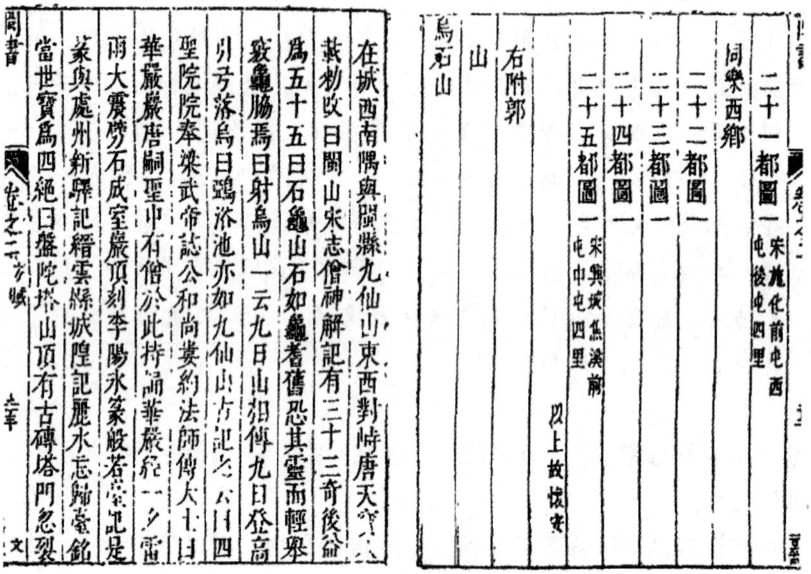

▲《閩書》書影

清人郭柏蒼、劉永松撰《烏石山志》卷三《寺觀》“四聖院”條，內容大體抄襲自《閩書》：

> 四圣院
>
> 見《神解記》。奉梁武帝、誌公和尚、婁約法師、傅大士。今遺其處。②

郭柏蒼（1815—1890），侯官縣（今福州市區）人。《烏石山志》有柏蒼“道光二十二年歲次壬寅七月朔日”之自敘，則最遲到道光壬寅年

① （明）何喬遠：《閩書》，崇禎四年（1631）刻本。

② （清）郭柏蒼、劉永松纂輯，福州市地方志編纂委員會整理：《烏石山志》卷三《寺觀》，海風出版社2001年版，第84頁。

（1842）時，四聖院已然不存矣。

伍　嵩頭陀所創寺院

一　概説

萊山寺、香山寺等寺院，本乃嵩頭陀所創，似與雙林寺無甚牽扯。但因頭陀與傅翕有著啟開混蒙或佛法授受關係，這些寺院形成之後，必與雙林寺甚至當年傅翕有一定往來，故仍當納入雙林寺文化圈也。

據《善慧大士附録》卷四《嵩頭陀法師》，嵩頭陀至義烏以後，初建香山寺。後棄之南行，望見南山有"紫雲蓋上"，遂置南山寺。再過余山，至稽亭塘遇傅大士。復行至萊山，在山頂立萊山寺。再西行至金華縣界南山下，以杖剌地，稱此可穿井，後於此置龍盤寺。又西行至龍丘界，在南山建蘭若，後號為龍丘巖寺。寺成後，更西行，入萬善山口，因陳氏、趙氏、蘇氏三檀越之力，置立離六塵寺。又西行至孟度山，置三藏寺。"始法師發迹置香山寺，及此凡七所，得山川之形勝。黑白供養，逮今猶然。"南宋本覺《釋氏通鑑》卷五曾對嵩頭陀的創寺之功予以總結：

> 嵩頭陀法師，續至金華置龍盤寺。又龍丘界，立龍丘寺。又入萬善山，置離六塵寺。又西至孟度山，置三藏寺。始師發迹置香山寺，及此凡七所，得山川形勝。黑白供養，久而猶盛。本傳。[①]

嵩頭陀所建這七所寺院，並"得山川之形勝，黑白供養"，至少在唐樓穎編次《善慧大士録》的約乾元元年（758）至8世紀末，甚至延遲到紹興十三年樓炤刊正《善慧大士録》時，應該都還存在，因《嵩頭陀法師》云"逮今猶然"也。

這些佛寺之中，嵩頭陀最中意的應該是龍丘巖寺，他最終是就返回該寺而入滅的。

可惜的是，緣於種種原因，上述七寺幾乎都曾遭受嚴重破壞，有的就此湮滅無考，有的則已然重修或正在重建之中。除下面將詳細論列的義烏

---

① 《大日本續藏經》第壹輯第貳編乙編第肆冊，第四百二十七葉左半葉。

香山寺、萊山寺、金華龍盤寺外，略述其他道場如下：

1. 義烏南山寺

《善慧大士語録》附録卷四《嵩頭陀法師》載，嵩頭陀因種種緣故，不愿再駐他始創的香山寺：

> ……法師以其年三月十四日，始在近村赴齋會，便不肯還山。衆人苦請，法師誓不北顧，乃言曰："貧道緣會而來，緣盡而去。"於是士女悲戀涕泣，相繼道路。
>
> 是日，法師卒爾南行，望見南山有紫雲盇上，乃喜曰："此處可以置寺矣。"
>
> 行至余山，江水泛溢，船人不肯渡。法師乃布繖水上，手把鐵魚磬，截流而渡。

"此處可以置寺"之處，後來修建了南山寺。

南山寺究竟在何地？《（雍正）浙江通志》卷十七《山川九・金華府・義烏縣》：

> 南山　《名勝志》：在縣東十五里。蟠折縈紆，廣袤數里。上有平土，可耕，人多居之。鮎溪之水出焉。

（清）和珅（1750—1799）等撰《大清一統志》卷二百三十一《金華府・山川》

> 南山　在義烏縣東十五里。蟠折縈紆，廣袤數里。上有平土，可耕，人多居之。鮎溪水出焉，西流至縣東南二里，入大溪。

或即是之吧。

近已恢復。現寺在義烏市稠城街道辦事處下駱宅片區青口南山水庫附近。

2. 金華龍丘巖寺

《善慧大士附録》卷四《嵩頭陀法師》載，嵩頭陀到金華縣界，首創龍盤寺。此後：

> 法師又於西行，至龍丘界，望見南山巖勢孤秀，又曰："此亦可以置寺矣。"因居止其中，建立蘭若。後號此爲龍丘巖寺。

《釋氏通鑑》卷五稱之為龍丘寺，謂事在梁敬帝蕭方智紹泰元年(555)："又龍丘界立龍丘寺。"①

嵩頭陀在"龍丘界"內"南山"所建、後稱"龍丘巖寺"之蘭若，究在何處？

實際上，龍丘一帶，人文底蘊極為豐厚。春秋時期，此處即為姑蔑國之國都所在地。秦王政二十五年（前222）滅楚，始置太末縣，隸會稽郡，縣治亦在"南山"之下②。到了西漢末年，太末縣隱士龍丘萇（前76—24)，除短期出仕之外，其餘大部分時間隱於"南山"之間，人因以稱是山為龍丘山。范曄《後漢書》卷一百六《循吏列傳第六十六·任延傳》：

> 吴有龍丘萇者，隱居太末，志不降辱。王莽時，四輔三公連辟不到，掾吏白請召之，延曰："龍丘先生躬德履義，有原憲伯夷之節，都尉埽灑其門，猶懼辱焉，召之不可。"

韩愈《衢州徐偃王庙碑》云："衢州，故會稽太末也，民多姓徐，支縣龍丘，有偃王遺廟。"

▲陳朝義烏、太末一帶地圖（局部)③

① 《大日本續藏經》第壹輯第貳編乙編第肆套，第四百二十七葉左半葉。

② 《（乾隆）湯溪縣志》："其城街址，歷歷猶存。"

③ 譚其驤主編：《中國歷史地圖集》，第四冊，第44—45頁。

唐武德七年（624），併定陽、須江、白石、太末四縣入信安縣。貞觀八年（634），析信安、金華二縣，置龍丘縣。龍丘縣隸於衢州，衢州又屬江南東道。龍丘縣之東，與義烏所屬之婺州相連。五代吳越寶正六年（931），吳越王錢鏐認為，“丘”義近於“墓”，不吉，因龍丘一帶山勢如龍遊，遂改為龍遊，並將縣治西遷百里至現龍游縣城一帶。

北宋宣和三年（1121），更名“盈川縣”。南宋紹興元年（1131），復龍游名。元朝時，隸江浙行省衢州路。朱元璋攻佔衢州後，改衢州路為龍遊府，仍有龍遊縣。元至正二十六年（1366），改龍游府為衢州府，縣如舊①。

成化七年（1471），析衢州府龍游縣、金華府之金華和蘭溪二縣、處州府遂昌縣之部分區域，設湯溪縣。這樣，龍丘一帶的地區遂分屬龍游、湯溪二縣，但主峰在湯溪。1958 年，湯溪撤縣，大部分併入金華縣，少部分歸蘭溪縣。2001 年後為金華市婺城区湯溪鎮。1959 年，龍游縣亦被撤，併入衢縣。1962 年復制，1973 年撤縣。1983 年又恢復龍游縣。

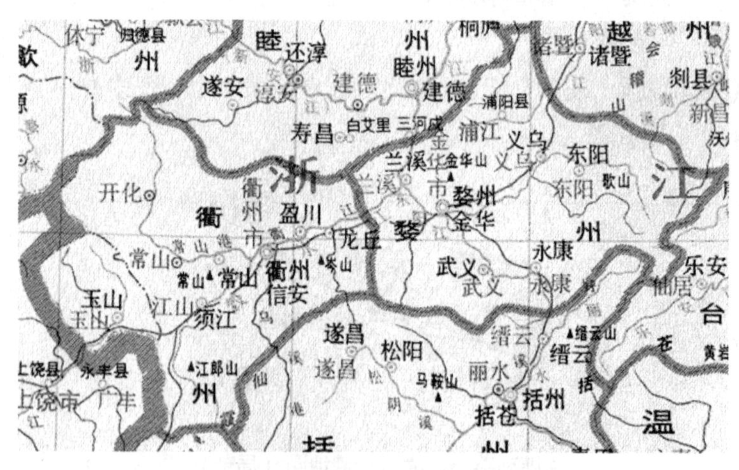

▲唐代的衢州和婺州②

① 參考：（1）明李賢等撰《明一統志》卷四十三《衢州府》。（2）《（雍正）浙江通志》卷十八《龍游縣》。

② 譚其驤主編：《中國歷史地圖集》，第五冊，第 56 頁。

總之，“龍丘界”之“南山”，就是龍丘山，也就是位於今金華市婺城区湯溪鎮之西、衢州市龍游縣東的九峰山。古代又稱“九巖山”“九峰巖山”“婦人巖”“芙蓉山”等。為仙霞嶺山脈括蒼山脈餘支，屬丹霞地貌，山水相偎，峰石林立，向為風景名勝。明陳耀文《天中記》卷四十《隱逸 · 都尉掃門龍丘萇》：

東陽有高山，班固謂之九岩山。後漢龍丘萇隱處也。山多龍鬚檉柏，望之五彩，亦曰婦人岩。《海録》。

山有九石，特秀林表，色丹白，遠望之，狀肖芙蓉，故一名九峯巖山。漢龍丘萇隱居於此，與嚴子陵友善，終年百歲。山際有三疊巖，外則如牕，牖中有石床。《東陽記》。

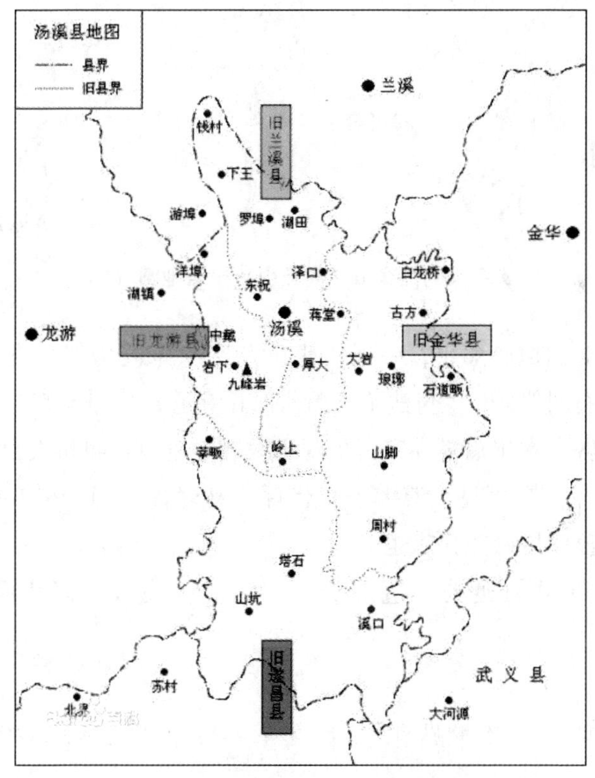

▲今天的九峯山（龍丘山）一帶地圖（a）

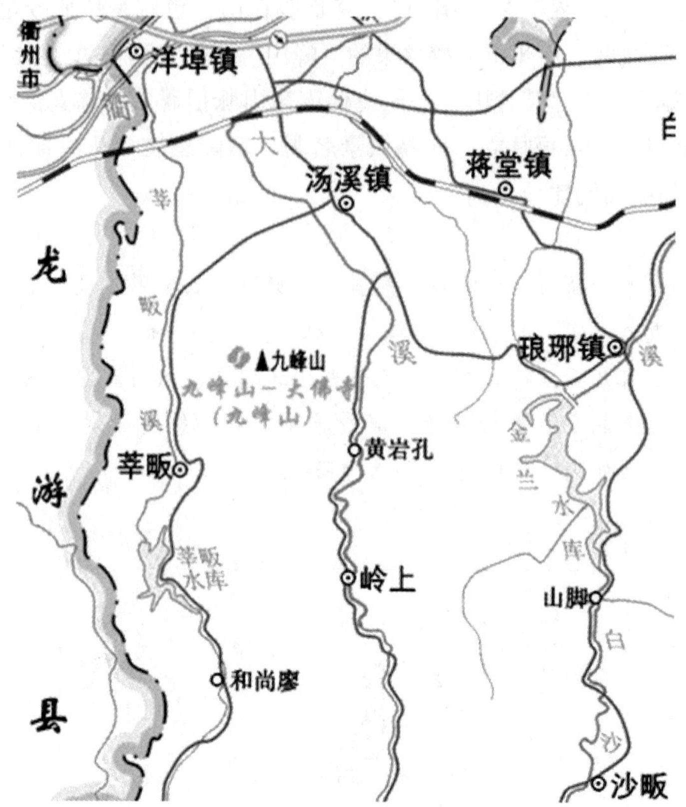

▲今天的九峯山（龍丘山）一帶地圖（b）

龍丘山上的這座廟宇，一稱“龍丘寺”。《宋高僧傳》卷二十六《唐東陽清泰寺玄朗傳》①：“付法弟子衢州龍丘寺道賓，淨安寺慧從，越州法華寺法源神邕，常州福業寺守真，蘇州報恩寺道遵，明州大寶寺道原，婺州開元寺清辯。”② 可見，傅大士六代孫、烏傷釋玄朗（673—754）的大弟子道賓，曾住持過龍丘寺也。

《（雍正）浙江通志》卷二百三十三《寺觀八・衢州府》“龍邱寺”條：

龍邱寺　《衢州府志》：在縣東四十里。嵩頭陀剏建。江總

① 又見雲間沙門士衡敬編：《天台九祖傳》之“八祖左溪尊者”。

② 《大正新脩大藏經》，第50冊，第876頁a欄。

有詩。

寫作“龍邱寺”者，蓋因雍正三年（1725）為避孔丘諱而為也。

又稱“龍丘巖精舍”。北宋李昉等編《文苑英華》卷二百三十三《寺院一》，載“前人”所作《入龍丘巖精舍》：

法堂猶集鴈，僊竹幾成龍。聊承丹桂馥，遠視[①]白雲峯。
風窻穿石竇，月牖拂霜松。暗谷留征鳥，空林徹夜鍾。
陰峯未辨色，疊樹豈知重。溘此哀時命，吁嗟世不容。
無由訪詹尹，何去復何從。

明馮惟訥撰《古詩紀》卷一百十五《陳第八·江總二》，明曹學佺編《石倉歷代詩選》卷十《陳詩》，明陸時雍編《古詩鏡》卷二十七《陳第三·江總》，明張溥輯《漢魏六朝百三家集》卷一百五《陳江總集·詩》，歸之於南朝陳大臣和文學家江總（519—594），不知何據。然無論如何，是詩至少在唐代即已流行矣。

創立龍丘巖寺之後，嵩頭陀復四處雲遊。到其暮年，復歸是寺，並終於此：

三藏事畢，法師却還龍丘巖寺。及入滅，大士心自知之，乃謂諸弟子曰：“嵩公已還都率天宫中待我，我同度衆生之人，去已盡矣。”[②]

揆之事理，嵩頭陀寂滅時，傅翕定當前往祭送吧。

據傳說，嵩頭陀棄世後，鄉人按當地懸棺葬風俗，將其遺骸置於寺前主峰上的巖縫中，並易峰名為“達摩峰”。峰頂有瀑布，人頌曰：“一泉飛自半山間，如瀉珠璣見雨天。不比轟雷強作勢，晴春灑漫裊蒼煙。”

唐時，龍丘本地人徐安貞嘗讀書於山下。《舊唐書》卷一百九十中《列傳第一百四十·文苑中》：“徐安貞者，信安龍丘人。尤善五言詩。”

① 視，一作“睨”。

② 《善慧大士附録》卷四《嵩頭陀法師》。

《大清一統志》卷二百三十三《衢州府·古蹟》“徐安貞宅”條：“在龍游縣龍邱山下。為安貞讀書處。後改為九峯書院。”北宋趙抃（1008—1084）有《九峯巖》詩：“龍丘石室人難繼，安正書堂世莫登。但見烟蘿最高處，九峯排列一層層。”[①] 元焦鼒亦撰詩曰：“萬山堆裏九峯青，中有三賢著隱名。龍現石形千古異，虎跑泉眼四時清。”

五代時，释貫休（823—912）有《離亂後寄九峯和尚》詩二首：

亂後知深隱，菴應近石樓。異香因雪歇，仙果落池浮。
詩老全抛格，心空未到頭。還應嫌笑我，世路獨悠悠。

蕭灑復蕭灑，松根獨據梧。瀑冰吟次折，遠燒坐來無。
老獮寒披衲，孤雲静入厨。不知知我否，已到不區區。[②]

或謂“九峰和尚”即來自龍丘巖寺也。

湯溪人胡森，官至鴻臚寺正卿。其文數及龍丘一帶的民俗。《（雍正）浙江通志》卷一百《風俗·金華府·湯溪縣》：“胡森《縣學記》：‘其俗樸而固，其民勞以思，襏襫秉耒而無外慕。’胡森《陳侯弭盜却金記》：‘湯樸俗也，勤而嗇，樹本而滋，野處而不暱。其室家保聚椎結之風，蔑如也。’”同書卷二百三十九《陵墓·金華府·湯溪縣》：“明鴻臚寺卿胡森墓《湯溪縣志》：在九峯之南麓。森字秀夫，正德辛巳進士。”森有文集，亦以九峯為名。明代晉江黄虞稷（1626—1692）撰《千頃堂書目》卷二十二：“胡森九峯文集。字秀夫，湯溪人。”今九峯山尚有胡公殿以紀之。

古之龍丘巖寺或龍丘寺，演變至明清，或稱九峯寺。今重建後，乃為九峯禪寺。

3. 金華離六塵寺

建立龍丘巖寺後，嵩頭陀復西行：

① （北宋）趙抃：《清獻集》卷五。按，寺名九峰者頗多，易混淆。《（雍正）浙江通志》卷十九《山川十一·嚴州府·建德縣城外山川》“九峰山”條，即誤將趙抃是詩歸於嚴州府建德縣的九峰山。

② （五代）釋貫休：《禪月集》卷十《五言律詩三十一首》。

寺成後，法師更西行。入萬善山口，見山盤勢紆，又欲置立精舍。忽遇三檀越，乃指示以其所。三人遂共發願，言當給施粮食，以奬成此功德。法師問曰："檀那家居遠近？"答曰："不近不遠，是此間地主耳。"乃各自稱姓，一曰陳氏，一曰趙氏，一曰蘇氏，竝不言其名字。及精舍向成，號曰離六塵寺。三人遂相與辭別而去，莫知所終。①

《釋氏通鑑》卷五認為，寺建於梁敬帝蕭方智紹泰元年（555）："又入萬善山，置離六塵寺。"②

遺憾的是，遍檢文獻，再也不見有關離六塵寺的記載矣。

4. 金華三藏寺

離六塵寺建成後，嵩頭陀復西邁：

法師又西行，至孟度山。此山先有白鹿，及常聞鐘磬之響。更於此地置立精舍，號三藏寺。③

《釋氏通鑑》卷五："又西至孟度山，置三藏寺。"謂時乃梁敬帝蕭方智紹泰元年（555）④。

《（雍正）浙江通志》卷二百三十三《寺觀八・衢州府》：

三藏寺　《衢州府志》：城東四十里。舊名浄刹。梁僧崇禪師建。

寺既在衢州府城之東，則當為嵩頭陀初創吧。

明皇甫汸《皇甫司勳集》卷十九有《昔訪雲谷於天界，玆復會於三藏寺》詩：

① 《善慧大士附録》卷四《嵩頭陀法師》。

② 《大日本續藏經》第壹輯第貳編乙編第肆套，第四百二十七葉左半葉。

③ 《善慧大士附録》卷四《嵩頭陀法師》。

④ 《大日本續藏經》第壹輯第貳編乙編第肆套，第四百二十七葉左半葉。

▲清朝時的衢州府和金華府地圖（局部）

（譚其驤主編《中國歷史地圖集》第八冊，第31—32頁）

何顒貪佛日，惠遠說經年。是果西林徒，非離初地禪。
一燈銷永夜，萬籟淨諸天。自惜迷途晚，猶思出世緣。

汸又嘗撰《三衢道中》詩："山居無別業，民俗半為農。樹杪開山閣，溪灣置水舂。採薪朝候艇，乞火夜聞鐘。歲晏收盧橘，猶堪比户封。"則其所吟三藏寺，當即孟度山嵩頭陀所置吧。

二　義烏香山寺

1. 立寺經過

《（崇禎）義烏縣志》卷三《方輿考·山川》"香山"條：

香山　在縣西二十五里。其地多楓香木，因名。上有香爐峯，前有龍井。①

是種"香山"本以山有楓香木而得名之說，實源自《善慧大士附録》卷四《嵩頭陀法師》：

法師名達摩，不知何國人。所居在雙林北四十里岩谷叢林之間。其地多楓香樹，因號爲香山。

① （明）熊人霖重修：《（崇禎）義烏縣志》，第一冊，第三葉右半葉。

楓香木，或稱楓香樹，簡稱楓香、楓木，通稱楓樹。高大的落葉喬木。因樹脂有香味，故稱。晉嵇含《南方草木狀·楓香》："楓香樹似白楊，葉圓而歧分，有脂而香。"《爾雅·釋木》"楓欇欇"，晉郭璞注："楓樹似白楊，葉圓而歧，有脂而香，今之楓香是。"

義烏香山，乃嵩頭陀在中土的最早落腳之地："法師居此已久，無人知者。"[①] 過了若干年後，偶為採薪人遇見，遂借機遊說曰："此處堪造寺，恨力寡不能自致耳。"應此樵者請，受未種五辛之俗人家供養；此後，施舍者漸多。法師帶人至自己所居處，以四根樹干釘在地上作為標志，說："此可置寺矣。"

因暫遊松峭山南，遇見了梁常侍樓偃，相約第二年八月，到自己所居的松林下相見。至期，偃芟薙刈除荆棘，辟開一條近二十里之路，方始到達。二人觀看地勢，認為過去釘立樹干處乃"龍腋"，遂在此建立精舍，稱為香山寺[②]。

《釋氏通鑑》卷五謂此事發生在梁武帝蕭衍天監十七年（518）：

> 嵩頭陀法師居婺州雙林北四十里巖谷間，樓偃常侍為創香山寺。及建靈刹，道俗萬衆共引麻絙舉刹，絙忽中斷，引者皆顛躓。師乃曰："有何魔事使之然乎？"因以鉢盛淨水，內外攪之，呪而作禮，捧鉢遶刹一周。刹乃不假人功，屹然自立。……本傳。[③]

明初宋濂（1310—1381）《金華安化院記》襲之："稽諸傳記，法師名達摩，西域人。梁天監十七年，自金陵携鐵魚磬，耒烏傷之香山。尋於龍腋置寺。"

香山寺應該是義烏的第一座佛教寺院吧。

香山寺的創建情況，徐陵碑文和《雙林善慧大士小録及心王論》皆亦未及，而較早的文獻記載只有《善慧大士附録》。

顯然，香山寺乃在樓偃的鼎力協助之下，方始出現也。

---

① 《善慧大士附録》卷四《嵩頭陀法師》。

② 同上。

③ 《大日本續藏經》第壹輯第貳編乙編第肆套，第四百二十葉。

2. 迭現神異

香山寺建成之後，迭現神異。嵩頭陀嘗在寺傍造一米倉，雖小卻受布施不斷，足以供寺僧及施舍之用。後人或加以裝飾，竟失效用：

> 又於其傍造一小倉，止容一斛許米，狀甚朴陋。法師令衆米一斛以實之，日取此米供僧及施貧乏。將盡，人即送來，未嘗空匱，時人號爲“常滿倉”。後人或嫌此倉太小，更廣大之，加以彫飾。則一空之後，竟歲無施米者。其倉至今猶在。①

“常滿倉”之所以常滿，根本原因在於並不乏布施者。相較而言，義烏東華溪祝公巖（竺陽洞）內之石臼，舂出之米雖可供僧客百人，但其失去神力僅因遊方和尚鑿大，神話性更濃②。

因周圍村落民衆多捨施稻田，有數十名山賊前來搶劫，結果全部手足無法動彈，倒在地上，沒有意識，過了很多時方才蘇醒。鄉中士庶借機捆綁送到郡中，山賊母親向法師求情，結果到四月八日全部被赦免。

寺中建靈刹時，用以牽引舉刹的麻絣忽然從中間斷裂。法師以身上銀瓶中之水倒在盋裡，內外攪之；呪而作禮之後，捧盋繞刹一周，靈刹居然不需人力，自然屹立。

沙門慧凱暫辭還家時，其母親偷偷為之烹鷄，凱意無人知而私食之。及明還山時，法師居然以冥知之，遂加訶責。

有人在市場上偷葷供養，午餐時，法師盡受諸物，唯不受葷。主人局促蹴蹐，惶恐不已。

普通元年（520）五月三日，時任烏傷縣令蕭子睦欲往寺中頂禮法師，先在村落中醉飽，然後入寺。法師閉門不出，托人傳言讓之速返。縣令當時勃然作色，心欲焚寺而未發，再欲稍近寺院而不得進，不得已而返回。第二天，近寺檀越前來詢問：“昨明府拜謁，何以不前？法師何以不出？”法師回答：“遊戲相過，貧道是以不出。立心放火焚寺，明府是以不前。向後此境當三十年大（旱）［旱］。”樓偃將這番話告訴了蕭子睦，

① 《善慧大士附録》卷四《嵩頭陀法師》。

② 陳炎主編：《義烏宗教》“祝公巖”，第15頁。

子睦馬上起到香山寺，禮請懺悔①。

上述極具神奇色彩的故事，反映出了一個現實：佛教最初在義烏傳播開來，主要是憑借神秘法力或人們難以理解的言行。湯用彤曾言："南方自永嘉衣冠南渡以來，繼承三國以來之學風。迨至宋初，士大夫仍尊玄談。……察羅什慧遠之後，南北佛學，亦漸分途。南統偏尚義理，不脱三玄之軌範。而士大夫與僧徒之結合，多襲支（道林）許（詢）之遺風。""及至晉末宋初，拓跋氏自代北入主中原。秦涼佛教，頗受兵殘。自後政治上形成南北之對立，而佛教亦且南北各異其趣。於是南方偏尚玄學義理，上承魏晉以來之系統。北方重在宗教行為，下接隋唐以後之宗派。"②其實，南朝佛教還是要具體而論的，僅就嵩頭陀而言，"宗教行為"顯然遠勝於"玄學義理"，而傅翕則是二者兼備也。

3. 與樓氏家族之因緣

香山寺創立時，得到樓偃之助，而偃之祠堂亦在附近。《（萬曆）義烏縣志》卷五《經制考》：

> 樓侍郎偃祠　在夏堰。③

樓偃夫人葬於香山之夫人峰，旁有香爐峰，香爐峰前有龍井。《（康熙）義烏縣志》卷二《巖壑志・山水・山》"香山"條曰：

> 香山　縣西二十五里。其地多楓香木，故名。上有香爐峯，前有龍井，遇旱禱之輒應。又有夫人峯，以梁侍郎樓偃妻葬此，故名。有寺，見《寺觀》。寺有禮拜石。○舊志別載夫人峯、禮拜石。省從此。④

香山香爐峰乃地方名勝，文人雅士多慕名遊覽。《（嘉慶）義烏縣志》

① 《善慧大士附録》卷四《嵩頭陀法師》。

② 湯用彤：《漢魏兩晉南北朝佛教史》第二分"魏晉南北朝佛教"第十三章"佛教之南統"、第十四章"佛教之北統"，商務印書館1938年版。

③ 第二冊，第廿八葉左半葉。

④ （清）王廷曾手編：《（康熙）義烏縣志》，第一冊，第三葉右半葉。

卷二《山》專辟“香爐峯”條：

> 香爐峯　香山上。　喻良能詩：“燕雀桑麻五畝匀，香爐峯下磬湖濱。青衫不碍兩居士，白髪眞成六老人。子美浣花元不惡，淵明栗里總宜貧。作詩飲酒眞吾事，回首江湖懶問津。”①

徐僑亦有《約喻叔厚會於香山》詩：

> 鄉居惟我與君閑，相見俱緣一出慳。
> 此去君家無十里，杖藜明日會香山。②

此喻叔厚，不知何人。

除香爐峰、禮拜石、夫人峰、龍井之外，寺中還有“錫杖泉”。《（嘉慶）義烏縣志》卷十八《寺觀》：

> 香山教寺　縣西二十五里。梁天監中，西域嵩頭陀僧建。有禮拜石、錫杖泉。③

北宋趙抃（1008—1084）撰有《錫杖泉》詩以頌之：

> 叢林枯槁井難穿，珍重禪師道力堅。
> 一旦出庵攜一錫，卓山隨手湧甘泉。④

香山寺應該在香爐峰下，峰前有龍井，寺中有錫杖泉、禮拜石等。

應該從宋朝開始吧，香山寺又稱“香山教寺”。《（崇禎）義烏縣志》卷十八《雜述考・寺觀》“香山教寺”條：

---

① （清）諸自穀、程瑜、李錫齡等：《（嘉慶）義烏縣志》，第二冊，第九葉右半葉。

② （清）王廷曾手編：《（康熙）義烏縣志》卷二十《藝文志・編類》，第八冊，第四十七葉左半葉至第四十八葉右半葉。

③ （清）諸自穀、程瑜、李錫齡等：《（嘉慶）義烏縣志》，第八冊，第二十葉右半葉。

④ （北宋）趙抃：《清獻集》卷五。

> 香山教寺 去縣西二十五里。梁天監中，西域嵩頭陀僧建。①

《（康熙）義烏縣志》卷十七《方外志·二氏·寺觀》亦有“香山教寺”條：

> 香山教寺　縣西二十五里。梁天監中，西域嵩頭陀僧建。②

《（嘉慶）義烏縣志》卷十八《寺觀》幾同：

> 香山教寺　縣西二十五里。梁天監中，西域嵩頭陀僧建。有禮拜石、錫杖泉。③

據說，民國十四年（1924）四月，周恩來總理赴東河村探望同學何占白時，亦曾遊覽過香山寺④。

需要提及者，樓氏與雙林寺祖師傅翕所在的傅氏家族之間，曾有過姻親關係。明王禕《故傅母樓夫人墓碣銘》：“里友傅權與其弟藻，衰絰踵門以告禕曰……夫人諱瑩，字貞秀，姓樓氏。世為烏傷人。卒於丁未歲十二月十七日，享年七十有五。葬以卒之明年正月朔日，墓在縣西崇德鄉宅山之原。子男二人，即權、藻也。權有馴行，晚好浮屠氏學。藻受業黃文獻公之門，以文學名。”⑤ 則樓氏嫁於傅氏，其次子傅藻乃黃溍之徒，長子傅權更信仰佛教也。有是因緣，樓氏家族當更護持佛教，特別是雙林一系吧。

4. 現當代的恩怨

如前所述，香山寺建於樓偃生前，寺在香爐峰下；寺址四周皆岩谷叢林，嵩頭陀在此居住若干年，皆無人知曉，則此地本無人煙，更無任何建筑。樓偃祠在夏堰，偃墓亦當位於斯；至於偃妻，雖葬於夫人峰，然時間

---

① （明）熊人霖重修：《（崇禎）義烏縣志》，第五冊，第十八葉左半葉。

② （清）王廷曾手編：《（康熙）義烏縣志》，第七冊，第十四葉右半葉。

③ （清）諸自穀、程瑜、李錫齡等：《（嘉慶）義烏縣志》，第八冊，第二十葉右半葉。

④ 何正回：《義烏香山寺5》，何正回的博客，http：//blog. sina. com. cn/u/1099446634，http：//blog. sina. com. cn/s/blog_ 4188396a01010rxr. html。

⑤ （明）王禕：《王忠文集》卷二十四《墓誌銘》，文淵閣《四庫全書》本。

顯然在香山寺落成之後，也就是說，先有香山寺，再有“夫人峰”之名。何況，夫人峰、香爐峰雖然鄰近，應該並非一峰、本無交涉，足可相安無事吧。

然香山寺所在地古來皆公認為“龍腋”，被視為風水寶地，人皆欲佔據。於是，後來源於佛教所說的“三毒”之“癡”，生長出“貪”，再爆發為“瞋”，遂出現了一系列足以令先賢側目的事件。

義烏樓氏宗譜有“漢太卿麒麟閣護軍都憲重玉公”等之传，今天的香山寺遺址之後，亦有樓氏家族墓地，時代最早的為樓吃墓。據說，吃（31—130）字重玉，東漢揚州刺史部會稽郡人；雖然烏傷縣時亦屬是郡，然吃非本地人。吃隨駕南巡期間，卒於江西，其子樓良驥、樓良騧運靈柩回故里時，途經香山，吃夫人亦病逝。二子葬父母於香山後，長子良驥回會稽，良騧則築庵守墓，並在此定居繁衍。樓偃，吃第十三代孫。其墓亦在於斯①。以上內容唯見於宗譜，其他文獻少載。

我們說，香山寺附近某山峰既名為“夫人峰”，則樓氏家族中當以樓偃夫人首葬於此，故而該峰藉偃夫人而著名。樓氏家族的男姓祖墓，有可能是在香山寺興盛之後，方始遷來；當然，亦有可能只是一些紀念性建筑而已，並非實墓。

而位於義烏西北部的香山寺一帶，古屬十四都，曾下轄六十四個村莊。村莊裡樓姓較少，更多的是何、喻等姓氏的居民。十四都民衆古來皆拜信香山寺，以之為總香火和精神皈依。香山寺南邊不遠處的喻宅，南宋年間喻良倚、喻良能兩兄弟同年中進士，良能又吏聲頗佳、著述豐富，為一代文學大家，世代皆以為這少不了香山寺之賜。於是，十四都民眾例皆竭力護持香山寺。“最兴盛时期，据说香山寺有僧徒百来人，僧房六十餘间。”②

戰亂等人禍，令香山寺多次被焚毀，而洪水等天災亦使樓氏祖先墓地被沖刷殆盡。無論再葺祖墳，還是重修佛寺，都想佔據龍腋，樓氏家族和寺方及其他信眾之間的矛盾極難調和，積怨很深。究竟是先有墓，還是先有寺；應該寺在墳前，還是墳不被寺遮：雙方意見參差齟齬。樓氏家族要

---

① 何正回：《義烏香山寺 2》，何正回的博客，http：//blog. sina. com. cn/s/blog _ 4188396a01010rwx. htm。

② 同上。

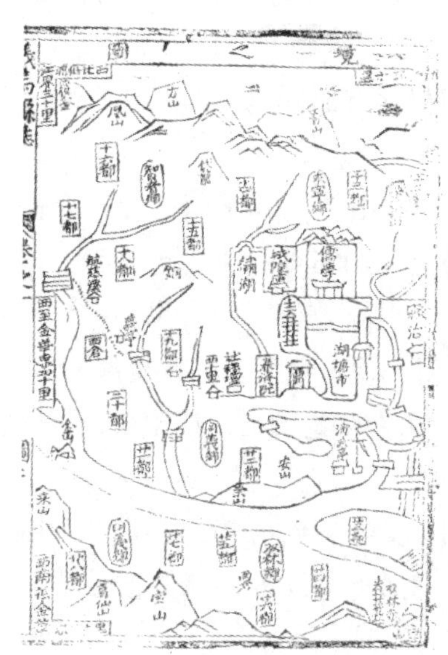

▲義烏縣境之圖

［《（萬曆）義烏縣志》，刻本］

在龍腋處新建祖墳，信眾全力反對；而信眾欲於是處修建香山寺，樓氏家族亦盡量阻撓。十四都與樓氏家族之間長期矛盾重重，雙方為此甚至多次鬧上官府，亦並無解。

據樓氏家族子孫回憶，古香山寺的寺基在樓吃墓之西，規模甚小。後來，十四都人在墓前建新建寺院，共三進，設鐘樓、鼓樓和戲臺之類；寺裡有達摩祖師佛像，山門外有“龍潭”。原來的古香山寺，則淪為廢墟①。祖墳居然位於寺後，樓氏家族自此數個朝代皆視十四都人為仇敵。到了民國十六年大年初一（1927 年 2 月 2 日），竟然發生了僧滅寺焚的慘案②。

香山寺被樓氏個別子孫焚毀之後，十四都人堅決要重建。抗日戰爭期間，在金東義西聯防處主任吳山民的調解之下，十四都和樓氏雙方的代表

① 于新滿、楊哲民、樓書録、樓洪美、樓廣文：《火燒香山寺》，《義烏文史資料》第一輯，1984 年 12 月，第 75—78 頁。

② 參考：（1）于新滿、楊哲民、樓書録、樓洪美、樓廣文：《火燒香山寺》，《義烏文史資料》第一輯，第 75—78 頁。（2）施春：《封建迷信思想害死一群人——香山寺慘案調查》，《義烏文史資料》第一輯，第 78—82 頁。（3）何正回：《義烏香山寺 5》，何正回的博客，http：//blog. sina. com. cn/s/blog_ 4188396a01010rxr. html。

皆同意重建。解放之前，寺已大致成型①。自幼出家的融法法師曾任住持。

“文化大革命”中，塑像被毁，但仍存有部分建筑。

5. 現狀及出路

2007年時，香山寺已然部分修復，有山門及其兩側房屋，念佛之聲縈繞山林之間②。有僧普慧，義烏大陳人，2006年前來籌備恢復，擬將新寺西移③。

可惜的是，到了2010年，不知何因，香山寺又一次被廢棄，“……見其破落景象，真是令人難以相信！前後大門被封閉，兩側附房被拆除，四周荒涼雜草叢生，屋裏無人殘亂不堪！”④

2013年，香山寺後的樓氏家族墓地修葺一新，“漢陽嘉御葬太師重玉樓公墓”“義烏樓氏世祖良騶樓公墓”“梁太清諭葬侍郎偃樓公墓”等建筑在陽光下熠熠生輝。

相較之下，家族墓地前面的香山寺，僅存數間瓦屋而已，且早已殘破不堪，甚至完全不能遮風擋雨。寺内無人居住，若干明清時期之風格古樸、雕刻精美的柱頭、横梁和窗飾等，任憑風雨侵襲腐朽。

盛時僧房數十間、僧人上百的香山寺，今天居然淪落到這個地步，讓人陡生苦澀、傷心之感。

公正而言，無論是香山寺，還是樓氏家族墓地，二者並具悠久的歷史，皆有存在的充足理由，更不應該互相損害。嵩頭陀在香山苦行，樓偃等人佽助之而成寺，本為善事，未曾料到後來民衆之間居然因為爭風水而成為讎家。

2011年年底，新香山寺在城西街道香山嶺腳下易址重建。——然而，脱離原來環境的新寺，豈能完全接承傳統？而没有古香山寺的樓氏墓地，

① 于新滿、楊哲民、樓書録、樓洪美、樓廣文：《火燒香山寺》，《義烏文史資料》第一輯，第75—78頁。

② 何正回：《義烏香山寺6》，何正回的博客，http://blog.sina.com.cn/s/blog_4188396a01010ry5.html。

③ 何正回：《義烏香山寺7》《義烏香山寺8》，何正回的博客，http://blog.sina.com.cn/s/blog_4188396a01010ry7.html, http://blog.sina.com.cn/s/blog_4188396a01010ryr.html。

④ 何正回：《義烏香山寺10》《義烏香山寺13》，何正回的博客，http://blog.sina.com.cn/s/blog_4188396a01010rzx.html, http://blog.sina.com.cn/s/blog_4188396a01010s95.html。

▲香山寺後的樓氏家族墓地

（張子開拍攝，2013 年 6 月 8 日）

▲2013 年的香山寺遺存

（張子開拍攝，2013 年 6 月 8 日）

也少了佛教香火的潤護。

合則皆善，鬥則兩傷。建寺自然不能破壞原有文化，而袪除佛教亦有悖於祖先之功德。亟盼樓氏家族和二十四都民衆，在修建新寺的同時，還

▲香山寺內聽任朽壞的建筑構件

（張子開拍攝，2013 年 6 月 8 日）

是保留下義烏佛教生根發芽的古香山寺一脈。比如：

現在殘存的古香山寺建筑，亟須妥善保護，不要再任其自然朽壞坍塌。當然，也不能再肆意擴大了。

在嵩頭陀當年立寺的香爐峰，重建香山寺，風格宜古樸，規模亦宜小巧，住僧數人足矣。

祈願這座義烏乃至整個金華地區最早的佛教道場，早日再揚禪風。

三　義烏萊山寺

徐陵碑文未及萊山寺，《雙林善慧大士小録及心王論》亦無。目前有關萊山寺的記載，僅見於《善慧大士附録》卷四《嵩頭陀法師》。是書謂，嵩頭陀離開他所創立的第一所寺院香山寺之後，復於南山置南山寺。再行經佘山，渡江南行；到稽亭塘下，啟發正在泝水求魚的傅翕醒悟其神妙之跡，并示以修道之所。此後：

> 行至萊山，當紫雲盇處，遂止。而立精舍於其山頂，號萊山寺。①

《（雍正）浙江通志》亦記創寺背景曰：

> 《義烏縣志》：在縣西南二十八都。《名勝志》：梁天監中，西域嵩頭陀自香山南行，至金山，江水大溢，舟師莫肯載。師布繖水上，持鐵魚磬截流而濟。至來山，立精舍曰“來山寺”。②

嵩頭陀有句口頭禪：“萊山王而不久，香山久而不王。”原因是當時信施者多，萊山寺不乏財物。惜乎數十年之後，因寺院周遭皆山林，“或時有鬼物，故居者甚不安，穩稍稍引去，遂至荒廢”。正應了頭陀的預言。

當地耆旧耄耋商議，將寺院移至原址北邊十里的平川中，乃得平安無事。

也就是說，至少在唐代，萊山寺已然從嵩頭陀時的萊山上，遷移附近的平地矣。

《釋氏通鑑》卷五亦載頭陀之言，並謂寺建於梁天監十七年（518）：

> 後又至萊山立寺。師常曰：“萊山王而不久，香山久而不王。”後果如所言。本傳。③

宋濂則稱，創於普通元年（520）：“普通元年，南行經余山，江水大溢，法師張蓋水中，亂流而濟。至稽亭塘，發善慧大士神蹟，創伽藍于來山。”④

當年，嵩頭陀還在萊山寺所在山峰的南面山上，種了許多菓樹，每天早晚親自照料。一天，在往來南山的路上遇見傅翕，非常高興，撫摩翕頭

---

① 《善慧大士附録》卷四《嵩頭陀法師》。

② 《（雍正）浙江通志》卷二百三十二《寺觀七・金華府・義烏縣》“來山寺”條。

③ 《大日本續藏經》第壹輯第貳編乙編第肆套，第四百二十葉左半葉。

④ 《宋學士文集》卷四十七《金華安化院記》，《四部叢刊初編》本。

頂曰："自念余當西邁，不值菩薩道興。"後各還所居寺院。

顯然，傅翕修道之後，與嵩頭陀之間仍然時有往來也。

回到萊山寺後數日，嵩頭陀留下鐵魚磬而離開。

> 而鐵魚磬者，以鐵爲之，狀似魚形。此寺晨昏至今擊之。[①]

按，萊山在義烏南面，古屬廿八都。萊山寺在清代尚存，《（康熙）義烏縣志》載：

> 來山寺 縣西南二十八都。僧應見建禪堂、大殿、山門。[②]

到乾隆間年，又有興建。《（嘉慶）義烏縣志》曰：

> 來山寺 縣西南二十八都。僧應見建禪堂、大殿、山門。乾隆間，僧文通重修大殿，又建東廂樓房十二間。[③]

需說明者，曾撰《雲黃庵銘并序》、與雙林寺有一定交涉的王褘，就是萊山人。

今天，嵩頭陀當年創建的萊山寺固然早無蹤跡，後人搬遷到平川的新萊山寺亦無跡可尋。在萊山上，正在興建一座新萊山寺，依其規劃來看，相當宏大、華麗，應該遠超當年古寺的規模和風格，願其或當能夠承襲嵩頭陀的作派吧。

萊山之下，為義烏著名的古村赤岸鎮萊山村。村中有清朝九公橋、朱家祠堂等古跡。

萊山村的上方，有普濟寺遺址。據說寺始建於隋唐，但現唯存碑一通，另有幾間新修的建筑而已，香火寥寥。不知普濟寺與萊山寺有何關聯也。

---

① 《善慧大士附録》卷四《嵩頭陀法師》。

② （清）王廷曾手編：《（康熙）義烏縣志》卷十七《方外志・二氏・寺觀》"來山寺"條，第七册，第二十一葉右半葉。

③ （清）諸自穀、程瑜、李錫齡等：《（嘉慶）義烏縣志》卷十八《寺觀》"來山寺"條，第八册，第二十八葉右半葉。

▲新建萊山寺規劃圖

（張子開拍攝，2013年6月8日）

▲赤岸鎮萊山村九公橋

（張子開拍攝，2013年6月8日）

▲赤岸鎮萊山村普濟寺碑

（張子開拍攝，2013年6月8日）

四　金華龍盤寺

離開萊山寺後，嵩頭陀進入金華縣南山，在山下創建了龍盤寺：

> 法師西至金華縣界南山下，曰：“此亦可以置寺。”又以杖刺地曰：“此可以穿井矣。”爾後竟以此地置龍盤寺。以杖刺處鑿井，井不甚深，雖亢陽不竭。①

南宋本覺《釋氏通鑑》卷五言此事於梁敬帝蕭方智紹泰元年（555）：

> 嵩頭陀法師續至金華，置龍盤寺。②

① 《善慧大士附録》卷四《嵩頭陀法師》。

② 《大日本續藏經》第壹輯第貳編乙編第肆套，第四百二十七葉左半葉。

然宋濂認為，普通元年（520）創建萊山寺後，賡即創龍盤寺："已而西入金華，建龍盤寺以及今院。"①《（光緒）金華縣志》卷五《建置·寺觀》"大慈寺"條沿用：

> 大慈寺　在縣東七十里。梁普通間，嵩頭陀行至長山南，曰："兹可置寺。"又以杖刺地，即其處穿井，深三尺，歲旱不竭。後置龍盤寺。宋咸平中，更今額。《萬歷府志》。　按，宋濂《安化院記》謂，與龍盤同時建。而以宋洪邁《東陽志》作赤烏二年嵩頭陀建為非。今從之。②

是《善慧大士附録》之"南山"，即金華縣長山之南山也。據方志又知，自北宋咸平中（998—1003）更名曰"大慈寺"以來，到清末仍襲稱"大慈"也。

清咸豐年間，寺毁於太平天國起義，僅餘偏殿一間。

抗日戰爭期間，龍盤寺曾作為浙東遊擊隊金蕭支隊第八大隊的根據地。

1981年，信衆募建了觀音閣。以後，其他建筑亦鱗次恢復，寺名也變回"龍盤寺"。又請來了原義烏香山寺住持融法法師，主持龍盤寺寺務。再後，由昌樂法師任住持。

現寺址：位於金華市東部的金東區孝順鎮中柔村，南靠南山，北臨婺江（義烏江/東陽江），西距金華市區32公里，東距義烏市區27公里。

除《善慧大士附録》卷四《嵩頭陀法師》所載的上述七座寺院之外，傳説嵩頭陀還創建了金華安化院、金華金東曹宅石佛寺（赤松巖寺）、金華婺城區洋埠的證果寺、義烏佛堂鎮泥磬寺（渡磬寺）等。是歟，非歟，唯有留待日後再加考證矣。

---

① 《宋學士文集》卷四十七《金華安化院記》，《四部叢刊初編》本。

② （清）鄧鍾玉等纂修：《（光緒）金華縣志》，第七葉右半葉。

卷六　聖物紀：一石一物總關佛

壹　概略

樓穎編次《善慧大士録》卷二羅列約八世紀中葉時尚存的與傅翕有關的文物古跡曰：

> 其大士遺跡，雖歲月淹久，至今在者：稽停塘下漉魚潭一所，佛殿及九層塼塔各一所，法猛上人織成彌勒像及小銅鍾子一口，大士所臥大牀一張，莞席一領，木帳一具，木枕一枚，牙塔子、牙菩薩二軀，白石像一軀，甆像二軀，甆硯一面，甆㨂筆架一具，甆水罌一口，扣天門槌一雙，武帝水火珠一顆，麈尾扇一柄，香奩一具，遮日扇兩柄，張僧繇畫菩薩兩鋪，西國獻獨榻牀一張。其餘屋宇園池等，皆大士在時所有，其事煩碎，不復具載。

滄海桑田，事易時遷，上述聖物漸次星散流離，所餘日益寥寥。延及20世紀初，稽停塘雖仍在，漉魚潭卻不知何處；雙林寺歷經劫難，早已非復舊觀；至於傅大士所臥牀等，以及屢次見諸文獻的雙檮樹、洗鉢泉、大士閣之類，更是難覓蹤影矣。

日軍侵佔義烏期間，為運輸盜採的螢石（詳本書《域外交流紀》），野蠻地將僅存的梁陳古跡"九層磚塔"炸毀，以修建公路。現在，只能憑民國時期拍攝的一張照片，略睹此磚塔的風姿。再後來，連雙林寺本身亦蕩然矣。

種種遭際，不能不令人扼腕切齒，悲憤嗟喳也。

▲白楊古塔

（義烏市志辦吳潮海主任提供，2014 年 12 月 12 日）

今天，松山上仍有大士井[①]，山間還藴藏著飯石，林中餧虎洞依然，雙林水庫邊又矗立著殘存的五代鐵塔，轉輪藏在異域延續且在中土間或存留和復建著。

現謹據史料，略為勾勒飯石和轉輪藏，期以一臠而品鑊味。至於其它，待日後補充稽考焉。

貳　轉輪藏

一　創建因緣

徐陵撰碑文並未涉及傅翕創設轉輪藏[②]，相反卻謂：

① 《（雍正）浙江通志》卷十七《山川九・金華府・義烏縣》。

② 有關轉輪藏的其他內容，參考張子開《傅大士研究（修訂增補本）》，第 318—340 頁。

大士小學之年不遊黌舍，大成之德自通墳典。安禪合掌，説偈論經。滴海未盡其（書）［辭］，懸河不窮其義。前後講《維摩》、《思益經》等。

唐元積《還珠留書記》亦稱："翕不知書，而言語辯論皆可奇。"①《善慧大士録》卷一亦説，"端靖淳和，無所愛著，少不學問"。顯然，傅大士早年沒有受過什麼教育。

雖然，徐陵又説：

大士亦還其里舍，貨貿妻兒，營締支提，繕寫尊法。甞以聚沙畫地皆成圓果，芥子菴羅無疑褊陋，乃起九層塼塔，形相巋然，六時虔拜，巡繞斯託。

又以大乘方等，靈藥寶珠，眷言山谷，希得傳寫，龍鄉思其曉照，象駕乏其流通，復造五時經典千有餘卷。與夫鬻子而葬，同其至誠；嫁妻而隱，無殊高節。若寄摶麨，如因賣花。共指菩提，方成親眷。……

《善慧大士録》卷一更是明白地稱：

復於樹所創塼塔九層，至今存焉。躬寫經律千有餘卷。白佛："誓願衆生離（爲）［苦］解脱。"

可見，傅翕修道後實際具備識字書寫能力也。這當是他後來自學的吧。當然，"千有餘卷"不一定完全由傅翕個人書就，可能亦倩借他人之力也。

傅翕為什麼創建轉輪藏？《善慧大士録》卷一曰：

大士在日，常以經目繁多，人或不能遍閲，乃就山中建大層龕，一柱八面，實以諸經，運行不礙，謂之輪藏。仍有願言："登吾藏門者，生生世世不失人身。從勸世人，有發菩提心者，志誠竭力，能推輪藏不計轉數，是人即與持誦諸經功德無異，隨其願心，皆獲饒

① 《善慧大士録》卷三附。

益。”今天下所建輪藏皆設大士像，實始於此。

顯然，其初始愿望是能借以遍閱浩瀚之佛典矣。

進而言之，既然虔誠盡力地推輪藏“不計轉數”，即“與持誦諸經功德無異”，那么，即便不識字、無力披閱佛典，推運輪藏也可與誦讀佛典所護佑相侔吧。

總之，雙林寺的經典先是放在塼塔之中，後擇取部分置於轉輪藏內。

二　構造形製

據《善慧大士録》，轉輪藏的基本結構是一個“大層龕”。所謂“龕”者，本指供奉神靈的石室或小閣子。隋江總《攝山栖霞寺碑》：“其第二子仲璋爲臨沂令，克荷先業，莊嚴龕像…… 大同 二年，龕頂放光。”宋蘇軾《自金山放船至焦山》詩：“自言久客忘鄉井，只有彌勒爲同龕。”此處之“龕”，當為木質建筑，形同樓閣。“一柱八面”者，“大層龕”的核心為一大柱，向外延伸為八面。也就是說，樓閣式的“大層龕”，有八個面，每面有若干匣子，裏面置放佛經；龕的中心為一柱子，倘從外面推之，可以旋轉。

“今天下所建輪藏皆設大士像，實始於此”，不止承認轉輪藏是傅翕創造的，而且唐宋時還在轉輪藏前雕塑傅大士像也。

可惜的是，除了上述寥寥數十字外，再也難覓有關雙林寺轉輪藏的信息矣。

轉輪藏前放置傅翕像，在今天日本的部分寺院尚可睹見。如日本京都府清涼寺和巖手縣祥雲寺的情形：

不過，此組塑像前尚有普建、普成，應該不是傅翕生前所為吧。

三　李唐進入國寺

南宋婺州金華人王象之（1163—1230）《輿地碑記目》卷一《婺州碑記》載：

轉輪經藏碑　唐咸通八年

清錢塘倪濤《六藝之一録》卷七十七《石刻文字五十三 · 唐碑 釋

▲轉輪藏前塑像 / 日本巖手縣祥雲寺

▲轉輪藏前塑像 / 日本京都府清涼寺

氏二》：

轉輪經藏碑

咸通八年。在義烏縣。《輿地碑目》。

▲日本本州島東北部之巖手縣

同書卷一百二《石刻文字七十八·宋王象之輿地碑目·婺州碑記》：

> 轉輪經藏碑　唐咸通八年
>
> ……
>
> 已上並在義烏縣

倪氏所録信息，全同於象之。倒是約生活於理宗時（1225—1264在位）的臨安人陳思撰《寶刻叢編》卷十三《兩浙東路·婺州》，透露出了撰者名氏：

> （病）（唐）[①]　轉輪經藏記
>
> 　刺史裴翻撰，咸通八年立。《諸道石刻録》。

裴翻，字雲章。生卒年代不詳。因為會昌三年（843）進士，故當生活於9世紀。宋計敏夫《唐詩紀事》卷五十五收其詩一首：“常將公道選

① 文淵閣《四庫全書》本作“病。”（第682冊，第397頁下欄）按，揆諸語境，當為“唐”。

羣生，猶被春闈屈重名。文柄久持殊歲紀，恩門三啓動寰瀛。雲霄幸接鴛鸞盛，變化欣同草木榮。乍得陽和如細柳，參差長近亞夫營。”《全唐詩》卷五百五十二題作“和主司王起”。或稱為“和主司酬周侍郎”。《唐轉輪經藏記》是裴氏有關佛教的唯一作品，惜早已佚失。

早於咸通八年（867），長慶二年（822），楊承和撰《邠國公功德銘》即已提到轉輪藏。明都穆《金薤琳琅》卷十九《邠國公功德銘並序》：

右神策軍護軍中尉副使兼右街功德副使、雲麾將軍、右監門衛將軍員外置同正負、上柱國、弘農郡開國侯、食邑一千五百戶　楊承和譔并書

天竺有聖人焉，名之為佛。三身牙[①]相應化，無所從来。百億同名，不知其誰。之子德包塵界，道冠萬靈，有感必通，酬念如響。心操慧炬，永燭於大千；手運慈航，泛流於沙劫。晦明不二，凈穢兩同。正智如如，我無所得。雖後天地而有質，□天地而□形，莫不究清濁之未然，識方圓之始卒。大矣哉！若非天下之至精，孰能如此。夫大德、小德，優劣本同；賢人、聖人，取捨各異。乃引衆星之表月，立萬象以尊天，因喻發揚，憑兹外飾。

有言子貢賢於仲尼者，不知仲尼之聖加□子貢。有言阿難相同諸佛者，不知諸佛非相以攝阿難。見尺晏之至微，知大鵬之至廣；覩秋毫之至短，知大椿之至長。擬於物即尺晏、秋豪，擬於人即阿難、子貢。雖然，近如来之門戶，識夫子之堦牆，瑚璉、寶瓶，異諸凡器，金楹、玊楝，□是常材。故佛之侍從者，即迦毗令人拘郍貴族，皆辯揺金刹，名振鐵圍，駈六賊如衆鳥之避鷹鸇，懾四魔若百獸之畏豺武。而性海無底，惠峰穿霄，善入一乘，横通三輩。被精進所縛，不捨用心；嘗修之於身，去住未決。或執如，或斷如。是故生已之法隨滅，滅已之法隨生。常生之所不生，常滅之所不滅。能銓二義，其唯覺乎！覺不自明，方明覺也。夫有生滅者，是覺之用；無生滅者，是覺之體。即知覺逐滅生，生隨覺滅。生滅俱寂，其覺亦亡。乃指素月於澄溪，祛外緣於見性。

① 當為“互”。“互”有異體“𤘘”，此則為“𤘘”之訛化也。

解出人表，堪為代師。儔諸法王，則吾豈敢！何者？孔子登東山而小魯，登泰山而小天下。今亦然也。如来觀溺山而小聲聞，觀枕山而小菩薩。我佛也同彼虚空，不染於幻，強立真假，曾未牢固。是故説行而無所説，行説而無所行。非行非不行，非説非不説。非法非非法，非性非非性。本不生無，所滅元不，覺無所寂。於一不一中，悟諸未悟者；於起不起中，㵒諸未㵒者。

大矣哉！若非天下之至神，又孰能如彼！而夜景呈輝，化行西土；神光啟夢，象教東来。思玉毫而□挹鷲峰，仰金偈而虔瞻貝葉。身已逝矣，空傳結集之書；性本存焉，如聞在代之説。且法以辯志，言以辯心。非法無以悟其心，非言無以成其志。即言説文字，皆解脱相；有是經處，即見如来。

今有右街功德使、驃騎大將軍、行右武衛上將軍、知内侍省事、上柱國、邠國公、食邑三千戶、充右神策軍護軍中尉、安定梁公曰守謙，職是禁營，邦家重器，居繁不亂，兼總緇黄。讀佛言，親釋氏。其貞元中，公以温恵為甲冑，清慎為戈矛，跡尚彤闈，名髙紫闥。至元和初，授銀璋，佐密命，鼓翼髙岫，躍鱗洪波，飛鳴近天，得志江海。五年，加金紫，掌樞機，渙汗流心，散為膏雨，如絲入耳，開展成綸。捧白日以揚光，戴青天而翼化，處事之極動而可觀。

至十二年，遇蔡人逆戎事興，天討未平，干戈在野。天心恐師老矣，而誅剪未就，乃命公撫衆，觀敵審度遲速。乃奉辭伐罪，踴躍而行，走四牡以宣暢鴻休，利萬物以車塵相屬，參整戎事，董護諸軍，與將師同其進也，一其議也。或縱六奇之辯，即濤生巨浦，雲出深谿；或察五間之情，即趙□穿楊，楚金伐木。若有神助，不謀成心。我旗既張，我車亦列，均勞逸而義夫爭死，齊賞罰而奮臂爭駈。蓄鋭候時，果申長策。於是選精卒，張詭道，雜旌旃而不嚴部伍，差進退而曲敵之心。實為鋒鋌，詐餌武口。賊果輕襲，利吾大軍。遂使晝掩沙河，葛伯之賊夜遁；合流宵渡，邵陵之寇全平。駭若奔雷，勢同激電。似霜霑寒草，風卷餘花；縱烈火於平蕪，走飛泉於大壑。摧枯易折，墜瓦難全。滅蔡之功，十有其七。餘賊保迴曲，官軍圍郾城。我鼓音方厲，武旅方雄，操利柄而目無全牛，執其吭如蒭豢悦口。摩壘問罪，登陴不降。梯樓滿空，矢石相接。經四十日，爟火失繼，人無鬬心。畏夏日之赫光，懼春冰之易泮，乃降。仍邀公疋馬視師，撫納疑懼。公悦以犯難，投誠若歸，遂令啟開，按轡而入。醜類或鼓或罷，相視失色。公曰："来！余與爾言。爾本吉人也，何不徇國家之急成其名，而託身於武豹之穴求其噬。輿尸覆族，誰與咎耶？皇情極念之，故令守謙布澤潤心，宣化清耳。能悦生避禍者，當聽之。"曰："明明天子，清問下人，不能勤王，爾失遠略。為冦盜所制，而臣節難全；犯弧矢之威，當剿絶之斃。圓首方足，莫匪精靈。念其瘡疣，實可憫惻。然違予戮汝而不赦，恭命活汝而無害。能遷其不祥而為祥，吉莫大也；變其不幸而為幸，令莫窮也。"賊將卒等色轉慙，禮逾謹。公曰："皇上聖文紹統，神武膺期，惟德動天，無遠不格。被堯舜之法服，行堯舜之法言。所以大文教而九有小康，小武功而天下大理。嘗欲戢矛楯，親稼穡，使人居安，各得其壽。爾一方不能安時虛順，守衛中國，而罪罟自結，厲階彌祟，即不得已而興師，非樂殺人也。況天德好生，容長萬物。是以曲開洗汙，旁設自新，招示頑夫，以明廣大。將士等久遭苛暴，翻跡令圖，亦謂朽燼重燃，枯條再葉。國刑當宥，咸賜無辜，豁爾憂心，以承慶賞。"降人皆投戈卷旆，匣刃騗弦，觸地血流，向闕蹈舞。

於是五千叛卒，不戮一人；十萬王師，皆服其德。從此鯨鯢失浪，烹餁方因；惡鳥巢傾，折翼於此。恩波大澍，封錫有差。乃授公右監門衛將軍，飛詔追還，密職如故。又掌天地之户牖，捧造化之關揵。勳隨日厚，望逐時深。公之美也，不滅直以沽名，不慫義以犯物。動静無隱，發言有章。

至十三年，天睠凝嗟賞重，知勞不自伐，功不自德，遂與戎印，授兵符，司禁旅之右也。

公積仁成器，積器成名。卑牧難踰，高光可仰。定止足之分，動必師心；辯榮辱之機，道樞不撓。薄嗜慾以守一，鄙浮華而處中。匡護玄流，酌之不竭。

伏以元和、長慶，釋教大興，雅叶所歸，轉得親近。謹於大興唐寺花嚴院，為國寫古今翻譯大小乘經論戒律合五千三百廿七卷。公私祿利，不入其門。凡是難得，無所愛惜。嘗求善書者，令絶外塵，不飲茹，浴身至于精刹，焚香而就筆硯。擇其力多者，以多價酬之，少者去之，人不約而自勸也。於是染素流光，含丹縱彩。雲生墨沼之上，花開方絮之中。衛索分鑣，王羊並鶩，各行軌轍，跡不相讓。

又立經堂一所，三間徘徊，安住法輪，必資豐敞。作制惟永，壯我皇都。豈得為工者不極其妙，為材者不極其美。殊形異狀，生於斤斧之中；曲直方圓，豈逃繩墨之下。於是彩棟霞張，雕楹雲布，朱扉洞啟，縹壁含光。羽族棲於綺寮，鱗介遊於藻井。脩羅率下，争提夭蟜之梁；藥义命徒，競戴岌峩之拱。衆靈翼衞，諸天護持。恍惚莫辨其形，来往不留其跡。

又於堂内造轉輪經藏一所，刻石為雲，鑿地而出。方生結搆，迎□□緣。立無數花幢，竊比兜率；造百千樓閣，同彼化城。狀物類本，擬容奪真。鵷鵠若飛而不飛，虹螭似走而不走。欒櫨櫛比，雜之以琳琅；榱桷駢羅，飾之以珠翠。凌空五級，方開四門。璀錯相輝，煥麗交映。離婁覘之炫目，公輸閲之竒□。□歲古人，多有慙色。不知来者，孰能繼歟？於是方表含輪，虚中不滯。羣經之府，所好必從。遊藝者任其卷舒，仗德者恣其探討。或超諸垢穢，蓮花随手而開敷；或等彼清凉，甘露應心而滴瀝。乗之所妙者，不論其小大；法之所尚者，□□其淺深。譬諸江河，所汲随淺，從流自得，不礙疎數。其外或圖寫龍神鬼物之狀，以為嚴飾；或造菩薩天仙之類，周匝其旁。白璧成容，玊眸高視。黄英作相，金口如言。設無體之禮，實不佞於屈伸；獻無聲之樂，終不煩於音律。五色□□亂其目，八風無以吹其心。守静樸以自持，執堅中而不磷。或虔恭默如，或侍坐儼如。

又於堂北别立鏡燈，朱燄揚輝，紅光滿室。常生縱巧，有符丁緩之竒；蘭膏自芳，不假海人之贈。幸斯破暗，永繼其明。於是羣藝畢，象工歸，八龍□軒，四王護閳。雨霑香砌，何塵垢之蒙潤；風摇寶鐸，流美響之不已。

公頓首奏曰："臣聞法象莫大乎天地，變通莫大乎四時。所以萬物生中，不擇於覆載；榮枯美悪，必備於寒暑。雖古先哲王，弘天若德，豈同聖代則而行之？伏惟長慶文武孝德皇帝陛下，英冠四維，氣含八極。齊日月之至耀，光燭無窮；等天地之至仁，寰瀛授賜。坐超湯禹，立並羲軒。駈嶽瀆之精靈，馳道德之車馬。有典有則，無怠無荒。法上玄以生成，體陰陽以御物。動合靈契，事膺神符。永綏兆人，克顯休命。臣猥承委擢，如荷丘山。蕭艾空竊於春陽，螻蟻每慙於雲雨。脩特□□，允奉穹蒼。上黷冕旒，伏增驚越。臣亦知螢光助於兩曜，畎澮宗于四溟，實不足以添輝，亦不足以濟廣。然纖美見容，知大明之及遠；涓流必納，識渤澥之弘深。臣早悟多藏，勇於施捨。聞斯必舉，所作成集。誓嚴持□緂，上續於恩光；啟禶法涯，永資於德澤。”

帝曰：“俞！卿以檀波羅福，保于朕躬。朕以官惟其人，任卿勿貳。實千載之一會，何魚水之見稱。想卿逢時，弘道多慶。”

公荷寵之，極涕零如雨。又奏曰：“如来奥旨，必藉開張。若不言宣，何以廣福？臣請得無染沙門貞實等二七人，御斯信馬，駕彼白牛。直出四闕，掃諸五翳。偕持正念，調伏其心。為國傳經，乃至無算。陛下得佛祕印，行最上乘，於多劫中，為人父母，遂令釋子遵有漏法，傳無盡燈，滋寶雨而潤及四海，□香雲而廕乎千界。□天之下，孰不蒙益？受益之利，上集一人。伏願寶歷天齊，金輪嶽固。永居億兆之上，克承無疆之休。”帝悦依奏。

公曰：“克樹有為，期於不朽。略須題述，以告將来。”遂命戎副右監門衛將軍楊承和文而書之，辭曰：“小子蓬茨劣人，跡度卑淺。無當時應用之効，有僻陋至愚之累。靈波曲潤，幸得充之。幾歷星歲，繆厠下風。聞可道之言，觀可行之行。書紳不暇，何以褒稱？至如走光塵、俟嘉命，愚人不敢拒。若使陳葺□，具德美，愚人不敢當。”公不聽。又辭曰：“抑短羽齊九皐之響，殊不驚人；使弊足追萬里之跡，豈宜及遠。雖冲霄有路，且力小未遂。况逐日無功，而敢煩羈靮？”公又不聽。是以磨鉛赴罇俎之割，策鈍當天衢之驅，流汗如沃，愧顏若丹。輒盡野辭，書于琬琰。

銘曰：

香山之東，雪山之北。善勝道場，迦維之國。
飯王聖子，有大威德。菩薩伏膺，龍天仰則。
總彼十名，高談四諦。能拔一毛，普現一切。
阿僧秖劫，瞬目所睇。微塵刹土，凝心所計。
無説非默，有説非語。汲引未終，豈厭寒暑。
八正齊列，三乘未舉。惆悵逝多歲，不我與舉。
足下足羣，魔愁謗歸。歟歸歟彼，迷忘□□。
優曇忽折，摩尼驟喪。海會無言，靈山多曠。
猗歟大雄，情靈藩翰。上下四維，吾道一貫。
藏諸不理，顯諸不亂。託跡光周，遺宗炳漢。

操之即存，捨之即亡。如来寶印，付囑我唐。
必正墜典，克續頹綱。法雨一潤，佛日重光。
真諦所歸，域中之大。無為所及，宇宙之外。
幽宗默識，玄機暗會。千劫飛輪，萬方永賴。
既崇其化，邠國欽承。久積吉行，發言相膺。
意馬早縶，心猿不升。出彼夢宅，如上崗陵。
不捨有相，無相所依。不離有作，無作所歸。
焚舟得濟，到岸應稀。達人是是，塵人非非。
雲赴壽山，澤歸福海。層峯永固，波瀾不改。
衆善斯立，舒光耀彩。樹彼勝因，憑茲爽塏。
順生攝生，從俗出俗。因機立化，賢愚共欲。
精廬大敞，材力豐足。購地□金，開堦累玉。
大匠誨人，必先規矩。大□垂美，亦先棟宇。
墨請操繩，般求執斧。樸斲未已，師者如堵。
千仞之桂，良工所度。十圍之松，備于制作。
鈿餝土木，海物交錯。藻井舒蓮，含芳吐蕚。
裝嚴寶藏，水陸窮珍。瓌姿競麗，華璞争新。
馳光耀谷，浮彩榮濵。既美且良，悉得其真。
寶樹成行，寶堦上聳。善安不拔，善髙不恐。
欄楯曲周，簷楹接擁。蓋若天垂，花如地涌。
實以方外，四門不扃。虛以圓内，萬法有經。
金石絲竹，風来可聽。玉釜旃檀，日照彌馨。
鏡開八面，燈傳一光。夜□素魄，晝助紅芒。
齊明隱顯，等鑒行藏。膏平潤久，心直燃長。
忍鎧常穿，四魔不脅。智劍常拔，三灾不怯。
何以奉佛，刹那散業。何以奉國，演日成刼。

長慶二年十二月一日立

都穆又加說明曰：

右唐邠國公功德銘，右神策軍護軍中尉楊承和譔并［缺］書。邠國公者，内侍梁守謙也。攷之唐史，宦者守謙無傳。惟憲宗十五年書帝暴崩於太極殿，中尉梁守謙、王守澄等共立太子，殺吐突承瓘及澧王惲而。韓文公平淮西碑亦載守謙在帝左右，嘗命之往撫蔡師。夫守謙以一宦者而爵至上公，此可見憲宗之信任小人，宜其晚節不終，卒死宦者之手。然則予之録此，蓋將為天下後世之戒，而非徒取其文字也。

作為現存唐代最早的有關轉輪藏的文獻，《邠國公功德銘》為我們提供了有關此次建造轉輪藏的可靠記載。

首先，梁守謙（779—827）是在元和十二年（817）討伐淮西吳元濟之後，獲得皇帝極大相信，且“司禁旅之右”，即執掌兵權之後，再行創設轉輪藏的。

其次，設立轉輪藏前後，梁氏為“右街功德使”，“兼總緇黄”，乃全國宗教最高負責人。換句話說，修建寺院設施乃其職責之内的事情。按，唐初之出家人，無論佛道，皆隸屬於鴻臚寺。到武則天延載元年（694），僧尼改隸尚書祠部，道士女冠隸於崇玄署。開元二十四年（736），道士女冠改隸宗正寺。天寶二年（743），以道士隸司封。貞元四年（788），崇玄館罷大學士，後復置左右街大功德使、東都功德使、修功德使，總僧、尼之籍及功役。元和二年（807），以道士女冠和僧尼分隸左右街功德使①。需要注意的是，銘文撰寫者楊承和兼“右街功德副使”，實與梁氏共同董理全國佛教事宜也。

再者，梁氏早即有佛教信仰，這次大規模弘佛舉動，一是在大興唐寺花嚴院“為國寫古今翻譯大小乘經論戒律合五千三百廿七卷”；二是豎立經堂一所，計三間，堂内則造轉輪經藏一所；三是在經堂之北，別立鏡。轉輪經藏的功能，就是放置所寫佛典。也就是説，轉輪經藏是配合流轉佛經而修造的。

實際上，肩負管理唐朝佛教重任的右街功德使修建轉輪經藏，並不是什麼私人施捨，而為一種國家性行為。在一定時期，大興唐寺在唐朝發揮著國寺的作用：永泰元年（765）三月，吐蕃請和，詔宰臣元載、杜鴻漸

---

① （1）《新唐書》卷四十八《百官志》，第1252頁。（2）贊寧：《大宋僧史略》卷中“管屬僧尼”條。《大正新脩大藏經》，第54冊，第245頁b欄至第246頁a欄。

與蕃使同盟於寺中[①]；大歷二年（767）夏四月庚子，復命宰相魚朝恩與吐蕃盟於興唐寺[②]；章敬太后忌日，百寮於興唐寺行香朝恩，置齋饌於寺外之車坊，延宰臣百寮就食[③]。也就是說，位於大興唐寺花嚴院的轉輪經藏，實可視為李唐王朝的皇帝建筑也。

如此，這座梁氏親自督造的轉輪經藏，自然富麗堂皇，足顯皇家氣派：其基座為巨石，大部埋於地下，“刻石為雲，鑿地而出”；石上再雕刻無數花幢、百千樓閣，上面再飾以鵁鶄、虹螭、琳琅、珠翠之類。矗立的木構主體，計有五級，四面，面開一門，“實以方外，四門不扃”；每面有若干木匣，中盛佛經，“虛以圓内，萬法有經”。木構四周，再刻龍神鬼物、菩薩天仙之類。裝經之“凌空五級，方開四門”建筑，可推以轉動，“方表含輪，虛中不滯”。至於經堂北面所立之鏡燈，中燃一燭，“鏡開八面，燈傳一光”，除了可作陪襯之外，主要是為了強化亮度，同時祛除妖魔侵擾，“忍鎧常穿，四魔不脅。智劍常拔，三灾不怯”。

至於地方上的轉輪藏，雖然沒有如此奢華，卻亦在處有之。開成四年（839），白居易撰《蘇州南禪院千佛堂轉輪經藏石記》曰：

> 千佛堂轉輪經藏者，先是郡太守居易發心，蜀沙門清閑、矢謨、吳僧常敬、弘正、神益等僝功，檀主鄧子成、梁華等施財，院僧法弘、惠滿、契元、惠雅等藏事。大和二年秋作，開成元年春成。堂之費計緡萬，藏與經之費計緡三千六百。堂之中，上蓋下藏。蓋之間，輪九層，佛千龕；彩繪金碧以爲飾，環蓋懸鏡六十有二。藏八面，面二門；丹漆銅鍇以爲固。環藏敷座六十有四。藏之内，轉以輪，止以梡。經函二百五十有六，經卷五千五十有八。
>
> 藏成經具之明年，蘇之緇白徒聚謀曰：“今功德如是，誰其尸之？宜請有福智僧、越之妙喜寺長老元遂禪師爲之主。宜請初發心人、前本部守白少傅爲之記。”僉曰：“然。”師既來，教行如流，僧至如歸；供施達嚫，隨日而集；堂有羨食，路無飢僧；游者、學者，

① （1）《舊唐書》卷十一《本紀第十一·代宗》。（2）《資治通鑑》卷二百二十三《唐紀三十九》。

② 《資治通鑑》卷二百二十四《唐紀四十》。

③ 《舊唐書》卷一百八十四《列傳第一百三十四·宦官·魚朝恩》。

得以安給。惠利饒益，不可思量。

既而遂隨緣西去，衆又請本郡乾元寺僧禪大德暉大師嗣之。暉既至，誦十二部經，經聲洋洋，充滿虛空，上下近遠、有情識者，法音所及，無不蒙福；法力所攝，鮮不歸心。佻然巽風，一變至道。所得功德，不自覺知。

繇是而言，是堂、是藏、是經之用，信有以表旌覺路也，脂轄法輪也，示火宅長者子之便門也，開毛道凡夫生之大寶也。亶其然乎！

又明年，院之僧徒三詣洛都。請予爲記。夫記者，不唯紀年月、述作爲，亦在乎辨興廢、示勸誡也。我釋迦如來有言："一切佛及一切法，皆從經出。"然則法依於經，經依於藏，藏依於堂。若堂壞則藏廢，藏廢則經墜，經墜則法隱，法隱則無上之道幾乎息矣。嗚呼！凡我國土宰官、支提上首暨摩摩帝輩，得不虔奉而護念之乎！得不保持而增修之乎！經有缺必補，藏有隙必葺，堂有壞必支。若然者，眞佛弟子得福無量。反是者，非佛弟子得罪如律。

開成二年二月一日記

據之，發起修建蘇州南禪院千佛堂轉輪經藏的實為白居易，從大和二年（828）伊始，開成元年（836）竣工，費時近九年。主要參與人員，一者，蜀沙門清閑、矢謨、吳僧常敬、弘正、神益等數人"僝功"。按，"僝功"也者，或作"僝工"，原指顯現功業。《尚書 · 堯典》："驩兜曰：'都！共工方鳩僝功。'"孔安國傳："鳩，聚；僝，見也。歎 共工 能方方聚見其功。"孔穎達疏："此人於所在之方，能立事業，聚見其功。"一般則指籌集工料以从事或完成某建筑工程。宋王禹偁《單州成武縣行宫上梁文》："咸能戮力，遂致僝功，擇嘉辰而先駕紅梁，迎聖日而得開象闕。"宋王明清《揮塵後録》卷二："按圖度地，庀徒僝工，累土積石，畚插之役不勞，斧斤之聲不鳴。"也就是說，這幾人為建造千佛堂轉輪經藏準備了材料。二者，"檀主"、亦即施主為鄧子成、梁華等，慷慨捐資。三者，至於蘇州南禪院僧法弘、惠滿、契元、惠雅等則負責"藏事"，也就是準備藏經。當然，這裏沒有提及無數施工者矣。

香山居士統計言，"堂之費計緡萬，藏與經之費計緡三千六百"。表明修建工程有三大塊：千佛堂，轉輪藏，佛經。

放在千佛堂內的轉輪藏，從外表上可分為兩大部分：上面為蓋，上有九層輪，雕佛千龕，環繞著蓋懸掛六十二面鏡。下面為藏，八面，每面兩扇門，漆以朱紅色，再用鋼鐵部件加固。藏的四周，設有六十四個座位。藏的內裏，裝以用於旋轉的輪，停止轉動的梶。整座轉輪藏，設有二百五十六個經函，內裝五千五十八卷佛經，差不多每個經函裝二十卷。

顯然，蘇州南禪院千佛堂內的轉輪經藏，較之大興唐寺花嚴院之轉輪經藏，已然有較大發展矣。

雕造有轉輪經藏的千佛堂，最早請越妙喜寺元遂禪師主持。元遂示寂後，復援蘇州乾元寺大德暉繼之。

"藏成經具之明年"，蘇州佛教界共議，請白居易為文；"又明年"，僧徒三次至"洛都"——唐朝東都洛陽，請白氏為記。這樣，共議之時當為開成元年，至洛陽時為二年吧。按，刻於石上之記，即為"石記"。《文選·左思〈吴都賦〉》："鳥策篆素，玉牒石記。"劉良注曰："石記，刻石書傳記也。"南朝梁簡文帝《七勵》："昭玉牒於年史，覽石記而照情。"這些"石記"都是鐫刻在石頭之上的文章也。

白氏"石記"的重點，是闡述了堂、經、經之間的唇齒關係："法依於經，經依於藏，藏依於堂。若堂壞則藏廢，藏廢則經墜，經墜則法隱，法隱則無上之道幾乎息矣。"從而告誡道："經有缺必補，藏有隙必葺，堂有壞必支。"

實際上，李唐王朝疆域內還有不少地方的寺院都創設了轉輪經，如五臺山金剛窟窟戶樓上的六角形轉輪藏[①]，譚銖在懿宗咸通十一年（870）前後任池陽地方官時所作《廬州明教寺轉關經藏記》所記録的明教寺轉輪藏等。

四　宋代之規范化和普及化

趙宋一代，轉輪藏分佈到更為廣闊的區域，現存文獻記載如釋契嵩《無為軍崇壽禪院轉輪大藏記》[②]、釋元照《台州順感院轉輪藏記》[③]、楊

① ［日］圓仁：《入唐求法巡禮行記》卷三。
② （北宋）釋契嵩：《鐔津集》卷十四《志記銘題》。
③ （北宋）元照：《補續芝園集》。

傑《褒禪山慧空禪院輪藏記》[①]、宗澤《義烏景德禪院新建藏殿記》[②]、釋惠洪《潭州開福轉輪藏靈驗記》[③]、葉夢得《建康府保寧寺輪藏記》[④]、釋居簡《澄心院藏記》[⑤]、李綱《澧州夾山普慈禪院轉輪藏記》和《汀州南安巖均慶禪院轉輪藏記》[⑥]；甚至出現了石質者，如重慶大足北山佛灣的石刻轉輪經藏窟；甚至為道教所吸納，如四川江油竇圌山雲巖寺內被稱為星辰車的飛天藏——始建於南宋淳熙八年（1181），乃唯一現存的宋代道教轉輪藏[⑦]。

值得注意的是，北宋轉輪藏的製作已然規范化或製式化，通直郎試將作少監李誡於元符三年（1100）奉敕撰就的《營造法式》[⑧]，有專門的"轉輪經藏"內容，細述轉輪藏的形狀、各部分的比例等。顯然，這是政府主導下建造轉輪藏的程式。

宋代轉輪藏的弘佈，自以義烏為中心，但其他江南人士亦功不可沒。如自祖父輩即遷居無錫的南宋抗金名臣李綱（1083—1140），撰有《澧州夾山普慈禪院轉輪藏記》、《汀州南安巖均慶禪院轉輪藏記》，分別記録了今湖南澧縣石門、福建汀州南安巖所創立轉輪藏的情形。前者云：

> 如來為一大事因緣出現于世，示權顯實，說三乘法，度無量衆。將入涅槃，以正法眼付大迦葉，使之流布，無令斷滅。所以顯發四十九年，隨機接物，實無所説。應得度者，本自圓成，亦無所得。諸大弟子佛滅度後，相與結集修多羅藏，及諸菩薩制律造論，助發實相，藏教乃圓。譬如寶山，莊嚴殊勝，皆衆妙寶所共合成。而大迦葉以正法眼展轉傳授，至于達摩，流通震旦，不立文字，直指心源，見性成佛。譬如一燈傳百千燈，光明相續，無有窮盡。彼衆寶山非大法燈之

---

① （元）永中補、（明）如巹續補：《緇門警訓》卷六。

② （宋）宗澤：《宗忠簡集》卷三。

③ （宋）釋惠洪：《石門文字禪》卷二十一。

④ （宋）葉夢得：《石林居士建康集》卷四。

⑤ （宋）釋居簡：《北磵集》卷三。

⑥ （宋）李綱：《梁谿集》卷一百三十三《記下》。

⑦ 參考：（1）哲文《江油發現宋代木構建築》，《文物》1964年3期。（2）黃石林《四川江油竇圌山雲巖寺飛天藏》，《文物》1991年第4期。

⑧ 卷二十三《小木作功限四》。

所照燭則不明了，故以具眼而閱靈文，以法印心，如印印泥，小大方圓，不差毫髮，是則名為具看經眼。不如是者，變為歹相，則諸佛説反成魔説。

有大導師善慧大士，以方便智，設妙圓機，創轉輪藏以貯佛語及菩薩語，關機斡旋，周行不息。運轉一匝，則與受持誦書寫一大藏經教等無有異。夫一藏教，其數五千四十八卷，一偈一句，含無量義。其有受持讀誦書寫，非積歲時晦明寒暑，不能成就。云何乃於屈伸臂間運動機輪，而得圓滿？應觀法界一切惟心，由心生故種種法生，由法生故種種心生。法即是心，心即是法。心法如如，非一非二。則一念之際，功德周圓，與久遠時無有差别。了斯法者，於一塵中轉大法輪，於一念頃轉如是經百千萬億。况此法藏，現前運轉，自然能護不可思議勝妙功德。以是義故，輪藏之興，周徧禪剎，與諸有情作大饒益。

澧州夾山普慈禪院傳明大師，演化法席，十方禪侶，嚮赴雲集。具大藏經，獨無輪藏。惟大比丘長老善能，興崇寺宇，規模建立。而荆南府故能仁寺改為官舍，有舊經藏，制度精好。澧倅吴君適至其處，乞歸付之，為天申節，祝延聖壽。道場之所剏大寶殿，芘覆安設，相方面埶，慱廣嚴麗。檀信施財，匠石獻巧。水漂巨木，材皆香楠以充殿楹；溪出異石，形如覆鐘以奠輪趾。衆緣和合，不日告成。金碧相鮮，炳焕殊特。諸天宫殿，大地山河，磅礴穹窿，與藏廻旋。諸大菩薩，及護法神，宴坐奔馳，與藏往復，互相戞摩，出大音聲，演出苦空無我妙義。凡見聞者，靡不蒙益，而況發心，精誠歸嚮。由一轉藏，至百千轉，旋見關機，反觀自性。轉貪恚癡為大智慧，頓悟圓通，證無上道，夫何疑哉！

有一居士，其家梁谿，謀身拙故，罹諸憂患，去國漂泊。經湘沅間，聞是比丘，大作緣事，以身所有，隨喜而捨。捨諸身業，為書藏額。捨諸意業，為作藏記。捨諸口業，為説藏偈。三業皆捨，願從今去，永斷諸業，罪障消除，得無生忍。時此居士，遥瞻寶藏，而説偈言：

我觀大藏教，三乘十二部，廣為衆生説，皆是諸佛語。
禪宗指心源，不立文字相。見性以成佛，豈與佛語違。
了心即了法，心法本無二。已具看經眼，乃可閱靈文。

諦觀諸佛言，無一不然者。如以印印泥，從横皆契合。
此心未明了，欲于紙上求，如入海算沙，歷刼無是處。
心迷諸經轉，心悟轉諸經。是故學道人，明心以為最。
我觀轉輪藏，衆寶所莊嚴，排斡隠機闗，周行無滞礙。
山河隨地轉，宫殿與天廻。諸龍及鬼神，蟠結以衛護。
璀璨種種色，發生大光明。蕩摩出音聲，演説微妙義。
佛語菩薩語，寳函秘其中。運動不崇朝，而轉無量匝。
一心生萬法，萬法惟一心。心念已周圓，功徳斯成就。
藏輪表諸法，法輪轉於心。是故瞻禮人，當觀能轉者。
我觀夾山境，清净古叢林。精進老比丘，能作大緣事。
諸緣和合故，指顧寳藏成。寳藏成既然，一切法亦爾。
仰祝聖人壽，後天無有邊。俯利諸含生，神力不思議。
稽首如來藏，及諸菩薩等，坐于微塵裏，轉廣大法輪。
刹那於是經，能轉千萬億。方便解脱法，化度諸有情。
於一彈指間，洗滌千刼罪。是故我皈依，回心無上道。①

李綱所謂“輪藏之興，周徧禪刹”，也就是說在南宋時，轉輪藏普遍見於佛教寺院，這應該是實情。

需要說明者，澧州夾山普慈禪院“傳明大師”，就是大名鼎鼎的禪宗和尚夾山善會（805—881），因善會有謚號“傳明大師”也。而主持修建轉輪藏的“大比丘長老善能”，當是善會徒孫吧②。

又，修建好的轉輪藏，內中所庋藏的為原能仁寺的經藏。以舊經藏置於新建轉輪藏，主旨之一乃“為天申節，祝延聖壽”“仰祝聖人壽，後天無有邊”。“天申節”為何？宋高宗趙構的生日為農歷五月二十一，南宋王朝遂以此日為天申節，需舉國慶祝，甚至派納絹稅。《宋史》卷二十四《本紀第二十四・高宗一》：“（建炎元年五月）乙未，以生辰為天申節。”周密《武林舊事》卷七：“淳熙三年五月二十一日，天申聖節。……至日

① （宋）李綱：《梁谿集》卷一百三十三《記下》，文淵閣《四庫全書》本。按，無錫有河曰梁溪，故李氏號梁溪先生，其集亦以梁溪為名。

② 或稱，夾山普慈禪院轉輪藏乃“長老傳明大師”發心所建（黃敏枝《關于宋代寺院的轉輪藏》，《普門學報》第八期，2002年3月），當是未明了“傳明大師”乃謚號歟？

卯時，車駕率皇太子、太子妃、文武百僚，並詣宮上壽。車駕至小次降輦，太上遣本宮提舉傳旨減拜行禮。”陸遊《天申節賀表》：“恭惟太上皇帝陛下，宅心清靜，受命溥將。”葉適《崇國趙公行狀》：“州以天申節銀絹仰配於民，民甚苦之。”既然兼作頌壽，則轉輪藏當於高宗生辰之前完工吧。

以上轉輪藏雖亦有政府參與修造，但代表皇家水平的還得數四川峨眉山白水普賢寺（現萬年寺）轉輪藏：

> 甲午，宿白水寺……謁普賢大師銅像。國初，敕成都所鑄，有太宗、真宗、仁宗所賜御制書百餘卷，七寶冠、金珠瓔珞、袈裟、金銀缻缽、奩爐、匙箸、果壘、銅鐘、鼓、鑼、磬、蠟茶、塔、芝草之屬。又有崇寧中宮所賜錢幡及織成紅幡等物甚多。内仁宗所賜紅羅紫繡袈裟，上有御書發願文，曰……
>
> 次至經藏。亦朝廷遣尚方工作寶藏也。正面為樓闕，兩傍小樓夾之。釘絞皆以瑜石，極備奇靡，相傳純用京師端門之制。經書則造于成都，用碧硾紙銷銀書之，卷首悉有銷金圖畫，各圖一卷之事。經簾織輪相、鈴杵、器物及“天下太平”“皇帝”“萬歲”等字於繁花繡葉之中。今不復見此等織文矣。①

此轉輪藏的具體形製難以知曉，唯可明了者，經藏由北宋最高建筑機構負責。按，“尚方”乃製造帝王所用器物的官署的名稱。秦代始置，屬少府，漢末分為中、左、右三尚方。唐代則稱“尚署”。《史記·絳侯周勃世家》：“條侯子爲父買工官尚方甲楯五百被可以葬者。”唐司馬貞索隱：“工官即尚方之工，所作物屬尚方，故云工官尚方。”《三國志·魏志·鍾繇傳》：“於赫有魏，作漢藩輔……百寮師師，楷兹度矩。”裴松之注引三國魏鱼豢《魏略》：“昔忝近任，並得賜玦。尚方耆老，頗識舊物。名其符采，必得處所。”轉輪藏内所放經書亦為頂尖文獻。經簾織“天下太平”“皇帝”“萬歲”等字樣者，蓋亦表明祝福之意耳。惜此經藏早已湮滅矣。

① （南宋）范成大：《吳船録》，《范成大筆記六種》，中華書局 1981 年版，第 199 頁。

幸運的是，始建於北宋開寶二年（969）[①] 的龍興寺轉輪藏，今尚保存相對完好。這也是現尚存世唯一的佛教轉輪藏。

按，隋開皇六年（586），恒州[②]刺史王孝僊創建龍藏寺。王氏勸募州內士庶萬餘人造此寺後，復於是年請開府長史兼行參軍張公禮撰《恒州刺史鄂國公為國勸造龍藏寺碑》，或謂書者亦張氏。該碑向稱隋代第一碑，乃由魏碑體向唐碑體過渡的代表之作，在中國書法史上佔有極為重要的地位[③]。五代時，唐自覺和尚所造金銅觀音大像燬於兵火；後周顯德年間，剩餘部分亦被鑄錢以供軍需。宋太祖開寶四年（971），敕移寺域至現在地，復賜鑄千手千眼觀音像，改名龍興寺。既然有皇室參與，寺院自然亦帶有北宋皇家寺院的風格。後來各代雖遞有修補，但宋代寺院的規模、格局、形製仍然基本保留了下來。清初，改為隆興寺。民間則呼為大佛寺。

轉輪藏殿在戒壇後之西，之東為慈氏閣。這種佈局本身表明，修建者認為轉輪藏與彌勒有莫大關聯，換句話說，是倡言轉輪藏的發明者乃傅翕也。

值得注意的是，慈氏閣內的木雕彌勒立像，不僅係獨木雕就，高近七米，富麗輝煌，而且透露出些許嫵媚，在很大程度延續了唐代彌勒形象。

轉輪藏殿內的轉輪藏，木製，八角形。緣於種種厄因，現僅存底座及木構架，上面原應有的經匣、雕刻神祇等全無翼而飛。令人扼腕嘆息。雖然如此，從僅存的框架仍可看出，當年完整的轉輪藏之宏大、精致、壯麗和神聖……

早在 1908 年，日人桑原騭藏即到過隆興寺，不過這屬於走馬觀花式的遊覽，匆匆掃一眼罷了，所記録的文獻也談不上有多大史料價值[④]。到了 20 世紀 20 年代，再來隆興寺考查的就是東瀛人士就為專業的學者了，對該寺特別是轉輪藏作了詳細描繪。特別是，為我們留下了一幀展示當時

① 黃石林：《四川江油竇圖山雲巖寺飛天藏》，《文物》1991 年第 4 期。

② 恒州，北周宣政元年（578）分定州置。治所在真定（今河北省正定縣南。唐初移至今正定）。唐時包括今石家莊市、正定、藁城、靈壽、行唐、井陘、獲鹿、平山、阜平等地。《辭海》地理分冊（歷史地理）“恒州”條，第 199 頁左欄至右欄。

③ （1）《畿輔通志》“永定府”部分。（2）常盤大定：《支那佛教史跡踏查記》。

④ ［日］桑原騭藏著，張明杰譯：《考史遊記》，“近代日本人中國遊記”，中華書局 2007 年版。

▲慈氏閣/河北正定・隆興寺

（張子開拍攝，2011 年 5 月 17 日）

▲慈氏閣内的彌勒像/河北正定・隆興寺

（張子開拍攝，2011 年 5 月 17 日）

尚算完好的轉輪藏照片，非常珍貴。（參考本書“祖師紀”）

▲轉輪藏殿/河北正定・隆興寺

（張子開拍攝，2011 年 5 月 17 日）

▲轉輪藏（局部）/河北正定・隆興寺

（張子開拍攝，2011 年 5 月 17 日）

梁思成認為，這座轉輪藏“為宋代原物無疑”①，“嚴格遵循了《營

① 《梁思成文集》第一冊，中國建筑工業出版社 1982 年版。

▲轉輪藏之殘存構件/河北正定・隆興寺

（張子開拍攝，2011 年 5 月 17 日）

造法式》中的規定，所以是宋代構造的一個極有價值的實例”[①]。關野貞則以為是清代新建[②]。轉輪藏殿內確有《重修大龍興寺轉輪藏記》碑，是碑“順治十六年三月廿四日建”，似乎現存轉輪藏重建於順治十六年（1659）。其實，慈氏閣內尚有《大朝國師南無大士重修真定府大龍興寺功德記》碑，碑文表明，蒙古汗國時期，那摩國師嘗住持龍興寺，眼見寺院“兵塵以來，破落如是”，於是在憲宗孛兒只斤・蒙哥（1209—1259）即位四年（1254）重飾大悲閣內的觀音像，同時“隨令修補經藏”——修補轉輪藏。顯然，宋太祖時修造的轉輪藏，至蒙哥時尚存也，關野氏的觀點是靠不住的[③]。

再從關野所攝照片而觀，轉輪藏亦八面；正面之前設有石供桌，桌上有香爐；每面的柱子上，有木雕蟠龍環繞；除了正面龕中置彌勒像之外，每面的柱子之間的垂花間，皆嵌明鏡一面。（參考本書“祖師紀”）與前

① 梁思成英文原著，費慰梅編，梁從誡譯：《圖像中國建筑史》，百花文藝出版社 2001 年版，第 233—241 頁。

② 常盤大定、關野貞：《支那文化史跡》，東京：法藏館，1941 年。

③ 劉友恒：《一通記録那摩國師行狀的重要佛教碑刻》，《文物春秋》2010 年 3 期。

引楊承和《邠國公功德銘并序》“鏡開八面，燈傳一光”、白居易《蘇州南禪院千佛堂轉輪經藏石記》“環蓋懸鏡六十有二。藏八面”云云，高度契合。也就是說，20 世紀初隆興寺中的轉輪藏，尚且保存了唐朝的風格也。

五　元明清：轉輪藏的異化及凋零

蒙元時期，統治階級信仰弘揚的是喇嘛教，然其時亦間有新構之轉輪藏。

20 世紀已然知曉，四川省蓬溪縣金仙寺有一座建於元順帝至正四年（1344）的轉輪藏①。2008 年進行第三次全國文物普查時，確定現位於該縣赤城鎮周家店村的金仙寺尚存，然僅有一座殘破的大殿而已。正殿梁枋題記曰：

> ……泰定四年太歲丁卯閏九月丙寅朔初七□日壬申□當□修造。講僧得性，童子佛護、法護、僧護，堂頭本師自昌，師叔自隆，師姪思聰等，鼎新藏殿，□鎮金田。

或因此謂正殿建造於元泰定四年（1327）②。然“鼎新”者，謂在原有基礎之上修補翻造也，並非始創。唐王勃《廣州寶莊嚴寺舍利塔碑》：“基構鼎新，亭欒櫨棊。”《宋高僧傳》卷二十七《唐越州開元寺曇休傳》：“又護國經樓，迨諸棟宇，悉見鼎新。次以寺之門樓也，則長安四年故曇一律師之經始也，既而頹廢，仍重整覆，一同創制。”③《虛堂和尚語録》卷三《慶元府阿育王山廣利禪寺語録》：“正旦上堂。‘時遷物換，革故鼎新。土膏未動，商量打春。太公有意垂釣，夫子無心獲麟。’”④金仙寺正殿當始建於泰定四年之前矣。《（光緒）蓬溪縣志》古跡部分有言：“金仙寺　在城北二十里。有飛輪八角亭，高三尋，周八十圍。為層

① 參考：（1）哲文《江油發現宋代木構建築》，《文物》1964 年 3 期。（2）黃石林《四川江油竇圌山雲巖寺飛天藏》，《文物》1991 年第 4 期。（3）黃敏枝《關于宋代寺院的轉輪藏》，《普門學報》2002 年第 8 期。

② 賴西蓉：《四川蓬溪縣新發現元代建筑金仙寺》，《四川文物》2012 年第 5 期。

③（北宋）贊寧撰、范祥雍點校：《宋高僧傳》，下冊，第 687 頁。

④《大正新脩大藏經》，第 47 冊，第 1007 頁 b 欄。

二：上層列諸佛像，下為蓮台，內設香龕。其外有臺有柱，可環倚二十餘人。令健者推之，機發，則左旋右磨，鄉人甚以為奇。相傳元天曆二年僧德性所捐製，歷四載始就者也。”從“飛輪八角亭”的結構、可“左旋右磨”等而觀，顯然為轉輪藏也。“天曆”，元文宗年號；天曆二年，公元1329年。時間晚於正殿“鼎新”之時，也非“飛輪八角亭”始構年代。正殿稱為“藏殿”，則其中很可能原有“飛輪八角亭”也。

▲四川蓬溪縣金仙寺（舊照片）

現存河北正定隆興寺轉輪藏殿內之元朝《轉大藏經碑記》載曰：

捨財施永業地轉大蔵經□德記

……⌐———⌐ 地五叚，計壹伯□□□畝，騸馬壹疋□□□□□□□□祝延□□□□□□□□□□□□室思福壽千春⌐———⌐

……

宣授住▨通辯大師進吉祥

宣授住持堂▨德大師浄吉祥

宣授為首住持傳法講主▨鹿泉石匠孫和鐫①

此碑雖非為修繕轉輪藏而豎，卻反映了元代在轉輪藏殿進行轉大藏經法事活動的情況。

元黄溍（1277—1357）《岳林寺經藏記》，則確乎記録了長沙岳林寺建造轉輪藏的史實：

如来滅後，傳於今者，像教而已。《開元》所録五千四十八卷，與後人之增譯，即其所謂教也。自菩提達磨承摩訶迦葉教外之别傳而不立文字學者，幾於廢經不談，而禪林所在無［不］安置經藏，尊奉惟謹。竊意世尊從始成佛乃至涅槃，於其中間不説一字，藏固無所收。雲臺寶網，盡演妙音，毛孔光明，皆能説法，藏亦不可攝。凡其所教所傳，有以開示悟入乎佛之知見者，盖非外非内，非别非同也。

岳林寺，古之禪苑。水南湘師，今之禪伯。師主寺事十有六年，以其化導之餘力，從事乎興作，而於經藏尤汲汲焉致其意。以至治元年冬，摹全經。至順元年冬，構廣殿。元統元年冬，度美材，徵良匠，建大寶輪，一柱八面，實經其中。其上山立，其作雷動；天宫水府，神帝龍君，涌現圍繞，如佛所住。前呵後負，可怖可愕。琢雕藻繢，殆無遺功。金碧髹彤，絢爛溢目。觀者爲之嘆仰而不已。

會予謁補怛洛迦山，還過岳林。師謂予曰："吾書中言，觀音、彌勒各有五百化身，彌勒在震旦淛河之東，於雙林則為傳大士，於岳林則為布袋和尚，其應迹尤暴著。大士以創物之智，肇制經藏，撮十方於一塵，卷大海於一滴，使夫人一舉手，而種種佛法皆悉現前。兹大聖人，以方便利益群品，而吾徒之所取法也。子，大士里人。藏成而子適来，宜為之記。"予既覯兹殊勝，且有以識夫為禅學者，不即文字，亦不離文字，實非於教外别有可傳，庸弗辭而記之。寺之本末，有事實刻石堂上，兹不著。②

---

①（清）沈濤輯：《常山貞石志》卷二十四，道光壬寅（1842）刊本，《續修四庫全書》編纂委員會編《續修四庫全書》，上海古籍出版社 1995 年影印本，第 906 冊，第 716 頁上欄至第 717 頁下欄。

②（元）黄溍：《金華黄先生文集》卷十一，《四部叢刊續編》子部。

至治元年（1321）冬，始摹寫全藏，至元統元年（1333）冬，建成轉輪藏，為時十餘載，為功亦佢矣。

元虞集（1272—1348）至正九年（1349）所撰《方山重修定林寺碑》言：

> 集慶郡城東南出三十里，有方山焉。敦厚方正，巋然在望，於地勢為貴重者也。故宋乾道中，蜀僧善鑑築佛寺于山之半，請上定林之名而名之，度弟子以居。二百年于茲矣。……（退菴無公之徒平山）嵩公思定林之舊，而受業師妙至在焉，不忍亡其初也，乃出衣盂之資，興土木之役，加意于定林，大修寶殿經藏，㑥及修廊與凡屋之為羽翼者，弊而圖全，與更新無異。所特作者，寺之僧堂，三門鑄大鐘，建樓以居之。買田得若干畝，取其租以備歲月之完葺者焉。……①

此之"經藏"，即轉輪藏。是藏，乃定林寺開山祖師善鑑之徒孫義珹所創。朱舜庸《方山上定林寺之記》：

> ……方山上定林寺，蓋即山而居者也。當乾道末年，有秦高僧善鑑始來是山，結廬行道。未幾，遠近慕施者踵至。于是，率其徒疏泉蒔松，徙石闢塗，土木之功，次第而舉。無何，有殿以奉佛，有堂以會法，有室以安衆。以至門廡庖湢，莫不畢具。方其事之權輿也，即詣府請移鍾山梁朝廢寺上定林額于此。……鑑尋示滅，其弟子義瓊主之。已而今義珹代焉。繇薦得人，閱三十稔，隄瀕河之田而歲有計，建轉輪之藏而日有資。此其師疇昔之志，卒待瓊、珹而後成，其勤至矣。……②

① （清）嚴觀編：《江甯金石記》卷七，宣統二年（1910）四月既望，江楚編譯書局刊本，臺灣新文豐出版公司編輯《石刻史料新编》第一辑影印，新文豐出版公司1982年版，第十三冊，第10116頁上欄至第10117頁下欄。

② （清）嚴觀編：《江甯金石記》卷五，臺灣新文豐出版公司編輯《石刻史料新编》第一辑影印，第十三冊，第10101頁。

是《記》於南宋嘉定十三年（1220）正月立石，則方山定林寺之轉輪藏當成於此年之前也。按，方山，一名天印山。位于古江甯縣，今南京市江甯區。

許是南宋所創之轉輪藏有所損壞吧，故元代平山嵩公方會“大修”也。

方山上定林寺之記
古者四民各有所居故居士於學居農於田居工於肆居商於市是時釋老二氏未興其奚居此王政之所必無也逮漢之東始居僧于寺歷代相因訖于今釋教之盛極矣凡城郭山林寺
江甯金石記卷五 十五
之占勝者多而其徒之居山尤爲人所重豈不以是道之妙非求於寂寞之濵則不可得苟其徒不以精勤枯淡爲心亦必不能久安於此其取重以是乎方山上定林寺蓋卽山而居者也當乾道末年有秦高僧善鑑始來是山結廬行道未幾遠近歸施者踵至于是率其徒疏泉蒔松徙石闢塗土木之工次第而舉無何有殿以奉佛有堂以會法有室以安衆以至門廡庖湢莫不畢具方其事之權輿也卽詣府請移鍾山梁朝廢寺上定林額于此其地故有山川登臨之美爲荆榛所蔽爲狐貍所嘷爲樵夫牧子所過而不睨不知幾年一旦雪脊朱甍隱然出於煙霏空翠間號清淨伽藍信其地有待歟鑑尋示滅其弟子義瓊主之已而今義䖍代爲縣薦得人闕三十稔隄瀕河之田而歲有計建轉輪之藏而日有資此其師晰昔之志卒待瓊䖍而後成其勤至矣迫䖍領事猶以身先人蓋思備其所闕壯其所居以稱其山之高且大也駸駸乎與諸雄刹亢一日踵僕門告曰寺之成已久曾無紀述惟累世經營之難恐寖就曖昧子與我善且習知其詳盍記之僕固辭不獲則爲敘其本末又從而爲之說釋氏以寂滅爲宗以苦空爲行以慈悲爲願以遠去塵累爲高從上諸祖師以是道密相付屬故其建立往往在巖谷荒寒之境疑若過清難居而必棲其徒于此者蓋使其朝夕所接不見異物無害於心惟佛法是求如此則於一切經行坐臥去處覺水鳥風林無非宣揚第一義諦惟恐山之不深林之不密此所以爲貞實堅固不可退轉也歟今定林爲寺誠得其所而鑑之遺範所謂向钁頭邊取人者耶碑末刻住山義䖍立石
右碑行書在本寺免解進士建康府校正書籍朱舜庸撰迪功郎新平江府錄事參軍秦錆書從政郎前差充江南東路安撫司准備差遣危和篆額嘉定十三年正月立按舜庸江甯人儀金陵事實二十年慶元六年留守吳琚得其編成建康續志其文傳于今者僅見此篇春容大雅可以窺見一斑矣
江甯金石記卷五 十六

▲南宋朱舜庸《方山上定林寺之記》

黃溍還有兩文記述了元代其他兩次修建轉輪藏的情況。一為《經藏廣福院記》：

婺之蘭溪經藏廣福院，在州東一百三十五步，故為聖壽寺之水陸院。寺創於梁，至宋號聖壽，而水陸之為院莫詳所始。歲久院廢。天禧中，藏休禪師来自餘杭，得其故址，肇建伽藍。同郡金華曹仁壽尋為置經造藏，因命曰“經藏院”。殿中丞、知封州史温為之記，當寺沙門有交集王右軍書以刻焉。治平末，賜“聖壽”額。所以為佛僧之奉者，猶缺如也。政和間，寓公贈少師吳點首輸財，倡衆買官民田總若干畝，創置兩莊。由是，華薌之具、糜粥之須，隨取而足。孝宗時，避光堯聖號，易名“廣福”云。

國朝至元十三年，院毀於兵。二十八年，其下院白蓮堂比丘普資，覩其為荆棘瓦礫之塲已逾一紀，未有任起廢之責者，則去其故廬，挈徒衆及衣盂之貲，即舊墟治院宇，合“經藏”“廣福”以為號，仍以族父王氏所遺田塘園地歸之。其徒推本所自尊為重興之初祖，且請于有司，必其子孫乃得住是山。

第二代奉譯，甞募州人郭淳，飾像設之�者，葺殿堂之摧陊者。第三代永紹，暨前住顯教永膺，又理土田之冒没者。前住連雲履中，於資為五世孫，以某年嗣為住持，能不愛其所有，以續前人之遺緒？郭氏四子，亦承其先志，同力佽助焉。經藏有殿，中為一柱，兩輪棲匭輪間，而實以黄藤赤軸，悉如其舊。齋堂庫院，兩廡三門，至它屋室，次第畢完。懼来者無以究知廢興之故，爰買石屬予記之。

予觀天下名刹，其先必有靈異之蹟驚動乎斯人，是以聞者心鄉往之，過者低佪而不能去。兹山獨以好事之家寶其石刻，而經藏之名傳於四方。翰墨誠儒者餘事，未可忽也。顧此猶其細耳。儒者謂古人得見書甚難，而其士皆非後世所及。今之書益多且易得，而學者日趨於苟簡。嗟夫！豈惟儒者為然哉！考之舊記，始自東都，浮汴涉淮，踰重江行，二千里之險，函經而来，費金錢至二百萬。非若近世轉相摹刻，流通之廣不難致而易忽也。夫欲求魚兔，必有待乎筌罤。一大藏教，佛學之筌罤也。今之經藏既已一新，為其學者有能從教起行，無謂佛法不在文字而務馳騁於空言，斯不負置經造藏之初意矣。然則其徒所宜知者，奚止廢興之故而已乎？敢緣記事，併以是告焉。

中，字無外，族盛氏。說法，嗣徑山虚谷禪師。①

據黄氏所言，天禧年間（1017—1021），婺郡金華縣曹仁壽為蘭溪縣聖壽寺之水陸院置造經藏，更名曰“經藏院”。後易名為“廣福院”。元至元十三年（1276），廣福院為兵所毀。二十八年（1291），廣福院下院比丘普資重建，始名“經藏廣福院”——名稱中有“經藏”者，則曹氏所造經藏或尚有存焉。廣福院原為十方叢林，經藏廣福院則變為子孫廟，“必其子孫乃得住是山”。按，子孫廟一般較小，為一僧或一系僧眾私有。以後，歷代皆有修葺。至徑山虚谷禪師弟子連雲履中，與郭氏四子一道，修復經藏殿。由“中為一柱，兩輪棲匭輪間，而實以黄藤赤軸”而觀，

① 《金華黄先生文集》卷十三。

為轉輪藏無疑矣。

另一文為《龍興祥符戒壇寺記》：

杭州龍興祥符戒壇寺，梁大同間，郡人鮑侃捨宅以建也。初名“發心”，至唐而更其號曰“衆善”，曰“中興”，曰“龍興”。宋制，諸州咸立大中祥符寺，而玆寺例賜新額。寺盖律刹，故有戒壇，今遂合而稱之曰“龍興祥符戒壇寺”云。

按圖志：寺基廣袤九里有奇，其子院有千佛、諸天二閣，而戒壇有院，又有鐵塔及大小石塔。錢王九百九十眼井，實靈芝大智律師受經之地。觀眉山蘇公、南豐曾公上元所題“紗籠銀葉，錦帳紅雲”之句，其規模之宏廓盛麗，可知也。

建炎南渡，金人擁重兵薄城下，城陷寺毁，而地入於官，因斥為御前軍器所。民居往往錯峙其間，惟存西南一隅以為寺。國朝至元十三年，宋社既墟，寺亦鞠為荆棘瓦礫之場。二十一年，中菴吉公令其徒請于郡府，願入錢僦地，仍置僧坊，以續其香火使勿絶。事下有司，覆驗，得鐵塔一、石塔二、古井九，與圖志合，知為寺之舊址無疑。乃給券書，悉以其地五十九畝九分，歸于本寺。二十五年，江淮福建釋教都總統所被上旨，凡故所有寺而今弗存者，俾復為寺。於是祥符始得蠲其歲所入錢，而以地為寺之永業。時吉公方主朋慶法席，而敬堂恭公久居明慶，歷典要職，譽望素孚於人，爰舉以為住持。二十八年也，恭公既涖事，即扣己橐，得錢數十萬緡，召匠蔺材，百堵皆作。未幾，而佛殿、觀音閣、方丈之室、演法集僧之堂、棲鐘之樓、門廡倉庫、齋庖湢室，靡不畢備。為屋總若干區，穹簷廣霤，傑棟脩宊，藻繪髹彤，照映城郭，遂為一郡之大招提。慮無以給其食，則置田若干畝於吴中，為役至殷，為費至鉅，皆恭公身任之。名雖因舊，以為新實，則創造也。

大德四年，工告訖事，有以恭公之名聞于上者。欽承睿旨，加護有嚴，而帝師亦畀以“智光普覺”之號。

至治元年，恭公告寂。勲公嗣再，傳而為秀公。秀公視恭公為曾大父，以重紀至元之四年，来補其故處，恒自以弗克負荷為懼，捐衣盂之資作輪藏，覆以大厦，而函經以實之。設十八大阿漢及律宗諸祖之像，嚴奉如法。且作别院于城西，以祠恭公。謂恭公起廢之功，久未有述，乃伐石来徵文以為記。

夫宇宙間事，成壞有時；其所由廢興，則存乎人耳。祥符之為寺，千有餘歲，而廢又百有餘歲。而聖人御世，佛日再中，恭公之生人，與時會用，能以廢為興，熾然建立。如此秀公，夙承囑累，而不忘纂修其所已成，彌縫其所未及，恭公可謂能得人矣。寺之大者舊，亦恭公弟子。而僧衆得度於恭公、秀公者十數。它日恢弘祖道，扶植教基，固當代不乏人也。①

龍興祥符戒壇寺，位於杭州。依黃溍文，南宋建炎年間，寺之大部為金兵所毀，僅存西南一隅爾。元朝至元十三年（1276），中庵吉公始復舊址；二十五年（1288），重建寺院。至“重紀至元四年”（1338），住持秀公新創輪藏，藏上“覆以大廈”，再設“十八大阿漢及律宗諸祖之像”。按，其實，祥符戒壇寺在南宋實存，且有一定名望，黃氏此《記》有失疏誤。如南宋俞德鄰《佩韋齋集》卷十一《龍與祥符戒壇院分韻詩序》即載，至元辛卯（二十八年，1291）六月，寺僧約上百人遊玩之事②。

要言之，受喇嘛教的沖擊，元朝轉輪藏的興建和運轉，再無趙宋之盛況矣。然轉輪藏實於此時影響到了喇嘛教，促成了喇嘛教徒祈禱時所使用的轉經筒的產生③。

明初，杭州龍興祥符戒壇寺尚存。劉基（1311—1375）《竹川上人集韻序》：“余初来杭時，識竹川上人于祥符戒壇寺。見其為歌詩清越有理，致遂相與往来。”④ 文成公既然到過祥符戒壇寺，定然目睹過寺內之轉輪藏吧。

建文四年（1402），明建文帝朱允炆（1377—?）遇靖難之變，下落不明。或記其忠臣事跡，藏於治平寺轉輪藏中。《明史》卷一百四十三《列傳第三十一・牛景先》：

其後數十年，松陽王詔游治平寺，于轉輪藏上得書一卷，載建文

① 《金華黃先生文集》卷十三。

② 文淵閣《四庫全書》本。

③ 張子開：《傅大士研究（修訂增補本）》，第337—338頁。

④ （明）劉基：《誠意伯劉文成公文集》卷五，《四部叢刊初編》集部。

亡臣二十餘人。事蹟楮墨斷爛，可識者僅九人。梁田玉、梁良玉、梁良用、梁中節，皆定海人。同族，同仕於朝。田玉，官郎中，京師破去為僧。良玉，官中書舍人，變姓名，走海南，鬻書以老。良用，為舟師，死於水。中節，好《老子》、《太元經》，為道士。何申、宋和、郭節，皆不知何許人，同官中書。申，使蜀至峽口，聞變嘔血，疽發背死。和及節，挾及節書，走異域，客死。何洲，海州人，不知何官，亦去為卜者，客死。郭良，官、籍俱無可考，與梁中節相約棄官為道士。餘十一人，並失其姓名。縉雲鄭僖紀其事為《忠賢奇秘録》，傳于世。

考《續通志》卷一百六十八《金石略二》：

治平寺建藏殿記　僧寶華撰。正書。嘉定十六年上元。

則寺中確有轉輪藏，且始建於南宋嘉定十六年（1223）也。

國內現存的明代轉輪藏，最為突出的有兩處：一者，北京智化寺轉輪藏；二者，四川平武報恩寺轉輪藏。平武之轉輪藏，由龍州宣撫司、土官僉事王璽所建，始建於明正統五年（1440），終成於十一年（1446）①。轉輪藏置於華嚴殿內，七層，直徑七米，高十一米，宛如七級佛塔。這是國內保存最好的轉輪藏之一。

智化寺位於現北京市東城區祿米倉胡同 5 號。正統八年（1443），明初太監王振（？—1449）擬唐宋“伽藍七堂”之格局而創家廟。後得賜名“報恩智化寺”。土木堡（今河北省懷來縣東）之變中，英宗被瓦剌軍俘虜，王振死於亂軍。英宗復辟後，在寺內為振立“旌忠祠”；天順六年（1462），賜藏經一部、經櫥兩座，供於如來殿。乾隆七年（1742），御史沈廷芳奏請毀王振塑像。後又先後罹八國聯軍、日本侵略軍破壞之禍，今僅存部分建筑。

① 張樹敏：《范公井和范輅其人》，中國人民政治協商會議四川省綿陽市委員會文史資料委員會編《綿陽文史叢書》，安縣國營安縣印刷廠 1988 年 12 月印刷。綿陽市內部資料性圖書準印證第 42 號，第 59 頁。

大悲閣

|

如來殿（萬佛閣）

|

智化殿

藏殿　大智殿

|

智化門（天王殿）

鼓樓　鐘樓

|

山門

▲智化寺現存建筑之格局

▲智化寺藏殿

（張子開拍攝，2013 年 8 月 20 日）

藏殿，本為智化殿（相當於大雄寶殿）前的西配殿，轉輪藏就位於其中。因只置一座轉輪藏，故稱“藏殿”。轉輪藏為木構，八角形，高四米餘；置於漢白玉須彌座之上，石座轉角上雕天龍八部；主體為抽屜式經柜，每面九層，每層五屜，屜面浮雕佛像，柜的角柱上又雕菩薩、天王、韋馱、象、獅等；柜上為毗盧帽頂，有金翅鳥、龍、龍女和毗盧佛。這是國內最為完整、精美的轉輪藏。

▲智化寺藏殿中之轉輪藏

（張子開拍攝，2013 年 8 月 20 日）

除智化寺外，北京地區現尚有兩座寺院有轉輪藏，一為頤和園，一為雍和宮。然都創於清朝，遠晚於智化寺矣。頤和園萬壽山前的轉輪藏，始建於清乾隆間（1736—1795），仿宋代杭州法雲寺藏經閣而成，後躲過英法聯軍的劫掠，至光緒時（1875—1908）又加以大修。這是一組建筑群，包括：轉輪藏（北殿），東西轉經亭，萬壽山昆明湖石碑和牌樓。原為清廷帝后們供奉閱讀佛經的場所。

▲頤和園之轉輪藏殿建筑群

（張子開拍攝，2013 年 8 月 18 日）

雍和宮之轉輪藏，是於乾隆十三年到十五年間（1748—1750）建成的、宮內最高大的建筑萬福閣東邊的永康閣內。該座轉輪藏為密檐式，塔形；亦八面，每面供有無量壽佛。

今日雍和宮永康閣內的轉輪藏，世人難睹其真容。然在清朝之時，應

▲雍和宮永康閣

（張子開拍攝，2013 年 8 月 19 日）

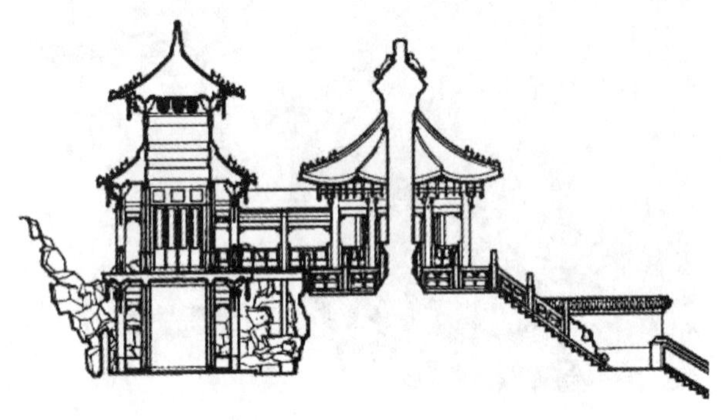

▲雍和宮永康閣之剖面圖

該是任人參觀的。朝鮮李朝時的哲學家、自然科學家洪大容[①]《湛軒書·

① 字德保，號湛軒。漢城人。

▲雍和宮永康閣中的轉輪藏

湛軒書外集》[①] 卷九《燕記》"雍和宮"條，詳細描述了其所見情形，反映了當時這座皇家寺院的真實面貌，頗為珍貴。其中，即提到轉輪藏：

> 雍和宮，雍正帝之私邸。今皇因捨施爲佛寺。務其侈麗，窮天下之技巧。聚喇嘛僧數千人，供佛誦經，以資冥福云。
>
> 在安定門內大街之東，正門曰"昭泰門"，別有扁額曰"寰宇尊親"。兩傍設牌樓，南設戲臺以對門，西設紅柵以禁人。
>
> 入門，左右廊舍，皆僧徒所處。中築甎爲御路，百餘步。又有門曰"雍和宮"，傍書滿字及蒙字。
>
> 入門，旗竿一雙，高數十丈。鐘皷樓兩簷，高與竿齊。
>
> 北有正殿，極雄侈：盤龍於柱，爪鱗如活；砌欄以諸色琉璃彩甎，間花疊架，光焰照人。殿內安三尊佛像，像高數丈。殿內可二十間，鋪一張龍紋畫氈，遍地無餘欠，踏之令人心動。卓上下爐瓶寶

① ［朝］南陽洪大容著，五代孫榮善編，後學洪命憙校：《湛軒書》，平壤：社會科學院出版社 1965 年版。

玩，不可盡述，盖多西洋銅磁之制，皆係乾隆十二年欵識。佛前置一假山。其巒洞樓臺、城池人物，細如秋毫，刻畫如神，守者言所以像須彌山也。有珊瑚兩枝，高數尺，晶瑩扶疎，觀者歎其珍異。守者曰："假也。"就叩之，果木造而彩之也。以天下之力，極珍玩於此，乃有此假造，可見珊瑚之絶貴也。卓前有三等拜席：其覆以黄帕者，皇上所拜伏；其次，諸王；其次，千官以下所拜也。兩壁下亦有佛像，前有拜席，遍懸錦簾，異香襲人。盖殿制與東國法堂略同，塗牕並東國歲幣紙也。

殿左右俱有廡屋各七八間，守者言皇上所以告成功也。外人尤不敢近，懇而後許見。東廡內設長卓，上安七八塑像，皆鋭頭、赤髮、獰頑怪鬼狀也。每一像前，配甲士一雙，怒目持戟，如將搏人也。卓下設架，列十數種兵器，皆武庫異製及藩夷貢獻也，各有小牙牌以記之。中有一器如鳥銃，而下有柄、上有刃，兼遠近之用。一器如鞭棍，一段爲短銃，用之如上制，牙牌並記藥丸輕重。北壁下張單疊小屏，遍雕花鳥，嵌空玲瓏，明潤絶異。守者言羊脂凝成，内府異製也。前列數種花瓶，四五果楪；中置徑尺圓盃，滿斟酒。見其杯非金非石，體薄而黄白色。守者言："此獶子天靈盖也。皇上所親擒，以其頭爲飲器，脛骨爲吹角，所以懲其凶頑而告成功也。"當門有兩熊相對挺立，眼光閃閃，驟看莫不驚其爲活獸也。考牙牌言"某年幸盛京，親射"云。盖渾脱其皮毛，實以他物而張置之，别爲眼睛，而傅以琉璃也。自頭至尾，一丈有餘，其高齊肩。又有一虎一豹，俱絶大，所以留其全形也。像前以虎鹿諸皮爲簾以垂之，并皇帝所親獵云。

正殿後有殿敞，廣可四五十間，設紅漆書卓，布置整嚴，厥數五百。每卓下，置黄錦蒲團，諸僧念經所也。當階有香爐一坐，高二丈餘，銅色深緑，刻鏤神巧，亦係乾隆新造。

最後有觀音閣，外爲三簷，高入雲霄。內供觀音金像，長與閣齊，一指之大圍可尺餘；掛金貝數珠，顆大如拳；前後垂錦繡爲簾，飾以珠貝，間以各様寶燈、流蘇、瓔珞，摩戛琮琤。此其竭有限之財、費無益之奉，固不足道，惟其範圍之雄洪、財力之華贍，可見中土之器量也。閣內周設層欄，因梯上下，不許妄登。

閣之左右，各有二簷高閣，上各爲七八間飛樓，以通人行，去地可十數丈。其制作之奇壯，可想。東閣設輪藏，兩層八面，面各有牕。西階傍有穴如堗，人入其中，引其機而轉之：左旋則八窗俱開，龕內皆安佛像；右旋則依舊閉藏。

此外諸殿，不得遍觀。而眞是窮天下技巧也。

可見，當時萬福閣乃名觀音閣，所奉為觀音，今則更奉彌勒也。唯轉輪藏在觀音閣之東閣，與今同。永康閣內的輪藏，計兩層，規模較大；八面，與傳統一致；每面有窗，內安置佛像，當然也可以貯藏佛典；人欲轉動之，須進入西邊的洞內；向左轉動輪藏，八窗開啟，右轉則關閉。總之，設計頗為巧妙。按，“堗”，音 tū，灶上煙囱也。西漢劉向《說苑・權謀》：“客謂主人曰：‘曲其堗，遠其積薪，不者將有火患。’”《廣雅・釋宫》：“㾴謂之竈。其窻謂之堗。”

實際上，清朝其他地區尚有興建轉輪藏之舉也。厲鶚（1692—1752）《雲林寺重建輪藏殿記》：

佛氏之有輪藏，自梁傅大士始也。嗣後，叢林效之，且徧天下，俱供大士像於中。

雲林輪藏殿，具公始建於順治庚寅。迄今幾及百年，棟宇頹廢，所謂輪藏者亦欹傾摧剝而不能轉。乾隆庚申，新安光祿少卿汪君上章來遊茲山，慨然以重興爲己任，而以是殿爲之首。落成之日，予適過寺，見夫傑構翔空，若地湧出。入門神聳，則如天樞激而坤軸動，月駕旋而風馭行。瑤窗寶網，眩金碧于無定；天龍帝釋，儼生氣以飛空。徐而察之，則集眾有力，負之而趨；且聆夫大聲起于足下，又如良霄歌鐘之擊窟室，袁氏鼓角之鳴地中。偉矣哉，象教之力宏矣！檀護之施廣矣！

主僧巨濤和尚，謁予文以爲記。予惟傅氏之設輪藏轉經也，然三藏十二部卷帙繁而重，庋之于輪，非數百人莫能轉。今所供者，諸佛菩薩像，則數人能勝其任，況轉佛即轉經乎。且佛氏所重者，以心轉境，不以境轉心，故云能轉《法華》，不爲《法華》轉。若夫成住壞空，大地山河皆太虛中一微塵耳，何有于輪？昔村婦薦夫，財少而輪自轉，則其能轉有不係于輪者，惟此心之精誠，歷劫常存，亦歷劫常轉。汪君之輸財，巨公之集事，可云轉大法輪，將有不與土木丹青俱敝者矣。于是乎書。[①]

雲林寺在杭州。鶚又有《題新修雲林寺圖爲巨濤和尚作一百韻》詩[②]。

六 今日：轉輪藏的甦蘇及其變體的生活化

時至今天，隨著中國的車輪化，轉輪藏的變體、喇嘛教之轉經筒，亦時而閃現在駕駛座前。2012 年 8 月 15 日，作者前往廣州花都華嚴寺參加學術會議，一居士來廣州新白雲機場接機，其所開車上即放有一尊轉經筒。

▲汽車上之轉經筒

（張子開拍攝，2012 年 8 月 15 日，廣州花都）

更為可喜的是，佛教界也開始重新認識到了轉輪藏的功效。比如，2011 年 7 月成立的中國佛學院普陀山學院，內中設普陀講寺。進山門後

① 《樊榭山房文集》卷五，《四部叢刊初編》本。

② 《樊榭山房集外詩》，《四部叢刊初編》本。

為 2013 年 9 月 23 日舉行揭匾儀式的觀音殿；殿後之東為鐘樓，之西則為輪藏以代傳統的鼓樓。雖然此座“輪藏”既不庋經也不能轉動，僅有其名而無其實，甚至連形都談不上標準，但中土僧人總算還是知曉傳統寺院中有此等設置，畢竟也值得寬慰吧。

▲普陀講寺中之輪藏

（張子開拍攝，2013 年 12 月 14 日）

實際上，早在 2007 年即移址復建的杭州慧因高麗寺，即重新設置了轉輪藏。

明田汝成（1503—1557）《西湖遊覽志》卷四《南山勝蹟》：

> 惠因寺　後唐天成二年，吴越王建。……至正末燬，國初重葺。俗稱高麗寺。礎石精工，藏輪宏偉，兩山所無。

是慧因寺由錢鏐始創於天成二年（927），早於杭州净慈寺、雷峰塔院和六和塔。元至正年（1341—1368）末被焚燬，明朝初年重建也。“藏輪”，指轉輪藏。

田氏《西湖遊覽志餘》卷十四《方外玄蹤》亦載曰：

> 高麗寺輪藏甚偉。宋時高麗國進金字藏經一部，貯其中，到今猶有存者。其原起於傅大士以經目繁多，人或不能遍閱，乃就山中建大層龕，一柱八面，實以諸經，運行不碍，謂之輪藏。人有發菩提心者，推轉是輪，即與持誦諸經無異。故今天下輪藏皆設大士像。

明末張岱（1597—1679）《西湖夢尋》卷四《西湖南路·高麗寺》在田氏基礎上，補充曰：

> ……萬曆間，僧如通重修。余少時從先宜人至寺燒香，出錢三百，命輿人推轉輪藏，輪轉呀呀，如鼓吹初作；後旋轉熟滑，藏轉如飛，推者莫及。①

既然明初乃“重修”，則五代初創時當即有轉輪藏矣，如通不過重修而已。

慧因寺於清朝復燬於太平軍攻佔杭州期間的戰火，故而民國時僅殘存幾間土墻瓦屋罷了。2004 年年底復建時，從原址花家山莊一帶，遷移至原址的外圍，即玉岑山、筲箕灣西北面，五老峰東南面。今天的慧因高麗寺，系參照古高麗寺圖而建，寺之最後為華嚴經閣，閣之前為輪藏殿，殿又與大雄寶殿相連。這種結構，頗具特點。轉輪藏為楠木所雕，應為現今最高大的轉輪藏了。

這座轉輪藏乃清代以後中國佛教寺院修建的第一座轉輪藏，雖仍有諸多不盡如意甚至不如法之處，但其篳路藍縷之功卻是值得讚許的。

① （明）張岱撰、馬興榮點校：《陶庵夢憶·西湖夢尋》，中華書局 2007 年版，第 197 頁。

▲慧因高麗寺中的轉輪藏殿

（張子開拍攝，2013 年 12 月 28 日）

▲慧因高麗寺中的轉輪藏

（張子開拍攝，2013 年 12 月 28 日）

叁 飯石

一 文士與異石

中國古代主要生產方式為農耕，石頭自不利於耕作。“谿谷無異石，塞田始微改。”① 然國人特別是文士，卻一直喜愛奇異之石。

白居易《雙石》曰：

蒼然兩片石，厥狀怪且醜。俗用無所堪，時人嫌不取。
結從胚渾始，得自洞庭口。萬古遺水濱，一朝入吾手。
擔舁來郡內，洗刷去泥垢。孔黑煙痕深，罅青苔色厚。
老蛟蟠作足，古劍插爲首。忽疑天上落，不似人間有。
一可支吾琴，一可貯吾酒。峭絶高數尺。坳泓容一斗。
五絃倚其左，一盃置其右。窪樽酌未空，玉山頹已久。
人皆有所好，物各求其偶。漸恐少年場，不容垂白叟。
迴頭問雙石，能伴老夫否？石雖不能言，許我爲三友。

得自洞庭湖之雙石，加上香山居士，恰為三友。樂天又或以琴、酒和詩為三友，其《北窗三友》詩：“欣然得三友，三友者爲誰？琴罷輒舉酒，酒罷輒吟詩。”

蘇軾亦有《雙石》詩：

夢時良是覺時非，汲水埋盆固自癡。
但見玉峯橫太白，便從鳥道絶峨嵋。
秋風與作煙雲意，曉日令涵草木姿。
一點空明是何處，老人真欲住仇池。

詩前小引云：

---

① 杜甫：《發秦州》詩，《分門集注杜工部詩》卷十一，《四部叢刊初編》集部。

> 至揚州獲二石，其一綠色，岡巒迤邐，有穴達于背。其一玉白可鑒。漬以盆水，置几案間。忽憶在潁州日，夢人請住一官府，榜曰“仇池”。覺而誦杜子美詩曰：“萬古仇池穴，潛通小有天。”乃戲作小詩，爲僚友一笑。[①]

此雙石乃英石，為東坡表弟程德孺所送。

宋李昉等編《太平廣記》[②] 卷三百九十八《石》，記載了三十七種異石。明代林有麟撰於萬曆年間的《素園石譜》[③]，“是編乃有麟於所居素園，闢元池館，以聚奇石。因采宣和以後石之見於往籍者凡百種，具繪爲圖，綴以前人題詠。始蜀中永寧石，終於松江普照寺達摩石。大抵以意摹寫，未必一一肖其眞也”[④]。大抵一石一圖，圖文並茂，為我國最早的畫石譜録。東坡雪浪石、米芾研山石等之風貌，皆可睹也。

《雲笈七籤》卷六十四引《金華玉女説丹經》，玄女回答元真“太陽元精為水銀耶？為鉛華耶？二物合成為元精耶？”之問時，闡述五行相生之說曰：

> ……五行相生，太陽元炁遂伏為精。何者？土生金，金生水，水生木，木生火，火生土，土之精生石，石之陰精為玉，石之陽精為金。

既然石乃土之精所生，則異石者，或當為異土之精所生歟？

奇石既多，自有與佛教有關涉者，太平廣記卷三百九十八《石》，即有“墜石”“網石”和“僧化”三條，最後者曰：

> 天台僧乾符中自台山之東臨海縣界得洞穴，同志僧相將尋之。初一二十里。徑路低狹，率多泥塗。自外稍平濶，漸有山。山十許里，

① 《集注分類東坡先生詩》卷八，《四部叢刊初編》集部。

② （北宋）李昉等編：《太平廣記》，中華書局 1961 年版，2008 年 3 月北京第 9 次印刷，第 8 冊，第 3184—3195 頁。

③ （明）林有麟：《素園石譜》，浙江人民美術出版社 2013 年版。

④ （清）永瑢等：《四庫全書總目》卷一百十六，中華書局 1965 年版，上冊，第 999 頁下欄。

見市肆，居人與世無異。此僧素習嚥氣，不覺饑渴。其同行之僧饑甚，詣食市肆乞食。人或謂曰："若能忍饑渴，速還無苦。或飡啖此地之食，必難出矣。"饑甚，固求食焉。食畢，相與行十餘里，路漸隘小，得一穴而出，飡物之僧立化為石矣。天台僧出山，逢人問其所管，已在牟平海濱矣。出《録異記》。①

二　松山之飯石

義烏所屬之婺州亦產奇石。五代前蜀杜光庭（850—933）《異録記》卷七《異石》：

婺州永康縣山亭中有枯松樹，因斷之，悮墮水中，化為石。取未化者試於水，隨亦化焉。其所化者，枝幹及皮與松無異，但堅勁。有未化者數段，相兼留之，以旌異物。②

然直接與雙林寺有關者，自當為飯石矣。《善慧大士録》卷一有云：

大士居松山、雲黄兩處，林麓葱蒨，其中多有猛獸，人常畏之。大士常以餘食飼之，自茲伏匿。

……

其飼虎之餘飯，棄擲林間，化而爲石，青白错雜，可作數珠，謂之（飲）［飯］石。

靈異之迹，豈容思議耶。

揆諸文義，傅翕"常以餘食飼之"的"猛獸"，也應該就是老虎吧。

"數珠"，就是念珠、佛珠，即誦讀佛經時，用以攝心計數的成串一珠子，每串幾顆至一百零八顆不等。皎然（720—804）有《水清數珠歌》："西方真人為行密，臂上記珠皎如日。佛名無着心亦空，珠去珠来

① （北宋）李昉等編：《太平廣記》，第8冊，第3190—3191頁。

② （前蜀）杜光庭撰，王斌、崔凱、朱懷清校注：《録異記輯校》，巴蜀書社2013年版，第187頁。《太平廣記》卷三百九十八《石》亦録之，標為"松化"。

體常一。誰道佛身千里身，重重只向心中出。"① 晚唐馮贄《雲仙雜記》卷一"水玉數珠"條引《童子通神集》："房次律弟子金圖，十二歲時，次律徵問葛洪仙籙中事，以水玉數珠節之，凡兩徧，近二百事，琅琅誦之不止。次律賞以轉枝梨。"② 蘇軾《乞數珠贈南禪湜老》詩云："從君覓數珠，老境仗消遣。未能轉千佛，且從千佛轉。"③

一般而言，被棄擲林莽的餘飯，一段時間之後發餿變質，長出霉斑，其顏色自會夾雜青綠甚至黑點。然飯石的特征除了顏色似飯外，還得是石頭，且可琢為念珠。宋杜綰《雲林石譜》《饭石》稱，還可為鎮紙：

> 婺州東陽縣雙林寺傅大士道場山中産石，凡有青白紫綠色，皆瑩徹，謂之飯石。質細碎，堪治爲素珠，或作鎮紙。④

餘飯之所以能夠在松山上化為飯石，北宋章炳文《搜神秘覽》卷上"傅大士"條也認為，乃傅翕所顯示之靈異也：

> 又大士嘗齋，餘遺飯及蔬茹於山，皆化為石。今有二焉，白者飯石也，青者菜石也，尚能辨其形跡，可考證之。聖人以身顯化，或出或沒，隨世之緣，又況於物耶。人之於此，不原其心，特有異以待焉耳，誠物之所化也。⑤

義淨《南海寄歸內法傳》卷一"受齋軌則"詳載印度本土的一般性受齋情況曰：

> 既其食了，以片水漱口，咽而不棄。將少水置器，略淨右手，然後方起。欲起之時，須以右手滿掬取食持將出外，不簡僧私之物，聖遣普施眾生。未食前呈，律無成教。

---

① 《皎然集》卷七，《四部叢刊初編》集部。

② 文淵閣《四庫全書》本。

③ 《集注分類東坡先生詩》卷五，《四部叢刊初編》集部。

④ 《叢書集成初編》本，第1507冊。

⑤ 《叢書集成初編》本，第2718冊。又載《續古逸叢書》。

又復將食一盤，以上先亡及餘神鬼應食之類。緣在鷲山，如經廣說。可將其食向上座前跪，上座乃以片水灑而呪願曰：

以今所修福，普霑於鬼趣。食已免極苦，捨身生樂處。

菩薩所受用，無盡若虛空。施獲如是果，增長無休息。

持將出外，於幽僻處林叢之下，或在河池之內，以施先亡矣。江淮間設齋之次，外置一盤，即斯法也。

然後施生授齒木，供淨水。盥漱之法，如第五章已述。

僧徒辭別之時，口云所修福業，悉皆隨喜。然後散去。眾僧各各自誦伽他，更無法事。

食罷餘殘，並任眾僧令小兒將去，或施貧下，隨應食者食之。或可時屬飢年，或恐施主性慳者，問而力取，齋主全無重收食法。

此是西方一途受供之式。①

復比較中土作派云：

然而神州齋法，與西國不同。所食殘餘，主還自取，僧輒將去，理成未可。故出家之人相時而動，知足不辱，無虧施心。必若施主決心不擬重取，請僧將去者，任量事斟酌。②

傅大士將飼虎之餘飯棄擲松山林間，本意蓋欲以此施其他六道衆生，並求物盡其用，與印度僧侶將食餘施貧下者之旨契合，惜福之心態皆無二致矣。

三　太湖飯石峰

其實，太湖東山亦有飯石峰，峰下亦有佛寺焉：

彌勒寺　東山飯石峰下。③

① （唐）義淨原著、王邦維校注：《南海寄歸內法傳校注》，中華書局 1995 年版，第 57—58 頁。

② （唐）義淨原著、王邦維校注：《南海寄歸內法傳校注》，中華書局 1995 年版，第 64 頁。

③ （清）金友理：《太湖備考》，江蘇古籍出版社 1998 年版。

明吴縣（今江蘇蘇州）人吴鼎芳《飯石峰晚步》詩曰：

> 白鳥不飛處，雲光和水凝。自吟松下路，遥見寺中燈。
> 夕爽山無雨，春寒澗有氷。隔花相問訊，月照荷鉏僧。①

尚只是描繪掌燈時分所見所為而已。鼎芳後出家為僧，是為大香唵囕法師。據清纪荫编纂《宗統編年》卷三十一，卒於明崇禎九年（1636）：

> 九月，湖州聖日峯大香唵囕法師寂。香，吴洞庭名士吴鼎芳也。少工詩文，留心梵乘，鍵關閱藏。夢中感大士舒光印攝，遂決志出塵。年四十，復因亡母感夢，誡其出家，以懺己罪。乃宵征入雲棲，薙染於蓮大師像前。徧叩諸方，志在扶教，而於己躬下事，實密證精徹。然不敢以禪自任，開講說法，道風秀出吴越之間。所至一衲，蕭如閑雲孤鶴，不求伴侶，而去住自如。會心所至，趺巖坐樹，往往絕粒。荼毗之夕，栴檀香氣芬鬱，累日不散。遠近緇素禮敬，得未曾有。所著有《雲外録》、《明僧傳》及《道德經解》等行世。詩歌有皎然、貫休之風。持律泠然，與世無忤。孝廉夏元彬傳其生平，塔於聖日峯之陰。祥符蔭曰："唵囕法師，道韻風標，足為近今緇流坊表。明僧傳摭拾見聞，精核不膚。後來有志燈傳者，所宜參考也。"②

明末清初詩人吴伟业（1609—1671）《梅村家藏藁》卷十四亦有詩《飯石峰》以吟之：

> 半空鳴杵臼，狼藉甑山傍。莫救黔黎餓，誰開白帝倉。
> 養芝香作粒，煑石露爲漿。飯顆相逢瘦，詩翁詎飽嘗。③

"養芝香作粒，煑石露爲漿"而形似"飯顆"之物，又"狼藉甑山傍"，

① 《御選宋金元明四朝詩·御選明詩》卷六十四。

② 《大日本續藏經》第壹輯第二編乙編第貳拾套第二百三十六葉左半葉下欄至第二百三十七葉右半葉上欄。

③ 《四部叢刊初編》集部。

“莫救黔黎餓”，自然是飯石了。

清末蘇州人姜石農（1827—1877），因老家在太湖飯石峰，故自號“飯石”或“飯石山農”。光緒三年（1877）正月，“海派四傑”之一，浙江山陰人任頤（1840—1896）嘗之為繪“飯石先生五十小像”，胡公壽（1823—1886）題曰：

> 飯石山農青鑑。
>
> 漱石厲齒，飯石充饑。洵乎君家白石（指姜夔）所云“七十二峰生肺肝”矣。姜石農刺史家洞庭飯石之麓，自號飯石。公壽書此贈之。

此畫為立軸，現藏蘇州市博物館。“白石”，謂姜夔。夔詩全文云：“南山仙人何所食，夜夜山中煮白石。世人喚作白石仙，一生費齒不費錢。仙人食罷腹便便，七十二峯生肺肝。真祖只在南山南，我欲從之不憚遠。無方煮石何由軟，佳名錫我何敢辭。但愁自此長苦飢，囊中只有轉庵詩，便當掬水三嚥之。”詩前小引：“余居苕溪上，與白石洞天為鄰。潘德久字予曰‘白石道人’，且以詩見畀，其詞曰：‘人間官爵似摴蒱，采到枯松亦大夫。白石道人新拜號，斷無繳駁任稱呼。’予以長句報貺。”

宋釋覺範撰《石門文字禪》卷六《古詩·聽道人諳公琴》：

> 道人貌癯骨藏年，漆瞳照人方而淵。
> 家住湘山湘水邊，氣清日應嚼芳鮮。
> 羅浮飯石性所在，定林飲澗老更堅。
> 子其徒歟寧果然，抱琴過我亦自賢。
> 玉徽按抑朱絲絃，借絃爲舌傳語言。
> 誰家恩怨餘妬憐，綺？鶯燕春風顛。
> 顛風盤空攪蒼煙，蕭蕭吹鬢人未眠。
> 清都絳闕斷世緣，骨飛不到夢所傳。
> 秦箏心知是響泉，置之髯鬚一笑掀。
> 蘂珠三疊舞胎仙，坐令遺世如蜕蟬。

何年醉騎紫雲去，此琴枵然成棄捐。[①]

此“飯石”與“飲澗”對舉，意乃以石為飯，乃中土仙人的行徑也。

四　飯石實相

世上尚有一種麥飯石。明太祖第五子、周王朱橚（1361—1425）撰《普濟方》卷二百八十三《癰疽門》“麥飯石膏”稱，麥飯石可治病：“治發背諸般癰疽，神效。一名鹿角膏，又名三神膏。”此麥飯石為“白麥飯石”，“其石顏色黃白，類麥飯團者是也。”“古方云，白麥飯石，顏色黃白，類麥飯。舊作‘磨’者，尤佳。愚謂麥飯石不可作‘磨’，如斯言則惑人。以麥飯石其狀如飯團，生粒點。若無此石，當以舊麫磨退齒處石代之，以其有麥性故也。此石或無賣者，只於溪中尋麻石中有白石粒如米大者，即是也。但大小不同，或如拳，或如鵝卵，或如盞大，畧如握聚一團麥飯焉。”[②] 明李時珍（1518—1593）《本草綱目》卷十《石部》“麥飯石”條亦云：

李迅云：麥飯石處處山溪中有之。其石大小不等，或如拳，或如鵝卵，或如盞，或如餅，大略狀如握聚一團麥飯，有粒點如豆如米，其色黃白，但於溪間麻石中尋有此狀者即是。古方云，曾作磨者佳，誤矣。此石不可作磨。若無此石，但以舊面磨近齒處石代之，取其有麥性故耳。[③]

其實，麥飯石屬火山巖類，乃 5000—7500 成年前火山噴射出的熔巖變化而成。主要包括鉀長石、斜長石、黑雲母和角閃石。因石中夾雜著或黃或白的顆粒，頗似大麥飯粒，故有是稱。又叫長壽石、健康石、煉山石、馬牙砂、豆渣石等。今仍以之為中藥，又廣泛地用作飼料添加劑[④]。

---

① 《四部叢刊初編》集部。

② 文淵閣《四庫全書》本。

③ （明）李時珍著，劉衡如校點：《本草綱目》，人民衛生出版社 1982 年版，2002 年 3 月第 1 版第 11 次印刷，上冊，第 618 頁。

④ 參考：（1）齊彥輝《麥飯石及其應用》，《中獸醫醫藥雜志》1988 年第 2 期。（2）諶澄光、胡介卿等《麥飯石對鵝的增重效果》，《飼料研究》1989 年第 5 期。（3）林振國《麥飯石飼料添加劑及其應用》，《飼料與畜牧》1991 年第 1 期。

松山上之飯石，是否即“處處山溪中有之”麥飯石？

▲雲黃山飯石之一

（張子開拍攝於雙林寺舊址，2013 年 6 月 8 日）

2013 年 6 月，因雙林水庫干涸，露出雙林寺遺址。筆者前往考查時，在遺址上看見了若干飯石。石頭整體呈淺綠，但顏色不一，中間衍生若干半透明的條帶狀脈絡；或聚生數簇顏色更深一些的不規則結晶體。倘濕潤或置之水中，顏色更為鮮艷。

有的飯石，則紫白間雜，內凝結若干紫黑色顆粒，則與飯粒更為近似。

從現雙林禪寺通往松山上的雲黃寺，有一條碎石鋪就的山路，路上即散置著一些這樣的飯石。

顯然，飯石並不似大麥飯團，而宛如霉化之大米飯也。二者名雖近而質實異。

飯石其實為一種礦物，今天常用名為瑩石（Fluorite），因其受紫外線或陰極射線照射常發出瑩光而得名。又因其主要成分為氟化鈣（CaF_ 2），又稱氟石。俗稱軟水晶、七彩寶石、彩虹寶石或夢幻石等。我國瑩石分佈廣泛，浙江、福建、湖南等地皆有，占世界儲量的 35%。

瑩石硬度較低，易於雕刻，可為寶石甚至夜明珠。以飯石琢為數珠，

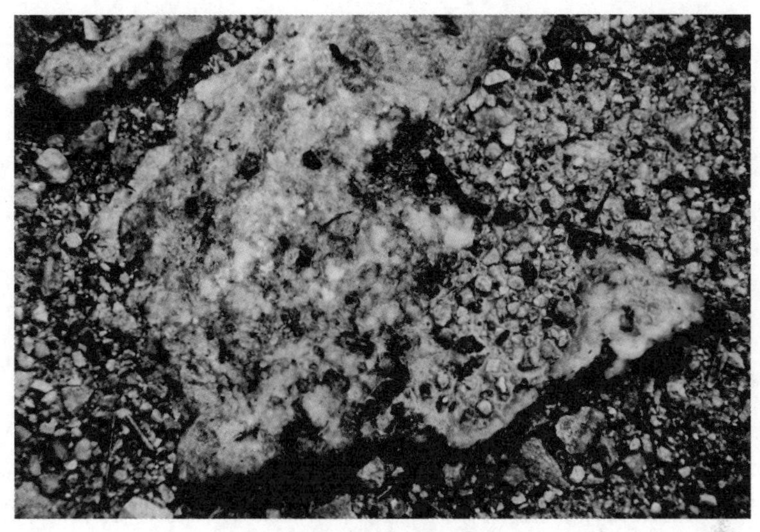

▲雲黃山飯石之二

（張子開拍攝於雲黃山上小道，2015 年 6 月 21 日）

自亦宜矣。

而且，七千餘年前的余姚河姆渡人已用瑩石作裝飾品，雙林寺僧人以傳為祖師傅大士飼虎餘飯製作弘揚佛法之用品，亦是對長江下游先民文化的繼承與發揚也。

附　　録

廬州明教寺轉關經藏記

（唐）譚銖

大唐咸通庚寅年，廬之佛寺曰明教，有禪那僧文珦創轉關經藏成，命銖記其事。銖常奉釋氏，因録其義以喻之曰：

經曰：佛滅度後，像法存焉。夫像，似也，俾迷者覩其像得其意。乃曰：經，心也。藏，藏也。如心之含藏萬法者也。故曰，一心生萬法，萬法由一心。其動静弛張在我，而寧窮其義？畧舉其大：斯藏也，本於一心，圓通無礙，動用自在。静則萬法空寂，動則三界彌綸。虚僞惟心所造作，其在斯乎？

周迴八角。角，覺也。佛以眼為八邪，耳為八患，鼻為八苦，舌為八難。迴八邪為八覺，迴八患為八解脱，迴八苦為八安樂，迴八難為八王子。指四八為三十二相，由此八關，返邪歸正，成佛之境矣。止則寂然無用，引則轉而不窮。動雖有聲，静乃無跡。以此現相，俾人歸依，知佛之心，體道之要，使迷徒瞻禮，自識根源，移於身心，可見微密。迷者若悟，知三乘妙旨，未脱輪迴；一法正宗，不離真性。性而非性，真何所真。乃知三界本空，十方如一。相而無相，知何所知。始當（一作嘗。）語言道斷，心行路滅。

其藏貯修多羅教數千軸，募金長者禪那弟子蕲州長史、殿中侍御史、上柱國王師貞，將（一作特。）力營構，果獲成就。

噫！已丑歲，屬徐方兵亂，援軍屯集。雖存根本，幾失護持。今則色相端嚴，典教漸備。所表法輪常轉，心不動摇。畧諭因緣，以示道俗云耳。

讚曰：

修多羅教，函于藏輪。周迴八角，正道斯陳。
動用一心，為萬法因。忘因無法，得本歸真。
鐫于金石，用導迷人。

（宋李昉等編《文苑英華》卷八百二十《釋氏四·經下》）

按，是《記》作於懿宗咸通十一年（870）前後。時譚銖任池陽地方官。

義烏景德禪院新建藏殿記

（宋）宗澤

夫百億妙門，三藏為總。大哉，利生之本，不可得而思議也！如來出世，以大士因緣示悟衆生，繇一道清浄，用一音演法，機感不同，而所聞亦異。故五時五味，半滿權實，圓機定假之義，播列諸部，星躔霞布，沒世不能誦其文，終身不能發其藴。於是彌勒大士闡大方便，聚諸經以歸三藏，使流通教典盡載一輪，塵沙法門同歸一揆。倘衆生信而揚之，則不須朝講暮習，於彈指頃間含受法要，心怡神悦，蕩釋諸苦，發探蒙愚，展廸聾瞽；復性命之真，救迷妄之失。可不謂無窮之利乎！

烏傷之北，附縣一舍，有院曰景德，肇荒於唐。山主琳師始建經藏，寫經律等僅一百函。師歸寂，缺而不講。越治平二年，院之徒契湜徧募士庶，經滿其數，置函五百，成卷五千有八，星環金晃，墨寶珍嚴，燦然煥赫。顧舊藏不足以容，時竊景慕。至元豐中，居士葉詵崇信佛法，誠謂長者，一旦發念出家，聚材孱工，作轉輪以廣其度。住持沙門契海又化檀信，益為經理其屋十八楹。越二年畢乃告成。隆廈廣闊，飾以珠貝；華輪盛麗，負以虬龍。窮極雕繪，間錯文藻，内外一新。遠近信仗，四方之人，皆得轉輪。是猶振風之過衆竅，甘雨之成百穀。然後美根長固，惡蔓除滅，芬芳嘉實，皆得饒益。設有下愚至賤之人，若見若聞，或瞻或禮，隨其根莖，各有所潤。譬夫饑者入太倉，觀夫穀粟，雖未得食，固知可以飽其饑矣。病者之藥肆，觀夫劑料，雖未投藥，固知可以療其病矣。以此法味，永施衆生，則饑能充而食難盡，病有止而藥無窮。究其旨歸，何須外求？周旋於方寸，運動於日用。從容中道，左右逢源。動無所牽，止無所累，行無所遮，奚俟輪哉？今觀葉氏所謂藏者，如是如是。至於布琅函、列朱軸，誠為除衆生饑病方便法也。

（《宗忠簡集》卷三）

按，“治平”為宋英宗趙曙年號。治平二年（1065），景德禪院完成一藏之經。元豐中（1078—1085），葉詵出家後創建轉輪藏，住持釋契海助之。

卷七　法嗣紀：彌勒傳燈延千載

"法嗣"者，本禪宗術語，指繼承祖師衣鉢而主持道場之僧侶。《楊岐方會和尚語録》："提刑乃問：'和尚法嗣何人？'云：'慈明大師。'楊云：'見箇什麼道理便法嗣他？'云：'共鉢盂喫飯。'"① 蘇軾《器之好谈禅戏语器之可同参玉板长老》詩："叢林真百丈，法嗣有横枝。"宋周伯畬《〈禪月集〉跋》："詩不苟作，頌詠風刺，根于理致。法嗣曇域編萃成集，雕刻以廣其傳。"② 本紀則泛指從習於傅翕並弘揚其禪風的出家人。

唐菩薩戒弟子、國子進士③樓穎《〈善慧大士録〉序》，曾歸納協助傅翕弘法的有功者曰：

> 時梁武帝以皇王之貴，精勤佛寶，由是異人間出，共羽翼正教。如大士之時，比丘僧則有智者、頭陀、慧集、慧和、普建、普成，居士則有傅普敏、徐普扳、潘普成、昌居士，皆六度四等、清心淨行以嚴持於身，放生蔬食、醫病救苦以泛愛於物，造立塔廟、崇飾尊像以嚴佛事，敷演句偈、闡揚經論以廣多聞。此皆是不可思議之人、行不可思議之事，迭爲表裏，用度難信難化之人，欲使其得登無上之道、見當來之佛耳。

梁武帝以及當時和後來的其他帝王官僚，傅普敏、徐普拔、潘普成等居士，屬於護法檀越，而慧集、慧和、普建和普成等比丘則為與傅翕共同化導眾生之僧人，也就是本紀所說的廣義的法嗣也。

---

① 《大正新脩大藏經》，第 47 冊，第 642 頁 a 欄。

② （宋）周伯畬：《〈禪月集〉跋》，《禪月集》，《四部叢刊初編》集部。

③ 即國子監學生。

壹　梁陳傳承

一　傅翕之子普建、普成

傅翕經嵩頭陀點化後，在雙檮樹下與妻子留玅光共同敷演佛法達七年。當時，其子普建、普成應亦相隨吧。正如康熙年間，錢唐佷亭和尚淨挺緝、秀州息波道人成源訂《學佛考訓》卷一所言：

傅大士……種植蔬果，為人傭作。與妻妙光，子普建、普成，共衍佛法。①

本書《祖師紀》已曾述及，大通元年（527），即傅翕被東陽郡守王烋因而復釋之後不久，翕“欲導群品，先化妻、子”，嘗“捨田宅，請四衆設大會”；當年恰遇饑饉，遂至家無斗儲，翕復“化諭妻、子，鬻身助會”。次年，三月，“同里傅重昌、傅僧舉母以錢五萬買之”，翕得錢“即營設大會”；“後月餘，傅氏悉遣玅光等還山”。此為普建、普成與父母“共衍佛法”之一吧。

而是時，普建最多十五歲！普成當更幼小矣。

唐樓穎《善慧大士録序》提及，當時與傅翕共襄佛化之“比丘僧”，“則有智者、頭陀、慧集、慧和、普建、普成”。

普建、普成何時出家，文獻無徵。考《善慧大士録》卷一，傅翕臨終之時，嘗與二子有所交代：

時大建元年歲次己丑夏四月丙申朔，大士寢疾，告其子普建、普成二法師曰：“我從第四天來，爲度衆生故。汝等愼護三業，精勤六度，行懺悔法，免墮三塗。”

二師因問曰：“脫不住世，衆或離散，佛殿不成，若何？”

大士曰：“我去世後，或可現相。”

① 《嘉興藏》第34冊，第2頁c欄。

“大建”為陳宣帝陳頊年號，大建元年即公元 569 年。則至少在此之前，普建、普成已然離俗矣。

《佛祖綱目》卷二十八《善慧傅大士示寂 彌勒化身》則稱，別有遺囑：

> 陳太建元年，有慧和法師不疾而終，嵩頭陀亦於柯山入滅。士懸知，謂普建、普成曰：“嵩公兜率待我，決不可久留也。”時四側花木方當秀實，欻然枯瘁。①

其實，據《善慧大士録》卷一，當時傅翕乃集合衆弟子而言，並非僅囑咐其二子也：

> 嵩頭陀入滅，大士心自知之，乃集諸弟子曰：“嵩公（巳）［已］還兜率天宫待我。我同度衆生之人，去（巳）［已］盡矣，我決不久住於世。”乃作《還源詩》十二章。

《善慧大士附録》卷四亦謂：

> 三藏事畢，法師却還龍丘巖寺。及入滅，大士心自知之，乃謂諸弟子曰：“嵩公已還都率天宫中待我，我同度衆生之人，去已盡矣。”

揆諸實情，傅翕逝前當有兩次囑托，一是專對其子，二乃面向衆人也。

明末曹洞宗僧宗寶道獨（1600—1661）評此事曰：

> 大衆！叢林規矩，決定要行，不可徒有其名。山僧今晚不惜剖肝瀝膽，向大衆説：大衆須要共體此心，便是戒之一事，甚不可忽。于今末法，比不得上古。若只圖向上之名，其實所行不及中下，何等可恥！目見頹風，益當防慎。就是傅大士臨寂，囑其子普建、普成二法師，亦曰：“謹防三業。”莫道三歲孩兒也恁麼道得。空開大口，啻

① 《大日本續藏經》第壹輯第貳編乙編第壹玖套，第二百二十八葉左半葉。

田無一簣之功，鐵圍受百刑之痛。久立。珍重。①

傅翕逝後近二十載，普建亦辭世，此亦可證二子皆為遇嵩頭陀之前所生。《善慧大士録》卷一：

> 禎明元年，大士長男普建法師燒身滅度。

“禎明”為陳後主陳叔寶年號。禎明元年，公元 587 年。南宋本覺《釋氏通鑑》卷六於禎明元年下，亦載：

> 陳傅大士長男普建法師，是年燒身滅度。《大士録》。②

普成何時離世，未明。

許是因為久從傅翕修道且終披緇衣吧，後世轉輪藏前多設傅翕和普建、普成像。普建、普成皆著俗世衣服③。

▲轉輪藏前之傅翕父子塑像

（日本巖手縣祥雲寺）

---

① 丹霞法孫今釋重編《宗寶道獨禪師語録》卷二。《大日本續藏經》第壹輯第貳編正編第叁拾壹套，第五十九葉左半葉至六十葉右半葉。

② 《大日本續藏經》第壹輯第貳編乙編第肆套，第四百三十六葉右半葉。

③ 另一幀照片，請參考本書《聖物紀》轉輪藏部分。

日僧無著道忠（1653—1744）《禪林象器箋》第五類《靈像門》“普建、普成”條論之曰：

或謂輪藏傅翕像左右，往往置普建、普成，非也。蓋傅翕已賣二子而設會，豈可設此像耶？

忠謂，按《大士録》，鬻妻子月餘，而買者復遣歸。二子為法師隨侍，而今二子像非法師。又大士製輪藏，雖不紀年月，測之可在末年。若在末年，則非二子童孩時，進退齟齬。《佛祖統紀》列輪藏前像設，而不及二兒，故不設亦可也。

其安二兒像處，一拍手笑，一指父笑。或曰：是即傅大士與嵩頭陀臨水觀影，乃見圓光寶蓋，二子笑之也。

忠曰：噫！此何從得之耶？按傳，唯大士自笑，無二子事。況今像非臨水者。余謂二子笑態，只可據現成說，謂大士道冠而儒履而佛袈裟，其異形，兒見之笑而已，佛匠巧意以作兒態也，何好鑿說！①

道忠駁“傅翕已賣二子”之成說，謂二子後為買者放歸。此言是。但以日本轉輪藏前所設普建、普成像，並“非法師”；且翕創輪藏之時，二子早已成年；《佛祖統紀》並未記輪藏前有二兒：故而仍然主張，轉輪藏前可以不設普建、普成像。這種看法則可商榷。其實，於轉輪藏前雕造普建、普成，著力表現的是他們乃傅翕之子，故示以小兒貌；翕為居士，匠人亦隨而為二子披白衣；《佛祖統紀》不載，又不表明中土其他處的轉輪藏前就沒有普建、普成像：無著思緒顯有泥滯也。至於輪藏前之普建、普成塑像呈笑態，固非笑翕臨水觀影，然亦不一定笑其父道冠、儒履而釋袈裟也。

二　傅翕在世時之其他僧人

上揭樓穎《善慧大士録序》所言之與傅翕“共羽翼正教”之比丘，除普建、普成之外，另有“智者、頭陀、慧集、慧和”。此四人，《善慧大士附録》卷四並有傳。

① 藍吉富主編：《禪宗全書》第九十六冊《禪林象器箋（上）》，臺北：彌勒出版社 1990 年 5 月初版，第 196 頁上欄至下欄。

焉。因觀大士之遺物。可得而紀矣。稱絲織成彌勒內院一。其巧妙法度。出於自然。惜其歷年。如在髣髴之間耳。王補之以謂。其功非鬼非人。以予觀之。故非人力之所能爲也。叩門槌一。云叩九重門者。乃此槌也。不甚昂大。亦無特異者。銅鐘一。叩之其聲雜踏然。無有越聲。似銅而非銅。若鐵而非鐵。妙光檀香枕一。人之有疾病者。剝其香。煮湯飲之。其患未始有不差者。筆架二。硯屏一。皆陶器木樸之所爲。又大士嘗齋餘。遺飯及蔬茹於山。皆化爲石。今有二焉。白者飯石也。青者菜石也。尚能辨其形跡。可考證之。聖人以身顯化。或出或沒。隨世之緣。又況於物耶。人之於此。不原其心。特有異以待焉耳。誠物之所化也。

● 普建　普成

或謂。輪藏傅翕像左右。往往置普建普成非也。蓋傅翕已有二子。而設會。豈可設此像耶。忠謂。按大

▲［日］無著道忠《禪林象器箋》“普建、普成”條

此“智者”，非謂隋代智者大師智顗（538—597），而是指南朝時的智者大師慧約（452—535）① 也。

此智者大師，俗姓樓氏，名靈璨②，字德素，本烏傷縣竹山里人③。也就是說，與傅翕算是鄉親。十二歲，往剡中習佛，人稱“少達玅理樓居士”。劉宋泰始四年（468），年十七，往上虞東山寺落髮，法名慧約，師事比丘慧靜爲和尚。至梁天監十一年（512），武帝始請相見，並從之受菩薩戒，故人稱之為國師。約頗有才華，湘東王諮議范貢亡後，臨喪賦詩曰：

我有數行淚，不落十餘年。今日爲君盡，併洒秋風前。

① 張子開：《傅大士研究（修訂增補本）》第十二章第一節《智者法師慧約》，第 342—347 頁。

② 隋代有僧靈璨（549—618?），懷州（今屬河南）人，浄影寺慧遠弟子，化跡見《續高僧傳》卷十《隋西京大禪定道場釋靈璨傳》。

③ 《善慧大士附録》卷四《智者大師》。

此詩傳於天下，爲世所重。中大通四年（532），捨宅爲寺，名本生寺。又詔改所居竹山里爲“智者里”。大同元年（535）八月十七日卒，世壽八十四。

其實，慧約法師與傅大士交往並不多，《善慧大士附録》卷四《智者大師》、《續高僧傳》卷六《梁國師草堂寺智者釋慧約傳》甚至根本不及之。《善慧大士録》卷一載，中大通六年（534）正月十八日，傅翕遣弟子傅暀奉書於梁武帝，暀求助於大樂令何昌，昌很為難：

國師智者尚復作啓，況大士國民，忽作白書，豈敢呈通？

幸後與同泰寺見浩法師商議後，仍以表進上。也就是説，慧約無預於傅翕上書梁武帝事也。

雖然，上書事表明，傅翕初欲見梁武帝，即突破世俗規則，不欲遵臣子之禮，作派甚至超過了當時的屈從於皇威的國師慧約。故而徐陵《東陽雙林寺傅大士碑》亦贊曰：

爾時國師智者法師與名德諸衆僧等，言辭謹敬，多乖釋遠之書；文牒卑恭，翻豫山公之啓。大士年非長老，位匪沙門，通疏乘輿，過無虔恪，京都道俗莫不嗟疑。

當年閏十二月到宮闕後，直入善言殿，徑登西國所貢寶榻。“此榻，昭明太子、智者法師洎大士得坐耳。”① 顯然，雖身為居士，傅翕享受的待遇亦與國師相侔也。

雖然現存文獻並無慧約助傅翕弘化之言辭，但由《善慧大士録》收録其傳記而觀，當年智者大師一定與傅翕和雙林寺有一定關係的吧。

智者逝後，詔於本生寺樹碑，使國子祭酒蕭子雲為文；復於草堂寺樹碑，令度支使王筠為文②。

匡廬憨山釋德清述、秀水寓公高承埏補、嘉興上士錢應金較《八十八祖傳贊》卷二《慧約國師傳》贊曰：

---

① 《善慧大士録》卷一。

② 《善慧大士附録》卷四《智者大師》，《續高僧傳》卷六《梁國師草堂寺智者釋慧約傳》。

此大菩薩，現比丘身。戒從性發，通豈修成。
作帝王師，為教化主。誌公是隣，白鶴翔舞。[①]

2. 慧集法師

樓穎所言之“慧集”，乃第一個前來雙林且認可傅翕彌勒應身地位的比丘。《善慧大士録》卷一：

時有沙門慧集來至雙林。大士爲説無上菩提，慧集願爲弟子。

初，大士感夢，項左邊出五色圓光，身昇虚空而下，至所住山東南面頂上。及寤，慧集來，便留此山。爾後，慧集處處教化，常言大士是彌勒應身。

時為中大通元年（529），傅翕時年三十三歲[②]也。

《景德傳燈録》卷二十七《婺州善慧大士》則言，慧集在大通二年（528）即已向眾人宣示傅翕乃彌勒應身了：

大通二年，唱賣妻子，獲錢五萬以營法會。時有慧集法師聞法悟解，言：“我師彌勒應身耳。”大士恐惑眾，遂呵之。[③]

事實上，在傅翕早年的弘化過程中，其彌勒應身身份的傳播及公認，慧集為功最巨也。

慧集，俗姓王，名虵之。本吴郡富春右鄉大括里人。家貧賤，為逃郡縣徭役，逃匿天台山，因披剃爲僧。後聞有東陽大士深解大乘，遂夜行往雙林也。此後，一直跟隨傅翕[④]。

光大二年（568），傅翕逝前一年，在示衆時，又提到了慧集[⑤]：

---

① 《大日本續藏經》第壹輯第貳編正編第貳拾套，第四百八十二葉。

② 張子開：《傅大士研究（修訂增補本）》，第 26 頁。

③ 《大正新脩大藏經》，第 51 冊，第 430 頁 b 欄。

④ 張子開：《傅大士研究（修訂增補本）》第十二章第二節《慧集法師》，第 359—363 頁。

⑤ 同上書，第 38 頁。

> 大士謂衆曰：“我同度衆生之伴，去將盡矣，唯潘、徐二人不出其名。如弟子傅普敏則是文殊。沙門慧和是我解義弟子，亦是聖人，然行位不高。慧集上人是觀世音，與我作弟子。昌居士是阿難。”

稱潘普成、徐普拔等“我同度眾生之伴”“去將盡矣”，則時慧集已然滅度矣。

據《善慧大士附録》卷四《慧集法師》，集乃因燒指及臂，逝於太同四年（538）正月二十一日，年四十七。葬於潛印渚。

傅翕稱“慧集上人是觀世音”，評價不可不謂高矣。

陳宣帝太建元年（569），傅翕臨終時，又有遺言：

> 又囑弟子徐普拔等曰：“我去後，若猶憶我，汝當共迎慧集上人遺形還山，共爲佛事。”

“遺形”也者，遺骸也。《宋書》卷九十七《夷蛮传・呵罗单国》：“諸佛世尊，常樂安隠，三達六通，為世間道。是名如來，應供正覺，遺形舍利，造諸塔象。”宋赞宁等《宋高僧传・译经二・唐洛京圣善寺善无畏》：“今觀畏之遺形，漸加縮小。”《高僧傳》卷八《釋僧遠》：“遠上即業行圓通、曠劫希有，弟子意不欲遺形影迹雜處眾僧墓中，得別卜餘地，是所願也；方應樹刹表奇，刻石銘德矣。即為營墳於山南，立碑頌德，太尉瑯瑘王儉製文。”① 慧集之“遺形”，或當為舍利吧。

也就是說，慧集之“遺形”最後從原葬地潛印渚返回了松山，與傅翕墳墓一起受人供奉也。

在傅翕眼中，慧集地位最高，其他眾弟子應皆無出其右吧。

慧集其他化跡，詳見《善慧大士附録》卷四《慧集法師》，此不贅矣。

3. 慧和法師

樓穎所言之“慧和”，即前述傅翕逝前提及已然棄世的弟子之一也。

其生平行業亦現主要存於《善慧大士附録》卷四《慧和法師》。慧和，俗姓馬氏。祖先本居扶風茂陵，後於西晉永嘉年間南渡，遂遷蘭陵。

---

① （梁）釋慧皎撰、湯用彤校注：《高僧傳》，第319—320頁。

十餘歲時，嘗於興皇寺遇見志公。年二十出家，居敬愛寺。未滿三十，已然究解諸佛秘藏，講論無敵。後賣身供養頭陀寺隱法師。隱遷化，聽其吩咐，依東陽傅大士為師範。是後，伏膺供養，不避艱苦。梁大同二年（536）十一月，偽北齊王高洋遣使迎。數月後，因疾滅於鄴都定國寺，時年六十[①]。

傅大士評價慧和曰："沙門慧和是我解義弟子，亦是聖人，然行位不高。""解義"者，解釋或曉了佛法也。《長阿含經》卷十一《善生經》："夫為弟子，當以此五法敬事師長。師長復以五事敬視弟子。云何為五？一者順法調御；二者誨其未聞；三者隨其所問，令善解義；四者示其善友；五者盡以所知，誨授不恪。"[②] 《中阿含經》卷十七《長壽王品》："他人不解義，唯我獨能知。若有能解義，彼恚便得息。"[③] 唐道宣《續高僧傳》有"義解篇"，所收即皆善於解義之僧人也。

從《善慧大士附録》本傳可知，慧和一生確實以宣講佛法著稱也：

> 始，法師自幼及長，《僧祇》八部，佛覺三昧，研覈凡書，檢校秦篆，多知弘益。又講《大乘義》一百二十遍，《大涅槃》五十遍，《首楞嚴》四十餘遍。在廣陵誦出《大乘義》六十九科，諸學徒共執筆録出爲十八卷、《名教》一卷、并序一卷，合二十卷；《法華義疏》十卷：傳於世。

4. 其他僧侶

徐陵《東陽雙林寺傅大士碑》言：

> 時有信安縣縣比丘僧朔，與其同類遠來觀化。未及祇肅，忽見大士身長丈餘。朔等驚懣，相趍禮拜。虔恭既畢，更覩常形。
>
> 又有比丘智勰、優婆夷錢滿願等，伏膺累載，頻覩異儀：或見脚長二尺，指長五寸餘；兩眼光明，雙瞳照燿，皆爲金色，竝若金錢。

---

① 張子開：《傅大士研究（修訂增補本）》第十二章第二節《慧和法師》，第363—366頁。

② 《大正新脩大藏經》，第1冊，第71頁c欄。

③ 同上書，第535頁c欄。

譬李老而相侔，同周文而等狀。姜嫄所履，天步可以爲儔；河流大(戾)[展]，神足宜其相比。支郎之彦，既恥黄精；瞿曇之師，有慙青目。

前事又載《善慧大士録》卷一：

先有沙門僧朔等四人，自信安來遊雙林，我慢不禮。忽見大士身高丈餘，金色晃耀，不覺稽首，願爲弟子。

後隨入都，住蔣山下定林寺。一日，見白光在大士座前，疑是白氎，以手取之，光還大士，乃無可覓。大士曰："爾後設有所見，不用取也。"

是則與僧朔一同前來雙林寺者，共有沙門四人。智緦則僅見於此矣。

其實，如前所述，早在傅翕第一次派傅暀至建康上書於梁武帝時，助其上達天聽的就有同泰寺浩法師。

據《善慧大士録》卷一，太清二年（548）四月八日，有十九個弟子請求奉代傅翕，持不食上齋及燒身，内中可能有僧人；另有智朗等，則傭賃自己，以所得供養傅大士。

是月九日，比丘菩提割左耳，比丘智朗、智品等二十二人割右耳，普為一切供養諸佛，發願奉代傅翕；次有比丘尼法脱、法堅等十五人，各持三日不食上齋：並愿留師久住，闡揚正教。復有比丘普濟等四十二人，稽首和南大士膝下，乞翕卒閻浮壽。

紹泰元年（555）九月十五日，比丘法曠響應傅翕的號召，於始豐縣天台山下燒身滅度。

陳永定元年（557）二月十八日，比丘慧海、菩提、法解奉命燒指為燈，比丘法如鈎身懸燈。比丘智雲等一十二人，沙彌慧普等十人，又有普知、慧炬等二十三人，奉命割耳出血，和香洒地。比丘曇展等二十六人，沙彌尼慧堅等九人，奉持不食上齋，請佛住世。

上述聽從傅翕倡議，毫不猶豫地賣身供養、持不食上齋、燒指乃至於獻身的出家四眾，達一百六十六人！徐陵《東陽雙林寺傅大士碑》稱"竝載在碑陰，書其名品"的，亦有：弟子比丘法曠，在山林燒身現滅；次有比丘寶月等二人，窮身繫索，挂錠爲燈；比丘慧海、菩提等八人，燒指供養；比丘尼曇展、慧光、法纖等四十九人，行不食齋法；比丘僧拔、慧品等六十二人，割耳出血，用和名香——共一百二十二人。

這個統計應該並不完整吧。

值得注意的是，除了比丘，内中還出現了比丘尼甚至沙彌、沙彌尼的身影。

依《善慧大士録》卷一，傅翕弟子還有慧榮：

> 天嘉元年。弟子慧榮等欲建龍華會。大士曰："汝可作請佛停光會。龍華是我事也。若從吾言，定見龍華矣。"

欲建龍華會者，應不止慧榮一人。身在雙林寺或松山其他道場而有資格建龍華會者，也當為出家人吧。

還有會法師：

> 有會法師者，欲試大士，率八十餘人忽來索食。大士常饍纔給四人，玅光憂之。大士手自行飯，衆悉飽足。

會法師，就是法會。《（崇禎）義烏縣志》卷十七《僊釋》：

> 僧法會，俗姓賈，名孝。同義鄉奉國里人。仕齊、梁間，官至雲麾將軍。武帝時，棄官爲僧，自金陵攜巨鐘、長刹東還。聞傅大士神異，率八十餘人往丐食。大士給以一簞飯，衆飽而飯有餘。會嘆服，以鐘獻，乞爲弟子。大士持鐘，自松山頂擲之溪潭中，謂曰："汝緣在彼。"會即其處宴坐巨石，信向甚衆，爲立精舍於溪濱，即法惠院也。因呼其潭曰聖鐘潭。宋皇祐中，潭湮塞。

還有法璿：

> 沙門法璿等曰："我等有幸，預蒙菩薩示還源相。手自傳香，表存非異，使後世知聖化餘芳。"

璿所言，謂傅翕逝後，烏傷縣令陳鍾耆前來求香火結緣，四衆次第傳香，次及翕時，翕猶能反手受香也。

還有法猛：

初，大士之未亡也，語弟子曰："我滅度後，莫移我臥牀。後七日，當有法猛上人送織成彌勒佛像來，長鎮我牀上，用標形相也。"

及至七日，果有法猛上人將織成彌勒佛像，并一小銅鍾子，安大士牀上。猛時作禮流淚，須臾忽然不見。

大致而言，除去重復，傅翕在世時，與其一同弘揚佛法的出家人，至少應該有二百以上吧。

三　傅翕寂滅後之僧侶

前已言及，傅翕門下最擅講經的僧侶為慧和，惜早於其師而逝去。大士辭世後，雙林寺繼其講席者為智瓚：

大士小學之年，不遊釁舍；大成之德，自通墳典。安禪合掌，說偈論經。滴海未盡其書，懸河不窮其義。前後講《維摩》、《思益經》等，比丘智瓚傳習受持。①

至太建四年（572），雙林寺僧人集體請求為祖師及慧集、慧和法師立碑：

大建四年九月十九日，弟子沙門法璿、菩提、智瓚等，爲雙林寺啓陳宣帝，請立大士并慧集法師、慧和闍棃等碑。於是詔侍中、尚書左僕射領大著作、建昌縣，開國侯、東海徐陵爲大士碑，尚書左僕射領國子祭酒、豫州太中正汝南周弘正爲慧和闍棃碑。②

未言誰撰慧集碑。由此或可推斷，傅翕逝後，雙林寺的第一任住持當為法璿吧。

① 徐陵：《東陽雙林寺傅大士碑》。

② 《善慧大士録》卷一。

《釋氏稽古略》卷二《（陳）高祖皇帝》亦載：

壬辰　（陳）大建四年　（後梁）天保十一年　（周）建德元年　（北齊）武平三年

九月，陳帝詔僕射徐陵撰婺州雙林傅大士碑，詔僕射周弘正撰慧和闍黎碑。　陳紀寺記。[①]

亦未及慧集碑。

然南宋王象之《輿地碑記目》卷一《婺州碑記》卻言：

惠集法師碑　陳大建六年[②]

或許，慧集、慧和碑皆周弘正所撰吧。

這三通碑，應該皆豎立於雙林寺吧。

實際上，據雲黃寺方丈宏浄法師講，雲黃寺清咸豐年間所立石碑上，亦有“慧集”二字呢[③]。

《善慧大士録》卷二：

陳太建五年，菩提等上啓於宣帝，請爲本寺護法檀越[④]。帝答書[⑤]可之。

菩提等又作書與朝貴以下，曰：……

於是自朝廷宰貴以下至于士庶，具題爵里、願爲護法檀越者甚衆。

太建五年（573），雙林寺又以菩提法師為主要負責人矣。

同書又記：

---

① 《大正新脩大藏經》，第49册，第804頁c欄。

② 文淵閣《四庫全書》本。

③ 譚雲、金洪斌：《千年古刹 光彩重現》，載義烏日報社、義烏市風景旅遊管理局編：《沿江走過》，義烏日報社印刷廠2002年版，第82頁。

> 隋開皇十五年二月十五日，文帝作書與弟子沙門慧則等，曰：
> 皇帝敬問慧則法師：……
>
> 仁壽元年正月十五日，帝又書曰：
> [皇帝敬問雙林寺慧則法師：]……

可見，開皇十五年（595）前後，雙林寺住持為慧則法師也。

貳　隋唐五代傳承

一　廣州和安寺通禪師

《景德傳燈録》卷九列“洪州百丈懷海禪師法嗣三十人”，其中十四人“見録”，內中有“廣州和安寺通禪師”：

> 廣州和安寺通禪師者，婺州雙林寺受業。自幼寡言，時人謂之“不語通”也。
>
> 因禮佛，有禪者問云：“座主禮底是什麼？”師云：“是佛。”禪者乃指像云：“這箇是何物？”師無對。至夜，具威儀禮，問禪者云：“今日所問，某甲未知意旨如何？”禪者云：“座主幾夏邪？”師云：“十夏。”禪者云：“還曾出家也未？”師轉茫然。禪者云：“若也不會，百夏奚為？”禪者乃命師同參馬祖。行至江西，馬祖已圓寂。乃謁百丈，頓釋疑情。
>
> 有人問：“師是禪師否？”師云：“貧道不曾學禪。”師良久，却召其人。其人應諾。師指椶櫚樹子。其人無對。
>
> 師一日令仰山將床子來。仰山將到，師云：“却送本處。”仰山從之。師云：“床子那邊是什麼物？”仰山云：“無物。”師云：“遮邊是什麼物？”仰山云：“無物。”師召云：“慧寂！”仰山云：“諾。”師云：“去。”①

① （北宋）道原：《景德傳燈録》，《普慧大藏經》本。

《五燈會元》卷四《廣州和安寺通禪師》、《五燈嚴統》卷四《廣州和安寺通禪師》、《五燈全書》卷七《廣州和安寺通禪師》、《教外別傳》卷六《和安寺通禪師》等，並有類似載録。

“受業”，從師學習。《孟子・告子下》：“（曹）交得見於鄒君，可以假館，願留而受業於門。”《史記・孔子世家》：“孔子不仕，退而脩詩書禮樂，弟子彌衆，至自遠方，莫不受業焉。”《高僧傳》卷三《譯經下》：“佛馱什，此云覺壽。罽賓人。少受業於彌沙塞部僧，專精律品，兼達禪要。”① 通禪師既在婺州雙林寺受業，自為雙林傳人也。

通禪師為百丈懷海（720—814）弟子，當為禪宗衲子，生活於九世紀，且弘揚叢林清規吧。

《指月録》卷十一《廣州和安寺通禪師》：“通禪中毒，旁及仰山。”② 是謂通禪師有弟子曰仰山。按，仰山慧寂（840—916）乃禪宗溈仰宗祖師之一。考《宋高僧傳》卷十二《唐袁州仰山慧寂傳》：

> 釋慧寂，俗姓葉。韶州須昌人也。登年十五，懇請出家，父母都不聽允，止。十七再求，堂親猶豫未決。其夜有白光二道，從曹溪發來，直貫其舍。時父母乃悟是子至誠之所感也。寂乃斷左無名指及小指，器藉跪致堂階曰：“答謝劬勞如此。”父母其不可留捨之，依南華寺通禪師下削染。年及十八，尚為息慈。謍持道具，行尋知識。③

《景德傳燈録》卷十一《袁州仰山慧寂禪師》亦載：“遂依南華寺通禪師落髮。未登具，即遊方。”④ 可知通禪師尚住持過嶺南曹溪南華寺也。

按，《祖庭事苑》卷七《八方珠玉集・仰山》稱：“師諱慧寂。韶州湞昌縣葉氏子。初生頗有異蹟。為童稺，依番禺安和寺不語通出家。”⑤ 當是誤“和安寺”為“安和寺”吧。據此，和安寺在番禺。

南宋寶曇輯《大光明藏》卷中《廣州和安寺禪師》，曇評曰：

---

① 《大正新脩大藏經》，第 50 冊，第 339 頁 a 欄。

② 《大日本續藏經》第壹輯第貳編乙編第拾陸套，第一百二十五葉右半葉。

③ 《大正新脩大藏經》，第 50 冊，第 783 頁 a 欄-b 欄。

④ 《大正新脩大藏經》，第 51 冊，第 282 頁 a 欄至 b 欄。

⑤ 《大日本續藏經》第壹輯第貳編正編第拾捌套，第一百七葉左半葉。

寶曇曰：古人自利根上智已還，一等朴茂之資，大略相似。其受道既不相遠，而用處亦然。如不語通以下至于大安諸師，親自百丈爐鞴中來，如煅了精金，略無滓穢。此但著其一時應機而已，要驗其氣力相敵、利鈍相磨，自非其家弟兄，孰敢輕觸！[①]

二　令涉法師

明熊人霖重修《（崇禎）義烏縣志》卷十九《雜述考·古蹟》“浄居教寺”條：

在縣北二十里，在黄蘗山下。唐咸通八年，雙林僧令涉開創。廣明二年，賜號寶勝。宋大中祥符中，賜額浄居院。今改教寺。所遺有石羅漢及叚子昂。

黄溍碑記曰：

黄蘗山在吾烏傷，北望之森然。其起如鶱，其狀如踞，其支而出也如趍如附，亘二十里，靡迤而不絶，抵縣治乃已。由山之趾，緣修蹊而上，磬折行清池古木間。至其腹，重岡沓嶺，周如四墉，則又窈然而深。有佛廬曰浄居，唐涉公禪師行道之所也。

先是，山皆榛莽，貁貍蛇虺以為窟宅，樵蘇之迹所不通。涉公以雙林緇錫猥眾，(歆)［欲］去喧而就寂。咸通中，始來隱于此，結茅自蔭，宴坐盤石上，人無知者。久乃得棄蔬澗水濱，遂相率訪求之。既見而高其行為，闢地治棟宇，如其它浮圖居。且白狀于刺史以聞，賜寶勝額。宋大中祥符初，易今名。景定木（?），大比丘珏公以癡□嫡嗣領天下第一山，理宗甚尊禮之，故其境以人而益勝。

予(児)［兒］時避兵山旁民家，屢住憇焉。仰視殿堂，丹采皆黕昧。父老指石羅漢云：“相傳池水嘗夜出光怪，因得此像十六及石磨一。或以為廬山歸宗寺故物，莫知何以至此。”又指前鉅閣云：“此御書閣。舊藏理宗所書‘荆叟’兩大字。”荆叟，珏公自號也。後予游宦四方，不能數造其處。屬者偶過之，則文拱華榱，晃耀林

① 《大日本續藏經》第壹輯第貳編乙編第拾套，第四百二十二葉左半葉。

谷。中嚴金相，後列玉丞。花香物品，僃完無闕。

上人法暉，揖予而言曰："暉少得業是山，今老矣，大惧無以續前人之緒。遺菅積累，殞十星霜，佛殿則創於大定元年之十月，藏殿則落於至順三年之二月；僧堂兩廡，次第畢新。盖其材則因山之良，食則取歲之美，不足則繼之以衣盂之私。雖未嘗持簿走民間里中，好事者捐錢為助，亦弗拒也。竊不自揆，將馳書謁辞，以紀歲月，而辱惠願焉，敢遂以為請。"

嗟夫！今之為佛學者，方務餙空言以相高，凡塔廟之奉，數於非道之所存，而不以屑其意。上人廼能達理事之不二，汲汲焉扶植振起之，豈非難哉！予觀茲山，土堅石秀，水無暴［?］湍，杉擨松楠竹箭之產，茂美而悅澤，清淑所鐘，固宜代不乏人，高山仰止，涉公之行業，玨公之名德未墜也。綢繆户，上人之功，(盍)［盖］可以弗嗣乎？書而歸之，俾刻諸石，庶來者有槩於心，而益致其力焉。爾其徒相是役及施者之名氏，具列於石背云。

邑人黃溍譔。

今廢。①

清王廷曾編《(康熙) 義烏縣志》卷十七《方外志・二氏・寺觀・附廢寺觀》、清諸自穀、程瑜、李錫齡等纂《（嘉慶）義烏縣志》卷十八《寺觀・附廢寺觀》等，並有記載。

據此，雙林寺僧令涉於唐咸通八年（867）在烏傷縣黃蘗山下開創了新寺。廣明二年（881），朝廷賜號"寶勝寺"。北宋大中祥符中（1008—1016），另賜"浄居院"。到了黃溍（1277—1357）生活的元代，再改為淨居教寺也。而且，寺在元代即已然廢棄。

令涉當生活於九世紀中、下半葉吧。

三　西塔顯殊禪師、用明禪師

北宋末雲門宗僧佛國惟白《建中靖國續燈録》卷十一《婺州寶林顯殊禪師法嗣・婺州寶林用明禪師》：

① （明）熊人霖重修：《（崇禎）義烏縣志》，第六册，第八葉右半葉至第九葉右半葉。

問：“世尊三昧，迦葉不知。和尚三昧，什麼人知？”師云：“泥牛穿海去，木馬透雲歸。”僧曰：“恁麼，則學人請益。”師云：“未敢相許。”僧無語。師云：“真箇衲僧。”①

顯然，顯珠禪師嘗住持過義烏雙林寺，其法嗣用明後繼其位也。

明代圓极居顶编《續傳燈録》卷十《寶林殊禪師法嗣》全援惟白書，然省稱“婺州寶林顯殊禪師”為“寶林殊禪師”，令人難以判斷寺是否在雲黃山下；最後一句“真箇衲僧”，更是變為“真箇”②，不知所云。

明僧山翁道忞編、吴侗集《禪燈世譜》卷七，認為“寶林用明”之師乃“西塔顯殊”③；清霁崙超永《五燈全書目録》，也認為用明為“西墖殊禪師法嗣”④。考《五燈全書》卷三十三、《續傳燈録》卷五，明費隱通容、百癡行元合撰《五燈嚴統》卷十五、南宋普濟《五燈會元》卷十五皆有《婺州西塔顯殊禪師》：

上堂。“黄梅席上數如麻，句裏呈機事可嗟。直是本來無一物，青天白日被雲遮。參！”⑤

再對照《建中靖國續燈録》所言，顯殊當實住雙林寺西塔也。

四 智新律師

《宋高僧傳》卷二十五《周會稽郡大善寺行瑫傳》：

釋行瑫，姓陳氏，湖州長城人也。考曰良，母陶氏，鍾愛之心與諸子異。然其敏利，又於羣童傑然而出。父母多途礙其出家之志，終弗能禁。唐天祐二年，依光遠師求于剃染。年十有二，誦《法華

① 《大日本續藏經》第壹輯第貳編乙編第玖套，第八十八葉左半葉至八十九葉右半葉。

② 《大正新脩大藏經》，第 51 冊，第 528 頁 a 欄。

③ 《大日本續藏經》第壹輯第貳編乙編第貳拾套，第三百一十葉右半葉。

④ 《大日本續藏經》第壹輯第貳編乙編第拾叁套，第三十八葉左半葉。

⑤ （1）《大日本續藏經》第壹輯第貳編乙編第拾叁套，第三百九十葉右半葉。（2）《大正新脩大藏經》，第 51 冊，第 495 葉左半葉。（3）《大日本續藏經》第壹輯第貳編乙編第拾貳套，第三百三十八葉左半葉。（4）《大日本續藏經》第壹輯第貳編乙編第拾壹套，第三百葉右半葉。

經》，月奇五辰而畢軸。次《維摩經》，盡如道安朝請經而暮納本焉。尋於餘杭龍興寺受滿足戒。遂往金華雙林寺智新，傳《南山律鈔》，弭節服膺，流輩推揖。常食時至，以不糳[1]之米與菜茹投小鼎中參煮而食，此外斷無重味。義解之心，理棼破木，都無難色。嘗謂人曰："所好甚者，不見他物之可好。吾之好也，樂且無荒也。"後唐天成中，寓于越，樂若耶山水。披覽大藏教，服枲麻之衣，慕道俗置看經道場於寺之西北隅。構樓閣堂宇，蔚成別院，供四方僧曾無匱乏。以顯德三年壬子秋七月，示疾終于此院，報齡六十二，法臘四十四。

瑫性剛正，無面諛，無背憎。足不趨豪貴之門，囊不畜盈餘之物。房無閉戶，口無雜言。亦覽群書，旁探經論，慨其郭迻《音義》疎略、慧琳《音義》不傳，遂述《大藏經音疏》五百許卷，今行于江浙左右僧坊。然其短者，不宜稱疏；若言疏，可以疏通一藏經，瑫便過慈恩百本幾倍矣。其耿介持律，古之高邁也矣。[2]

據此，"耿介持律，古之高邁也"之行瑫（895—956）[3]，嘗於唐天祐二年（905）出家之後，後唐天成年間（926—930）之前，曾"往金華雙林寺智新，傳《南山律鈔》"。也就是說，晚唐五代，雙林寺嘗由專攻南山律的智新律師住持。

元曇噩成於元順帝至正二十六年（1366）的《新修科分六學僧傳》卷二十《周行瑫》謂，"傳澄照律鈔於金華雙林寺智新"。

古代典籍中之"傳"，多謂傳授。《論語·子張》："君子之道，孰先傳焉？"韓愈《殿中侍御史李君墓志銘》："其說汪洋奧美，……學者就傳其法，初若可取，卒然失之。"揆諸語境，行瑫到雙林寺時最多三十多歲，似不可能向智新弘法。也就是說，無論是"傳《南山律鈔》"，還是"傳澄照律鈔"，皆當為向智新學習也。

五　某遊方僧

《古尊宿語録》卷七《睦州和尚語録·勘看經僧第二》：

---

① 宋、元本，作"㸑"。

② 《大正新脩大藏經》，第 50 冊，第 871 頁 a 欄至 b 欄。

③ 陳垣：《釋氏疑年録》，中華書局 1964 年版，第 186 頁。

問僧："什麼處來?"僧云："雙林寺來。"師云："傅大士道什麼?"僧云："他不問和尚，和尚又問他作什麼?"師云："什麼處得這老婆說話來!"

問僧："什麼處來?"僧云："雙林寺來。"師云："還見傅大士麼?"僧云："不錯祗對和尚。"師云："咄！咄！牢裏作活計。"

問僧："什麼處來?"僧云："雙林寺裏來。"師云："在彼看經麼?"僧云："和尚什麼處得這箇消息?"師云："兩俱失。"①

參見睦州道明（780—877）的三個雙林寺僧，既然熟悉傅大士禪風，當來自義烏松山下矣。

叁　趙宋傳承

一　大通善本禪師

北宋德洪覺范《禪林僧寶傳》卷二十九《大通本禪師》：

禪師名善本，生董氏，漢仲舒之後也。其先家太康仲舒村。大父琪、父溫，皆官于潁，遂為潁人。初，母無子，禱於佛像前，誓曰："得子必以事佛。"即蔬食，俄娠。及生，本骨相秀異，方晬而孤。母育于叔祖玠之家。既長，慱學，操履清修。母亡，哀毀過禮，無仕宦意，辟穀學道，隱于筆工。然氣剛不屈，沈默白眼公卿。

嘉祐八年，與弟善思，俱至京師，藉名顯聖地藏院，試所習為大僧。其師圓成律師惠揖者，謂人曰："本它日當有海內名，乃生我法中乎。"圓成使聽習毗尼，隨喜《雜華》。夜夢見童子，如世所畫善財，合掌導而南。既覺曰："諸佛菩薩加被我矣。其欲我南詢諸友乎?"

時圓照禪師，道振吳中。本徑造姑蘇，謁於瑞光。圓照坐定，特顧之。本默契宗旨，服勤五年，盡得其要。其整頓提撕之綱、研練差別之

① （宋）賾藏主編集，蕭萐父、呂有祥、蔡兆華點校：《古尊宿語録》，中華書局 1994 年版，上冊，第 101 頁。

智，縱横舒卷，度越前規。一時輩流，無出其右。圓照倚之，以大其家。以季父事圓通秀公。秀住廬山棲賢，出入臥内，如寂子之於東寺。

元豐七年春，絕九江，游淮山，徧禮祖塔。眷浮山巖叢之勝，有終焉志。遂居太守巖。

久之出世，住婺州雙林六年。浙東道俗追崇，至謂傅大士復生。

移住錢塘淨慈，繼圓照之後。食堂日千餘口，仰給於檀施，而供養莊嚴之盛，游者疑在諸天。（或云西天。）時號"大小本"。神考（或作哲宗。）聞其名，有詔住上都法雲寺，賜號"大通禪師"。又繼圓通之後，本玉立孤峻，儼臨清（或云千眾。）眾，如萬山環天柱，讓其高寒。然精麤與眾共，未甞以言徇物，以色假人。王公貴人，施捨日填門，廈屋萬礎，塗金鏤碧，如地湧寶坊。

住八年，請于朝，願歸老於西湖之上。詔可。遂東還，庵龍山崇德，杜門却掃，與世相忘。又十年，天下願見，而不可得，獨與法子思睿俱。

睿與余善，為予言其平生，曰："臨眾三十年，未甞笑。及閑居時，抵掌笑語。問其故，曰：'不莊敬，何以率眾？吾昔為叢林，故強行之，非性實然也。'所至見盡佛菩薩行立之像，不敢坐。伊蒲塞饌，以魚胾名者不食。其真誠敬事，防心離過，類如此。"

大觀三年十二月甲子，屈三指謂左右曰："止有三日。"已而果歿。有異禽翔鳴于庭而去。塔全身於上方。閱世七十有五（或三。），坐四十有五夏。

贊曰：本出雲門之後，望雪竇為四世嫡孫。平居作止，直視不瞬。及其陞堂演唱，則左右顧，如象王回旋，學者多自此悟入。方其將終之夕，越僧夢本歸兜率天。味其為人，居處服玩，行己利物，日新其德，不置之諸天，尚何之哉！①

據之，元豐七年（1084）之後，大通善本（1035—1109）② 甞住持雙林寺六年之久也。

《續傳燈録》卷十四《東京法雲大通善本禪師》："以師法名與圓照同

① 《大日本續藏經》第壹輯第貳編乙編第拾套。

② 陳垣：《釋氏疑年録》，中華書局 1964 年版，第 230 頁。

下字，時號圓照為大本，以師為小本焉。”①

善本法嗣、青原第十三世暨雲門七世之志璿，亦嘗至雙林禮傅翕。《嘉泰普燈録》卷八《潭州雲峰祖燈志璿禪師》：

> 南粵人，族陳氏。母因雷震而生。五歲授書，至“未知生，焉知死”，怳如夢覺，歸以出家告父母。未冠為僧，謁大通於雙林。一夕，登大士殿作禮。既而經行，於善惡不思中，尋即開悟。住雲峰日，上堂曰：“休去，歇去，一切萬年，寒灰枯木去，古廟裏香爐去，一條白練去。大眾！古人見處如日暉空，不著二邊，豈墮陰界。堪嗟後代兒孫，多作一色邊會。山僧即不然，不休去，不歇去，業識忙忙去，七顛八倒去，十字街頭閙浩浩地聲色裏坐臥去，三家村裏盈衢寒路荆棘裏游戲去，刀山劍樹劈腹剜心、鑊湯爐炭皮穿骨爛去。如斯舉唱，大似三歲孩兒輥繡毬。”②

志璿拜謁大士殿後而開悟，而其後來在云峰上堂語“休去，歇去”云云，亦頗解傅大士“有物先天地，無形本寂寥。能為萬象主，不遂四時凋”等化語的精髓矣。

明吳郡沙門道衍《諸上善人詠》之五十二《大通善本禪師》贊曰：

> 儼臨于眾屹如山，道譽揚揚藹世間。
> 不是虛承圓照後，須知接武向西遷。
>
> 善本禪師，姓董氏。漢仲舒之後。其先家大康仲舒村，後遷于潁，遂為潁人。博通內外書，操履清修。參圓照本公坐，定公特顧之，本默契其旨。一時輩流俱列其下。後住淨慈，繼圓照之席，眾輳如雲。時號大小本。神、孝聞其名，詔住上都法雲寺，賜號大通禪師。所至凡見佛菩薩立像，不敢坐。齊饌以魚截名者，不食。其防心離過，專志淨業，蓋有所從來。示寂之際，光明甚熾。③

---

① 《大正新脩大藏經》，第 51 冊，第 555 頁 b 欄。

② 《大日本續藏經》第壹輯第貳編乙編第拾套。

③ 《大日本續藏經》第壹輯第貳編乙編第捌套，第五十三葉。

二　果昌寶覺禪師

大通善本之徒果昌寶覺禪師，繼善本住持雙林寺。

《建中靖國續燈録》卷二十五《婺州雲黃山寶林寺寶覺禪師》：

諱果昌，姓時氏，安州人也。自幼出家，精通貝葉。弱冠試度，遂慕南宗，遠造寶林大通禪師席。入室，聞舉遊山翫水因緣，豁然大悟。乃獲印可。復遊淮甸，徧扣宗師。孤節介性，超然獨異。擔板自稱，名播叢席。緣終示疾，沐浴更衣，索筆為頌，趺坐而逝。

問："朝宰臨筵，願聞舉唱。"師云："聞似不聞。"僧曰："恁麼則得聞於未聞也?"師云："不聞似聞。"僧曰："一句流通，清風帀地。"師云："一似不曾聞。"

問："昔日保壽開堂，三聖推出一僧，保壽便打。學人今日不推自出，未審和尚如何下手?"師云："尊官在此。"僧曰："不干他事。"師云："前令已行。"僧曰："丈夫未盡平生志，特地挑燈把劒看。"師云："識甚痛痒!"

僧曰："祇如放開揑聚一句，作麼生道?"師云："猶自不甘。"

問："如何是寶林境?"師云："雲黃山。"僧曰："如何是境中人?"師云："傅大士。"

僧曰："祇如向上宗乘，若何指示?"師云："貪觀天上月，失却手中橈。"

問："如何是佛?"師云："堯眉八彩。"僧曰："乞師再指。"師云："舜目重瞳。"

問："如何是佛法大意?"師云："釘樁搖艣。"僧曰："畢竟如何?"師云："把纜放船。"

提刑楊公傑入寺，因寫七佛殿額，乃問："七佛重出世時如何?"師云："一回相見一回新。"

又同問山次，刑拈起大士飯石，問："既是飯石，為什麼皭不破?"師云："祇為太硬。"刑云："猶涉繁詞。"師云："未審提刑作麼生?"刑云："硬。"師云："也是第二月。"

上堂。云："千般巧說，不離昔日門風。萬種施為，秖是舊時光彩。蟬鳴高柳，普應十方。葉落孤峰，一時可驗。"顧視左右云：

“還見麼？若言有見無見，未出斷常。若言非有非無，乃存戲論。”喝一喝，云：“快須薦取。更若意思交馳，便見白雲萬里。”

上堂。云：“正月孟春猶寒，叉手人人舉過。青山隱隱如藍，誰道迷逢達磨。參！”

上堂。云：“天高地厚，自古及今。西落東生，何曾間斷。清風明月，帀地普天。畐塞虛空，逃之無處。恁麼說話，且逗初機。”驀拈起拄杖，云：“佛殿上鴟吻，吞却雲黄山。見儞諸人不會，却吐在舊處了也。參！”

上堂。云：“山僧作事無限，凡百不曾預辨。凌晨隨例餐糜，齋時伴眾喫飯。日月任渠遷，四序從佗變。且道為人在什麼處？”良久，云：“兩箇五百，合成一貫。”

上堂。云：“一即一，二即二，鼰著直是無香氣。”驀拈拄杖，卓一下，云：“識得山僧榔栗條，莫向南山尋鼈鼻。”

師於紹聖三年五月十日辭世，云：“遮箇關棙，非難非易。四象相催，吾難住世。昨夜三更星斗移，一片虛空撲落地。”①

由其陪楊傑入寺問山而觀，寶覺當住持過雙林寺。

果昌“擔板自稱，名播叢席”，而《建中靖國續燈録》卷二十九録有其《擔板庵歌》一首：

此箇茆蓬，外實內空。恒沙妙用，盡在其中。

背靠青山淥水，面觀翠竹長松。任你風寒霜雪，幾經春夏秋冬。

指天罩地，為法界宗。禪人遊賞，默默相逢。看取題目，水洩不通。②

果昌卒於紹聖三年（1096），生年不詳。

三　寶林懷吉真覺禪師

懷吉真覺，佛印了元（1032—1098）之徒。

---

①《大日本續藏經》第壹輯第貳編乙編第玖套，第一百六十八葉左半葉至一百六十九葉右半葉。

②《大日本續藏經》第壹輯第貳編乙編第玖套。

北宋末雲門宗僧佛國惟白編《建中靖國續燈録》卷十一《婺州寶林懷吉真覺禪師》：

問："德山棒，臨濟喝。未審是同是别？"

師云："將諸是衲僧。"

僧曰："學人未曉，特伸請益。"

師云："不妨剑利。"

問："如何是和尚為人句？"

師云："有問有答。"

僧曰："得聞於未聞也。"

師云："聞底事作麼生！"

僧曰："六耳不同謀。"

師云："也是。"

師云："善慧遺風五百年，雲黄山色秪依然。而今祖令重行也，一句流通徧大千。大眾且道是什麼句？莫是函蓋乾坤、截斷眾流、隨波逐浪底麼？咄！有甚交涉。自從有佛祖已來，未曾動著，今日不可漏泄真機去也。"顧視大眾云："若到諸方，不得錯舉。"①

南宋普濟《五燈會元》卷十六、明圓極居頂《續傳燈録》卷十，明費隱通容、百癡行元合撰《五燈嚴統》卷十六、清霽侖超永編《五燈全書》卷三十五等，並有摘録。

四　應庵曇華禪師

趙宋臨濟宗僧應庵曇華（1103—1163），蕲州（今湖北蕲州縣）人，或稱黄梅（今湖北黄梅縣）人。俗姓江，字應庵。年十七，於東禪寺剃染，十八歲受具足戒。先從水南青遂學禪，是後遍參善知識：謁圜悟克勤；奉克勤命，赴彰教寺，師事虎丘紹隆，並嗣其法。是後，歷住明州天童寺、廬山歸宗寺等十五寺。與大慧宗杲，並稱臨濟法系之二甘露门。隆興元年示寂，世壽六十一。嗣法弟子，密庵咸傑。

① 《大日本續藏經》第壹輯第貳編乙編第玖套。

時李浩[①]獻祭文曰：

維隆興元年六月十三日，左承議郎、太常丞兼權尚書吏部郎官李浩，謹以香茶之奠致祭于故天童山應庵禪師和尚：

嗚呼！師遂遷寂矣！夫抑世諦流布也，弗祭，其弗來矣。夫祭之，果亦至也。方其彷徨於水南，周旋於江東，西湖南北，困頓於雲居、章教之久，如求亡子，如喪考妣。茲其未悟矣，夫抑未嘗不巍巍堂堂、煒煒煌煌也。已而獨踞道場一十有五，說法如雷如風，奔走衲僧如鳳如麟。茲其既悟矣，夫亦未嘗不跛跛挈挈、百醜千拙也。烹鍛諸佛，其無功矣，夫抑最上上之功也。呵咄列祖，是無德矣，夫亦無等等之德也。走之於師，爰自相視而笑，授受兩忘。昔不為初學，今不為宿習。淮江異出不為阻，儒釋異容不為間。時從杖屨，日瞻槌拂不為親；曠紀彌年，元字脚不通不為疎。生而咨叩不為敬，死不哭臨不為慢。

善觀走於師者，於一奠焉，而觀之無餘蘊矣。尚享！[②]

有《應庵和尚語録》二十卷。其化跡見於：《聯燈會要》卷十八、《嘉泰普燈録》卷十九、《佛祖歷代通載》卷二十、《釋氏稽古略》卷四、《續傳燈録》卷三十一、《大明高僧傳》卷六等。

有關其生平最可靠的材料，為李浩所撰《塔銘》：

塔銘

左承議郎太常丞兼權尚書吏部郎官李浩撰

隆興改元癸未六月十三日，住持天童山應庵禪師曇華還寂，塔全身於院之西麓。其侍者興會持遺書，副以趙州之頂相來，且需文以銘。余曰："銘余宜為。歲在庚午，始識師於番陽。十四年于今，念有所至，雖千里命車，忽焉去之，亦不為少頃留，以是為常。家居官居，其門弟子以化事往還，蓋未嘗絕也。知師之所歷至詳，銘余宜

① 生平見《宋史》卷三百五十《列傳第一百九》本傳。

② 《應菴曇華禪師語録》卷十附《李侍郎祭文》。《大日本續藏經》第壹輯第貳編正編第貳拾伍套，第四百四十八葉左半葉至四百四十九葉右半葉。

為。示之信入，導以進步。既久而本然之法，軒豁呈露，靡所逃遁。考觀其極，與吾儒所謂一貫兩端。宗廟之美，百官之富，無得踰之。日月不可階之，天無或少戾。知師之所造至悉，銘余宜為。負二宜為最後，又以古佛相貌寄意，銘余責也，其可辭?”

師，江氏子。蘄之黄梅人。生而奇傑，骨目聳秀。童稺便厭世，故具決定志，津濟羣品。年十七，出家於邑之東禪。明年為大僧。又明年，杖錫參訪。首謁隨州水南遂和尚，染指法味，歡喜踴躍。遂徧歷湖南北，江東西。所至，與諸老宿激揚，無不投契。然師根器遠大，不肯得少為足，要求向上鉗鎚，透頂透底；諸佛列祖羅籠，不住一著。以厭滿初願，迺上雲居，禮圜悟禪師。一見拊勞，痛與提策，以為法之故，服勞難事，趨走惟恐居後。會圜悟入蜀，指似往見彰教隆，于宣隆其子也。隆移虎丘，師實為先馳。未半載間，通徹大法，頓明圜悟為人處，機關深固，運用恢廓。言句之出，皆越格超量，人天罔測，道聲藹然，洽於叢林。

未幾禮辭，游戲諸方。初分座於處之連雲。處守遂以妙嚴，請師出世。繼住衢之明果，蘄之德章，饒之報恩、薦福，婺之寶林、報恩，江之東林，建康之蔣山，平江之萬壽，兩住南康、歸宗，末乃住今天童。皆緇白歆慕，同辭公舉；處處開大施門，垂手未悟；遠近奔湊，如水赴壑。

師於普說、小參、問答、勘辯之屬，皆從容暇豫，曲盡善巧。而室中機辨，摻縱殺活，尤號明妙。飽參宿學，一近槌拂，亦汗下心死，恨見之晚。先意出力，辦所難集，以申報効。舊嘗領徒典刹者，皆晦匿名跡，以得寓巾鉢於下陳為幸。嗚呼，道亦宏矣!

師既大振宗風，為世眼目，至於行業高潔，咸可稱述。師初有發明，即與此庵禪師、時號元布袋者同行，反覆博約，日益深奥。及從此庵於護國，相得歡甚。此庵之亡意，於師不無所屬。而開堂嗣法訖，不忘虎丘。與近世眩於名聞、牽於利養、燒香不原所得者，異矣！矩範嚴峻，或有過失，往往面質，無所寬假；言既脱口，亦釋然無間。以是學者畏而仰之。每於住持，泛應虚受，雖料理建置、小物細故，動為無窮計，未嘗苟且。至纖毫不可於意，即翩然徑去，莫能回奪。嘗自言：“衲僧家著草鞋住院，何啻如蚖虵戀窟?”勉厲徒眾，不許放逸，事事必身率之。其將示疾也，猶掛牌入室至夜分。他日多類是。

將終，或以辭世偈為請。師曰："吾嘗笑諸方所為，而自為之耶？"區處院事，纖悉不遺。奄然趺坐而化。春秋六十一，夏臈四十三。偈頌語録甚富，未及詮次，已盛傳於世矣。

徑山妙喜禪師，聲價隆重。方其顯赫、時爭屈之下，師執常禮無加損。及其在梅陽，有僧傳師垂示語者，妙喜見之，極口稱歎。後以偈寄歸宗云："坐斷金輪第一峯，千妖百怪盡潛蹤。年來又得真消息，報道楊岐正脉通。"其歸重如此。逮妙喜還徑山，退居明月庵，師演化于明，叔姪相望，往來憧憧，必至二大士之門，咸曰："妙喜、應庵無異辭。"師寂後未踰月，妙喜亦化去。祖道其遂陵夷矣乎！後生可畏，菴必將有紹之者。

銘曰：

臨際一宗，支派分布。大於楊岐，盛於五祖。
善美具并，厥惟圜悟，生子若孫，益振門戶。
師固後出，氣雄諸方，發端水南，徧參湖江。
所至皆靡，陳既堂堂。師視缺然，高翥遠驤。
窮法頂底，迺梯迺航。椎拂巾瓶，一十三剎。
示無緣慈，縱無畏說。魔族萬千，我殺我活。
驅耕奪饑，定動智拔。還其本然，同此大達。
太白峯之前，玲瓏巖之下，有窣堵波，靈骨是舍。
三十年後話行，猶是閉眼作夜。①

從塔銘可知，應庵是在離開薦福寺後，前往雙林寺的。後又赴婺州報恩光孝禪寺等名剎。其在雙林寺的化語，嗣法門人守詮等編為《婺州寶林禪寺語録》。

五　雙林德用禪師

德用，婺州人。生卒年不詳。俗姓戴。於智者寺試經得度之後，參謁長蘆崇信、保寧圓璣、佛眼清遠等。復至雲居山，從高庵善悟遊，人稱

① 《應菴曇華禪師語録》卷十附。《大日本續藏經》第壹輯第貳編正編第貳拾伍套，第四百四十七葉左半葉至四百四十八葉左半葉。

“用大碗”，終嗣其法。南宋浄善重編《禪林寶訓》卷三：

雪堂曰：高菴住雲居，普雲圓為首座，一材僧為書記，白楊順為藏主，通烏頭為知客，賢真牧為維那，華姪為副寺，用姪為監寺：皆是有德業者。用姪尋常廉約，不點常住油。華姪因戲之曰：“異時做長老，須是鼻孔端正始得，豈可以此為得耶？”用姪不對。用姪處己雖儉，與人甚豐。接納四來略，無倦色。高菴一日見之，曰：“監寺用心固難得，更須照管常住，勿令疎失。”用姪曰：“在某失，為小過。在和尚，尊賢待士，海納山容，不問細微，誠為大德。”高菴笑而已。故叢林有“用大碗”之稱。逸事。①

與佛果、佛鑑、佛眼等會下諸師，來往密切。後居閩之際山寺，又主東禪寺、西禪寺、天寧寺、雙林寺。有法嗣婺州三峯印禪師。

其化跡見《嘉泰普燈録》卷二十、《五燈會元》卷二十、《續傳燈録》卷三十三、《五燈嚴統》卷二十、《五燈全書》卷四十六、《續指月録》、《續燈正統》卷六等。

《嘉泰普燈録》所載曰：

郡之金華人。族戴氏。年十四，往智者寺出家，試所習得度。乃遊江表，初謁長蘆信、保寧璣、甘露卓。後至龍門。久之，高庵過廬陵天寧，遷雲居，師隨至。一日，庵陞座。舉。“僧問投子：‘如何是十身調御？’投子下禪床，叉手而立。”師聞，罔知所詣。歸坐紙帳中，因垂手褰帳，忽悟。由是往來三佛會下，皆蒙肯諾。初住閩之中際，次居東、西二禪，後補天寧、雙林。

上堂曰：“拈槌豎拂，祖師門下，將黃葉以止啼。說妙談玄，衲僧面前，望梅林而止渴。際山今日去却之乎者也，更不指東畫西，向三世諸佛命脉中、六代祖師骨髓裏，盡情傾倒，為諸人說破。”良久，曰：“啼得血流無用處，不如緘口過殘春。”②

---

① 《大正新脩大藏經》，第 48 冊，第 1029 頁 a 欄至 b 欄。

② 《嘉泰普燈録》卷二十《婺州雙林用禪師》。《大日本續藏經》第壹輯第貳編乙編第拾套，第一百四十四葉左半葉。

何時住雙林，不詳。

六　文慧禪師

北宋末佛國惟白《建中靖國續燈録目録》卷三：

> 廬陵清原山行思禪師第十三世
> 婺州智者山嗣如禪師法嗣四人 三人見録。
> 　　婺州華藏虛外禪師　婺州淨土可嵩禪師
> 　　婺州承天澄月禪師　婺州寶林文慧禪師。一人未見機緣語句。
> 廬陵清原山行思禪師第十四世
> 　　……
> 　　婺州寶林文慧禪師法嗣二人
> 　　信州祥符良度禪師　湖州宣化德濟禪師①

可見，婺州智者山嗣如的弟子文慧禪師，嘗住持過雙林寺。而文慧又有二個嗣法弟子：信州祥符良度禪師　湖州宣化德濟禪師。明代僧山翁道忞編、吴侗集《禪燈世譜》卷八，亦謂“寶林文慧”之法嗣為祥符良度、宣化德濟②。

明圓極居項編《續傳燈録》卷十九③、清霽侖超永編《五燈全書目録》卷三④，所記並同。

七　定光元湛

《大日本續藏經》本《善慧大士録》後有樓炤跋曰：

> 紹興壬戌，住寶林寺定光大師元湛攜唐進士樓潁所撰《善慧大士録》以示。予端憂之。暇取而觀之，病其文繁語俚，不足以行遠；且歲月或舛焉：乃為刊正，總為四卷。凡大士應迹終始，及所著歌

① 《大日本續藏經》第壹輯第貳編乙編第玖套，第十七葉左半葉。
② 《大日本續藏經》第壹輯第貳編乙編第貳拾套，第三百二十五葉右半葉。
③ 《大正新脩大藏經》，第 51 冊，第 597 頁 b 欄。
④ 《大日本續藏經》第壹輯第貳編乙編第拾叁套，第二十二葉右半葉。

頌，悉備矣。一時同道之人，亦附見于末。

紹興十三年三月望，資政殿學士左朝奉大夫知紹興軍府事充兩浙東路安撫使 樓炤 謹題①

“紹興壬戌”，南宋高宗紹興十二年（1142）。

可知在紹興年間，雙林寺住持為元湛也。

八 虛堂智愚禪師

南宋理宗趙昀紹定年間（1228—1233），虛堂智愚（1185—1269）住持雙林寺。智愚，臨濟宗楊岐派僧人。四明（今浙江省）象山人。俗姓陳。名智愚，號虛堂、息耕叟。門人編其化語為《虛堂和尚語録》十卷。

嗣法小師法雲所編之《行狀》，乃現在最早、最可靠的有關虛堂智愚生平的第一手文獻：

師諱智愚，四明象山陳氏子。“虛堂”，其號也。

家近邑之普明寺，相距一里許，有山，其祖欲卜壽穴。相者謂：“此地高則蔭子孫富盛，低則當出異僧。”祖曰：“願得僧以副吾崇佛之志。”及祖葬未數年，母鄭氏甞夢一老僧，脩而癯，長挹乞飯，因而娠焉。逮生之夕，母復夢如前。年十二，父母携師拜祖墳，言其事，師若有所憶。至十六歲，無經世意。父母見有異相，舌貫鼻端，聽其依普明寺僧師蘊出家。

一日，聞誦杜工部《天河》詩：“長時任顯悔，秋至輒分明。縱被微雲掩，終能永夜清。”忽有警發。辭親出鄉，首依雪竇煥和尚、淨慈中庵皎和尚。公務外，惟坐禪。二老撫愛，常置之左右。

道過金山，掩室和尚一見甚器重，通夕與語無倦。是時，運庵師祖謝事真之天寧，解后語話，見其氣宇不凡。未幾赴道場，携師過雪上，薙染為不釐務侍者。

凡入室，常舉“古帆未掛”因緣，不許下語。思之：“‘古帆未掛’話有甚難會？其實只是一漚未發已前事，何得不教人下語？”造方丈，通見解聲未絕。庵云：“何不合取狗口，靜地裏密密體取去？”

① 《大日本續藏經》第壹輯第貳編正編第貳拾伍套，第二十六葉右半葉。

歸寮，不覺躁悶。忽然會得“古帆未掛”話、“清淨行者不入涅槃”話。次日入室，却問：“南泉斬猫兒如何？”師云：“大地載不起。”庵低頭微笑。

自此，遍歷諸大老之門，與石帆衍叔結盟。游江淮湘漢，巡禮祖塔。坐夏荆門玉泉，因思虞察院於疎山壽塔因緣發明，孜孜參究。因過廬山，大雪彌月。在東林，旦過堂，夜坐無心中，會得大嶺古佛放光時節。自此，凝滯泮然。

其時，無二月和尚主福嚴，奔走龍象。師往依之，即命典藏。

有脩首座飽參碩學，歸隱南嶽，影不出山，未嘗容易肯可諸方。師與商略古今，反覆博約，深相契合。

有北禪禮和尚，機辯峻捷，衲子少得登其門者。師一日訪之，厲聲曰：“新到相看！”禮云：“長老不在。”師云：“已得真人好消息。”禮出，喚行者云：“新到僧在那裏？”師指露柱云：“和尚問，爾何不答？”禮云：“甚處來？”師云：“福嚴。”禮云：“行李在甚麼處？”師云：“在旦過堂。”禮云：“我不問爾者箇行李。”師云：“若是那箇行李。北禪門下著不得，傾倒不忍舍。”

由是，回浙到淨慈，見淨和尚。淨問云：“爾還知所生父母通身紅爛，在荆棘林中麼？”師云：“好事不在忽忙。”淨隨後打一拳。師展兩手云：“且緩緩。”

時笑翁和尚住靈隱，以虎丘舊職，命師再尸藏事。舉住杭之廣覺，力辭。

忠獻史衛王秉鈞軸，嘉禾、天寧、别浦以師名聞之，出世興聖，實紹定二年也。復遷報恩。開府存畊趙公，以明之顯孝，力請開山。復遷瑞巖，二年丐退。掩關啟霞，萃成《頌古代别》。延福虛席，侍郎黄公堅請主之。繼遷婺之寶林。五年，嬰強寇之難，歸松源塔下。

東谷和尚主冷泉，欲舉立僧，恐不俯就。衲子再三禮請。師從之。開室普說，垂三轉語，罔有湊泊。

寶祐戊午，育王虛席，禪衲毅然陳乞。有司節齋尚書陳公嘉其公議，特與敷奏。是年四月，領寺事。

三年，吳制相信讒懷隙，辱師欲損其德。師怡然自若，始終拒抗，略無變色。聖旨宣諭釋放，作偈奉謝云：“去時曉露消袢暑，歸日秋聲滿夕陽。恩渥重重何以報，望無雲處祝天長。”

古愚余尚書典鄉郡，特以金文延之。迫於晚景，退閑明覺塔下，作終焉計。

景定甲子，有旨詔住淨慈。衲子奔集，堂單無以容，半居堂外。上徹宸聽，賜絹百疋、造帳米伍伯碩、楮券十萬貫。是年秋，又賜田參阡餘畝，即今天錫莊是也。十月，帝崩。召師入內，對靈普說，兩宮宣賚憂渥。丁卯秋，遷徑山。冬十月，朝廷降香。遣使禱雪，問師期應。師曰："今夕果至期無爽。"回奏，賜綾牒貳拾道、銀券等，一新僧堂、浴堂、行堂。區區工役中，猶勵衆無怠。師感兩朝恩遇之寵，將所賜帑帛，創小庵於望雲亭之東，扁曰天澤。就築塔為歸藏之地。

師平生性不通方，與時寡合。臨事無所寬假，言纔脫口，則釋然無間。以是學者畏而仰之。二十年，常舉靈雲兩處不答，徵問衲子，少有契其意者。

己巳十月五日，祖忌。拈香罷，忽感微疾。越二日，書偈沐浴，端坐而逝。春秋八十五，夏臘五十三。嗣法十數人。語録二帙，已行於世。門人奉全身瘞于塔焉。咸淳十年十月十一日，新劄差。

住持慶元府清涼禪寺嗣法小師　法雲 謹狀①

明南石文琇編《增集續傳燈録》卷四《杭州徑山虛堂智愚禪師》述其主要化跡曰：

四明人。出世嘉禾興聖。遷光孝明之顯孝、延福、瑞巖，婺之寶林，四明育王、柏巖，杭之淨慈、徑山，凡歷住十剎。

師室中垂語曰："己眼未明底，因甚將虛空作布袴，著畫地為牢？因甚透者箇不過？入海算沙底，因甚向針鋒頭上翹足？"

僧問："聲前一句不墮常機，轉位就功如何相見？"師云："問訊不出手。"

僧云："且道天子萬年作麼生？"師云："瑞草生嘉運，林花結早春。"僧云："直得九州四海，雷動風飛。"師云："出門惟恐不先到。"

上堂。"春風如刃，春雨如膏。衲僧門下，何用忉忉！"

上堂："言而足，終日言而盡道。言而不足，終日言而盡物。且

① 《虛堂和尚語録》卷十，《大正新脩大藏經》，第47冊，第1063頁b欄至第1064頁b欄。

道，道與物是一是二？若道是一，為甚麼案山高，主山低？若道是二，為甚麼天地一指，萬物一馬？箇裏緇素得出，還你草鞋錢。不然，‘但願來年蠶麥熟，羅睺羅兒與一文。’”

結夏上堂。“有一人日銷萬兩黃金，同此聖制，只是無人認得。若有人認得，許伊日銷萬兩黃金。”

上堂：“二林初無門戶，與人近傍，亦不置之於無何有之鄉。只要諸人如鐵入土，與土俱化，然後可以發越。其如運糞入者，吾(末)［未］如之何？”

上堂。舉。“松源師祖臨示寂，告眾云：‘久參兄弟，正路上行者，有只不能用黑豆法。臨濟之道將泯絕，無聞傷哉。’拈云：‘鷲峰老大似倚杖騎馬，雖無僵仆之患，未免傍觀者醜。’”

師在淨慈入院日，問答絕，忽天使踵門傳旨。問：“趙州因甚八十行脚，虛堂因甚八十住山？”師舉趙州行脚到臨濟話，頌曰：“趙州八十方行脚，虛堂八十再住山。別有一機恢佛祖，九重城裏動龍顏。”使以頌回奏，上大悅，特賜米伍佰石、絹一佰縑，開堂安眾。再住育王徑山，亦賜賚優渥。①

▲虛堂智愚像

① 《大日本續藏經》第壹輯第貳編乙編第拾伍套，第四百三葉。

“但願來年蠶麥熟，羅睺羅兒與一文”，乃援趙州從諗和尚《十二時歌》中之辭也：“晡時申，也有燒香禮拜人。五箇老婆三箇瘦，一雙面子黑皴皴。油麻茶，實是珍，金剛不用苦張筋。願我來年蠶麥熟，羅睺羅兒與一文。”①

開悟之後，首駐嘉禾（今嘉興）興聖寺在紹定二年（1229），復遷報恩、顯孝、瑞巖、延福諸寺，再至寶林（雙林），文琇漏掉了報恩寺。上援嗣法小師法雲撰《行狀》有云：

> ……忠獻史衛王秉鈞軸，嘉禾天寧別浦，以師名聞之，出世興聖，實紹定二年也。復遷報恩。開府存畊趙公，以明之顯孝，力請開山。復遷瑞巖，二年丐退。掩關啟霞，萃成《頌古代別》。延福虛席，侍郎黃公堅請主之。繼遷婺之寶林。五年，嬰強寇之難，歸松源塔下。
>
> 東谷和尚主冷泉，欲舉立僧，恐不俯就。衲子再三禮請。師從之。開室普說，垂三轉語，罔有湊泊。
>
> 寶祐戊午，育王虛席，禪衲毅然陳乞。有司節齋尚書陳公嘉其公議，特與敷奏。是年四月，領寺事。②

《虛堂和尚語録》卷一載侍者德溢編《慶元府萬松山延福禪寺語録》最後一則曰：

> 赴雙林，辭眾上堂。“入息不居陰界，出息不涉萬緣。為甚麼棄萬松入雙檮？會得主丈子，東之高閣。不然，自笑一生無定力，行藏多被業風吹。”③

顯然，此乃赴雙林寺前的在雙林寺的最後一次上堂說法也。

紹定二年後住寶林，至五年（1232）因故辭去。——所謂“嬰強寇

① （唐）從諗著、張子開點校並研究：《趙州録》，第138—139頁。

② 《虛堂和尚語録》卷十後附。《大正新脩大藏經》，第47冊，第1064頁a欄。

③ 《虛堂和尚語録》卷一，侍者德溢編《慶元府萬松山延福禪寺語録》，《大正新脩大藏經》，第47冊，第993頁b欄。

之難”究為何事？查《宋史》卷四百十九有云：

> （紹定四年三月）衢州寇汪徐、來二破常山、開化，勢張甚韡。命淮将李大聲提兵七百，出賊不意，夜薄其砦。賊出迎戰，見筭子旗，驚曰：“此陳招捕軍也。”皆大哭。急擊之，衢寇悉平。

衢州常山縣、開化縣，在義烏縣之西，智愚當因汪徐、來二之事①而離開雙林也。由法雲《行狀》可知，汪、來之難實亦波及義烏，且實至紹定五年方未全部平息，《行狀》足可補《宋史》之闕失也。

頗可幸運的是，虛堂智愚住持雙林寺期間的化語，侍者惟俊法雲編為《婺州雲黃山寶林禪寺語録》，列為《虛堂和尚語録》卷二。

據《婺州雲黃山寶林禪寺語録》，虛堂入雙林寺的第一則化語為：

> 師入寺，指山門：“不勞彈指，豈涉思惟。現成門戶，到者方知。”指佛殿：“前釋迦，後彌勒。且道阿那箇是正主？”喝一喝。②

之後，有“結夏小参”。顯然，智愚是在春天到的雙林寺。“結夏”者，中土僧尼自農曆四月十六日起，靜居寺院九十天，至七月十五日結束，其間致力修行。唐曹松《送僧入蜀過夏》詩：“師言結夏入巴峯，雲水迴頭幾萬重。”宋范成大《偃月泉》詩：“我欲今年來結夏，莫扃岫幌掩雲關。”

此後，記“開山忌日”上堂語。雙林寺開山祖師傅翕卒於陳宣帝太建元年乙丑（569）四月二十四日，恰在結夏日之後也。又有“大士生日”上堂語。而傅大士生於南齊明帝建武四年丁丑（497）五月八日。③

接著，是“解夏小参”，是“達磨忌”上堂。“達磨”者，蓋嵩頭陀也。頭陀逝於陳光大二年（568）冬天④。是“冬至小参”。作為二十四節氣之一，“冬至”一般在農曆十二月二十二日前後。

---

① 翦伯贊主編：《中外歷史年表》（校訂本），中華書局 2008 年版，第 379 頁右欄。

② 《大正新脩大藏經》，第 47 冊，第 993 頁 b 欄。

③ 張子開：《傅大士研究（修訂增補本）》，第 19—21、38—40 頁。

④ 同上書，第 351—352 頁。

再後，是“臘八上堂”“除夜小參”：

除夜小參。僧問：“舊歲送不去，新年迎不來。新舊本無情，去來誰可擬？”師云：“門前石敢當。”僧云：“只如舊歲已去，新歲已來，衲僧家還有不被寒暑所遷底麼？”師云：“有。”僧云：“那箇是不遷底？”師云：“階下雪師子。”僧云：“依舊跳不出。”師云：“蒼天！蒼天！”①

至此，虛堂在雙林寺待一年矣。

第二年語録，依次又有“結夏小參”“解夏小參”“中秋上堂”“重九上堂”“達磨第二忌”“冬至小參”“臘八上堂”諸語。

虛堂在雙林寺二年矣。

第三年語録，記“佛生日上堂”“結夏上堂”“解夏小參”“中秋上堂”“達磨第三忌”“冬至小參”“臘八上堂”“除夜小參”諸事。

虛堂在雙林寺三年矣。

下面，又有“元宵上堂”“結夏小參”“解夏小參”“中秋上堂”“達磨第四忌”“冬至小參”“除夜小參”諸語。

虛堂在雙林寺四年矣！

法雲記雙林寺語録的最後一則：

元宵上堂。“世間之燈，莫若心燈最明。心燈一舉，則毫芒剎海，光明如晝。其間不善剔撥者，雖有如無。要見心燈麼？”卓主丈：“仰山開畬，歸宗拽石。”②

以法雲《婺州雲黄山寶林禪寺語録》而觀，虛堂智愚住持雙林寺達四年多。法雲《行狀》曰“二年丐退，掩關啟霞”、繼主延福寺，然智愚住延福寺為時甚短，因其紹定二年（1229）四月十六日結夏之前即已到雙林；稱“五年，嬰強寇之難，歸松源塔下”，實際上，智愚在雙林寺一直待到紹定六年（1233）農曆正月十五以後！或者，其“歸松源塔下”

① 《大正新脩大藏經》，第 47 冊，第 995 頁 c 欄。

② 《大正新脩大藏經》，第 47 冊，第 1003 頁 b 欄。

只是短暫離開吧。

九　兀庵普寧禪師

南宋時期，南宋禪宗臨濟宗楊岐派僧兀庵普寧（1197—1276）亦住持過雙林寺。

兀庵，西蜀（時屬成都府路。今成都及周邊地區）人。幼小出家，後從無準師范（1178—1249）得道，無準賜以“兀庵”二字，遂以為號。歷任杭州靈隱寺、四明天童寺首座，再任象山靈巖寺、無錫南禪寺等道場住持。

▲無準師范之頂相及像贊

（1238年繪，作者不詳，絹本著色）

南宋理宗趙昀景定元年（1260），東渡日本，弘法數年[①]之後，於南宋度宗趙禥咸淳元年（1265）返回明州。不久，被公選為婺州雙林寺住持。再後，又嘗住持江心龍翔寺（今溫州）。

① 侍者道昭、景用、禪了編：《住巨福山建長興國禪寺語録》，《兀菴普寧禪師語録》卷中，《大日本續藏經》第壹輯第貳編正編第貳拾捌套，第八葉左半葉至第十六葉右半葉。

普寧住雙林寺期間的化語，侍者景用編為《住婺州雲黃山寶林禪寺語録》①。内中有云：

結制小參。“去年十月十七，被命來尸敗席。陳逋弊積如山，中外倉庫赤立。勉效佛在世時，持鉢沿門求乞。不憚涉險登危，波波為眾竭力。逗到四月十五，恰滿六箇月日。諸方禁足安居，雙林豈容禁足？領眾展轉求賢，然後求己的實。……”②

據侍者道昭、景用、禪了編《住巨福山建長興國禪寺語録》，兀庵咸淳元年臘八節後從日本起程回明州（詳本書《域外交流紀》③，則其前來雙林寺當在咸淳二年十月十七日也。

其化跡，主要見於：《東巖安禪師行實》，《佛國應供廣濟國師国行實》，《法燈國師行實年譜》，《元亨釋書》卷六，《日本名僧傳》，《延寶傳燈録》卷二，《本朝高僧傳》卷二十。其化語，則有《兀菴和尚語録》三卷。

同為無準師范的法嗣、南宋希叟紹曇嘗以偈頌曰：

兀庵

身同枯木倚寒巖，鑠盡玄微沒許般。
只麼守些獃恒恒，從教壁倒與籬坍。④

明末清初黃檗宗僧即非（1616—1671）亦以偈贊曰：

兀菴寧禪師

師西蜀人，嗣徑山無準範和尚。平帥迎入建長繼席。居六載，歸唐。晚住

---

① （南宋）景用編：《住婺州雲黃山寶林禪寺語録》，《兀菴普寧禪師語録》卷中，《大日本續藏經》第壹輯第貳編正編第貳拾捌套，第十三葉左半葉至第十六葉右半葉。

② 《兀菴普寧禪師語録》卷中，《大日本續藏經》第壹輯第貳編正編第貳拾捌套，第十四葉左半葉至第十五葉右半葉。

③ 同上書，第十三葉左半葉。

④ 《希叟紹曇禪師廣録》卷六《頌》，《大日本續藏經》第壹輯第貳編正編第貳拾柒套，第一百四十六葉右半葉。

東甌江心寺。

模範龜鏡，傑出叢林。舟航苦海，龍現衣襟。
補處建長，海眾雲興。印可元帥，果熟春深。
拂袖宋國，晚住江心。高山流水，有待知音。
水陸解門，神鬼同欽。頂門隻眼，照耀古今。①

普寧住雙林寺期間的化語，侍者景用編為《住婺州雲黃山寶林禪寺語録》②。

十　弁山阡禪師

《希叟紹曇禪師語録·偈頌》，有《賀弁山和尚自雙林赴金山》詩：

雙檮定起月三更，倒跨金鰲戲八紘。
袖裏門槌惡剌剌，德雲不敢占先行。③

是詩，《希叟紹曇禪師廣録》卷六題作“賀阡辨山退雙林赴金山”：“雙檮定起月三更，倒跨金鰲戲八紘。袖褁門槌惡剌剌，德雲不敢占先行。”④

雖說世間名“雙林寺”者多矣，但又有“雙檮”者，則唯有義烏雙林也。由紹曇所言而觀，弁山和尚當住持過雙林。特別是，“門槌”乃當年傅大士所用，弁山和尚既在雙林受過熏陶，自當更上層樓，宜其禪風“惡剌剌”也。

按，山東有大弁山、湖州等地皆有弁山。湖山弁山位於長興縣、烏程縣之間，在太湖畔。《梅溪王先生文集後集》，有詩曰《仲春釋奠，于學同諸公登稽古閣，觀弁山，望太湖。閲壁上題名，誦范文正公“吳興先生富道德，詵詵弟子皆賢才”之句》。弁山和尚既住過雙林，則此弁山或則在湖州吧。《（雍正）浙江通志》卷十二《山川四·湖州府·長興縣》：

① 《即非禪師全録》卷十《贊》，《嘉興藏》第38册，第674頁a欄。

② （南宋）景用編：《住婺州雲黃山寶林禪寺語録》，《兀菴普寧禪師語録》卷中，《大日本續藏經》第壹輯第貳編正編第貳拾捌套，第十三葉左半葉至第十六葉右半葉。

③ 《大日本續藏經》第壹輯第貳編正編第貳拾柒套，第九十一葉左半葉。

④ 《大日本續藏經》第壹輯第貳編正編第貳拾柒套，第一百四十七葉左半葉。

“弁山”條：“《萬曆湖州府志》：在縣東南四十里。西北之半，隸長興；東南之半，隸烏程。山陰多奇石玲瓏，又産諸藥品。每土中掘得前代殘碑斷石，又有似玉之石。其勝景莫如碧巖。……”

中土“弁山”既多，名“弁山”之僧更夥，即便住持過湖州“弁山”諸寺之“弁山”亦復不少，諸如“弁山明雪”“弁山智安”“弁山且拙”“弁山浄體”“弁山音”“弁山祥”“弁山圓”等皆是也。究竟哪一個“弁山和尚”嘗久在雙檮下徘徊？

弁山和尚辭雙林後，赴金山任，其同門、法嗣等或則與義烏雙林寺有關。考聞性道、釋德介復新撰《天童寺志》卷三《先覺攷·弁山阡禪師》：

> 師嗣徑山浙翁琰禪師。與靈隱濟、偃溪聞、徑山肇、雙林朋、枯椿曇、東山源數公同門。有《送僧歸鄉》偈云：
>
> 奮志南方問正因，正因一字不曾聞。
>
> 七零八碎袈裟角，惹得凌霄幾片雲。
>
> 稱天童三十八代住持，塔在瓕瓏巖南、佛國菴後。其法嗣雲溪逸。①

卷七《塔像攷》亦載，阡之塔在玲瓏巖之南：“弁山阡禪師塔　在玲瓏崑南。”② 卷六《法要攷》“弁山阡禪師”條，録有弁山阡之頌、贊、偈各一首：

> ［頌］刺史李翱躬謁藥山，山執經卷不顧。李曰：“見面不如聞名，拂袖便出。”山曰：“太守何得貴耳賤目？”李回謝問道，山以手指上下。李不會，山曰：“雲在青天水在瓶。”李作禮述偈，曰：“錬得身形是鶴形，千株松下兩函經。我來問道無餘説，雲在青天水在瓶。”
>
> 貴耳而賤目，背手抽金鏃。仰面看青天，箭過新羅國。

① （清）聞性道、釋德介復新撰：《天童寺志》，台灣“中研院”歷史語言研究所藏清嘉慶間重刊本。杜潔祥主編《中國佛寺史志匯刊》第一輯景印，明文書局1980年版，第13—14冊，第十五葉左半葉至第十六葉右半葉。

② 景印本，497頁。

［贊］觀音大士
螺髻屈蟠春島碧，綠衣零亂曉[①]雲寒。
尋聲只麼隨流去，見甚眞觀清淨觀。此則增。

［偈］送僧歸鄉
奮志南方問正因，正因一字不曾聞。
七零八落袈裟角，惹得凌霄幾片雲。

"弁山阡禪師"有同門"雙林朋"即住持過松山下雙林寺的介石智朋，其生活年代亦相近，故許即是希叟紹曇祝賀過的"弁山和尚"吧。

《天童寺志》所說的"徑山浙翁琰禪師"，就是臨濟宗僧如琰（1151—1225）。台州寧海人。俗姓周，"浙翁"為其字。明代圓極居頂編《續傳燈録》卷三十四載"徑山如琰禪師法嗣七人"，內中亦有"弁山阡"：

靈隱普濟禪師
淨慈聞禪師
徑山肇禪師
雙林朋禪師（已上四人見録。）
枯椿曇禪師
弁山阡禪師
東山源禪師（已上三人無録。）

則弁山和尚又稱"阡禪師"也。

實際上，《天童寺志》所載三首詩，歷代佛典頗多引用。如南宋法應集、元代普會續集《禪宗頌古聯珠通集》卷十七，即收署名"弁山阡"的一首：

貴耳而賤目，背手抽金鏃。仰面看青天，箭過新羅國。[②]

---

① 曉，"曉"之異體。
② 《大日本續藏經》第壹輯第貳編正編第貳拾套，第一百六葉右半葉。

十一　介石智朋禪師

上引《天童寺志》卷三《先覺攷·弁山阡禪師》："師嗣徑山浙翁琰禪師。與靈隱濟、偃溪聞、徑山肇、雙林朋、枯椿曇、東山源數公同門。"①明代圓極居頂編《續傳燈録》卷三十五目録，列"徑山如琰禪師法嗣七人"：

靈隱普濟禪師
淨慈聞禪師
徑山肇禪師
雙林朋禪師　已上四人見録。
枯椿曇禪師
弁山阡禪師
東山源禪師　已上三人無録。②

可見與弁山阡同為浙翁如琰法嗣，且與雙林寺有關係的，還有介石智朋。

智朋化跡化語，明初圓極居頂（？—1404）《續傳燈録》卷三十五《徑山如琰禪師法嗣·婺州雙林介石明禪師》、明南石文琇（1345—1418）《增集續傳燈録》卷二《杭州淨慈介石朋禪師》、明永覺元賢（1578—1657）《繼燈録》卷二《婺州雙林介石朋禪師》，明费隱通容（1593—1661）、百癡行元合撰《五燈嚴統》卷二十二《婺州雙林介石朋禪師》、明遠門浄柱撰於崇禎十七年（1644）《五燈會元續略》卷二上《婺州雙林介石朋禪師》，明僧箬庵通問編、居士施沛彙集《續燈存稿》卷二《婺州雙林介石朋禪師》、清僧別庵性統編《續燈正統》卷十一《金華府雙林介石朋禪師》、清聶先《續指月録》卷三《婺州雙林介石朋禪師》、清霁侖超永編《五燈全書》卷五十三《婺州雙林介石朋禪師》等皆有所載，然

① （清）聞性道、釋德介復新撰：《天童寺志》，台灣"中研院"歷史語言研究所藏清嘉慶間重刊本。杜潔祥主編《中國佛寺史志匯刊》第一輯景印，明文書局 1980 年版，第 13—14 冊，第十五葉左半葉至第十六葉右半葉。

② 《大正新脩大藏經》，第 51 冊，第 706 頁 a 欄。

較詳明者數南宋僧枯崖圓悟編、宋度宗咸淳八年（1272）刊行之《枯崖漫録》卷下《介石朋禪師》：

秦溪人。性高簡。

僧曰："寶劒未出匣時如何？"答曰："杜鵑啼處花狼藉。"僧曰："出匣後如何？"答曰："令人長憶李將軍。"僧曰："出與未出時如何？"答曰："劒去久矣，汝方刻舟。"

解夏夜參，云："九旬禁足，網禽宿巢。三月安居，驅狐守塚。向生殺不到處，見三頭六臂，掀翻圓覺伽藍，猶是抱樁打泊浮。雲黃山前，雙檮樹下，九十日內，風以時，雨以時；二六時中，少不添，多不減。一年三百六十日，日日安居，時時自恣。圓者自圓，方者自方，長者自長，短者自短，未免淨地揚塵。畢竟如何？大鵬展翅天路遙，巨鼇轉身海水窄。"

示眾類此。

晚年寓杭之冷泉，扁其室曰"青山外人"。景定間，丞相秋壑賈公尤崇敬佛法，與奏得旨，住淨慈。後淮海亦繼其席，皆起於澗東。①

另載：

介石朋禪師曰：別峰珍和尚退皷山，詣育王，候見大慧，一蒲團於佛殿後坐七十九日。因秦國太夫人請大慧陞座。私自喜曰："今日得見必矣。"果得一見。語合室中，復投三轉語而去。大慧大奇之，遂與宏智同舉之住岳林。今寺中有塔存焉。別峰徧身有長毫，時號"珍獅子"。介石題其墨蹟，略言如此。②

既稱"雲黃山前，雙檮樹下，九十日內""一年三百六十日"云云，當為駐錫雙林寺時語也。

① 《大日本續藏經》第壹輯第貳編乙編第貳拾壹套，第九十一葉右半葉。

② （南宋）枯崖圓悟編：《枯崖漫録》卷下，《大日本續藏經》第壹輯第貳編乙編第貳拾壹套，第九十二葉。

介石生卒年不詳。杭州靈隱寺悅堂祖誾禪師[1]嗣其法。

非常幸運的是，收録智朋化語的《介石禪師語録》尚存於世，其目次為：

初住溫州鴈山羅漢禪寺語録
臨安府臨平山佛日淨慧禪寺語録
慶元府大梅山保福禪寺語録
慶元府香山孝慈真應禪寺語録
婺州雲黃山寶林禪寺語録
平江府承天能仁禪寺語録
安吉州拍山崇恩資壽禪寺語録
臨安府淨慈報恩光孝禪寺語録
小參
拈古
法語
偈頌
讚佛祖
小佛事[2]

據此，可知智朋最早住持的寺院為溫州鴈山羅漢禪寺，次為臨安府臨平山佛日淨慧禪寺、慶元府大梅山保福禪寺、香山孝慈真應禪寺，然後為婺州雲黃山寶林禪寺，再為平江府承天能仁禪寺、安吉州拍山崇恩資壽禪寺和臨安府淨慈報恩光孝禪寺。

住雙林寺時之化語，除《婺州雲黃山寶林禪寺語録》之外，《小參》、《拈古》和《偈頌》等中亦當有部分吧。

是録之首，有序曰：

介石在南山，余嘗一見之，道貌充然，出語警峭，為其鄉人也愛

① 參考：圓極居頂《續傳燈録》《續傳燈録》卷三十六《雙林朋禪師法嗣・杭州靈隱悅堂誾禪師》、永覺元賢《繼燈録》卷二《雙林朋禪師法嗣・杭州靈隱悅堂祖誾禪師》等。

② 《大日本續藏經》第壹輯第貳編乙編第貳拾陸套，第一百八十五葉右半葉。

之，為其名輩也敬之。寂久矣，侍者晨恢、景徹，乃以此録遠求著語。

余曰：有句無句，如藤倚樹。橫說竪說，如水漉月。師既如此供通、如此漏逗，我又如何分雪？雖然，師嘗七見浙翁，末後因黃龍三關公案，遂得浙翁一拳打失鼻孔。有許儸忉，有許作略，生平受用不盡，又欲分付後人。究竟果為誰底？介石耶？浙翁耶？黃龍耶？古人有云："一字三寫，焉烏成馬。"何況又有上碑石者，又有下注脚者。莫將黑豆換却眼睛，則木馬嘶風、泥牛入海去也。

咸淳戊辰閏正月十有五日，竹溪鬳齋林希逸書。①

此序不但有助於明了介石生平，更重要的是，表明至少在咸淳四年（1268）初以前，《介石禪師語録》已然編就矣。

細查侍者宗坦、延輝所編語録，智朋從慶元府香山孝慈真應禪寺至雙林不久，即逢祝聖、結夏——始於四月十五日，再遇善慧大士生日——農曆五月八日，則其很可能是在四月初履住持之任。由本年八月旦、佛成道日上堂，以及"一冬晴煖，梅花盡開"之語而觀，住滿一年了也。次年上堂時間，則包括佛涅槃日、妙光菩薩生日、四月旦、端午、善慧大士生日、解制日、開爐、達磨忌、佛生日、謝兩班諸庫監收、謝横頭副寺，則在雙林又至少待到秋收時節，然後再赴平江府承天能仁禪寺也。也就是說，介石智朋任雙林寺住持，從四月始，迄於第二年八九月間，一共待了一年半。

其時，雙林寺有三門、山門和彌勒殿。特別是，化語曰"胡相公偏要向高峰峰頂起殿，不管鹽貴米賤"，則在智朋住持期間或之前，由"胡相公"捐助，在松山頂修建了佛殿。

第一年的夏安居期間，"因堂中失賊"，雙林寺曾失竊。

住持雙林，化人自當多與祖師有關。介石或直接引用傅翕化語，如"夜夜抱佛眠，朝朝還共起……"（《心王偈》），"能為萬象主，不逐四時彫"（《法身頌》之二）；或暗用大士詩偈，如"芥子之中入正定，須彌山中從定出"（《還源詩》十二章之七、《行路易》十五首之十）；或援用故實，如"爐鞴之所""良醫之門，愈多病人"（傅翕遇嵩頭陀也），

① 《大日本續藏經》第壹輯第貳編乙編第貳拾陸套，第一百八十五葉右半葉。

“大士從來頭戴冠”“傅大士帶道冠儒履袈裟”（傳説見梁武帝也），“大士講經竟”（傳説教化梁武帝也）；或徑直用禪林間流傳的與傅翕有關的話頭“傅大士騎驢入你鼻孔裏”“天上無彌勒，地下無彌勒”①。

介石亦嘗數次自稱“雙林”，如：“雙林乍入院來，不敢背俗違時。”“雙林記得，兒時上學……”表明他是頗以在義烏的這段經歷自豪的。

肆　蒙元傳承

一　明極楚俊禪師

明極楚俊（1262—1336），俗姓黄，字明極。明州慶元府（今浙江鄞縣）人。年十二，就靈嚴寺竹窗喜剃染，受具足戒。旋謁育王山横川如珙，又往靈隱寺冷泉，侍徑山虎巖浄伏，並嗣其法。後於天童止泓鑑會下掌藏鑰，在金陵奉聖寺出世。再後，歷遷瑞巖、普慈，復轉雙林寺。未久，自雙林寺解印，歷遊徑山、靈隱、天童、浄慈諸山，皆居第一座。

後至日本，並終於是。

現存《明极和尚語録》，又名《明極禪師建長禪寺語録》，六卷，二冊。室町時代（1338—1573）五山版。

化跡見《延寶傳燈録》卷四、《本朝高僧傳》卷二十六、《日本名僧傳》等。

明南石文琇（1345—1418）《增集續傳燈録》卷六《婺州寶林明極楚俊禪師》擷其主要行事化語曰：

> 四明昌國黄氏。依虎巖於冷泉。一日，巖見問曰：“是什麼?”師拱而前曰：“和尚莫瞞某甲好。”巖曰：“未在更道。”師曰：“某甲無侍者祇對和尚。”巖休去。
>
> 住後，上堂。“好諸禪德，一切智通無障礙，五須彌山障礙你不得，百億剎土障礙你不得，四大海水障礙你不得。拈燈籠向佛殿裏，將山門來燈籠上。”

① 《大慧普覺禪師語録》卷十二《大慧普覺禪師讚佛祖》“傅大士”：“天上無彌勒，地下無彌勒。拍版與門槌，畢竟是何物。”《大正新脩大藏經》，第47冊，第858頁c欄。

上堂。“有時教伊揚眉瞬目，白雲萬里。有時不教伊揚眉瞬目，白雲萬里。有時教伊揚眉瞬目者，是白雲萬里。有時教伊揚眉瞬目者，不是白雲萬里。定林如此批判，還契得馬大師麼？白雲萬里。”

日本國王具書以國師禮聘至彼，對揚稱旨。命住鉅福山建長寺。示寂時，年七十五歲。①

《禪宗雜毒海》卷二録楚俊詠宋代臨濟宗楊岐派僧保寧仁勇之詩曰：

保寧

乳寶峯前誓別時，一言既出駟難追。
活埋三尺金陵土，道不過人果不歸。明極峻。②

按，此明極峻，蓋即明極楚俊也。《禪宗雜毒海》為宋元偈頌集大成者。或名“大慧禪師禅宗雜毒海、“普覺宗杲禪師語録”“大慧普覺禪師語録”。雖早在南宋高宗紹興元年（1131）即已刊行，然明仲猷祖闡復加增編，再刊於洪武十七年（1384）。至清順治十一年（1654），梅谷行悦又增八百餘首。今傳本之一乃臨濟宗迦陵性音刪減本，共八卷，鐫於康熙五十三年（1714）。故而是書會收録明極楚俊之作也。

楚俊住雙林寺，要當在泰定年間（1324—1328）。其間，有一雙林寺僧前往瀫山禪寺，拜見臨濟宗僧月江正印，正印有所開示，並提及雙林寺祖師傅翕：

雙林和尚至。上堂。“夫善知識者，如優曇花，時一現耳。善知識者，如天甘露，時一降爾。善知識者，如塗毒鼓，時一聞爾。撾塗毒鼓，聞者皆喪。洒天甘露，飲者清涼。開優曇花，見者欣悅。大眾！傅大士道：‘空手把鋤頭，步行騎水牛。人從橋上過，橋流水不

① 《大日本續藏經》第壹輯第貳編正編第壹拾伍冊，第四百四十五葉左半葉至四百四十六葉右半葉。

② 《大日本續藏經》第壹輯第貳編正編第壹拾玖套，第陸拾葉左半葉。

流。’作麼生會？若也會得，許你親見明極和尚。”①

按，月江正印，福州連江人。俗姓劉，號月江，自號松月翁。徑山靈隱寺虎巖浄伏禪師之徒。元帝賜號“佛心普鑑”。

孤峰明德亦嘗受教於明極，並在明極赴日本時送之。明釋明河《補續高僧傳》卷十四《習禪篇·孤峰德禪師傳》：

明德，號孤峰。明之昌國朱氏子。其父有成，母黃氏。父與普陀山僧玠公交。玠聞雞聲入道，凡說法，必鼓翅為雞號。玠亡已久，母夢玠來託宿，覺而有娠，歷十四月而生。不好戲弄，每跏趺端坐。十七為大僧，慨然有求道之志。首謁竺西坦公於天童，復見晦機熙公於淨慈，二老首肯之，而師弗自是也。繇是，益自策厲，以必證為期。

抵雙林，見明極俊公。一見之頃，塤篪協應，命司藏鑰。會日本遣使迎明極為國師，師送至海濵。而竺田霖公亦自雪竇至，見師氣貌不凡，延歸山中，以第一座處之。自是，羣疑頓釋。……②

明極楚俊在日本弘法，當亦宣揚雙林禪風吧。

二　桐江紹大禪師

明極楚俊之後，桐江紹大（1286—1359）亦住持過雙林寺。

紹大，俗姓吳。因世居大嚴桐江，因以“桐江”為號。在桐江鳳山寺祝髪受具，復謁雙徑大辨陵公，又遍參名宿。至順三年（1332），出世景德寺，再受詔住雙林寺。至正十九年八月初七日卒。世壽七十四，臘五十八。有《三會語録》、《桐江集》。

化跡見：明代僧幻轮《釋鑑稽古略續集》卷上《桐江法師》、《五燈全書》卷五十一《婺州寶林桐江紹大禪師》、《續燈正統》卷二十五《金華府寶林桐江紹大禪師》、《續燈存稿》卷七《婺州寶林桐江紹大禪師》、《繼燈録》卷五《金华府雲黃山寶林桐江紹大禪師》等。

---

① 《月江正印禪師語録》卷上，《大日本續藏經》第壹輯第貳編正編第貳套，第一百一十三葉左半葉。

② 《大日本續藏經》第壹輯第貳編乙編第柒套，第一百二十六葉左半葉。

元末明初宋濂（1310—1381）《元故寶林禪師桐江大公行業碑銘》記曰：

古浮屠之道，以堅忍刻苦為先。故其慮澄欲寡，而入般若為最易。所以雲居誨人為己，不貪世榮；翠巖日走聚落食，或不繼此。無他，重內而輕外也。

濂今得一人焉，曰寶林桐江師。其視榮名利養，亦澹然無動于中。瓶鉢之外，絕無長物。所服布袍，或十餘年不易。臨歿，維那來發遺篋，欲行倡衣故事，唯紙衾一具而已，大咲而去。嗚呼！據位十刹之間，而履行危峻若此。視翠巖、雲居，其爲人也何殊！可不書以爲學佛者之法乎！

師，吳氏子。世居嚴之桐江，故因以為號。諱紹大。父善，母李氏。師神觀孤潔，不樂處塵壒中一觸世氣，唯恐有以涴之。入同里鳳山寺為沙彌。稍長祝髮，升壇納滿分戒。私自計曰："化龍之魚，肯於蹄涔求生乎?"即日杖策而出，上雙徑山，謁大辨禪師陵公。公據席攝衆，道價傾東南。一見師大喜，授以達摩氏，卑傳心印，相與詰難者久之。師退，復自計曰："如來大法，天地所不能覆載。其止如斯而已乎?"遽辭去，歷三吳之墟，宿留建業，經匡廬，泝大江之西，還止湖湘漢沔間。名伽監所在，必往叅焉。諸尊宿告之者，不異徑山時。師復慨然曰："吾今而後，知法之無異味也。"乃歸見公。公俾給侍左右，師益加奮勵，脇不沾席者數載。朝叩夕咨，所以悟疑辯惑者，無一髮遺憾。遂得自在無畏法。陵公喜傳授有人，每形之於言。

時東海歟公以天目嫡孫，唱道淨慈，爲法擇人，如沙中淘金，鮮有慊其意者。會藏室闕主者，乃曰："必如大兄，方可耳。"師乃起，涖其職。尋以心法既明，而世出世智不可不竟，手繙具藥，寒暑俱忘，每夜敷席於地，映像前長明燈讀之。一大藏教凡陸千二百二十九卷，閱之至三過，遂皆通其旨趣。師之志猶未已，儒家言及老氏諸書，亦擇取而擩嚌之。自是，内外之學兩無所愧矣。

元之至順壬申，廣教都總管府新立。未久，宋諸輿論命出世嚴之烏龍山景德禅寺，興廢補壞，善譽流衍。至正辛巳，行宣政院遷主金華山智者廣福禅寺，寺近郡城十有餘里，而城中爲廉訪使者治所，持節而來者，多朝廷老臣及文學之士。休沐之日，恒入山諏詢内典，故持法者頗難其人。自師之至，若貴若賤，［若］小若大，靡不嚮風悅服，四方學子翕集，座下甚至無席受之。一時法會，號爲極盛。

戊戌之秋，院中復徇群請，移住義烏雲黄山寶林禅寺。師堅不欲行，使者凡三往返，然後承命。明年己亥八月朔，覺體中不佳。至第七日日將歿，鳴皷集衆，告以永訣，即歛目危坐。或請書偈，接筆擲于地，曰："縱書到彌勒下生，寧復離此邪?"翛然而化。服沙門衣五十八春秋，享報身壽七十有四。越五日，行闍維之法，獲舍利羅如紺珠色，齒牙貫珠不壞。以某年月日，建塔於某處藏焉。

師廣額高眉，正容悟物，使人妄意自消。生平以弘法匡徒為己任，敲唱雙舉，鍾皷交衆，未嘗少懈。有求文句者，操筆立書。貫穿經論，而歸之第一義。諱間遊戲翰墨，發為聲詩，和冲簡遠，亦有唐人遺風。至於有所建造，甃石運甓，躬任其勞，以為衆倡。手未嘗捉金帛，悉屬之知因果者。或尤之，則曰："吾知主法而已。"嘗患滯下疾，拭浄不忍用厠紙，摘菽葉充之。其刻苦盖人之所不能堪。非見解正力弘量，豈易致是哉。

《三會語》有録。其上首弟子，兜率、行勤，已為編集行世。永明戒茂復以塔上之久未述為愧，乃數来徵濂銘。濂昔見師於金華山中共蠅頭細書，戲問之曰："師年耄矣，其眼尚如月耶?"師笑曰："賴有此耳。"别後，復録近作詩一卷來寄，師之意似相知者。濂自後奔走西東，弗能再往。今師則不復見矣。因從永明之請，歷序師之苦行，并其證悟之深者，勒諸穹碑。假佛法而饕貴富者，過而讀焉，其有所觸也夫。

銘曰：

夫辨之道白如日，一照便入光明域。
幻為巖瀑瀉千尺，珠璣散落龍為惜。
寶林師子亟返擲，歷編名山絶瓜迹。
大海震蕩接天碧，醎味由來同一滴。
三藏玄文密如織，映灯夜讀廢寢食。
差别從今會于一，欲求隻字不可得。
三鎮名山道充斥，太空無雲雷下擊。

龍象人天俱辟易，孤高有同泰華色。
茹苦不翅餐崖蜜，偉哉德人麟鳳質。
特為時來誰復識，長風滿水感古思。
今意何極。①

明南石和尚《增集續傳燈録》卷十三《桐江大公傳》，則摘取濂《碑銘》而為也。戊戌，至正十八年（1358）。可知紹大任雙林寺住持，乃在是年秋至次年八月矣。

三　穆庵文康

元末明初之穆庵文康，嘗住持過杭州龍華寺——此時已然更名龍華寶乘禪寺矣。

文康，了庵清欲（1288—1363）之徒。明南石文琇編《增集續傳燈録》卷六《蘇州靈巖了庵清欲禪師》載：

別號“南堂遺老”。台之臨海大雄山朱氏。母黃。九歲而孤，仲父茂上人引登徑山為童子。依虎巖試經得度受具。希白明藏主，亦師之叔父，自育王横川會中來，一見以法器期之，提誘辨詰，無所不至。……天曆乙巳，出世溧水開福。元統癸酉，遷嘉禾本覺。帝師大寶法王有旨，賜金襴衣并“慈雲普濟禪師”號。居十年，退居南堂。至正乙酉，應中吳靈巖請，衲子聞風而萃。……閱五載，復歸南堂。時江浙行省丞相遣使延請，師堅臥不起，作三偈答之，有“綠蘿窻下垂垂老，軒盖林中不得來”之句。癸卯秋八月十三日，感微疾，默而不言。至二十五日，索筆書偈云：“七十六年，無後無先。聖凡情盡，明月中天。”適通守陳公元禮來候疾，謂師曰：“和尚東南大法幢也。時既至矣，可無一言啟迪我輩乎？”師瞪目大笑，遂泊然而逝。闍維，火未盛，有紅白二圓光盤旋龕頂，良久浮空而滅。頂骨舌齒俱不壞，舍利無筭，姪僧祖濡等收而藏之南堂，即千佛塔院。②

① 《宋學士文集》卷六十九，《四部丛刊初編》本，又載《護法録》卷三。
② 《大日本續藏經》第壹輯第貳編乙編第拾伍套，第四百四十二葉。

清欲有二法嗣，其一即為文康也。《續燈正統目録》：

靈巖欲禪師法嗣

蘭江楚禪師 此後無傳。　穆菴康禪師①

清欲逝後，文康與可興等編《了菴清欲禪師語録》卷二《住嘉興路本覺禪寺語録》②。

《增集續傳燈録》卷六《鎮江金山穆庵文康禪師》曰：

慈溪人。

僧問："牛頭未見四祖時如何?"師云："頭上著枷，脚下著杻。"僧云："見後如何?"師云："要坐即坐，要行即行。"

師室中垂語云："威音王已前，與你日用現行，相去多少?"又云："打破髑髏，向什麼處見釋迦老子?"又云："來時因甚無口?"

上堂。"身心清淨，諸境清淨。諸境清淨，身心清淨。僧問雲門：'如何是雲門一曲?'門云：'臈月二十五，摩訶般若波羅蜜。'甚深般若波羅蜜?"卓拄杖，下座。

上堂。舉。"僧問趙州：'狗子還有佛性也無?'州云：'無。'"師云："狗子無佛性，頭正尾亦正。跳出向上關，急急如律令。"③

僅言出生地，對於了解其生平事跡並無大助。

幸好，現尚存《穆菴和尚語録》④ 一卷，可藉以勾勒大概行實。

據內中之住台州府黄巖廣孝禪寺嗣法門人清逸等編《穆菴康和尚初住天台山明巖大梵禪寺語録》，文康於至正丁酉歲（十七年。1357）十二月初六日入大梵禪寺。參學門人智辯等編《次住杭州龍華寶乘禪寺語録》言，至正甲辰歲（二十四年。1364）九月一日，入龍華寶乘禪寺。落髮

① 《大日本續藏經》第壹輯第貳編乙編第壹拾柒套，第二百三十七葉右半葉。

② 《大日本續藏經》第壹輯第貳編正編第貳拾捌套。

③ 《大日本續藏經》第壹輯第貳編乙編第壹伍套，第四百五十二葉左半葉至第四百五十三葉右半葉。

④ 《大日本續藏經》第壹輯第貳編正編貳拾捌套。

小師寶日等編《次住鎮江金山龍游禪寺語録》又記，明朝洪武七年(1374)四月二十一日，入龍游禪寺。也就是說，文康住持龍華寶乘禪寺，大致在元武宗至正二十四年到明太祖朱元璋洪武七年之間。

語録之末，有《附記》：

日本義堂和尚日工集曰："永德四年甲子，年六十，在等持。十二月二日，赴建仁大龍菴忌齋。點心罷，大清引入南昌菴，諸老雜話。余問椿庭：'比見康穆菴語，尾書曰郊臺，何也?'庭曰：'穆菴時住杭州龍華，與郊臺近。蓋南渡宋都，祭天於南郊，故云郊臺。臺乃祀天之臺也。'"

又曰："永德二年壬戌正月二十九日，古劍話曰：'甞回自江南，海中值結夏者六人，作偈曰："圓覺伽藍海上漚，安居禁足渡頭舟。蠟人解唱還鄉曲，欸乃一聲山水幽。"或至康穆菴處，誤舉此偈，以"解唱"作"喚作"。穆菴曰："必誤矣。"'非古劍語。喚作字不好(云云)。穆菴，乃了菴法嗣也。"[①]

則文康與日本僧人還有往來也。所云"郊臺"，在距龍華寺不遠的西北方向。詳本志《下院紀·杭州龍華寺》。

杭州龍華寶乘禪寺原本為供奉傅翕靈骨等而創建，故而文康在此弘法時，亦時時牽扯到雙林寺祖師。如，學僧嘗問"龍華三會揭天開"云云，自屬於彌勒信仰。文康誦出"只箇心心心是佛，十方世界最靈物。縱橫妙用可憐生，一切不如心真實"之偈，乃傳說為彌勒化身布袋和尚所作之歌[②]。又豎起拂子云：

布袋和尚來也！不審不審，將謂是布袋和尚，元來却是雙林善慧大士。即今在拂子頭上，放大光明，演說妙偈："夜夜抱佛眠，朝朝還共起。起坐鎮相隨，語默同居止。纖毫不相離，如身影相似。欲識佛去處，只者語聲是。"好大眾！一切處光明燦爛，一切處得大自

① 《大日本續藏經》第壹輯第貳編正編第貳拾捌套，第四百二葉。

② 《景德傳燈録》卷二十七《明州布袋和尚》，《大正新脩大藏經》，第51冊，第434頁b欄。

在。塵塵爾，刹刹爾，念念爾。直得皇風普扇，佛日高懸，天人群生，咸霑利樂。

復拈拄杖，卓一下，云：

四海澄清天一統，干戈偃息賀昇平。

聲明自己並非宣傳布袋和尚，而是弘揚傅翕家風也。“夜夜抱佛眠”云云，乃傅翕所作《心王頌》也。

伍　朱明傳承

一　南翁致凱

《大日本續藏經》本《善慧大士録》之後，附《潛溪别集》第七《題〈善慧大士録〉後》：

昔者，定光大師元湛主寶林日，以唐國子進士樓潁所撰《善慧大士録》八卷，示浙東安撫使樓公炤。樓公病其文繁語俚，而歲月復訛，芟為四卷。凡大士應迹始終，及所著歌頌，悉備。時紹興十三年之春三月也。今寶林住持佛日大師致凱持以示予。予猶恨其刊削未(□)［盡］，欲重定之，會抱疾而未能。然而古文殿修撰龍津居士羅公，亦甞患潁書繁纇，無以發明甚深難解之義，為之删潤，復造文以表出之。梁溪李忠定公讀而悦之，作偈以贊。龍津與樓公，盍同時人，(□)［惜］乎其不及見此書也。余因記其事卷後，而歸諸佛日，幸訪龍津之本而刻焉。則余雖未能重□，要不足深憾也已。①

“潛溪”，宋濂（1310—1381）之號也。

宋濂時任雙林寺住持的“佛日大師致凱”，就是明陶安（1315—1368）《陶學士集》卷六《送清涼寺長老凱翁住持義烏雙林寺》詩中的

① 《大日本續藏經》第壹輯第貳編正編第貳拾伍套，第二十六葉左半葉。

凱翁：

山前雙樹翠成陰，彷彿祇園地佈金。
大士除疑融聖教，老禪説法震雷音。
定中隱隱聞清磬，别後迢迢鬱此心。
回望石城烟寺遠，一江風雨有龍吟。①

顯然，凱翁在住持雙林寺之前，任清涼寺長老也。

《四庫全書總目》："陶學士集二十卷　明陶安撰。安字主敬，當塗人。元至正八年，中浙江鄉試。後佐明太祖，官至江西行省參知政事。事蹟具《明史》本傳。……今此本分體編之，與所作賦詞共為十卷，文亦十卷，而送人之序引居其半。豈以安當時宿望，求贈言者多耶？……安文章雖不及宋濂之俊偉，而其詞類皆平正典，實有先正之遺風。一代開國之初，其氣象固不侔耳。"送凱翁之詩，亦有此等遺風吧。

明郁逢慶編《書畫題跋記》卷二載"宋燕穆之山居圖"條，謂是圖"在楮上，横卷"，畫後虞集題款："燕肅畫。吳郡之地廣袤沃衍，遠於崇山峻嶺。拙上人禪居高閒，罕事杖屨，時獨手燕侍郎墨圖於明窻之下，以自託其登臨高遠之意。信夫，天台、衡岳往來者之良勞也！"非常寶貴的是，畫後若干題跋中，居然有一首與義烏雙林寺有關的題詩：

侍郎燕君名已久，繪事通神稱妙手。
想當盤礴造化時，毫端未舉分妍醜。
攢峰峭壁勢奔騰，潑翠拖藍聯培塿。
斷橋流水入微茫，縹緲烟霞生隴畝。
依稀李愿盤谷居，彷彿子真耕谷口。
虬枝蒼幹並千章，皓首芒鞋三老叟。
晦明變化咫尺間，萬狀千形生臂肘。
燕君燕君孰與儔？學士虞公品題後。
藍田美玉映珊瑚，光輝萬丈衝牛斗。
祖庭何年得此圖？卷舒時復置諸右。

① 文淵閣《四庫全書》本。

莫若陶公壁上梭，無乃鼎躍騰螭袖。
便當珍藏篋笥中，隄防風雨蛟龍走。

金華雲黄山主致凱 南翁墨印①

之後，為“檇李墨林項元汴述”：“宋仁宗朝燕肅，字穆之。本燕人，徙居曹，今為陽翟人。文學治行，縉紳咸推之。喜畫山水寒林，蹈王維之踪，倣李成之範。獨不為設色。官至禮部尚書，後贈太師。”

北宋燕肅（991—1040）之《山居圖》，享譽世間，元虞集（1272—1348。即詩中之“虞公”）、仇遠（1247—1326）、括蒼劉基（1311—1375）並有題吟。“金華雲黄山主致凱”，也就是宋濂所說之“致凱”，也即陶安賦詩送別之“凱翁”。“南翁”，或為致凱之號吧。

詩嘆“祖庭何年得此圖？卷舒時復置諸右”，則名畫《宋燕穆之山居圖》嘗一度為雙林寺收藏。

需要說明的是，雖然致凱表示“便當珍藏篋笥中，隄防風雨蛟龍走”，《山居圖》後來還是流失了，輾轉進入清朝内府，被藏於養心殿②。

二　茂本清源

《續金華叢書》本《雙林傅大士語録》之後，附一《後序》：

謹按：大士以齊明帝建武四年丁丑五月八日降眞。至梁武帝大通六年冬，應詔詣闕，尤契聖心，恩禮殊遇。往復雙林，緇素鄉風，動以萬計。在所住處，天降甘露。

乃於陳宣帝太建元年（巳）［己］丑四月二十日乙卯，入般涅槃。後七日，烏傷縣令陳鍾耆來求香火，還以反手受香。靈異化機，言簡法具，如釋迦而少劣焉。太建五年七月五日，勅開國侯徐陵撰碑文。

迨唐文宗開成二年，被御史大夫元湛禎索取蕭陳二主書詔、碑録共一十三軸，洎侯安都等名氏諸事跡，盡匿於其家。皆無存焉。唯存頂骨一具，舍利叢生；其臼飼虎餘殘，化而為石；照影池、自轉輪藏様、擊門椎、袈裟而（巳）［已］。

① 文淵閣《四庫全書》本。

② 《石渠寶笈》卷十四《貯》“養心殿五・列朝人・畫卷上等”，文淵閣《四庫全書》本。

其舍利骨塔高以七級，屹立於雲黄山頂；凡熱鐙時，四遠神火悉至，朝奉猶爲可驗。昔有檀越賈曇穎□利，舍地建地。下迨宋紹興三年，賈廷佐復興舊業，其子孫到今繁衍，永為佛親，往來不輟。

所有傳語，於昔甚多，樓穎製序，定為八卷，失記年月。至高宗紹興十三年，樓炤復删為三卷，附録一卷。年深月久，字多訛舛，板亦無存。於是廣求殘編斷簡，繕對較正，重繡①於梓。惜其法語不盡，傳於世皆儒林人删定，第可以獨擅文場，於宗門下事寧知其奥乎！是為可痛。敬將大士始終詳略摭集成文，俾觀者悉易可曉。時諸見聞喜捨共成功德之人，皆列名敘次如左云。

大明正統元年丙辰冬陽月望日，金華府雲黄山雙林廣濟禪寺住持沙門茂本（情）［清］源焚香拜題

▲明釋茂本清源《（雙林傳大士語録）後序》

（《續金華叢書》本）

① 疑乃“鐫”之形誤。

是《序》涉及的諸多與祖師及雙林寺有關的事宜，將在他處探討。唯《序》還表明，明英宗正統元年（1436）前後，雙林寺的住持乃茂本清源也。

三 圓極居頂

明南石文琇《增集續傳燈録》卷六《應天府靈谷圓極居頂禪師》：

別號圓庵。生台之黄巖陳氏，父頤道，母葉氏。師產時，得吉夢，因願捨之出家。年十五，能詩文。入鄉之淨安寺為沙彌，依迪元瑀公講授《楞嚴》、《圓覺》。會空室主瑞巖，遂從得度。繼為侍者，盡得心要。空室退寓慈溪永樂，師隨侍之，因得從庸庵宋先生，妙盡作文之法。已而金華宋潛溪、天台朱雲巢見師著作，皆共稱賞。蜀王殿下亦甞賜詩歎美，有"僧中班馬是何人"之句。

洪武十六年，出世鄞之翠山。延空室奉養，至於送終塔葬，克盡其禮，江湖稱孝焉。

二十五年，蜀王召師主成都大慈，力辭弗就。適金華雙林虛席，僧録司檄請補處。

二十八年，太祖高皇帝召至京師。明年正月，勑補僧録司左講經。繼住靈谷，寵錫便蕃。又升左闡教。

師有送遠侍者偈云："香林曾把紙衣書，潦倒圓庵一字無。有口惟能吞飯顆，遠來參侍恐相孤。"又送勇藏主還徑山偈云："一大藏教破故紙，達磨西來無直指。道人更欲問何如，井底蓬塵山上鯉。"

永樂二年二月初二日入寂。闍維，異香襲人。門人收骨石，葬翠山空寄塔右。[①]

則明太祖洪武二十五年（1392）至二十八年（1395）間，雙林寺住持為圓極居頂（？—1404）矣。或稱住寺時間長達二十八年[②]，是誤讀有關文獻也。

考圓極乃瑞巖恕中無慍禪師法嗣，臨濟宗僧。生年不詳。著作有

① 《大日本續藏經》第壹輯第貳編乙編第壹拾伍套，第四百五十二葉左半葉。

② 慈怡主編：《佛光大辭典》，佛光出版社 1989 年版，第 4 冊，第 3190 頁。

《續傳燈録》、《圓庵集》。

許是緣於曾駐雙林吧，《續傳燈録》較為注意記載雙林寺僧，如：用明（卷五）、顯珠（卷十）、懷吉真覺（卷十）、大通善本（卷十四）、文慧（卷十九）、應庵曇華（卷三十一）、德用（卷三十三）、弁山阡（卷三十四）、介石朋（卷三十五）。

陸　清朝以後傳承

清朝以後，留存至今的關於雙林寺法嗣的信息寥寥。現多方勾稽，略述一二焉。

一　舜瞿方孝

《（康熙）義烏縣志》"寶林禪寺"條：

> 國朝康熙七年，寺僧舜瞿募修。①

康熙七年（1668）募修雙林寺的舜瞿，究為何人歟？方志無載。

據清霽崙超永編、康熙三十六年（1697）刊行《五燈全書》卷一百三，浄慈寺有舜瞿方孝禪師，為南嶽下第三十七世：

> 江都王氏子。參南屏嵒於顯寧。
>
> 隨眾入室，聞舉《肇論·物不遷》，有省，乃呈《有句無句》偈曰："兩刃交鋒，如大火聚。纔涉鋒芒，髑髏粉碎。不粉碎，泥人搗鬼舂石碓。"嵒為許可。
>
> 上堂。"盡大地是衲僧一隻眼，淨慈有願，不欲撒沙。今日亦是不得已。還有向電光中使帆、石火裏走馬者麼？其或未能，索性刳心瀝膽，將諸佛體相、祖師大意、百千三昧、無量法門，拈向諸仁，一任丁一卓二橫三豎四。　豁堂嵒嗣。②

① （清）王廷曾手編：《（康熙）義烏縣志》卷十七《方外志·二氏·寺觀》"寶林禪寺"條，第七冊，第九葉右半葉至十二葉右半葉。

② 《大日本續藏經》第壹輯第貳編乙編第壹拾伍套，第二葉左半葉。

然超永書並未及舜瞿與雙林有何關聯。

考清毛奇齡（1623—1716）《西河集》卷一百十《湖南淨慈寺舜瞿禪師塔誌銘》曰：

師諱方孝，字舜瞿。江都王氏子也。父槐卿，母洪。當師生時，夜夢大士乘船來，抱一兒并兩蘭付之，因名雙蘭。讀書一過，便成誦。

年十四，見婁東僧說法而慕之，私念曰："予何不為僧乎？"遂不食肉。十七作贅婿雲間。越三年，國變。其明年，王師下江南，江都潰。師歸尋父母兄嫂不可得，將殉之。道逢一僧，慰之曰："以身殉君親固然，然不云佛能報四恩乎？且安見君家之非散亡并見俘者？刀槊之下，惟僧可免。第髡首而入營伍以求之，未晚也。"師曰："然。"乃盡發蓋藏，以千金贖難民于旅，而兄在其中。既知父母死，有兄在可以為後，且世事已如此，乃頓發前念，投白雲院，從雪石薙染。次年，圓具于天寧禮和尚。

師不騖虛名，求力行，即以本分事進請。天寧曰："子慧性非常，然而未受金圈與栗棘，命根猶未斷也。"是夏到古南，參牧雲，一見即器之，使之看《物不遷》義，未省。去而參焦山，又參能仁，參箬庵，俱器之。及冬詣皋亭，參豁堂先和尚，而頓有省，然未快也。忽聞僧有舉《物不遷》義者，而快然，已呈偈矣。明年元旦，侍和尚陞座，聆法語一若府藏俱脫者，和尚遂付之。自順治四年春圓具，至五年元旦，不一年而遽受葯。聞道之速，無如師者。

乃發長隨願，隨和尚赴海虞三峰。及此祖庭，自侍司、客司以至分座接納，長隨者一十八年。當是時，和尚以他事搆難，幾瘐死，而師越犴狴救之。其事祕不得而知也，然而四方聞師名，爭削牘延請。

師初不答，既而聞婺源寶林席久闕，嘆曰："釋氏以擴大門庭為能事，未有把茅不蓋而可以談白雲、講家風者。"乃應。去之萬山中，刀耕火種，以本色住山，其來者以本色接之。鉗錘之下，不假辭句，不輕作肯諾，以故歸者如市，座下嘗三千指。置田畝，修殿堂，恢寮舍，庋□□。如是八年，乃于康熙十一年繼席祖庭。

是年，次壬子。榦窮而枝始占者，謂有中興兆焉。

先是，兩湖巨刹，南淨慈而北靈隱，俱燬于兵。靈隱再興，當國家初開之際。東南最富饒，凡官斯地者，多擁金銀瓌寶，而具公啟募，即輸刀𦦨泉堆，貲累萬萬，以故靈隱覺場為之一新。淨慈積圮久，雖先老和尚以天龍撐拄此山，然未能復也。師繼席晚，連年征甌海，民間空虛，半不能施米盂。加之丁癸相仍，齋厨咽沸水，旋度六時。而師不設募簿，不更立化榜勸版，不令沙門持沿途鉢。長官至止者，晉接談道義，口不言布施事。

自壬子開法，越一年而興大工。首建天王殿，嵬然插雲。既而築隨山和尚塔院，比鹿苑焉。至二十六年，而毘盧閣成，兼啟藥師王殿于其傍。明年，開浴堂。越七年，修大雄寶殿，煥然還故觀。是為康熙三十三年。越三年，而建鐘樓，造來翠閣。又明年，復古宗鏡堂。堂在山後，由殿而閣，而堂凡三層，以次拾級，一望山半，無闕焉。越三年，為三十九年，建準提閣。以前一年車駕幸方丈，賜以宸翰，建宸藻樓，又建延壽堂。凡三十年中，度材而鳩工，燒甓轉石，覆之以布，漆而丹黄之，計所費不下數十萬緡，而司庫枵然，無神運，無鬼輸，何以至此？

予嘗入道場，觀師所為功。住僧有言：“當師建毘盧閣時，四壓之夯石。而官以南山鄰省，治禁不得採。會上方伐松者發其根，得萬石蟠互，若蓮座然，適足甃夯石無闕。而閣無架樑。臨安山村有連理木，已度及之，而村民不許。中元夜，合村夢僧百為淨慈乞施樑，且云：‘脫不許，將自伐之矣。’逮曉而風拔其木，村民因感而施之，故上樑法語有云‘樹生連理之樑，地湧積刼之石’，蓋實録云。”

是年秋九月，師忽曰：“期至矣。”十七日，陞座辭院。十九日，召嗣法護國溥溢至，使之繼席。二十五日，以書辭部使行省諸當事。二十六日，説偈畢，乃曰：“老僧三十年興建此山，衣鉢蕭然矣。一切封龕入塔諸事，皆老僧自為之，各留一法語。至于開弔送龕等所行，無錢不必也。”師示寂以前，不輟工築，且有𪐴堊待施者。及示寂，而無一錢。或曰：“獨不記師生時夢乎？大士乘船來，普濟也。付兩蘭者，以兩蘭若相付託也。”然則師凡兩出席，而彌天普濟，必兩興道場，以託芬香，天定之矣。

師生于前朝天啟五年正月十日，距今康熙三十九年九月二十六日，世壽七十六，僧臘五十四，坐三十七夏。得法弟子靈、於、鑑、化、雨、溢、楚、恒、蓮等凡二十四人，薙度弟子四百餘人，受戒者無算焉。

前此己卯春上，南巡至浙，以聞師名，幸其堂，賜御書中極，并書柱聯，且即召師入行在，復賜寺額。暨送駕，而上留之，使聯舟以行，然後别。師于前途慰送還山，一時觀者皆榮之。

第知識習氣，多梓語録以行世，且以此徼貴官之知，而師並無有。時嗣法溥溢嘗以輯語録為請，師曰："學道在見地，行道在機用，未聞在語言也。且今時語録不止白馬，解文殊獅象皆不足以馱之矣，亦思于此事有稍當否？昔雲門出語如九轉丹，尚曰'吾不存一字'，矧下此乎？"暨溥溢繼席，始從敗紙苦搜之，輯寶林與淨慈語録，合二卷。

銘曰：

伊昔刹利開梵埏，中有老覺名瞿曇。
三幡消入漢顯年，始載語說來中原。
維時迦葉已再傳，尚餘八百阿難仙。
從兹高坐據法筵，卑者流入晉代言。
初祖頓示直指禪，宗教自此分兩端。
無何埋口謎囈間，有句無句翻論論。
吾宗兆畫羲與軒，孔孟相繼無間然。
其後多以講論偏，異同彼我成拘牽。
高山在望身未先，誰讀魯《論》躬行篇。
今聞師語真不刋，力學何必藉口便？
況師得法鋭且専，智珠皦皦當胸圓。
然且忠孝出肺肝，破産救世兄得全。
從師廿載志願堅，患難不棄相周旋。
比之獻地納橐饘，於大節無豪犛愆。
因而福集饒衆緣，祇洹法界龍蜿蜒。
雲雨四布江河旋，珠宫寶藏蓋大千。
赤地陡湧黄金蓮，普門大士曾乘船，
親手抱子付兩蘭，婺源之北南湖南。
中興兩地豈偶焉，今當慈息雞足邊。
九有六幕張空拳，惟賸侍者磨塔??。
居然一塔標重玄，塔影高出天中天。

記述其一生化跡，頗為詳盡。

由“江都五子氏”云云而觀，湖南浄慈寺舜瞿即《五燈全書》所記之舜瞿方孝也。

舜瞿既於順治五年（1648）元旦始發願為長隨，共作長隨一十八年；又在康熙十一年（1672）離開雙林，繼席湖南浄慈寺，共住雙林寺八年：則其至義烏當為康熙四年（1665）也。

舜瞿（1625—1700）來時，雙林已“席久闕”，瞿在此不但“歸者如市”，而且“置田畝，修殿堂”等，可謂雙林寺中興之主也。

《西河集》卷五十四另有《浄慈寺舜瞿禪師語録序》：

佛不立文字，而阿難以教傳。維摩詰屏絶語言，示不二法門，而馬鳴、龍樹偏以語言為之教。即蕭梁以後，初祖已西入中國，倡直指之宗，而唐僧澄觀尚有闡三量五教、七處九會、十覺十六觀以代佛説者。此豈真能秀殊途，南與北有異量哉！天下有不言而言存，即言之而仍如不言者。此不惟教有言，即直指亦有言；不惟教有文字，即直指亦有文字。

吾嘗為禪德序語録久矣，生平過方丈，問其所得，比之詢喑者以食其飽饑，甘苦豈不自悉，而必不能為我道。曁撤席以後，則言詞堆垛，輯一時答問而會萃之，名之曰語録。一似占寃于訟庭，折閧于市肆，盈庭既不關而過市而仍不之辨曰爰書而已貨簿而已。

浄慈舜公，紹大鑒遺業，從婺州來開席者三十餘年，不言而躬行。其嗣法諸公，累請録法語以導諸方，而公力却之。及示寂，而始以寶林、淨慈兩語録，請予為序。

予讀之嘆曰：此豈文字哉！夫經有密顯，密者咒也，顯者則佛説也。然而密未嘗不顯。何則？菩提，吾知其為性；薩埵，吾知其為情也。至于佛説，則雖顯而未嘗不密。天下有誦諸經幡華嚴觀數十萬言，而遽能蹴蹋之如穅秕者乎？此如儒書然。其曰：“予欲無言者，密也。”然而無言而時行，而物生，則猶之顯也，所謂無行而不與是也。其曰：“吾道一以貫之，則顯也。”然而夫子言之，曾子知之，及門者未之知也。即推之而至于今，其不知者如故也，則猶是密也。是以佛度東土，不廢馱經；禪德化導，仍立文字：此其間蓋有故矣。方其引手入室，必斷絶往來，如鎔金錮關，纖颸不通。而竹篦榔栗，又並無筍芽木甲，可微度消息。其間漆室受毒，真有同居不相聞、偶坐不得見者。而及其登鐘樓，撞鼓閣，一吼而天下萬衆皆知之，此非有真實文字可以告人，則一指一喝，焉知非籠統之形？而乃既用乳藥，復加腹擁，時而挈導，又時而揮散，或語或嘿，覺千百言不為多，而不言而不為少者，自非具神天之力、振出世之功，大呼入鄽而一閧之市終歸寂静，不能到此。

昔人云：舉一不得舉二。夫既已舉一，焉得無二？讀斯録者，亦惟知萬舉而仍無一焉，其亦可矣。

惜其法嗣溥溢所輯住寳林與淨慈語録二卷，今已不傳也。

二 逢春、慧泉等法師

舜瞿之後約兩百年，雙林寺慘遭兵災。朱中翰《雙林寺考古志》曰：

咸豐十一年辛酉，粤寇李世賢、陳榮陷義烏。（見鄧鍾玉《兩浙軍事日記》。）寺被滋擾，“垣瓦傾隤，椽梁毀折”，僧舍僅存仁、信兩房。

同治七年戊辰春，寺僧逢春（仁房。）、學蓮、學成（此兩人皆信房。）“敦請董理協募重修。鳩工於其年秋八月，告竣於冬之十一月。”（見同治八年環東朱雲松《重修雙林禪寺碑記》。）蓋僅略葺之而已。

清穆宗同治七年戊辰（1868）負責重修雙林寺的逢春、學蓮、學成，其中當有一人為住持吧。

約五十年後，釋慧泉前來雙林。義烏市圖書藏《傅大士集》後，附釋興慈《〈傅大士集〉重刻後跋》：

傅大士者，彌勒菩薩所降世也。德道雙林，說法皇宫，化蹟神奇，自天子以至庶人，一以應機普化，所以度人無量也。

及滅久之，有國子進士樓穎者，受佛戒之弟子也。謹録大士一代聖跡成編，定為八卷。宋高宗間，樓炤復删為三卷，附録一卷。自來抄刻不知有幾，而光緒庚辰，住僧與傅姓募鋟，字句多悮，梓工欠精。版仍傅姓所藏，欲印不遂。傅姓即大士同族之後也。光緒辛丑，愚徒慧泉住雙林，因過其寺數次，見是《語録》，惜未傳諸方。然而菩薩應蹟，必然行於天下。迄光復初，愚較初卷，改正一二，因事無暇，後即請常熟張鍾瑾居士較訂。又改“語録”二字而定名曰“集”，遂刻於虞山。戊午秋，移版於揚州藏經院。會普陀印光法師亦在，因而閲之，曰：“悮字猶多矣，刻亦未精。理當重梓，方可流通。”由是請法師重為較正，悉按文義正其字句，使復本眞，畢登梨棗。

嗚呼！書欲流通，當遇智目，否則悮矣。印光法師藴道育德，慧眼圓明，一見而條晰焉。後之願登龍華、親覩彌勒者，必由見聞是集而信解以果遂也。

民國辛酉，天台山觀月比邱興慈募鐫謹跋

光緒二十七年辛丑（1901）伊始住持雙林寺的慧泉，除了參與刻印《傅大士集》之外，尚致力於重建大悲閣和雕刻佛像。朱中翰《雙林寺考古志》言：

光緒二十七年辛丑，有僧慧泉，來自天台，駐錫斯寺，悲此勝蹟沒於荒荆，爰邀仕紳，（奉化孫玉仙居士頗佽助之。）爬疏舊基，勸導重興。念餘年來，慘淡經營，醵資萬金，（達）［建］大悲閣一宇，雕千手觀音一軀，大悲咒神八十四尊，輪奐一新。惟餘舊有大殿山門等處尚待修葺。旋慧泉於民國十五年捐世，其徒志（盧）［慮］不一，彼此參商，其新建大悲閣三進，以及兩廡數十楹，忽於戊辰歲冬盡罹火劫。蓋自睦寇以後，遭劫未有如此之大者，豈非時值末法，魔事縱横，衆生薄福，勝擧難成者乎！

慧泉既然民國十五年（1926）捐世，“其徒志盧不一，彼此参商”，則慧泉一直任住持至卒時也。

另據朱氏文，慧泉新建及舊構，民國十七年戊辰（1928）又毁於火矣。

三　有明法師

松山上的雲黃寺，在“文化大革命”中被公社征作他用，最終被拆毁。

20世紀80年代以後，在當地信衆的共同努力下，寺院建築又逐次修復。

1981年，國家宗教政策得以落實，全國寺院鱗次開放，有明法師來到了雲黄寺，參加復建，潛修禪學，並化度世俗。雲黄寺佛事活動，從此走上了正軌。

▲有明法師生前留影①

有明，俗姓焦。1916年農曆正月二十日，生於河北省平山縣東回舍鄉西黄泥村。家中兄弟三人，師排末位。

1923年，年僅七歲，前往該縣延壽寺，依通貴法師剃髮，法名湛賢。寺居太行山中，山清水秀，幽靜脱俗，法師童年和少年時代，皆在此誦經習禪。1936年，二十歲，至山西省甯武府延慶寺受三壇大戒。是後，往五臺山廣濟茅蓬、河南省太白頂，修習參禪。又住湖南省隨縣海會寺禪堂，並任監院四年，住法庸寺禪堂、任監院。再到山東省濟南淨居寺住禪堂，北京兜率寺、浙江省金華報恩寺等寺院任監院。

1947年，報恩寺院被毁。解放後，法師進浙江省金華中醫院工作，時達八年。1962年，到浙江省龍遊縣虎頭山公社石巖北村參加勞動。1973年，遷戶口回故鄉平山縣，在生產隊勞動，直至到雲黄寺。

1984年，應河北省委統戰部、石家莊市宗教局等單位的邀請，有明

① 佛教在線，http：//www.fjnet.com/jjdt/jjdtnr/201011/t20101123_ 172469.htm。

法師轉赴河北正定臨濟禪寺。

1989年，法師到廣州禮本煥老和尚，親承臨濟宗第四十五代傳人法卷、法衣，法號常理。次年，昇坐臨濟禪寺方丈。為復興這座名剎，殫心竭慮。又重建平山縣延壽寺、甘泉寺，石家莊市三聖寺、龍崗寺，張家口市下花園雞鳴山永寧寺等。

▲**有明法師之雕像**

（張子開拍攝，2013年5月24日，臨濟禪寺）

法師曾任中國佛教協會理事，河北省佛教協會副會長、名譽會長，石家莊市佛教協會會長，河北省政協委員。法師不善言談，但一生修忍辱，生活簡樸清貧，終年身著灰布衣，視名利如糞土。常言："'名'和'利'這兩個字是一切煩惱的根源，只有放下名利，才能脫離苦海。""世間法是名和利，佛法就是阿彌陀佛！""寺院是弘法利生道場，不是世間交易場所，大家要好好念經，誠心學佛，勤習佛法，方得徹底覺悟。"

2000年11月20日，農曆庚寅年十月十五日，有明法師圓寂於臨濟寺。世壽九十四，僧臘八十八，戒臘七十五。① 坐缸安葬於平山縣延

① 參考：（1）康晶編輯《當代高僧有明法師》，《河北佛教》2013年春季號，第32-34頁。（2）《常依般若明宗旨，多闻佛法信根坚——记河北省正定临济寺释有明法师》，三緣中華佛教網，http://www.sanyuanfojiao.org.cn/html/news/2008-4-11/2008411542642574446.html。（3）《河北正定临济寺方丈有明禅师20日圆寂 享年94岁》，中國新聞網，http://www.chinanews.com/cul/2010/11-24/2676368.shtml。

壽寺。

四 宏淨法師

宏淨法師，浙江省金華縣（現金華市金東區）曹宅鎮官田鄉宅口村人。俗名方學修。生於 1929 年。

十九歲時，至金華北山口保安寺出家，剃度師為妙相法師。“文化大革命”中，一度還俗。

1982 年 4 月，機緣成熟，到雲黃寺修習弘法。1984 年有明法師回河北正定臨濟禪寺後，主持寺院。1986 年，至九華山受戒。之後，正式任雲黃寺方丈。①

法師在位期間，致力於補建雲黃寺。寺外立有其施淨財的功德碑。

2011 年農曆二月十六下午，法師圓寂。

五 開瑞尼師

釋開瑞，俗名邵祥林。浙江省東陽縣南馬區大聯公社紫溪大隊（今東陽市南市街道辦事處紫溪村）人。民國十年五月生。父邵欽爐，母陳秀英。

尼師出身於農村貧困家庭，與姐邵金蓮、弟邵永海相依為命。自幼與佛有緣，七歲出家，拜成道門（今大仁村）古松庵釋功茂為師，曾在永康大明山庵堂居住。十歲時，隨師到義烏縣佛堂鎮羅漢塘雙林寺常住。當時，雙林寺分上房、下房、官房；上下房，住僧，官房住尼。但寺院三房，實際分別由丁姓、朱姓和賈姓掌管。

中華人民共和國成立初期，雙林寺僧由功升法師負責。後因土地改革，破除封建迷信，寺廟停止宗教活動，僧尼被迫還俗改業。開瑞尼師也離開了雙林寺，回到東陽紫溪老家。

1978 年黨的十一屆三中全會後，宗教信仰自由政策得以貫徹落實。1979 年，尼師曾到義亭銅山岩（寺）常住。後由佛堂信眾鄭蘭雲、周梅玉、周來芝等人請至佛堂羅漢溏村朱春蘭家中居住，籌備重建雙林寺。

---

① 譚蕓、金洪斌：《千年古刹 光彩重現》，義烏日報社、義烏市風景旅遊管理局編：《沿江走過》，義烏日報社印刷廠 2002 年版，第 82 頁。

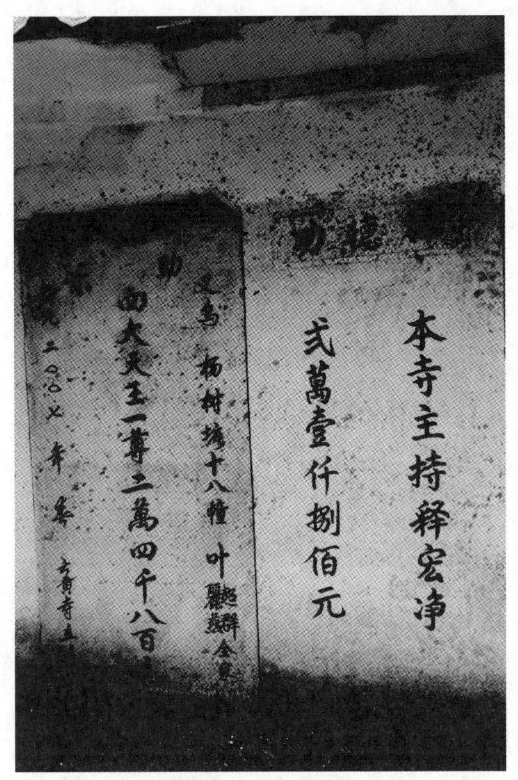

▲宏净法師施財功德碑

（張子開拍攝，2013 年 6 月 8 日）

1980 年，法師發動當地信眾捐資，在雙林水庫尾部開基重建雙林寺。在寺前街村兩委和當地信眾的關心支持下，先後重建了傅大士殿、天王殿、生活房、圍牆、水井等。是即“雙林禪寺”，後稱”雙林古寺”。

1986 年 2 月 26 日，雙林禪寺經政府批准為合法宗教活動場所後，開瑞法師任雙林禪寺住持。1987 年 1 月 20 日，又任義烏縣僧尼管理小組副組長。

1988 年 5 月 13 日，農曆三月二十八日，開瑞尼師圓寂於雙林禪寺。安葬於義烏雙林錫杖山。世壽六十八歲，僧臘六十一歲。

開瑞法師自幼與佛有緣，自修禪學，精通佛理，功課嫻熟。以寺為家，勤儉創業，堅持“獨身、僧裝、素食”。以戒為師，為人師表，生活樸素，待人和藹。護法弟子眾多，深受信眾的敬仰，得到了社會的充分肯

▲開瑞尼師像

定。為重建雙林禪寺和雙林古寺、振興義烏佛教，奠定了堅實的基礎①。

六　善清尼師

釋善清尼師，俗名王桂珠。民國十三年（1924）農曆六月初二（1924年7月3日）生於浙江省義烏縣佛堂鎮王蒲潭村頭甲。父王錫松，母賈雪雲。

尼師全家均從事農業勞動，家庭生活貧困。十四歲時，被送到義烏赤岸蔣坑村蔣某某家做童養媳。民國三十一年（1942），尼師十八歲時，私自逃到塔山鄉塔山村隱居。同年，到雙林寺拜釋功茂尼師（東陽縣南馬鎮蔣望莊村人）為師。常居於雙林寺和東陽縣太平山太平寺。民國三十五年（1946），二十三歲，到天台縣高明寺受戒為尼。

1950年，攜帶老尼釋尚銅（師公）離開雙林寺，到毛店定力寺居住。1951年，在三角毛店村參加土地改革。1954年，參加互助組，同時參加修建豐坑水庫。曾任生產隊長和水庫施工員。由於積極參加農業勞動和修

① 開瑞尼師的有關材料，擷自雙林古寺現任住持體悟尼師和當家能法尼師2015年4月8日所賜、浙江省義烏市佛教協會2015年5月19日搜集整理《釋開瑞生平》。這些信息的原提供者，為原雙林禪寺副理事賈秀丹、尼師侄子邵宏其、玄孫邵棟樑和邵棟政。特此致謝。

▲開瑞尼師靈位

（張子開拍攝，2015 年 6 月 21 日）

▲善清尼師像

建水庫，被評為貧協代表、縣勞動模範、縣人民代表。1958 年下半年，參加中國共產黨，後曾任三角毛店村黨支部書記，並被評為優秀黨員和義烏縣黨代表。

1988 年雙林禪寺住持釋開瑞尼師圓寂後，善清尼師於同年農曆四月初二（1988 年 5 月 17 日）離開三角毛店村，到雙林禪寺居住。由於係重入空門，依照黨的宗教政策，申請辦理了退黨手續。1992 年 11 月 1 日，到天台縣高明寺，由覺慧傳戒大和尚再次受戒為尼。

後任雙林禪寺、雙林律苑住持。1992 年 6 月 20 日，義烏市首屆佛教協會成立，被當選為副會長。1996 年 12 月 4 日，連任義烏市第二屆佛教協會副會長。2004 年 12 月 2 日任義烏市第三屆佛教協會名譽會長。1997 年 10 月 28 日，義烏市佛教協會首屆弘法利生功德會成立，被當選為會長。2005 年 6 月 28 日，任義烏市佛教協會弘法利生功德會名譽會長。

2006 年 8 月 8 日（農曆七月十五），因年老多病，突然患心臟病，於雙林律苑圓寂。世壽八十三歲。

▲善清尼師靈位

（張子開拍攝，2015 年 6 月 21 日）

善清尼師遵循佛陀“弘揚佛法，普度眾生”的教誨，“一心念佛，一心敬佛，一切為佛”。堅決貫徹執行黨的宗教信仰自由政策，以寺為家，艱苦創業，團結信眾，在修復雙林禪寺和雙林律苑、開展弘法利生、維護社會穩定等方面都做出了無私奉獻①。

---

① 善清尼師的有關材料，擷自雙林古寺現任住持體悟尼師和當家能法尼師 2015 年 4 月 8 日所賜、浙江省義烏市佛教協會 2006 年 8 月 9 日發佈的《釋善清法師生平簡介》。特此致謝。

附　　録

《續高僧傳》卷六
《梁國師草堂寺智者釋慧約傳》

(唐) 道宣 撰

釋慧約，字德素，姓婁。東陽烏傷人也。

祖世蟬聯東南冠族。有占其塋墓者云："後世當有苦行得道者，為帝王師焉。"母劉氏夢長人擎金像，令吞之；又見紫光繞身：因而有孕。便覺精神爽發，思理明悟。及載誕之日，光香充滿，身白如雪，時俗因名為"靈粲"。故風鑒貞簡，神志凝靜。撫塵之歲，有異凡童：惟聚沙為佛塔，疊石為高座。七歲便求入學，即誦《孝經》、《論語》，乃至史傳，披文見意。

宅南有果園，隣童競採，常以為患。乃捨己所得，空拳而返。鄉土以蠶桑為業，常懷悲惻，由是不服縑纊。

季父憙畋獵，化終不改。常嘆曰："飛走之類，去人甚遠。好生惡死，此情何別?"乃絕羶腥。叔父遂避於他里，恣行勦戮。夢赤衣使者，手持矛戟謂曰："汝終日殺生，菩薩教化又不能止。促來就死!"驚覺汗流。詰旦，便毀諸獵具，深改前咎。約復至常所獵處，見麋鹿數十頭，騰倚隨之，若有愧謝者。

所居僻左，不嘗見寺。世崇黃老，未聞佛法。而宿習冥感，心存離俗。忽值一僧，訪以至教，彼乃舉手東指云："剡中佛事甚盛。"因乃不見，方悟神人。

至年十二，始遊于剡。遍禮塔廟，肆意山川。遠會素心，多究經典。故東境謠曰："少達妙理婁居士。"

宋泰始四年，於上虞東山寺辭親翦落，時年十七。事南林寺沙門慧靜。靜於宋代僧望之首，律行總持，為特進顏延年、司空何尚之所重。又隨靜住剡之梵居寺，服勤就養，年踰一紀。及靜之云亡，盡心喪之禮。服闋之後，却粒巖栖，餌以松朮。蠲疾延華，深有成益。

齊竟陵王作鎮禹穴，聞約風德，雅相嘆屬。時有釋智秀、曇纖、慧次等，並名重當鋒，同集王坐。約既後至，年夏未隆，王便斂躬盡敬，眾咸懷不悦之色。王曰："此上人方為釋門領袖，豈今日而相待耶?"故其少為貴勝所崇也如此。

齊中書郎汝南周顒為剡令，欽服道素，側席加禮。於鍾山雷次宗舊館造草堂寺，亦號山茨，屈知寺任。此寺結宇山椒，疏壤幽岫，雖邑居非遠，而蕭條物外。既冥賞素誠，便有終焉之託。顒嘆曰："山茨約主，清虚滿世。"

齊太宰文簡公褚淵、太尉文憲公王儉，佐命一期，功高百代。欽風味道，共弘法教。淵嘗請講《淨名》、《勝鬘》，儉亦請開《法花》、《大品》。淵遇疾晝寢，見胡僧云："菩薩當至。尋有道人來者，是也。"俄而約造焉，遂豁然病愈，即請受五戒。

齊給事中婁幼瑜，少有學術，約之族祖也。每見，輒趣為禮。或問："此乃君族下班，何乃恭耶?"瑜曰："菩薩出世，方師於天下，豈老夫敬致而已!"時人未喻此旨，惟王文憲深以為然。

且約孝通冥感，思歸遄返。而二親喪亡，並及臨訣。孺慕嬰號，不交人世。積時停鄉，以開慈道。後還都，又住草堂。

少傅沈約，隆昌中外任，携與同行。在郡惟以靜漠自娛，禪誦為樂。異香入室，猛獸馴階。常入金華山採桔，或停赤松澗遊止。時逢宿火，乍屬神光。程異不思，故略其事。

有道士丁德靜，於館暴亡，傳云山精所斃。乃要大治，祭酒居之，妖猶充斥。長山令徐伯超立議，請約移居。曾未浹旬，而神魅弭息。後晝臥，見二青衣女子從澗水出，禮悔云："夙障深重，墮此水精。晝夜煩惱，即求授戒。"自爾，災怪永絕。

及沈侯罷郡，相携出都，還住本寺。恭事勤肅，禮敬彌隆。文章往復，相繼晷漏。以沈詞藻之盛，秀出當時，臨官蒞職，必同居府舍，率意往來，未嘗以朱門蓬戶為隔。齊建武中，謂沈曰："貧道昔為王、褚二公供養，遂居令僕之省。檀越為之，當復入地矣。"天監元年，沈為尚書僕射，啟勅請入省住。十一年，臨丹陽尹。無何而歎，有憂生之嗟。報曰：

“檀越福報已盡，貧道未得滅度。”詞旨悽然。俄而沈殞。故其預契未然，皆此類也。

既而留心方等，研精九部，皆蘊匱胸襟，陶鎣懷抱；顯說弘通，當仁不讓；劬勞汲引，隆益群品。皇帝斲彫文璞，信無為道，發菩提心。搆重雲殿，以戒業精微，功德淵廣。既為萬善之本，實亦眾行所先。譬巨海百川之長，若須彌群山之最。三果四向，緣此以成；十力三明，因茲而立。

帝乃博採經教，撰立戒品。條草畢舉，儀式具陳。制造圓壇，用明果極。以為道資人弘，理無虛授；事藉躬親，民信乃立。且帝皇師臣，大聖師友，遂古以來，斯道無墜。農、軒、周、孔，憲章仁義。況理越天人之外，義超名器之表，以約德高人世，道被幽冥，允膺闍梨之尊，屬當智者之號。逡巡退讓，情在固執。慇懃勸請，辭不獲命。天監十一年，始勅引見。事協心期，道存目擊。自爾去來禁省，禮供優給。

至十八年己亥四月八日，天子發弘誓心，受菩薩戒。乃幸等覺殿，降彫玉輦。屈萬乘之尊，申在三之敬。暫屏袞服，恭受田衣。宣度淨儀，曲躬誠肅。于時日月貞華，天地融朗；大赦天下，率土同慶。自是入見，別施漆榻。上先作禮，然後就坐。皇儲以下，爰至王姬，道俗士庶，咸希度脫，弟子著籍者凡四萬八千人。

嘗授戒時，有一乾鵲，歷階而昇，狀若飡受。至說戒畢，然後飛騰。又嘗述戒，有二孔雀，驅斥不去。勅乃聽上，徐行至壇，俛頸聽法。上曰：“此鳥必欲滅度，別受餘果。”矜其至誠，更為說法。後數日，二鳥無何同化。

又初授戒，夜夢從草堂寺以綿罽席路，直至臺門；自坐禪床，去地數丈；天人圍遶，為眾說法。以事而詳，等黃帝之夢往華胥，同目連之神登兜率。至人行止，孰能議之。而愛悅閑靜，祥華虛室。寺側依棲，咸生慈道。故使麕麚群於兕虎，鳧鵞狎於鷹鸇；飛走騰伏，自相馴擾。非夫仁澤潛化，孰能如此者乎。

後靜居閑室，忽有野嫗齎書數卷置經案上，無言而出。並持異樹，自植於庭，云：“青庭樹也。”約曰：“此書美也，不我俟看。如其惡也，亦不勞視。”經七日，又見一叟請書而退。此樹葉綠花紅，扶疏尚在。

又感異鳥，身赤尾長，形如翡翠，相隨棲息，出入樹間。

中大通四年，夢見舊宅，白壁朱門，赫然壯麗。仍發願造寺，詔乃號為本生焉。大同一年，又勑改所居竹山里為智者里。縉雲舊壤，傳芳圖諜。山川靈異，擅奇函夏。福地仙鄉，此焉攸立。而約飯餌松朮三十餘年，布艾為衣過七十載。嗚謙立操，擅望當時。

乃以大同元年八月，使人伐門外樹枝，曰："輿駕當來，勿令妨路。"人未之測。至九月六日現疾，北首右脇而臥，神識恬愉，了無痛惱。謂弟子曰："我夢四部大眾，幡花羅列，空中迎我，凌雲而去。福報當訖。"至十六日，勑遣舍人徐儼參疾，答云："今夜當去。"至五更二唱，異香滿室，左右肅然。乃曰。"夫生有死，自然恒數。勤修念慧，勿起亂想。"言畢合掌，便入涅槃。春秋八十有四，六十三夏。天子臨訣悲慟，僚宰輟聽覽者二旬有一。其月二十九日，於獨龍山寶誌墓左殯之。初約臥疾，見一老公執錫來入。及遷化日，諸僧咸卜寺之東巖。帝乃改葬獨龍。抑其前見之叟，則誌公相迎者乎？又臨終夜，所乘青牛忽然鳴吼，淚下交流。至葬日，勑使牽從部伍，發寺至山，吼淚不息。又建塔之始，白鶴一雙，繞墳鳴淚，聲其哀婉。葬後三日，欻然永逝。下勑豎碑墓左，詔王筠為文。

（《大正新脩大藏經》第 50 冊，第 468 頁 b 欄至第 470 頁 a 欄）

懷智者慧約國師

（明末清初）永覺元賢

我來智者鄉，披荆考陳迹。不見本生碑，婺山空自碧。
青草迷荒烟，躊躇長嘆惜。獨龍鏟幽光，人事千載隔。
尚遺智者名，迨今如雷霹。安得起斯人，重與探玄賾。
澡瓶大幾何，那堪容七尺。寄語措大流，切莫空思索。
譬彼北辰高，誰能將手摘。

（《永覺元賢禪師廣録》卷二十四《詩上·五言古》。《大日本續藏經》第壹輯第貳編正編第叁拾套，第三百三十六葉右半葉）

《應菴曇華禪師語録》卷四
《婺州寶林禪寺語録》

(南宋) 嗣法門人守詮等編

師受請。僧問："三聖道：'我逢人則出，出則不為人。'意旨如何?"師云："斬釘截鐵。"進云："興化道：'我逢人則不出，出則便為人。'又作麼生?"師云："隨邪逐惡。"進云："恁麼則一點水墨，兩處成龍。"師云："不是恁麼。"師乃云："孤峰頂上，聳壑昂霄，好不資一毫。十字街頭，和泥合水，醜不資一毫。如是則在彼在此，同得同用。所以道，我此法印，為欲利益世間故說。在所游方，勿妄宣傳。到箇裏推倒須彌，飲乾大海，於其中間出沒卷舒，了無妨礙。且應緣利物一句，作麼生道?雪後始知松栢操，事難方見丈夫心。"

當晚小參。僧問："未離兜率，已降王宮。未出母胎，度人已畢。此意如何?"師云："一人傳虛，萬人傳實。"進云："為復是神通妙用?法爾如然?"師云："一刀兩段。"進云："金鷄啄破琉璃殼，玉兔挨開碧海門。"師云："猶欠一半在。"問："'彌勒真彌勒，分身千百億。時時示世人，世人皆不識。'如何是彌勒?"師云："是甚乾屎橛!"進云："若然者，頭頭垂示處，子細好生觀。"師云："你無佛性，觀作什麼?"僧禮拜。師乃云："'彌勒真彌勒，分身千百億。時時示時人，時人俱不識。'這老漢四稜榻地了也，是汝諸人還識得也未?若識得，正是眼中添屑。若不識，寶林有過。"便下座。

上堂。云："達磨西來，直指人心，見性成佛。者老臊胡，當時若知有轉身句，是你諸人未免橫屍露骨。且道寶林恁麼告報，還有地頭也無?莫守寒巖異草青，坐著白雲宗不妙。"

謝知事上堂。"一喝分賓主，照用一時行。要會箇中意，日午打三更。衹如一喝未施已前，還有賓主也無?既分之後，那箇是賓?那箇是主?這裏緇素得出，賓則始終賓，主則始終主。衹如賓不是賓、主不是主，且一喝落在什麼處?橫按鏌鎁全正令，太平寰宇斬癡頑。"

上堂。云："佛祖正印，衲僧蒻苴。有眼如盲，有口如啞。更問如何，可知禮也。"

上堂。舉。"興化見同參來，纔上法堂，化便喝，僧亦喝。化又喝，僧復喝。化近前拈棒，僧又喝。化云：‘你看者瞎漢，猶作主在。’僧擬議，化直打出法堂。侍僧問：‘適來僧有何相觸忤？’化云：‘是佗適來也有權，也有實，也有照，也有用。我將手向伊面前横兩遭，到這裏去不得，似者般瞎漢，不打更待何時？’”師云：“興化門墻千仞，從來家法森嚴。這僧暗透重關，要看洞中春色。好則好，未免二俱失利。祇如興化道‘我將手向伊面前横兩遭’，又作麽生？天堂未就，地獄先成。”

上堂。舉。“安國挺禪師，因僧問五祖：‘真性緣起，其義云何？’祖默然。時挺禪師侍次，乃謂：‘大德正興一念時，是真性中緣起。’其僧言下大悟。”師云：“五祖不合默然，好與二十棒。挺禪師不合道‘大德正興一念時，是真性中緣起’，也與二十棒。其僧言下不合大悟，也與二十棒。且道寳林還有過也無？也與二十棒。”

上堂。舉。“龐居士一日賣笊籬，撲倒在地。靈照便去身邊臥，士云：‘作麼？’照云：‘見爺倒地，特來相扶。’”師云：“居士倒地，靈照扶起。乞兒伎倆，討甚巴鼻！”擊禪床，下座。

上堂。“盡乾坤大地撮來無一絲毫許，你諸人向甚處安身立命？直饒倜儻分明去，未免無繩自縛。且道寳林恁麼，還有著力處也無？‘啼得血流無用處，不如緘口過殘春。’”

上堂。僧問：“楊岐問慈明：‘“幽鳥語喃喃，辭雲入亂峯”時，如何？’明云：‘“我行荒草裏，汝又入深林”，此意如何？’”師云：“兩箇漆桶，失却鼻孔。”進云：“是什麼人收得？”師云：“是上座。”進云：“爭柰不亂拈出。”師云：“賊身已露。”進云：“祇如楊岐道‘官不容針，更借一問’，慈明便喝，還有為人處也無？”師云：“無為人處。”進云：“許多葛藤，向甚麼處著？”師云：“虛空裏著。”進云：“虛空無壁落，四面亦無門，作麼生著？”師云：“恰好。”進云：“楊岐亦喝，慈明又喝，意作麼生？”師云：“平地喫交。”進云：“爭柰楊岐一拳還一拳，一趯還一趯？”師云：“莫謗楊岐好。”進云：“見成公案。”師云：“何不拈出？”僧便喝。師云：“有甚交涉？”師乃云：“心不是佛，智不是道。量才補職，捨重從輕。二百個衲僧，一百九十九箇匙挑不上，且道那一箇著在甚麼處？瞎漢！歸堂去！”

冬至上堂。“君子道長，小人道消。衲僧活計，不在兩頭。有般癡漢便問：‘未審在什麼處？’似者般底，不打更待何時！且道寳林恁麼道，還有過也無？試定當看。”

上堂。舉。“僧問智門：‘如何是般若體？’門云：‘蚌含明月。’僧云：‘如何是般若用？’門云：‘兔子懷胎。’死心和尚拈云：‘如何是般若體？一堆屎。如何是般若用？屎堆裹虫。’”師云：“兩箇漆桶，一時話墮了，更添一枚。如何是般若體？相見便無禮。如何是般若用？從來愛打閧。且道三箇漆桶還有優劣也無？若檢點得出，許你具頂門眼。”

退院上堂。“祖師心印，狀似鐵牛之機，去即印住，住即印破。有般漆桶便向不去不住處坐地，無異蚊蚋以足欲探滄溟之深淺，其可得乎？豈不見古人道：‘世人住處我不住，世人行處我不行。不是與人難共住，大都緇素要分明。’祇如死心和尚一日挾火示僧，云：‘若喚作火，燒殺你。不喚作火，凍殺你。’是你諸人還緇素得出麽？苟或未然，珍重五湖雲水客，笑看千嶂起風雷。”

（《大日本續藏經》第壹輯第貳編正編第貳拾伍套，第四百一十五葉左半葉至四百一十六葉左半葉）

《虚堂和尚語録》卷二
《婺州雲黃山寶林禪寺語録》

（南宋）侍者惟俊法雲編

師入寺，指山門：“不勞彈指，豈涉思惟。現成門戶，到者方知。”

指佛殿：“前釋迦，後彌勒，且道阿那箇是正主？”喝一喝。

拈帖：“尋常雲水家，或凝或流，初無固必。因甚得者箇入手，便從者裹住？試下一轉語看。”

諸山疏：“居必擇隣，鑑非止水。明暗相凌，言猶在耳。”

山門疏：“關著門，盡是自家屋裏，何須冷言冷語、暗地敲人？不信，聽取下文。”

指法座：“聚草積石，說有談空。取古尚賒，一時拈却。何故別有一路子？”

師陞堂祝　聖畢，就座云：“大凡善射者，發必中的。若不中的，徒勞沒羽。莫有善射者麽？試發一箭看！”僧問：“不從天降，不從地湧，須彌山從甚處得來？”師云：“突出難辨。”僧云：“只將者箇真消息，用祝吾皇億萬春。”師云：“巢知風，穴知雨。”

僧云：“雙檮勝所，大士垂化之方。應庵雲孫，今虚堂高蹈其轍。還端的也無？”師云：“誣人之罪，以罪加之。”僧云：“爭奈是非，已落傍人耳，便挽天河洗不清。”師云：“面赤不如語直。”

僧云：“只如判府直院侍郎請和尚住此名山，有何方便？”師云：“劍握甑人手。”僧云：“還許學人露箇消息也無？”師云：“杜鵑啼處花狼藉。”僧禮拜。

師乃云：“一絲不挂，猶涉廉纖。獨脫無依，未為極則。衲僧家，去來不以象，動靜不以心，冥運無方，群機頓顯，便見雲黃峯頂鐵樹抽枝，小白花邊無風起浪。處處普門境界，頭頭彌勒道場。不應萬緣，靈然自得。直得堯風舜日，共樂昇平，樵唱漁歌，咸霑聖化。畢竟以何為驗？”擊拂子：“巖莎步入祥麟穩，海樹飛來白鳳閑。”

復舉。“閩王請羅山開堂，纔登座，以手斂僧伽梨衣，顧視大眾，便下座。王近前執山手云：‘靈山一會，何異今日？’山云：‘將謂爾是箇俗漢。’”師云：“羅山當時下者一著，不妨驚群動眾，賴遇大王是佛法中人。今日忽有人問新寶林，只對他道：‘將謂無人知音，自然頭正尾正。’”

當晚小參，師云：“往往多是向蓍草影邊胡卜亂卜，今夜與諸人劈破卦文了也。請欸欸出來商量。”問答罷，師乃云：“客是主人相師，未到寶林則已，一到寶林，山僧伎倆，不出諸人。探頭一覷，賴得堂中有一箇半箇，髣髣髴髴地，是舊時相識。指出行道塔，風鐸亂鳴。罵破梁寶公，多口饒舌。便見主賓和氣，彼此無疑。然雖如是，且道慈氏宮中今日說甚麼法？”卓主丈：“鋼刀雖利，不斬無罪之人。”

復舉。“當山善慧大士，因遇天竺嵩頭陀曰：‘我與汝毘婆尸佛所發誓，今兜率天宮衣鉢現在，何日當還？’命大士臨水觀形，見圓光寶蓋。大士謂之曰：‘爐鞴之所多鈍鐵，良醫之門足病人。’”師云：“好笑！好笑！當時待他道請大士臨水觀形，拈起門椎柏板劈嘴便摵，尚且救得一半，更說甚麼爐鞴鈍鐵良醫病人？翻得本來，劍去久矣。山僧尋常黨理不黨親，莫有為大士作主底麼？如無，夜深珍重。”

上堂，舉。“晏國師示眾云：‘鼓山門下不得咳嗽。’時有僧咳嗽一聲，山云：‘作甚麼？’僧云：‘傷風。’山云：‘傷風即得。’”師云：“是則是，垛生招箭，若一向與麼，道絕人荒。”

結夏小參。卓主丈：“不必善財斂念，彌勒彈指。普請四聖六凡，入此大光明藏，互為主伴。快說禪病，使瞽者明、聾者聽、迷者悟、縛者脫，於是九十之期，各證本法，然後升雙檮堂，入息㘅室，向無星等子上較其重輕，以憑勞賞。會麼？”卓主丈：“力囝唏，咄！咄！咄！”

復舉。“天平漪和尚行脚時，參西院，每云：‘莫道會佛法，覓箇舉話底也無。’一日西院召云：‘從漪！’平舉頭，院云：‘錯。’平行三兩步，院又云：‘錯。’平近前，院云：‘適來者兩錯，是西院錯？上座錯？’平云：‘是從漪錯。’院云：‘錯。’平休去，院云：‘且在者裏過夏，待共上座商量者兩錯。’平當時起去。後住院，謂眾云：‘我當初行脚時，被風吹過思明長老處，被他連下兩錯，更留我過夏商量。我不道那時錯，發足南方時早錯了也。’”師云：“慢藏誨盜，冶容誨婬。雙林今夏還有商量者兩錯底麼？”

次日上堂。“箇箇頂天履地，為甚麼蹈著二千年前底影子，便做一動子不得？莫有不蹈者影子底麼？”卓主丈。“有則有，只是今日不來。”

“謝頭首秉拂上堂，以檀拜將。為求活國之英，以拂授人。要見枯心之士，雲黄峯下，象龍所歸，虚堂薄處，先穿引得證龜作鼈。”

開山忌日，上堂。“正法像法，知他是幾年，尚且拈弄不出。那堪忍俊不禁，出來攙行奪市。既未得箇補處，又却恁麼去。是去？非去？”卓主丈。“露！”

上堂舉。“興化因僧問‘四方八面來時如何？’，化云：‘打中間底。’僧便禮拜。化云：‘昨日赴箇村齋，中路值一陣狂風暴雨，向古廟裏避得過。’”師云：“興化被者僧拈出無刃斧子，便乃高竪降旗。寶林堂時若見他禮拜，便休去。何故？且教者漢擔一片板，空過一生。”

大士生日上堂。“一自嵩頭陀道破之後，不出來，是好手。無端貧時思舊債，再揚家醜。要見大士麼？”卓主丈：“‘空手把鉏頭，步行騎水牛。’”

上堂。舉。“臺山路上有婆子，凡有僧問：‘臺山路向甚麼處去？’婆云：‘驀直去。’僧纔行，婆云：‘好箇師僧，便與麼去！’趙州聞得，云：‘待我去勘者婆子。’州到，如前問，婆亦如前答。州歸院云：‘婆子被我勘破了也。’”師云：“者婆子向寸草不生處，打箇陣子。趙州不施韜略，直欲破之。及乎交鋒之際，又却失利，道：‘被我勘破了也。’大似別人棺木，扛歸屋裏哭。莫有為趙州作主底麼？”卓主丈：“勘過了，一道打！”

上堂。"'水中鹽味，色裏膠青。'祖師只認得箇相似底，何異楚人以鷄為鳳？我者裏任爾三頭六臂，盡其來機，也無爾湊泊處。何故？'慣將三尺喙，罵倒五湖僧。'"

上堂。舉。"雲門示眾：'直得觸目無滯，達得名身句身。一切法空，山河大地是名，名亦不可得。喚作三昧，性海俱備，猶是無風匝匝之波，直得忘知於覺，覺即佛性矣。喚作無事人，更須知有向上一竅。"師云："雲門大師，今日入爾諸人髑髏裏，橫三竪四，見爾不覺不知。"乃云："土曠人稀，相逢者少。"

解夏小參。僧問："長期已滿，布袋頭開。江南江北，依舊水鄉。黃葉黃花，無非秋色。學人便與麼去時如何？"師云："掘地深埋。"僧云："與麼則'榔栗橫擔不顧人，直入千峯萬峯去'？"師云："露濕草鞋重。"僧云："若不垂芳餌，爭知碧沼深！"師便喝，僧禮拜。

師乃云："一葉落，天下秋，認奴作郎。一塵起，大地收，猶有跡在。初秋夏末，直須向萬里無寸草處去，乾茅引火。出門便是草。見人富貴常歡喜，莫把心頭似火燒。恁麼！恁麼！四路葛藤，一時拈却。不恁麼！不恁麼！九旬功用，驗在今宵。十洲三島任遨遊，雁蕩、天台從出沒。只如雲門道'還我九十日飯錢來'，又作麼生？"

復舉。"黃檗因臨際辭，檗云：'甚處去？'際云：'不是河南，便是河北。'檗便打。際約住棒，遂與一掌。檗呵呵大笑，喚侍者：'將百丈先師禪板拂子來！'際亦召侍者：'將火來！'檗云：'汝但將去，已後坐却天下人舌頭在。'"師云："明投暗合，則不無二大士。爭柰久而成弊。寶林有僧出辭，劈脊便棒。何故？寧可堂上苔生，終不引人落草。"

上堂。舉。"雲門因僧問：'如何是超佛越祖之談。'門云：'胡餅。'"師云："傷弓之鳥，見曲木而高飛。有人見得雲門，善為我辭。"

施主捨田，建達磨忌。上堂。"達磨大師恐汝諸人喫飯向鼻孔裏去，所以得得自西天來。既見得分曉了，還復西天去。今有道人劉善富，路見不平，捨膏腴，入常住，年年於此日設供，要穿他鼻孔，今當第一供。且道者老子還來也無？"卓主丈："金屑雖貴，落眼成翳。"

達磨初忌，拈香。"破六宗之執，道被五天。斷二祖之疑，光流華夏。以致擊齒服毒，何莫由斯。休言隻影度流沙，熊耳峯前月如晝。瓣香盃茗，追慕遺音。一念萬年，真風不墜。"

上堂。舉。"黃檗示眾：'汝等諸人，甚是噇酒糟漢，與麼行脚，何處有今日？還知大唐國裏無禪師麼？'時有僧出云：'只如諸方匡徒領衆，又作麼生？'檗云：'不道無禪，只是無師。'"師云："箇些子說話，蹉過者多。真點胸道，霧豹澤毛，未甞下食。庭禽養勇，終待驚人也。只知其養士之心，而不知死灰裏火蛇燒面，透得親見黃檗。不然，切忌向噇酒糟漢處會去。"

冬至小參。僧問："文殊是七佛之師，因甚出女子定不得？"師云："家鬼作祟。"僧云："罔明是下方聲聞，因甚却出得？"師云："半幅全封。"僧云："不落因果，因甚墮野狐？"師云："鑿池不待月，池成月自來。"僧云："不昧因果，因甚脫野狐？"師云："錦包特石。"僧云："老觀逢僧引麵時如何？"師云："有錢使得鬼走。"僧云："魯祖逢僧面壁時如何？"師云："寸草不生。"僧云："學人今日小出大遇。"便禮拜。師云："腦後少一錐。"

乃云："衣穿肘露，戶破家殘。要知否極泰來，自然有時有節。衲僧家更更做夢，一日趲得一日是好手，誰管爾布裩懶洗、不展臥單？縱饒使得十二時，贏得口邊生白醭，寶林與麼告報，只打淨潔毬子。莫有和泥合水、與物俱化底麼？近前來！我要識爾。"良久，以主丈畫云："將成九仞之山，不進一簣之工。"

復舉。"明招示衆。衆纔集，招云：'者裏風頭稍硬，且歸暖處商量。'便下座。衆隨至方丈，招便打云：'纔到暖處，便見瞌睡。'"師云："暗嗚叱咤，萬人氣索，則不無明招。只是未見有棄甲曳兵者。莫有同死同生底麼？"喝一喝。

次日上堂。"寂寥之景，清白傳家。纔應萬緣，石人拊掌。明得地天泰，吉無不利。不然，岣嶁峯頭神禹碑。"

天基節上堂。"風磨劫石堅猶潤，雪傲孤松韻轉青。四海隆平煙浪靜，斗南長見老人星。"

臘八上堂。"入山不深，見地不脫，引得漆桶排頭，妄想不歇。寶林有箇見處，只是不說。何故？臘月苦寒風雪吹，急急抽身早是遲。"

上堂。僧問："雪覆千山，因甚孤峯不白？"師云："消得龍王多少風。"僧云："大小大，虛堂今日失利。"師云："手臂終不向外曲。"僧云："普化搖木鐸，騰空而去。未審向甚麼處去？"師云："三九二十七。"僧云："畢竟向甚麼處去？"師云："咬人屎橛，不是好狗。"僧云："學人今日小出大遇。"便禮拜。師云："窮鬼子。"

乃舉。“百丈因僧問：‘如何是奇特事？’丈云：‘獨坐大雄峯。’僧禮拜，丈便打。”師云：“百丈故是大機大用。若非劍手相酬，幾乎落節。”

除夜小參。僧問：“舊歲送不去，新年迎不來。新舊本無情，去來誰可擬？”師云：“門前石敢當。”僧云：“只如舊歲已去，新歲已來，衲僧家還有不被寒暑所遷底麼？”師云：“有。”僧云：“那箇是不遷底？”師云：“階下雪師子。”僧云：“依舊跳不出。”師云：“蒼天！蒼天！”

乃云：“寒暑不到處，露柱證明。歲月無改遷，道人眼活。所以一年有三百六十日，從年頭數到年尾，未嘗一日不作一日用。今日正當臘月三十夜，將謂寒灰發焰，枯木重榮。及乎子細思量，元來前頭大有雪在。寶林與麼告報，自知道窮廝煎餓廝吵，無可與說人，做箇鬧熱子。何故？曾經霜雪苦，楊花落也驚。”

復舉。“北禪歲除示眾。‘年窮歲盡，無可與諸人分歲，烹一頭露地白牛，炊黍米飲，煮野菜羹，燒榾柮火，唱村田樂，免見倚他門戶、傍他牆。’便下座時。有僧出云：‘和尚宰牛，因甚不納筋角？’北禪拋下帽子，僧拈起云：‘天寒，還和尚帽子。’”師云：“簫韶九成，鳳凰來儀。”

上堂。“每日蒲團上妄想，無爾插手處，以致奔南走北，如鴨吞螺螄。山僧今日不動聲氣，教爾諸人有箇入處。”良久，拍手云：“一半入得，一半入不得。”

上堂。舉。“龐居士辭藥山，山命十禪客送至門前。士指空中雪云：’好雪片片，不落別處。’時有全禪客云：‘落在甚麼處？’士便與一掌。全云：‘居士且莫草草。’士云：‘恁麼稱禪客，閻老子未放爾在。’全云：‘居士作麼生？’士又與一掌。”師云：“雖則是兩掌，其間有擡有搦，有收有放。”

小師設供上堂。舉。“章敬因小師遊方回，敬云：‘汝離此間多少時？’僧云：‘已經八載。’敬云：‘作得箇甚麼？’僧就地上畫一圓相。敬云：‘此外莫更有麼？’僧近前畫破圓相，作禮而退。”師云：“嚴師出好弟子。二林養子不及父，但只教伊供養大眾，不必呈見解。何故？恐薄禮致怨。”

上堂。僧問：“靈雲見桃花悟去，學人每日也見一枝兩枝，因甚不悟？”師云：“含血噴人，先污其口。”僧云：“為甚玄沙不肯他？”師云：“他是他屋裏人。”僧云：“學人到者裏，大似胡孫咬生鐵。”師云：“爾莫只管上頭上面。”僧云：“也要和尚委悉。”

師乃舉。“雲門問首座：‘山河大地，與自己是同？是別？’座云：‘同。’門云：‘一切物命，飛蛾蟻子，與自己是同？是別？’座云：‘同。’門云：‘好！好！借問何得干戈相待？’”師云：“雲門易見，首座難見。何故？蓋他不坐在無變異之鄉，所以曰同。”

智者和尚至。上堂。“淨瓶裏澡洗，古檮下修身。彼此寸長尺短，何妨忝為切隣？相見又無事，不來還憶君。杜鵑啼斷月如晝，不似尋常空過春。”

結夏小參。“此事如青天白日，無一絲頭許為障為礙。自是爾諸人智眼不高，墮在區宇，故勞我竺乾大士立期立限，對病與藥，以為中下之機。若是上流，豈肯受爾者般茶飯》況今夏恰恰一百二十日，爾諸人向甚處插手？若無插手處，則孤負竺乾大士。若得箇插手處，莫待期滿，便請說看。何故？蓋老僧急欲明窓下安排。”

復舉。“首山示眾：‘咄哉巧女兒，攛梭不解織。看他鬪鷄人，水牛也不識。咄哉拙郎君，巧妙無人識。打破鳳林關，著靴水上立。’”師云：“首山自謂得臨際正傳，却作野犴鳴，致令天下兒孫，箇箇拖泥帶水。”

次日上堂。舉。“應庵師祖昔日謝事當山，寄夏淨明，示眾：‘三十三州七十僧，驢腮馬頷得人憎。諸方若具羅籠手，今日無因到淨明。’”師云：“想見當時龍象，拙孫褊短，不敢貶剝諸方，只多得幾州子，暗地裏賽他。何故？”卓主丈：“勸君不用栽荊棘，後代兒孫惹著衣。”

上堂。舉。“肅宗皇帝問忠國師：‘百年後所需何物？’國師云：‘為老僧造箇無縫塔。’帝云：‘請師塔樣。’國師良久，云：‘會麼？’帝云：‘不會。’國師云：‘吾有付法弟子耽源，却諳此事。’國師遷化後，帝詔耽源問之。源云：‘湘之南潭之北，中有黃金充一國。無影樹下合同舡，琉璃殿上無知識。’”師云：“肅宗當時若向國師良久處，下得一喝，免致耽源墮坑落塹。要見無縫塔麼？”卓主丈：“勸君盡此一盃酒，西出陽關無故人。”

上堂。僧問：“參須實參，悟須實悟。作麼生是實參？”師云：“歷歷寂寂。”僧云：“長期已過半，猶如冷水浸冬瓜。和尚有何方便？”師云：“精精靈靈。”僧云：“趙州示僧：‘洗鉢盂去。’其僧便悟。此意如何？”師云：“燒錢引鬼。”僧云：“我等喫粥了也，洗鉢盂了也，為甚不悟？”師云：“甜瓜徹蔕甜。”僧禮拜。師云：“果然。”

乃舉。“鹽官一日喚侍者：‘將犀牛扇子來！’侍云：‘已破也。’官云：‘扇子既破，還我犀牛兒來。’侍無對。”師云：“鹽官恐侍者不在，二林扇子暑月要用，不必有勞侍者。若是犀牛兒，輸與國師。”

上堂。“二林初無門戶與人近傍，亦不置之於無何有之鄉。只要諸人如鐵入土，與土俱化，然後可以發越。其如運糞入者，吾（末）［未］如之何。”

上堂。僧問：“法身病，色身不安。色身病，法身不安。作麼生免得？”師云：“口上著。”僧云：“色身病，故有之。法身作麼生病？”師云：“他病最苦。”僧云：“大似維摩老子以代眾生。”師云：“爾識他未盡。”僧云：“莫是‘佛手遮不得，人心似等閑’？”師云：“撥波求水。”僧云：“畢竟如何？”師云：“待爾鼻孔無氣，却向汝道。”僧便喝。師云：“怕死漢！”

乃云：“水牯子數日來不忺水草，蓋牧之無功也。若言一回入草去，驀鼻拽將來，此又未是牧牛之法。且作麼生牧？”擊禪床云：“叱！叱！叱！者畜生！”

建鳳林庫。上堂。“鳳非竹實而不食，非醴泉而不飲。因甚却在板橋村？”卓主丈：“有林自是真棲處，風淡惟聞靜夜鳴。”

上堂。舉。“雲門因僧問：‘佛法如水中月，是否？’門云：‘清波無透路。’”師云：“雲峯道：‘雲門禪如九轉透瓶丹。’若果是，恐未是。”

上堂。“諸方朝呪暮呪，要兜爾做羹飯主。我者裏疥狗不願生天。爾若向無人行處，尋得一條路子，蕩蕩地臨機自由自在，便是我同流。”

解夏小參。僧問：“初秋夏末，衲僧家氣宇如王。離却雙林，途中如何受用？”師云：“踏著爛如泥。”僧云：“只者莫便是途中受用底麼？”師云：“南辰北斗。”僧云：“領。”師以拂子一指，僧禮拜。

師乃云：“一夏伽藍地上行，未嘗敢重步。踏著常住一片甎，來朝期滿。合作麼生賞勞？若從首座板頭，數到聖僧侍者，普請與之，猶恐諸人以謂山僧不分緇素。更若較其重輕，又見山僧惠心不普。作麼得相當去？所以道：重賞之下，必有勇士。重賞則故不辭，阿那箇是勇士驀？”拈主丈，指云：“是爾！”

復舉。“黃檗因臨際半夏上山問訊，見檗看經，際云：‘我將謂是箇人，元來是淹黑豆老僧！’住數日乃辭。檗云：‘汝破夏來，何不終夏去？’際云：‘暫來禮拜。’檗便打，令其去。際行數里，疑其事，再回終夏。”師云：“黄檗當時若大機大用，死盡臨際偷心，今日子孫未致尾巴焦黄。檮林莫有再來終夏底麼？”喝一喝。

上堂。僧問：“世界與麼廣闊，因甚聞鐘聲披七條？”師云：“水淺無魚，徒勞下釣。”僧云：“長期已過了，中間事作麼生？”師云：“一向收捨不來。”僧云：“鐘樓上念讚，床脚下種菜，明甚麼邊事？”師云：“刮皮見骨。”僧云：“勝首座道‘猛虎當路坐䨴’。”師云：“乞兒席袋。”

乃舉。“‘鷄鳴丑，愁見起來還漏逗。裙子偏衫箇也無，袈裟形相些些有。裩無腰，袴無口，頭上青灰三五斗。指望修行利濟人，誰知翻成不唧??。’”師云：“趙州新婦，面上添笑靨，又向繡幕裏行。只是少得人見。”

運庵先師忌。拈香。“老和尚死去二十五年，有誰撑門拄戶？雖與松源同日行，不會松源三轉語。父子背馳，面不相覩。直至如今成莽鹵，露冷風高秋意深，久矣無心薦藜黍。”

中秋上堂。僧問：“靈山話月，曹溪指月，意旨如何？”師云：“欺胡謾漢。”僧云：“謝三郎有甚麼過？”師云：“誣人之罪。”僧云：“恁麼則天上月圓，人間月半。”師云：“老鴉啄蠣。”僧打圓相云：“者箇作麼生明？”師云：“明之則瞎。”僧云：“謝師指示。”師云：“屢生子。”乃云：“華亭滿舡猶不足，南泉驟步踏不著。自餘眼底紛紛，總道見月忘指。”卓主丈：“月䨴？”

上堂。僧問：“仰山謂香嚴云：‘如來禪許師兄會，祖師禪未夢見在。’此意如何？”師云：“蛇入竹筒。”僧云：“仰山平白受屈。”師云：“和爾脱不得。”僧云：“作麼生是如來禪？”師云：“鐵壁鐵壁。”僧云：“如何是祖師禪？”師云：“楚甸雲寒，越山風暖。”僧云：“如何是和尚禪？”師云：“爾是顛耶？狂耶？”僧云：“學人從此不問話。”師云：“更須勘過。”

乃舉。“太原孚上座初參雪峯，跨門纔見雪峯，便參主事。次日却來禮拜云：‘昨日觸忤和尚。’峯云：‘知是般事。’便休。”師云：“盡謂雪峯有陷虎之機、無斬蛟之劍，殊不知養子之緣，寬而有恕。”

重九上堂。僧問：“理不逐事變，事不逐理遷。九九之日，為甚檛鼓陞堂？”師云：“理事拘他不得。”僧云：“他是甚麼人？”師云：“頭輕尾重脚邐沙。”僧云：“錯指示人了也。”師云：“山僧年邁。”僧云：“汾陽道：‘重陽九日菊花新。’此意如何？”師云：“我無隔水犀，自然塵不染。”僧云：“汾陽今日落節。”師云：“那裏見汾陽？”僧便喝。師云：“弋不射宿。”乃云：“‘採菊東籬下，悠然見南山。’陶靖節雖是箇俗人，却有些衲僧說話。雖然他是晉時人，未可全信。”

開爐謝首座。上堂。僧問：“趙州道：‘我喚作火，爾不得喚作火。’此意如何？”師云：“撓鉤塔索。”僧云：“今日得見趙州。”師云：“爾會他東壁拄葫蘆麼？”僧云：“也是家常茶飯。”師云：“互鄉童子。”乃云：“霜風戒曉，黃葉堆雲。如我門庭，一般冷落。有底道，老子尋常多是鬪貧不鬪富。山僧以謂不然。何故？但得板頭有人，自然暖氣相洽。”

達磨第二忌。拈香。“葱嶺不見宋雲，全身豈在熊耳。石火電光殊莫擬，雙檮堂上再相逢。究竟何曾缺兩齒？雪際傳心，節灰厭鬼，後代兒孫誰采爾？麄羹淡飯當殷勤，四海香風從此起。”

上堂。僧問：“布袋長年落魄，盤山猪肉案頭。觀音手裏魚藍，大士門椎柏板。者一絡索，到虛堂面前時如何？”師云：“蘇嚧蘇嚧。”僧云：“轉凡夫為賢聖，抑賢聖為凡夫，則不無和尚。”師云：“家狗咬人。”僧云：“布袋向鬧裡打開，件件拈起云：‘看看。’此意如何？”師云：“不勘自敗。”僧云：“且道與門椎柏板相去多少？”師云：“窮餓相煎。”僧云：“手裏魚藍則不問，猪肉案頭事作麼生？”師云：“地獄門前鬼脫卯。”僧云：“不伸此問，蹉過一生。”師便喝。

乃舉。“羅山初參巖頭，便問：‘起滅不停時如何？’頭云：‘咄！是誰起滅？’山豁然大悟。”師云：“巖頭雖則見孔著楔，累他羅山坐在起滅不停處。”

上堂。僧問：“若論戰也，箇箇力在轉處。此意如何？”師云：“猶是死法。”僧云：“作麼生是活法？”師云：“逆風張帆。”僧云：“二林今日自納敗闕。”師云：“年老成精。”僧云：“大力量人，因甚擡脚不起？”師云：“師子咬人，韓獹逐塊。”僧云：“開口因甚不在舌頭上？”師云：“抱贓叫屈。”僧云：“明眼衲僧，因甚脚跟下紅絲線不斷？”師云：“貪多嚼不細。”僧云：“昔日松源，今朝和尚。”師云：“牢記取。”乃云：“此事甚易，因走作反以為難。何處是走作？眼見耳聞是走作，鼻嗅舌嗜是走作，運奔執捉是走作，覺觸攀緣是走作。以至舉心動念、參禪問道、穿鑿古今、是非人我，悉是走作。只有一處不走作，難以說向諸人。若說和者，不走作底一時走作了也。”

冬至小參。僧問：“黑豆未芽時如何？”師云：“黑鱗皴地。”僧云：

“芽後如何？”師云：“黑鱗皴地。”僧云：“芽與未芽時如何？”師云：“黑鱗皴地。”僧云：“若與麼，有甚分曉？”師云：“向無分曉處，識取黑鱗皴地。”僧云：“學人今夜白衣拜相。”便禮拜。復有僧出問：“如何是冬來事？古德道：‘京師出大黄。’此意如何？”師云：“短處求長。”僧云：“忽有人問和尚冬來事聻？”師云：“雪後添衣定是寒。”僧云：“元來古德猶在。”師云：“汝是安祿山。”乃云：“葭灰未動，律管先知。暗去明來，未嘗遷謝。所以衲僧家就理就事，順水流舟。殊不知無陰陽地，荆棘參天；有契券邊，蒺蔾滿地。致使春生夏長之徒，卒難近傍。二林放過一著，曲為今時。”

復舉。“溈山問仰山：‘仲冬嚴寒年年事，晷運推移事若何？’仰山近前，叉手而立。溈云：‘誠知子答者話不得。’香嚴至，溈舉前話。嚴云：‘某甲偏答得者話。’溈復舉，嚴亦近前，叉手而立。溈云：‘賴遇寂子不會。’”師云：“溈山若無後語，儘自包裹得去。其奈用處太過，以致栓索俱露。”

上堂。謝秉拂。僧問：“智與師齊，減師半德。智過於師，方堪傳授。那箇智過於師？”師云：“忽去忽來，坐斷今古。”僧云：“學人瞻仰有分。”師云：“合取狗口。”僧云：“若與麼，首座、藏主遂成虚設。”師云：“不是苦心人不知。”僧云：“却較些子。”便禮拜。師云：“急抽頭，是好手。”乃云：“深山大澤象龍之所，雷霆變化，在乎一時之間，草木自然光潤。檮林之下，莫有此瑞麼？”卓拄杖：“疑殺闍梨。”

上堂。僧問：“天欲雪而未雪，梅欲花而未花。好箇西來意，無人共出家。”師云：“掩耳偷鈴。”僧云：“和尚多是成褫學人。”師云：“老僧向爾道甚麼？”僧云：“當面蹉過。”師云：“座上無老僧，目前無闍梨聻？”僧云：“莫向夾山背後叉手。”師云：“老僧被爾靠倒。”乃云：“明明向汝道，得得不得，不得得得。自是諸人，雙眼清寒，坐在無事甲裏。直饒彌勒即今下生，現三頭六臂，也救爾不得。”

臘八上堂。僧問：“釋迦老子棄金輪寶位，雪山苦行六年，於臘月八夜，忽覩明星悟去。還端的也無？”師云：“令人長憶李將軍。”僧云：“後來說一藏葛藤，牽枝引蔓，抛尿撒屙，至今未已。”師云：“師子身中蟲。”僧擲下坐具，云：“未見明星時，還有者箇消息也無？”師云：“把髻投衙。”乃卓拄杖，云：“是則是，窮則變，變則通。只如三更半夜，衆星朗然，不知是見那箇星悟去？急急出來下一轉語，蓋覆者老子。不然，(母)［毋］貽後悔。”靠主丈。

華藏和尚至。上堂。僧問：“我手何似佛手？”師云：“老婦顰眉出醜。”僧云：“我脚何似驢脚？”師云：“曾踏趙州徐彴。”僧云：“人人有箇生緣，如何是學人生緣？”師云：“懶向人前拔茄樹，要去南川作化主。”僧禮拜。師乃云：“我本無心有所希求，今此寶藏自然而至。二林小衆枯枯燥燥，鶴望多時，珊瑚枕明月珠，從便採取，只是不得觸諱。”

上堂。“傅大士本相現，引得一地裏人前廊後架，抛尿撒屙，謂之龍華勝會。不知當來所證果有此否？不然，”卓主丈：“青山綠水，短棹孤舟。”

慈雲和尚至。上堂。僧問：“路逢道伴交肩過，一生參學事畢時如何？”師云：“鵓鳩樹上啼。”僧云：“也恐和尚見古人未盡。”師云：“同道方知。”僧云：“知後如何？”師云：“布袋盛錐。快者先出。”乃云：“去住無心，卷舒有則。布之則彌於六合，六合猶窄；置之則歛於一毫，一毫猶寬。為彼群生從何而起？”卓主丈：“飛過帝鄉去，遠接南山陰。”

上堂。舉。“風穴因僧問：‘語默涉離微，如何通不犯？’穴云：‘長憶江南三月裹，鷓鴣啼處百花香。’”師云：“風穴破關受敵，不知蹉過者僧。二林有僧出問，拈主丈便打。”

上堂。舉。“趙州因僧問：‘一物不將來時如何？’州云：‘放下著。’僧云：‘一物不將來，放下箇甚麼？’州云：‘放不下，擔將去。’”師云：“趙州向者僧痛處下一針，不妨奇特。只是病入膏肓，難以發藥。”

上堂。“明明道不在言語上，何必用三寸舌頭帶將出來？會得，桐花落地春將半。不然，杜宇催歸月過三。”

上堂。舉。“百丈普請鉏地，次有一僧舉起鉏頭，忽聞鼓聲，乃抛下大笑，便歸。丈云：‘俊哉！此是觀音入理之門。’歸院，乃喚僧問：‘適來見箇甚麼道理，便與麼？’僧云：‘適來肚飢，聞鼓聲歸，喫飯去。’丈乃大笑。”師云：“百丈當面被者僧謾。若是二林，誰管爾口欵？未招，便與闌胸一踏。只如百丈笑、者僧笑，還有優劣也無？”

西白和尚至。上堂。僧問：“三日不說著，口邊生白醭。學人出去四十餘日，作麼生？”師云：“待爾口邊出青草，却向汝道。”僧云：“低聲！低聲！牆壁有耳。”師云：“也要大家知。”僧云：“只如口邊出青草底人，還有方便也無？”師云：“大有方便。”僧云：“那裏是他方便處？”師云：

“一任牛搏馬踏。”僧云：“學人不會。”師乃云：“風穴破屋數間，單丁者七年。後為臨際正續，西白道人即斯人也。深雲古木，雙眼清寒。大音希聲，豈同常調。”

佛生日上堂。僧問：“鐵壁鐵壁，號之曰佛，常在苦海中立。只如今日降生底是？苦海中立底是？”師云：“二俱不是。”僧云：“‘天上天下，唯我獨尊’聻？”師云：“脫却籠頭，卸角馱。”僧云：“恁麼則三尺一丈六，且同携手歸。”師云：“爾道他有幾莖蓋膽毛？”僧便喝。師亦喝。乃卓主丈，云：“看！看！九龍吐水，灌沐金軀。紫毫相光，無幽不燭。直得嘉禾老比丘跛却一足，走到廣南光泰寺裏，有口也讚嘆不及。何故？物見主，眼卓豎。”

結夏上堂。“登山須到頂，涉海須到底。到頂則知宇宙之寬廓，到底則知大海之淺深。故我釋迦老子以九夏之月，剋期取證，而欲法中龍象知其山之高海之深也。苟或飽食安眠，略無知愧，是大罪人。莫言不道。”

上堂。僧問：“結夏已半月，衲僧家牙如劍樹，口似血盆，還透得虛堂一句子也無？”師云：“老僧不曾殺生害命。”僧云：“和尚太殺慈悲。”師云：“播間易飢飽。”僧云：“有一人常在途中，不離家舍。有一人常在家舍，不離途中。且道那一人合受人天供養？”師云：“水也消他一滴不得。”僧云：“因甚如此？”師云：“蓋他在布袋裡輥毬。”僧禮拜。

師乃舉。“雪峯一日敲觀和尚門，觀云：‘誰？’峯云：‘鳳凰兒。’觀云：‘作甚麼？’峯云：‘啗老觀。’觀便開門，搊住云：‘道！道！’峯擬議，被觀推出。雪峯住後云：‘我當時若入得老觀門，爾者一隊噇酒糟漢，向甚麼摸㨮？’”師云：‘雪峯擬議，老觀推出。若較其錙銖，則固有重輕。不知雪峯當時合下得甚麼語，可以入得老觀門？”

上堂。舉。“五祖道：‘諸莊不收，不以為憂。百數衲子，無一箇透得狗子佛性話，誠以為憂。’”師云：“五祖大似破關中收圖書。”

承天短蓬遠和尚遺書至。上堂。僧問：“昔本不離此，今朝亦不來。且道承天老子向甚麼處去？”師云：“趕人不得趕上。”僧云：“莫是向不生不滅處去麼？”師云：“爾莫要撩撥者氣鼓老僧。”僧云：“他觸著便三毒起。”師云：“多少人仰望不及。”僧云：“洞山遷化，設愚癡齋。承天遷化，有何分付？”師云：“有分付。”僧云：“有甚分付？”師云：“教爾近前退後，牢記話頭。”僧云：“也是不惜口業漢。”師乃云：“遠之莫及，故曰短。蹤之不即，故曰蓬。波波浪浪，西西東東。直鉤已掛雙峨碧，一橈香散蘆花風。”

解夏小參。僧問：“衲僧家四月十五，結他不得。七月十五，解他不得。畢竟向甚處安身立命？”師云：“鋒頭上翻筋斗。”僧云：“得與麼，自由自在。”師云：“爾莫向石灰籠裏反眼。”僧云：“可謂一夏不虛度光陰。”師云：“刀錐之利。”僧云：“前程忽有人問：‘和尚今夏將何示人？’”師云：“多添少減。”僧云：“三世諸佛也理會不得。”師云：“山僧更是理會不得。”僧云：“和尚今夜盡情，説與學人了也。”便禮拜。師乃拈主丈，云：“便與麼去，早是節外生枝。更若較短論長，何啻崖州萬里。所以道，太陽門下，日日三秋；明月堂前，時時九夏。何用刻舟尋劍、緣木求魚？西天此土，佛法平沈。末代比丘，全無慚愧。説甚正因二字，言薦賞勞。古人不解隨機，二林只圖實效。然雖如是，且道七佛行處，因甚寸草不生？快出來下一轉語，以補九夏闕疑。”卓主丈。

復舉。“南泉、歸宗、麻谷同往禮拜忠國師，泉至路畫一圓相云：‘道得即去。’歸宗於圓相內坐，麻谷作女人拜。泉云：‘恁麼則不去也。’宗云：‘是甚麼心行？’”師云：“王老師既被人道破，未為好手。麻谷作女人拜，見得國師。”

次日上堂。“一夏未嘗不與諸人朝思暮想。今朝期滿，驀忽相應，方知山是山、水是水。向來豈不知山是山、水是水？今日方知，道山是山、水是水。汝若不信，三十年後自有人知。”

上堂。謝執事：“松有操則歲寒不凋，竹有節則虛心澹靜。衲子勇於義，可以表率叢林，游刃事海，自然左右逢其原。”

中秋上堂。以主丈打一圓相，云：“裏面有一株樹，名之曰娑婆樹。下有一兔，長時擣藥。尋常見得不甚真。惟有今宵，極是分曉。諸人還見麼？”卓主丈：“見之則不妄擡眸，不然則明不如暗。”

上堂。舉。“馬祖因百丈再參，祖以目視禪床角拂子。丈云：‘即此用？離此用？’祖云：‘爾向後開兩片皮，將何為人？’丈取拂子豎起。祖云：‘即此用？離此用？’丈掛拂子舊處，祖震威一喝。丈云：‘我直得三日耳聾。’”師云：“豈止乎百丈三日耳聾，直使盡天下人聽事不真，喚鐘作甕，方契馬師。”

上堂。舉。“汾陽無業國師示眾：‘若有一毫聖凡情念未盡，未免入驢胎馬腹。’白雲又道：‘直饒一毫聖凡情念頓盡，亦未免入驢胎馬腹。’”師云：“二大老向無心中，撰出一場口面。”卓主丈：“近日王令稍嚴。”

開爐。上堂。“箇裡無峻機妙用，與人湊泊。老來畏寒，只要說些火爐頭話。且道火爐頭說甚麼話？恐冷灰豆爆，彈破諸人鼻孔。”

達磨第三忌。拈香。“十萬里水雲蹤跡，七百年西竺陳人。眼睛烏律卒，面子黑鱗皴。傳衣付法，惹起埃塵。如今紅紫亂朱，紛然而出，豈止乎少林五葉一花之春？斯臨遠諱，薦此溪蘋，萬古千秋累子孫。”

上堂。“一出數日，所至溪山風物，歷歷在目。歸來撾鼓陞堂，從頭又舉一遍。會麼？眼力到處不被人謾。”

冬至小參。“一氣順昇，百昌萌動。是時人知有，還知有不知有者。不被寒暑推遷，不逐四時消長。靜而善應，卓爾不群。若謂尺二眉毛頷下生，此又是見他未盡。山僧尋常口似磉盤，未嘗容易與人道破。爾若見得分曉，黑豆生芽，繡紋添線，也是尋常時節。且道今夜還來喫果子否？”卓主丈。“嚼飯餵嬰兒。”

復舉。“五祖因僧問：‘如何是道？’祖云：‘始平郡。’僧又問：‘如何是道中人？’祖云：‘赤心為主。’”師云：“五祖恐者僧信根未深，囑之又囑。且道節文在甚麼處？逗源河，擘泰華，須是其人。”

上堂。謝秉拂。“此拂子過如吹毛劍，善用者坐致太平，不善用者傷鋒犯手。二林莫有出廐良駒，不勞鞭影底麼？”擲下拂子：“看！看！”

上堂。僧問：“雲門因僧問：‘不起一念，還有過也無？’門云：‘須彌山。’此意如何？”師云：“買鐵得金。”僧云：“和尚平生淩辱古人，今日因甚全肯雲門？”師云：“冷處著把火。”僧云：“學人一冬在外奔波，還有過也無？”師云：“秤椎[①]落井。”僧云：“許多施利歸常住，因甚全無些子功勞？”師云：“莫來掩彩我。”乃云：“盡其機用，只作一句，布施諸人。”良久。卓主丈。“大海若知足，百川應倒流。”

臘八上堂。僧問：“枯木倚寒嵓，三冬無暖氣。此意如何？”師云：“牙根不瀝水。”僧云：“婆子因甚燒却庵？”師云：“爭交賭籌。”僧云：“和尚也不得胡亂穿鑿古人公案。”師云：“非子不委。”僧云：“老胡今日成道，有何祥瑞？”師云：“山深雪未消。”僧云：“諾。諾。”師以拂一指，乃云：“釋迦老子，雪山六年，功成行滿。到臘月八夜，討得一條路子，與後人行。若謂他見明星悟去，已是謗焰未息。”

---

① “秤椎”，或當作“秤錘”。

上堂。僧問："馬祖因龐居士問：'不與萬法為侶者，是甚麼人？'此意如何？'師云："乞兒弄飯椀。"僧云："只如馬大師道'待汝一口吸盡西江水，却向汝道'聻？"師云："劈腹剜心。"僧云："且道龐老子興此一問，是會了問？不會了問？"師云："會了問。"僧云："既是會了問，何必悟去？"師云："不悟爭得會？"僧云："人天眾前，豈無方便？"師云："踏泥漢。"乃云："自家田地不肯從實履踐，只要冒姓佃官田。還知二祖對達磨禮三拜，依位而立麼？"

除夜小參。僧問："年窮歲逼，烏龜上壁。豈不是和尚語？"師云："只得自傷己命。"僧云："忽然眾中有箇通方作者，冷笑一聲，老師未免面熱汗下。"師云："爾更近前驗我看。"僧近前云："了。"師云："果然。"乃云："日日日東上，日日日西沈。無為無事者，子細好推尋。既是無為無事，又推尋箇甚麼？若推尋佛法要妙，每日起來呵奴使婢，說東道西，無非在他影子裏。若推尋舊歲未去，新歲未來，東村王老夜燒錢，野鬼閑神俱飽足。者裏又無爾插嘴處。畢竟如何？"擊拂子："一年三百六十日，斷斷月建寅為首。"

復舉。"晦堂因看'"如何是多福一叢竹，一莖兩莖斜"，學人不會。"三莖四莖曲"'，驀然契悟。"師云："往往多是知竹，而不知多福。知多福而不知竹，有人緇素得出，許爾親見晦堂。"

使府陞座回。上堂。僧問："毘耶城裏說法，雙檮樹下談玄。如何是不動尊？"師云："東走西走。"僧云："既是不動尊，為甚麼東走西走？"師云："癡人面前不得說夢。"僧云："莫是動則不動，不動則動麼？"師云："寶所在近，更進一步。"僧云："忽然將動與不動，一時貶向無生國裡，却問如何是不動尊？"師云："東走西走。"僧云："和尚也只救得一半。"師云："信根者少。"乃云："或指或掌，無非是太平戈矛。二林莫有捷徑麼？"卓主丈。"兔子何曾離得窟！"

元宵上堂。僧問："香林因僧問：'如何是室內一椀燈？'林云：'三人證龜成鼈。'意旨如何？"師云："奴見婢殷勤。"僧云："學人禮謝去也。"師云："承虛接響。"乃云："以火續燈名晝，以燈續火為夜。晝夜相續，燈燈無盡。驀然黑地裏撞著露柱，怪得阿誰！"

妙勝和尚至。上堂。僧問："雪峯見僧來參，低頭歸庵。此意如何？"師云："誰知席帽下有此昔愁人？"僧云："未審二林見僧，作麼生接？"師云："把手拽不入。"乃云："洪波深處赤立，妙不資於一毫。香積世界藏用，勝不盈於一握。如是，則坦夷處巇嶮，木訥處難酬。且道此是何人?”卓主丈。

上堂。僧問：“二月已過，三月已來，桃花李花零亂，桑條柳條成陰。不涉萬緣，如何顧鑑?”師云：“不覺日又夜，爭教人少年。”僧云：“和尚豈無方便?”師云：“生薑終不改辣。”僧云：“有一人，十二時中不依倚一物時，如何?”師云：“鶻臭布衫須脱却。”僧云：“既不依倚一物，又脱箇甚麼?”師云：“細嚼難飢。”乃舉“大龍因僧問：‘色身敗壞，如何是堅固法身?’龍云：‘山花開似錦，澗水湛如藍。’”師云：“若是堅固法身，也苦地在。有問雲黄，只對他道：‘垢面漢！我二十年做長老，未嘗與人過話。’”

上堂。舉。“烏臼因玄、紹二上座來參，臼問：‘近離甚處?’僧云：‘江西。’臼便打。僧云：‘也知和尚有此機要。’臼云：‘爾既不會，第二禪客近前來。’僧擬議，臼亦打。”師云：“二僧見烏臼，如登龍門。”

結夏小參。僧問：“布袋長年鬧市，觀音終日魚籃，禁足安居，當圖何事?”師云：“擊筒方木響。”僧云：“與麼，則深密處足可觀光。”師云：“差之毫釐。”僧云：“和尚答處辛辣，學人如何湊泊?”師云：“向無湊泊處領取。”乃拈主丈，云：“舉一事則迷理，措一機則失用。衲僧家智游象外，妙入環中，猶是家常茶飯。無端被釋迦老子以無絲線繫却脚跟，直得東西南北，去路無從。於是九十日内，如守古塚鬼，謂之禁足安居，剋期取證，亦未知所證者何事。驀然有箇不顧危亡底，掀翻圓覺伽監，毀罵平等性智，山僧只得退身有分。何故?”卓主丈。“老不以筋力為能。”

復舉。“雪峯示眾：‘盡大地撮來如粟粒，拋向面前漆桶不會。打鼓普請看。’”師云：“雪老當時與麼，殊不知有今日二林今夏亦教諸人密密地與麼，但不必普請。更若不會，爾自孤負雪峯，於虛堂初無干與。”

次日上堂。“諸方以期取効，時刻不忘。我者裏山邊水邊，從便走作。何故?”擊拂子。“棄細録大，以待知己。”

上堂。僧問：“臨際會下，兩堂首座相見，齊下一喝。此意如何?”師云：“鬪貧不鬪富。”僧云：“有僧問：‘此兩喝，還有賓主也無?’際云：‘賓主歷然。’又作麼生?”師云：“隻手遮日。”僧云：“二林頭首，峻機妙用，眾眼難謾。還與者兩喝，是同?是別?”師云：“爾自勘他看。”僧云：“人天眾前，也蓋覆伊不得。”師云：“爾道那箇賓?那箇主?”僧便喝。師云：“脱身鬼子。”乃云：“師子嚬呻，象王回顧，此猶是齊眉共躅。要見跨釜之作麼?”竪起拂子：“新羅人過海。”

上堂。僧問：“有一句子到，爾拔舌犁耕。無一句子到，爾自招殃禍。明甚麼邊事?”師云：“彼此出家兒。”僧云：“和尚把定封疆，不通水泄。”師云：“不是少林客。”

乃舉。“仰山參東寺。纔跨門，寺云：‘已相見了，不用上來。’仰云：‘與麼相見，莫不得麼?’寺便歸方丈，閉却門。仰山歸，舉似溈山。溈云：‘子是甚麼心行?’仰云：”若不與麼，爭識得伊?’”師云：“東寺便歸方丈，千古楷模。仰山舉似溈山，因邪打正。”

上堂。僧問：“劉鐵磨訪溈山。山云：‘老牸牛，汝來也。’此意如何?”師云：“一箭中紅心。”僧云：“劉鐵磨云：‘來日臺山大會齋。’山作臥勢，磨便出霻?”師云：“果然。”僧云：“可謂二俱作家。”師云：“謗斯經故，獲罪如是。”僧禮拜。乃云：“師曠之聰，离婁之明，因甚有眼，終日不見鼻孔?下得一轉語，合得老僧，樹下塚間許爾妄想。不然，老胡失望。“

上堂。僧問：“久雨不晴時如何?”師云：“逢庚則變。”僧云：“久雨忽晴時如何?”師云：“處處可以晒眼皮草。”僧云：“與麼答話，諸方未肯在。”師云：“割鷄之刃。”僧云：“二祖禮三拜，依位而立。”師云：“呈漆器。”僧云：“達磨云：‘汝得吾髓。’”師云：“覆水難收。”僧云：“學人纔見和尚陞堂，便出禮拜，得箇甚麼?”師云：“他時不得退歘。”僧云：“且喜水米無交。”師云：“早是退歘了也。”僧便喝。師亦喝。乃云：“山僧尋常不曾抑逼人，只教退步楷磨。但得心死意消一番了，自然不胡亂拈匙放筋。不然，盡是念話杜家。”

上堂。舉。“洛浦因龐居士來參，禮拜，起云：‘仲夏毒熱，孟冬薄寒。’浦云：‘莫錯?’士云：‘龐公年老。’浦云：“何不寒便道寒，熱便道熱?’士云：‘患聾作麼?’浦云：‘放爾三十棒。’士云：‘啞却我口，塞却爾耳。’”師云：“洛浦當時若向龐公年老處下得一喝，免得彼此葛藤。”

上堂。僧問：“熱時寒，向甚麼處去?”師云：“爾抓著我痒處。”僧云：“寒時熱，向甚麼處去?”師云：“乾籬頭上覔甚麼汁。”僧云：“不涉寒暑底人，在甚麼處?”師云：“鬧市裏尋取。”僧云：“尋得後如何?”師云：“出三界二十五有。”僧云：“也未是極則。”師云：“作麼生是極則？”僧便喝。師云：“也未是極則。”

乃舉。“天童啟和尚因僧問：‘學人卓卓上來，請師的的。’啟云：‘我者裏一屙便了，說甚麼卓卓的的。’僧云：‘和尚與麼答話，更買草鞋行脚。’啟云：‘近前來。’僧近前。啟云：‘老僧與麼答話，有甚麼過？’僧無語，啟便打。”師云：“者僧喚既近前，何不便與本分草料？只因下刃不嚴，返被暗窺牆壁。”

解夏小參。“各各鼻貫已脫，秋風影裡擺尾搖頭。老安雖則善能訪跡，終竟難尋。寂子只知樹下忘軀，何曾解牧露迥迥，雲山溢目飽齁齁？野草連天，不須短笛催歸，千聖也無覓處。驀然傅公子出來道：‘汝等頭角之士，九十日內託此檮陰，未嘗有半蹄之功，踏破我常住一塊泥??。何得如此快活？’山僧只得與他代一轉語。”

復舉德山托鉢公案。師云：“德山如師子遊行，百獸股栗。嵓頭假其威，而陰風逼人。後之來者，棒土揭木。”

上堂。僧問：“大隋蓋龜時如何？”師云：“神照無此作。”僧云：“初秋夏末，衲子往來，牢記取者一轉語，舉似諸方。”師云：“苦哉。”

乃舉。“天台幽棲和尚一日鳴鐘上堂。眾纔集，棲云：‘誰打鐘？’僧云：‘維那。’棲云：‘近前來。’僧近前，棲遂與一掌，歸方丈。’”師云：“賤如泥沙，貴如金璧。當時若安詳登座，活得者僧。”

中秋上堂。僧問：“天上月圓，人間月半，是人知有。未審中間樹子屬甚麼人？”師云：“有契券者得。”僧云：“恁麼則天香桂子落紛紛。”師云：“爾早錯認了也。”僧云：“馬大師翫月，次一人道‘正好供養’，一人道‘正好修行’，一人驟步便行。此意如何？”師云：“一畝之地，三蛇九鼠。”僧云：“馬大師道：‘經入藏，禪歸海。唯有普願，獨超物外。’”師云：“打驢聽馬知。”僧禮拜。師噓一聲。乃云：“與日雙運，鑑物無私。自是暗中之人，責冬裘比夏葛。當此良夜眾星推遜之時，可憐不見華亭叟，冷照海濤空渺瀰。”

上堂。僧問：“望見資福剎竿，便回脚跟下，好與三十。此意如何？”師云：“臭肉來蠅。”僧云：“望見雪峯，便參主事，又作麼生？”師云：“何樓漆器休拈出。”僧云：“望見寶林雙楊塔尖，便悟去。”師云：“沙裏淘金。”僧云：“和尚也是年老心孤。”師云：“宣人之過，未為好手。”

乃舉。“欽山同嵓頭、雪峯到德山，乃問：‘天皇也與麼道，龍潭也與麼道。未審德山作麼生道？’德山云：‘汝試舉天皇、龍潭底看？’欽擬議，德山便打。遂至延壽，云：‘是則是，打我太殺。’嵓頭云：‘爾與麼，他後不得道見德山。’”師云：“欽山只箇擬議，德山、巖頭俱納敗闕。若是龍門上客，必為點頭。其如聽響之流，墮在區宇。”

上堂。“九九之節，謂之重陽。陽德既剛，元化以洽。衲子分上，明得甚麼邊事？”卓主丈。“交！”

上堂。“一大藏教，不出箇鵶鳴鵲噪。九經諸史，不出箇之乎者也。會得，雲歸華嶽，水到瀟湘。不然，有伴即來，切須記取。”

達磨第四忌。拈香，打一圓相。“香至國王之子，神光斷臂之師。耽憨面嘴，恐亦是伊兒孫，不必更懷疑。故我達磨鼻祖圓覺大師，濬發靈機，有無之宗頓釋，廓然無聖第一之義昭然。前梁後魏，人我相高。此土西天，是非競起。丁茲末運，遐想餘光。列藻陳蘩，用酬慈蔭。”

上堂。舉。“南泉因兩堂首座爭貓兒，泉云：‘道得即不斬。’兩堂無語，泉遂斬之。趙州從外歸，泉舉前話。州脫草鞋，安頭上出。泉云：‘子若在，救得猫兒。’”師云：“趙州借手拈香，要與兩堂雪屈。殊不知狸奴已死南泉手，直至如今鼠子多。”

冬至小參。“陰魔沮伏，暖氣未昇。好箇衲僧消息，若能直下承當，不逐四時消長，便見深山巖崖人跡不到處，爛葛藤抽枝引蔓。其如未然，且向舊曆日上，點指頭子數過。只如陰魔沮伏，暖氣未昇，是衲僧甚麼消息？”卓主丈。“魚行水濁，鳥飛毛落。”

復舉。“溈山向火次，問仰山：‘終日向火，因甚無暖氣？’仰作向火勢，溈云：‘子只得物體，能所未在。’仰云：‘某甲只如此。和尚作麼生？’溈亦作向火勢，仰云：‘和尚只得物體，能所未在。’溈云：‘如是，如是。’”師云：“盡謂溈仰父子，兩口一舌。殊不知，風竊虎威能偃草，水欺龍臥出前山。”

除夜小參。“新底不知舊底已往，舊底不知新底已來。新舊不相知，物物還對偶。衲僧家以為極則，殊不知半夜三更，蒲團上竪起脊梁，誰管爾漏箭推遷、更點遲速？猶被人喚作無轉智大王。何況如矮子看戲，隨人上下？雖然只知暖日生芳草，那料春風暗著人。”

復舉。“僧問雲門：‘如何是雲門一曲？’門云：‘臘月二十五。’”師云：“雲門汗血功高，惜乎放過了五日。當時若道得箇‘恰好臘月三十夜’，者僧必有可觀。今則既往不咎，只得順時保愛。有問雲黃一曲，只向他道：‘半遏行雲’。”

元宵上堂。“世間之燈，莫若心燈最明。心燈一舉，則毫芒刹海，光明如晝。其間不善剔撥者，雖有如無。要見心燈麼?”卓主丈。“仰山開畬，歸宗拽石。”

寶林語録終。

(《大正新脩大藏經》，第 47 冊，第 993 頁 b 欄至第 1003 頁 b 欄)

《兀菴普寧禪師語録》卷中
《住婺州雲黄山寶林禪寺語録》

(南宋) 侍者景用編

指三門：“衲僧門下，活路通天。脚頭脚底，能方能圓。”召大衆云：“照顧踏破常住磚。”

佛殿。“如何是佛殿裏底?咄!無端開口便臭氣，掩鼻不及，只得五體投地。”

傅大士殿。“七佛引其前，維摩接其後。一盲引衆盲，至今不唧嚁。咄!”

據方丈。拈拄杖示衆：“吽!吽!”擲下，云：“不信道。”便起。

拈省劄云：“靈山佛法，付囑國王大臣、有力檀那，令燈燈相續，綿綿不斷，直至今日，愈光愈顯。汝等諸人，各生難遭之想，拱聽首座宣讀。”

指法座。“向上一路，千聖不傳。等閑踏著，不直半錢。”

祝聖次，拈香。奉為太傅平章國公增崇祿位。次拈香，奉為判府殿撰侍郎判縣軍正寶謨郎鄉府縣文武官僚，各增祿筭。

據座。問答不録。

拈拄杖，云：“拄杖頭邊，草鞋跟底，隨緣放曠，隱遁過時。豈謂業債難逃?復落他家綣繢。扶病拖泥帶水，只得竪四横三，乘時拽取。正續山與雲黄山鬬額，為復是神通游戲?為復是法爾如然?不見道，浙東山，浙西水，四海五湖皇化裏。”卓一下。

復舉。“世尊初生下來，一手指天，一手指地，云：‘天上天下，唯我獨尊。’後來雲門道：‘我當時若見，一棒打殺，與狗子喫，貴圖天下太平。’”拈云：“跛脚阿師，徒有此語，雙林則不然。我當時若見，便與兜一喝，復向道：‘黄口小兒道什麼?清平世界，切忌訛言。’”

當晚小參。："久響雙林，可曾遊歷。及乎到來，果是殊別：山環水繞，寺廣人稀。內空外空，無彼無此。彷彿威音那畔，分明古佛家風。不妨按下雲頭，鉢囊暫且高掛。坐則同坐，行則同行。同苦同甘，同憂同樂。必竟事作麼生？但看人情若好，自然喫水也肥。"

復舉。"南泉道：'我十八上便解作活計。'趙州道：'我十八上便解破家散宅。'"拈云："二古德雖各擅家風，未免笑破天下衲僧鼻孔。雙林盡力踍跳，也出他綣繢不得。纔入門來，乃見破之又破，損之又損，淨躶躶、赤洒洒沒可把，亦未免笑破天下衲僧鼻孔。然雖如是，或遇東君借力，便有生意。如何見得？前村深雪裏，昨夜一枝開。"

冬夜小參。"破砂盆，漏燈盞。死偷心，滅正眼。近之則愈遠，親之則愈踈。瞻之在前，忽然在後。全明全暗，雙放雙收。番復看來，當甚熱大。是則也是，只如進前叉手，叉手進前，又作麼生？"良久，云："冬行春令。"

復拈拄杖，示眾云："雲門大師道：'從上諸聖，為甚麼不到這裏？'蓮華峰庵主道：'古人到這裏，為甚麼不肯住？'"拈云："把斷要津，不通凡聖，則不無二老，要且無為人底道理。雙林則不然，到與不到，"卓拄杖一下，云："一時截斷。且道還有為人處也無？"擲拄杖，下座。

冬至上堂。"一陽來復，暖回幽谷。雲黃山上喜氣浮空，綉水溪頭踈影含玉。老胡不會轉身句，無節目中生節目。"拈拄杖，云："累及拄丈子，皮膚脫落盡，通身烏律漆。"卓一下。

臘八上堂。值雪。"正覺山前，星月燦然。雲黃山上，霜雪凝然。普天率土，今古常然。如何臈八忽然而然？汝等諸人，各宜照顧娘生鼻孔，莫教打失自己眼睛，免致每逢斯旦，惑亂天下叢林。謹白。"

請化主上堂。"雲門一曲，調高千古。子細推窮，從來無譜。此曲只應天上有，大士得來無本據。今日當陽分付，新年諸路化主，在處富有知音。遇著知音舉似，舉似則不無。且道是何曲調？臘月二十五。"

歲除小參。"有處不是有，無處不是無。有無不到處，馨香滿道途。古德任麼[①]說話，前不迭村，後不迭店，未盡善矣。只如舊歲不是舊，新年不是新，新舊不及處，堂堂獨露真。且作麼生論量？或有箇漢聞任麼說，便道正落在古人綣繢裏，又作麼生支遣？當任麼時，却有箇道處。且

① "任麼"，或當作"恁麼"。

作麼生道？”良久，云：“舊歲今宵去，新年明日來。”拂子擊禪床一下。

復舉。“趙州道：‘老僧除二時粥飯是錯用心。’”拈云：“三十年不下繩床，將謂有多少奇特，元來只在黑山下鬼窟裏作活計，至今未有轉身之路。若是朝三千暮八百底，雙林這裏不著。”

無準忌。拈香，云：“這箇老漢，軟頑希罕，煨而不熟，煑而不爛。沒興遭他負累，被陷雲黃苦難，怨之不已，恨之不休。”燒香，云：“且將這箇雪冤讎。”

結制小參。“去年十月十七，被命來尸敗席。陳逋弊積如山，中外倉庫赤立。勉效佛在世時，持鉢沿門求乞。不憚涉險登危，波波為眾竭力。逗到四月十五，恰滿六箇月日。諸方禁足安居，雙林豈容禁足？領眾展轉求賢，然後求己的實。心空及第歸來，和這自己拋擲。更有一事告報：古聖言端語的，寧可熱鐵纏身，不受信心人衣；寧可鎔銅灌口，不受信心人食。喫飯忽咬著砂，一生參學事畢。若不量彼來處，水也難消一滴。且誵訛在什麼處？”拂子擊禪床一下，云：“直待當來問彌勒。”

舉。“靈樹和尚。僧問：‘如何是和尚家風？’曰：‘千年田，八百主。’‘如何是千年田、八百主？’曰：“郎當屋舍沒人修。’妙喜曰：‘愁人莫向愁人說。’”師云：“正抓著雙林痒處。”

結制上堂。“諸方此日安居禁足，雙林難說禁足安居。厨乏聚蠅之糝，廩無隔宿之儲。策杖遍叩檀度，免我一眾飢虗。休以蠟人為驗，但願處處逢渠。”拍膝一下，云：“噁！早知今日事，悔不慎當初。”

天童前住首座寮結夏，秉拂。“太白峰高，佛祖仰望不及。玲瓏巖險，衲僧指足無門。縱有掀飜四大海、踢倒五須彌底作略，到此總須望崖而退。就中隰州古佛較些子，平易中險峻，險峻中平易。檢點將來，猶在半途，終未能到頂。寧上座固不敢仰視。今夏得與現前一眾，及此方他土、微塵剎海、若凡若聖、情與無情，於其間平不留，險非取，同住大光明藏，宴坐圓覺妙場。三期之內，據菩薩乘，修寂滅行，壁立萬仞，萬仞壁立，水洒不著，風吹不入。如是而住，如是而修，如是而行，如是而證。是則是，必竟喚什麼作平等性智？”以拂子擊禪床一下，云：“玲瓏八面自回合，峭峻一方誰敢窺。”

舉。“米胡問僧：‘近離甚處？’僧云：‘藥山。’胡云：‘藥山老子近日如何？’僧云：‘大似一片頑石。’胡云：‘得恁麼鄭重？’僧云：‘也無你提撥處。’胡云：‘非但藥山，米胡亦任麼。’僧近前顧視而立，胡云：

‘看看頑石動也？’僧便出。”師拈云：“米胡當斷不斷，返招其亂，負累者僧頑石邊蹲坐，轉動不得。當時待他道也無你提撥處，拈棒便打。若云：‘因甚打某甲？’却向道：‘頑石動也。’”

冬節秉拂。“道遠乎哉？觸事而真。目前無法，意在目前。聖遠乎哉？體之則神。不是目前法，非耳目之所到。所以靈山密付，取聲安置篋中；少室單傳，吹網欲令氣滿。自餘行棒行喝、全提半提，總是撒土拋沙，欺賢罔聖。眾中猛烈丈夫，各各氣衝牛斗，豈可甘受屈辱？乘時裂轉面皮，當陽決斷。貴要君子道長，小人道消。從教晷運推移，日南長至，氷河起焰，寒谷回春。一塵蜚而翳天，一芥墮而覆地。雖然，因甚玲瓏巖依舊聳青空？”良久，云：“直恐虛心自天意，人間穿鑿枉工夫。”

舉。“道吾離藥山到南泉。著語云：“門內有君子，門外君子至。”南泉問云：‘闍黎名什麼？’吾云：‘宗智。’相見易得好，共住難為人。南泉云：‘智不到處，作麼生宗？’賊被賊捉。吾云：‘切忌道著。’一欵便招。南泉云：‘灼然道著即頭角生。’賊無種，相鼓籠。至三日後，道吾在後架與雲巖把針次。南泉過見，乃再問云：‘前日道：“智不到處、切忌道著，道著即頭角生。”合作麼生行履？’貧兒思舊債。道吾抽身入僧堂，南泉便去。君向西秦，我之東魯。道吾却來坐。雲巖乃問云：‘師弟適來為甚不祇對和尚？’吾云：‘你得恁麼伶利。’磚頭來。瓦子報。巖不薦，却去問南泉云：‘適來因緣，智頭陀作麼生不祇對和尚？’南泉云：‘他却是異類中行。’檐得一檐懵懂，換得一檐骨懂。巖云：‘如何是異類中行？’泉云：‘不見道“智不到處，切忌道著，道著即頭角生”？直須向異類中行。’第二杓惡水。巖亦不會。道吾知巖不薦，乃云：‘此人因緣不任此。’便與回藥山。一盲引眾盲，相牽入火坑。藥山覩二人回，乃問雲巖：‘汝到甚處去來？’巖云：‘到南泉來。’藥山云：‘南泉有何言句？’雲巖遂舉前話。拾得封皮作信讀。藥山云：‘子作麼生會？他這箇時節便回來。’雲巖無對，藥山乃大笑。盡道藥山笑裏有刀，殊不知伶兒不覺醜。雲巖便問：‘如何是異類中行？’藥山云：‘吾今日困，別時來。’舌頭拖地。雲巖云：‘某甲特為此事歸來。’藥山云：‘且去。’雲巖便出。教休不肯休，直待雨霖頭。道吾在方丈外，聞雲巖不薦，不覺咬得指頭血出。為他閑事長無明。道吾却下來問雲巖云：‘師兄去問和尚，那因緣作麼？’雲巖云：‘和尚不與某甲說。’道吾便低頭。臨袁虔吉頭上插笔。後雲巖遷化，遣遺書至。道吾覽了，曰：‘雲巖不知有，悔當時不向伊道。然雖如是，要且不違藥山之子。’同死同生為君決。”師拈云："道吾、雲巖，可謂蚌鷸相持，俱落漁人之手。南泉、藥山，正令不行，拗曲作直。當時若使德山令行，曹洞一宗，未至掃土。"復成一頌："往復落人綣繢間，那知同步不同行。當初乍可無容質，別作心腸過一生。"

靈隱前堂首座寮結夏，秉拂。"語漸也，返常合道，方木逗圓孔。論頓也，不留朕跡，泥裏洗土塊。所以一機一境，總是接響承虛；舉古舉今，特地無風起浪。豈不見道：'杜耳目於胎殼，掩玄象於霄外。貴宮商之異，辯玄素之殊。'雖則盡力踍跳，要且前不迭村、後不迭店。縱使據菩薩乘、修寂滅行，高步毗盧頂，不稟釋迦文，亦未出靈山綣繢在。是則是，只如五祖和尚道'羅邏招，羅邏搖，羅邏送。莫恠空疎，伏惟珍重'，又作麼生？"良久，云："不逢別者，終不開拳。"

舉。"保福和尚因長生卓庵時，去相訪。茶話次，長生云：'有僧問某甲："如何是祖師西來意？"某甲豎起拂子，不知得不得？'保福云：'某甲爭敢道得不得？有箇問，有人讚嘆此事，如虎帶角。有人輕毀此事，分文不直。一等是任麼事，為甚讚毀不同？'長生云：'適來出自偶爾。有老宿云："毀又爭得。"有老宿云："惜取眉毛。"後來雪竇都別云："若非和尚證明，拂子一生無用。"玄覺云："一等是與麼事，為什麼有得有不得？"孚上座云："若無智眼，難辯得失。"'"師拈云："雪竇、玄覺等是，口甜心苦，半似輕毀，半似讚嘆，引得孚上座無端插觜，拂子忍俊不禁。今夜對眾決破，讚之與毀，得與不得，"以拂子擊禪床一下，云："甚處得來！然雖如是，惜取眉毛。"

（侍者景用編：《住婺州雲黃山寶林禪寺語録》。載《兀菴普寧禪師語録》卷中。《大日本續藏經》第壹輯第貳編正編第貳拾捌套，第十三葉左半葉至第十六葉右半葉）

《介石禪師語録・婺州雲黃山寶林禪寺語録》

（南宋）侍者宗坦、延輝編

指三門云："此大樓閣，無住無去。此樓閣門，無開無閉。作者同歸，不勞彈指。"

彌勒殿："七佛前引，維摩後隨。但知逐隊隨邪，脚跟何曾點地。"展坐具，云："看！看！盖地盖天，流通去也。"

拈帖："一見便見，一得永得。當陽拈出，雷動風行。"

山門疏："離四句，絕百非。聽取第一義諦。"

指法座："行到說不到，漏雨漏風。說到行不到，撞墻撞壁。行說俱到時如何？向上有事在。"

陞座。祝　聖罷，問答不録。乃云："擊門槌，拊案尺。遍界刀鏘，參天荊棘。與麼與麼，爐鞴之所。不與麼不與麼，佛手難遮。總不與麼時如何？'毗婆尸佛早留心，直至如今不得妙。'"

舉。"雪竇明覺禪師示眾云：'山河無隔礙，光明處處透。傅大士騎驢入你鼻孔裏，見諸人不惺惺，却歸雙林寺去也。'便下座。"師云："雪竇與麼說話，要瞞諸人則易，埋沒諸人則難。何故？出門見山水，入門見佛殿。"

上堂，舉。"傅大士帶道冠儒履袈裟，見梁武帝。帝問云：'僧耶？'士指冠。帝云：'道耶？'士指履。帝云：'俗耶？'士指袈裟。汾陽云：'大士多能。'五祖戒云：'傍觀者醜。'師云："武帝高懸聖鑑，要見緇素分明。大士覿面當機，且非索鹽奉馬。檢點將來，只知賣貴，不知賣賤。可惜武帝當時放過，隨後好與一摎。非僧、非道、非俗，又指箇什麼？管取口乾舌大。"

上堂。"一不得向，二不得討。廊下閑行，堂中打坐。眼裏耳裏，觀世音，胡達磨。"拍禪床云："過！"

結夏上堂。"握驪頷明珠，秉金剛寶劍。日日禁足安居，箇箇心空及第，猶是衲僧尋常行履。雙林乍入院來，不敢背俗違時。"下座："且與諸人普同作禮。"

善慧大士生日，上堂。"悲願海，四生海。出沒卷舒，圓融自在。"拈拄杖，云："善慧大士來也！石火電光，且過一邊。擬欲擡眸，龍華會裏。"靠拄杖，下座。

上堂。"聖制禁足安居，山僧月餘在外，驀嶺沿山，穿畦透陌。才通大道，又入深村。要過那邊，截流不顧。雖然不遵聖制，却有知音。且道誰是知音？南無心王菩薩。"

上堂。因堂中失賊。"半夜三更，天昏地黑，赤肉團邊捉得箇賊。正好朝打三千，暮打八百。忽然向白拈手裏分贓時如何？賊！賊！"

上堂，舉。"傅大士云：'夜夜抱佛眠，朝朝還共起。起坐鎮相隨，語默同居止。纖毫不相離，如身影相似。欲識佛去處，只這語聲是。'玄沙云：‘大小傅大士，只認得箇昭昭靈靈。’雪竇云：‘玄沙也是打草驚蛇。’”師云：“大士放行，故是七穿八穴，從汝針劄。大士把住，又向甚處著眼？”良久，云：“且待下生。”

中夏上堂。“天得中星辰羅，地得中陰陽和。衲僧得中罷却干戈，隨寒逐暑，徒自波波。一夏九十日，今日是中夏。諸人未舉先和，因甚問著如何是汝心，却又不會？”拈拄杖，云：“拄杖子到此，也不得無過。是汝諸人還知痛痒麼？”喝一喝。

上堂。“聖制安居處，凡夫路不同。”拈拄杖，云：“過去不可得，現在不可得，未來不可得。掀飜毗盧樓閣，只在頃刻。天上無彌勒，地下無彌勒。”

上堂。“盡乾坤大地微塵諸佛，向拄杖頭爭佛法，覔勝負云。雲門大師自啟封疆，拄杖子與彌勒、釋迦鬪打去也。琅琊和尚大似把主人公不定。”拈拄杖，云：“這箇是拄杖子，那箇是微塵諸佛。彌勒，釋迦”，卓拄杖云：“裂破。”

八月旦，上堂。“招手横趍而過，捧上安得成龍。當陽吹起布毛，錯認橘皮作火。秋風一陣來，落葉兩三片。漿水錢，草鞋錢，迫不得已，與諸人還了也。西竺乾，東震旦，人人脚底長安道。”喝一喝。

上堂。“在有破有，居空破空。二幻既除，中道不立。衲僧家，緊峭草鞋到這裏，忽然轉身吐氣時如何？到江吳地盡，隔岸越山多。”

上堂。“一切障礙，即究竟覺。山河大地，日月星辰，萬像森羅，明暗色空，有甚障礙處？行住坐臥，瞬目揚眉，開單展鉢，折旋俯仰，有甚障礙處？究竟又究竟箇甚麼？覺又覺箇甚麼？一切智，智清淨，無二無二分、無別無斷故，釋迦老子，好與三十拄杖。”

謝兩班，上堂。“老木成喬林，秋空見明月。芥子之中入正定，須彌山中從定出。過去佛，現在佛，未來佛，無物堪比倫，教我如何說？”

上堂。“靈龜未兆之際，黑荳未芽已前，道得一句，盖地盖天，猶未是無師句、自然句。秋風高，秋空闊，雪峰何曾桶底脫。”

上堂。“無佛無衆生，無古今。”拍禪床左邊云：“過這邊著，無修無證無為。”拍禪床右邊云：“過這邊著。”竪拂子云：“會麼？”良久，云：“渾崙擘不破，與你兩文錢。”

佛成道，上堂。“天上星，夜夜現。眼豁開，方始見。黃面瞿曇，腦後拔箭。”

上堂。“諸佛及眾生，皆承此恩力。衲僧家拄杖頭帶了一升三合，要行便行，要坐便坐，又承什麼恩力？”良久，云：“喫粥喫飯。”

上堂。“寒時寒殺，熱時熱殺，諸方普請寒暄。雙林寒時熱殺，熱時寒殺，且非別換條貫。何故？大士從來頭戴冠。”

上堂。“三界無安，猶如火宅。良醫之門，愈多病人。傅大士打失鼻孔眼睛，至今尋討不見。胡相公偏要向高高峰頂起殿，不管鹽貴米賤。春風一陣來，花開三五片。達磨大師挨拶不入，忽携隻履返西天。”喝一喝。

上堂。“此方真教體，清淨在音聞。眼裹耳裹，了沒交涉。觀音菩薩三十拄杖，貶向鐵圍那畔。是真精進，是名真法供養如來。”

上堂。“一處通，千處萬處絕羅籠。青山常在，知識難逢。威音王已前，猶是坐家致仕，衲僧氣宇如王。有何憑據？”良久，云：“潙山笠子，誌公拄杖。”

上堂。“觸境無滯，舉目全乖。田地穩密，轉身無路。且道遍恒河沙隱顯無間，一句作麼生？”良久，云：“住持事繁，果然忘却。”

上堂。“彌勒真彌勒。”拈拄杖，云：“是真是假，還有道得底麼？如無，莫道山僧瞞汝諸人去也。”以拄杖橫肩，云：“天上無，天下無。”

上堂。“大海一漚未發已前，以拂子劃一劃云：‘坤六段，乾三連。擬欲眨眼，驢年驢年。’”

佛涅槃、并妙光菩薩生日，上堂。“雙林樹下生，雙林樹下滅。生死不相關，彼此是途轍。雖然，椰示雙趺則不問，諸人且道妙光菩薩因甚姓劉？”喝一喝。

上堂。“正旦令晨，物物咸新。衲僧應時納祐，不是和光同塵。柏樹子，麻三斤，死柴頭上放陽春。”

上堂。“一冬晴煖，梅花盡開。林下道人折得一蓓兩蓓，但見清香可愛，不知結調羹子未得。何故？猶有雪在。”

上堂。“寂然不動，感而遂通，癩馬繫枯樁。寂而常動，不感而通，四方八面絕羅籠。不下禪床，一喝耳聾，不妨游戲人事海中。”

上堂。“一切聲是佛聲，一切色是佛色。三分光陰二早過，普天匝地逐春忙。辜負春光，腸斷春光。杏園啼百舌，誰醉在花傍。”

上堂。横按拄杖，云：“久雨不妨農。”卓拄杖一下，云：“春晴多賞翫，不與法縛，不求法脫，不敬持戒，不憎毀禁，不重久習，不輕初學。

是處井中有水，誰家竈裏無煙。雖然，乍可移山，不可改性。”擲下拄杖，云：“又輥入泥水去也。”

四月旦上堂。“不歷化城，踏翻寶所，猶是途路之樂。是汝諸人拗折拄杖，高掛鉢囊，還端的也無？須知三條椽下，不是你諸人安身處。長連床上，不是你諸人喫粥喫飯處。平地上，不是你諸人經行處。東司裏，不是你諸人大小二事處。”拈拄杖，云：“拄杖子不覺手舞足蹈，出來道。”卓拄杖，云：“安居近也。”

上堂。“今古兩忘，聖凡路絕，猶在荆棘林中。黄金殿上，相逢者少。地獄天堂，隨處作主去也。”卓拄杖，云：“高也著，低也著。”

端午，上堂。拈拄杖，云：“是藥非藥，信手拈來。殺人活人，風生八極。任是文殊維摩”，卓拄杖云：“也少這一服不得。”

善慧大士生日，上堂。“兜率宮中把不定，松山山裏借場開。普天匝地皆泥水，那更當生補處來。莫有把定封疆者麼？如無”，以拂子擊禪床云：“大士講經竟。”

上堂。拈拄杖，云：“內視於心，心無其心。外視於形，形無其形。遠視於物，物無其物。雙林記得，兒時上學，忽一日調得四聲，不覺懽喜，便道：‘我會也！我會也！’且道致君澤民，銘勳彝鼎，相去多少？”

解制，上堂。“盡力道不得底句，不在江南，便在江北。衲僧布袋頭開，拄杖未拈，草鞋未穿，已遊遍四大部洲了也。作麼生道得？如無，雙林自道去也。”以手作策眉勢云：“是多少？”

上堂。拈拄杖，云：“若向這裏領略得去，動靜一如，彼此無間，自能全動全靜，全去全住。其或不然”，拈動拄杖草鞋：“便是銀山鐵壁。”

上堂。“頭頂天，脚踏地。聞鼓聲上來，減多少意氣。他殺不如自殺，參他不如參已。森羅萬像，是汝諸人知識。森羅萬像，是汝諸人自己。堪笑嵩山破竈墮，既是泥土合成，又要破也墮也作什麼？”拈拄杖，卓云：“起！”

開爐，上堂。“金圈栗蓬，爐鞴鎔鎔。吞得透得，鈍鐵頑銅。百丈徒誇三日聾。”

達磨忌，上堂。“分皮分髓誑盲聾，污却嵩山熊耳峰。隻履携歸葱嶺去，賊身何處不相逢。”

上堂。“透脱言詮，鐵山横臥。截斷言詮，通塗荒草。”良久，云：

“自小持齋今已老。”

上堂。“二由一有，一亦莫守。一陽生也，向脫窠臼絶羅籠處，道將一句來!”

上堂。“鶯老花殘，春事已過。明眼衲僧，多是蹉過。楝花、信風，不肯放過。萬戶千門，一時俱過。築著磕著，是誰之過? 轉換不得，也要驗過。”拍禪床，云:“過!”

佛生日，上堂。“杓柄人人入手來，莫隨顛倒自沉埋。普天匝地無回互，黄面瞿曇出母胎。便與麼去，也少這一杓惡水不得。”卓拄杖一下，下座。

上堂。“九日無白醪，飽餐黄栗糕。孤峰絶頂，兩眼彌高。不覺不知，忽然帽落。秋風惡，秋風惡。”

上堂。“碌碌復碌碌，良馬白日足。咬定牙關，掀翻地軸。神不敢呵，鬼不敢哭。世尊入地獄，調達出地獄。”

上堂。“惟一堅密身，一切塵中現。因什麼? 葉落方乃知秋。人人皮下有血，穿却鼻孔，換却眼睛，不覺不知。”喝一喝。

上堂。“一見便見，何勞謼搭。將軍不上便橋，勇士不在掛甲。又說甚寒山子水牯牛? 今日四，明日八，僧問巖頭:‘路逢猛虎時如何?’摻!”

謝兩班諸庫監收，上堂。“建立諸法，無諸法，即是真如無上真如。自然世，出世間，於法自在。左天親，右無著。南天台，北五臺。厨庫僧堂，三門佛殿。竪四横三，玲瓏八面。賓主交參，同說是法。梵音清雅，令人樂聞。風以時，雨以時。禾登場，穀滿倉。擊壤歌歌，共樂無為。”拈拄杖，云:“且道拄杖子又作麼生? ‘能為萬象主，不逐四時彫。’”

謝櫝頭副寺，上堂。“入無窮，出無盡。把定要津，頭正尾正。且道以何為驗? 一二三四，縱横十字。”

辭寶林，赴平江府承天，上堂。“萬里谿山，一天明月。拄杖頭邊，無欠無餘，無彼無此。”拈拄杖，下座，云:“還我東行西行。”

(《大日本續藏經》第壹輯第貳編第貳拾陸套，第一百九十葉右半葉至一百九十二葉左半葉)

《穆庵和尚語録·次住杭州龍華寶乘禪寺語録》

（明）參學門人 智辯等編

師於至正甲辰歲九月一日入寺。拈起劄付，示眾云：“此是太尉大丞相顯揚從上佛祖真實巴鼻底公驗，諸人還會麼？橫身當宇宙，一句定綱宗。”

指法座：“舉步登須彌頂，疊足坐菩提座。萬德不將來，全超法報化。”

陞座拈香，祝聖畢。次拈香云：“此香拈起也，天回地轉。放下也，雨順風調。奉為千佛塔院南堂欲和尚一爐爇却，不圖報德酬恩，只貴熏他鼻孔。”遂趺坐。

靈隱和尚白椎云：“法筵龍象眾，當觀第一義。”

師垂語云：“第一義諦在諸佛，未甞增；在眾生，未甞減。一椎擊碎，徧界流輝。眾中莫有大家出手，共相提唱者麼？”

僧問：“‘龍華三會揭天開，露柱燈籠笑滿腮。何翅化身千百億，塵塵涌出玉樓臺。’如何是和尚為人一句？”師云：“頭上漫漫，脚下漫漫。”僧云：“恁麼，則‘帀地普天齊廓悟，人人定國與安邦’？”師云：“萬年松頂結蟠桃。”

僧問：“達磨九年面壁，意旨如何？”師云：“油煎石礫盤。”僧禮拜。師云：“無你下口處。”乃云：“‘只箇心心心是佛，十方世界最靈物。縱橫妙用可憐生，一切不如心真實。’”豎起拂子云：“布袋和尚來也！不審不審，將謂是布袋和尚，元來却是雙林善慧大士。即今在拂子頭上，放大光明，演說妙偈：‘夜夜抱佛眠，朝朝還共起。起坐鎮相隨，語默同居止。纖毫不相離，如身影相似。欲識佛去處，只者語聲是。’好大眾！一切處光明燦爛，一切處得大自在。塵塵爾，刹刹爾，念念爾。直得皇風普扇，佛日高懸，天人群生，咸霑利樂。”拈拄杖，卓一下，云：“四海澄清天一統，干戈偃息賀昇平。”

復舉。“僧問南嶽讓和尚云：‘如鏡鑄像，像成後，為甚麼不鑑照？’南嶽云：‘雖然不鑑照，謾他一點不得。’”師云：“老南嶽，提持生佛未具已前一著，驚天動地，徹古該今。汝諸人還曾夢見也未？”良久，云：“無雲生嶺上，有月落波心。”下座。

初祖忌，拈香。"'吾本來茲土'，雄雄戴角虎。'傳法救迷情'，打破蔡州城。'一花開五葉'，日月光燁燁。'結果自然成'，水綠映山青。還見達磨大師麼？'達大道兮過量，通佛心兮出度。不與凡聖同纏，超然名之曰祖。'"便插香。

上堂。舉。"盤山道：'向上一路，千聖不傳。'慈明道：'向上一路，千聖不然。'"師云："二大老與麼說話，大似接竹點月。龍華道：'向上一路，徧地徧天。'"

上堂。舉。"僧問趙州：'狗子還有佛性也無？'州云：'無。'"師云：'狗子無佛性，頭正尾亦正。跳出向上關，急急如律令。參！"

佛誕生，上堂。以拂子作舀湯勢："我今灌沐諸如來，淨智莊嚴功德聚，五濁眾生令離垢，同證如來淨法身。好大眾！如是則塵塵是佛，刹刹是佛，日日浴佛，時時浴佛。汝等諸人，還曾契悟也無？若也契悟，我不敢輕於汝等。若不契悟，汝等皆當作佛。"擲拂子作舞，下座。

一日，僧問："牛頭未見四祖時如何？"師云："頭上著枷，脚下著杻。"僧云："見後如何？"師云："要坐即坐，要行即行。"

上堂。舉。"世尊因五通仙人問：'佛有六通，我只五通。如何是那一通？'世尊召仙人，仙人應諾。世尊云：'那一通，你問我。'"頌曰："那一通，你問我，黃檗樹頭懸蜜果。燈籠拍手笑呵呵，祥麟掣斷黃金鎖。"

上堂。舉。"那吒太子，析肉還母，析骨還父。然後現本身，運大神力，為父母說法。佛眼遠和尚云：'肉既還母，骨既還父，畢竟用甚麼為身？且道說甚麼法？'"頌曰："骨肉都還父母了，十方刹海露全身。雲開野水浮空綠，雨過春山潑黛新。"

（《大日本續藏經》第壹輯第貳編正編第貳拾捌套，第三百九十八葉左半葉至三百九十九葉右半葉）

卷八　檀越紀：家族官民齊護法

“檀越”也者，梵語 dānapati 之音譯。施主也。東晉陶潛《搜神後記》卷二：“晉大司馬桓溫，字元子，末年忽有一比邱尼，失其名，來自遠方，投温爲檀越。”南朝梁沈約《齊禪林寺尼浄秀行狀》：“及至就講，乃得七十檀越，設供果，食皆精。”義淨（635—713）《南海寄歸內法傳》卷一“受齋軌則”條：“梵云陀那鉢底。譯為施主。陀那是施，鉢底是主。而云檀越者，本非正譯，略去那字，取上陀音轉名為檀，更加越字。意道由行檀捨，自可越渡貧窮。妙釋雖然，終乖正本。舊云達嚫者，訛也。”①

Dānapati 之 dāna，音譯檀那、旦那、柁那、拕那、驮曩等，意譯則為布施、施，指施舍、給予。隋智者大師《法界次第初門》卷下之上：“檀那，秦言布施。若內有信心、外有福田、有財物，三事和合時，心生捨法，能破慳貪，是為檀。”② 唐顏真卿《撫州寶應寺翻經臺記》：“檀那衣鉢，悉力經綸，不日復之，周邦仰仁。”檀那亦可引申為施主。

日本將信徒所屬寺院稱為檀那寺，寺院所属信徒為檀家、檀徒，檀徒的首領為檀頭。《剪燈餘話·武平靈怪靈》：“檀那一去寺久荒，清宵賦咏來諸郎。”日本的檀家制度形成於江戶朝代。明正天皇寬永十二年(1635)，為了祛除天主教影響，開始實行“寺请手形”制度，即由寺院核發證明文件，住持證明保證屬於其寺院的檀家並非天主教徒。島原之亂(1637—1638)後，此制度更加嚴格，且於 1638 年普及到全日本。因此，寺院與檀家之間形成了隸屬關係，檀主需在經濟及宗教事務上支持特定的

① （唐）義淨原著、王邦維校注《南海寄歸内法傳校注》，中華書局 1995 年版，第 66 頁。

② 《大正新脩大藏經》，第 46 册，第 686 頁 b 欄。

寺院，寺院則負責檀家的喪葬祭祀等[1]。據說，墳墓在城市中，也是江戶時代出現的[2]。

按，印度古代之巫師、祭司或後來之苦修者等，一般不從事生產經營活動，主要依靠接受布施為生，而信仰者亦視布施為給自己積福之功德。佛教產生之後，承襲了古代信仰傳統，僧尼亦並皆遠離勞作。大乘佛教更視檀那為六波羅蜜（ṣaḍ-pāramitā）、亦即菩薩欲成就解脫的六種方法之首，稱為檀那婆羅蜜（Dāna-pāramitā）。

細而言之，檀越當以五事供養出家人，而出家人亦應反以六事開化檀越。佛陀時代，印度王舍城有一長者，其子俗稱善生童子（Sīngālaka），先學習婆羅門每朝洗浴禮拜六方之法，佛陀遂教以佛法的六方禮，其中涉及布施及受施的情形：

> 檀越當以五事供奉沙門、婆羅門。云何為五？一者身行慈，二者口行慈，三者意行慈，四者以時施，五者門不制止。善生！若檀越以此五事供奉沙門、婆羅門，沙門、婆羅門當復以六事而教授之。云何為六？一者防護不令為惡，二者指授善處，三者教懷善心，四者使未聞者聞，五者已聞能使善解，六者開示天路。[3]

概言之，布施分為財布施、法布施兩種：

> 布施者，有二種：一者財施，二者法施。財施者，所謂飲食衣服、田宅六畜、奴婢珍寶，一切已之所有、資身之具，及妻子乃至身命，屬他、為他財物，故云捨身，猶屬財施，隨有所須者，悉能施與，皆名財施也。法施者，若從諸佛及善知識，聞說世間、出世間善法；若從經論中聞，若自以觀行故知，以清淨心為人演說，皆名法

① ［日］村上專精著、楊曾文譯：《日本佛教史綱》第四期第二章《禁止天主教和改變宗門》，商務印書館1999年版，第234—237頁。

② 2013年9月9日，新瀉大學人文學部荻美津夫教授在四川大學中國俗文化研究所座談時賜告。承日本愛媛大學邢東風教授翻譯。

③ 《長阿含經》卷十一《佛說長阿含第二分善生經第十二》，《大正新脩大藏經》，第1冊，第72頁a欄。

施。菩薩以質直清淨心行此二種施，故名為檀。①

施主給予僧尼財物，是為財施，當然是施捨；反之，僧尼須以佛法回報，屬於法施，自亦是施捨。世尊嘗告諸比丘曰：

> 檀越施主當恭敬，如子孝順父母，養之、侍之，長益五陰，於閻浮利地現種種義。觀檀越主能成人戒、聞、三昧、智慧。諸比丘多所饒益，於三寶中無所罣礙，能施卿等衣被、飲食、床榻、臥具、病瘦醫藥。是故，諸比丘！當有慈心於檀越所，小恩常不忘，況復大者！恒以慈心向彼檀越，說身、口、意清淨之行，不可稱量，亦無有限。身行慈，口行慈，意行慈，使彼檀越所施之物，終不唐捐，獲其大果，成大福祐，有大名稱，流聞世間，甘露法味。②

中國佛教發展史上，只要檀施不影響社會穩定，政府一般不干涉。否則，則有預焉。明彭大翼撰類書《山堂肆考》卷七十四《臣職・太守下》"禁俗飯僧"條："宋蔡襄再知福州。州俗重凶禮，凡親亡，秘不舉喪，至破産以飯僧。襄下令禁止之。""飯僧"，謂向出家人施捨飯食以修善祈福。《舊唐書・李蔚傳》："懿宗奉佛太過，常於禁中飯僧，親爲贊唄。"《新五代史・後蜀世家・孟知祥》："知祥嘗飯僧於府，昭遠執巾履從智諲以入。"《摩訶僧祇律》卷二十一《四提舍尼初》："如來聲聞中，不貧最為大富。若來精舍中飯僧作眾供養及非時漿者，不得捨去。當佐敷床褥，施供養具，應為受用。已，廣為說法。"③ 北宋時福州飯僧竟至於破產，無怪乎蔡襄（1012—1067）會下令禁止也。

究其本質，護持雙林寺及其僧眾，無論是出物、出財、出力還是出語音，當然亦屬於布施，護持者自亦是施主了。

雙林寺檀越之眾多、地位之尊貴、綿延之久遠、功績之煌煌，為中國佛教史上所少見。除前揭樓穎《〈善慧大士録〉序》所提及的梁武帝以及傅普敏、徐普抜、潘普成、昌居士之外，尚有更多信仰和弘揚佛法的

① 智者大師《法界次第初門》卷下之上，《大正新脩大藏經》，第 46 冊，第 686 頁 b 欄。

② 《增壹阿含經》卷 4《護心品》，《大正新脩大藏經》，第 2 冊，第 564 頁 a 欄至 b 欄。

③ 《大正新脩大藏經》，第 22 冊，第 399 頁 a 欄至 b 欄。

“異人”

下面，即略論列現尚知曉其護法功德的部分檀越。

壹　妻子鄉黨

傅翕之妻子，傅氏家族和其親戚賈氏家族，以及松山下的其他鄉親，自當最早聽聞傅翕說法，無疑也是最用心、最忠誠的護法檀越矣。

一　妻子留玅光

梁朝天監十一年（512），傅翕年十六歲，娶妻留玅光。

自晤見嵩頭陀以後，傅翕與妻子留玅光“晝作夜歸，敷演佛法”，苦行七年。應該說，玅光是第一個支持傅翕弘法事業的人。

大通元年（527），松山一帶災荒，莊稼收成很差。傅翕變賣田地住宅，設法會供養饑民。之後，家中無升斗之儲。不得已，傅大士勸導妻玅光和二子普建、普成鬻身助會，玅光受命乃曰：“唯願一切衆生，因此同得解脫。”次年三月，同里傅重昌、傅僧舉母以錢五萬買之。傅翕得錢後，又以之營設大會，乃發願曰：

> 弟子善慧稽首釋迦世尊、十方三世諸佛、盡虚空遍法界常住三寶：今捨賣妻子，普爲三界苦趣衆生消災集福、滅除罪垢，同證菩提。

過了一個多月，買家遣玅光及二子還山。徐陵《東陽雙林寺傅大士碑》亦言：“大士亦還其里舍，貨貿妻兒，營締支提，繕寫尊法。”

回到松山居處後，玅光紡絲、緝麻，完全顧不上休息。

傅翕打算往從祖孚公處，自說乃彌勒化身。孚公本不信，故而玅光勸道：

> 他謂汝失心，豈有叔祖作禮之義？慎無往也。

傅翕遂撥開胸前，閃現金色、飄出天香，以給玅光看。玅光還是說：“勿往。”傅翕還是去了。回來後，玅光問曰：“孚作禮否？”傅翕答道：“今雖未禮，明日會當步步作禮。”當天晚上，孚公感夢，醒來後，悲痛悔恨，遂前往歸依。

大同十年（544），傅翕因將屋宇田地及其他資生什物全部捐捨，用以修建精舍和設大法會，以致無庇身之處，只得搶建草菴。紗光也為自己修建草庵，夫妻二人草衣木食，晝夜勤苦，僅得少足。

僅由現存的上述數則故事即可知曉，留紗光實不愧為扶助丈夫行道的初始者和賢內助。

二　傅氏家族

唐樓穎《善慧大士録序》專門表彰的傅翕在世時的有功居士中，傅普敏顯然與傅翕同一家族。而在傅翕弘化期間，傅氏家族中致力者尚多矣。

中國古代社會中，由同姓、有血緣關係的諸多家庭而組成的家族，乃歷史最悠久、最穩固和最強大的社會單位。《管子・小匡》：“公修公族，家修家族，使相連以事，相及以禄。”南朝宋鮑照《数诗》：“一身仕關西，家族滿山東。二年從車駕，齋祭甘泉宮 。”《宋高僧傳》卷九《習禪篇第三之二・唐洛京龍興寺崇珪傳》：“門傳儒素，相綴簪裾。自天寶已來，安史之亂，侵敗王略，家族遷蕩……”①

傅翕與妻子苦行七年後，開始有信眾前來。“既而四衆常集，問訊作禮。”② 因此郡守王烋囚禁達數旬，放歸之後，“遠近願師事者日衆”③。徐陵碑文亦稱：“於是州鄉媿伏，遠邇歸依。逃迹山林，肆行蘭若”，“時還鄉黨，化度鄉親。俱識還源，竝知迴向：或立捨鬚髮，如聞善來；大傾財寶，同修淨福。”④ 這些“四眾”“遠近愿師事者”或被化度的“鄉親”，定有傅姓人士吧。

大通元年饑年，入山供養的乃“同里傅昉、傅子良等”；貨賣妻兒，購買的亦為“同里傅重昌、傅僧舉母”。而且，“傅昉亦質妻子，得米來

① 《大正新脩大藏經》，第50冊，第765頁c欄。

② 《善慧大士録》卷一。

③ 同上。

④ 徐陵《東陽雙林寺傅大士碑》。

作供養”①。

傅翕有僕亡匿爲盜，欲營救之，“時有同里傅昉、傅暀罄產來施”。

前嘗言及，傅翕不聽玅光勸阻，堅持往化從祖孚公。“大士竟詣孚所，說令設禮。孚固不從。”

> 夜，孚夢八人迎大士去。孚隨之問，人叱曰：“汝高慢不從聖訓，今復何問!”俄見大士金相奇特，翔空而行。孚追之，但見石壁橫空，大士、侍從直過無礙，孚不得而前。

後來，傅翕開導曰：“我從兜率天下，正爲相接耳。”孚公遂即依止，終得三業清淨②。從祖者，祖父的親兄弟也。即《爾雅》“釋親”所說的從祖祖父：“父之世父、叔父，爲從祖、祖父。父之世母、叔母，爲從祖、祖母。”孚公高出傅翕兩個輩分，宜乎其難於信從翕為彌勒化身也。

應該說，孚公是傅翕早期感化的較為典型的家族人士之一吧。

大通元年（527），義烏縣年長而素有聲望的傅普通等一百人，“詣縣令范胥，連名薦述。”中大通四年（532），本縣有地位勢力的傅德宣等道俗三百人，再詣縣令蕭詡，具陳傅翕德業。雖然這些地方官員不識珍寶，“終成虧怠”，由傅氏家族這些突出人士帶頭做的弘宣義舉，畢竟對擴大傅翕影響有著正面功用。

中大通六年（534）正月二十八日③，傅翕再遣弟子傅暀到梁朝首都建康，獻書與梁高祖武皇帝蕭衍：

> 雙林樹下當來解脫善慧大士白國主救世菩薩：
>
> 大士今欲條上、中、下善，希能受持。其上善以虛懷爲本，不著爲宗，無相爲因，涅槃爲果。其中善以治身爲本，治國爲宗，天上人間，果報安樂。其下善以護養衆生，勝殘去殺，普令百姓俱稟六齋。今大士立誓，紹弘正教，普度羣生，故遣弟子暀告白。

---

① 《善慧大士録》卷一。

② 同上。

③ 徐陵《東陽雙林寺傅大士碑》。《善慧大士録》卷一則曰，時為正月十八日。

在其他檀越的鼎力協助下，這封信到了武帝手中，傅翕也因此得睹龍顏。大同元年（535）九月二日、六年，又兩次遣傅暀奉書於武帝。傅暀在溝通傅翕與武帝之間，功勛實卓矣！

太清二年（548），傅翕欲持不食上齋，誓愿刺心灑血塗地以代替者，就有居士傅長、傅遠等人。

傅翕在世時，授記為文殊的，就是我們前面提到的傅普敏。

總之，傅氏家族在傅翕弘化過程中，特別是在諸檀越中，起的是核心作用。

三　賈氏家族

松山附近的賈氏家族，與傅翕的關係頗為奇妙。

《大日本續藏經》本《善慧大士録》卷一：

> 中大通三年，大士與弟子於雲黄山所居前十許里，開鑿爲精舍，乃種麻、豈、芋、菜等。及至秋稔，忽有賜滶里賈曇頴來爭其地，大士即與之。

賜滶里，應鄰近傅翕所在的稽停里，亦在松山下吧。

按，里乃古代最基層的地方行政組織，始於周朝，後代多襲之，只是每里的戶數不一。梁朝的里，應與劉宋或隋唐一致，即每里一百家。梁沈約《宋書》卷四十《志第三十·百官下》：“五家爲伍，伍長主之。二五爲什，什長主之。十什爲里，里魁主之。十里爲亭，亭長主之。十亭爲鄉。”《舊唐書·食货志上》：“百户為里，五里為鄉，四家為鄰，五家為保。在邑居者為坊，在田野者為村。村坊鄰里，遞相督察。”

中大通三年（531）發生的這件事，胡宗楙校録《續金華叢書》本《善慧大士録》、印光較正本《傅大士》皆稱，賈曇穎是“來捨其地”，“大士即授之”。

明釋茂本清源《〈善慧大士傳録〉後序》[①]徹底改變了事情的性質，稱雙林寺基乃實捨而非爭：“昔有檀越賈曇穎捨地建寺。”後世之《雙溪賈氏宗譜》卷首載賈曇穎像，贊詞亦稱雙林寺基乃曇穎所捨：

① 《續金華叢書》本《雙林傅大士語録》。

贊曰：

太平之世，阜厚之業。捐基十里，雙林創結。

施恩佛國，大士檀越。職居提領，士民欽悅。

德注汪洋，波澄不竭。

▲《雙溪賈氏宗譜》卷首

《雙溪賈氏宗譜》又有詩曰：

> 天降傅大士，又降賈曇穎。大士法無邊，曇穎量無竭。
> 法量兩相宜，因同流芳澤。洪基獨手開，生民均沾德。
> 世圖攘公名，百計恐難奪。意者天地閉，公與佛方沒。

此所謂“世圖攘公名”之“百計”之一，當即《善慧大士録》中“來爭其地”的記載吧。

《雙溪賈氏宗譜》卷首復有讚曰：

> 能具千古心，能建千古業。千古無已時，千古德不滅。
> 信如賈公者，德業相吻合。纘成惟一家，但看梁筆墨。
>
> 邑人駱賓王遊此偶題。

注："按，臨海之游雙林而題句于壁也，不知係何年月日。但味其意，覺多欣慕吾祖功德之盛。因登録于譜。"

駱賓王（619—687）本婺州義烏人，遊覽雙林寺且有吟詠，本屬自然。但此詩是否其觀光親撰，實難斷言。姑且置於此，以備一覽吧。

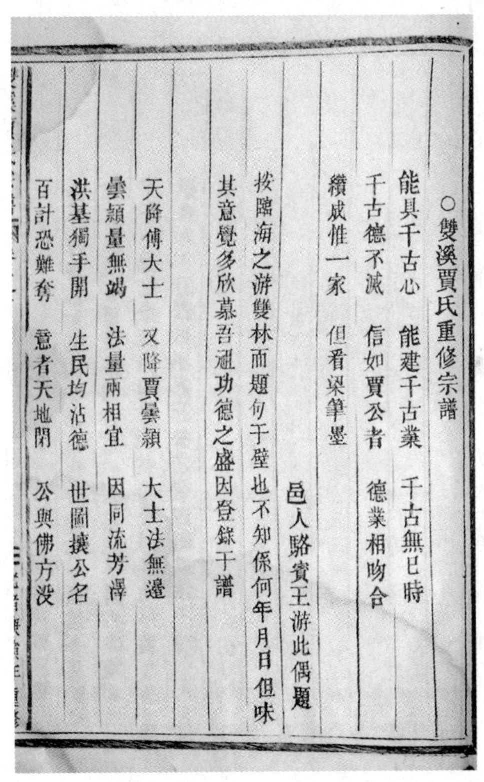

○雙溪賈氏重修宗譜
能具千古心　能建千古業　千古無已時
千古德不滅　信如賈公者　德業相吻合
纘成惟一家　但看梁筆墨
邑人駱賓王游此偶題
按臨海之游雙林而題句于壁也不知係何年月日但味
其意覺多欣慕吾祖功德之盛因登錄于譜
天降傅大士　又降賈曇穎　大士法無邊
曇穎量無竭　法量兩相宜　因同流芳澤
洪基獨手開　生民均沾德　世圖擴公名
百計恐難奪　意者天地閑　公與佛方没

▲《雙溪賈氏宗譜》卷首

《洋川賈氏宗譜》卷一《曇穎府君捨基建雙林寺傳》，則以為賈曇穎先爭而後捨，在一定程度上調和了上述兩種觀點：

梁普通年間，善慧大士傅翕字元鳳，在於雙檮樹下結庵。賜瀨里曇穎賈公與角地，大士即以自轉藏化之。公欣然以地方十里許，罄捨建寺，愿為檀越，誓為佛親，興廢不一。……

我們認為，雙林寺基究竟是如《大日本續藏經》本《善慧大士録》所言，乃傅翕自己開創，還是賈曇穎所捨，實難斷定。還是仁者見仁吧。

不過，至少在傅翕在世之時，賈氏與雙林寺的關係應該還是很不錯的，且出現了一個護法居士賈會。

《善慧大士録》卷一言：

有會法師者，欲試大士，率八十餘人忽來索食。大士常饍纔給四人，玅光憂之。大士手自行飯，衆悉飽足。

《雙林善慧大士小録》則曰，"會法師"俗名"賈會"，本雲麾將軍：

邑中雲麾將軍賈會，未全信奉。不測之間，率八十人來謁中食。師以半筲筐飯親自均行，眾皆飽足。

《（崇禎）義烏縣志》卷十七《僊釋》更稱，之後會法師皈依了傅翕：

僧法會，俗姓賈，名孝。同義鄉奉國里人。仕齊、梁間，官至雲麾將軍。武帝時，棄官爲僧，自金陵攜巨鐘、長剎東還。聞傅大士神異，率八十餘人往丐食。大士給以一簞飯，衆飽而飯有餘。會嘆服，以鐘獻，乞爲弟子。大士持鐘，自松山頂擲之溪潭中，謂曰："汝緣在彼。"會即其處宴坐巨石，信向甚衆，爲立精舍於溪濱，即法惠院也。因呼其潭曰聖鐘潭。宋皇祐中，潭湮塞。

《（嘉慶）義烏縣志》卷十八《僊釋》，同。北宋皇祐中，1049—1054年。倘據此，"會法師"俗名則為"賈孝"；孝後來在松山下另修法惠院以棲止也。

《洋川賈氏宗譜》卷一《雲麾將軍傳》，亦載賈孝歸順傅翕事宜：

將軍諱孝。……將軍致仕歸，姑試其術，率士卒八十餘人，共詣丐食。大士已先知之。家所有饌，止可給三四人之食。其妻留氏有憂色。大士乃以三簞之飯，親自餉之。衆皆以飽，而饌有餘。將軍嘆曰："異哉，佛之法也！"則以所賚鐘剎而敬獻之，以受為弟子，又號法惠。自兹以往，人之歸心而向慕於公者，蓋紛紛矣。

…………

承事郎、知陰縣事

同邑王叔誠拜撰

王叔誠，蓋即義烏鳳林青口人也①。

以理揆之，即便以前賜溆里賈曇顯真與雙林寺有什麼過節，改善關係應該是從賈孝開始的吧。

《洋川賈氏宗譜》又載"駱賓王"所撰《梁雲麾將軍孝公遺像讚》：

三軍之帥，百代之英。功隆帝室，澤被生民。

辭侯封而榮國謚，好善慧而樹雙林。

然則公之出處，其果貴客乎？抑古之真人？

《松林駱氏宗譜》更稱，時在唐永隆二年（681），賓王回鄉葬母守孝期間，去雙林寺超度鄉親亡靈，在後殿紀念堂内發現賈孝畫像，遂撰此詩。

賓王是否有此作，實難斷言。且贊文將創建雙林寺之功歸於賈孝，實混淆孝與乃祖之事矣。

明釋茂本清源《傅大士集後序》：

迨宋紹興三年，賈廷佐復興舊業，其子孫到今繁衍，永爲佛親，往來不輟。

賈廷佐紹興四年（1134）復興雙林寺一事，明《（崇禎）義烏縣志》亦言：

① 參考：（1）清咸豐丁巳年（1857）重修《鳳林青口王氏宗譜》卷一。（2）《王氏僉祠與僉祠總譜——解讀義烏〈鳳林王氏僉祠總譜〉》，《義烏市志》2007 年第 3 期。

> 寶林禪寺 去縣南二十五里。在雲黄山下。梁普通元年傅大士依双梼木結庵。大同六年，即其地建寺，因名双林佛殿。宋治平三年，賜今額。大觀二年，賜田十頃。宣和二年，燬於寇。紹興四年，東陽賈剛定廷佐首為鑄鐘，建藏殿。住山僧標以來六傳，次第復完。凡為屋一千二百餘間。金華潘良貴為之記曰：……①

《（嘉慶）義烏縣志》卷十八《寺觀》"寶林禪寺"、《（康熙）義烏縣志》卷十七《方外志·二氏·寺觀》"寶林禪寺"條等，並載。元胡助（1278—1355）《重修雙林禪寺碑銘》也記曰：

> ……紹興初，刪定賈公廷佐始範洪鐘，建三藏殿。

所以，賈廷佐助修雙林寺，應該是史實。

賈廷佐事跡，《（雍正）浙江通志》卷一百九十五《寓賢下·金華府》所言較為詳盡：

> 賈廷佐 《兩浙名賢録》：字子野。眞定人。剛毅有大節。宣和二年入太學，隨父淵扈蹕南渡，遂家東陽。登紹興二年進士。授桐廬簿。時金遣張通古偕王倫南來，決詔諭江南為名。廷佐一再上書，累千餘言，劇論讐恥之不可忘，名分之不可貶，和約之不可信，請誅王倫，決意用兵以圖恢復。辭旨剴切。累官大理司直。出知處州致仕。所著有《善願集》《愚齋雜著》若干卷。②

據此，廷佐及其家族至南北宋之際方遷至東陽，與義烏賈曇穎一族應非直系親屬吧。

清朝初年，雙林寺大殿已然頽圮。順治八年（1652），住持瑞霞十方遍募，洋川賈氏家族如愚、守愚、似愚、若愚諸昆弟合捐二百兩金，於是

① （明）熊人霖重修：《（崇禎）義烏縣志》卷十八《雜述考·寺觀》，山東省安丘市博物館藏，杭州蕭山古籍印務有限公司影印2004年10月第一次印刷，第五冊，第八葉左半葉。

② 文淵閣《四庫全書》本。

大殿得以在九年孟春之前重葺①。

可能從唐貞觀年間（627—649）開始吧，賈氏家族將祭祀祖先的活動與信仰傅翕聯係在一起。當時，賈諒在雙林寺旁建立賈氏宗祠，內置賈曇穎像；族人在曇穎生日時前往祭祀，同時到雙林寺參拜傅大士②。《洋川賈氏宗譜》卷一《曇穎府君捨基建雙林寺傳》：

> 迄至皇明永樂、正統間，又是泗里派祖諱茂盛，樂善好施，傾資結緣。同住山比邱如嵩、道敬、天靜、曇錫等（慕）［募］鼎，眾建殿堂閣等宇。每於新歲，澆造花燭一株，約重百餘斤。遞年於正月十八，曇穎公壽旦之期，迎送大士，佛神位前燃點，慶賀龍華，祝延聖壽，世世子孫，永承萬祀云。

住山比邱③如嵩等，當為明朝永樂（1403—1424）、正統（1436—1449）年間人吧。壽旦"，壽誕。明李贄《豫約·感慨平生》："來而迎，去而送；出分金，擺酒席；出軸金，賀壽旦。"明末凌濛初編著《初刻拍案惊奇》卷一："金老生有四子，一日，是他七十壽旦，四子置酒上壽。""迎送大士"的日子為正月十八，正是賈曇穎生日。再後來，宗祠毀棄，家祭時瞻仰傅翕的活動遂即終止。

清朝嘉慶十二年（1807），孫恒偉於雙江口南岸的沙灘上創建海雲庵。是庵後成為洋川賈氏家廟。民國十一年（1922），海雲庵為洪水漂沒。族人重建於潛流山上，更名曰海雲寺。寺成之後，人刻傅翕像，奉於寺中。每年正月十八日舉行賈氏家族祭祀儀式時，亦同時抬出傅翕像遊行，供人參拜。時傅翕像置於一木閣之內，閣上鐫有對聯曰：

> 大士威靈人人敬
> 海雲古寺天天興

這個原本家族性的祭祀活動，逐漸演變為佛堂一帶的一種民俗，稱為

① 2004年重修《洋川賈氏宗譜》卷三，第5—7頁。

② 賈祥龍：《海雲寺記》，2004年重修《洋川賈氏宗譜》卷三，第9—11頁。

③ 當作"比丘"。清代為避諱而改。

“十八大會”。

▲海雲寺所奉傅翕像

（張子開拍攝，2013 年 6 月 8 日）

近年來，海雲寺又在農歷五月初八舉行傅翕誕辰廟會，與“十八大會”並為該寺的兩大法會。

目前，民間信奉雙林寺主傅大士的大型活動，儼然已由海雲寺主導矣。

需要說明的是，雙林寺、海雲寺所在的佛堂鎮一帶，傳說賈家乃傅大士娘舅。

按，“娘舅”也者，母親的兄弟也。《水滸傳》第十四回：“你只認我做娘舅之親……你便叫我做阿舅，我便認你做外甥。”《南嶽繼起和尚語録》卷八《靈喦廿一録》卷下：“仁者還知麼？外甥放過目前娘舅，難謾

▲海雲寺置放傅翕像之木閣

（張子開拍攝，2013 年 6 月 8 日）

自己。更擬打瓦鑽龜，佛法直錯到底。”①《二十年目睹之怪現狀》第四七回：“他小時候和他娘住在娘舅家裏，大約是没了老子的了。”考《善慧大士録》卷一：“父名宣慈，字廣愛。母王氏。”顯然，傅翕母親的兄弟也應該姓王，賈氏不可能是大士娘舅。

不過，松山下傅、賈兩家倒確實是親戚關係。《洋川賈氏宗譜》載，賈曇穎之母姓傅，曇穎之小妾亦姓傅。只是，這樣賈家倒應稱傅家為娘舅了。

《洋川賈氏宗譜》卷一《曇穎府君捨基建雙林寺傳》：“檀越奉香惟一姓。”此說雖然夸張了一些，但在今日護持弘揚雙林寺者，義烏洋川賈氏確實是為功最伍也。

四　樓氏家族

樓氏家族與雙林寺及傅翕發生交涉，最早的自為本書《法嗣紀》提

① 《嘉興藏》，第 34 冊，第 316 頁 b 欄。

及的俗名樓靈璨的智者大師慧約。至於佽助雙林寺，最顯著的就是唐朝國子進士樓穎。

樓穎《〈善慧大士録〉序》：

……穎以煩籠久翳，長夜未曉，恨不得於日月之下，親承鑒燭；猶願上生兜率，下會龍華。故以伐木思人，聞韶忘味；將恐芳塵散逸，後來無聞。遂追訪長老，編而次之，以為傳八卷，以示于後云耳。

這是說《善慧大士録》乃他自己編就的，共八卷。然南宋宗鑑集《釋門正統》卷三《塔廟志》卻言：

……若夫諸處俱奉大士寶像，於藏殿前首頂道冠，肩披釋服，足躡儒履，謂之和會三家。佛印禪師（了元）為王荆公贊其所收畫像曰："道冠儒履釋加沙，和會三家作一家。忘却率陀天上路，雙林癡坐待龍華。"又列八大神將，運轉其輪，謂天龍八部也。又立保境將軍，助香火之奉，謂是在日烏傷宰也。茲三者，攷録無文。（《録》六卷，弟子結集。進士樱顥修定。）①

"樱顥"，"樓穎"之訛。顯然，《善慧大士録》本乃傅翕弟子智瓚所編②，樓穎只不過做了修訂工作而已。

穎，玄宗時舉進士，然至天寶初尚未及第。宋陳振孫《直齋書録解題》卷十五《總集類》：

《國秀集》三卷　唐國子進士芮挺章撰。集李嶠至祖詠九十人詩二百二十首。天寶三載（744）國子進士樓穎為之序。③

國子進士，國子監學生也。據此，穎當為天元、天寶年間人也。穎詩文現

---

① 《大日本續藏經》第壹輯第貳編乙編第叄套，第三百九十六葉右半葉。

② 張子開：《傅大士研究》（修訂增補本），第42—47頁。

③ 第440頁。

存者，除《國秀集》序外，還有詩五首，亦收於《國秀集》[1]。

到了南宋紹興十三年（1143），婺州永康人樓炤（1073—1145），將八卷本的《善慧大士録》刊正為四卷。《善慧大士語録》附録卷四之末，附有炤所撰跋文：

> 紹興壬戌，住寶林寺定光大師元湛攜唐進士樓穎所撰《善慧大士録》以示，予端憂之，暇取而觀之，病其文繁語俚，不足以行遠；且歲月或舛焉。乃為刊正，總為四卷，凡大士應迹終始及所著歌頌，悉備矣；一時同道之人，亦附見於末。紹興十三年三月望，資政殿學士、左朝奉大夫、知紹興軍府事、充兩浙東路安撫使樓炤謹題。

樓炤紹興壬戌（1142）得見經樓穎修訂的《善慧大士録》，紹興十三年（1143）即刊正完畢，可謂快矣。雖說其“刊正”過程中免不了改變智瓚原結集面貌，實乃一憾，但今天流傳的《善慧大士録》諸本，正源自樓炤刊正本，炤又自有其功勛焉。

五　赤岸朱氏家族

《（康熙）義烏縣志》卷十七《方外志・二氏・寺觀》“寶林禪寺”條：

> ……大同六年，即此建寺，名雙林佛殿。大士於寺前製兩鐵浮圖，或云野塘朱氏鑄。……[2]

《（康熙）義烏縣志》、《（嘉慶）義烏縣志》等亦有相同記載。

在雙林寺前鑄造兩塔的“野塘朱氏”。就是五代時的赤岸“野塘老人”朱宏基。朱宏基住於赤岸以東約十里的楊梅山下，山有別稱曰“野塘”，宏基遂以此為號。

---

① 周祖譔主編：《中國文學家大辭典・唐五代卷》，吴企明撰“樓穎”條，中華書局 1992 年版，第 775 頁左欄。

② （清）王廷曾手編：《（康熙）義烏縣志》，第七冊，第九葉右半葉至十二葉右半葉。

後周廣順二年（952）野塘公朱宏基（朱祿）所撰《鐵羅漢像記》①、康熙二十二年（1683）許乾《重修雙林寺鐵塔記》、同治丙寅（1866）王大成《重修野墅龍溪朱氏宗譜序》皆載，黃巢軍過義烏時，朱宏基全家受佛之庇佑而獲全。為報恩德，遂於該年鑄造雙鐵塔獻予雙林寺："以為梁木必有壞時，不若鎮以鐵塔，令後人觀塔存，而寺亦因葺之而不廢。"②

這兩座鐵塔之一，現仍矗立於雙林寺遺址之上。這也是我國現存最古老的鐵塔。

▲雙林鐵塔

（張子開拍攝，2009年11月）

朱氏家族還做了一件有益於雙林寺之大事。民國二十六年（1937），

① 載嘉慶己卯年（1819）重修《（義烏）赤岸朱氏宗譜》。

② 清許乾撰：《重修雙林鐵塔記》。又參《浙江分縣簡志·義烏縣·名勝古迹》下冊，第588頁。

朱中翰全面考查了當時雙林寺尚存的文物文獻，撰就《雙林寺考古志》① 一文。解放後雙林寺因故被毀，該文遂成為了解民國時期雙林寺狀況的唯一綜合性資料。朱中翰蓋朱宏基之後人，《雙林寺考古志》曰："及後周廣順二年，作者之遠祖野塘公，爲寺鑄雙鐵塔以鎮於山門，巍巍雄姿，更足爲寶刹增輝矣！"復言："雙林之有塔，蓋我遠祖野塘公之所捐鑄也。""於是吾族之人，設法將鐵浮圖徒置赤岸（又名丹溪。）宗祠中（據《自薪壇宣化録》。）。作者往歲因祀祖至祠，獲見此塔，四圍鑄有十二生肖像，甚工細也。"② 並可證也。中翰又嘗供職於浙江省圖書館——民國二十一年（1932），浙江省立圖書館為紀念丁松誕生一百周年，編輯《丁松先生百年紀念集》，集內即有其文《紀念丁松先生》也。

六　丁氏家族

《（康熙）義烏縣志》卷十七《方外志・二氏・寺觀》"寶林禪寺"條：

> 相傳明崇禎戊辰間，里人丁同鑑五十無嗣。夢羽士過之，蘭香滿室，竪一指以示。覺而疑爲大士，默祈得子，捐千金創殿。會龍祈山寺僧瑞霞行脚至此，里人舉爲住持。邑侯許公直屬令募建，霞告同鑑。同鑑意欲損十之三，忽屋瓦墜擊茗甌；遂全書之，甌復無恙。人皆喜捨。竪棟日，同鑑果生一子，因名宗蘭。功未竟，霞逝。其徒慧弘續完之。同鑑後年七十，忽稱慧弘來省，齋沐書偈而化。邑進士童楷爲之記。已燬于山寇。③

諸自穀、程瑜、李錫齡等修《（嘉慶）義烏縣志》卷十八《寺觀》等，並同。

崇禎戊辰，即崇禎元年（1628）。丁同鑑因傅翕之佑而得子，其為報恩，故捐千金在雙林寺創殿也。

---

① 載浙江省立圖書館編《文瀾學報》第三卷第一期，民國二十六年三月出版，第1—6頁。

② 同上書，第2、10—11頁。

③ （清）王廷曾手編：《（康熙）義烏縣志》卷十七《方外志・二氏・寺觀》"寶林禪寺"條，第七冊，第九葉右半葉至十二葉右半葉。

現在，松山之下、雙林寺遺址之旁，仍有丁氏家族居住，依然持續護持雙林、雲黃二寺也。

七　其他鄉親

樓潁《善慧大士録序》所提及的傑出居士，除傅普敏之外，尚有徐普拔、潘普成。實際上，全力襄助傅翕弘法的，除傅氏家族、其姻親賈氏家族、以及以上幾大家族之外，僅迄今尚留下姓名者，即還有若干：

1. 傅翕在世時之居士

太清二年（548）四月八日，有弟子留堅意、范難陀等十有九人，請求奉代師主，持不食上齋及燒身，供養三寶。另有弟子朱堅固燒一指爲燈，陳超捨身自賣，姚普薰等人傭賃自己，以所得供養師主。留堅意，當為留玅光族人吧。

是月九日，弟子留和睦、周堅固二人燒一指燈；弟子樓寶印刺心，葛玄杲割左右耳，優婆夷駱玅德割左耳：並以替代師父，勸請傅翕駐世。又有居士傅長、傅遠等數十二人，決志刺心，洒血塗地，乞傅翕卒閻浮壽。

紹泰元年（555）四月二十日，傅翕詢問弟子誰能復持不食上齋，燒身滅度，普爲一切供養三寶，請佛住世普度衆生。到六月二十五日，弟子范難陀奉持上齋，於雙林山頂燒身滅度。

太平元年（556）三月一日，優婆夷子嚴於雙林山頂赴火滅度。

陳永定元年（557）二月十八日，傅翕復問弟子誰能苦行燒指爲燈，請佛住世。時有居士普成等人奉命，居士寶月鈎身懸燈。傅翕再問誰能持不食上齋，請佛住世，時有優婆夷平等、法瑱等數人聽命。

以上《善慧大士録》所記，徐陵《東陽雙林寺傅大士碑》復有載録，足證不虛：

> 於是學衆悲號，山門踊叫。弟子居士徐普拔、潘普成等九人，求輸己命，願代宗師。其中或馘耳而刊鼻，或焚臂而燒手。善財童子重覲知識，忍辱仙人是馮相輩。大士乃延其教化，更住閻浮，弘訓門人，備行衆善。於是弟子居士范難陀、……弟子優婆夷嚴比丘，各在山林燒身現滅。……竝載在碑陰。書其名品。

光大二年戊子（568），傅翕臨終前，除說明傅普敏是文殊處，尚專門褒揚徐普拔、潘普成二人："我同度衆生之伴，去將盡矣，唯潘、徐二人不出其名。"① 並專門吩咐徐普拔：

> 又囑弟子徐普拔等曰："我去後，若猶憶我，汝當共迎慧集上人遺形還山，共爲佛事。"

上述人等，皆生活於傅翕在世時，且非出家人。

2. 現今上傅村的其他家族

傅翕故里，位於松山之下的上傅村。雖然由於時代變遷，傅氏已經不再是這裏的唯一大姓，但居住在這兒的其他家族，依然虔心合力護持著傅翕及雙林寺。這是最令人感動的了。

特別是2009年，上傅一帶的傅、劉、賈、丁、何、陳、龔、張等諸姓，捐資修建了善慧寺。目前該寺已然規模初具，有大雄寶殿、兜率宮、傅大士紀念堂、傅大士佛跡展覽室、怡然亭等建筑。可惜緣於種種原因，現處於停建狀態。而且，善慧寺完全為民間修造，缺乏統一規劃和佛門法則。

▲善慧寺

（張子開拍攝，2013年6月8日）

① 《善慧大士録》卷一。

▲善慧寺大殿

（張子開拍攝，2013 年 6 月 8 日）

▲善慧寺傅大士紀念堂

（張子開拍攝，2013 年 6 月 8 日）

實際上，鼎力護持雙林寺上千年而始終不渝的，就是這些生活在松山下附近的傅氏、賈氏和其他鄉親，他們才是松山禪風持續搖漾的最重要力量。

貳　梁陳隋諸朝皇帝

一　梁武帝蕭衍

中大通六年（534），時年三十八歲的傅翕認為，雙林一帶地處偏僻，僅在此修行化人，范圍太小，“教化衆生不廣”，於是在正月十八日，派遣弟子傅暀到首都建康，專程送書信給梁高祖武皇帝蕭衍（464—549）：

> 雙林樹下當來解脱善慧大士白國主救世菩薩：
>
> 大士今欲條上、中、下善，希能受持。其上善以虛懷爲本，不著爲宗，無相爲因，涅槃爲果。其中善以治身爲本，治國爲宗，天上人間，果報安樂。其下善以護養衆生，勝殘去殺，普令百姓俱稟六齋。今大士立誓，紹弘正教，普度羣生，故遣弟子暀告白。

試言之，傅大士所說"上善"，謂以大乘佛教治國；"中善"，沿襲儒家措施；"下善"，秉持最基本的儒家和佛教原則而已①。

初次上書，就敢教國君以治國之道，這應該也是中國佛教史乃至上中國文化上最大膽、最自信、最奇特、最有內涵的佛教信徒上國君的書信吧。

當年十二月十九日（依照公曆，已然是535年了），傅翕應詔至蔣山，閏十二月八日辰時到皇宮。有以大木槌扣開諸門的傳說。在善言殿與武帝一番交流後，還住鍾山定林寺，由國家供給食宿之類。

大同元年（535）正月，武帝至華林園重雲殿講《三慧般若經》，"公卿連席，貂紱滿座"。傅翕亦參加此次盛會，但武帝至時，並不站起迎接。有劉中丞問其故，對曰："法地若動，一切法不安。"此所謂"法地"，蓋佛教的基本原則或禮儀。

古印度無論佛教還是其他宗教信仰，其弘法者皆被視為世上最高等級之生靈，國王貴族等見之並須行禮，尊崇事之。這與中國帝王自視為代表上天統治萬民，無論在家出家皆必屈從之的習俗，迥然不同。當年玄奘在印，諸國王皆跪拜於奘之足下，而不是玄奘向國王行禮也。《大唐大慈恩寺三藏法師傳》卷五：

> 及鳩摩羅王將欲發引，先令人於殑伽河北營行宮。是日渡河至宮，安置法師訖，自與諸臣參戒日王於河南。戒日見來甚喜，知其敬愛於法師，亦不責其前語，但問："支那僧何在？"報曰："在某行

① 參考張子開《傅大士研究（修訂增補本）》相關部分。

宫。”王曰：“何不來?”報曰：“大王欽賢愛道，豈可遣師就此參王。”王曰：“善。且去，某明日自來。”鳩摩羅還謂法師曰：“王雖言明日來，恐今夜即至，仍須候待。若來，師不須動。”法師曰：“玄奘佛法理自如是。”至夜一更許，王果來。有人報曰：“河中有數千炬燭，并步鼓聲。”王曰：“此戒日王來。”即勅擎燭，自與諸臣遠迎。其戒日王行時，每將金鼓數百，行一步一擊，號爲節步鼓。獨戒日王有此，餘王不得同也。既至，頂禮法師足，散花瞻仰，以無量頌讚歎訖，謂法師曰：“弟子先時請師，何爲不來?”報曰：“玄奘遠尋佛法，爲聞《瑜伽師地論》。當奉命時，聽論未了，以是不遂參王。”①

這記載的是戒日王拜見玄奘的情形。

其實，五天竺凡佛法流行之地，國王平時供養僧人時，亦並如此：

凡沙河已西，天竺諸國，國王皆篤信佛法。供養衆僧時，則脱天冠，共諸宗親、群臣手自行食。行食已，鋪氈於地，對上座前坐，於衆僧前不敢坐床。佛在世時，諸王供養法式，相傳至今。②

可以説，傅翕的作派雖然惹得中土世俗人士側目驚恠，不過倒正符合佛教的本來面目也。正如明末清初海棟編《浦峰長明炅禪師語録》《頌古》“大士見武帝不起”條所吟：

法地安然不動移，端身正坐恰相宜。
大梁扶起真天子，共證如來向上機。③

宋代投子義青（1032—1083）亦贊言：

① （唐）慧立、彦悰著，孫毓棠、謝方點校：《大慈恩寺三藏法藏傳》，中華書局 2000 年版，第 105—106 頁。

② （東晉）法顯撰、章巽校注：《法顯傳校注》，中華書局，“中外交通史籍叢刊”之一，2008 年版，第 46 頁。

③ 《嘉興藏》，第 37 冊，第 777 頁 C 欄。

國令他魏國愁，渡江投水暗隨流。
雖然寸土居無動，爭奈雙林半樹秋。[①]

這次講經畢，武帝因傅翕居住山間，水火難致，故賜“大踰徑寸，圓明洞徹”之水火珠，翕常用之取水火於日月。

後來，武帝又請傅翕到壽光殿說法，至夜方出。

四月，傅翕還雲黃山。到九月二日，又遣傅暀奉書武帝，信中有曰：

雙林樹下當來解脫善慧大士白國主救世菩薩：今有如意寶珠，清淨解脫，照徹十方，光色微妙，難可思議，欲施人主。若能受者，疾至菩提。

然直到大同五年（539）年初，傅大士始重入都。亦駐鍾山。三月，與武帝在壽光殿共論真諦，翕稱真諦乃“息而不滅”，終致帝默然無答。稍後，又作偈進武帝，再申息而不滅之義：

若息而滅，見苦斷集。如趣涅槃，則有我所。
亦無平等，不會大悲。既無大悲，猶有放逸。
修學無住，不趣涅槃。若趣涅槃，鄣於悉達。
爲有相人，令趣涅槃。息而不滅，但息攀緣。
不息本無，本無不生。今則不滅，不趣涅槃。
不著世間，名大慈悲。乃無我所，亦無彼我。
遍一切色，而無色性。名不放逸，何不放逸。
一切衆生，有若赤子，有若自身，常欲利安。
云何能安？無過去有，無現在有，無未來有，
三世清淨，饒益一切，共同解脫。又觀一乘，
入一切乘；觀一切乘，還入一乘。又觀修行，
無量道品，普濟羣生，而不取我。不縛不脫，
盡於未來，乃名精進。

---

① 《禪宗頌古聯珠通集》卷三《菩薩機緣》，《大日本續藏經》第壹輯第貳編正編第貳拾套第十八葉右半葉下欄。

大同六年，傅翕辭帝東歸。數月之後，以功德事復至都下，止蔣山。復遣傅暀奉書武帝：

> 雙林樹下當來解脱善慧大士白國主救世菩薩：皇帝性合正道，履踐如如。大士爲菩提，下而故高；皇帝爲菩提，高而故下。機緣感應，故成佛事。今者故來普勸一切，同修正道。謹白。

因其他原因，此書未達。

"大士三至京師，所度道俗不可勝計"①。這三次到建康，最大的功績當然是在借以結交梁武帝和其他百官公卿的基礎之上，創建雙林寺，"時因啓帝置寺於雙檮間，號雙林寺"②，並令雙林寺得到政府支持，從而奠定了雙林寺千馀年來發展的根基。

自然，梁武帝是為雙林寺歷史上第一個皇帝級別的檀越。

二 陈宣帝陳頊

陳宣帝太建元年（569）夏四月二十四日，傅翕寂滅。太建四年九月十九日，弟子沙門法璿、菩提、智瓚等，代表雙林寺啟奏陳宣帝陳頊(530—582)，請求樹立傅翕和其二子慧集法師、慧和闍梨等的碑。宣帝下詔，令侍中、尚書、左僕射領大著作、建昌縣，開國侯、東海徐陵撰寫傅大士碑，尚書左僕射領國子祭酒、豫州太中正汝南周弘正爲慧和闍梨碑③。

陳頊下詔事，其他文獻無徵。徐陵撰碑今存，慧和碑則早無考矣。據南宋陳思撰《寶刻叢編》卷十三《兩浙東路·婺州》條，慧集碑其實也是周弘正所創：

> 陳惠集法師碑
>
> 陳大建六年，尚書左僕射領國子祭酒、豫州大中正周弘正撰。《諸道石刻録》。

---

① 《善慧大士録》卷一。

② 同上。

③ 同上。

現在還能夠看到記載傅翕化跡最為可靠的徐陵碑文，陳宣帝功莫大焉。

陳太建五年，傅翕弟子菩提等人再度上啓於陳宣帝，請宣帝爲本寺護法檀越。宣帝回復答應了[①]。也就是說，陳頊玉口親承作為雙林寺的檀越矣。

大概同時，菩提人等又寫作與“朝貴以下”，文曰：

> 伏惟亡師大士在世之時，頻詣梁武帝弘宣正道，多逢惱鄣，請朝貴爲護法檀越，竝蒙弘奬。今徒衆弟子奉遵遺教，紹繼慈旨，輒依先仰請爲護法，特願垂許。

據載，“於是，自朝廷宰貴以下至于士庶，具題爵里、願爲護法檀越者甚衆”[②]。按，“朝貴”，朝廷中的權貴。南朝宋劉義慶《世說新語·識鑑》：“王忱死，西鎮未定，朝貴人人有望。”北魏楊衒之《洛陽伽藍記·追光寺》：“江東朝貴，侈於矜尚，見署入朝，莫不憚其進止。”

由這通書信而言，早在傅翕生前，就已經數度請求朝貴為護法檀越。也就是說，敦請官僚乃至上皇帝為護持雙林寺的護法檀越，實乃傅翕的一貫風格也。

三　隋文帝楊堅

隋文帝楊堅（541—604）給雙林寺寫過三次書信。

隋開皇十五年（595）二月十五日，楊堅予傅翕弟子、沙門慧則等人信，內中有云：

> 皇帝敬問慧則法師：如來大慈，矜念羣品，救度一切，爲世津梁。朕君臨天下，重興法教，欲使三寶永崇，四生蒙福。汝等歸依正覺，宣揚聖道，想勤修梵行，殊應勞德。秋暮已寒，道體如宜也。今遣使人，指宣往意。[③]

---

① 《善慧大士録》卷二。

② 同上。

③ 同上。

需要注意的是，《善慧大士録》稱此信寫於農曆正月，但信中卻有“秋暮”字樣，似有齟齬。但從遣詞用句而觀，這應該是隋文帝時皇帝勅書的風格。

隋沙門灌頂編輯天台智顗（538—597）之遺文、碑文等而成《國清百録》，是書卷二有一通《隋高祖文皇帝勅書》：

皇帝敬問光宅寺智顗禪師：朕於佛教，敬信情重。往者周武之時，毀壞佛法，發心立願，必許護持。及受命於天，仍即興復，仰憑神力，法輪重轉，十方眾生，俱獲利益。比以有陳，虐亂殘暴，東南百姓勞役，不勝其苦。故命將出師，為民除害。吳越之地今得廓清，道俗乂安，深稱朕意。朕尊崇正法，救濟蒼生，欲令福田永存，津梁無極。師既已離世網，修己化人，必希獎進僧伍，固守禁戒，使見者欽服，聞即生善，方副大道之心，是為出家之業。若身從道服，心染俗塵，非直含生之類無所歸依，仰恐妙法之門更來謗讟。宜相勸勵，以同朕心。春日漸暄，道體如宜也。

開皇十年正月十六日。內史令、安平公臣李德林，宣內史、侍郎武安子臣李元操，奉內史舍人裴矩行。①

除了字數多一點而外，格式等與予雙林寺書類似。開皇九年下月，隋師入建康，陳亡②。次年，隋文帝就與光宅寺智顗書，文中直接警告“若身從道服，心染俗塵，非直含生之類無所歸依，仰恐妙法之門更來謗讟”，明顯是要智顗與陳朝殘餘勢力徹底切割開來。而予雙林寺書雖然時間晚了幾年，口氣也緩和很多，然要亦是鼓勵寺院擁擠新王朝，維護社會穩定，“宜相勸勵，以同朕心”也。

文帝此書的藝術價值較高，多種書法典范著作如《淳化帖》等皆收録之。宋姜夔（1154—1221）《絳帖平》卷四《天·隋朝法帖》亦載：

皇帝敬問婺州雙林寺慧則法師：朕尊崇聖教，重興三寶，欲使一

① 《大正新脩大藏經》，第46冊，第802頁c欄。

② 翦伯贊主編：《中外歷史年表》（校訂本），中華書局2008年版，第199頁右欄至200頁左欄。

切生靈咸蒙福力。法師捨離塵俗，投志法門，專心講誦，宣揚妙典，精誠如此，深副朕懷。既利益羣生，當不辭勞也。猶寒，道體如宜，令遣使人指宣往意。

姜氏並評曰："隋朝帖當是吏筆簿，有吏氣。予嘗見唐吏筆亦如此。"文字與《善慧大士録》有些許差異，言"猶寒"而不是"秋暮已寒"，更為準確一些。

開皇十八年（598），文帝第二次與書曰：

朕受天命，撫育黎元，尊崇三寶，情深救護，望十方世界一切含靈，蒙茲福業，俱登仁壽。汝等捿身淨土，投志法門，普爲羣生宣揚聖教。又知比來爲國行道，勤修功德，當甚勞心。汝等弘此慈悲，精誠苦行，廣濟衆品，深慰朕懷。既利益處多，勿辭勞也。①

第一次是泛泛問候，"汝等歸依正覺，宣揚聖道，想勤修梵行，殊應勞德"，其實是暗示要歸順新朝廷。這次是查知雙林寺"比來爲國行道，勤修功德，當甚勞心"，"深慰朕懷"，表明雙林寺確實配合隋朝鞏固政權，所以主旨乃慰勞獎賞，並鼓勵繼續努力也。

南宋本覺《釋氏通鑑》卷六②等著述認為，書亦是給"雙林寺沙門惠則等"的。

到了仁壽元年（601）正月十五日，文帝第三次賜書：

[皇帝敬問雙林寺慧則法師：] 朕尊崇聖教，重興三寶，欲使一切生靈咸蒙福力。法師捨離塵俗，投志法門，專心講誦，宣揚玅典，精誠如法，深副朕懷。既利益羣生，當不辭勞倦③。[猶寒，道體如宜。今遣使人指宣往意。]

這次予雙林寺書，其他文獻沒有記載，但山東省即墨市博物館現藏有

① 《善慧大士録》卷二。

② 《大日本續藏經》第壹輯第貳編乙編第肆套第四百三十九葉右半葉上欄。

③ 《善慧大士録》卷二。

隋文帝書信原件：

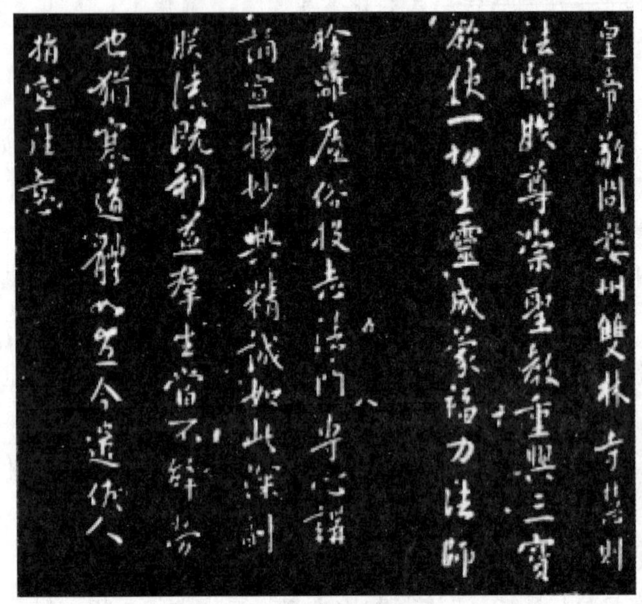
皇帝敬問婺州雙林寺慧則
法師朕尊崇聖教重興三寶
欲使一切生靈咸蒙福力法師
捨離塵俗投志法門專心講
誦宣揚妙典精誠如此深副
朕懷既利益群生當不辭勞
也猶寒道體如宜今遣使人
指宣往意

▲隋文帝致傅大士弟子、沙門慧則等書

據之，可補《善慧大士録》佚失的起頭“皇帝敬問雙林寺慧則法師”及結尾“猶寒，道體如宜。今遣使人指宣往意”若干字。

四　隋煬帝楊廣

大業元年（605），隋煬帝楊廣（569—618）致書雙林寺曰：

> 朕欽承寶命，撫育萬方，思弘德化，覃被遐邇。況復昔居藩屏，作牧江都，所管之内，臨踐日久，興言唯舊，有異常情。今者巡省風俗，爰居淮海，山川非遠，瞻望載懷。薄寒，道體清豫，廣修淨業，寔足津梁。既以弘濟爲心，不爲勞也。①

《國清百録》卷三有大業元年楊廣致天台寺智越法師等之書，以及沙門的回信：

① 《善慧大士録》卷二。

至尊勅

皇帝敬問括州天台寺沙門智越法師等：

餘寒，道體如宜也。僧使智璪至，得書具意。

大業元年正月十三日，柱國內史令莒國公臣未上，大都督兼內史侍郎臣虞世基，兼內史舍人臣封德彝，舍人封德彝，宣勅僧使智璪云：師能如此遠來，在道寒苦。好去還寺，宣朕意，向大眾好行道，勿損先師風望。

右僕射蘇宣勅，賜天台寺物五百段，至楊州庫參軍向德元送物到寺。

天台眾謝啟

天台寺沙門智越等啟：

使智璪還，奉宣正月十三日勅旨，并施物五百段。謹即集眾佛前，敬對使人，如法呪願。越等有幸，喜逢聖世，伏蒙慈勅，喜懼已隆。復領厚賚，恩賜彌重。竊惟輪王地水，已覺難消，況天府妙物，寧恭受用。庶藉勅慈，又承佛力，罄竭心膂。導師遺訓，專修禮誦，上答天澤，不任悚荷之至。

謹附楊州使奉謝以聞。

謹啟。大業元年三月十七日。①

顯然，天台寺先派智璪奉書於楊廣，廣方回復也。按，仁壽四年（604）七月，皇太子楊廣害死隋文帝，自立為帝，是為煬皇帝②。天台寺當年末或第二年正月即獻書，楊廣回信只稱“得書具意”，所獻書內容不得而知。然以意衡之，“僧使”很可能是賀新皇登基吧。無論如何，這兩通書信讓我們得以欣賞隋朝皇帝與寺院的往來書信的風貌之外，還可據以推斷：隋文帝三次致雙林寺書，寺僧慧則等必有表示感激的回信。只是時過境遷，類似的謝啟早已湮滅矣。

隋煬帝書中提及了自己以前“作牧江都”時，因在管轄范圍之內，曾至雙林寺，“臨踐日久”，所以算是老相識了，感情特殊；現今巡行視

① 《大正新脩大藏經》，第46冊，第815頁a欄。

② 翦伯贊主編：《中外歷史年表》（校訂本），第202頁右欄。

察，來到離寺不遠之處，故致書問候。開皇十年（590）十一月，婺、越、蘇、樂安、饒、溫、杭、泉、交等州豪民先後起事，原陳朝境內大亂，楊廣於是年任揚州總管，與楊素一起平定江南叛亂[①]。《隋書》卷三《帝紀第三・煬帝上》："俄而江南高智慧等相聚作亂，徙上為揚州總管，鎮江都。……明年歸藩。"亦參與起事的婺州置於開皇九年，治所在金華[②]，義烏正隸之。所以，楊廣很有可能在開皇九年或十年到過雙林寺也。至于江都郡，乃遲至隋大業初年方改揚州而置，治所在江陽（今揚州市），轄境也並不包括義烏一帶[③]。所以，書中"作牧江都"非謂作江都郡太守，而是任江都總管也。

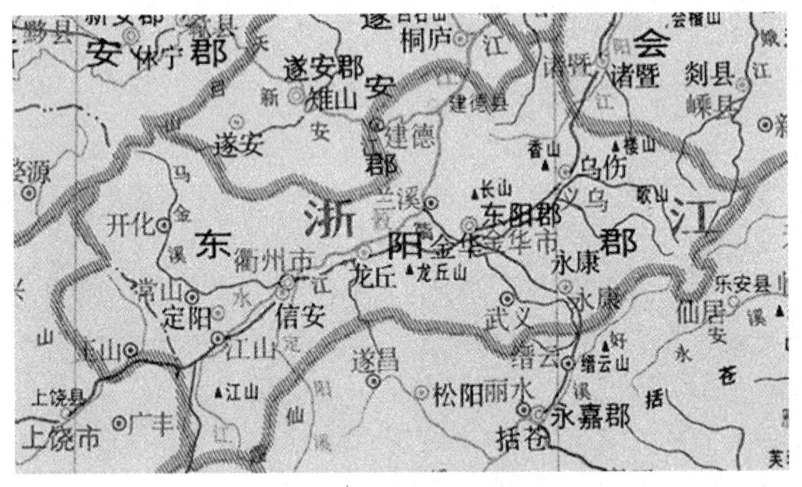

▲隋朝東陽郡圖[④]

隋煬帝及其他諸帝至雙林寺書顯然頗有功效，"是後僧徒住持，自朝廷至于郡縣官司，多保護之"。[⑤]

其實，中國佛教寺院與皇帝之間一直頗有因緣，皇帝致書信或詔諭於僧尼之事亦時或有之。如浙江省舟山市普陀山普濟寺旁的普陀山佛教博物館中，即珍藏著一則明萬曆三十九年（1611）的勅諭：

---

① 翦伯贊主編：《中外歷史年表》（校訂本），第200頁左欄。

② 《辭海》地理分冊（歷史地理）"婺州"條，第266頁右欄。

③ 《辭海》地理分冊（歷史地理）"揚州"條，第103頁左欄。

④ 譚其驤主編：《中國歷史地圖集》，第五冊"淮南江表諸郡"，第21—22頁。

⑤ 《善慧大士録》卷二。

勅諭浙江南海普陀山鎮海禪寺住持及僧人等：

朕發誠心印造佛大藏經，頒施在京及天下名山寺院供奉，經首獲勅，已諭其由。尔住持及僧衆人等，務要虔潔供安，朝夕禮誦，保安眇躬康泰，宮壺肅清，懺已往愆；尤祈無疆壽福，民安國泰，天下太平，俾四海八方，同歸仁慈善教，朕成恭已無為之治道焉。

今特差漢經廠闍黎、御馬監太監党禮，齎請前去彼處供安，各宜仰體知悉。

欽哉故諭

大明萬曆三十九年九月　日

勅諭浙江南海普陀山鎮海
禪寺住持及僧衆人等
朕發誠心印造佛大藏經
頒施在京及天下名山
寺院供奉經首護勅已
諭其由尔住持及僧衆
人等務要虔潔供安朝
夕禮誦保安眇躬康泰
宮壺肅清懺已往愆尤
祈無疆壽福民安國泰
天下太平俾四海八方
同歸仁慈善教朕成恭
已無為之治道焉今特
差漢經廠闍黎御馬監
太監党禮齎請前去彼
處供安各宜仰體知悉
欽哉故諭
日

▲明萬曆三十九年勅諭

（張子開拍攝，2013 年 12 月 15 日）

此勅諭乃為派太監送藏經到鎮海禪寺而撰，文體自與陳隋諸帝予雙林寺書有別。另外，勅諭中出現了“尔”“党”等俗體字，有點兒奇怪。

叁　歷朝官僚

除了皇權榮光威嚴的護佑、傅氏家族和一眾鄉親的實質性佽助之外，雙林寺還得到了本外地官員們的絡繹護衛。

頗具反諷的是，第一個與雙林寺祖師有著關聯的地方官員，居然力阻傅翕弘法。在受嵩頭陀點撥而與妻子在松山下修行七年後，漸有信衆前往，而這也受到了東陽郡守的注意：

> 既而四衆常集，問訊作禮。郡守王烋謂是妖妄，囚之數旬。大士唯不飲食，而衆益歎異，遂釋之。

徐陵《東陽雙林寺傅大士碑》反倒記述得更詳細一些：

> 自修禪遠壑，絶粒長齋，非服流霞，若飡朝（沉）［沆］。太守王烋言其詭詐，乃使邦佐幽諸後曹，迄至兼旬，曾無（段）［叚］食。於是州鄉媿伏，遠邇歸依，逃迹山林，肆行蘭若。

兼旬，兩旬，即二十天。《經典釋文》卷二十《春秋穀梁傳・恒公第二》“兼旬”條：“如字。十日爲旬。”《舊唐書・王及善傳》：“今足下居無尺土之地，守無兼旬之糧。”曾鞏《泰山祈雨文》：“頻陰復散，忽已兼旬。”① 叚食，此當指任何固體飲食吧。能夠兼旬無食，自有特異，故而會感動眾人也。

一 諸居士之善舉

上舉樓潁《善慧大士録序》專門表彰的傅翕在世時的有功居士中，昌居士就是何昌。當初，傅暀至京遞交傅翕與梁武帝書，全憑何昌等人設法轉呈的：

> 暀奉書至都，詣大樂令何昌。昌見書，難曰：“國師智者尚復作啓，況大士國民，忽作白書，豈敢呈通？”暀曰：“頃從東來，恐無人爲達此書，乃心立誓燒手於御路側，庶得上聞。”昌聞是語，即將此書往同泰寺見浩法師，共議以表進上。②

---

① 《南豐先生元豐類藁》卷三十九，《四部叢刊初編》集部。

② 《善慧大士録》卷一。

《善慧大士録》謂，時為中大通六年（534）正月十八日事也。

徐陵碑文則稱，事在當年二月：

> 中大通六年正月二十八日，遣弟子傅暀出都，致書高祖。……
>
> 時國師智者法師與名德諸衆僧等，言辭謹敬，多乖釋遠之書；文牒卑恭，翻豫山公之啓。大士年非長老，位匪沙門，通疏乘輿，過無虔恪，京都道俗莫不嗟疑。暀至都，投太樂令何昌；并有弘誓，誓在御路燒其左手，以此因緣，希當聞達。昌以此書呈同泰寺僧皓法師。師衆所知識，名稱普聞。見書隨喜，勸以呈奏。

昌時任太樂令。齊梁之時，太樂令隸於太常①。

此次進京，劉中丞雖有"何以不臣天子，不友諸侯"、武帝昇殿時"大士不起"之故等詰難，太子亦遣人問"何不論議"②，其實反倒凸顯出傅翕之佛學修養也。

在傅翕與梁武帝的交往中，何昌等人直到了關鍵的中介作用。如大同六年（540）傅翕再至都下時，又遣傅暀奉書於帝，結果"時何昌使外，此書未達"③。也緣於此吧，傅翕在光大二年（568）臨終前，在專門聲明傅普敏、沙門慧和、慧集上人等人的真實身份之外，還提出"昌居士是阿難"，並特別叮囑弟子們：

> 昌在世形容、行業還示闇劣，世人不免輕之，乃誡諸弟子曰："汝等莫輕昌居士。佗捨命甚易，無餘痛惱，顏色鮮潔，倍勝平常。"捨命之後，大士方說是阿難耳。④

既然何昌"捨命甚易"，傅翕又是在"捨命之後"才說這番話，則昌居士很可能是響應傅翕號召，或者為了雙林寺事業而捨棄生命的。

傅翕寂滅之後，烏傷縣令陳鍾耆專門前來悼念：

---

① （梁）蕭子顯等：《南齊書》卷十六《志第八·百官》。

② 《善慧大士録》卷一。

③ 同上。

④ 同上。

更七日，烏傷縣令陳鍾者來求香火結緣，因取香火，及四衆次第傳之。次及大士，大士猶反手受香。

徐陵亦記，又加讚嘆曰：

烏傷縣令陳鍾耆即往臨赴，猶復反手傳香，皆如疇昔。若此神變，無聞前古。雖復青牛道士，白馬先生，便遁形骸，本慙希企。若其滅定無想，彈指而石壁已開；法王在殯，申足而金棺猶啓：非斯類矣，莫與爲儔。

“臨赴”，就是祭拜死者。《晉書》卷三十九《荀勗傳》：“（曹）爽誅，門生故吏無敢往者。勗獨臨赴，衆乃從之。”《宋書》卷八十五《王景文傳》：“坐姊墓開不臨赴，免官。”

陳大建四年（572），奉陳宣帝之詔撰寫傅翕及其弟碑銘的，也是朝中諸大臣：

於是詔侍中、尚書左僕射領大著作、建昌縣，開國侯、東海徐陵爲大士碑，尚書左僕射領國子祭酒、豫州太中正汝南周弘正爲慧和闍梨碑。[1]

其中，徐陵撰碑乃“維陳太建五年太歲癸巳七月五日都下白山造”[2]。

二 元稹的劫掠

不得不提到的是，當年東陽郡守王烋還勉強算是秉公執法，而李唐時越州刺史元稹（779—831）則是明目張膽地掠奪雙林寺珍寶了。元氏《還珠留書記》曰：

梁陳以上號“婺州義烏縣”爲“東陽烏傷縣”。縣民傅翕，字玄風。娶留妙光爲妻，生二子。年二十四，猶爲漁。因異僧嵩謂曰：

① 《善慧大士録》卷一。

② 徐陵：《東陽雙林寺傅大士碑》。

“爾彌勒化身，何爲漁?”遂令自鑒於水。廼見圓光異狀——夫西人所謂爲佛者——，始自異。一旦入松山，坐兩大樹下，自號爲“雙林樹下當來解脱善慧大士”。久之，賣妻子以充僧施，遠近多歸之。

梁大通中，移書　武帝，召至都下。聞其多詭異，因勅諸城吏：翕至，輒扃閉其門戶。翕先是持大椎以往，人不之測。至是，撾一門而諸門盡啓，帝異之。他日，坐法榻上，帝至不起。翕不知書，而言語辯論皆可奇。帝嘗賜大珠，能出水火於日月。

陳太建初，卒於雙林寺。寺在翕所坐兩大樹之山下，故名焉。

凡翕有神異變現，若佛書之所云不可思議者，前進士樓潁爲之實録，凡七卷。而侍中徐陵亦爲文於碑。

翕卒後，弟子菩提等多請王公大臣爲護法檀越。陳後主爲王時，亦嘗䇲其請。而司空侯安都以至有唐盧熙，凡一百七十五人，皆手字名姓，殷勤願言。

寶曆中，余莅越婺余所刺郡，因出教義烏，索其事實。雙林僧挈梁陳以來書詔洎碑録十三軸，與水火珠、扣門椎、織成佛、大水突，偕至焉。余因返其珠、椎、佛、突，取其蕭、陳二主書洎侯安都等名氏，治背裝剪，異日將廣之於好古者，亦所以大翕遺事於天下也；與夫委棄殘爛於空山，盍不侔矣，固無讓於義取焉。而又償以束帛，且爲書其事於寺石，以相當之。取其復還之最重者爲名，故曰“還珠留書記”。

二年十月二十日。

稹時為“浙江東道都團練觀察、處置等使，正議大夫、使持節都督越州諸軍事、守越州刺史兼御史大夫、上柱國”，並“賜紫金魚袋”。

《善慧大士録》卷三後附此文，又注言：“開成三年十二月，内供奉大德慧元清涔、令弘深禪師及永慶送歸。”開成三年（838），稹已卒數載，故注文不可信。

明代雙林廣濟禪寺住持釋茂本清源《〈善慧大士傳録〉後序》[1] 亦載此事：

① 《續金華叢書》本《雙林傅大士語録》。

> 迨唐文宗開成二年，被御史大夫元（湛）禎索取蕭陳二主書詔、碑録共一十三軸，洎侯安都等名氏諸事跡，盡匿於其家。皆無存焉。唯存頂骨一具，舍利叢生；其臼飼虎餘殘，化而為石；照影池、自轉輪藏樣、擊門椎、袈裟而（巳）［已］。

其實，元稹文中已講得很清楚，他從雙林寺取走“蕭、陳二主書洎侯安都等名氏”乃在寶曆二年（826）也。

元稹掠奪雙林寺所藏書法珍品還不算，還尋種種借口加以美化，可見此人真是無恥之至矣！

從元文可知，雙林寺的護法檀越還有司空侯安都以及唐朝盧熙等人。按，盧熙，生平不詳。侯安都（520—563），陳朝名將，字成師。曾任征南大將軍、江州刺史，封桂陽郡公。“安都工隸書，能鼓琴，涉獵書傳，為五言詩，亦頗清靡。兼善騎射，為邑里雄豪。”① 安都留在雙林寺的，應該是自書自撰之詩吧。

相信今日及未來義烏及他處之檀越，還將繼續書寫護持雙林寺之傳奇吧。

---

①（唐）姚思廉：《陳書》卷八《侯安都傳》。另參（唐）李延壽《南史》卷六十六《侯安都傳》。

附　　録

《洋川賈氏宗譜·曇穎府君捨基建雙林寺傳》

梁普通年間，善慧大士傅翕字元鳳，在於雙檮樹下結庵。賜瀨里曇穎賈公與角地，大士即以自轉藏化之，公欣然以地方十里許，罄捨建寺，愿為檀越，誓為佛親，興廢不一。

迨至宋紹興二年，公之裔孫修職郎諱淵、字巨源、行千一者，家業豐厚，復捐資廣募，重興其寺。鑄造洪鐘，高九尺，口厚七寸，重一萬斤。

迄至皇明永樂、正統間，又是泗里派祖諱茂盛，樂善好施，傾資結緣。同住山比邱如嵩、道敬、天静、曇錫等，(慕)［募］鼎，衆建殿堂閣等宇。每於新歲，澆造花燭一株，約重百餘斤。遞年於正月十八，曇穎公壽旦之期，迎送大士，佛神位前燃點，慶賀龍華，祝延聖壽，世世子孫，永承萬祀云。

雙林住山比邱如嵩奉檀越主洋川賈宅諸英彦

詩曰：

雙檮鈇立翠參天，金刹名揚不語禪。
檀越奉香惟一姓，佛身化善已千年。
莫生人我荒心廢，長與兒孫種福田。
請問雲庵梁上將，同時說法究因緣。

右偈本不當録於此。舊譜所載，未敢删去，以為後人知我祖世世修德不替云。

（2004 年重修《洋川賈氏宗譜》卷一《曇穎府君捨基建雙林寺傳》）

《洋川賈氏宗譜·雲麾將軍傳》

將軍諱孝。係東漢膠東侯夏之後也。風神秀徹，才智過人。精通將略之書，熟習韜鈐之事。齊梁間，仕至雲麾將軍，封威武侯，謚梁國公。

忽一旦悟道，棄官捨身，慕佛詣闕，乞骸骨。帝諭其意，詔許之。遂賫巨鐘長刹東歸。敕賜其居曰："仁道門第，漢戚源流。"

兄曇穎，仁隋提領，舊有傭力。其家名傅翕者，人莫知其為佛也。後號善慧大士，稱彌勒化身，其道法洪大深邃。穎悟，深信敬服，業已捐基建宇矣。

將軍致仕歸，姑試其術，率士卒八十餘人，共詣丐食。大士已先知之。家所有饌，止可給三四人之食。其妻留氏有憂色。大士乃以三簞之飯，親自餉之。眾皆以飽，而饌有餘。將軍嘆曰："異哉，佛之法也!"則以所賫鐘刹而敬獻之，以受為弟子，又號法惠。自茲以往，人之歸心而向慕於公者，蓋紛紛矣。後尸解於聖鐘潭側，人因造法惠禪院於浮玉山下之西，即今所名德水寺者也。

思夫佛乃西方之一法，常以禍福驚動於世。其為道也，蓋求富貴之財，而濟貧寒之苦，亦仁厚之事也。則將軍身膺華朊之榮，而亦為此，豈非稟性之仁厚者歟？考公之祖膠東侯，知光武意在偃武修文，乃與鄧禹藏兵器，敦崇儒學。帝深然之，遂授列侯，為宰相，參議國家大事，恩愚甚厚。則將軍之祖，其亦可為知進退、明去就者哉!

嗟夫!將軍舍黼黻文章之衣，而服緇為僧，乃當梁武帝之世，見其捨身同泰，亦夫慕其所為而為之者乎？《詩》曰："誘民孔易。"[①] 此之謂也。

或謂將軍早已深悉窮達吉兇者也，豈其久溺於釋氏教者？《詩》曰："既明且哲，以保其身。"[②] 或者意在此歟？

承事郎、知陰縣事

同邑王叔誠拜撰

（《洋川賈氏宗譜》卷一《雲麾將軍傳》）

---

① 《詩經·大雅·板》："攜無曰益，牖民孔易。民之多辟，無自立辟。"

② 《詩經·大雅·烝民》："既明且哲，以保其身。夙夜匪解，以事一人。"

卷九　金石紀：碑碣鐘像勒功績

《善慧大士録》卷一載：

> 大建四年九月十九日，弟子沙門法璿、菩提、智瓚等，爲雙林寺啓陳宣帝，請立大士并慧集法師、慧和闍棃等碑。於是詔侍中、尚書左僕射領大著作、建昌縣，開國侯、東海徐陵爲大士碑，尚書左僕射領國子祭酒、豫州太中正汝南周弘正爲慧和闍棃碑。

徐陵《東陽雙林寺傅大士碑》亦言：

> 弟子比丘法璿、菩提、智瓚等，以爲伯陽之德貞，(栢)［桓］紀於(賴)［瀨］鄉，仲尼之道高，碑書於魯縣；亦有揚雄弟子、鄭玄門人，俱述清猷，載刊玄石：於是祈聞兩觀，冒涉三江，爰降絲綸，克成豐琰。①

“大建”，即“太建”。大建四年，公元572。

宣帝時所立之傅翕、慧集、慧和等碑，乃現所知曉的最早的雙林寺石刻文獻。明陳子龍（1608—1647）《烏傷雙林寺》詩曰：“祇林蕭瑟靜山暉，古殿陰陰燈火稀。花露回同清梵落，松風欲送午鐘微。雲浮阿育常如蓋，樹自梁朝尚掛衣。為問殘碑思孝穆，更尋荒草一峰歸。”可見當年所立碑銘，至少在明末即已殘破，今則更無孑遺矣。

本紀原擬收録他紀難於容納的有關雙林寺的歷代詩文之作，然將詩偈碑銘等次於相關名志之後，餘下者幾皆古代金石著作之記載矣。無奈之下，只得更此紀名曰“金石”——所收實非鏤鐫於金石之文字，僅謂載

---

①（陳）徐陵撰、許逸民校箋：《徐陵集校箋》卷十，第三冊，第1232頁。

録雕刻史實之文獻也。

《輿地碑記目》卷一《婺州碑記》（選）

（南宋）王象之

智者法師碑 及本生寺碑。在義烏縣界。梁太子綱文。

善慧大寺碑 陳大建五年。

…………

惠集法師碑 陳大建六年。

還珠記碑 唐元積文。

轉輪經藏碑 唐咸通八年。

…………

左溪大師碑銘 唐李華文。在浦江縣。

（文淵閣《四庫全書》本）

按，南宋婺州金華人王象之（1163—1230），慶元二年（1196）登第後，歷任長寧軍文學，江西分寧縣、江蘇江寧縣知縣等。中年以後，即棄仕隱居，潛心著述。嘉定十四年（1221）開始編纂《輿地紀勝》二百卷，寶慶年間（1225—1227）初成，紹定年間（1228—1233）最終定稿。是書明朝時已有殘缺，清時有捃拾輯録本①。書中引用的大量方志、圖經等文獻，絶大部分早已散佚，所以即便是殘章缺簡，亦保存了不少史料，頗為珍貴。特别是，該書創設“景物門”，收録了山水、井泉、亭堂、樓閣、佛寺、道觀等。《四庫全書總目》評曰：“……皆南渡後疆域，其中頗有考訂精確者……然所採金石文字，與他書互有出入，可以訂正異同。而圖經輿記，亦較史志著録爲詳。雖殘缺之本，要未嘗無裨於考證也。”

可惜的是，《輿地紀勝》卷十四“婺州”已然闕失。幸《四庫全書》收有取自“兩淮馬裕家藏本”的《輿地碑記目》四卷，即《輿地紀勝》

① （宋）王象之：《輿地紀勝》，清道光二十九年（1849）文選樓刊本，中華書局1992年影印。

原書之一部分，聊可借此一覽義烏有關雙林寺的碑刻也。

又，康熙御定《佩文齊書畫譜》卷六十二《歷代無名氏書四・石二》、清錢唐倪濤《六藝之一録》卷五十八《石刻文字三十四・梁碑》有關雙林寺碑銘的內容，乃擷自《輿地碑記目》，倪氏書卷一百二《石刻文字七十八》，更是全鈔象之是書，故此不再贅録。

《寶刻叢編》卷十三《兩浙東路・婺州》（選）

（南宋）陳思

梁智者法師碑

梁太子綱撰。天監中，武帝執弟子禮。大同光中歸寂。《諸道石刻録》。

陳善慧大士碑

陳侍中、尚書左僕射領大著作徐陵撰。陳大建五太歲癸巳七月五日書。吳興吳文純刻字。碑陰紀大士問答語，並題眷屬檀越弟子名。《復齋碑録》。

……

陳惠集法師碑

陳大建六年，尚書左僕射領國子祭酒、豫州大中正周弘正撰。《諸道石刻録》。

……

病轉輪經藏記

刺史裴翻撰。咸通八年立。《諸道石刻録》。

……

唐還珠記

唐浙東觀察使元積撰。《諸道石刻録》。

（文淵閣《四庫全書》本）

按，較王象之稍晚，南宋臨安（今杭州）人、約生活於宋理宗趙昀在位期間（1225—1264）的陳思，所撰《寶刻叢編》，亦收有部分雙林寺碑刻。

《六藝之一録》（選）

（清）倪濤

陳善慧大士碑

陳侍中、尚書左僕射領大著作徐陵撰。陳大建五年太歲癸巳七月五日書。吳興吳文純刻字。碑陰紀大士問答語，並題眷屬弟子名。《復齋碑録》。

……

陳惠集法師碑

陳大建六年，尚書左僕射領國子祭酒、豫州大中正周弘正撰。《諸道石刻録》。

（卷五十八《石刻文字三十四・陳碑》）

轉輪經藏碑

咸通八年。在義烏縣。《輿地碑目》。

（卷七十七《石刻文字五十三・唐碑釋氏二》）

智者法師碑　及本生寺碑。在義烏縣界。梁太子綱文。

善慧大師碑　陳大建五年。

……

惠集法師碑　陳大建六年。

還珠碑記　唐元積文。

轉輪經藏碑　唐咸通八年。

……

已上並在義烏縣。

（卷一百二《石刻文字七十八・宋王象之輿地碑目・婺州碑記》）

（文淵閣《四庫全書》本）

按，倪濤，字昆渠。錢塘（今杭州）人。生活於順治、康熙年間（1644—1722）。《四庫全書總目》："其平生篤志嗜學，年幾百歲，猶著書不輟。貧不能得人繕寫，皆手自抄録，及其家婦女助成之。是編猶出其親。……載籍所具者，無不裒輯。其間衹録前人成説，不以己意論斷。或有彼此異論舛互難合者，亦兩存其説，以待後人之决擇。蓋自古論書者，唐以前遺文緒論惟張彦遠《法書要録》為詳，若唐以後論書之語，則未有賅備於是者矣。……然排比貫串上下二千餘年，洪纖悉具，實為書家之總彙。楩柟杞梓，萃於鄧林。不以榛楛勿翦為病也。”

杭州龍華寺宋朝石刻考

（清）倪濤

司馬池、周騤、錢聿、石再賓、陳嘉謨、謝景伯、馬元康同游此寺。康定元年中秋二十四日，元翼題。

右刻在龍華寺。

《咸淳臨安志》：“龍華寺，為吳越錢王之瑞萼園，開運二年，王弘佐舍為寺，造傅大士塔。宋真宗大中祥符元年，改名龍華寶乘院。後建司馬温公祠堂。相傳兵部公為守時，温公常來省侍，今寺内有兵部題名。”即此段摩崖是也。

考郡守表：仁宗寶元二年八月，池自知同州，為兵部郎中，來知杭州。明年為康定元年，因兩浙轉運使江鈞張從革之劾，九月降知虢州。是公守杭凡一年。

案，本傳：池字和中，自言晉朝，後居夏縣。中第初，授永寧主簿。歷建德、郫縣尉，調鄭州防禦判官，知光山縣，改秘書省著作佐郎，監安豐酒税，徙知小溪縣，辟知河南府司録參軍，進通判留守司，因薦為羣牧判官，除開封府推官，即罷知耀州，擢利州路轉運使，知鳳翔府，累遷尚書兵部員外郎兼侍御史，更户部度支鹽鐵副使，擢天章閣待制，知河中府，徙同州，又徙杭州，降知虢州，徙晉州，卒。此公歷官之終始。守杭日，已遷待制，非復兵部郎矣。

温公傳稱，寶元初，中進士甲科。年甫冠，除奉禮郎。因池在杭，求簽蘇州判官事，以便親，許之。此志所云“温公常來省侍”是已。考池之去杭，傳言其性簡易，剸劇非所長。不知吳俗以是譏謗聞朝廷，轉運使江鈞、張從革劾其决事不當十餘條，及稽留德音，遂降虢州。適吏有盜官銀，稱為鈞償私費；又有私物盜税，為從革之姻。或謂可以此舉劾，池不肯，人稱長者。此正公守杭時事，怨不修報，宜乎司馬氏之有後也。

公僅傳其《行色》絶句一篇，其他著作不槩見。守杭日，有《論兩浙不宜添置弓手狀》，詳叙吳越風俗，係温公代作，見於傳家集。

雖温公有《題先公遺文記》，考諸簿録，並無遺文傳世。覩此題名，亦猶荆山片玉，得見者幸矣。惜乎周騤以下諸名，皆莫之考，然觀司馬公為人，其取友必端矣。

蘇軾、王瑜、楊傑、張璹同游龍華。元祐五年歲次庚午三月二日題。

右刻在龍華寺。

坡公題名，吾杭凡數處，登雲、靈鷲、韜光、龍泓，字跡久湮没。石屋幸存，乃黨錮時鐫去，後人重刻者。惟此段摩崖，雖經剥蝕，猶然舊跡。校之《表忠碑》，書法大有間矣。

案，公年譜：元祐四年三月，自龍圖閣學士知杭州。六年六月，召還。題名之歲，公年五十五，是歲方濬湖，有《開西湖狀》及《論高麗僧統義天進金塔事》。

而此題名之楊傑，字次公，無為人，以郎官奉詔伴高麗僧游錢塘，見于公《送傑詩序》。而傑撰《龍井寺記》，亦叙其事。此公所謂"無為子以王事而從方外之樂"者是也。傑本傳但言元祐中為禮部員外郎，出知潤州，除兩浙提點刑獄卒，曾不言因高麗出使事，是亦史家之闕已。

瑜，字中玉。洛陽人。

璹，字全翁。安陸人。又見坡公龍井題名，載在《咸淳臨安志》。

考公詩有《連日與王中丞張全翁遊湖上》之作，約在是年。而詩有"明朝寒食"之句，却是三月初之時。其云"故應千頃池，養此一雙鵠"，二人殊不凡，是又不獨得其人，亦可想見當年從遊樂事。而余上下千年為之考證，殊可自喜。

第志載韜光大麥嶺題名，並同此姓名，麥嶺與此時日亦同，而此段志中不載。而麥嶺之題，實無歲月。

總因公書多半銷毀，後人摹倣，盡失其真。試觀此書，嶽嶽英氣動人，習蘇家法者鑒之。

慶元二年二月十四日春分，祀高禖。括蒼何澹以同知樞密院事充初獻，齋宿於龍華。

慶元三年二月二十六日春分，澹以叅知政事復充高禖初獻，齋宿。

慶元四年九月，祀上帝。臨海謝深甫以知樞密院事兼參知政事充初獻，齋宿於寺。

慶元五年二月十八日春分，禖祀。澹以參知政事充初獻，齋宿。

慶元六年孟夏望日，雩祀上帝。澹深甫以右丞相充初獻，齋宿。

五月十六日，禱雨，祀上帝。深甫充初獻。

慶元六年冬日至，祀上帝。長樂陳自强簽書樞密院事充初獻，齋宿。

嘉泰元年二月八日春分，禖祀。澹以知樞密院事兼參知政事充初獻，齋宿。

嘉泰元年，雩祀上帝。深甫充初獻，齋宿。

五月十八日，禱雨，祀上帝。深甫充初獻，齋宿。

嘉泰二年四月，雩祀上帝。自强以參知政事兼知樞密院事充初獻，齋宿。

嘉泰二年九月九日，同知樞密院事袁説友以秋季祀上帝，齋宿於此。

嘉泰癸亥四月壬子，簽書樞密院事廣都費士寅齋宿，以雩祀上帝，充初獻也。

開禧初元二月二十三日，祀高禖。廣陵張巖以參知政事充初獻，齋宿龍華寺。

開禧初元四月十一日，雩祀上帝。吳越錢象祖以參知政事兼同知樞密院事充初獻，齋宿龍華寺。

開禧元年九月八日，祀上帝。自强以右丞相充初獻，齋宿。

開禧二年孟夏，雩祀上帝。自强充初獻，齋宿。

開禧二年長至日，祀昊天上帝。眉山李壁以參知政事充初獻，齋宿龍華。

開禧三年正月初四日上辛，祈穀。自强充初獻，齋宿。

右刻在龍華寺。

右皆宋寧宗朝。

宰相何澹，字自然。龍泉人。謝深甫，字子肅。臨海人。陳自强，字勉之。閩縣人。張巖，字肖翁。潮州人。李璧，字季章。眉州人。史皆有傳。

袁説友，自題建安，别見題名。紹熙三年，知臨安府。《咸淳志·郡守表》稱安吉州人，不知何據。

錢象祖，以慶元元年知臨安。府志稱台州人。武肅王裔也。

方是時，韓侂冑弄權，僉人附麗而起，如自强才四年，以選人登樞府，貪鄙不堪。後至籍没，死貶所。他如澹作心，在南園之書巖，受朋姦誤國之劾，一以早退，得免；一以主恩見原，其不幾於自强者，幸爾。獨惜深甫，平生力學，為考官，文士盡得入氷衡。為給事禁庭，不敢希恩澤妄人。余嘉請誅僞學，深甫擲其書，欲奏譴之，殆亦能自立者矣。何至一附侂冑，遂劾罷？陳傅良請逐，趙汝愚晚節不終，操守盡喪。又如璧希開邊之旨，遂草出師之詔，其詆秦檜和議非公心，即助彌遠誅姦，亦反復，幸有西山銘辭與申衷曲。《雁湖傳集》洵屬文人，象祖無專傳，見於璧傳者，稱其沮開邊之議，以得罪去後，復與彌遠同相。碌碌無所短長。説友、士寅，雖登政地，徒伴中書，史傳闕之，有由然矣。

余嘗觀古來清流之禍，漢之黨錮，宋之學禁，始於君子之嫉邪，終快小人之私憤。然志節由之而衰，國步亦因之而改，正行國之綱也。善言國之紀也，綱隳而紀弛，事棼而亂作。論一朝邪正，各從其朋；論一人終始，亦異其轍。覩諸題名，核之史傳，遺名不滅，行跡愈彰。於此觀之，良可慨已。

紹熙五年冬至，簽書樞密院事豫章京鏜祀上帝，齋宿於寺。

慶元改元季秋，鏜以知樞密院事再齋宿於此。

二年孟夏，雩祀上帝。鏜以右丞相充初獻，仍齋宿於此。

三年，鏜以右丞相充雩祀初獻，齋宿於此。

五年四月，鏜復齋宿於此，仍以右丞相充初獻。

六年春分，祀高禖。鏜復以右丞相充初獻，齋宿於此。

慶元四年冬至日，祀昊天上帝。永嘉許及之以同知樞密院事充初獻。

慶元五年九月十二日，祀上帝。同知樞密院事許及之充初獻。

右刻在龍華寺。

紹熙五年七月甲子，寧宗受禪。宰輔年表：是年九月壬申，京鏜以刑部尚書除端明殿學士，簽書樞密院事。十二月庚午，除參知政事。明年，慶元元年四月己未，除知樞密院事。二年正月庚寅，進右丞相。三年迄五年，鏜獨相。六年閏二月庚寅，除少傅、左丞相，封冀國公。八月丁酉，卒。

許及之，以慶元四年八月丙子自吏部尚書除同知樞密院事。六年六月戊申，以母喪去位。嘉泰二年十一月庚戌，復除參知政事。三年五月戊寅，除知樞密院事。四年四月甲辰罷時，以開邊降兩官，泉州居住，卒。

案，禮志：祀典領於太常。歲之大祀：正月上辛，祈穀。孟夏，雩祀。季秋，大享明堂。冬至圜丘，祭昊天上帝。又云，冬至圜丘，夏至方丘。然太祖乾德元年十一月合祭天地於圜丘，元祐郊祀天地，皆合祭。亦有冬至不祭，改用正月上辛者。惟雩祀總以四月，蓋為百穀祈膏雨也。《左傳》"龍見而雩"注：角亢見時，周之六月，即夏之四月。此舞雩之義。《荀子》曰："天旱而雩。"《爾雅》"螮蝀為雩"，郭注云："虹也。"然則雩祀斷於四月，自古為然。與冬至之祀上帝，並云祀也。

又《禮志》：慶歷中，太常請皇帝獻天地，配帝用爵，初獻以匏，亞以木。今云充初獻者，光寧之間，皇帝未嘗親郊，故以宰相攝事。然踐君之位、代君之儀，未可云充也。

本傳：鏜，字仲遠。豫章人。金人來問弔，鏜為報謝使金。制宴，使臣例用樂，鏜以國喪，請免宴撤樂，遺書極言其不可。金人以甲士露刃迫之，不從，卒如其請。及當國，諂事韓侂胄，排斥道學，史言其節操盡喪。

及之，字深甫。永嘉人。亦事侂胄者。

然鏜頗負文望，及之分書，二段絶佳，鄭寅之論云隸以規為方。此書實盡之，而書家不録，何也？

慶元六年八月，吏部尚書建安袁説友四以奏告，齋宿於此。

右刻在龍華寺。

宋寧宗在位之六年，時光宗為太上皇，以是年是月大行。本紀書是月庚寅，以太上皇違豫赦畧，不書祭告。

攷孝宗本紀：淳熙十四年十月辛未，以太上皇不豫，赦癸酉分遣羣臣禱於天地宗廟社稷。則因疾致禱，固宋朝家法。本紀但書赦，而失奏告，此史家之漏也。再攷宋制：歲祀上帝者四，春祈、夏雩、秋饗、冬報，並皆遣官行禮。此國之常儀，史故不特書。

今題云“四以奏告”，惟是月為太上致禱，其三大抵為歲祀而至耳。何以言之？説友之為吏部尚書，當在慶元四年八月。本紀於是月書以吏部尚書，許及之為同知樞密院事。慶元盡六年即接嘉泰，本紀書嘉泰二年八月，以吏部尚書袁説友同知樞密院事，是則及之既遷，説友繼之。而自慶元四年至六年，國家無大奏告事，故斷其為歲祀而至。雖説友於史無傳，是可推而擬之也。從來碑版之文，每補史家之訛漏，即此題名可證。

又《咸淳志》載，光宗紹熙三年，説友知臨安府。四年，除户部侍郎，罷府事。注云：“説友，安吉州人。”而此云建安，可訂志中書籍之誤。

説友著述無傳，惟《播芳大全》載其《浙東提舉到任謝表》有云：“曾下下之考而未書，廼皇皇者華而遽遣。”屬辭甚工，又可知其嘗官浙東云。

淳熙八年閏月甲午，駕幸玉津園。王希吕、韓彦直、閻蒼舒、鄭丙、［芮］煇、王佐、施師點、趙汝恭、孟經、葉翥、賈選、木待問、宇文价，以扈從至此。

右題名凡十三人。

王希吕，字仲行，又字仲衡。宿州人。淳熙五年，由江西轉運副使入為起居郎，除中書舍人、給事中，至吏部尚書。

韓彦直，字子温。蘄王子。乾道中，自鄂州都統制乞歸文班，歷任尚書，爵至蘄春郡公。淳熙二年，曾知臨安府。

鄭丙，字少融。長樂人。積官吏部尚書，終端明殿學士。史槩不著遷除歲月，未知是年所居何官。

施師點，字聖與。上饒人。淳熙八年權禮部侍郎，除給事中。十年，除簽書樞密院事，尋參知政事。

右（以上）四人，宋史有傳。

王佐，紹興十八年進士及第。《咸淳臨安志》：佐以淳熙七年十一月除試工部尚書，兼知臨安府。十年罷。然則是年官職之可考者，唯師點之給事中與佐之京尹而已。

本紀：葉翥以慶元二年四月，由吏部尚書簽書樞密院事。四年七月，罷。

賈選，以淳熙九年十一月使金賀生辰。

宇文价，名見師點傳。第稱金使館伴，與選並不書官。

木待問，永嘉人。隆興元年進士及第。嘉泰二年，知禮部貢舉，有御札見《咸淳志》。《西湖志》云：待問，字應之。洪邁婿。記孝宗論木姓始子貢之語，今自題曰韫之。《西湖志》之誤周益公加食邑、待問草制、除樞密使，价草制，並見《南宋相眼》。二人皆直玉堂者也。

閻倉舒，蜀人。官至侍郎。見朱氏《詞綜》。亦能書，見《南邨書史》。

趙與恭，見宗室世系表。

可攷者，凡得十一人。諸人之中，師點有聲，嘗與周益公奏秦檜誤國。為相日，訪搜人才，置夾袋中。使金不辱君命。傳稱著有《易說》《史識》，《文獻通考》題《正憲集》七十卷。彥直以貴冑，在鄂州有功，上疏乞追貶誣陷岳家事者。嘗摭本朝事，著《水心鏡總》一百六十七卷。之二人者，賢已。

鄭丙阿附王淮，以芘唐仲友，與朱子為難，遂致顯黜道學。慶元學禁，丙實倡之。史不掩其美惡，覩此題名，而賢、奸判然可鑒也。

本紀於遊幸諸園皆書，此獨闕如，史家之漏。又於是年兩書九月以甲子廵之，當是九月為閏。玉津園，地近圜壇講燕射之所。淳熙元年，孝宗御製七言詩，皇太子及羣臣賡和，右丞相曾懷有記，刻石園中。今碑記汔無一存，惟此數段摩崖在蒼雲翠篠中，並得拓出，亦可想見南渡衣冠盛事云。

淳熙丁未季春甲子，駕幸玉津園。蕭燧、韓彥直、宇文价、洪邁、葛邲、蔣繼周、葉翥、韓彥質、王信、陳居仁、李岷、陳賈、章[1]森、顏師魯、劉國瑞、胡晉臣，扈從至此。

右刻在龍華寺。

---

① 章，《六藝之一録》卷一百十《石刻文字八十六·西湖志碑碣·南山路》作“張”。

宋孝宗淳熙十四年，歲在丁未。本紀書是年三月甲子幸玉津園，即此題名時也。

宰輔年表：是時，王淮、周必大為相十五年，蕭燧除參知政事，十六年。葛邲除同知樞密院事。明年，光宗紹熙元年，邲進參知政事，胡晉臣除簽書樞密院事。四年，邲拜右丞相。紹熙盡五年，明年寧宗慶元。建元二年，葉翥除簽書樞密院事。自丁未迄丙辰，凡十年間，登揆席者四人，亦盛事也。

韓彦直、彦質，蘄王之子。洪邁，忠宣公子。皆能世其家。王信、陳居仁，史稱良吏。顏師魯，史稱法宋璟。以上除翥與彦質外，史並有傳。

陳賈，攻道學。時林栗劾朱子，太常博士葉適論栗，襲王淮、鄭丙、陳賈之説，妄廢正人，是賈固僉壬之流也。章森，因議高宗配饗，請用張浚、岳飛，雖不從其議，是森亦能持論者。二人見本紀中。

宇文价，僅見金使館伴事。

諸公字與謚之可攷者：燧，字照鄰，謚正肅。彦直，字子温。邁，字景盧，謚文敏。邲，字楚輔，謚文定。信，字誠之。居仁，字安行。師魯，字幾聖，謚定肅。晉臣，字子遠，謚文靖。

籍之可攷者：燧，為臨江軍。彦直、彦質，為延安。邁，為鄱陽。邲，為吳興。信，為麗水。居仁，為興化軍。師魯，為龍溪。晉臣，為蜀州。

官位之可攷者：自四執政外，彦直，工部尚書，爵蘄春郡公。淳熙二年，曾知臨安府三日。邁，端明殿學士。彦質淳，熙十年除太府卿，知臨安府。十一年罷。十三年除試兵部侍郎，復知臨安府。十四年，加工部尚書。十五年，除徽猷閣直學士，罷尹予宫觀。信，官浙東安撫使，加煥章閣待制。居仁，曾官華文閣直學士。賈，淳熙十四年，官右諫議大夫。森，淳熙十五年，官吏部侍郎。師魯，官吏部尚書、龍圖閣直學士。

右（以上）十六人，可攷者已十有三名。之最著者，邁有《野處類藁》、《容齋五筆》、《夷堅志》。傳稱邲有文集二百卷、詞業五十卷，然未之見也。信有《是齋集》；出守武昌，撰《武昌志》。居仁有《奏議制稿》，亦未見。惟《咸淳志》中得邲文數篇，及賈御史臺題名，記信《中竺華嚴閣記》；又於《播芳大全》得信《謝宫祠表》二篇，文皆可觀。

此段書法遒勁，雖經剥蝕，風規具在。信傳稱其能書，得米家法。以此驗之，斷為信筆，無疑也。

咸淳七年正月二十二日，潛説友、徐理同游龍華。

南宋京兆尹、括蒼潛説友，字君高，號夔野。度宗咸淳四年閏正月，以朝散郎直文華閣、兩浙運副［使］，除司農少卿，知臨安府事。是年二月，兼勅令所刪修官；三月，轉朝請郎；十月，除司農卿。五年二月，轉朝奉大夫；四月，兼權户部侍郎；四月，轉朝散大夫；五月，兼權兩浙運使；九月，除權户部侍郎；十月，兼同詳定勅令官。六年正月，轉朝請大夫；八月，除户部侍郎。次年二月，兼權户部尚書；三月，轉朝議大夫；六月，轉中奉大夫；八月，除權户部尚書，兼詳定勅令官；十月，罷府事。

説友以郎出守，在任將及四年，進階者六，兼職者六，遷除者四。封縉雲縣開國男，食邑三百户。是時，賈似道當國，説友實附麗之，得以躐進崇階。然其作尹時，撰《咸淳臨安志》一百卷，搜羅畢備，是誠有功於吾杭者。先是，周淙曾撰《淳祐臨安志》，至説友擴充之。後來，徐一夔撰《洪武杭州志》，約為五十卷，今失傳。夏時正撰《成化杭州志》，又廣為七十卷，版樣猶仍潛氏之舊。至陳善撰《萬曆杭州志》時，刊落殆盡。微《咸淳》一編，吾鄉舊聞放失者多矣。

理，為寶祐四年文天祥榜進士。蕭山人。《登科録》云：字德玉，小名江老，小字亨道。中第三甲一百六十九名。其官位，未之詳也。

至能、季思、壽翁、虞卿、子宣、正甫、渭師、子餘、无咎，淳熙戊戌季春丁巳同游，子師不至。

右刻在龍華寺。

孝宗淳熙五年，歲在戊戌。

至能，范石湖字。《宰輔年表》：是年四月丙寅，范成大自禮部尚書除中大夫參知政事。六月乙亥，罷。石湖在政府凡七十日。是日題丁巳，距丙寅宣麻之日僅十日。本紀書三月丁巳，幸玉津園。此因扈從至也。

壽翁，李椿字。洺州永年人。官至敷文閣直學士。淳熙二年，曾知臨安府。不阿權幸，遂罷去。後朱子銘其墓，楊誠齋作傳。

无咎，韓元吉字。又號南澗。宰相維之元孫。官至吏部尚書、龍圖閣學士。之二人，宋史有傳。

虞卿，沈揆字。光宗紹熙中，出知蘇州。見石湖《吴郡志》。又楊誠齋詩注云：虞卿喜收碑刻，自號欣遇。

正甫，劉姓。子餘，齊姓。又見淳熙己亥題名。石湖有《同劉正甫户部集西湖張園》詩。《咸淳臨安志》載：淳熙六年，權刑部侍郎齊慶胄撰《刑部廳壁記》，慶胄當是子餘名。

渭師，趙磻老字。東平人。曾從石湖使金。繼李椿知臨安。是年二月，除工部尚書，仍兼府事；十一月，罷。是時渭師方為京尹，《石湖集》有《次韻平江韓子師侍郎見寄》詩，注云："子師新作小築於浙江吳靈泉讀書臺，呼月臺是其所居之處也。"

題名總九人，可考者八人已如右。石湖之字至能，史傳及今詩集皆作致，惟《誠齋集》宋本原作至。而《石湖集》中有《寄兄至先》詩，驗之此刻，可知作致者之誤矣。

周子充、程泰之、劉正甫、王仲衡、芮國瑞、陳敦仁、吳希深、木韞之、齊子餘，以淳熙己亥季春廿有二日同來。

在龍華寺。

孝宗淳熙六年，歲在己亥。本紀書三月庚辰，幸玉津園。是歲二月朔為己丑，數至三月廿有二日，為庚辰，正合駕幸之日。諸公皆因扈從而至，其題名於石壁也。

周必大，字子充。程大昌，字泰之。王希吕，字仲衡，又字仲行。木待問，字韞之。齊慶胄，字子餘。可攷者如此。

蓋公是時官禮部尚書兼翰林學士，是歲十一月，轉吏部尚書。明年五月，除參知政事。

攷益公年譜：淳熙六年六月，詔禮官議明堂典禮，公定圜丘合宫互舉之議，合祭天地，並侑祖宗，從祀百神，如南郊禮。初九日，禮部太常寺同進狀，公獨具劄子。十七日得旨，依行劄並狀。並見《南宋相眼》。而本紀中失記此事。又年譜載，本月二十四日，有戒飭諸路轉運使手詔，公即有繳進草詔劄子，論財計之方、上下通融之道。二十四當是壬午。本紀載此事，誤為丁丑，則是十九日矣。兩事皆作此月中，而一關典禮，一係國用，並朝事之大者，故拈出之。

益公久典制誥，稱大手筆。其《平園集》裒廣至二百卷，南宋作家無出其右者。即此殘巖舊跡，令人猶想見玉堂羣公雍容盛事；況程泰之名在儒林，王仲衡亦著直聲：此刻之傳，當有神物護持者矣。

淳熙十年三月十八日，車駕幸玉津園。蕭燧、王佐、黄洽、曾逮、宇文价、葛邲、王藺、張大成、詹儀之、余端禮、李昌圖、趙彦中，以扈從至此。

孝宗本紀：淳熙十年三月癸未，幸玉津園。即此題名之日。

宋制：凡幸諸園，侍臣五品以上皆從。獨此刻執政者五人，皆南宋名臣，宜乎字蹟嚴秘，久而弗磨也。

蕭燧，字照隣。臨江軍人。淳熙十五年參知政事，謚正肅。

黄洽，字德潤。福州侯官人。淳熙十年，参知政事。

葛邲，字楚輔。吳興人。光宗紹熙元年，参知政事。四年，拜特進右丞相，加少保，贈少師。謚文定。從祀光宗廟庭。

王藺，字謙仲。廬江人。淳熙十六年参知政事，謚獻肅。

余端禮，字處恭。龍游人。紹熙五年，参知政事。寧宗慶元二年，拜特進左丞相，加少保、郇國公。謚忠肅。

史稱燧與洽為良執政，邲有惠愛，藺能剛直；端禮當韓侂胄用事，志弗行而去位。

其外如張大經，字彦文。建昌人。官禮部尚書，謚簡肅。史稱其足當大任。

並有傳可攷也。

王佐，紹興十八年進士及第。淳熙七年，以工部尚書知臨安府。十年六月，除户部尚書，罷府事。

詹儀之，字體仁。見朱文公書劄。淳熙八年，官起居舍人。撰《吏部郎官題名碑記》。

李昌圖，淳熙十年官工部侍郎。是歲四月，撰《工部長貳廳題名碑記》。攷記中稱王佐為長卿，則此題名時，佐為工部尚書兼京尹，昌圖為工部侍郎。並從《咸淳臨安志》攷得者。

曾逮，字仲躬。章貢人。官户部侍郎文清公幾之子。見《文獻通考》。

宇文价，見施師點傳。

趙彦中，潁川郡王裔。見宗室世系表。

雖不能盡知其字號與所終官位，然此刻十有二人大槩悉得之。史傳載，邲有文集二百卷，詞業五十卷；洽有文集奏議八十五卷。《文獻通考》載，逮有《習菴集》十二卷，藺有《軒山集》十卷。而儀之、昌圖並有文見《臨安志》，長留天地間。斯石應不朽矣。

(文淵閣《四庫全書》本)

按，清倪濤《六藝之一録》卷一百十《石刻文字八十六・西湖志碑碣・南山路》載録了錢塘龍華寺摩崖石刻，氏撰《六藝之一録・續編》卷五《石刻・錢塘吳焯尺鳧武林石刻題跋》① 又對其中的部分石刻進行了解說。這批文物文獻，頗為寶貴，故轉鈔如上。"杭州龍華寺石刻考"之名，為本志撰者所擬。

重修鐵塔記

(清) 許乾

雙林之有鐵塔，乃野塘老人所鑄者，老人諱禄，字宏基。世居蒲墟，即今之赤岸是。列祖曰汛，曰垣，曰禮，曰幼，皆以進士起家，富甲郡邑。至老人時，益饒。

老人有四子十八孫，晚年樂道好施。於後周廣順間，見雙林寺宇巍煥，僧舍繁華，號稱天下第三，江浙第一，誠不虛大士道場也。以為梁木必有壞時，不若鎮以鐵塔，令後人覲塔存，而寺亦因葺之而不廢。遂於山門内兩邊，捐資鳩工，鑿兩方池，各鑄鐵塔，豎於其中，與寶剎並峙。即以餘鐵冶羅漢象十八尊，每孫授一，以為後世同祖共派之徵，意深遠也。寺果自梁迄今，興廢不一，而鐵塔依然屹立。

誰知地以厚德載物者，載華嶽而不重，載鐵塔而反若不勝，至康熙癸亥，地漸陷而塔漸欹。寺僧恐欹倒傷損，重修不能，曷若拆下再豎為便。第工費浩繁，募化他邦則非其主。仍照老人所遺，有羅漢者之裔各助銀穀，共成勝事。即於是歲，車幹池水，掘地深丈有奇，實搗布石，如前層疊。時見塔中藏有石匣，間有金冶觀音、鐵鑄羅漢，與夫雜貝，鮮明若始，仍舊照貯。始信老人以為寺壞而塔不壞之言不誣。

① 文淵閣《四庫全書》本。

梅溪朱氏，系老人塚孫，世東公之後。其祠名敬思，照各派助銀穀若干。世東公下景五府君，卜遷金華潭溪者，亦助銀穀若干。繩其祖武者在此，詒厥孫謀者亦在此。嗣後鐵塔與天壤同久，雙林亦與鐵塔並峙不磨矣。是不可以無記。

時

康熙二十二年十一月十五日

許乾　撰

（載義烏朱氏族譜）

按，康熙二十二年，公元1683。

卷十　域外交流紀：大悲為本揚禪風

壹　李唐：邊陲享譽，異域流韻

一　樓蘭之謎：旋轉木柱，是否輪藏？

隋唐時期，隨著楊李王朝影響力的西浸，有關雙林寺祖師傅翕的部分文物文獻亦傳播到玉門關①以西。

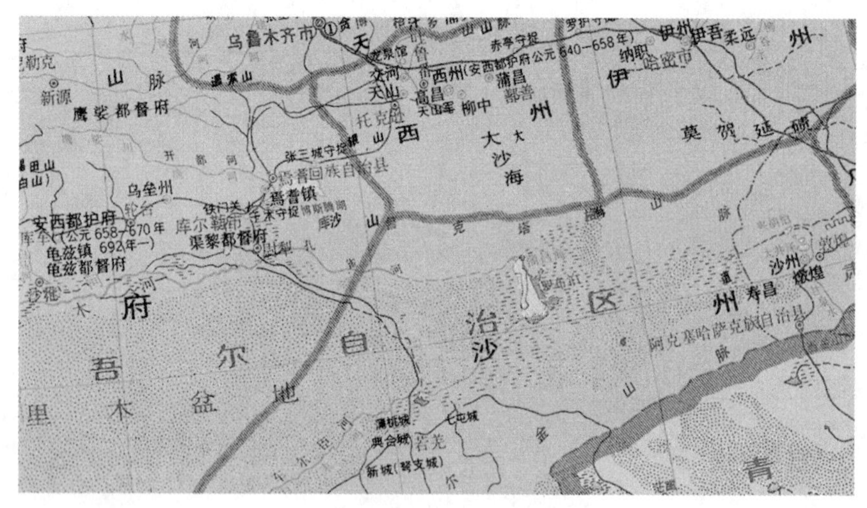

▲唐代樓蘭一帶地圖

① 按，玉門關原在敦煌西北。由《大慈恩寺三藏法師傳》“從此北行五十餘里，有瓠𤬏河，下廣上狹，洄波甚急，深不可渡。上置玉門關，路必由之，即西境之襟喉也”［（唐）慧立、彦悰著，孫毓棠、謝方點校：《大慈恩寺三藏法藏傳》，中華書局2000年版，第12頁］而推斷，隋唐時的玉門關關址已然遷至敦煌以東的瓜州晉昌縣境內矣。

1907年2月底，匈牙利裔英國人奥萊爾·斯坦因（Aurel Stein）在樓蘭（Kroraina）發掘一座小佛寺時，在“破廳”中發現了一根能旋轉之木柱[①]。佛教寺院中能夠旋轉的建筑極少，中土則多為轉藏藏。

當然，目前尚不能確定當時這根柱子是否為轉輪藏的一部分。

樓蘭，其遺址之一位於現新疆巴音郭楞蒙古自治州若羌縣北；都城或曰在羅布泊西北部、孔雀河道南岸，或言在羅布泊以南[②]。據史書記載，漢昭帝元鳳四年（前77），大将军霍光派遣平樂監傅介子到樓蘭，刺殺其王，更立尉屠耆，且易國名為鄯善，遷都至捍泥城（今若羌附近）[③]。東晉法顯（334—422）於隆安三年（399）從長安出發，前往印度，途經此地：

> 行十七日，計可千五百里，得至鄯善國。其地崎嶇薄瘠，俗人衣服粗與漢地同，但以氈褐為異。其國王奉法，可有四千餘僧，悉小乘學。諸國俗人及沙門盡行天竺法，但有精麁。從此西行，所經諸國類皆如是，唯國國胡語不同，然出家人皆習天竺書、天竺語。[④]

是至少4世紀末5世紀初已然有佛法矣。玄奘（602—664）、辯機《大唐西域記》卷十二僅載曰：“復此東北行千餘里，至納縛波故國，即樓蘭地也。”[⑤]《大唐大慈恩寺三藏法師傳》卷五又言：“又東北行千餘里，至納縛波故國，即樓蘭地，展轉達於自境。得鞍乘已，放于闐使人及馱馬還。

---

① （1）［英］斯坦因著、向達譯：《西域考古記》，“漢譯世界學術名著叢書”，商務印書館2013年版，第141—142、114頁。（2）Sir Aurel Stein，*On Ancient Central-Asian Tracks*：*Brief Narrative of Three Expeditions in Innermost Asia and North-Western China*. London：Macmillan and Co.，1933.

② 馮承鈞：《樓蘭鄯善問題》，氏著《西域南海史地考證論著彙輯》，第35頁。

③ 《史記》卷二十《建元以來侯者年表第八》“義陽”條，《漢書》卷七十傅介子傳、卷九十六上《西域傳上·鄯善》。

④ （東晉）法顯撰、章巽校注：《法顯傳校注》，“中外交通史籍叢刊”之一，中華書局2008年版，第7頁。

⑤ （唐）玄奘、辯機原著，季羨林等校注：《大唐西域記校注》，中華書局1985年版，第1033頁。

有勑酬其勞，皆不受而去。"[1] 雖然關於樓蘭的描述亦不甚明了，但當尚有居民。學界認為，唐初居住此地的為粟特（Sugda，Soγd）人；貞觀初年康居國大首領康艷典率胡人東來，嘗於此建石城鎮[2]。《新唐書》卷四十三下《地理志・羈縻州》："又西八十里至石城鎮，漢樓蘭國也，亦名鄯善。在蒲昌海南三百里。康豔典為鎮使以通西域者。"王昌齡《從軍行》詩"黃沙百戰穿金甲，不破樓蘭終不還"、李白《塞下曲》詩"願將腰下劍，直為斬樓蘭"等，亦並表明樓蘭在唐朝時依然為邊陲重地也。

"羈縻"者，籠絡、懷柔也。西漢司馬相如《難蜀父老》："蓋聞天子之牧夷狄也，其義羈縻勿絶而已。"《舊唐書・徐堅傳》："堅以蠻夷生梗，可以羈縻屬之，未得同華夏之制，勞師遠涉。"正如徐堅所言，唐王朝在邊遠少數民族地區所置之州，因其俗以為治，與一般州縣有別，謂之"羈縻州"。《新唐書・地理志》："大凡府州八百五十六，號爲羈縻云。……唐置羈縻諸州，皆傍塞外，或寓名於夷落，而四夷之與中國通者甚衆。"中央政府對"羈縻州"的管轄，更多是名義上的，宛如一國兩制也。

樓蘭在唐代屬於安西都護府，在隴右道西部。亦在"羈縻州"范圍之內。東通敦煌，西北通焉耆，向為絲綢之路的要沖。此地的佛寺在唐代出現內地經見的轉輪藏，實合於情理吧。

二　敦煌吐魯番：漢、維、于闐語《梁朝傅大士頌〈金剛經〉》寫本

當然，傅翕名聲在唐代至少播達河西走廊西部的確鑿證據，乃敦煌遺書中發現的若干個《梁朝傅大士頌金剛經》寫本。

河西走廊，因在黃河以西，故名。位於甘肅西北部祁連山以北、合黎山和龍首山以南，東起烏鞘嶺，西至古玉門關。自古即為通往今新疆及中亞、西亞的交通要道。而敦煌正處在河西走廊之西端。

---

① （唐）慧立、彥悰著，孫毓棠、謝方點校：《大慈恩寺三藏法藏傳》，第124頁。

② （唐）玄奘、辯機原著，季羡林等校注：《大唐西域記校注》，第1033—1034頁注釋［一］。

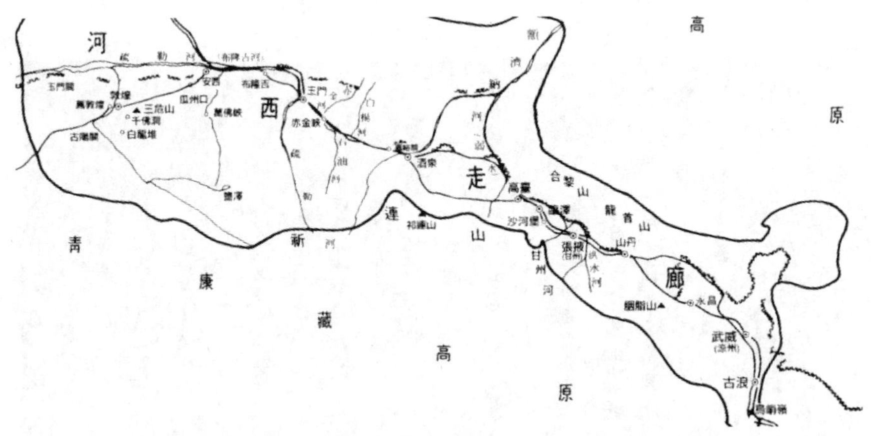

▲河西走廊示意圖①

大致而言，敦煌藏經洞中至少保存了十九個與《梁朝傅大士頌〈金剛經〉》② 有關的漢文寫本，即斯 110（兩種）、1846③、3373、3906、4105、4732、5499、5699，伯 2039v、2277、2286、2756、2997、3094、3325、4823，ДХ00201A 號④，以及中國國家圖書館藏 08884 號⑤。

敦煌遺書中還有于闐語寫本，即伯 5597v 殘卷⑥。

① 黃劍華：《絲路上的文明古國》，台北縣新店：世潮出版社 2003 年版，第 150 頁。

② 有關《梁朝傅大士頌金剛經》的版本源流、實際創撰年代及作者情況等，請參考：（1）張勇（子開）《傅大士研究》，“中華佛學研究所論叢”之 19，臺北：法鼓文化事業股份有限公司 1999 年版，第 249—293 頁。（2）張子開：《傅大士研究（修訂增補本）》第八章，第 189—227 頁。（3）張勇：《俄藏 ДХ00201A 號殘卷考——兼評達照〈金剛經贊〉研究》及其《序》，載（臺灣）敦煌學會編印之《敦煌學》第二十五輯“潘重規先生逝世周年紀念專輯”，樂學書局有限公司 2004 年版，第 337—346 頁。

③ 即《敦煌遺書總目索引》（第 344 頁左欄）著録的散一三六〇號。

④ 張勇：《俄藏 ДХ00201A 號殘卷考——兼評達照〈《金剛經贊》研究〉及其〈序〉》，載（臺灣）敦煌學會編印之《敦煌學》第二十五輯“潘重規先生逝世周年紀念專輯”，臺北：樂學書局有限公司，2004 年 9 月版，第 337—346 頁。

⑤ 《中國國家圖書館藏敦煌遺書》第五冊，江蘇古籍出版社 1999 年版，第 166—168 頁。

⑥ 張廣達、榮新江：《巴黎國立圖書館所藏敦煌于闐語寫卷目録初稿》，載氏著《于闐史叢考（增訂本）》，“西域歷史語言研究叢書”之一，中國人民大學出版社 2008 年版，第 147—148 頁。

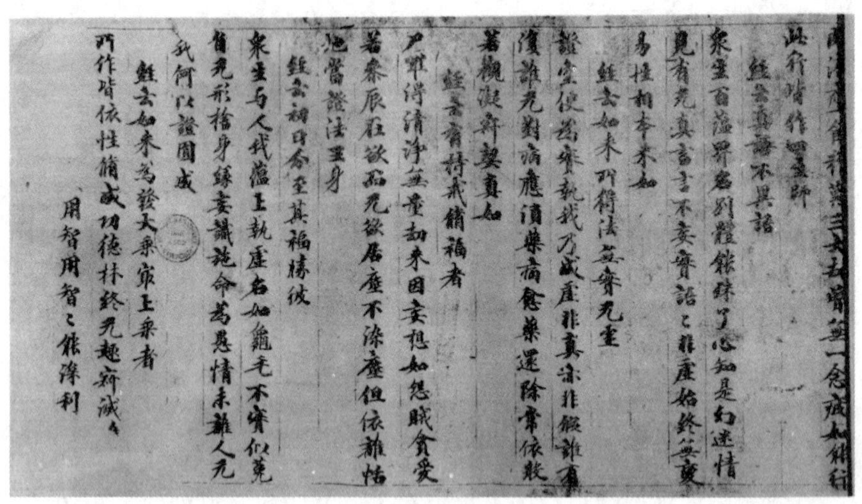
此行皆作四果師
經云真語不異語
衆生百溢界名別體餘殊了心知是幻迷情
見有无真言不妄實語〻非虛始終無變
易性相本來如
經云如來所得法無實无虛
證空便為實執我乃成虛非真宗非假誰有
復誰无對病應讀藥病愈藥還除常依般
若觀凝寂契真如
經云有持戒脩福者
尸羅得清淨無量劫來因妄想如怨賊貪愛
著暴辰在欲為无欲居塵不染塵但依離怙
池當證法王身
經云福德無其福勝彼
衆生与人我盧王執虛名如龜毛不實似兔
角无形檣身緣妄識施命為愚情未離人我
我何以證圓成
經云如來為發大乘者為發最上乘者
所作皆依性脩成功德林終无趣寂滅〻
用智用智〻能深利

▲伯二二七七號（部分）

此外，吐魯番地區尚出土了古維吾爾語，即回鶻語等語言的寫本[①]，如：V759、1711、1799[②]，敦煌莫高窟北區石窟也新出土了回鶻語殘葉（標本464：121）[③]。在記録、書寫回鶻語的回鶻文（Uighur script）中，“傅大士”讀作“vu tayšï”，“梁朝傅大士頌金剛經並序”讀作“kim qo ki atliɣ vcčracčitak sudur”。

漢文寫本前有一序，說明了《梁朝傅大士頌〈金剛經〉》的產生及流傳過程：

《梁朝傅大士頌金剛經》序

① 參考：（1）G. Hazai、Peter Zieme，*Fragmente der uigurschen Version des* “*Jin'gangjing mit den Gāthās des Meister Fu*”（回鹘文《梁朝傅大士颂金刚经》残卷）. Berlin，1971。（2）井ノ口泰淳《“金剛般若經”傳承の形式——《梁朝傅大士頌金剛經》に關する敦煌・トワルフアン出土資料の若干について——》。

② 榮新江主編：《吐魯番文書總目》，武漢大學出版社 2007 年版，第 562 頁。

③ 參考：（1）牛汝極《回鶻佛教文獻——佛典總論及巴黎所藏敦煌回鶻佛教文獻》，新疆大學出版社 2000 年版。（2）張鐵山《莫高窟北區出土三件珍貴的回鶻文佛經殘片研究》，《敦煌研究》2004 年第 1 期，第 81 頁。（3）阿依達爾・米爾卡馬力《敦煌莫高窟北區石窟出土《梁朝傅大士頌金剛經》殘葉研究》，《新疆大學學報》（哲學・人文社會科學版）2006 年第 3 期。

《金剛經歌》者，梁朝時傅大士之所作也。武帝初請誌公講經，誌公答曰："吾不解講，自有傅大士善解講之。"帝問："此人今在何處？"誌公曰："見在魚行。"于時即詔傅大士入內。帝問大士曰："講經要何高坐？"大士答言："不要高坐，只須一具（柏）［拍］板。"大士得板，即唱經歌四十九頌，終而去。誌公問帝曰："識此人否？"帝言："不識。"誌公言："此是彌勒菩薩分身，下來助帝揚化。"武帝聞，大驚訝，深加琮仰。因提此頌於荊州寺四層閣上，至今現在。

夫《金剛經》者，聖教玄關，深奧難惻，諸佛莫不皆由此生。雖文疏精研，浩汗難究，豈若茲頌顯然目前！若使修行者不動足而登金剛寶山，諦信者寂滅識而超於涅槃彼岸。故書其文，廣博（傳?）[1]無窮，凡四十九篇，烈之於後。

更有一智者，不顯姓名，制歌五首，都合成五十四篇以申智也。（全）久處［□□］之情莫已，長居生滅之性弥增，寔未由若遇善友，遂使玄宗旨教、妙義真言，開心悟智。

其層閣既被焚燒，文將墮。聊更請人賢，於此閣見本請垂楷定。[2]

實際上，北宋太宗雍熙二年（985）節鈔的《小録》，亦載傅翕第一次進京之後講《金剛經》之事：

帝後於壽光殿請誌公講《金剛經》，答不能，指大士善此。師登座，執拍板，唱經成四十九頌。後書荊渚，任人傳寫。續有智者，不顯姓名，躡成五於後，惣五十四頌，理旨通貫，不測聖凡之述作也。近荊南節度使高從誨印施天下。

在這裡，我們關注的倒不在於有幾個卷子，而是《梁朝傅大士頌〈金剛經〉》為何會傳到敦煌、吐魯番一帶，又為何會出現非漢語譯本？

① 原作"博"。疑乃"傳"之形誤。

② 依伯二七五六號卷子迻録。

或許，這與其被羼雜了密教因素[①]有關？或許，這與其產生地[②]有關？又或許，就是簡簡單單地由僧人帶來？……

除《梁朝傅大士頌〈金剛經〉》之外，敦煌卷子中還有與傅翕有一定的關係的敦煌寫本《行路難》：斯二六七二號、三〇一七號、六〇四二號；伯二五五五號、三四〇九號；日本龍谷大學藏《行路難》殘卷；列Dx〇六六五號殘卷《徵心行路難》[③]。

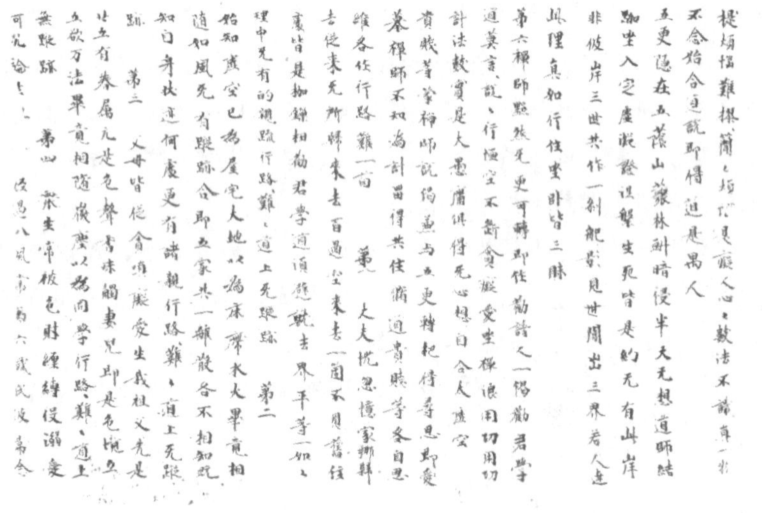

▲斯三〇一七號寫本

三　東瀛敬仰：虔請著述寫真，京都複製雙林

雖然至少從戰國末期起，中國與日本列島即有種種交流，然這種交流

① 張子開：《敦煌寫本〈梁朝傅大士頌《金剛經》〉中的密教因素》，李利安主編《佛教與當代文化建設學術研討會論文集》第三編《佛史鉤沉——佛教文化的歷代傳承與積淀》，西北大學出版社 2013 年版，第 151—165 頁。

② 參考張子開《荆州四層寺：《梁朝傅大士頌〈金剛經〉》的最終形成地和傳播源頭》(論文。即出)。

③ 張子開：《傅大士研究（修訂增補本）》，中編第六章第三節《敦煌寫本〈行路難〉》，第 157—163 頁。

實到唐朝時才開始密切起來[1]。唐高宗李治龍朔三年、日本中大兄監國二年（663）九月，唐朝將領劉仁軌聯合新羅軍隊，在白江口（今韓國錦江入海口）大敗倭國、百濟聯軍，倭軍戰艦全毀，百濟滅亡。是為白江口之戰。此一戰役，奠定了以後千餘年來東亞的政治、經濟和文化的格局。日本自此開始仰視中國，膜拜師從。

在中日佛教交流史[2]上，義烏雙林寺也從唐朝開始，扮演著鮮明而獨特的角色，佔有重要地位[3]。

日本佛教界有“入唐八家”之說，是謂日本平安時代（Heian Period，794—1192年）初期奉敕入唐尋求佛法的八位僧人；因其後皆弘傳密教，故又稱為“八家真言”“真言八家祖師”。八人將請回的佛教文物文獻撰為目録，獻給朝廷。值得注意的是，這批文物文獻中除了一部分屬於禪宗[4]之外，還有雙林寺祖師傅翕的著述和畫像。

桓武天皇延曆二十三年（唐貞元二十年，804）七月，最澄（Saichō，767—822）以“入唐請益天台法華宗學生”的身份來華，次年六月返回。在回國之前的貞元二十一年五月，已然撰就《傳教大師將來越州録》，內中記曰：

> 傅大士還詩十二首一卷
>
> ……
>
> 浮漚篇一卷
>
> ……
>
> 雙林大士集一卷　二十紙[5]

① （1）張星烺編注、朱傑勤校訂：《中西交通史料匯編》（1—4册），中華書局2003年版。（2）［日］木宫泰彦著、陳捷譯：《中日交通史》上、下册，商務印書館1931年版。其修訂本：［日］木宫泰彦著、胡錫年譯：《日中文化交流史》，商務印書館1980年版。

② 木宫泰彦《中日交通史》中的佛教內容，被摘録出來，是為：［日］木宫泰彦著、陳捷譯：《中日佛教交通史》，臺北：華宇出版社，“世界佛學名著譯叢”第49種，1985年版。

③ 金和心：《雙林寺的歷史地位及對日本文化的影響》，載義烏縣政協編《義烏文史資料》第二輯，第131—134頁。

④ 張子開：《唐五代傳入日本的禪宗文物文獻——以“入唐八家”求法目録為考查中心》，載全國高等院校古籍整理研究工作委員會主辦、《中國典籍與文化》編輯部編《中國典籍與文化論叢》第十三輯，鳳凰出版社2011年版，第103—133頁。

⑤ 《大正新脩大藏經》，第55册，第1059頁b欄。

是目録之後，有最澄等及中國官員等之跋語：

右件念誦法門等並念誦供養具樣等，向越府龍興寺詣順曉和上所，即最澄並義真逐和上到湖鏡東峯山道場，和上導兩僧治道場，引入五部灌頂曼荼羅壇場，現蒙授真言法，又灌頂真言水，便寫取上件念誦法門並供養具樣，勘定已畢。最澄等深蒙郎中慈造，去年向台州，兩僧等受大小二乘戒，又寫取數百卷文書。今年進越府，二僧入五部灌頂壇，又抄取念誦法門。前後都總二百三十部，四百六十卷也。能事已畢，今歸本鄉，今欲請當州印信，外方學徒等將示求法元由矣。然則郎中傳法之功，攀福於現當；群生聽法之德，期果於妙覺。伏願使君近登三台位，遠證三點果，然後豎通三界，橫撥十方，六道四生一切含靈，同入禪門，俱遊慧苑，信謗平等，自他得益歟。

大唐貞元貳拾壹年歲次乙酉五月朔己巳拾參日辛巳

日本國求法僧　最澄 録

日本國求法譯語僧　義真

日本國求法傔從丹　福成

孔夫子云：吾聞西方有聖人焉，其教以清淨無為為本，不染不著為妙。其化人也，具足功德，乃為圓明。”最澄闍梨性稟生知之才，來自禮義之國，萬里求法，視險若夷，不憚艱勞，神力保護。南登天台之巔，西泛鏡湖之水，窮智者之法門，探灌頂之神祕。可謂法門龍象，青蓮出池。將此大乘往傳本國，求茲印信執以為憑。昨者陸台州已與題記，故具所覩，爰申直筆。

大唐貞元二十一年五月十五日

朝議郎、使持節明州諸軍事守、明州刺史、上柱國　滎陽鄭審則書

日本國入唐使

持節大使從四位上行太政官右大辨兼越前守 藤原朝臣 葛野麿

準判官兼譯語正六位上行備前掾笠 臣 田作

録事正六位上行式部省少録兼伊勢大目勳六等 山田造 大庭

録事正六位上行太政官左少史兼常陸少目　上毛野公穎人①

可見，《傳教大師將來越州録》中的“數百卷文書”，乃在台州寫取。考慮到最澄與佛窟遺則的特殊關係，與傅大士有關的這三種文獻，很可能乃貞元二十年從時在天台山的佛窟處寫得的②。

▲最澄像

也緣於與天台的這種因緣吧，最澄還將傅翕納入了天台一系法脈。最澄《内證佛法相承血脈譜・天台法華宗相承師師血脈譜》“雙林寺傅大士”條曰：

謹案，《〈無生義〉序》云，雙林大士厥名善慧，示迹同人，功高補處，居於茲土，利物為懷，波羅蜜門恒為汲引。③

最澄弟子圓仁（Ennin，794—864），步武其師，於仁明天皇承和五年

① 《大正新脩大藏經》，第55冊，第1059頁c欄至第1060頁a欄。

② 張子開：《傅大士研究（修訂增補本）》，中編第六章第三節《由〈行路難〉的源流來定位》。第144—157頁。

③ 《傳教大師全集》第一冊，第26頁。

▲**最澄像**

［平安時代（11 世紀）繪，一乘寺藏，日本國寶］

(838)，與常曉一道，以請僧僧身份，隨遣唐使入唐，當年八月到揚州；唐宣宗大中元年（承和十四年。847）九月，回至日本。回國當年所撰《入唐新求聖教目録》中，記有：

> 傅大士還源詩
> 徵心行路難一卷

後復有言：

> 右件法門佛像道具等，於長安城興善、青龍及諸寺求得者。謹具録如前。①

① 《大正新脩大藏經》，第 55 冊，第 1084 頁 a、c 欄。

“徵心行路難”，傳或為傅翕所撰①。

▲圓仁像

由《入唐新求聖教目録》可知，圓仁不僅鈔寫《傅大士還源詩》、《澂心行路難一卷》並攜帶回東瀛，而且這兩種文獻當時已然傳至唐王朝西都長安。

另外，青龍寺被日本佛教真言宗視為祖庭，除圓仁外，“入唐八家”中的空海、圓行、惠運、圓珍和宗睿皆受法於此；大興善寺更為當時長安譯經三大譯場之一、中國佛教密宗的發源地，“開元三大士”善無畏、金剛智和不空皆在此傳授密宗：至少在九世紀中葉，漢密已然信仰傅大士矣。

六年後，天台宗僧圓珍（Enchin，814—891）於文德天皇仁壽三年（唐宣宗大中七年，853）八月來唐，天安二年（唐大中十二年，858）五月返日。其大中八年（854）八月所撰《福州、溫州、台州求得經律論疏記外書等目録》載：

① 張子開：《傅大士研究（修訂增補本）》，中編第六章《行路難二十篇並序》，第133—163頁。

▲圓仁像

［Jnn 拍攝，2007 年 11 月 5 日］

傅大士歌一卷①

後復有注曰：

已上於溫州永嘉郡求得。②

① 《大正新脩大藏經》，第 55 冊，第 1093 頁 c 欄。

② 同上書，第 1094 頁 b 欄。

大中十一年（857）十月撰《日本比丘圓珍入唐求法目録》亦記：

傅大士歌一卷①

後注曰：

已上竝於福、溫、台、越等州求得。其録零碎，經論部帙不具。又延曆寺藏闕本，開元、貞元經論等抄寫未畢，不載此中。在後收拾隨身。②

圓珍寂滅後，日本醍醐天皇（897—930 在位）賜予圓珍謚號“智證大師”。檢大中十二年（858）五月已撰就、後人更改書名之《智證大師請來目録》，有：

傅大士歌一卷③

後注：

已上一百七十四本、五百五卷，竝別家章疏傳記部，於福、溫、台、越並浙西等傳得。④

實際上，後兩種目録的“傅大士歌一卷”乃同一種文獻，並皆得之於永嘉。

《日本比丘圓珍入唐求法目録》，又記曰：

傅大士寫真一卷⑤

---

① 《大正新脩大藏經》，第 55 冊，第 1100 頁 c 欄。
② 同上書，第 1101 頁 c 欄。
③ 同上書，第 1106 頁 b 欄。
④ 同上書，第 1107 頁 a 欄。
⑤ 同上書，第 1101 頁 b 欄。

▲圓珍像

次年所寫《智證大師請來目録》亦録：

傅大士真［影］一張[①]

是則唐朝時，雙林寺祖師傅翕的形象亦已傳入日本也。

日本天台宗僧、日本台密集大成者安然（841—?）編《諸阿闍梨真言密教部類總録》，總結"入唐八家"所攜回之佛教文物文獻。該書卷下曰：

傅大士真影一張 珍[②]

"珍"者，即謂圓珍所請回者也。

再查《福州溫州台州求得經律論疏記外書等目録》，中有"於溫州永嘉郡求得"的《宗本和上寫真一卷》[③]，"觀座主捨與永充供養"的《釋

① 《大正新脩大藏經》，第55冊，第1107頁a欄。

② 同上書，第1132頁b欄。

③ 同上書，第1094頁a欄。

迦牟尼如來脚跡寫真一鋪》①。《日本比丘圓珍入唐求法目録》中，《傅大士寫真一卷》與《佛窟大師寫真贊一卷》、《釋迦如來脚跡寫真一卷》一樣，“竝於福溫台越等州求得”②。《智證大師請來目録》，也有《傅大士真［影］一張》、韋珩所撰《佛窟大師寫真贊一卷》③。

也就是說，圓珍所攜回的佛菩薩僧侶像，只有釋迦牟尼、宗本、佛窟遺則和傅翕四人而已，傅大士在其心目中的地位，可知矣。

圓珍帶回日本的“傅大士真影”，早已不知下落矣。然正如本書《祖師紀》所言，後來日本流傳的傅翕單雕像、或轉輪藏前的大士父子群雕像，很可能參考過這幀真影也。

最澄 9 世紀初來華雖然僅近一年，但其回國後的當年，即桓武天皇延曆二十四年（805），就在京都選擇地形近於義烏雙林寺的靈鷲山（一名金玉山），奉敕修建寺院，並名之曰“雙林寺”。此後迭經興衰，但迄今仍然存有本堂、僧房等建筑④。

▲京都市雙林寺本堂

（BITTERCUP 拍攝，2013 年 4 月 23 日）⑤

① 《大正新脩大藏經》，第 55 冊，第 1095 頁 c 欄。

② 同上書，第 1101a、b、c 欄。

③ 同上書，第 1106 頁 c 欄、1107 頁 a 欄。

④ （1）《京都坊目誌》，野間光辰編《新修京都叢書》第二十一卷，京都：臨川書店。（2）《佛光大辭典》“雙林寺”條，第 7 冊，第 6645 頁。

⑤ http：//upload. wikimedia. org/wikipedia/commons/5/55/Sourinn_ ji. JPG.

京都雙林寺素以風光明媚著稱。院号“法華三昧無量寿院”，寺名全稱“沙羅双樹林寺”。現址為京都府京都市東山区下河原鷲尾町 526，已然屬於天台宗道場矣。本堂安置的本尊為木雕藥師如來坐像，據説為最澄所作，被評為京都市重要文化財；左邊之阿彌陀佛，則據説為圓仁作；右方置國阿像。因這尊藥師佛像，雙林寺仍為名刹，名列京都十二藥師靈場之七。

最澄既然搜集有傅大士詩作和《雙林大士集》，又在京都創建雙林寺，則其很可能曾到訪過義烏松山也。

無論如何，日本國京都有類似義烏雙林寺之佛寺，亦是中日文化交流的一段佳話吧。

四　越南傳宗：安南弘佈禪宗，創建無言通派

8、9 世紀之交的中唐，有一位中國僧人無言通（？—826）曾遠赴當時的唐朝安南都護府交州、今天的越南北部弘法，並開創了越南早期禪宗史上的重要派別——無言通派。這位無言通的出家地，就是義烏雙林寺。

《景德傳燈録》卷九《廣州和安通禪師》：

廣州和安寺通禪師者，婺州雙林寺受業。自幼寡言，時人謂之“不語通”也。

因禮佛，有禪者問云：“座主禮底是什麼？”師云：“是佛。”禪者乃指像云：“這箇是何物？”師無對。至夜，具威儀禮，問禪者云：“今日所問，某甲未知意旨如何？”禪者云：“座主幾夏邪？”師云：“十夏。”禪者云：“還曾出家也未？”師轉茫然。禪者云：“若也不會，百夏奚為？”禪者乃命師同參馬祖。行至江西，馬祖已圓寂。乃謁百丈，頓釋疑情。

有人問：“師是禪師否？”師云：“貧道不曾學禪。”師良久，却召其人。其人應諾。師指椶櫚樹子。其人無對。

師一日令仰山將床子來。仰山將到，師云：“却送本處。”仰山從之。師云：“床子那邊是什麼物？”仰山云：“無物。”師云：“遮邊是什麼物？”仰山云：“無物。”師召云：“慧寂！”仰山云：“諾。”師云：“去。”①

① （北宋）道原：《景德傳燈録》，《普慧大藏經》本。

按，“受業”者，本指從師學習。《孟子·告子下》：“（曹）交得見於鄒君，可以假館，願留而受業於門。”《史記·孔子世家》：“孔子不仕，退而脩詩書禮樂，弟子彌衆，至自遠方，莫不受業焉。”佛教則求受戒法而得僧尼資格也。《高僧傳》卷一《康僧會》：“有支亮，字紀明，資學於讖。謙又受業於亮，博覽經籍，莫不精究。世間伎藝，多所綜習。遍學異書，通六國語。”[①]《續高僧傳》卷六《梁楊都湘宮寺釋曇准傳》：“釋曇准，姓弘。魏郡湯陰人。住昌樂王寺。出家，從智誕法師受業。鑽研之勤，眾皆弗及。”[②]

無言通，廣州人，俗姓鄭。既稱“通禪師”，出家後所習自為禪學。嘗受教於某禪者，後與之擬参馬祖道一（709—788），因道一亡而轉投百丈懷海（720—814），遂為懷海法嗣。

據上引《景德傳燈録》、《袁州仰山慧寂禪師語録》[③] 和《五燈會元》卷九《袁州仰山慧寂通智禪師》[④] 等，和安通後又為潙仰宗祖師之一仰山慧寂（840—916）的受業師，而潙仰宗乃中國禪宗五家之一也。

憲宗元和十五年（820）前后，無言通到安南都護府交州龍編（交州州治。今越南北寧省）仙遊县扶董村建初寺弘法。因終日面壁，人稱“觀壁派”；又由於寡言少語，又名“無言通派”。該派稍後於越南禪宗第一派、承襲中國禪宗三祖僧璨的“滅喜禪派”，流傳了四百多年，直到 13 世紀初的惠宗時方消逝。第四代祖師吳真流乃丁朝、前黎朝僧統，被封“匡越大師”。第七代圓照禪師亦曾訪問中國，被封“高座法師”。無言通派後雖消亡，但陳朝時興起的竹林禪派卻直接承襲了其法統。

無言通辭世之後，感成禪師荼毗其師遺骸，收殘骨舍利，建塔於仙遊山[⑤]。

① 《大正新脩大藏經》，第 50 冊，第 325 頁 a 欄。

② 同上書，第 472 頁 a 欄。

③ 《大正新脩大藏經》，第 47 冊，第 584 頁 c 欄。

④ 《大日本續藏經》第壹輯第貳編乙編第拾壹套，第一百六十葉左半葉。

⑤ 參考：（1）［越］釋善議編譯《越南佛教略史》，藍吉富主編《世界佛學名著譯叢》，華宇出版社 1988 年版，第 57 冊，第 269—274 頁。（2）聖嚴《越南佛教史略》，張曼濤主編《現代佛教學術叢刊》第 83 冊，大乘文化出版社 1978 年版，第 283—284 頁。（3）［日］川本邦卫《无言通的禪》，《東亞佛教概說》第四章。

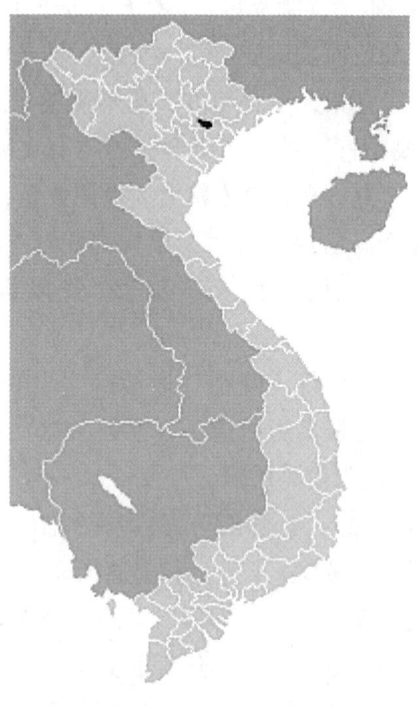

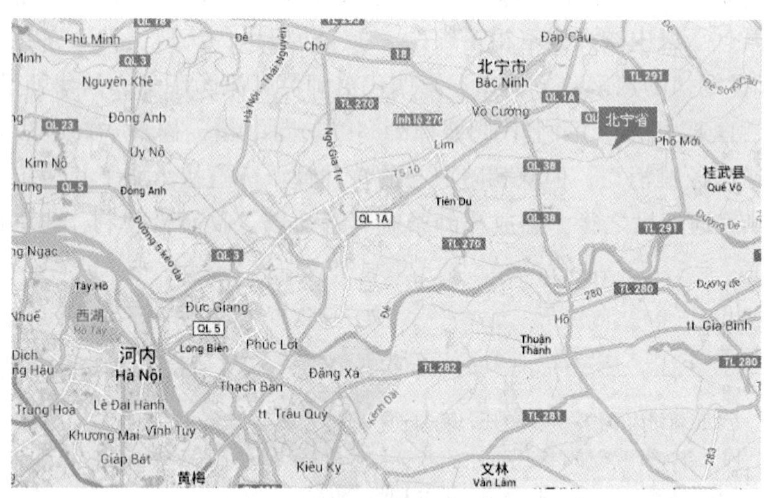
Phù Minh
Đê
Chờ
Đáp Cầu
北宁市
Bắc Ninh
QL 3
Nguyên Khê
TL 270
QL 1A
TL 291
Võ Cường
北宁省
QL 23
Đông Anh
Lim
Phố Mới
Uy Nỗ
Kim Nỗ
QL 38
桂武县
Quế Võ
QL 5
Đông Anh
Tiên Du
QL 1A
QL 38
TL 291
TL 270
QL 3
Tây Hồ
TL 280
西湖
Hồ Tây
Đức Giang
QL 5
Hồ
tt. Gia Bình
河内
Hà Nội
Long Biên
Phúc Lợi
Thuận Thành
TL 282
TL 280
Thạch Bàn
Đặng Xá
Lê Đại Hành
tt. Trâu Quỳ
Trung Hoà
TL 281
Khương Mai
Vĩnh Tuy
Giáp Bát
黄梅
Kiêu Kỵ
文林
Văn Lâm

▲北寧省在越南的位置

五　新羅靈照：住持杭州龍華，終身守護傳翕

如本書《下院紀》所述，晉天福九年（944），吳越王錢弘佐派人至松山，開塔取傳翕靈骨、舍利等物，於杭州城南龍山建龍華寺以奉①。

供奉傳翕靈骨及其他遺物的龍華寺，第一任住持很可能就是新羅僧人靈照。

《宋高僧傳》卷十三《習禪篇第三之六・晉永興永安院善靜傳》附靈照言：

> 次杭州龍華寺釋靈照，本高麗國人也。重譯而來，學其祖法。入乎閩越，得心於雪峯，苦志參陪，以節儉勤于衆務，號“照布納”焉。千衆畏服，而言語似涉島夷。性介特，以恬淡自持。
>
> 初住齊雲山，次居越州鑑清院。嘗秖對副使皮光業，語不相投，被舉，擯徙龍興焉。及湖州太守錢公造報慈院，請住，禪徒翕然。吳會間僧捨三衣披五納者，不可勝計。
>
> 忠獻王錢氏造龍華寺，迎取金華梁傳翕大士靈骨、道具，寘于此寺，樹塔，命照住持焉。終于此寺。遷塔大慈山之峯。②

住持期間，深得錢王欽重，故賜以紫衣，謚號“真覺大師”。

據《景德傳燈録》卷十八《杭州龍華寺靈照禪師》等，照於天福十二年丁未（947）在龍華寺寂滅，世壽七十八，則其生於唐懿宗咸通十一年也。

來龍華之前，靈照初住婺州齊雲山，故或稱“齊雲和尚”。

靈照住龍華寺期間的化語，據《祖堂集》卷十一《齊云和尚》載，大致有：

> 師初入龍華，上堂。云：“宗門妙理，別時一論。若也大道玄

---

① 參考：（1）志磐《佛祖統紀》卷四十二《法運通塞志十七之九・（五代）晉》，《大正新脩大藏經》，第49冊，第391頁c欄至第392頁a欄。（2）元曇噩《新修科分六學僧傳》卷二十九，《大日本續藏經》第壹輯第貳編乙編第陸套，第四百八十葉右半葉。

② （北宋）贊寧撰、范祥雍點校：《宋高僧傳》，上冊，第313頁。

綱，包三界爲一門，盡十方爲正眼。世尊靈山說法之後，付囑摩訶迦葉，祖祖相繼，法法相傳。自從南天竺國王太子捨榮出家，呼爲達摩大師，傳佛心印，特置十萬八千里，過來告曰：‘吾本來此土，傳教救迷情。’以經得二千來年，真風不替。我吳越國大祖世皇崇敬佛法，當今殿下敬重三寶，興闡大乘，皆是靈山受佛付囑來。大師令公迎請大士歸朝，入內道場供養，兼宣下造寺功德，以當寺便是彌勒之內苑，寶塔安大士真身。又是令公興建，地久天長，古今罕有；播在於四海，八方知聞。昨者伏蒙聖恩，宣賜當寺住持，許聚玄徒。敢不率以焚修，勵一心而報答聖躬！許賜從容，有事近前。”

時有學人問：“只如龍花之會，何異於靈山？”師云：“化城教一級。”僧云：“與摩，則彼彼不相羡也。”師云：“前言終不虛施。”僧云：“未審當初靈山合談何法？”師云：“不見道‘世尊不說說，迦葉不聞聞’？”僧云：“與摩，則‘不覩王居殿，焉知天子尊’？”師云：“酌然，瞻敬則有分。”

師問僧：“作什摩云‘掃佛身上塵’？”云：“既是佛，爲什摩卻有塵？”僧無對。自代云：“不見道‘金屑雖貴’？”

問：“古人有言：‘佛有正法眼，付囑摩訶迦葉。’如何是‘正法眼’？”師云：“金屑雖貴。”僧云：“‘正法眼’又作摩生？”師云：“也須知有龍花惜人。”

有人問：“某甲下山去，忽有人問‘龍花有什摩消息’，向他作摩生道？”師：“但向他道：‘馬鳴龍樹白槌下。’”

問：“不二之言，請師道。”師云：“不遵摩竭令，誰談毗耶理？”

麗天和尚頌無著對文殊話，頌曰：“清涼感現聖伽藍，親對文殊接話談。言下不通好消息，回頭只見翠山嵒。”師和頌曰：“遍周沙界聖伽藍，觸處文殊共話談。若有門上覓消息，誰能敢道翠山嵒？”

問：“古人有言：‘粗中之細，細中之粗。’如何是‘粗中之細’？”師曰：“佛病最難治。”進曰：“師還治也無？”師云：“作摩不得？”僧曰：“如何治得？”師曰：“吃茶吃飯。”①

① （南唐）静、筠二禅师编撰，孙昌武、［日］衣川贤次、［日］西田芳男点校：《祖堂集》，“中國佛教典籍選刊”，中华书局2007年版，下册，第522—524頁。

在靈照住持龍華寺期間，當有其他新羅人來過，雙林禪風或許在此時又從杭州弘佈至新羅也。

貳　趙宋：諄諄教誨，共臻悟境

兩宋時期，雖然中國國勢不再如李唐一代輝煌，但日本朝野依然維持著對中華文化的仰慕。

一　著述流傳：扶桑傳寫《小録》，誦習《金剛經》頌

或是受最澄、圓仁和圓珍等人寶重傳翕的影響，趙宋時期來雙林寺的日本僧人愈夥，雙林寺在海外影響也漸大。

清光緒六年至十年（1880—1884），楊守敬（1839—1915）應使日大臣何如璋之招請，作為使館隨員出使日本。時日本正處於明治維新階段，提倡西學，摒斥漢學，楊氏趁機於公務之餘，訪求國內已然散佚的漢文善本秘籍。這批古籍之一即《北齊人書左氏傳》卷子殘本，背面鈔《雙林善慧大士小録並心王論》；之二為單獨的《雙林善慧大士小録》鈔本，為日人木村嘉平所影寫[①]。

▲《雙林善慧大士小録並心王論》（鈔本，部分）

① 張子開：《傅大士研究（修訂增補本）》，第47—51頁。

兩種《小録》後面皆有題記，内容略有異。第二種的題記為：

當縣清行弟子楊仁順，捨淨財雕板壹副，保安身宫及家眷。所印大士真文，冀茲妙善，散霑羣品，廣濟含生；同乘般若舟航，俱達菩提彼岸。　浙陽僧宗一書。　永嘉僧慶芳開。　知大士真殿沙門子詮助緣。

當寺傳律、本州臨壇沙門子詡勘本印施。　九月日記。

𢒼曆六年七月七日午時書了。遍照院僧（復?）寫

“承曆”乃日本白河天皇年號，僅四年。承曆六年，實乃白河天皇永保二年（1082）也。是年遍照院僧人抄寫《雙林善慧大士小録》，表明至少在此之前，《小録》已然傳播至日本矣。

遍照院，佛教寺院名稱，日本多用之，福岡縣、愛媛縣、愛知縣、岡山縣等皆有。

《大日本續藏經》本大興善寺三藏大廣智不空譯《妙法蓮華三昧祕密三摩耶經》之後，録“伏尺藏究菴求法資中訓”書於“應永二十一年（甲午）十月三日”之跋。“應永”，日本後小松天皇年號。應永二十一年（1414）跋之後，為坂本安養寺明了上人金剛最辨之題記：

應永三十四年（丁未）五月二十七日，賜御本奉書寫之處也。祐空上人曰：“弘法大師御請來之御經。”曰：“仍祕藏無極也。爰良助親王於多武峯二帖，被流製見，如彼注右《六地藏》本緣委悉也。”云：“與此經不同歟，追之可尋之。是乘藏房隆清御相傳之祕本也，深祕，深祕，不可有他見。”云云。①

則是經乃弘法大師空海（774—835）得之於唐也。該經最後，有“正德元年龍飛辛卯雪月二十一日，傳瑜伽教苾蒭性亮玄心誌於輪山巖松溪徧照院南軒”之《跋蓮華三昧經後》，内云：“弘法大師入唐時，謁惠果和尚，雖遂傳法灌頂，而《蓮華三昧經》最深祕密法不能傳之，唯以歸命本覺

① 《大日本續藏經》第壹輯第壹編第叁套，第四百十三葉右半葉。

心法身，（乃至）還我頂禮心諸佛之偈，傳之而已。”① 然由金剛最辨語而觀之，空海實得《妙法蓮華三昧祕密三摩耶經》也。

“正德”，日本中御門天皇年號。正德元年（1711）尚存之遍照院，究為何處？

考愛媛縣今治市菊間町浜 89 號之遍照院，全稱“法佛山日輪寺遍照院”，別稱“厄除大師”。今屬真言宗豐山派。據說為空海在巡錫四國時，創於平安時代初期弘仁六年（815）。本尊為聖觀音，開基本尊為厄除弘法大師。乃四國與空海相關的八十八處名刹的編外名寺、新四國第四十二個曼荼羅靈場。性亮玄心曾住過的遍照院，既與弘法大師有緣，當即“法佛山日輪寺遍照院”也。

▲愛媛縣遍照院之石塔和本堂

（Reggaeman 拍攝，2011 年 5 月 2 日）

再者，空海曾在長安青龍寺拜惠果為師、回國後又創建遍照院，而如前所述，同樣拜訪過該寺的圓珍又搜羅有《傅大士歌》及傅大士寫真，則《雙林善慧大士小録》末尾題記中所說的“遍照院”，應該就是弘法大師創建的愛媛縣遍照院也。

也就是說，《雙林善慧大士小録》曾傳至日本四國由空海大師創建的

① 《大日本續藏經》第壹輯第壹編第叁套，第四百十三葉左半葉。

遍照院。至於是否由弘法大師本人攜至東瀛，則只能闕疑矣。

堀河天皇寬治八年（1094），日本永超編述《東域傳燈目録》，以著録流佈於日本的佛典。是書《弘經録一・般若部》：

> 註金剛般若經一卷 姚秦沙門釋僧肇撰
>
> ……
>
> 同經疏一卷 《大悲》見行本云：記四十二紙云，沙門大悲集□誘童蒙云云。中間有頌，是傅大士作云云。此疏是寶志和尚撰云云[①]。[②]

《金剛般若經》中的“傅大士作”之“中間有頌”之“頌”，就是敦煌寫本《梁朝傅大士頌〈金剛經〉》。

顯然，至少在十一世紀初，托名傅翕撰作的《梁朝傅大士頌〈金剛經〉》已經夾在《金剛經》注疏中傳入日本也。

二　虚堂智愚：致函南浦紹明，贈偈日本禪僧

前已言及，虚堂智愚（1185—1269）在紹定二年（1229）至紹定五年（1232）間曾住持雙林寺，《虚堂和尚語録》卷二《婺州雲黄山寶林禪寺語録》所録即是此間的化語。

智愚雖未嘗出國弘化，但卻與日本僧人頗有交往。這種交往主要體現在首先，是奉書或詩偈與來華日僧。《示日本國心禪人》：

> 佛法至要，初無殊方異域之間。只要當人負不群氣概，猛著精彩，直下坐斷一切得失是非，信得及把得定，孤巍峭峙，不立生涯，靜照無私，靈然自得。切不得向無明窠子裡妄行卜度，纔存聖量，關感不通。更須轉向那邊，如青天怒雷、飄風灑雪，自然頭頭出礙，方與至要之妙冥相脗合，不患行脚大事不辦，不愁生死漏念不脱。逗到無依無欲之地，理事混融，功勳絕待，方可運出自己家珍，賑濟孤陋。

① 大谷大學藏寫本於“云云”之後，尚有“有私記一卷”數字。

② 《大正新脩大藏經》，第55冊，第1147頁c欄。

不孤遠泛鯨波，參尋知識。今則欲還故都，月朗風高，指日可到。却將從上所得，啟迪大根，使日本國內悉皆成佛無餘，誠不忝也。苟或尚存知見，墮在區宇，更須再過海來。老拳終不妄發。①

這封送別信，要在指示習禪關鍵，並表達祝愿也。

《示日本智光禪人》偈：

隱隱孤帆絕海來，虛空消殞鐵山摧。
大唐國裏無知識，己眼當從何處開。②

智光禪人，不知其詳。

再有《日本源侍者游台雁》偈：

師道嚴明善應酬，石橋過了問龍湫。
一花一草人皆見，是子知機獨點頭。③

更可貴者，日本東京國立博物館現收藏了一件南宋虛堂智愚致快翁鄉友禪師之函：

智愚頓首再拜
兩山堂上和尚快翁鄉友禪師：

智愚難中，首蒙遠謁東山，飲食慰問之情，培於常等。寒暑去留，未嘗不感。去秋聞體力少作，續於衲子邊淂安祥之好，有福德人，何所不響順耶。

明知客来謁，話聞欲往白夏，草率布此問訊。未間，尚祁珍愛是請。

智愚再拜

兩山堂上和尚快翁鄉友禅師

① 《虛堂和尚語録》卷四，《大正新脩大藏經》，第47冊，第1012頁c欄至第1013頁a欄。

② 《虛堂和尚語録》卷七，《大正新脩大藏經》，第47冊，第1039頁c欄。

③ 同上書，第1040頁b欄。

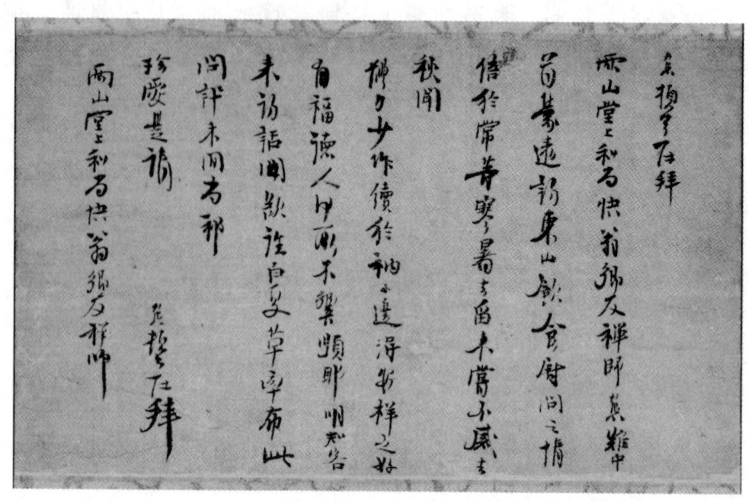

▲虛堂智愚致快翁鄉友禪師之函

信中之“明知客”，當為日本游学僧人南浦紹明。紹明嘗於開慶元年（1259）来宋，咸淳三年（1267）返回，故此書當撰於虛堂七十多歲吧。快翁鄉友禪師住日本兩山堂，是函乃托紹明帶去也。

智虛還有《明知客江心訪竺峯》偈：

> 歷盡風霜兒不枯，髑髏前下死工夫。
> 檮林句子千鈞重，江上歸來記得無。①

且為紹明畫像作《日本紹明知客請》讚：

> 紹既明白，語不失宗。
> 手頭簸弄，金圈栗蓬。
> 大唐國裡無人會，又却乘流過海東。②

南浦紹明（1235—1308）乃日本臨濟宗僧，出家後轉而師事時在鎌倉建長寺的中國西蜀涪江（今綿陽市豐谷鎮一帶）人蘭溪道隆（1213—

① 《虛堂和尚語録》卷七，《大正新脩大藏經》，第 47 冊，第 1038 頁 b 欄。

② 《虛堂和尚語録》卷十《真贊》，《大正新脩大藏經》，第 47 冊，第 1061 頁 c 欄。

1278）。道隆有《大覺禪師語録》三卷[①]，而虛堂又為之作序，是即《日本建長寺隆禪師語録跋》：

宋有名衲，自號蘭溪。一笻高出於岷峨，萬里南詢於吳越。陽山領旨，到頭不識無明；擡脚千鈞，肯踐松源家法。乘桴于海，大行日本國中；淵默雷聲，三董半千雄席。積之歲月，遂成簡編。忍禪久侍雪庭，遠訪四明鋟梓。言不及處，務要正脈流通，用無盡時，切忌望林止渴。[②]

此《跋》或亦即祈紹明帶去吧。

虛堂復撰《送日本南浦知客》偈：

敲磕門庭細揣磨，路頭盡處再經過。
明明說與虛堂叟，東海兒孫日轉多。

後有題記曰：

明知客自發明後，欲告歸日本。尋照知客、通首座、源長老聚頭，說龍峯會裏家私。袖紙求法語。老僧今年八十三，無力思索，作一偈以賮[③]行色。萬里水程，以道珍衛。咸淳丁卯秋，住大唐徑山（智愚）書于不動軒。[④]

時當咸淳丁卯，即咸淳三年（1267）。虛堂住徑山，已然八十三歲也。

此外，東京國立博物館還藏有虛堂書横幅[⑤]：

世路多巇嶮，無思不研窮。平生見諸老，今日自成翁。

---

① 又稱“蘭溪和尚語録”“建長開山大覺禪師語録”、《日本國相模州常樂禪寺蘭溪和尚語録》、“大覺録”。載《大正新脩大藏經》第 80 册。

② 《虛堂和尚語録》卷十，《大正新脩大藏經》，第 47 册，第 1061 頁 b 欄。

③ 賮：“賫”的異體字。即“贐”。贈給遠行者的財物。

④ 同上書，第 1063 頁 a 欄。

⑤ 參考國威《日藏墨跡中所見宋元文史資料舉隅》。

認字眼猶綻，交譚耳尚聾。信天行直道，休問馬牛風。

日本照禪者欲得數字，徑以《述褱》贈之。虛堂叟知愚書。

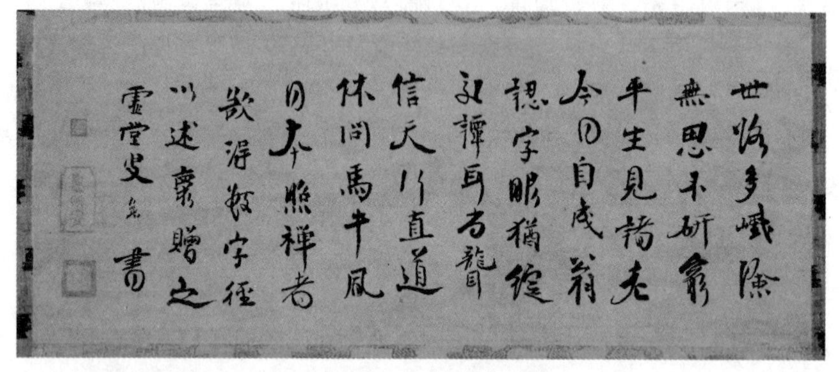

▲虛堂智愚手書橫幅

三　兀庵普寧：創建兀庵禪派，鐮倉執權皈依

前亦述及，南宋度宗趙禥咸淳元年（1265）以後曾住持雙林寺的禪宗臨濟宗楊岐派僧兀庵普寧（1197—1276），嘗應日本信眾邀請，於南宋理宗趙昀景定元年（1260），即日本龜山天皇文應元年正月以後，辭去常州無錫南禪福聖寺住持之職，轉而東渡日本。侍者清澤編《住常州無錫南禪福聖寺語録》：

師因日域法眷、道舊鄉人不忘徑山道聚之義，屢邀閑樂，累却復至。於景定庚申暫與一遊。海舡檣上，龍獻七大寶珠，舉眾瞻仰，咸云："東海龍王來迎。"繼即須帆，速達彼岸。……①

最初住在九州聖福寺（しょうふくじ）。寺由日本臨濟宗開祖榮西（1141—1215）於南宋寧宗趙擴慶元元年（1195），即日本後鳥羽天皇建久六年創建的，位於安國山（通稱安山），乃日本第一座禪宗寺廟。山門上懸掛著元久元年（1204）後鳥羽天皇所贈之"扶桑最初禅窟"之匾額。

① 《兀菴普寧禪師語録》卷上，《大日本續藏經》第壹輯第貳編正編第貳拾捌套，第四葉左半葉。

現屬臨濟宗妙心寺派。

現寺址：福岡県福岡市博多区（どんたく，DONTAKU）御供所町6-1。聖福寺現存有關兀庵的信息不多，不過寺內有輪蔵附経蔵，為福岡縣指定有形民俗文化財。

▲聖福寺禪堂

（STA3816 拍攝，2011年11月4日）①

未久，至京東福禪寺。嘗任鐮倉時代鐮倉幕府第五代執權的北條時賴（1227—1263。ほうじょう ときより，Hōjō Tokiyori），復請之住持鐮倉建長寺。

建長寺（けんちょうじ，Kenchō-ji），因創建於建長五年（1253），又在巨福山（こふくさん）上，故正式名稱或全名為"巨福山建長興國禪寺"。一直為日本臨濟宗建長寺派大本山。創立者（開基）為北條時賴，第一代住持（開山）為南浦紹明之師、四川人蘭溪道隆，寺內現還珍藏著被列為文化財的絹本淡彩蘭溪道隆像和大覺禪師墨跡。

本尊為地藏菩薩。寺列鐮倉五山之第一山，镰仓二十四地藏中的9—

① http：//ja. wikipedia. org/wiki/%E3%83%95%E3%82%A1%E3%82%A4%E3%83%AB：Shofukuji_ 02. jpg

11 號。現寺址：神奈川县镰仓市（Kamakura Kanagawa）山ノ内 8。“建長寺境内”被指為日本國史跡。

▲建長寺山門

（Urashimataro 拍攝，2009 年 10 月 27 日）

▲建長寺境内

（Urashimataro 拍攝，2008 年 5 月 16 日）

▲建長寺半僧坊

（Urashimataro 拍攝，2008 年 10 月 4 日）

兀庵初見即頗相契，蓋兀庵與時賴兩年前夢中所見和尚實相仿也：

師關東部從遠迓。纔到建長禪寺，掌國最明寺殿懷香先來參禮，力勸端坐，受炷拜了，復進前覆云："弟子在大宋曾禮拜和尚。今者多幸，再拜慈顏。"見其語異，師即握起拳云："吾雖年老，拳頭硬在。"復進前云："弟子兩年前曾夢見和尚頂相，教訓參禪。惺後親繪供養。此者獲拜慈相，與夢見一同，喜悅之至。"師云："且莫說夢。"又問："和尚尊年多少？"師云："六十三。"云："弟子不問這箇年。"師仍竪拳云："莫是這箇年麼？"擬議無語。師便埅三拳，忻然領話云："蒙和尚教打，懽喜無量。"師云："不得作拳頭會。"方就坐，少欵而辭。次朝復至，同方丈大眾禮請，即就寺為眾普說。①

此後，時賴遂隨兀庵修習，終受印可。《兀菴普寧禪師語録》卷中

① 《兀菴普寧禪師語録》卷上《住常州無錫南禪福聖寺語録》，《大日本續藏經》第壹輯第貳編正編第貳拾捌套，第五葉右半葉。

《最明寺殿契悟因緣》記其緣由始末曰：

> 壬戌十月十六朝，最明啟問曰："弟子近日坐禪，見得非斷非常底。"師云："參禪只圖見性，若得見性，方得千了百當。"最明曰："和尚方便指示。"師云："天下無二道，聖人無兩心。若識得聖人之心，即是自已本源自性。"最明曰："弟子道崇無心。"師云："若真箇無心，竪窮三際，横遍十方。"指燭云："譬如蠟燭未澆成以前，即是本地風光，本來面目。及至澆成點爇，輝耀雅觀，照徹冥暗，人人瞻望；末後燭盡光極，依舊如前消息。佛出世度人，亦復如是：未出世以前，淨法界身，本無出沒；以大悲願力，示現出世成道，隨上中下根機，演說三乘十二分教，拈花示眾，為令聖凡人天大眾，明心見性；末後入無餘涅槃，亦如一條蠟燭，無二無别，萬古流通，直至今日。若見此性，直下便見也。"良久，云："見麽？"最明曰："森羅萬象，山河大地，與自已無二無别。"師云："'青青翠竹，盡是真如。鬱鬱黄花，無非般若。'"最明言下忽然契悟，通身汗流，乃曰："弟子二十一年旦暮望，今一時已滿足。"感淚數行，作禮九拜。師即起，佛前燒香，與之印可，即將自身法衣一頂付之，祝云："公不易到箇田地，宜善護持，令法久住。親付法衣，以表燈燈相聯，續佛慧命，以光末運，萬世愈榮。"次為說付法偈：
>
> 我無佛法一字說，子亦無心無所得。
> 無說無得無心中，釋迦親見燃燈佛。①

時當龜山天皇弘長二年（1262），即南宋景定三年也。

普寧復贈《助道頌》五首，時賴亦復捧呈所親繪供養的夢中善知識的頂相求讚②。眾人賀北條臻達悟境。普寧為撰《跋大眾賀宼明寺殿悟道頌軸》：

---

① 《大日本續藏經》第壹輯第貳編正編第貳拾捌套，第十二葉右半葉。

② 《兀菴普寧禪師語録》卷中《住巨福山建長興國禪寺語録》，《大日本續藏經》第壹輯第貳編正編第貳拾捌套，第十二葉。

靈山密付，只要密傳。剗地不密，惡聲流布。遞相鈍置，浩浩至今。

昨來密室付授㝡明寺殿，只要密傳。剗地不密，言下忽然打失鼻孔，被人指證，案沓如牛腰。且道因誰致得？咄！來說是非者，便是是非人。①

兀庵語録中所言“最明寺殿”，就是北條時賴。

▲北條時賴像

［建長寺藏，江戶時代（約 1732 年）繪］②

① 《兀菴普寧禪師語録》卷下《序跋》，《大日本續藏經》第壹輯第貳編正編第貳拾捌套，第十九葉右半葉。

② http：//upload. wikimedia. org/wikipedia/commons/4/41/H% C5% 8Dj% C5% 8D _ Tokiyo-ri. jpg

時賴，幼名“戒壽”，又名“北條五郎”。生於後堀河天皇安貞元年五月十四日（1227年6月29日）。鐮倉時代鐮倉幕府第四代執權北條經時之弟，於後寬元四年（後嵯峨天皇年號。1246。然此年已為深草天皇）即任。後深草天皇寶治元年（1247）七月，拜道元為師。後創建長寺，請南宋僧人蘭溪道隆為開山住持。後深草天皇康元元年（1256），時賴讓位於北條重時的兒子北條長時，同時他自己的兒子北條時宗成為得宗。自己則到最明寺出家，以道隆為戒師，號“覺了房道崇”。或名“最明寺道崇”。最明寺，在今靜岡縣伊豆國市長岡的如意山。

需要注意的是，兀庵語録稱北條時賴為“最明寺殿”“掌國最明寺殿”，亦或呼為“國公”“國公殿”，如“只如大檀那國公殿，特加禮請和尚，開堂演法”，“國公就本寺，滿散祈禱道場，禮請普說”[①]。《兀菴和尚語録》卷下《法語・示關東法孫》：“關東掌國法孫，誠至信向佛法。只欲發明己躬一大事，懷香袖紙，拜求法語普袈裟，為究道之助。勉為引筆云……”[②] 鐮倉，位於神奈川縣，正在日本關東地區（カントー地方 Kantō-chihō）。“關東掌國法孫”，顯然就是北條時賴也。

最能表明北條在兀庵在日期間的真實身份的，還有普寧《最明寺殿真像》：

> 掌持國土，天下安堵。信向佛法，運心堅固。
> 德重丘山，名播寰宇。清白傳家，望隆今古。
> 參透吾宗，眼眉卓竪。末後一機，超佛越祖。
> 咦！汝辜負吾，吾辜負汝。[③]

時賴此時居然還“掌持國土”，可見其在當時的地位了。

種種言辭皆表明，北條時賴雖然已經在名義上退下來了，實際上依然執掌著國家大權。

---

① 《兀菴普寧禪師語録》卷中《住巨福山建長興國禪寺語録》，《大日本續藏經》第壹輯第貳編正編第貳拾捌套，第八葉左半葉、第九葉左半葉。

② 同上書，第十六葉右半葉。

③ 《兀菴普寧禪師語録》卷下《佛祖贊》，《大日本續藏經》第壹輯第貳編正編第貳拾捌套，第十九葉左半葉。

也就是說，兀庵普寧在日本期間，地位實相當於“國師”矣。

此外，兀庵普寧語録還從另一個角度證實，史學界的觀點是正確的：時賴此一階段的主要作為之一，就是隱姓埋名地前往日本各地巡視，了解社會實際，藉以改善百姓生活。

龜山天皇弘長三年十一月二十二日（1263 年 12 月 24 日），北條時賴不幸在最明寺北亭離世，享年三十七歲。現神奈川縣鎌倉市山ノ内の福源山明月院（めいげついん），尚存有北條時賴之墓。

▲北條時賴墓

（Kamakura 拍攝，2005 年 6 月 13 日）

時賴棄世之後，當因失去依憑了吧，兀庵普寧被迫返回南宋。時間當在弘長三年臘八節之後離開建長寺：

> 臈八上堂。“夜夜明星現，時時兩眼開。如何臘月八，特地嘆奇哉？引得隨邪逐惡者，至今一味狗來腮。”
>
> 退院上堂。“無心遊此國，有心復宋國。有心無心中，通天路頭活。”舉主丈，云：“主丈頭邊挑日月。”
>
> 　　合國悲泪勸留，師堅執不允。部從遠送上舡，列拜泣別。順

帆即復舊隱。……[1]

實際上，在歸國途中，兀庵曾一度住太宰府（今福岡市博多區千代）横岳山崇福寺。故其實直到南宋度宗趙禥咸淳元年（1265），即日本龜山天皇文永二年[2]，方始回到明州。

兀庵普寧在日弘法内容，主要見於《兀菴普寧禪師語録》卷中侍者道昭、景用、禪了所編《住巨福山建長興國禪寺語録》[3]。

▲後深草天皇像

（藤原為信繪，三の丸尚蔵館）

最可寶貴者，日本奈良國立博物館藏有一件被定為日本"重要文化財"的"兀庵普宁墨迹（与东严慧安尺牍　庚午仲春）"，可讓我們一睹兀庵在日本弘法之真實：

① 《兀菴普寧禪師語録》卷中《住巨福山建長興國禪寺語録》，《大日本續藏經》第壹輯第貳編正編第貳拾捌套，第十三葉左半葉。

② 一說為景定四年（1263）。揆諸實際，當以咸淳元年更近史實吧。

③ 《兀菴普寧禪師語録》卷中。

戊辰年，本觉上座至雙林同住，蒙御文，喜悅無量。次年復寄無准老師塔所，正續院景用侍者隨身，甚得之力，安乐無事。懼無多時節，如此不願住院，闲居待尽。切以佛法為念，直须超越佛祖，绍續佛，以光末運。

或會二条殿、昇南殿、山庄殿諸道旧时，以老僧之意，祝之一同。今觉座回旧邦，謾有花牋乙沓（俏）［捎］予。每事期復信。

庚午仲春，兀庵老僧拜書

吉田庵主慧安御前東岩禪师

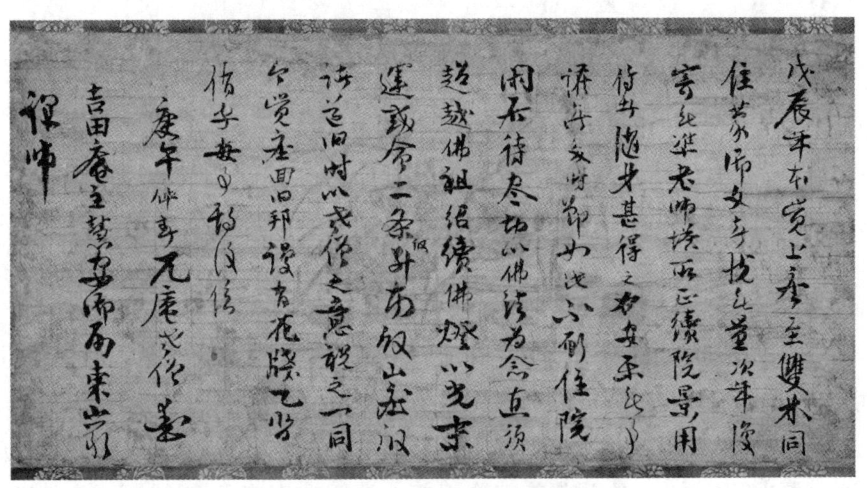

▲兀庵普寧致東巖慧安書

另外，日本靜岡縣熱海市私立美術館 Museum of Art（MOA 美術館）還藏有一封兀庵普寧與本覺和尚的書信[①]：

雙林道聚，孝義切切，老懷甚喜。彼中自古雖是大刹，近年廢極難撑。分袂後，聞之即復旧邦。昨烋忽接書信、輪珠二環、晶塔、箸㑑，何壓如之，可謂奇物，以見孝義不忘。即令侍者领入。纔接書信，如雙林義聚，一同喜悅之至。但衆禪學道，初無彼此之鬲，朝求斯，夕求斯，念念不輟，久之必遂徹證，大昌吾宗，以光末運。祝

① 圖版蒙國威學友惠寄，録文亦參考國威原録文。

祝。今就回舡，便作答，柬心十管（俏）［捎］與。再會未期，切宜珍嗇是幸。

咸淳壬申春王，前婺州寶林禪寺住持、今寄徑山萬年正續院兀庵老僧手書復徒弟本觉上人

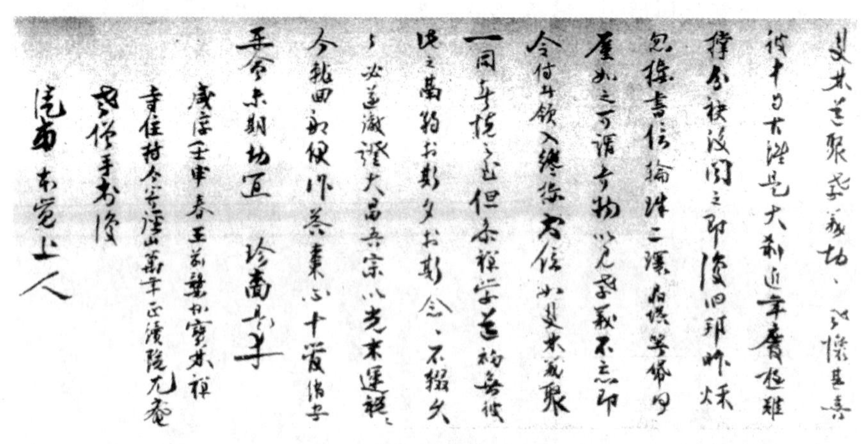

▲兀庵普寧與本覺尺牘

由於北條時賴的特殊地位，兀庵普寧與之交往的文物文獻記載，不但堪為日本國重要史料，亦是研究中日文化交流的財富也。

兀庵雖然離開了日本，但卻在扶桑留下了後被尊為日本禪宗二十四流之一的“兀庵派”。是派尊普寧為祖師，法嗣有東巖慧安、南洲宏海等。其門徒又被稱為宗覺門徒。

上徵兀庵普寧與本覺和尚的書信，後署名“前婺州寶林禪寺住持”。其實，兀庵回國不久，即被選為雙林寺住持。《兀菴普寧禪師語録》卷中《住巨福山建長興國禪寺語録》之末，即記曰：

又被公選住持婺州雙林，七次控辭不得。①

兀庵在雙林寺弘法情況，詳本書《法嗣紀》。

更值得我們注意的是，兀庵早在日本時已然注意弘揚雙林禪風了。

① 《大日本續藏經》第壹輯第貳編正編第貳拾捌套，第十三葉左半葉。

這種弘揚，主要體現在說法時直接引用傅大士詩偈。到巨福山建長寺的當天晚上，普寧就宣揚了“法身頌”：

當晚小參，有僧出問云：“‘空手把鋤頭，步行騎水牛。人從橋上過，橋流水不流。’意旨如何？”師云：“金剛杵打鐵山摧。”進云：“如何是‘空手把鋤頭’？”師云：“千聖難摸索。”進云：“如何是‘步行騎水牛’？”師云：“覷著則瞎。”進云：“‘人從橋上過，橋流水不流’，又作麼生？”師云：“却較些些子。”①

回國前不久，聽聞偃溪、珏荆、源靈三友噩耗，上堂時亦示以該詩：

徑山偃溪、珏荆叟、國清源靈叟等訃音至。上堂。“澗東一脉，滔滔聒聒。接於偃溪，波騰嶽立。甬東西湖，奔湍迅速。返本還源，龍淵窟宅。直得凌霄起舞，五峰唱拍，引得天台山國清寺東廊上，寒山、拾得颺下生苕帚，拊掌呵呵，金華傅大士‘空手把鋤頭’，涕淚悲泣。正恁麼時，諸人還知三大老為人親切處麼？”拍膝一下，云：“憶著令人肝膽裂。”②

兀庵初到、離別建長寺皆說傅翕詩偈，當別有深意歟？

其次，解除夏安居時，小參又以浮漚為喻：

解夏小參。“佛以一音演說法，眾生隨類各得解。敢問大眾，且那箇是一音所演之法？莫是天是天、地是地，山是山、水是水麼？莫是春生夏長，秋收冬藏麼？如斯理論，大似撥火覓浮漚。且道是那箇一音？”以拂子擊禪床，云：“一音既演，直得盡乾坤大地，若聖若凡，情與無情，聞是法音，悉得悟解。然雖如是，唯有拂子不入這保

① 《兀菴普寧禪師語録》卷中《住巨福山建長興國禪寺語録》，《大日本續藏經》第壹輯第貳編正編第貳拾捌套，第九葉右半葉。

② 同上書，第十三葉左半葉。

社。何故？不見道：‘山僧不會輪甲子，一葉落知天下秋。’”又擊一下。①

傅翕亦有《浮漚歌》也。

最後，兀庵雖身為臨濟宗楊岐派，卻亦時時暢揚彌勒，與雙林寺頗有契合之處。

北條時賴至建長寺，滿散祈禱道場，禮請普說。普寧即宣說曰：

……臘月三十日到來，可謂緇田無一簣之功，鐵圍陷百刑之苦，是誰過歟？蓋是道念不堅，力量不大，有此差別，所謂佛法下衰，無甚今日者是也。若說此心此法，說到盡未來際無有窮盡，在會聽者聞者，俱受龍華記別。有一頌子，奉為圓滿願心舉似大眾：

為國為民運此心，果符虔禱獲豐榮。
時清道泰封疆闊，合國歡呼賀太平。②

祈願與會者“俱受龍華記別”——“記別”，或作“記莂”。佛預言弟子成佛也。而龍華主人即彌勒也。兀庵是謂聽聞法會者，彌勒皆會預言其成道吧。

北條再至寺，為國祈禱，兀庵說法時，舉須菩提建議舍得弗往問彌勒之話頭：

最明寺殿應夢就本寺，命僧看《金剛經》萬卷，祈保天下太平。請滿散陞座，(問答不錄。) 乃云……

復舉。“舍利弗問須菩提：‘夢中說六波羅密，與覺時同別？’須菩提云：‘此義幽深，吾不能說。此會中有彌勒大士，汝往彼問。’”拈云：“舍利弗開眼說夢，須菩提寐語噲言，建長憤氣不甘，一時按過。因成一頌，舉似大眾：‘夢中演說六波羅，覺時同別苦問他。今日最明重演說，更無一字有誵訛。’阿呵呵！會也麼？好是太平無事

① 《兀菴普寧禪師語録》卷中《住巨福山建長興國禪寺語録》，《大日本續藏經》第壹輯第貳編正編第貳拾捌套，第九葉。

② 同上書，第九葉左半葉至第十葉左半葉。

日，酌然不許動干戈。"喝一喝。①

北條復因夢，發心重新鋪蓋僧堂。兀庵為是事，上堂說法曰：

最明夢見寺中僧堂，盡是高僧羅漢，上頭一箇大棟樑。惺後即發心，重新鋪蓋。工畢，上堂云："檀那夢見大揀樑，高僧羅漢滿雲堂。慷慨重新鋪蓋就，比之兜率更尤強。衲子辦道耐長久，成佛作祖法中王。下等愚迷無正念，鎔銅灌口臥鐵床。"②

雖說是夸耀新僧堂強似兜率，其實還是自比於彌勒净土也。

兀庵回國後賡即駐雙林，在松山當亦時時回憶在東瀛演繹禪法的情形，從而促進中日禪風互融吧。

四　澤及朝鮮：義天前來錢塘，訪求《金剛經》頌

北宋神宗元豐八年（1085），高麗國文宗仁孝王第四子、時任僧統之義天（1009—1101）前來求法，先後受教於錢唐慧因寺淨源法師、天竺寺慈辯從諫法師、靈芝照律師、明智中立法師等五十餘高僧宿德。《佛祖統紀》卷五十二《歷代會要志第十九之二・諸國朝貢》記其中三人曰：

哲宗。高麗王子僧統義天來朝，蘇軾館伴。勑楊傑送往錢唐，受法於源法師，傳天台教於天竺諫法師，傳律於靈芝照律師。③

義天在錢塘所住地為慧因寺，就是今天杭州花家山莊一帶。近年在旁邊重建了慧因高麗寺以紀之。

三年之後，即宋哲宗元祐三年（1088），義天猶慕法留滯中國，"朝

① 《兀菴普寧禪師語録》卷中《住巨福山建長興國禪寺語録》，《大日本續藏經》第壹輯第貳編正編第貳拾捌套，第十一葉左半葉至十二葉右半葉。

② 同上書，第十三葉右半葉。

③ 《大正新脩大藏經》，第49冊，第457頁b欄。

▲**杭州慧因高麗寺**

（張子開拍攝，2013 年 12 月 28 日）

廷以其國母思憶促其歸”，從諫諭之回國[①]。

時值唐末戰亂之後，佛教文獻喪失嚴重。義天來華及歸國後，攜帶或寄來了一批中土佚失的華嚴宗疏鈔。

《佛祖統紀》卷四十六《法運通塞志第十七之十三 · 哲宗》：

> ……義天既還國，乃建刹傳教，奉慈辯為始祖。復寄金書《華嚴經》新舊三譯於慧因，建閣以藏。今俗稱高麗寺。[②]

這是從高麗寄《華嚴經》的三種譯本也。

同書卷二十九《諸宗立教志第十三 · 賢首宗教 · 慧因淨源法師》：

> 法師淨源，晉江楊氏。受華嚴於五臺承遷，（遷師注《金師子章》。）

① 《佛祖統紀》卷十三《諸師列傳第六之三 · 慈辯從諫法師》，《大正新脩大藏經》，第 49 冊，第 218 頁 c 欄。

② 《大正新脩大藏經》，第 49 冊，第 417 頁 b 欄。

學合論於橫海明覃。還南，聽長水《楞嚴》、《圓覺》、《起信》，時四方宿學推為"義龍"。因省親於泉，請主清涼。復遊吳，住報恩、觀音。杭守沈文通置賢首院於祥符以延之。復主青鎮、密印、寶閣、華亭、普照、善住。高麗僧統義天航海問道，申弟子禮。初，華嚴一宗疏鈔久矣散墜，因義天持至咨決，逸而復得。左丞蒲宗孟撫杭愍其苦志，奏以慧因易禪為教。義天還國，以金書《華嚴》三譯本一百八十卷（晉嚴觀二法師同譯六十卷，唐實叉難陀譯八十卷，唐烏荼進本、澄觀法師譯四十卷。）以遺師，為主上祝壽，師乃建大閣以奉安之。時稱師為"中興教主"。（以此寺奉金書經故，俗稱高麗寺。）元祐三年十一月示寂，塔舍利於寺西北。①

可見，義天本義或說主觀意圖倒不是送還中國佚籍，而是持至華以求其旨也。

其實，義天來華的目標之一乃求訪天台文獻，故其返回高麗時，帶回了佛典千餘卷，且奏請在興王寺設置教藏都監，用於珍藏宋朝、遼國和日本的佛典。《三國遺事》卷三《興法第三·前後所將舍利》：

……本朝宣宗代②，祐世僧統義天入宋，多將天台教觀而來。此外方冊所不載，高僧、信士往來所賫，不可詳記。大教東漸，洋洋乎慶矣哉。讚曰：

華月夷風尚隔烟，鹿園鶴樹二千年。
流傳海外真堪賀，東震西乾共一天。③

義天還於高麗宣宗王運八年（1091），即北宋哲宗元祐六年，將從北宋請回的佛教文獻編為目録《新編諸宗教藏總録》。是録又稱"義天目録"，或"義天録"，共收一千零八十六部的經論鈔疏。

須措意者，《新編諸宗教藏總録》卷一《海東有本見行録上》"金剛般若經"之下，列有：

① 《大正新脩大藏經》，第49冊，第294頁a欄。
② "代"，"世"之避諱字。
③ 《大正新脩大藏經》，第49冊，第994頁b欄。

▲慧因高麗寺中的義天像

（張子開拍攝，2013年12月28日）

夾頌一卷　傅大士頌[①]

這一記載，至少透露出三個信息：

第一，傳為傅大士撰之《金剛經》頌，在北宋時已然頗為流行也。

第二，"傅大士頌"之《金剛經》"夾頌一卷"，在北宋時傳播至朝鮮關島。

第三，鑑於義天來華之主要目的，以及天台宗與傅翕的密切關係，這種"傅大士頌"很可能來自天台宗。

我們知道，高麗宣宗王運七年（1090），高麗國據《開寶藏》天禧、熙寧本和契丹本，在興王寺開雕新版藏經，是即"高麗續藏經"。後又收録了義天《新編諸宗教藏總録》中的各家章疏。完工之後，和初雕高麗藏的經版一起，庋藏於符仁寺（今韓國慶尚道大邱市八公山）。高宗王皞十九年（1232年），符仁寺、興王寺及所貯經版，在蒙古人入侵時，悉數化為灰燼。

當年義天所攜回的"傅大士頌"的《金剛經》"夾頌一卷"，很可能

① 《大正新脩大藏經》，第55冊，第1170頁c欄。

▲韓國大邱市符仁寺

已然燬於兵燹矣。

叁　元明清：踵武祖跡，克紹禪風

南宋度宗趙禥咸淳十年，即日本文永十一年（1274），忽必烈侵略日本對馬、壹岐一帶，因遇臺風而敗。不過，南宋卻免不了逐漸被蒙元侵蝕的命運。趙昺祥興二年（1279）二月，陸秀夫負帝蹈海，南宋終至覆滅。日本視蒙古為蠻夷之流，認為中華文化的精粹乃留在日本，對元朝不再恭敬，不願再屈居於下，頗有輕視抗拒之心，不過總體上還算能夠平等對待。不過，對從元朝去的漢族僧人，依然以禮事之。

朱明踐祚之後，以日本浪人為主的“倭寇”開始頻繁竄擾我國東南沿海地區。萬曆二十年，即日本後陽成天皇文祿元年（1592）正月，豐臣秀吉犯朝鮮，明王朝開始發兵支援，至萬曆二十六年（1598）八月，豐臣秀吉死，明軍也終勝，日軍敗退本土。

從明王朝建立到清朝的大部分時間，日本對中國都延續著一種競爭心態。

豐臣秀吉已然限制天主教的肆意傳播，德川幕府上臺後，進一步禁教，並採取地鎖國政策。孝明天皇嘉永六年，即清咸豐三年（1853），美國軍艦侵入日本領海，美國使者從琉球至浦賀，在武力威脅之下，日本天關通商。明治天皇明治元年，即清同治七年（1868），日本開始明治維新，福澤諭吉（1835—1901）等人大力宣傳“脫亞入歐”，放棄中華文化成為潮流。清光緒二十年甲午年，即日本明治二十七年（1894）四月，日本乘朝鮮東學黨起義，派大軍入朝，中日爆發戰爭，清軍大敗。甲午戰爭之後，中日兩國在東亞的地位發生根本變化，日本朝野對於中國和中國文化的態度也迴變，開始普遍輕視、俯視甚至蔑視……①

作為中日文化交流的有機組成部分的佛教文化交流，自亦順應了上述總趨勢。

一　明極楚俊：歷住東瀛名剎，日皇尊為國師

如本書《法嗣紀》所言，明極楚俊禪師（1262—1336）住持義烏雙林寺後，輾轉靈隱、天童等諸剎，終至日本。

考諸史籍，楚俊於天曆二年（日本後醍醐天皇嘉曆四年，1329），受日本大友貞宗派出的使節的邀請，與竺仙梵僊東渡日本，同船還有天岸慧広、物外可什、雪村友梅。同年五月一日至博多（Hakata），時年已六十八歲矣。

當時，日本處於鐮倉時代（かまくらじだい，1185—1333）末期至南北朝時代，戰亂頻仍，但楚俊依然受到幕府重視。

到日本的當年，即後醍醐天皇元德元年，楚俊即在攝津國創建了廣巖寺，天皇賜號“醫王山廣嚴宝積禪寺”。該寺迄今尚以之為開基（創立者）。

攝津國（せっつのくに，Settsu no kuni），古代日本令制國之一。屬京畿區域，為五畿之一，又稱攝州。大致包括現在的大阪市、堺市、北攝地域和神戶市等的部分區域。

廣嚴寺（こうごんじ），本尊為藥師如來。

據說，後醍醐天皇建武三年（1336）五月，在湊川合戰之前，楠木

① 參考：（1）周一良《中外文化交流史》，河南人民出版社 1987 年版。（2）［日］上垣外憲一著、王宣琦譯《日本文化交流小史》，武漢大學出版社 2007 年版。（3）［日］內藤湖南著、劉克申譯《日本歷史與日本文化》，商務印書館 2012 年版。（4）馮瑋《日本通史》，上海社會科學院出版社 2012 年版。（5）［美］康拉德・希諾考爾、大衛・勞瑞、蘇珊・蓋伊著，袁德良譯《日本文明史》（第二版），群言出版社 2008 年版。

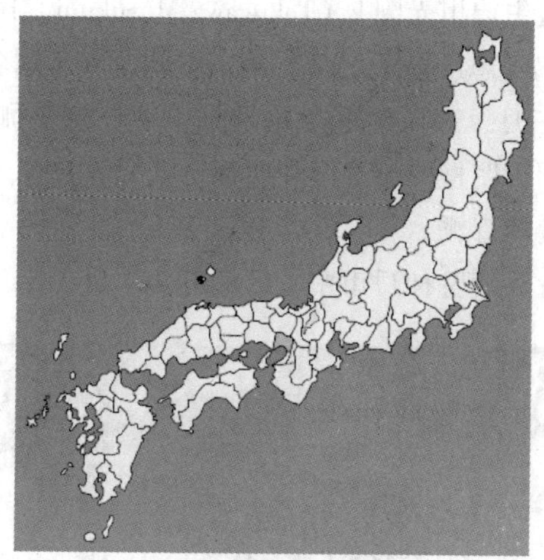

▲攝津國在日本的位置

▲攝津國分郡圖

正成公前往廣嚴寺參見楚俊，問曰："生死交謝時如何？"師答："兩頭共截斷，一劍倚天寒。"正成復曰："畢竟如何？"楚俊振威一喝，正成大悟，禮拜而去。

東山天皇元祿五年（1692），在中興千嚴和尚等的努力下，江戶時代的水戶藩第二代藩主德川光圀①（Tokugawa Mitsukuni，1628—1701）派人在廣嚴寺中豎“嗚呼忠臣楠子之墓”碑。從此，寺又别名“楠寺”。昭和二十年（1945）三月，寺院遭受美軍飛機空襲，堂塔伽藍等皆被毁。後醍醐天皇題字、開山明極禅師墨跡和明極行狀記等幸存。

寺屬臨濟宗南禪寺派。

廣嚴寺現址：兵庫縣神戶市中央区楠町 7 丁目 3-2。

▲廣嚴寺

日本後醍醐天皇元德二年（1330），應鎌倉幕府之請，至關東弘法。途中，後醍醐天皇（1288—1339）招之至京都宮中，請問宗要，奏對愜旨，蒙賜號“仏日燄慧禅師”。

明極楚俊乃成為雙林寺歷代住持之中，自兀庵普寧之後的第二位日本國師，其地位之崇高可知矣。

同年二月，應鎌倉幕府第十四代執權、得宗家北條高時（ほうじょうたかとき，1303—1333）的邀請，住持建長寺，以竺仙梵僊為前堂首座。

後醍醐天皇元弘元年（1331），後醍醐天皇策劃了第二次倒幕政變，失敗後，天皇被流放到隱岐。幕府擁立了光嚴天皇。後醍醐天皇元弘三年（1333）二月，後醍醐天皇逃出，在足利尊氏、新田義貞的擁戴之下，推翻了鎌倉幕府，建立南朝。光嚴天皇治下則為北朝。

① 圀，武則天所創字。“國”也。

▲後醍醐天皇像

（清淨光寺藏）

▲北條高時像

（寶戒寺藏）

復位後的後醍醐天皇當年即請明極楚俊至京都，為南禪寺第十三代住持。翌年，即後醍醐天皇建武元年（1334），南禪寺被評為京都五山之第一。

按，南禪寺（なんぜんじ），全名“瑞龍山太平興國南禪禪寺”。由龜山法皇開基/創立，創建於正応四年（1291），第一任住持無關普門。為日本禪宗臨濟宗南禪寺派大本山。

南禪寺現址：京都府京都市左京区南禅寺福地町 86。

▲南禪寺三門

（663highland 拍攝，2009 年 7 月 11 日　2012 年 10 月 12 日）

▲南禪寺景

（張子開拍攝，2012 年 11 月 19 日）

建武元年稍後，楚俊移居建仁寺，為該寺第二十四任住持。

按，建仁寺（けんにんじ），全名“東山建仁禪寺”。因於建仁二年(1202)，由源賴家開基（創立者），故名。第一代住持為榮西。山號“东山”（とうざん）。在京都五山中排名第三。為臨濟宗建仁寺派大本山。現址：京都府京都市東山區小松町584。

▲建仁寺方丈

（663highland，2009年2月21日）

此外，明極還創建了雲澤庵等道場。

楚俊在日期間，竭力宣揚中土禪法，感化了一批公卿武士，佛教界宿碩、俗世俊彥皆望風而至。特別是，禪師擅長詩文，其創作對日本五山文學有著不小的影響。

元僧至仁嘗撰《送巖上人還日本并簡雙林明極和尚》詩，托人帶給時在日本的楚俊：

十年問法天王地，萬里鄉山碧海東。
雪室有禪傳鼻祖，蒲帆無恙轉秋風。
潮連蓬島晴雲白，霞擁扶桑曉日紅。

為問雙林老尊者，尺書還寄北來鴻。①

㦤上人，當為扶桑僧侶吧。至仁，即行中，其化跡見《續燈正統》卷十三《蘇州府萬壽行中至仁禪師》。按，《元詩選初集》卷六十八："澹居禪師至仁　至仁，字行中，別號熙怡叟。鄱陽人。得法于徑山元叟端和尚，駐錫蘇州萬壽寺。博綜經傳，貢尚書泰甫、黃侍講晉卿皆服其說。虞文靖公稱其文醇正雄簡，有史筆，宗門之子長也。其詩句如'松間石榻春雲護，花底山尊夜月開。沙渚草香流水活，海天雲淨碧峰遥。醉題梧葉秋陰合，坐對槐花莫雨來'，又《咏海棠再花》云'月裹精神今更好，雨中顏色向來新'，俱穩秀有法。判官皇甫琮編次其詩文曰《澹居藁》，江左外史雪廬新公為之序。"

後醍醐天皇建武三年（1336）九月二十八日，明極楚俊於京都建仁寺遺偈云：

七十五年，一條生鐵。大地粉碎，虛空迸裂。

書畢，擲筆而逝。世壽七十五。遺骨分藏於雲澤、少林二塔之中。

法嗣有懶牛希融、草堂得芳、惟肖得巖等。在日本所遺留的派別被呼為臨濟宗"燄慧派""明極派"②。

明極楚俊在中日兩國均有巨大影響。其逝後，元代臨濟宗僧月江正印《悼明極俊禪師》追念之曰：

一生奘奡更槎枒，鈍置凌霄箇老爺。
擘破華山撾鐵鼓，耕開東海種瓊花。
翻身獅子無蹤迹，戴角菸菟不露牙。
前輩凋零空歎喜，只今誰是指南車。③

---

① 庶吉士顧嗣立編：《元詩選初集》卷六十八。

② 參考：（1）《國史大辭典》，今泉淑夫撰"明極楚俊"條。吉川弘文館，1983年。（2）《日本史大事典》第六冊，今谷明撰"明極楚俊"條，平凡社，1994年。

③ 《月江正印禪師語録》卷下《偈頌》，《大日本續藏經》第壹輯第貳編正編第貳拾捌套，第一百五十葉左半葉。

明末清初釋即非亦有贊：

明極俊禪師 臨濟下第二十世，嗣虎巖伏和尚
大師之道，縱横放肆，莫可撮摸，涯略一二。
造詣窮極，智不能知。履踐端深，四稜踏地。
運語默鉗，鎚開包羅。爐韛陶鑄，七會聖凡。
小大俱無敧器，住世七十五年。
笑示死生，寤寐擦手，一物也無。
迸出五色舍利，少林樹塔天台銘，碧落為碑屋宿字。①

應該説，終於日本的明極楚俊禪師，實乃兩國佛教界的不巧巨匠也。

二　日本寺院：普置轉輪經藏，供奉傅翕雕像

1. 轉輪藏的初傳

雙林寺祖師傅翕發明的轉輪藏，至遲在元末明初即已在東瀛出現矣。

與高啟、劉基並稱為“明初詩文三大家”之一的宋濂（1310—1381），祖居義烏，後遷至金華，曾撰《日本瑞龍山重建轉法輪藏禪寺記》，論及轉輪經藏的東傳。文曰：

我佛如来其正法之流通者，有三蔵焉：一曰修多羅蔵，二曰阿毗曇蔵，三曰毗尼蔵。惟此三蔵，諄諄化導，使一切有情，滅妄趍真，誠昏衢之日月，苦海之舟航也。琅函玉軸，多至五千百四十八巻，衆生根純，莫能融貫。善慧大士以方便力，造為毗盧寳蔵，函經其中，一運轉間，則與受持讀誦等無有異，攝大千於機輪，所聚功德不可思議。由是，薄海内外凡有伽藍者，必設置蔵室焉。

日本沙門文珪介鄉友令儀来告予曰：“本國平安城北若干里，無碑碣可徵，莫知其何時建立。正應元年，肯庵全公從周防法眼藤道圓之請，嘗就遺址而一新之，而僧本覺及梅林、竹春、巖玲相繼来莅法席。自時厥後，風雨震凌，又復摧塌弗支，白草荒烟，芻蕘之跡交道矣。

① 《即非禪師全録》卷十《贊》，《嘉興藏》，第38冊，第674頁b欄。

貞治三年，衆以文珪或可以起廢，力舉主之。初，寺無正殿，唯有蔵室一區，蔵之八楹皆刻蟠龍，作升降之勢，数著靈異，因祀之為護伽藍神。

至應安三年，文珪欲建殿拎其前，忽神降於一比丘曰：‘我神泉(苑)［苑］善如龍王也。伽藍神来云：“大蔵將傾，乃視之漠如，而欲有事於殿功，是棄所急而不知務也。”宜亟易為之，否則我足一揺，此地當為湖。茍遵吾言，改奉王家神御，則國祚、佛法皆悠長矣。’言訖仆地，覺而詢之，絶無所識。知事聞于王，王大悅曰：‘余憶幼時，乳母時禱八龍之神，事正相符。’即遣中納言藤元賜今額。元之行，有雙白鷺飛翔前導，至寺而止，人異之。

未幾，王遜位，號太上天皇，給地若干畝，以廣寺基。文珪殫厥智慮，出衣盂之資，簡材陶甓，使其堅良。崇室上覆，機輪下承；鉅木中貫，方格層列。經匭櫛比，繪像精嚴；神君鬼伯，翼衛後先。所謂楹上八龍者，塗以金泥，鱗介焜燿，角鬣森張，陰飈肅然，似欲飛動。國人聚觀，無不慶愜。文珪復奉今王之命，請贖一大蔵經，安置匭中，規制整飭，視舊有加焉。經始於某年月日，訖功於某年月日，縻錢若干，貫米若干，斛役人若干功。

太上既棄群臣，文珪别於寺東若干步建盤龍院，以奉神御，如神之所言云。

文珪近受王命，出持使節，貢方物于　上國。大明皇帝嘉其遠誠，寵賚優渥。文珪敢藉是，有請拎執事，願為文，持歸勒諸堅珉，以示無極。”

予聞七佛尊經，實貯龍宫海蔵。在昔龍樹尊者嘗入其中覩《華嚴經》上中下三本，因記下本以歸西土。是則天龍雖以戒緩，在龍種中，而其向乘之急，得拎華嚴會上圍繞盧舍那弗，與聞大乘圓頓之教，終非他族可及。經蔵所在，其能擁護而顯靈異也。宜哉!

日本初無輪蔵，有之其從兹寺始。文珪承國君之命，孜孜弗懈，以起廢為已任，亦可謂流通大法者已。予既為記其事，且演說蔵中真實了義，為偈以繫之。

文珪，字廷用，篤志禪觀，善繼大林育公之學者也。

偈曰：

世尊大慈父，憐憫諸有情。自從鹿野苑，直至路跋提河。

說無量妙法，普度於人天。根雖有利鈍，隨機獲饒益。
弟子所結集，汗牛復充棟。善慧施善巧，收攝在轉輪。
圓樞運動間，地軸相回旋。法王所說法，一一皆現前。
譬如日月燈，能放大光明。無非真般若，不見有一法。
似兹功德聚，盡在轉移内。一轉結習空，净如青琉璃。
二轉加精進，直入智慧海。三轉到彼岸，安住涅槃城。
以至千百轉，轉轉俱一同。循環若弗停，我輪未嘗動。
此以何因緣，動静無相故？瑞龍有精藍，重建毗盧藏。
中函貝葉多，字如恒河沙。沙沙各具佛，不翅那由他。
還以一佛攝，攝盡無復餘。大包於無外，小則入無内。
是謂神通藏，萬刼終不磨。非比有漏因，成壊每相仍。
所以天龍衆，在在悉護持。有時著靈異，雷電倏變幻。
守此清净域，外道不敢干。我持如意輪，讚此大乘法。
告爾諸佛子，晝夜須勤行。有悟片言間，全體即呈露。
不著前後際，廓然無聖凡。豈惟佛子等，龍神亦當聽。
乘戒二俱急，共成無上道。①

綜合諸種材料可知，日本北朝後光嚴天皇貞治三年（1364），文珪被推舉為平安城（後稱京都）寶福寺住持。後光嚴天皇應安三年（1370），文珪修繕原有藏室，天皇賜寺額曰“轉法輪藏禪寺”。後數年，重修事方畢。後圓融天皇永和二年，即明洪武九年（1376），文珪受命出使中國，遂請宋濂為此文②。

宋濂稱“日本初無輪藏，有之其從兹寺始”。其實，瑞龍山轉法輪藏禪寺既然屬於重建，則前此當有轉輪藏吧。也就是說，至遲在文珪任寶福寺住持的貞治三年，轉輪藏已然傳播至日本矣。

此後，日本絡繹有佛寺建立轉輪經藏。

① 《宋學士文集》卷三十三，上海涵芬樓借侯官李氏藏明正德刊本景印，《四部叢刊初編》集部，上海書店，1989 年 3 月重印。是文又載：（明）宋濂著、（明）雲棲袾宏輯、（清）錢謙益訂《宋文憲公護法録》卷五《記・日本瑞龍山重建轉法輪藏禪寺記》，《嘉興藏》，第 21 冊，第 648 頁 c 欄至 649 頁 b 欄。

② 張勇：《義烏雙林寺輪藏傳播東瀛考——以明宋濂有關記載為研究基礎》，杭州佛學院編《吳越佛教》第八卷，九州出版社 2013 年版，第 439—444 頁。

2. 滋賀縣永源寺轉輪藏

文珪任寶福寺住持前幾年，“正燈國師”寂室元光（1290—1367）於後光嚴天皇康安元年（1361）創建了永源寺（えいげんじ），開基者為佐々木氏賴（六角氏賴）。寺院全名“瑞石山永源寺”。明治時期的1873年，歸屬東福寺派；1880年獨立為臨濟宗永源寺派大本山。現址：滋賀縣東近江市永源寺高野町41。

▲永源寺本堂

（nobrinskii 拍攝，2008年1月20日）

寺內現藏有寂室元光之遺偈。日本多處還收藏有元光之遺物或墨寶，如藤田美術館即有元光《文殊大士偈》，京都國立博物館有其書信。

永源寺內現亦有一座轉輪藏，藏前雕有傅大士及其二子普建、普成之像。

永祿年間（1558—1570），永源寺為織田信長焚燬。到“仏頂國師”一絲文守（1608—1646）時方始重建。這樣，寺內目前的轉輪藏當亦創於十七世紀上半葉。雖然如此，要當以前亦有吧。

3. 巖手縣祥雲寺轉輪藏

我們知道，17世紀初，日本開始步入江戶時代（えどじだい，1603—1867）——因東京舊稱“江戶（えど）”而得名。又因此一時代由江戶幕府，即德川幕府統治，故又稱德川時代。

本書《聖物紀》已然提及，日本巖手縣祥雲寺不但建有轉輪藏，而

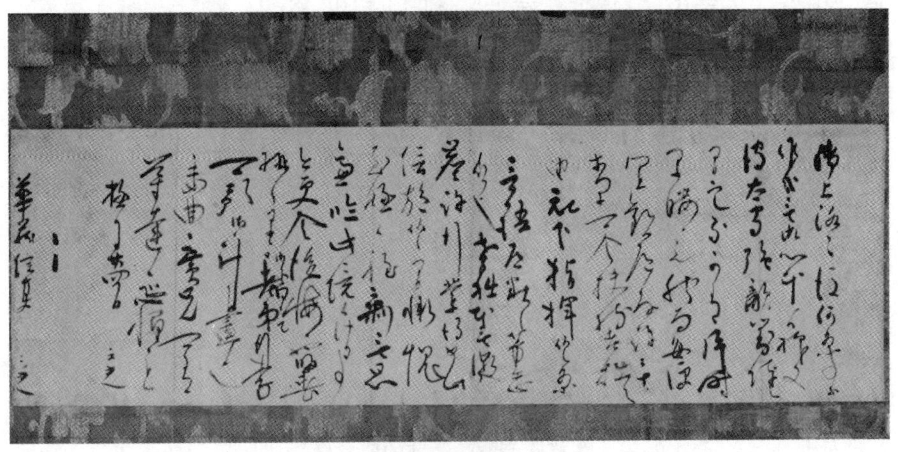

▲寂室元光書信

（京都國立博物館收藏）

▲永源寺之轉輪藏、傅翕及二子像

且於藏前雕有傅翕及其二子像。這座轉輪藏建於江戶末期的仁孝天皇文政十一年（1828）。按，祥雲寺（しょううんじ）乃臨濟宗妙心寺派的寺

院，山號“大慈山”。現址：岩手県一関市台町 48-2。

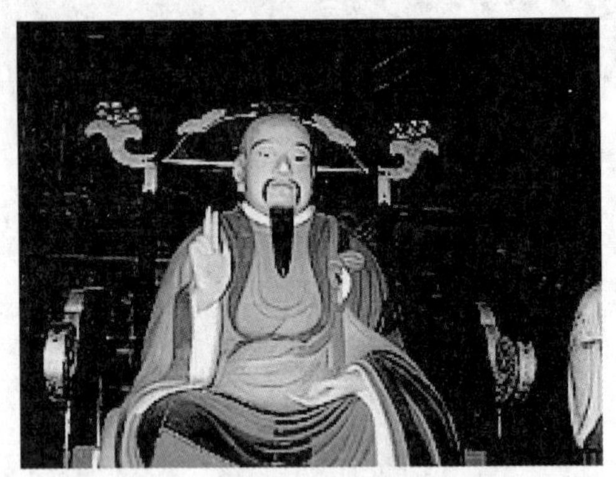

▲祥雲寺轉輪藏前的傅翕像

4. 群馬縣鳳仙寺轉輪藏

早於祥雲寺，光格天皇天明三年（1783），群馬縣鳳仙寺亦創建了轉輪藏。

鳳仙寺（ほうせんじ），位於群馬県桐生市梅田町 1 丁目，屬於曹洞宗。山號“桐生山”，全名“桐生山鳳仙寺”。正親町天皇天正二年（1574）創建。

寺內的轉輪藏，占地約 33 平方米。為桐生市指定重要文化財。輪藏沿襲傳統的中心柱式結構；以柱為軸，由柱延伸出八面，每面設置經架。一面，安置雙林大士傅翕之像，其他七面則放入靈元天皇延寶七年（1679）印行的“鐵眼版”一切經共六千九百五十六卷。

5. 新潟縣本成寺傅翕父子像

伏見天皇永仁五年（1297），日印（1264—1328）在新潟縣創建了青蓮花寺，開基為領主山吉定明。花園天皇正和三年（1314），日印禮請其師日朗為開山初祖，自任第二代住持，寺名改為“長久山本成寺”。後醍醐天皇元亨元年（1321），從日朗門獨立出來，創本成寺派。寺亦為日蓮宗三大秘密之根本道場，同時為一敕願所。

之後，屢遭火災，又歷經重建。明治七年（1874），日蓮宗一致派與勝劣派分裂，本成寺屬勝劣派。明治九年（1876），勝劣派再分裂為諸門流，其中的日陣門流被稱為本成寺派。明治三十一年（1898），本成寺派改稱法華宗。昭和二十六年（1951）迄今，稱法華宗陣門流。本成寺為法華宗陣門流総本山。本尊：三寶尊。現址：新潟縣三條市西本成寺1-1-20。

本成寺（ほんじょうじ）有一組木造傅大士坐像及普建、普建立像。時間大概在江戶中期。平成十七年（2005）五月十三日，被指定為三條市有形文化財。

▲本成寺之傅翕、普建、普成木雕像

此組木雕像在千佛堂之後。由其形製來看，很可能原來是放在轉輪藏前的。

6. 滋賀縣宗安寺轉輪藏

日本近畿地方滋賀縣彥根市的宗安寺，全稱“浄土宗　弘誓山天白院 宗安寺”。寺內亦有傅大士像。

宗安寺以前亦有轉輪藏，損毀於明治時期，現僅存傅翕雕像。

7. 奈良縣橘寺經堂

日本歷史和文化的發祥地之一奈良，境內的橘寺也有一座轉輪藏。屬天台宗寺院。

橘寺（たちばなでら），俗名，因其地多橘樹也。又稱“橘尼寺”“橘樹寺”。正式稱呼為“仏頭山上宮皇院菩提寺”——傳說太子於此講

▲木雕像在本成寺内之位置

▲宗安寺内之傅大士像

《勝鬘經》時，山上出現千個佛頭，故後來稱“佛頭山”。現址：奈良縣高市郡明日香村大字橘。

本尊為聖德太子、如意輪觀音。傳說聖德太子誕生於此，故造此寺。以聖德太子為開基。是為太子所建七寺之一。

▲橘寺和彼岸花

（Kumamushi 拍攝，2009 年 9 月 19 日）

實際上，橘寺的創建年代並不明晰。最早記録該寺的文獻為《日本書紀》："橘寺尼房失火，以焚十房。"① 時在天武天皇白鳳八年（680）四月。

現存本堂，即太子堂，係孝明天皇元治元年（1864）重建。堂內放置有本尊聖德太子像。像為太子三十五歲時的模樣，木雕。室町時代後柏原天皇永正十二年（1515），椿井舜慶雕刻。

當然，最值得我們關注的是經堂。

經堂為全木建筑。內陣設置為：正面，阿彌陀佛；左邊，弘法大師；右邊，傅翕及二子像。

傅翕及普建、普成像，木雕。翕伸出右手，豎二指作說法態。二子或手指其父，或展示二掌，皆頗歡喜。其創意及造型，皆為安置於轉輪藏前也。

---

① ［日］坂本太郎校注本。岩波書店 1993 年版。

▲橘寺本堂

（Yanajin33 拍攝，2012 年 10 月 6 日）

▲橘寺本堂内的聖德太子像

▲橘寺經堂

▲橘寺經堂内陣

前已述及，弘法大師空海嘗創建遍照院，院僧且鈔録《雙林善慧大士小録》，可見空海與傅翕頗為有緣。橘寺經堂中以傅翕父子與空海對

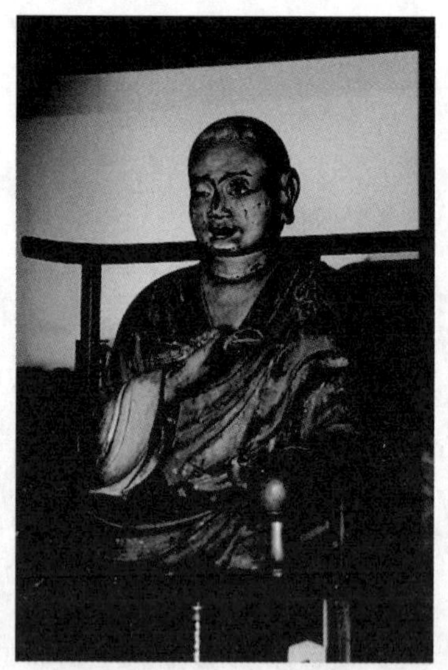

▲橘寺經堂中的弘法大師像

▲橘寺經堂中的傅翕及其二子像

設，亦宜矣。

8. 京都府清涼寺一切經藏

一條天皇寬和三年，即北宋太宗趙光義雍熙四年（987），奝然

(938—1016）於京都創建了清涼寺，第一代住持為其弟子盛算。寺名全稱“五臺山清涼寺”。因寺院原為嵯峨天皇的儿子源融氏的山庄，故別稱“嵯峨釈迦堂”。本尊：釋迦如來。這尊木雕釋迦像，乃奝然從宋朝請去，肚內裝有佛典。後被指定為日本國寶。故寺又俗稱“釋迦堂”。

初屬華嚴宗，後歸浄土宗。

清涼寺（せいりょうじ）現址：京都府京都市右京区嵯峨釈迦堂藤ノ木町 46。

寺中有江戶時代中期建立的一切經藏。

▲清涼寺一切經藏

（Yanajin33 拍攝，2013 年 3 月 30 日）

一切經藏為一幢獨立的建筑。經藏內，正面供奉著傅翕父子像，像後的轉輪藏中，庋存著明版一切經，計五千四百零八卷。輪藏的四角，安置著四大天王。

可以看出，傅翕父子像與橘寺所奉者在形態上並無大異，唯更為古老和精致而已。

相較於日本國內和中國的其他轉輪藏，清涼寺的輪藏在外形上有一些特點，不再有八面了；但其基本結構仍是一致的，仍能以人力推動。

▲清涼寺一切經藏内的傅大士及二子像

（Yanajin33 拍攝，2013 年 3 月 30 日）

▲清涼寺一切經藏内的轉輪藏

（Yanajin33 拍攝，2013 年 3 月 30 日）

以上只是例舉部分日本現存轉輪藏及傅翕雕像而已。當然還有其他尚存之處，以及已然消失者也。

需要説明的是，轉輪藏前的傅翕及其二子像，日本别稱為“笑仏”。

綜上所述可見，從李唐王朝伊始，雙林寺及其僧人即絡繹不絕地、不遺餘力地支持日本佛教的發展壯大。

肆　餘音：慘罹戰禍，祖庭重生

一　日軍劫毀雲黃山

民國三十一年農歷四月七日（1942 年 5 月 21 日），即釋迦牟尼佛誕日前一天，日軍侵佔了義烏縣城。此後一直到民國三十四年（1945）日本投降的短短三年多時間裡，日本軍隊在義烏犯下了滔天的罪行[①]。例如：毫無人性地發動了細菌戰，據不完全統計，僅在義烏境內即有 1315 人死於鼠疫，其中崇山村 408 人遇難、村莊被焚毀；日軍還將部分患者關在離崇山村一公里許的林山寺[②]內，並進行活體解剖[③]。雙林寺所在的佛堂鎮一帶亦被波及。

雲黃山上盛產螢石，其主要成分為氟化鈣；冶煉鋼鐵時加入，能除去硫、磷等有害雜質，還可提高溶液的流動性。當年日軍發動浙贛戰役的目標之一，就是為了奪取義烏、武義[④]等地的這一重要戰略資源。佔領浙中地區後，日軍根據日本自然科學研究員中東秀雄等人組成的“從軍調查隊”所作的《武義—義烏兩地區主要螢石礦產地精查報告》，大肆掠奪義烏、新昌、嵊縣、諸暨、東陽、金華和武義等七縣的螢石礦產[⑤]。民國三十二年夏，日軍成立了隸屬於華中礦業公司義烏南山礦務所的“佛堂硑石公司”，以一個姓“那許”（日語音）的日本人當負責人，配備一個分

① 《義烏縣志》辦公室：《日軍在義烏的暴行》，義烏縣政協編《義烏文史資料》第二輯，第 47—52 頁。

② 寺位於今義烏市區西南的稠江街道辦事處。始建於清康熙年間。光緒時，知縣贈匾“林山古寺”。（陳炎主編《義烏宗教》“林山寺”，第 11 頁）寺之南，即為雙林寺所在的佛堂鎮。

③ 參考：（1）義烏市檔案局《歷史，永遠不能忘記——侵華日軍細菌戰義烏受害者口述及史料搶救工作紀實》，《浙江檔案》2013 年 12 期。（2）劉書臣《義烏縣鼠疫流行始末》，《義烏文史資料》第一輯，第 30—39 頁。（3）何必會《侵華日軍細菌戰義烏受害調查紀實》，2007 年 4 月 6 日，何必會的專欄，http：//ywhebihui. blogchina. com/460388. html。

④ 武義縣號稱中國“螢石之鄉”。

⑤ 參考：（1）《日軍掠奪義烏螢石資源紀實》，《義烏方志》2005 年 2 期。（2）中共浙江省委黨史研究室王彬彬《日本侵華掠奪浙江螢石礦罪行紀實》。

隊的日軍保護；這批日軍佔據了雲黄寺，在山頂修建崗亭、彈藥庫和兵營，一直騷擾到民國三十三年九月下旬被我義烏"南聯"部隊消滅為止①。

▲云黃山頂的日軍據點遺跡

（張子開拍攝，2013年6月8日）

最可恨的是，日軍在雲黄山劫掠礦產時，並不是採取礦洞作業，而是將雲黄寺兩邊的山體截開。據說這是聽從了日本僧侶的建議，欲以此徹底毀滅雲黄山的風水靈氣……到日軍敗退，較為單薄的左側山體已經被挖至山腰，雄厚得多的右側山體則留下了一個大缺口。半個多世紀以來，這兩道傷口都在無日無時地訴說著日軍的罪惡。

二　雙林鐵塔幸免難

為了盜運螢石，日軍將位於寺前街東面、當年傅翕親自指揮修建的白楊古塔拆毁，填作汽車路②。侵略戰爭末期，日軍又將雙林寺前的鐵塔失搶去，搬至義亭車站，擬運回日本。幸好，時因戰敗而最終留在義烏。

---

① 王剛：《記"南聯"》，《義烏文史資料》第一輯，第5—14頁。

② 稽湖畔暫住隱居無名氏：《重建雙林古寺近代簡史（初稿）》，1994年仲冬。

▲云黃山頂的日軍據點遺跡

（張子開拍攝，2013 年 6 月 8 日）

▲被日軍剖開的雲黃山之一

（張子開拍攝，2013 年 6 月 8 日）

我們知道，日本在歷次侵華戰爭中，始終將攫取和毀滅中華優秀文物

▲被日軍剖開的雲黃山之二

（張子開拍攝，2013 年 6 月 8 日）

文獻作為重點之一[①]，“九一八”以後的十三年侵略戰爭自不例外[②]，如劫奪沈陽故宮文溯閣《四庫全書》等罪行。

日本侵略軍師團一級都配備了“文物搜集員”，日本國內還會不定期地派遣“考察團”分赴各戰區，這些人專門甄別、搜索中國古代文物、古籍，凡有價值者，或搶劫回日本，或就地毀壞[③]。這批“專家”中，就有部分日本僧人——當然一般是著便裝或軍服了。東瀛僧侶在侵華戰爭的種種為虎作倀行為，實在令人齒冷心寒。戰爭結束後，歸還我國的贓物還

---

① 中國社會科學院近代史究所《近代史資料》編輯部編、莊建平主編：《國恥事典》，成都出版社 1992 年版。

② 參考：（1）國民政府教育部檔案《抗戰一年來圖書館的損失》，中國第二歷史檔案館藏。（2）The American Information Committee，*Japans Culturan Aggression In China*，美國國會圖書館藏。（3）［日］外務省《中華民國よりの掠奪文化財總目録》（从中华民国掠夺的文物总目录）。（4）中華民國教育部編制《中國戰時文物損失數量及估價總目》，1946 年。（5）中華民國教育部統計處編《全國各級學校及教育機關戰時財產損失數量統計》，1946 年 6 月。（6）戴雄《抗戰時期中國文物損失概況》，《民國檔案》2003 年 2 期。

③ 孟國祥：《大劫難：日本侵華對中國文化的破壞》，中國社會科學出版社 2005 年版。

不到 10%[①]。

種種跡象顯示，云黃山及雙林寺在抗戰期間被日軍擄掠毀壞絕不是偶然的，而是有預謀、有計劃地刻意為之。不能不說，這是雙林寺千餘年來與日本交流史上，最椎心、最殘忍、最屈辱也最黑暗的一頁，永遠不會被淡忘、不可被寬恕、也不能被抹殺。

雙林寺諸道場在現代的一蹶不振，日本侵略者罪莫大焉。

幸好，雲黃山主體無恙，古寺基礎尚存，稽亭塘還漾著清波，特別是傅大士化語仍然流傳了下來，義烏民衆依舊竭力護持著祖師、雙林寺、雲黃寺和其他聖跡。正如明義烏縣令貢脩齡所言："今山中草木瓦石，皆法器也。禽獸蟲魚，猶眷屬也。"[②] 有此千餘年來的佛法積淀和文化傳承，故而近三十年來雲黃寺、雙林寺又相繼恢復，"雙林樹下當來解脫善慧大士"傅翕——東亞最早被公認的彌勒化身——在松山下的道場，定將迎來新的輝煌。

① 參考：(1) 中華民國駐日本代表團《在日辦理賠償歸還工作綜述》，沈雲龍主編《近代中國史料叢刊續輯》，文海出版社 1980 年版。(2) 王世襄《抗戰勝利後平津地區的文物清理》，中國人民政治協商會議全國委員會文史資料研究委員會編《文史資料選輯》第九十六輯，文史資料出版社 1984 年版，第 191—208 頁。

② (明) 貢脩齡：《雙林寺重鑄大鐘記》，浙江省義烏市圖書館庋藏清宣統二年 (1910) 秋九月稠州通美公司石印本《傅大士語録》。

附　　録

《兀菴普寧禪師語録》卷中
《住巨福山建長興國禪寺語録》

(南宋) 侍者道昭、景用、禪了編

陞座祝　聖。"據坐垂釣，出得油缸入醬缸，通身是口若為談。老拳尚有些筋力，拚命來機為指南。有麼？有麼？"有僧出，問云："極目春光水照空，岸莎汀草碧茸茸。乘時願赴慇懃請，大展慈風振祖風。學人上來，願聞第一義諦。"師云："杲日當空，清風帀地。"進云："諸佛出世，地涌金蓮。和尚榮鎮此山，有何祥瑞？"師云："擘開華岳連天秀，放出黄河一派清。"進云："非但建長增瑞氣，八方鼓舞樂忻忻。"師云："春行萬國，月印千江。"進云："大唐國、日本國，宗風益振無殊別。如何是大唐國佛法？"師云："一棒一條痕。"進云："如何是日本國佛法？"師云："一摑一掌血。"進云："任麼則一處通，千處萬處一時通。"師云："只你一箇未知痛痒在。"進云："只如大檀那國公殿，特加禮請和尚開堂演法，和尚數次啟劄力辭。復進十五偈控免。因甚究竟辭免不得？"師云："早知今日事，悔不慎當初。"進云："可謂佛佛道同悲願重，廣開利濟沃蒼生。"師云："好事不如無。"進云："茲辰國公殿親臨拱聽法要，必竟如何指示？"師云："近水樓臺先得月，向陽花木早逢春。"進云："任麼則錦上鋪花千萬重。"師云："這一句子，却也相似。"乃云："諸佛未出世，祖師未西來。人人真智湛然，好箇清平世界。無端胡種萌孽，便見毒惡流行。平地干戈，無風起浪，遂致分疆列界，移東補西，荆棘参天，葛藤遍地。然雖如是，只如世界未立、佛祖未興已前，如何通信？"良久，云："鯨吞海水盡，露出珊瑚枝。"

復舉。"臨濟和尚因王常侍相訪，同到僧堂。常侍云：'這一堂僧，還坐禪麼？’濟云：‘不坐禪。’常侍云：‘還看經麼？’濟云：‘不看經。’侍云：‘也不坐禪，也不看經，必竟作箇什麼？’濟云：‘總教伊成佛作祖。’侍云：‘金屑雖貴，落眼成翳。’濟云：‘將謂是箇俗漢。’”師拈云：“臨濟老漢，氣吞寰宇，只要勘破一切人，却被王常侍等閑勘破。諸人還知麼？且聽下箇注脚。一挨復一拶，一踢復一拳。今古應無墜，分明在目前。”

當晚小參，有僧出問云：“‘空手把鋤頭，步行騎水牛。人從橋上過，橋流水不流。’意旨如何？”師云：“金剛杵打鐵山摧。”進云：“如何是‘空手把鋤頭’？”師云：“千聖難摸索。”進云：“如何是‘步行騎水牛’？”師云：“覷著則瞎。”進云：“‘人從橋上過，橋流水不流’，又作麼生？”師云：“却較些些子。”

乃云：“有句無句，如藤倚樹。樹倒藤枯，句歸何所。須知言詮不及，描貌難成。溈山笑裏有刀，遂致叢林話覇。恁麼恁麼，大難大難。纔有一絲頭，便有百絲頭。獅子一滴乳，迸散百斛驢乳。然雖如是，添得溈山笑轉新。”

復舉。“乳源和尚示衆云：‘西來的的意，不妨難舉唱。’時有僧出，乳源擘脊便打云：‘如今是什麼時節出頭來？’便歸方丈。”師拈云：“正令不行，拗曲作直。這僧若知痛痒，乳源歸方丈未得在。”

上堂。“卸却千斤重擔，惟要在處清閑。老來業債未脫，復墮建長一關。語音未辨，酬酢猶艱，說者聽者難復難。只據一條白棒，南來者、北來者，俱與痛棒。忽然打著一箇半箇獨脫底，從教知道，酌然不在說處不說處，三乘十二分教，總是指空話空、撒土撒沙。必竟如何？摘楊花！摘楊花！”

佛生日，上堂。“右脇纔生，便放拍盲。指天指地，獨步縱横。雲門要打殺，建長助掘坑，惡種從教不復萌。雖然，也是賊過後張弓。”

結制上堂。“昨日晴，今日雨。春夏交承，時節順序，一似林下衲僧，不越規矩。三月安居，克期而取。西天以蠟人冰，雲峰以鐵彈子。建長亦有一條活路，飢則飡，渴則飲，閑則坐，困則眠。以此為據，諸人但任麼參，決不賺忤。”

解夏小參。“佛以一音演說法，衆生隨類各得解。敢問大衆，且那箇是一音所演之法？莫是天是天、地是地，山是山、水是水麼？莫是春生夏長，秋收冬藏麼？如斯理論，大似撥火覔浮漚。且道是那箇一音？”以拂子擊禪床，云："一音既演，直得盡乾坤大地，若聖若凡，情與無情，聞是法音，悉得悟解。然雖如是，唯有拂子不入這保社。何故？不見道：'山僧不會輪甲子，一葉落知天下秋。'"又擊一下。

上堂。"解開布袋頭，縱横得自由。其往也無拘無束，其去也南州北州。放牧潙山水牯牛，不風流處也風流。"

謝兩藏主，上堂。拈拄杖，召大眾云："大藏、小藏，盡從這裏流出。諸人若知得落處，一生參學事畢。其或未然，且聽拄杖子從頭點出。"左邊卓一下，云："這箇是有教。"右邊卓一下，云："這箇是空教。"中間卓一下，云："這箇是中道大乘教。三段不同，欲釋此經，向下文長，付在來日。"又卓一下。

國公就本寺，滿散祈禱道場，禮請普說。問答不録。

乃云："大人具大見，大智得大用。胸藏六合，掌握乾坤。坐碧油床，被忍辱鎧，執堅固箭，秉智慧弓。總大千世界為一戰場，指百億須彌為一射垜。百發百中，雙放雙收。掃除百萬妖魔，勦絕步多惡黨，便見時清道泰，海晏河清，八表歸仁，萬邦入貢，頓轡自樂，坐鎮無憂，可謂我於法王得法自在。正恁麼時，且道功歸何所？"良久，云："寸刃不施魔膽碎，望風先已竪降旗。"

復云："佛說一切法，為度一切心。若無一切心，何用一切法。蓋由一切眾生，無始以來，無知僻執，起惑造業，輪迴五趣。如來出世，隨宜為說處中妙理，令諸有情了達諸法，遠離疑執，起處中行，各自修滿，得三菩提，證寂滅樂，皆由心之所作。古德云：'只箇心心心是佛，十方世界最靈物。縱横妙用可怜生，一切不如心真實。'持五戒，生人道；修十善，生天道：皆由心作。至於捨有漏入無漏，棄有為入無為，皆由心作。蓋造善造惡不同，所以諸佛出世，觀根逗教，演說三乘法門，乃至隨彼彼類，現彼彼身，而為說法。此法惟只一法，蓋為有此一切心，應機為說一切法。雖隨根機而說，於人天大會之中，亦有悟無生忍者，有證阿耨菩提者；亦有雖在會中，如聾如盲，不能曉解者。蓋證悟有淺深，得道有優劣。或密說而顯演，或談空而顯實，或指示教外別傳之旨，無非只要一切人，明自心，見自性，證此法。此法者，非有非無，非有無，非無無。若道不在說處，一代時教甚處安著？若道在說處，且此法作麼生說？須是夙有靈骨、信根堅固，方有趣向分。

是故大檀那夙乘願力，篤信佛法，歸敬切切，盡寫藏典，披閱誦持。

知非究竟，由是力，究教外別傳之旨，孜孜不捨，食息不忘，以徹證為期。是知大根器、大力量、再來菩薩，方能如此。又能剏大伽藍，為國中第一甲剎，廣安多衆，各令知大叢林規式，各令參究己躬大事，各令知有教外別傳之旨，甚深廣大，可以續佛慧命，能離生死此岸，達到菩提涅槃彼岸，廣度有情，總令成佛。常運此心，愈堅愈久，能如是哉。

老僧乃蜀邦生長，訪道江湖有年。適因法眷道舊不忘之義，屢承之約，累却復至，以故撤去寺事，暫乘良便，越漠覲國之光。先承國公殿特垂降接，一見如故。雖語音未通，凡動靜往來，語默酬酢，心眼相照，只此以見吾道眷屬而致然矣。便見瞿曇老漢三百六十餘會，宣說此法，或人間，或天上，說者、聽者心心相知，眼眼相照，與今日所說所聽，等無有異。所以道：'過去一切劫，安置未來今。未來現在劫，回置過去世。'灼然參到，前後際斷，三祇劫空，照見塵劫以來絲毫無差，凡情聖量覓一絲毫，了不可得，所謂'一念普觀無量劫，無去無來亦無住。如是了知三世事，超諸方便成十力'。參學之士，向這裏見徹自己本地風光、本來面目，歷歷分明，方知一代時教，句句字字不說別事，與教外別傳之旨無異無別。或於三乘十二分教中明得者，或於教外別傳之旨明得者，總是到家蹊徑；教中明得者，終是迂曲；教外明得者，不妨直截。唯直截一路，必能到家，必到大休大歇之場，盡未來際得大自在。何故？'離心意識參，出聖凡路學'，方謂直截者也。除是大根器、大力量，方堪煅煉。無常迅速，莫作等閑。古德云：'努力今生須了却，莫教永劫受餘殃。'決然人身難得，好時難逢，知識難遇，正法難聞。既得人身，袈裟著體，好時既逢，知識既遇，正法既聞，剗地不將為事，蓋是不曾種得般若種子，聞似不聞，見似不見，遇似不遇，蹉過者多。蓋為有此一切心，所以佛說一切法。

山僧自春夏至秋，奉意旨為國為民，啟建祈禱道場，日以初、中、後三時，領大眾熏修，披閱誦持，專祈豐稔太平。今來果遂懇祈，茲辰滿散，陞座為衆普說。無非以此心，說此法，感格諸佛龍天鑒茲誠禱，吉祥中吉祥，殊勝中殊勝，乃是此心此法之靈驗也。衆中辦道兄弟，為在教中明得？為在教外明得？往往如風過樹者多，灼然不是小事。佛法下衰，無甚今日。老僧在處叢林，每見衆中辦道兄弟孜孜切切，不捨晝夜，以徹證大事為期。或有一箇半箇挨將出來，弘持大法，依舊超出古今者多。若是道念不堅，力量不大，終難希求大法。豈不見趙州云'諸人被十二時使，惟老僧使得十二時'？且道他在甚處著倒？是汝諸人若真箇孜孜切切，只將己躬一件生死大事，晝三夜三與之廝厓，片時不肯放捨，灼然便得十二時。若只今日明日，點檢張三，點檢李四，聽人說好便道好，聽人說不好更道不好，謂之'矮子看戲，隨人上下'，於自己依舊黑漫漫地，空喪光陰，不覺老病將至，生死到來，將何抵敵？驢胎馬腹，無可疑者，蓋緣虛消檀越信施，枉受人天供養，棄却自己工夫，只說他人過惡；他人若無過惡，粧點強說是非，以之為張。三塗地獄，如何逃得？此是決定之義，與經教所說一同，且不是誑謔之語，信也好，不信也好。

老僧千錯萬錯，越漠乍到此間，衰晚之質，語音未通，無柰難却上命，勉力支撐住持之職。陞堂入室、示眾普說，雖不曾缺，垂手之際，自嘆枉費精神。大凡出家之士，置身叢林中，披佛袈裟，住佛屋，喫佛飯，須是持佛戒、修佛行、弘佛法，續佛慧命；或出來辦事，輔佐叢林：須是有始有終，盡善盡美，成就叢林典刑，即是成就自己，方名禪和子，方可稱佛弟子。若不然者，何緣得大事千了百當？臘月三十日到來，可謂緇田無一簣之功，鐵圍陷百刑之苦，是誰過歟？蓋是道念不堅，力量不大，有此差別，所謂佛法下衰，無甚今日者是也。若說此心此法，說到盡未來際無有窮盡，在會聽者聞者，俱受龍華記別。有一頌子，奉為圓滿願心舉似大眾：'為國為民運此心，果符虔禱獲豐榮。時清道泰封疆闊，合國歡呼賀太平。'"

上堂。"一塵入正定，諸塵三昧起。諸塵入正定，一塵三昧起。三昧與正受，土塊泥裏洗。咦！白日堂堂眼見鬼。非不非，是不是，甲子乙丑海中金，丙午丁未天河水。諸人若也不會，且聽拄杖子當陽指示。"卓一下，云："今朝是九月一，明日是初二。"又卓一下。

諸山至，上堂。"云開爐節，何可說無賓主話？口含霜雪，既遇知音，謾且拈掇。是汝諸人，切不可胡亂挑撥。默默守之，忽然冷灰豆爆，方知道文武火種難磨滅。"

別山、斷橋二法兄訃音至。上堂。"南山白額虫，撞倒太白峰，直得西湖徹底枯竭、東海怒浪翻空，安漢圭峰拊掌，天台尊者槌胸，郎忙日本國裏打鼓，大唐國裏撞鐘。何也？兄弟添十字，此意孰能窮？"拍膝一下，噓一聲，下座。

東福法兄至。上堂。"同飲龍囦，同依師席。切瑳琢磨，相滋相益。分袂東西，各提祖令。越漠來投，心膽傾盡。執別恰恰，一周千里，俯垂輝映。”

舉。“衆再奉慈光，無異撥雲見日。若是向上向下，總將靠之一壁。何也？憶得凌霄蠱毒之家，水也不曾沾他一滴。阿呵呵！會也麼？青山不鎖長飛勢，滄海合知來處高。”

上堂。“‘吾本來茲土，傳法救迷情。一花開五葉，結果自然成。’”拈云：“老胡授般若多羅讖記，區區十萬里，航海而來，游梁歷魏，冷坐九年，以至分皮分髓。將謂有多少奇特，及乎付法一偈，便見敗缺不少。建長雖是他的傳正派兒孫，不曾將脚踏他界至。茲遇遠諱之臨，因齋慶讚，亦有一偈，舉似大衆：‘吾本來茲土，無法與人傳。成蛇者入草，成龍者上天。’”

天台山萬年寺二童行化主至。上堂。“人從天台來，却得西川信。報道萬年松，生在石橋頂。豐干不合饒舌，累及拾得寒山。奮不顧身，奔南走北，直趍東海龍王窟宅，探扶蒼龍頷下明珠。懷抱而歸，廣作利益，非惟照徹十虛、光吞萬象，直使大海變作桑田，千手大悲重增光彩；驚起五百大士，各各從定而起，擘開蒸餅峰，吸盡斷橋水，合掌贊言：‘善哉！善哉！希有希有！’大唐國，日本國，千古之光，得能超越。然雖如是，”以拄杖打一圓相，云：“諸人還知此大寶珠來處麼？”卓一下，云：“若教容易得，便作等閑看。”擲拄杖，下座。

西巖訃音至。上堂。“近得遠來口傳信，報道年來頗安靜。唯有太白瑞巖翁，撞破虛空有雜碎。驚起西川大蓬山上石女淚雙垂，引得扶桑巨福山中木人空嘆息。且道因甚如此？”良久，云：“同飲龍困無義水，手足義重如膠漆。”拍膝，云：“斷絃安得鸞膠續。”

冬節小參。“圓同太虛，無欠無餘。良由取捨，所以不如。豈不見道，如我按指，海印發光。這裏眼見鬼去，不為差事。設或汝暫舉心，便見塵勞先起。須知群陰剝盡，而無剝盡之蹤，一陽復生，而無復生之跡。既無蹤跡，逈絕承當，鐵樹開花撲鼻香。”

復舉。“雲門和尚上堂。僧問云：‘請師答話。’雲門召：‘大衆！’衆舉頭。雲門便下座。”師拈云：‘雲門任麼答話，已是舌頭拖地了也。雖然，未舉已前薦得，早是不堪持論，何況蓋覆將來？”乃高聲召：“大衆！”衆舉頭。復云：“果然。”便下座。

冬節上堂。“冬至寒食一百五，中有一轉平實語。缺齒老胡舉不全，賺他立雪人莽鹵。諸人要知麼？”良久，云：“猫兒偏解捉老鼠。”

上堂。“臘月八夜眼見鬼，便開大口說道理。若向衲僧門下過，爛槌一頓無疑矣。莫有助拳助踢底麼？”操日本鄉談，云：“和蘇嚕之。”

最明寺殿應夢就本寺，命僧看《金剛經》萬卷，祈保天下太平。請滿散陞座。問答不録。乃云：“‘一切有為法，如夢幻泡影，如露亦如電，應作如是觀。’”驀召：“大眾!”云：“作是觀者，名為正觀。若他觀者，名為邪觀。若於唱教門中，足可瞞神謔鬼。若於衲僧門下，大似鄭州出曹門。雖則瞿曇老人於般若會上無中唱出，豈謂後五百歲繫縛盲驢，無自由分？豈不見，葛獠無故聞誦‘應無所住而生其心’，言下錯認驢鞍橋作阿爺下頷，累及周金剛焚却一檐疏鈔，便敢胡搗亂打，也大無端。殊不知，我王庫內無如是刀。須知三世諸佛說夢，歷代祖師說夢，一人傳虛，萬人傳實，遍滿西天唐土，莫能止遏。不覺不知，流傳日本。最明寺殿，白日青天開眼說夢，一似靈山會上親見親聞、無異無別。建長有氣無出處，從而不識好惡，向大集殿對眾與之說破。清平世界，切忌訛言。直教天下太平，兵戈絕戰，國安民泰，歲稔時豐；飢則飡，渴則飲，閑則坐，困則眠；於事無心，無心於事，無欲無依：豈不慶快！然雖如是，‘掬水月在手，弄花香滿衣’。”

復舉。“舍利弗問須菩提：‘夢中說六波羅密，與覺時同別？’須菩提云：‘此義幽深，吾不能說。此會中有彌勒大士，汝往彼問。’”拈云：“舍利弗開眼說夢，須菩提寐語噲言，建長憤氣不甘，一時按過。因成一頌，舉似大眾：‘夢中演說六波羅，覺時同別苦問他。今曰最明重演說，更無一字有誵訛。’阿呵呵！會也麼？好是太平無事日，酌然不許動干戈。”喝一喝。

徑山佛鑑忌，拈香云：“每年三月十八，憶著痛恨入骨。巨福山上望凌霄，萬重山海煙波闊。謾爇一炷兜羅木，唵（引。）嘖嘖嚪嚪。”

樗寮字《阿彌陀經》書偈送最明寺殿：

我有大經卷，量等三千界。親付最明殿，祝壽如滄海。
但願得此經，當下明此心。的知胡達磨，元不在少林。

最明寺殿契悟因緣。

壬戌十月十六朝，最明啟問曰：“弟子近日坐禪，見得非斷非常底。”師云：“參禪只圖見性，若得見性，方得千了百當。”最明曰：“和尚方便指示。”師云：“天下無二道，聖人無兩心。若識得聖人之心，即是自己本源自性。”最明曰：“弟子道崇無心。”師云：“若真箇無心，竪窮三際，横遍十方。”指燭云：“譬如蠟燭未澆成以前，即是本地風光，本來面目。及至澆成點爇，輝耀雅觀，照徹冥暗，人人瞻望；末後燭盡光極，依舊如前消息。佛出世度人，亦復如是：未出世以前，淨法界身，本無出沒；以大悲願力，示現出世成道，隨上中下根機，演說三乘十二分教，拈花示眾，為令聖凡人天大眾，明心見性；末後入無餘涅槃，亦如一條蠟燭，無二無別，萬古流通，直至今日。若見此性，直下便見也。”良久，云：“見麼？”最明曰：“森羅萬象，山河大地，與自己無二無別。”師云：“‘青青翠竹，盡是真如。鬱鬱黄花，無非般若。’”最明言下忽然契悟，通身汗流，乃曰：“弟子二十一年旦暮望，今一時已滿足。”感淚數行，作禮九拜。師即起，佛前燒香，與之印可，即將自身法衣一頂付之，祝云：“公不易到箇田地，宜善護持，令法久住。親付法衣，以表燈燈相聯，續佛慧命，以光末運，萬世愈榮。”次為說付法偈：

我無佛法一字說，子亦無心無所得。
無說無得無心中，釋迦親見燃燈佛。

最明寺殿悟道後，師贈之《助道頌》五首：

老僧初到與三拳，埋恨胷中結此冤。
痛恨忽消開正眼，方知吾不妄宣傳。

悟了還同未悟時，著衣喫飯順時宜。
起居動靜曾無別，始信拈花第二機。

二十一年曾苦辛，尋經討論枉精神。
驀然摸著娘生鼻，翻笑胡僧弄吻唇。

治國治民俱外事，存心存念自工夫。

心思路絕略觀看，佛也無兮法也無。

壬戌十月十六朝，虛空拳踢不相饒。
等閑打破疑團後，大地黃金也合消。

最明夢一善知識，教訓堅固參禪，惺後親繪供養。越兩年，值老僧到，先來參禮，果與夢見一同。契悟後，捧呈所畫頂相求讚：

千煅萬煉工夫熟，感得夢見善知識。
力勸加工用行修，果獲契悟心滿足。
自彰醜惡自掄糊，佛祖仰望俱失色。
老僧更與添一重，咄！“急急如律令”！勑！

長書上最明寺殿：

昨使者云，最明寺殿乃因大風所損百物，天下萬民辛苦，御心中憂悶不樂。以此可見，憂人不憂己，乃是佛菩薩用心如此。老僧雖在病中，亦不憂己，惟憂衲子己事未明。所謂“天下無二道，聖人無兩心”者是也。佛在世時，因瞿曇種族將遭大風火難所侵，急來投佛免之。佛云：“免不得。”何以故？眾生造業之多，共業所感，謂之定業難逃，劫數難逃。若一向安樂如意者，不知罪福來源也。繼即瞿曇種族被風火爇盡。所以佛有三能三不能者也。記得古德示眾云：‘昨日洪水大作，華山崩倒，湍壞了數萬人家。你輩後生，知什麼茄子瓠子？’語中有理有事，有憂有不憂。當時若有通方作略者，只好與他掀倒禪床，便見一場敗缺。又記得老東山演祖云：‘不憂諸莊旱澇，惟憂禪和子不會狗子無佛性話。’老東山纔開臭口，便見鄉談，剋由叵耐。又記得太宗皇帝因蝗虫大作，喫盡天下萬民稻苗，帝令人捉虫來，自食之云：‘只喫朕心肝，莫苦我天下萬民。’由是蝗虫便息。此亦是憂民不憂己。若與老東山把手共行，猶較三步在。五濁惡世，成劫住劫、壞劫空劫，輪轉不息，便有大三災，風災、火災、水災隨之。欲界天、色界天，尚不免也。又有小三災隨之，病苦、飢苦、儉苦。五濁世中，必難逃矣。惟有前身作福，今身受也。若前身作業者，定定今身、後身、更後身受也，絲毫無差。所以佛出世，勸人作福避罪，息貪嗔癡妄念之業，修戒定慧三無漏學，從淺至深，從凡至聖，從劫至劫乃至無數劫，功行圓滿，必能證佛大果；却來五濁世間，隨機為說最上乘法，悉令證入阿耨菩提，亦無菩提可得，亦無證入之理。所以千佛萬佛，唯以此法傳持，佛佛、祖祖，無二無別。況今末劫之時，道不及古，說道者多，行道者少。日本興刱宗門，唯我最明寺殿，再來之佛，留心佛法，道念堅固，超越上古聖人一頭地矣。禪衲中向道者多，堅固者少。老懷唯憂向後之弊，恐不及古也。諸莊旱澇亦憂，大三災、小三災亦憂，禪和子不會狗子無佛性話亦憂，自己老病亦憂，未得脫回宋佚老亦憂。此之千憂萬憂，直憂至阿逸多下生，又更添一重憂在。能與老僧免得此憂否？莫若憂之與樂，好之與惡，是之與非，古之與今，佛之與祖，一劃劃斷，便見天下太平。扶病信筆上，希一覧矣。

最明夢見寺中僧堂，盡是高僧羅漢，上頭一箇大棟樑。惺後，即發心重新鋪蓋。工畢，上堂。云："檀那夢見大揀樑，高僧羅漢滿雲堂。慷慨重新鋪蓋就，比之兜率更尤強。衲子辦道耐長久，成佛作祖法中王。下等愚迷無正念，鎔銅灌口臥鐵床。"

結制小參。"有處不是有，無處不是無。有無不到處，馨香滿道塗。"驀召大眾云："縱饒窮及到此，猶未是衲僧安身立命處，更說什麼三月護生、九旬禁足？大似布袋裹老鴉，雖活如死。若是丈夫志氣，必然別有通方作略。"良久，云："有麼？"擊禪床一下，云："將謂春歸無覓處，那知轉入此中來。"

復舉。"金峰和尚示眾云：'二十年前，有老婆心。二十年後，無老婆心。'有僧出問云：'如何是二十年前有老婆心？'峰云：'問凡答凡，問聖答聖。'僧又問云：'如何是二十年後無老婆心？'峯云：'問凡不答凡，問聖不答聖。'"師拈云："金峯年老心孤，這僧有眼無耳。待它任麼道，便與掀倒禪床，豈不俊快？建長這裏，縱有咬猪狗手脚底出來，棒折也未放過在。"

上堂。舉。"智門和尚。僧問：'蓮花未出水時如何？'答云：'蓮花。''出水後如何？'答云：'荷葉。'"頌曰："出水未出水，心疑生暗鬼。鞏縣造茶瓶，一隻三箇嘴。"

上堂。舉。"趙州。僧問：'萬法歸一，一歸何處？'趙州答云：'我在青州作得一領布衫，重七斤。'"師頌曰："青州布衫重七斤，由來錯認定盤星。那知富士山孤峻，到頂須行三日程。"

達磨祖師忌，拈香。召大眾云："東望大乘器，區區十萬里。因這一著錯，累及人斷臂。"以香指祖師，云："彼錯猶且可。"復自指，云："此錯無巴鼻。彼錯、此錯訴之誰?"插香，云："倒拈鐵笛逆風吹。"

徑山偃溪珏荆叟、國清源靈叟等訃音至。上堂。"澗東一脉，滔滔聒聒。接於偃溪，波騰嶽立。甬東西湖，奔湍迅速。返本還源，龍淵窟宅。直得凌霄起舞，五峰唱拍，引得天台山國清寺東廊上，寒山、拾得颺下生苕帚，拊掌呵呵；金華傅大士'空手把鋤頭'，涕淚悲泣。正恁麼時，諸人還知三大老為人親切處麼?"拍膝一下，云："憶著令人肝膽裂。"

上堂。舉。"乾峯和尚。有僧問云：'"十方薄伽梵，一路涅槃門。"未審路頭在什麼處?'乾峰以拄杖畫一畫，云：'在這裏。'有僧請益雲門，門云：'扇子勃跳上三十三天，築著帝釋鼻孔。東海鯉黑打一棒，雨似盆傾。'"師拈云："兩箇老凍儂，一人渾崘吞箇棗，一人蘸雪喫冬瓜，引得這僧口裏水碌碌地。"驀拈拄杖，云："建長拄杖子，忍俊不禁，總將各各三百六十骨節、八萬四千毛竅，一時穿却。"卓一下："雖然如是，諸人還甘麼?"良久，云："其或未然，不妨重下注脚。"乃云："冬天日短。兩人共一椀。唵阿盧勒繼娑婆訶。"擲拄杖，下座。

臘八，上堂。"夜夜明星現，時時兩眼開。如何臈月八，特地嘆奇哉。引得隨邪逐惡者，至今一味狗來腮。"

退院，上堂。"無心遊此國，有心復宋國。有心無心中，通天路頭活。"舉主丈，云："主丈頭邊挑日月。"

合國悲泪勸留，師堅執不允。部從遠送上舡，列拜泣別，順帆即復舊隱。又被公選住持婺州雙林，七次控辭不得。

（侍者道昭、景用、禪了編：《住巨福山建長興國禪寺語録》。載《兀菴普寧禪師語録》卷中。《大日本續藏經》第壹輯第貳編正編第貳拾捌套，第八葉左半葉至第十三葉左半葉）

卷十一　要事紀：大事年表

按，本年表類於編年史，臚列義烏雙林寺、云黄寺及其他有關道場的主要事件，列舉祖師傅翕及與其共同弘道人士、曾住持該寺僧侶等的重要化跡。至於其他歷史事件，概不預焉。

南齊明帝建武四年　丁丑（497）

農曆五月八日，雙林寺祖師傅翕誕生。翕，東陽郡烏傷縣稽停里人。名翕，字玄風。父傅宣慈，字廣愛。母王氏。叔宣炅，兄晏，弟昱。（《善慧大士録》卷一）

梁武帝天監十一年　壬辰（512）

傅翕十六歲。娶留氏女竗光。一稱，女姓劉。（《善慧大士録》卷一）

梁武帝天監十四年　乙未（515）

傅翕十九歲。生長子普建。（《善慧大士録》卷一）

梁武帝天監十七年　戊戌（518）

傅翕二十二歲。生二子普成。（《善慧大士録》卷一）

梁武帝普通元年　庚子（520）

傅翕二十四歲。在稽停塘下泝水取魚時，遇胡僧嵩頭陀，了悟自己前生乃彌勒菩薩。遂至松山下雙檮樹下結菴修行，自稱“雙林樹下當來解脱善慧大士”。其妻竗光與之一起，苦行達七年。（《善慧大士録》卷一）

此後，人或呼之為“傅大士”“雙林大士”“善慧大士”“無垢大士”“等空紹覺大士”“東陽大士”“魚行大士”“東陽居士”“烏傷居士”等。

因雙林寺在雙檮樹下，故或以為，雙林寺創建於是年。

又，傅翕遇嵩頭陀乃迄今所知的義烏與域外交流的最早實例。

梁武帝大通元年　丁未（527）

傅翕被東陽郡守王烋囚後，復釋放。遂還鄉化度妻、子及鄉親。（《善慧大士録》卷一）

梁武帝大通二年　戊申（528）

三月，同里傅重昌、傅僧舉母以錢五萬買傅翕之妻、子。月餘以後，傅氏遣翕妻、子還山。（《善慧大士録》卷一）

梁武帝中大通元年　己酉（529）

沙門慧集來至，為傅翕弟子。此後，集教化時，常言翕乃彌勒應身。（《善慧大士録》卷一。《景德傳燈録》卷二十七《婺州善慧大士》謂，時在大通二年）

梁武帝中大通六年　甲寅（534）

正月十八日，傅翕遣弟子傅暀奉書於梁武帝。大樂令何昌與同泰寺見浩法師商議後，以表進上。（《善慧大士録》卷一）

閏十二月，傅翕至宮闕，與武帝於善言殿相見。（《善慧大士録》卷一）

梁武帝大同二年　丙辰（536）

十一月，偽北齊王高洋遣使迎慧和法師至鄴都定國寺。數月後終於此，年六十。（《善慧大士附録》卷四《慧和法師》）

梁武帝太同四年　戊午（538）

正月二十一日，慧集法師燒指和臂以終。年四十七。葬於潛印渚。（《善慧大士附録》卷四《慧集法師》）

梁武帝大同六年　庚申（540）

雙林寺創建。（《（嘉慶）義烏縣志》卷十八《寺觀》“寶林禪寺”條）

梁武帝太清二年　戊辰（548）

傅翕欲持不食上齋，及燒身爲燈，遍爲一切供養三寶。三月十五日，告衆。至四月八日，衆弟子或請求奉代師主，或捨身自賣，或傭賃自己，皆以所得供養。（《善慧大士録》卷一）

梁武帝太清三年　己巳（549）

時逢天災，傅翕將所有資財散與飢貧，又課勵家屬及弟子拾野菜煑粥，人人割食以濟閭里。（《善慧大士録》卷一）

梁簡文帝大寶元年　庚午（550）

傅翕又督促信衆們煮粥濟飢貧，如太清三年一樣。（《善慧大士録》卷一）

梁簡文帝大寶二年　辛未（551）

傅翕復號召信衆煮粥飢貧。

春耕時，傅翕和弟子們將牛助人，自己則全憑人力耕種。（《善慧大士録》卷一）

梁敬帝紹泰元年　乙亥（555）

四月二十日，傅翕號召弟子們持不食上齋，燒身滅度，以此請佛住世，普度衆生。

六月二十五日，弟子範難陀奉持上齋，於雙林山頂燒身滅度。

九月十五日，比丘法曠於始豐縣天台山下燒身滅度。（《善慧大士録》卷一）

梁敬帝太平元年　丙子（556）

三月一日，優婆夷子嚴於雙林山頂赴火滅度。（《善慧大士録》卷一）

陳武帝永定元年　丁丑（557）

二月十八日，傅翕呼吁弟子燒指為燈，請佛住世，供養三寶。衆人奉命，或燒指為燈，或鈎身懸燈，或割耳出血，和香洒地，或奉持不食上

齋。(《善慧大士録》卷一)

陳文帝天嘉元年　庚辰（560）

傅翕弟子慧榮等欲建龍華會。翕令之作請佛停光會，稱龍華是己事。(《善慧大士録》卷一)

陳廢帝光大二年　戊子（568）

傅翕集眾，告訴已逝弟子的真實身份：傅普敏是文殊；沙門慧和是解義弟子，亦是聖人；慧集上人是觀世音；昌居士是阿難。(《善慧大士録》卷一)

陳宣帝太建元年　乙丑（569）

夏四月丙申朔，傅翕寢疾，囑其二子普建、普成二法師以遺言。(《善慧大士録》卷一)

又囑咐弟子徐普拔等。(《善慧大士録》卷一)

陳宣帝太建四年　壬辰（572）

九月十九日，傅翕弟子、雙林寺沙門法璿、菩提、智瓚等，上啟陳宣帝，請立傅翕、慧集法師、慧和闍黎碑。詔詔侍中、尚書左僕射領大著作、建昌縣，開國侯、東海徐陵爲大士碑，尚書左僕射領國子祭酒、豫州太中正、汝南周弘正爲慧和闍黎碑。(《善慧大士録》卷一)

陳宣帝太建五年　癸巳（573）

傅翕弟子菩提等，啟陳宣帝，請為本寺護法檀越。帝可之。

菩提又作書與朝貴以下，請為護法檀越。(《善慧大士録》卷二。《小録》謂，事在太建四年。)

陳宣帝太建六年　甲午（574）

周弘正撰就慧集法師碑。（南宋王象之《輿地碑記目》卷一《婺州碑記》）

陳後主禎明元年　丁未（587）

傅翕長男普建法師燒身滅度。（《善慧大士録》卷二）

隋文帝開皇十五年　乙卯（595）

二月十五日，文帝作書與弟子沙門慧則等。（《善慧大士録》卷二）

隋文帝開皇十八年　戊午（598）

隋文帝復與書雙林寺。（《善慧大士録》卷二）

隋文帝仁壽元年　辛酉（601）

正月十五日，文帝復致書慧則法師。（《善慧大士録》卷二）

隋煬帝大業元年　乙丑（605）

煬帝與雙林寺書。（《善慧大士録》卷二）

唐文宗開成二年　丁巳（837）

元稹撰《還珠留書記》。（《善慧大士録》卷三附録）

吳越錢弘佐開運元年　甲辰（944）

是年六月十七日，吳越王錢弘佐遣使至松山，開啓傅翕墳墓，取靈骨十六片及道具，於西府（今杭州市）城南龍山之畔，建龍華寺以置之，且以靈骨塑像。（《景德傳燈録》卷二十七，《隆興佛教編年通論》卷八，《佛祖統紀》卷四十二，《佛祖歷代通載》卷九，《宋高僧傳》卷十三《晉永興永安院善靜傳》附靈照，《淳祐臨安志輯逸》卷五）

南唐中主保大十年　後周太祖廣順二年　壬子（952）

赤岸野塘老人朱宏基鑄造了兩座鐵塔，奉於雙林寺。這是中國現存最古老的鐵塔。

北宋太宗雍熙二年　乙酉（985）

雙林寺僧勘本印施《雙林善慧大士小録》。

北宋英宗治平三年　丙午（1066）

皇帝賜雙林寺“寶林禪寺”額。(《（崇禎）義烏縣志》)

北宋哲宗元祐年間　丙寅至甲戌（1086—1094）

果昌寶覺禪師住雲黄庵。(朱中翰《雙林寺考古志》)

北宋徽宗崇寧三年　甲申（1104）

徽宋詔謚雙林傅大士“等空紹覺大士”之號（《佛祖統紀》卷四十六《法運通塞志第十七之十三・徽宗》、卷五十四《歷代會要志第十九之四》“賜謚封塔”條)。

北宋徽宗大觀二年　戊子（1108）

皇帝賜雙林寺田十頃。(《（崇禎）義烏縣志》)

北宗徽宗宣和三年　辛丑（1121）

雙林寺罹方臘之亂，被焚毁，“不幸煨盡，一椽不存”。(《［嘉靖］義烏縣志》。《（崇禎）義烏縣志》言，事在宣和二年。)

南宋高宗紹興二年　壬子（1132）

是年春，雙林寺住持行標開始復建雙林寺。　(潘良貴《寶林禪寺記》)

南宋高宗紹興三年　癸丑（1133）

是年春，重建雙林寺成。(潘良貴《寶林禪寺記》)

南宋高宗紹興四年　甲寅（1134）

是年秋八月，東陽剛定廷佐等，鑄鐘，建藏殿，至冬十一月成。(清同治八年朱雲松《重修雙林禪寺碑記》)

南宋高宗紹興六年（1136）

是年二月，潘良貴撰《寶林禪寺記》，述住持行標重建雙林寺始末。

南宋高宗紹興十二年　壬戌（1142）

雙林寺住持定光元湛攜《善慧大士録》見樓炤。次年，炤刊正的四卷本付梓。(《大日本續藏經》本《善慧大士録》後有樓炤跋)

南宋理宗紹定二年　乙丑（1229）

是年後，虛堂智愚住雙林。

南宋理宗紹定三年　庚寅（1230）

紹定三年（1230），虛堂智愚在雙林寺建鳳林庫。

南宋理宗紹定五年　壬辰（1232）

因衢州汪徐、來二起義波及松山一帶，虛堂智愚辭離雙林寺，歸靈隱寺松源塔下。

元文宗天曆二年　日本後醍醐天皇元德元年（1329）

雙林寺住持明極楚俊（1262—1336）应日本佛教界邀請，與竺仙梵仙（1292—1348）一同東渡日本，欲借此弘揚中國禪風。

按，楚俊，鄞縣（今屬浙江）人，俗姓黃。字明極。臨濟宗僧。從竹窗喜受具足戒，復参謁育王山橫川如珙，再師事靈隱寺虎巖净伏，並嗣其法。其後，歷住瑞岩、普慈、雙林諸寺，並歷遊徑山、靈隱、天童、净慈诸山。

梵仙，明州（今屬浙江）象山人，俗姓徐。字竺仙（仙）。号来来禅子、寂胜幢、思归叟。八岁，

元文宗至順元年　日本後醍醐天皇元德二年（1330）

醍醐天皇在宮中召見明極楚俊，奏對愜旨，賜以“佛日焰慧禪師”之號。楚俊遂開創廣嚴寺，為該寺開山第一世。又奉詔歷住南禪寺、建仁寺，日本佛教界宿碩、儒宗之俊彥及其他信眾，皆望風而至。

元惠宗至元二年　日本南朝後醍醐天皇延元元年（1336）

明極楚俊示寂於日本建仁寺，世壽七十五。遺骨分藏雲澤塔和少

林塔。

元惠宗至正二年　壬午（1342）

是年秋八月，行宣正院公選原住西峰之友雲龍禪師，住持雙林寺。冬，建圍墻一千五百丈，立外山門。（元胡助《重修雙林禪寺碑銘》）

元惠宗至正二年　壬午（1342）

是年秋八月，行宣正院公選原住西峰之友雲龍禪師，住持雙林寺。冬，建圍墻一千五百丈，立外山門。

此後，歷時七年，積工鉅萬，先後修復了羅漢堂、知客寮等。原本幾乎棄置的雙林寺，終於起廢為新。實雙林之中興也。胡助為碑以記之。（元胡助《重修雙林禪寺碑銘》）

明英宗正統元年　丙辰（1436）

雙林寺住持茂本清源重梓《善慧大士録》。（《續金華叢書》本《雙林傅大士語録》末尾，附茂本清源《後序》）

明熹宗天啟三年　癸亥（1623）

東陽縣令貢修齡撰《雙林寺重鑄大鐘記》。

明思宗崇禎元年　戊辰（1628）

亭里人丁同鑑因默祈得子，遂千金在雙林寺創殿。

是年，龍祈山寺僧瑞霞為雙林寺住持。（《（康熙）義烏縣志》）

明思宗崇禎七年　甲戌（1634）

許直義烏縣知縣。期間，雙林林有所興建。

明思宗崇禎十一年　戊寅（1638）

是年，雙林寺僧海旭募修部分建筑。

明思宗崇禎十五年　壬午（1642）

雙林寺有所興建。

崇禎十七年　甲申（1644）

雙林寺續有興建。

清順治九年　乙亥（1653）

順治八年至九年孟春以前，雙林寺僧瑞霞募捐，得洋川賈氏家族賈如愚、守愚、似愚、若愚諸昆弟二百兩金之助，重修已然頹圮之雙林寺大殿。（2004 年重修《洋川賈氏宗譜》卷三，第 5—7 頁）

清聖祖康熙七年　戊申（1668）

朱文，清聖祖康熙七年，住持僧舜瞿，曾事修理。（見縣志。）

清聖祖康熙十七年　戊午（1678）

松山忽起怪風，山頂之七級寶塔被襲，僅存二級半矣。（朱中翰《雙林寺考古志》）

清聖祖康熙二十二年　癸亥（1683）

許乾撰《重修鐵塔記》。

清高宗乾隆二十五年　庚辰（1760）

至遲在此年以前，稠南鎮更名為佛堂鎮。

清高宗乾隆四十五年　庚子（1780）

雙林寺又遭火災，存僧舍五房。後僅修復後殿。（朱中翰《雙林寺考古志》）此後，雙林寺遂一蹶不振矣。

清文宗咸豐十一年　辛酉（1861）

太平軍李世賢、陳榮攻佔義烏，雙林寺被兵災，“垣瓦傾隤，椽梁毀折”，僅存仁、信兩房僧舍而已。山頂之塔中之寶函亦被掘出，丟棄於野。（鄧鍾玉《兩浙軍事日記》，朱中翰《雙林寺考古記》）

清穆宗同治七年　戊辰（1868）

是年秋八月，雙林寺僧逢春、學蓮、學成等倡議重修，冬十一月竣工。（同治八年環東朱雲松《重修雙林禪寺碑記》）

清穆宗同治十年　辛未（1871）

雙林寺住持鶴清淨香與其徒慧海，稍稍修復云黃山頂之塔。（朱中翰《雙林寺考古志》）

清德宗光緒六年　庚辰（1880）

雙林寺與傅氏家族募刻《傅大士集》。（義烏市圖書藏《傅大士集》後附釋興慈《〈傅大士集〉重刻後跋》）

清德宗光緒二十三年　丁酉（1897）

雲黃寺立經幢。

清德宗光緒二十七年　辛丑（1901）

天台山觀月比丘興慈之徒慧泉，出任雙林寺住持。得奉化縣孫玉仙居士等之佽助，建大悲閣等。（義烏市圖書藏《傅大士集》後附釋興慈《〈傅大士集〉重刻後跋》；朱中翰《雙林寺考古志》）

中華民國七年　戊午（1918）

是年秋，《傅大士集》版移揚州。印光法師重為校正。（義烏市圖書藏《傅大士集》後附釋興慈《〈傅大士集〉重刻後跋》）

中華民國十年　辛酉（1921）

印光法師校正之《傅大士集》付梓。（義烏市圖書藏《傅大士集》後附釋興慈《〈傅大士集〉重刻後跋》）

中華民國十五年　丙寅（1926）

雙林寺住持慧泉寂滅。（朱中翰《雙林寺考古志》）

中華民國十七年　戊辰（1928）

是年冬，慧泉之徒因爭奪方丈之位，縱火焚寺，其師新創之建筑及雕像等，幾乎蕩盡，僅餘破舊山門、五間大殿、五十多間僧舍，共約六十間房舍而已。（朱中翰《雙林寺考古志》，鮑川《千年古刹雙林寺 55 年後“重見天日”》）

中華民國二十三年　甲戌（1934）

松山頂上圮塌之塔，得以重建。新塔六面，七級。

1949 年　乙丑

五月，義烏解放。

是時，雙林寺僅存山門、觀音閣、中殿、上殿等十多間房舍，僧侶十人左右。

（朱中翰《雙林寺考古志》，鮑川《千年古刹雙林寺 55 年後“重見天日”》）

1951 年　辛卯

本年五月，佛堂鎮設為縣直屬鎮。雙林寺亦歸縣直屬佛堂鎮管轄。

1958 年　戊戌

本年初，區、鎮合併，成立佛堂人民公社。

一九五八年五月，中共八大二次會議正式通過了“鼓足干勁，力爭上游，多快好省地建設社會主義”的總路線。總路線提出來之後至一九六〇年，黨在全國發動了“大躍進運動”。

是年，新成立的佛堂人民公社掀起了興修水利高潮，雙林寺被拆毀，在山門處修起大壩，原寺院主體建筑區域成為雙林水庫。

1961 年　辛丑

本年，鎮、社分設，由省政府批準，重設省級建制鎮佛堂鎮。

1967年　丁未

雲黃寺被拆毀。(一九八三年《重建雲黃古寺》木匾)

1979年　己未

新中国成立前即在雙林寺官房修習、解放後返鄉的開瑞尼師，來到佛堂鎮羅漢堂村，弘佈佛法，並擬重建雙林禪寺（尼寺）。

1980年　庚申

是年，在開瑞尼師主持下，開始在雙林寺原址重建佛寺。

同年，丁氏家族倡議重建雲黃寺大雄寶殿，1983年建成。（1983年《重建雲黃古寺》木匾）

1984年　甲子

1983年雲黃寺大雄寶殿開光之日，丁氏家庭復倡議重建前殿。1984年建成。(《重建雲黃古寺碑記》)

1986年　丙寅

2月26日，開瑞尼師任雙林禪寺（尼寺）住持。

同年2月，雙林禪寺（尼寺）被列為義烏市重點保護寺院。

1987年　丁卯

6月，雙林禪寺（尼寺）初成，並舉行了落成典禮。

1988年　戊辰年

5月13日（農曆三月二十八日），雙林禪寺（尼寺）住持開瑞尼師圓寂於該寺。

1990年　庚午年

殘破的一座原雙林寺鐵塔，被重新置於原雙林寺址、現雙林水庫旁。

1993 年　癸酉

義烏市政府委托東南大學規劃建設新雙林禪寺（僧寺）。

1994 年　甲戌

是年 1 月，東南大學的設計方案通過論證。

6 月，義烏市政府決定修復新雙林禪寺（僧寺），開發風景旅遊名勝景區。

10 月，松山頂上的傅大士舍利塔修繕完畢。塔為青磚結構，七層。

1996 年　丙子

5 月，雙林風景旅游開發區奠基，開始動工興建。

1997 年　丁丑

是年 6 月，專供男眾駐錫的新雙林禪寺（僧寺）大雄寶殿落成。殿高三十三米，比杭州靈隱寺還高一點六米。

新雙林禪寺（僧寺）初成後，禮請法雨法師為方丈。法雨法師，1931 年生。浙江縉雲人。

2003 年　癸未

應義烏市統戰部邀請，界賢法師前來新雙林禪寺（僧寺），接任住持。

2006 年　丙戌

8 月 8 日（農曆七月十五），雙林禪寺（尼寺）住持善清尼師圓寂於雙林律苑。體悟尼師接任住持①。

2007 年　丁亥

9 月 17 日，雙林禪寺（尼寺）正式更名為“雙林古寺”。

---

① 有關體悟及雙林古寺當家能法尼師的化跡，可參潘愛娟：《雙林覺悟者》，載氏著《冬暖花開》（散文集），百花文藝出版社 2001 年版。

2009年　己丑

5月31日（農曆五月初八），即傅大士誕辰1512年紀念日，義烏市雙林文化研究院成立。

11月24—26日，義烏市民族宗教事務局、義烏市佛堂鎮政府和義烏雙林文化研究院聯合舉辦了“2009首屆‘雙林—傅大士禪宗文化研討會’”。

2010年　庚寅

義烏市委第十二屆七次全會通過的本年度十大重點工程項目，其一即為加快佛堂古鎮開發和雙林寺建設進度。

2011年　辛卯

農曆二月十六日，雲黄寺住持宏浄法師圓寂。惟明法師接任住持。

2012年　壬辰

是年底，因整修雙林水庫大壩，放盡積水，千年古刹雙林寺原址終於得見天日。浙江省文物考古研究所發掘證實，現存遺址可追溯至宋朝。（鮑川：《千年古刹雙林寺55年後“重見天日”》）

2015年　乙未

6月20—22日，中國社會科學院社會科學成果開發中心、浙江省義烏市政協聯合舉辦了“2015義烏雙林佛教文化歷史與當代價值研討會”。會議收到論文14篇，並散發了浙江省文物考古研究所、義烏市博物館撰寫的《義烏雙林寺遺址勘探報告》。

跋　語

本志可視為拙著《傅大士研究》的姊妹篇，或者洐生物。

本志耗時長達八年，其間甘苦唯自知矣。而實際寫作和出版過程，更可謂一波三折。

2010年，由於種種機緣，欲撰寫《中國古代名刹——雙林寺》一書。依照原來的設想，這本書應該很好弄：先將現存《善慧大士録》中的故事性文字，用現代漢語轉述一下；再從地方志、義烏民間等處，搜集一些傳說和詩文，湊足20萬字；最後，添加部分圖片——妥矣！輕輕鬆鬆地只用半年時間即可完稿，遠在離要求的交稿時間2012年年底之前可就完成任務。

本來已經在這麼做了。但在動筆期間，逐漸強烈地感覺到，如按原計劃，只能寫成一本坊間常見的粗略介紹某某寺觀的通俗之作，實在對不起雙林寺這樣一座有著以佛學為中心的諸種文化底蘊、影響遍及東亞甚至延伸至西域的千年名刹，對不起以祖師傅大士為靈魂的雙林寺的歷代弘法之士，對不起歷代護持雙林寺及其下院和相關寺院的衆多信衆……一定得把握住這個難得機會，寫出一部不敢說厚重吧，但至少應該嚴肅認真、客觀真實和全面細致的、不那麼令自己內疚的著作。

於是，徹底拋棄原來的構想，在自己以前研究傅大士的基礎之上，除去長期積累以外，重新爬梳宗教信仰史料和世俗文物文獻中與雙林寺有關的一切信息，諸如佛藏、道藏、《四庫全書》、《四部叢刊》、寺院志暨其他地方志以及海外史料等，並幾次借學術會議之機緣，前往義烏、杭州等地考察；在略事說明祖師名號、身份之後，按時代敘述雙林寺的創立、梁陳隋唐等諸朝的歷史變遷，最後提出了恢復寺院的設想。是即第一稿《中國古代名刹——雙林寺》，於2012年12月31日完稿。

後來，考慮到初稿內容太過於學術化，而且書名亦顯泛泛，遂決定另起爐灶，借鑑寺志的形式，重做一部不那麼枯燥的《義烏雙林寺志》，而初稿則擬改為《義烏雙林寺研究》，作為計劃外的成果，待他日再行完善成書。前者於 2013 年初開始構思，5 月正式寫作，至 2014 年 5 月 4 日上交，是即第二稿。

此後，又曾三次到浙江搜集材料，斷斷續續地加以修潤，終成斯書。

總之，原擬兩年完成，最後費時八年；初欲寫為通俗讀物，最終撰就或成形兩部學術著作；傾力寫作本志僅一年，補充修改又逾一年，前因後果則有八年，而論及關注有關信息則長達二十餘年矣！

本志是在義烏市和佛堂鎮有關領導的全力關懷下，才得以最終完成的。他們堪稱本志的最大護法。特別是義烏市前政協主席宋英豪、前政協副主席劉峻，多次主辦主持或鼎力支持有關雙林寺的會議或活動，令我得以親近聖跡和搜集史料。義烏市志辦主任吳潮海數次邀請訪婺，親自接待和陪同參訪，關懷備至。市志辦副主編傅健、潘愛娟女士和虞金法先生等人，並有力焉。本志還得到了義烏雙林禪寺、雙林古寺、雲黃古寺和其他相關道場、雙林研究院等單位和寺宇的衆多菩薩的護持。雙林研究院張惠間院長和呂麗女士，雙林禪寺前住持界賢法師、雲黃古寺前住持惟明法師，皆多有教示和襄助。

在本志定稿以後，宋主席於 2018 年 2 月 27 日不幸因病辭世，界賢法師亦於 2018 年 7 月 16 日安祥示寂。傅大士《浮漚歌》有云："浮漚自有還自無，象空象色總名虛。""念念人間多盛衰，逝水東注永無期。"萬法皆空，信哉斯言也。

總之，本志絶非以一人之願、盡一人之力所能為，而是集腋成裘，聚衆人之智而成也。

在本志即將付梓之時，首先要感謝的，就是這些曾經佽助過本志撰寫的社會各界賢達。

是為後序。

2015 年 8 月 18 日草成於敦煌，
2015 年 8 月 20 日修訂於成都，
2017 年 11 月 6 日定稿於成都，
2018 年 12 月 8 日校畢於四川大學農林村。